●収録内容一覧

■2025年度中学受験用

豊島岡女子学園中学校

4年間(＋3年間HP掲載)スーパー過去問

入試問題と解説・解答の収録内容

2024年度　１回	算数・社会・理科・国語	実物解答用紙DL
2024年度　２回	算数・社会・理科・国語	実物解答用紙DL
2024年度　３回	算数・社会・理科・国語（解答のみ）	実物解答用紙DL
2023年度　１回	算数・社会・理科・国語	実物解答用紙DL
2023年度　２回	算数・社会・理科・国語	実物解答用紙DL
2023年度　３回	算数・社会・理科・国語（解答のみ）	実物解答用紙DL
2022年度　１回	算数・社会・理科・国語	実物解答用紙DL
2022年度　２回	算数・社会・理科・国語	実物解答用紙DL
2022年度　３回	算数・社会・理科・国語（解答のみ）	実物解答用紙DL
2021年度　１回	算数・社会・理科・国語	
2021年度　２回	算数・社会・理科・国語	

2020～2018年度（HP掲載）

「カコ過去問」
（ユーザー名）koe
（パスワード）w8ga5a1o

問題・解答用紙・解説解答DL

◇著作権の都合により国語と一部の問題を削除しております。
◇一部解答のみ（解説なし）となります。
◇９月下旬までに全校アップロード予定です。
◇掲載期限以降は予告なく削除される場合があります。

～本書ご利用上の注意～　以下の点について，あらかじめご了承ください。

★別冊解答用紙は巻末にございます。実物解答用紙は，弊社サイトの各校商品情報ページより，一部または全部をダウンロードできます。
★編集の都合上，学校実施のすべての試験を掲載していない場合がございます。
★当問題集のバックナンバーは，弊社には在庫がございません（ネット書店などに一部在庫あり）。

合格を勝ち取るための
『スーパー過去問』の使い方

本書に掲載されている過去問をご覧になって，「難しそう」と感じたかもしれません。でも，多くの受験生が同じように感じているはずです。なぜなら，中学入試で出題される問題は，小学校で習う内容よりも高度なものが多く，たくさんの知識や解き方のコツを身につけることも必要だからです。ですから，初めて本書に取り組むさいには，点数を気にしすぎないようにしましょう。本番でしっかり点数を取れることが大事なのです。

過去問で重要なのは「まちがえること」です。自分の弱点を知るために，過去問に取り組むのです。当然，まちがえた問題をそのままにしておいては意味がありません。

本書には，長年にわたって中学入試にたずさわっているスタッフによるていねいな解説がついています。まちがえた問題はしっかりと解説を読み，できるようになるまで何度も解き直しをしてください。理解できていないと感じた分野については，参考書や資料集などを活用し，改めて整理しておきましょう。

このページも参考にしてみましょう！

◆どの年度から解こうかな　「入試問題と解説・解答の収録内容一覧」

本書のはじめには収録内容が掲載されていますので，収録年度や収録されている入試回などを確認できます。

※著作権上の都合によって掲載できない問題が収録されている場合は，最新年度の問題の前に，ピンク色の紙を差しこんでご案内しています。

◆学校の情報を知ろう!!「学校紹介ページ」

このページのあとに，各学校の基本情報などを掲載しています。問題を解くのに疲れたら息ぬきに読んで，志望校合格への気持ちを新たにし，再び過去問に挑戦してみるのもよいでしょう。なお，最新の情報につきましては，学校のホームページなどでご確認ください。

◆入試に向けてどんな対策をしよう？「出題傾向＆対策」

「学校紹介ページ」に続いて，「出題傾向＆対策」ページがあります。過去にどのような分野の問題が出題され，どのように対策すればよいかをアドバイスしていますので，参考にしてください。

◇別冊「入試問題解答用紙編」

本書の巻末には，ぬき取って使える別冊の解答用紙が収録してあります。解答用紙が非公表の場合などを除き，（注）が記載されたページの指定倍率にしたがって拡大コピーをとれば，実際の入試問題とほぼ同じ解答欄の大きさで，何度でも過去問に取り組むことができます。このように，入試本番に近い条件で練習できるのも，本書の強みです。また，データが公表されている学校は別冊の１ページ目に過去の「入試結果表」を掲載しています。合格に必要な得点の目安として活用してください。

本書がみなさんの志望校合格の助けとなることを，心より願っています。

株式会社　声の教育社　編集部

豊島岡女子学園中学校

所在地	〒170-0013 東京都豊島区東池袋1-25-22
電　話	03-3983-8261
ホームページ	https://www.toshimagaoka.ed.jp/
交通案内	地下鉄有楽町線「東池袋駅」２番出口より徒歩２分 JR・地下鉄各線・西武池袋線・東武東上線「池袋駅」東口35番出口より徒歩7分

くわしい情報は
ホームページへ

トピックス

★各試験回とも帰国子女の優遇措置がある(参考：昨年度)。
★例年，11月に桃李祭(文化祭)が公開されている(昨年度は予約制で実施)。

創立年
明治25年

女子校

高校募集
なし

応募状況

年度	募集数	応募数	受験数	合格数	倍率
2024	① 160名	993名	904名	389名	2.3倍
	②　40名	881名	456名	68名	6.7倍
	③　40名	642名	467名	74名	6.3倍
2023	① 160名	1060名	964名	404名	2.4倍
	②　40名	951名	509名	64名	8.0倍
	③　40名	712名	518名	71名	7.3倍
2022	① 160名	1102名	999名	414名	2.4倍
	②　40名	966名	513名	52名	9.9倍
	③　40名	768名	557名	54名	10.3倍
2021	① 160名	1109名	1006名	410名	2.5倍
	②　40名	931名	514名	71名	7.2倍
	③　40名	779名	558名	75名	7.4倍

本校の特色

・運針

毎朝５分間，全校一斉に運針を行っています。「無心になる」「基礎の大切さを知る」「努力の積み重ねの大切さを学ぶ」「特技を持つ」ということを目的としています。

・礼法マナー

礼法・マナー教室が開かれ，場にふさわしいマナーを身につけた品位ある女性に成長できるよう，和室・洋室での立ち居振る舞いを学びます。

入試情報（参考：昨年度）

・出願期間：〔WEB出願〕
　１回　2024年１月10日０時～31日12時
　２回　2024年１月10日０時～２月２日12時
　３回　2024年１月10日０時～２月３日12時
　※海外在留証明書を提出する場合は，出願期間内に必着で郵送するか，窓口に提出してください。

・試験日：１回　2024年２月２日
　　　　　２回　2024年２月３日
　　　　　３回　2024年２月４日

・選抜方法：学力試験(国語・算数・社会・理科)

・合格発表：いずれもHPで発表
　　　　　１回　2024年２月２日19時～３日12時
　　　　　２回　2024年２月３日19時～４日12時
　　　　　３回　2024年２月４日19時～５日12時

2023年度の主な大学合格実績

＜国公立大学・大学校＞

東京大，京都大，東京工業大，一橋大，東北大，北海道大，筑波大，千葉大，横浜国立大，埼玉大，東京学芸大，東京医科歯科大，お茶の水女子大，電気通信大，東京農工大，東京藝術大，防衛医科大，東京都立大，横浜市立大

＜私立大学＞

慶應義塾大，早稲田大，上智大，国際基督教大，東京理科大，明治大，青山学院大，立教大，中央大，法政大，学習院大，東京慈恵会医科大，順天堂大，昭和大，日本医科大，東京医科大，自治医科大

編集部注―本書の内容は2024年2月現在のものであり，変更されている場合があります。正式な情報は，学校のホームページ等で必ずご確認ください。

算数 出題傾向＆対策

◆基本データ(2024年度１回)

試験時間／満点	50分／100点
問　題　構　成	・大問数…６題 計算・応用小問１題(４問)／応用小問１題(４問)／応用問題４題 ・小問数…18問
解　答　形　式	すべて答えのみを記入する形式。単位などはあらかじめ印刷されている。
実際の問題用紙	Ｂ５サイズ，小冊子形式
実際の解答用紙	Ｂ５サイズ

◆過去４年間の出題率トップ５

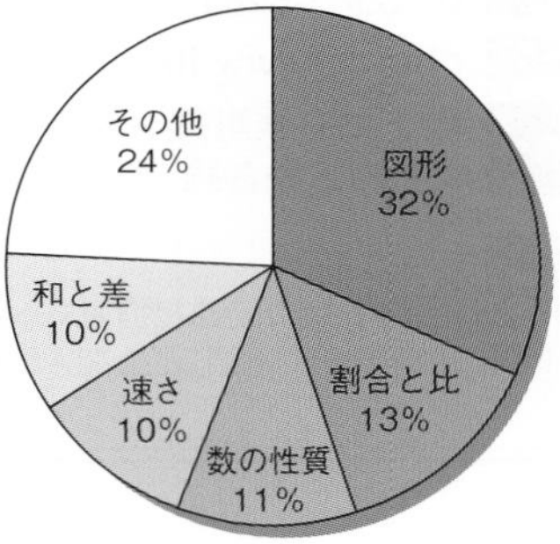

※　配点(推定ふくむ)をもとに算出

◆近年の出題内容

【 2024年度１回 】		
大問	1	四則計算，過不足算，比の性質，条件の整理
	2	仕事算，場合の数，角度，長さ，相似
	3	速さと比
	4	場合の数
	5	平面図形―面積
	6	立体図形―相似，長さ

【 2023年度１回 】		
大問	1	四則計算，分数の性質，周期算，約束記号
	2	速さと比，場合の数，比の性質，集まり，角度
	3	売買損益
	4	平面図形―辺の比と面積の比
	5	周期算，調べ
	6	立体図形―分割，体積

◆出題傾向と内容

全般的に見ると，いわゆる難問奇問はまず見当たらず，各分野における**基礎的学力を見る標準的良問ばかり**です。

●計算・応用小問…計算問題は，分数・小数をふくむふつうの四則計算のほかに，逆算や単位計算なども出題されています。応用小問は，食塩水の濃度，時計算，つるかめ算，割合と比，相当算，仕事算，約数と倍数，速さ，流水算，平面図形の折り返し，角度などから，基本的なものが取り上げられています。

●応用問題…図形と特殊算，数の性質を中心に編成されています。図形は，平面図形と立体図形の性質，角度，長さ，面積，体積の求め方に関するものなどです。面積，体積をもとめさせる求積問題は，毎年必ず出題されており，応用問題の柱といってもよいでしょう。特殊算は，過不足算，旅人算(速さ)，平均算，仕事算などが顔を見せています。ほかに，比例と反比例，百分率，割合，場合の数などが数量分野から取り上げられています。

◆対策～合格点を取るには？～

本校の入試対策としては，**計算力の養成と応用小問の克服**があげられます。まず，正確ですばやい計算力を毎日の計算練習でモノにしましょう。また，文章題は例題にあたって解法を身につけ，問題集で演習して解法を確認しましょう。

算数の学力を一朝一夕でつけることはできません。毎日コツコツと学習するのが大切です。そのさい留意したいのは，**ノートを最大限に活用すること**です。ふだんからノートに自分の考え方，線分図，式をしっかりと書く習慣をつけておきましょう。答え合わせをしてマルやバツをつけるだけではなかなか進歩しません。同じまちがいを二度とくり返さないよう，自分の弱点をそのつど発見するように心がけるのです。

算数　出題分野分析表

分野＼年度		2024			2023			2022			2021	
		1回	2回	3回	1回	2回	3回	1回	2回	3回	1回	2回
計算	四則計算・逆算	○	○	○	○	◎	○	○	○	○	◎	○
	計算のくふう											
	単位の計算								○			○
和と差	和差算・分配算											
	消去算										○	
	つるかめ算		○				◎	○	○		○	○
	平均とのべ			○								
	過不足算・差集め算	○				○					○	
	集まり				○		○					
	年齢算											
割合と比	割合と比											
	正比例と反比例								○			○
	還元算・相当算											
	比の性質	○	○		○				○			
	倍数算											○
	売買損益			○	○			○			○	
	濃度		○			○	○	○	○	○		○
	仕事算	○						○				
	ニュートン算			○						○		
速さ	速さ		○						○	○		
	旅人算			○			○	○			○	○
	通過算					○						
	流水算									○		
	時計算			○					○			
	速さと比	○			○	○		○			○	
図形	角度・面積・長さ	●	◎	◎	○	○	◎	◎	◎	○	○	●
	辺の比と面積の比・相似	◎	○		○	○	○	◎		○	○	○
	体積・表面積				○	○	○	○	○	◎	○	○
	水の深さと体積		○	○								
	展開図											
	構成・分割		○		○	◎	○	○		○	○	
	図形・点の移動		○	○			○				○	◎
表とグラフ												
数の性質	約数と倍数		○			○						
	N進数											
	約束記号・文字式			○	○	○			○	○		○
	整数・小数・分数の性質		○	◎	○	○		◎	◎	○	○	◎
規則性	植木算											
	周期算				◎	○				○	○	○
	数列						○				○	
	方陣算											
	図形と規則			○						○		
場合の数		◎	◎		○		◎		○		○	○
調べ・推理・条件の整理		○			○		○	○	○			
その他												

※　○印はその分野の問題が１題，◎印は２題，●印は３題以上出題されたことをしめします。

社会 出題傾向＆対策

◆基本データ（2024年度１回）

試験時間／満点	理科と合わせて50分／50点
問題構成	・大問数…３題 ・小問数…24問
解答形式	記号選択式と適語の記入が大半だが，20字以内で書かせる記述問題もある。適語の記入には，漢字指定のものが多く，記号選択式には複数選択のものもある。
実際の問題用紙	Ｂ５サイズ，小冊子形式
実際の解答用紙	Ｂ５サイズ

◆過去４年間の分野別出題率

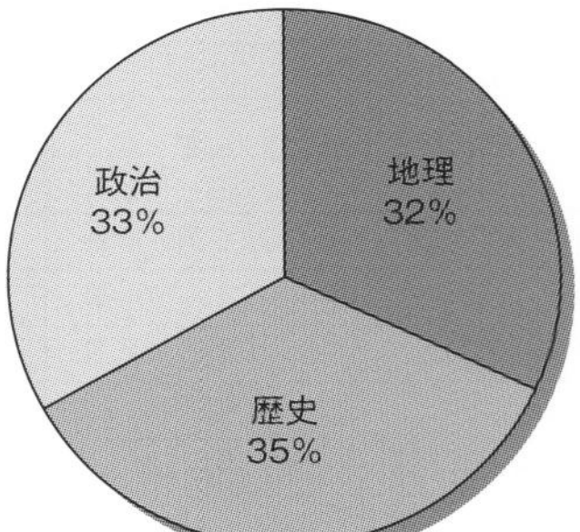

※　配点（推定ふくむ）をもとに算出

◆近年の出題内容

【 2024年度１回 】			【 2023年度１回 】		
大問	1	〔歴史〕各時代の史料を題材にした問題	大問	1	〔歴史〕印を題材にした問題
	2	〔地理〕地理全般に関する問題		2	〔地理〕地理全般に関する問題
	3	〔政治〕ごみゼロデーを題材にした問題		3	〔政治〕年度を題材にした問題

◆出題傾向と内容

地理・歴史・政治の各分野からまんべんなく出題されています。内容的には，どの分野についてもほとんどが基本的事項を試すものとなっているので，日ごろの学習や社会への関心の強さが素直に反映されるといえます。

●**地理**…都道府県別の自然と農業の特ちょうについて，特定の地域（東京，愛知）の地勢と産業などが出題されています。グラフや地図を読み取る問題が多く，さまざまな地図について出題されることもあります。

●**歴史**…古墳時代から現代までの政治に関するもの，年号や歴史的な史資料などをテーマにしたもの，日本の外交，歴史を動かした氏族，日本の戦後の歴史などで，なかにはほかの分野からの出題もあり，歴史をメインとした融合問題のような構成になっています。

●**政治**…日本の人口と選挙制度，三権のしくみ，国民と政治などが大問として出されていますが，むしろ，ほかの分野に関連することがらを小設問として出題する傾向があります。また，時事的な要素をふくむ問いも見られます。そのほか，環境問題や国際問題が取り上げられています。

◆対策～合格点を取るには？～

地理は，**白地図を利用した学習**をおすすめします。自分の手で実際に作業することによって，視覚的理解が得られ，より理解が深められるでしょう。また，資料の引用先としてひんぱんに取り上げられる『日本国勢図会』などにも注目しておきたいものです。グラフから特ちょうを見出して，自分の考えと照合するのです。その特色を文章化してみるのもよいでしょう。

歴史は，**全体の大きな流れをつかんでから，細かい事象について身につけていく**ようにしてください。歴史上大きなできごとが起こった年はできるだけ覚えておくこと。有名な歴史上の人物の伝記を読むのもおすすめです。

政治は，**日本国憲法の基本的な内容をしっかりおさえる**こと，とくに三権のしくみについて理解しておきましょう。また，この分野は時事問題がからむことがよくあるので，つねに新聞やニュースに関心をもつことも必要です。国際関係や国内情勢はめまぐるしい変化を見せていますから，それをつかむことで政治に関する知識を増やしていきましょう。

社会 出題分野分析表

分野 ＼ 年度			2024			2023			2022			2021	
			1回	2回	3回	1回	2回	3回	1回	2回	3回	1回	2回
日本の地理	地図の見方		○	○	○	○	○	○		○	○	○	
	国土・自然・気候		○	○		○	○		○	○	○	○	○
	資源								○		○		
	農林水産業		○	○	○	○		○	○	○	○	○	
	工業			○	○			○			○	○	○
	交通・通信・貿易		○	○	○	○	○	○	○	○		○	○
	人口・生活・文化		○	○		○	○	○					
	各地方の特色		○		○		○		○	○			○
	地理総合		★	★	★	★	★		★	★	★	★	★
世界の地理					○								
日本の歴史	時代	原始～古代	○	○	○	○	○	○	○	○	○	○	○
		中世～近世	○	○	○	○	○	○	○	○	○	○	○
		近代～現代	○	○	○	○	○	○	○	○	○	○	○
	テーマ	政治・法律史											
		産業・経済史											
		文化・宗教史											
		外交・戦争史											
		歴史総合	★	★	★	★	★	★	★	★	★	★	★
世界の歴史							○						
政治	憲法		○	○		○	○	○		○	○	○	○
	国会・内閣・裁判所		○	○	○	○	○	○	○	○	○	○	○
	地方自治								○		○		
	経済		○		○		○						
	生活と福祉		○		○	○		○	○		○		○
	国際関係・国際政治				○		○				○	○	○
	政治総合		★	★	★	★	★	★		★	★	★	★
環境問題			○										
時事問題					○					○			
世界遺産													
複数分野総合								★	★				

※　原始～古代…平安時代以前，中世～近世…鎌倉時代～江戸時代，近代～現代…明治時代以降

※　★印は大問の中心となる分野をしめします。

理科 出題傾向＆対策

◆基本データ(2024年度１回)

試験時間／満点	社会と合わせて50分／50点
問題構成	・大問数…４題 ・小問数…20問
解答形式	すべてが記号選択と計算結果などの記入となっており，記述問題や作図などは出されていない。必要な単位などはあらかじめ解答用紙に印刷されている。
実際の問題用紙	Ｂ５サイズ，小冊子形式
実際の解答用紙	Ｂ５サイズ

◆過去４年間の分野別出題率

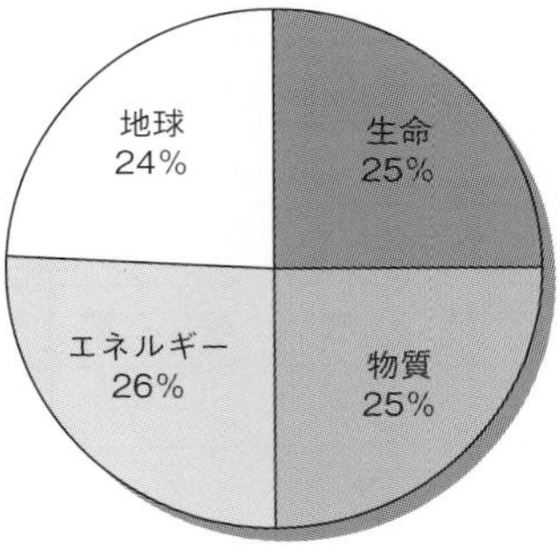

※　配点(推定ふくむ)をもとに算出

◆近年の出題内容

【 2024年度１回 】			【 2023年度１回 】		
大問	1	〔**エネルギー**〕浮力	大問	1	〔**エネルギー**〕物体の衝突
	2	〔**物質**〕中和反応		2	〔**物質**〕酸化銅の還元
	3	〔**生命**〕植物		3	〔**生命**〕顕微鏡，ゾウリムシ
	4	〔**地球**〕月		4	〔**地球**〕地層の読み取り

◆出題傾向と内容

「生命」「物質」「エネルギー」「地球」の**各分野からまんべんなく出題**されており，かたよりのない知識が必要です。また，実験・観察をもとにして考えさせる問題が多く，丸暗記だけでは得点できないようにくふうされています。なお，計算問題を中心とする「エネルギー」「物質」がはじめの方の大問にあることが多いので，特に理科が苦手な受験生は，解き進める前に全体をよく確認し，解く順番をくふうしてもよいでしょう。

●**生命**…筋肉の動き，植物の蒸散，動物の受精とたん生，けんび鏡の使い方，ジャガイモのつくりと成長などが出題されています。

●**物質**…水酸化ナトリウム水溶液と塩酸の中和反応，気体の発生と性質，燃焼，水溶液の濃度，ものの燃え方などが見られます。

●**エネルギー**…電熱線の発熱，浮力，てこ，ばねののび方，光の反射と屈折，ふりこ，斜面上をころがる球，ばねばかりなどが取り上げられています。

●**地球**…地層(地層や岩石のでき方，断層運動)，月の運動と満ち欠け，日本の気象，流水のはたらき，星座早見などが出題されています。

◆対策～合格点を取るには？～

問題は各分野から取り上げられていますから，**基礎的な知識を早いうちに身につけ，そのうえで問題集で演習をくり返しながら実力アップをめざしましょう。**

「生命」は，身につけなければならない基本知識の多い分野ですが，楽しみながら確実に学習する心がけが大切です。「物質」では，気体や水溶液，金属などの性質に重点をおいて学習しましょう。「エネルギー」は，力の計算やかん電池のつなぎ方などの出題が予想される単元ですから，学習計画から外すことのないようにしましょう。「地球」では，太陽・月・地球の動き，季節と星座の動き，天気と気温・湿度の変化，地層のでき方などが重要なポイントとなっています。

なお，環境問題・身近な自然現象に日ごろから注意をはらうことや，テレビの科学番組，新聞・雑誌の科学に関する記事，読書などを通じて多くのことを知るのも大切です。

理科 出題分野分析表

分野 ＼ 年度		2024			2023			2022			2021	
		1回	2回	3回	1回	2回	3回	1回	2回	3回	1回	2回
生命	植物	★					★		★			★
	動物		★		○			★			★	
	人体			★		★				★		
	生物と環境											
	季節と生物											
	生命総合											
物質	物質のすがた											
	気体の性質						○	★	★		★	○
	水溶液の性質	★								★		
	ものの溶け方			★								○
	金属の性質				★	★						
	ものの燃え方		★									
	物質総合						★					★
エネルギー	てこ・滑車・輪軸			★								
	ばねののび方			○								
	ふりこ・物体の運動				★					★		
	浮力と密度・圧力	★										○
	光の進み方								★			
	ものの温まり方											○
	音の伝わり方		★									
	電気回路					★	★				★	
	磁石・電磁石											
	エネルギー総合							★				★
地球	地球・月・太陽系	★		★				★		★	★	
	星と星座											
	風・雲と天候		★					○				★
	気温・地温・湿度											
	流水のはたらき・地層と岩石				★		★		★			
	火山・地震					★						
	地球総合											
実験器具					★							
観察												
環境問題												
時事問題												
複数分野総合												

※　★印は大問の中心となる分野をしめします。

国語　出題傾向＆対策

◆基本データ（2024年度１回）

試験時間／満点	50分／100点
問　題　構　成	・大問数…２題 　文章読解題２題 ・小問数…17問
解　答　形　式	記号選択，本文中のことばの書きぬき，記述問題の混合となっている。記述問題は60～75字程度で書かせるものが２問ある。
実際の問題用紙	Ｂ５サイズ，小冊子形式
実際の解答用紙	Ａ４サイズ

◆過去４年間の分野別出題率

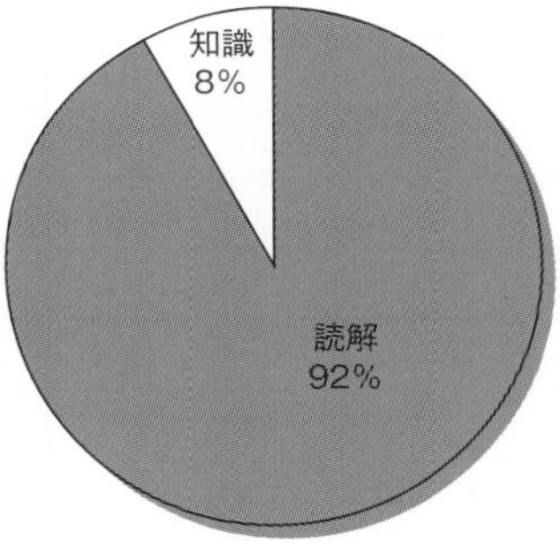

※　配点（推定ふくむ）をもとに算出

◆近年の出題内容

	【 2024年度１回 】		【 2023年度１回 】
大問 一	〔説明文〕上枝美典『神さまと神はどう違うのか？』（約3700字）	大問 一	〔説明文〕外山美樹『勉強する気はなぜ起こらないのか』（約3100字）
大問 二	〔小説〕宮島未奈『成瀬は天下を取りに行く』（約3500字）	大問 二	〔小説〕瀧羽麻子『博士の長靴』（約4600字）

◆出題傾向と内容

本校が受験生に求めている国語力は，文章を限られた時間で読み取る力と漢字をふくむ一定の知識，つまり**バランスのとれた国語力**であるといえるでしょう。

●**文章読解題**…引用文は，小説・物語文から１題，説明文・論説文から１題という形式が定着しています。設問内容は，取り上げた文章にそくした自然な流れの中で，単調にならないように総合的に問うものになっています。小説・物語文の場合，心情を問うものが中心になりますが，状況や動作・行動，登場人物の性格などとからめ，変化がつけられています。一方，説明文・論説文の場合は，論旨の展開を正しく理解しているかどうかを試すものが中心です。そのほかにも，文の並べかえ，脱文のそう入，段落分け，段落構成，大意・要旨など，バラエティーに富んでいます。

●**知識問題**…文章読解題の設問，または，独立した大問として，漢字の書き取り，ことわざ，熟語の完成，四字熟語，反対語などが出題されています。

◆対策～合格点を取るには？～

本校の国語は，読解力と表現力をみる問題がバランスよく出題されていますから，**まず読解力をつけ，その上で表現力を養う**ことをおすすめします。

読解力をつけるためには読書が必要ですが，長い作品よりも短編のほうが主題が読み取りやすいので，特に国語の苦手な人は短編から入るとよいでしょう。

次に表現力ですが，これには内容をまとめるものと自分の考えをのべるものとがあります。内容をまとめるものは，先生などに見てもらいながら，数多く練習することによってコツがわかってきます。自分の考えをのべるものは，問題文のどの部分がどのように問われるのかを予想しながら文章を読むといいでしょう。また，答えとして必要な要点を書き出し，それらをつなげるような練習を心がけましょう。

なお，**ことばのきまり・知識に関しては，参考書を１冊仕上げましょう**。また，漢字や熟語については，読み書きはもちろんのこと，同音（訓）異義語や，その意味などについても辞書で調べておきましょう。

国語 出題分野分析表

分野		年度	2024			2023			2022			2021	
			1回	2回	3回	1回	2回	3回	1回	2回	3回	1回	2回
読解	文章の種類	説明文・論説文	★	★	★	★	★	★	★	★	★	★	★
		小説・物語・伝記	★	★	★	★	★	★	★	★	★	★	★
		随筆・紀行・日記											
		会話・戯曲											
		詩											
		短歌・俳句											
	内容の分類	主題・要旨	○	○	○	○	○	○	○	○	○	○	
		内容理解	○	○	○	○	○	○	○	○	○	○	○
		文脈・段落構成			○				○				
		指示語・接続語	○					○		○			
		その他	○	○	○	○	○	○	○	○	○	○	○
知識	漢字	漢字の読み	○	○									
		漢字の書き取り	○	○	○	○	○	○	○	○	○	○	○
		部首・画数・筆順											
	語句	語句の意味		○			○		○			○	
		かなづかい											
		熟語											
		慣用句・ことわざ		○		○	○			○	○		○
	文法	文の組み立て									○		
		品詞・用法											
		敬語											
	形式・技法												
	文学作品の知識												
	その他		○	○		○							
	知識総合												
表現	作文												
	短文記述												
	その他												
放送問題													

※　★印は大問の中心となる分野をしめします。

カコを追いかけ
ミライをつかめ
「今の説明、もう一回」を何度でも
web過去問
ストリーミング配信による入試問題の解説動画
もっと古いカコモンないの?
カコ過去問
「さらにカコの」過去問をHPに掲載(DL)
声の教育社
詳しくはこちらから

2024年度 豊島岡女子学園中学校

【算　数】 〈第１回試験〉（50分）〈満点：100点〉

（注意）　１．円周率は3.14とし，答えが比になる場合は，最も簡単な整数の比で答えなさい。

２．角すい・円すいの体積は，（底面積）×（高さ）÷３　で求めることができます。

1　次の各問いに答えなさい。

(1)　$2024\div3\times\left\{\left(0.32+\dfrac{2}{5}\right)\div\dfrac{4}{15}\div9.9\right\}$を計算しなさい。

(2)　中学１年生に用意したえんぴつを配りました。１人に３本ずつ配ると88本あまり，１人に５本ずつ配ると４本不足しました。用意したえんぴつは全部で何本でしたか。

(3)　Ａさんの所持金の半分の金額と，Ｂさんの所持金の40％の金額は同じ金額です。また，Ａさんの所持金に1800円を加えた金額とＢさんの所持金の２倍の金額は同じ金額です。Ａさんの所持金はいくらですか。

(4)　右の図の○の中に１から10までの異なる整数を書き入れ，(あ)から(け)までの９つの三角形の頂点の３つの数を足します。このようにしてできた９つの数の和が最も小さくなるように数を書き入れるとき，その和を答えなさい。

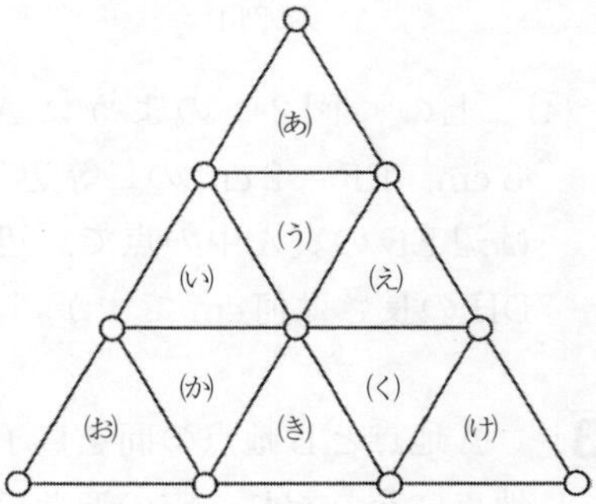

2　次の各問いに答えなさい。

(1)　ある水そうには管Ａ，管Ｂ，管Ｃの３つの水を入れる管がついています。空《から》の状態から，管Ａのみを20分間用いると水そうがいっぱいになり，管Ａを５分間，管Ｂと管Ｃを18分間用いると水そうがいっぱいになります。また，管Ａを８分間，管Ｂを17分間，管Ｃを12分間用いると水そうがいっぱいになります。管Ｂからは毎分１Ｌの水が出るとき，水そうの容積は何Ｌですか。

(2)　バスケットボールの試合では，シュートの種類によって１点，２点，３点の得点をとることができます。豊子さんはある試合で10点をとりました。シュートの種類の組み合わせは全部で何通りありますか。ただし，得点の順番は考えないものとします。

(3)　正十角形ABCDEFGHIJがあります。下の＜図１＞のように点Bを中心とし，点Dを通る円の弧《こ》DJと，点Jを中心とし，点Bを通る円の弧BHの交わる点をKとします。このとき，角CDKの大きさは何度ですか。

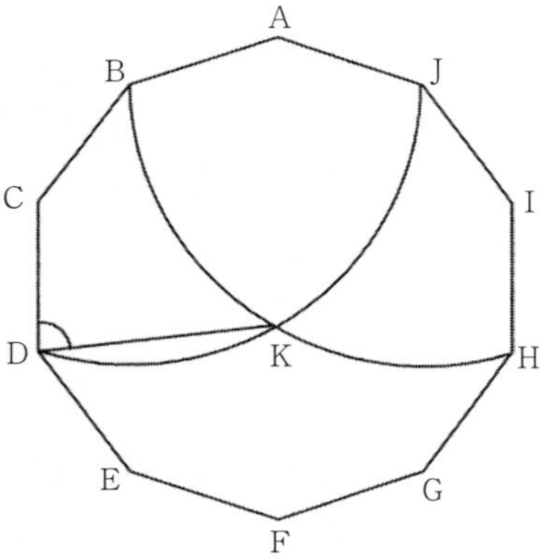

＜図１＞

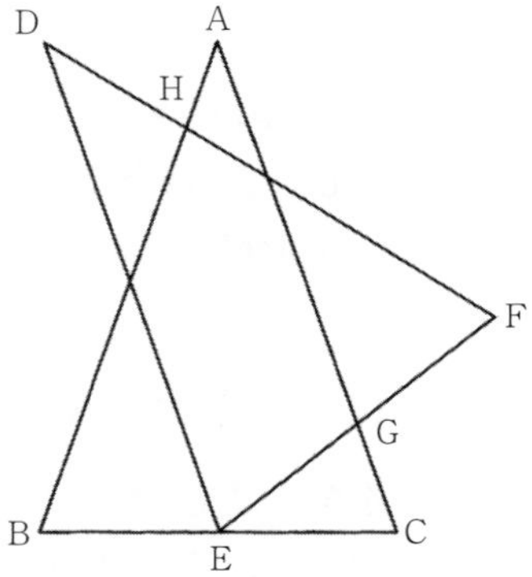

＜図２＞

(4)　上の＜図２＞のようにAB＝AC＝３cm，BC＝２cmの二等辺三角形ABCとDE＝DF＝３cm，EF＝２cmの二等辺三角形DEFがあります。点Eは辺BCの真ん中の点であり，点Gは辺EFの真ん中の点で，辺AC上にあります。辺ABと辺DFの交わる点をHとするとき，DHの長さは何cmですか。

3　A地点とB地点の間を豊子さんと花子さんはA地点からB地点へ，太郎さんはB地点からA地点にそれぞれ一定の速さで移動します。花子さんと太郎さんは豊子さんが出発してから15分後に出発します。豊子さんと太郎さんがすれ違ってから２分40秒後に花子さんと太郎さんがC地点ですれ違い，豊子さんと花子さんは同時にB地点に着きました。花子さんと太郎さんの速さの比は３：２であるとき，次の各問いに答えなさい。

(1)　豊子さんがC地点に到達するのは花子さんと太郎さんがすれ違う何分前ですか。

(2)　(豊子さんの速さ)：(太郎さんの速さ)を答えなさい。

(3)　太郎さんがA地点に着くのは太郎さんが出発してから何分後ですか。

4　３種類のカード[1]，[2]，[1 3]がそれぞれたくさんあります。これらのカードを[2]のカードが連続しないように並べて，整数を作ります。例えば，

１けたの整数は[1]，[2]の２通り，

２けたの整数は[1][1]，[1][2]，[2][1]，[1 3]の４通り，

３けたの整数は[1][1][1]，[1][1][2]，[1][2][1]，[1][1 3]，[2][1][1]，[2][1][2]，[2][1 3]，[1 3][1]，[1 3][2]の９通り作ることができます。

このとき，次の各問いに答えなさい。

(1)　４けたの整数は何通り作ることができますか。

(2)　６けたの整数は何通り作ることができますか。

5　次の各問いに答えなさい。

(1)　右の図のような三角形ABC, DEFがあります。辺ACの長さと辺DEの長さが等しく，辺ABと辺DFの長さの和が４cmであるとき，２つの三角形の面積の和は何cm^2ですか。

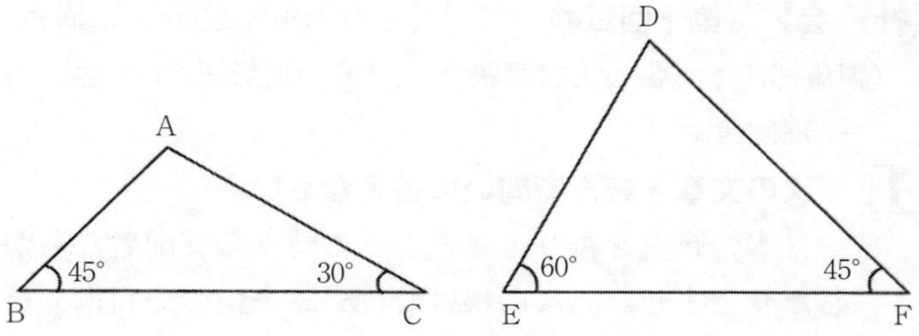

(2)　下の図のような三角形GHI, JKL, MNOがあります。辺GIの長さと辺JKの長さ，辺JLの長さと辺NOの長さがそれぞれ等しく，辺GHの長さと辺MNの長さの和が４cmであるとき，３つの三角形の面積の和は何cm^2ですか。

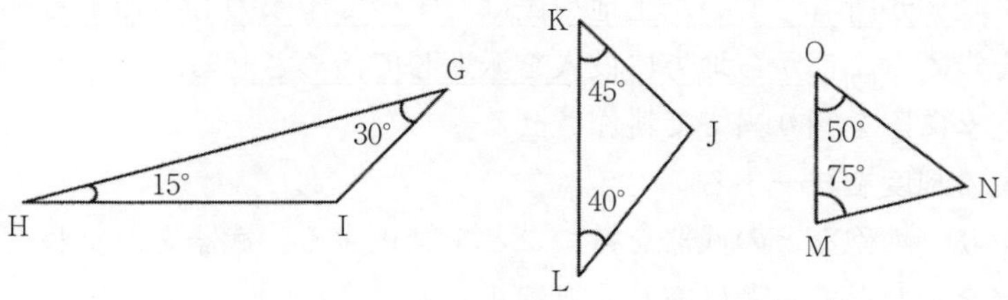

(3)　右の図のような直角三角形PQRと正方形STUVがあります。辺QRの長さと正方形の１辺の長さが等しく，辺PRの長さと正方形の１辺の長さの和が４cmであるとき，２つの図形の面積の和は何cm^2ですか。

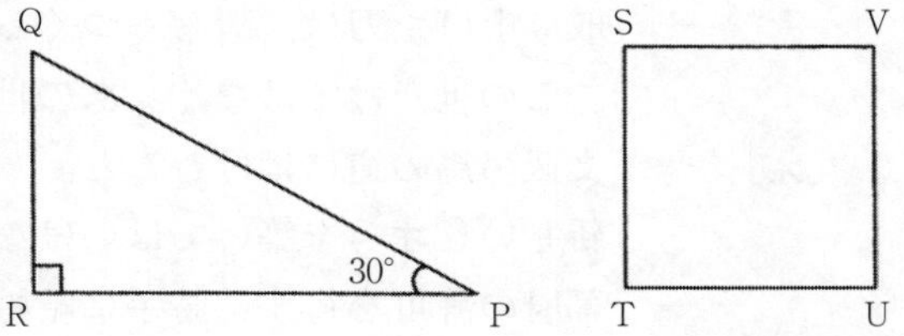

6　１辺の長さが６cmの立方体ABCD-EFGHがあります。直線EGと直線FHが交わる点をＩとし，点Ｉの真上にIJ＝２cmとなる点Ｊをとります。

　このとき，次の各問いに答えなさい。

(1)　FK＝２cmとなるような辺EF上の点をK, FL＝２cmとなるような辺FG上の点をＬとします。３点Ｋ，Ｌ，Ｊを通る平面と辺DHが交わる点をＭとするとき，DMの長さは何cmですか。

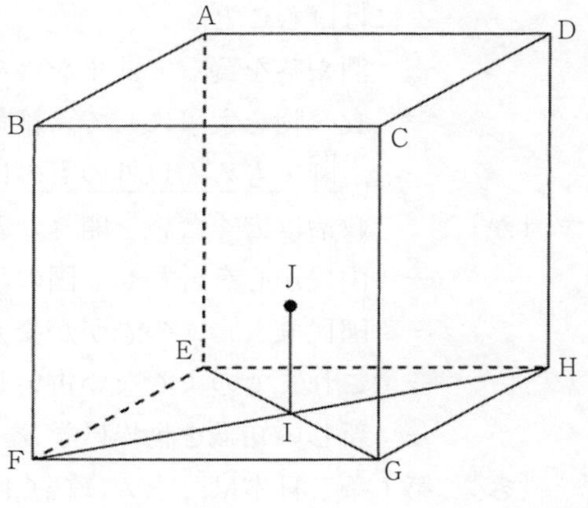

(2)　辺EFの真ん中の点をＮとします。３点Ｇ，Ｎ，Ｊを通る平面と辺ADが交わる点をＯとするとき，AOの長さは何cmですか。

【社　会】〈第１回試験〉（理科と合わせて50分）〈満点：50点〉

〈編集部注：実物の入試問題では，**2** の地形図と断面図，写真，帯グラフ，土地利用の図はすべてカラー印刷です。〉

1　**次の文章を読んで問いに答えなさい。**

日本の歴史を振《ふ》り返ると，その時々の支配者たちが，様々な命令を出したり政治方針を表明したりしました。次に掲《かか》げた〔**あ**〕～〔**き**〕の史料は，そのいくつかを部分的に抜《ぬ》き出し，現代語に改めたものです。

〔**あ**〕　第一条　人の和を大切にし，争わないようにしなさい。
　　　第二条　(ア)仏教の教えをあつく敬いなさい。
　　　第三条　天皇の命令を受けたら，必ず従いなさい。

〔**い**〕　一　(イ)これまで天皇や豪族が所有していた土地や民は，すべて国家のものとする。
　　　一　都や地方の区画を定め，(ウ)都から地方に役人を派遣《はけん》して治めさせる。
　　　一　戸籍《こせき》をつくり，人々に田を割り当てて耕作させる。
　　　一　布などを納める税の制度を統一する。

〔**う**〕　一　百姓が刀，弓，やり，鉄砲などの武器を持つことを禁止する。武器をたくわえ，年貢を納めず，(エ)一揆をくわだてる者は厳しく処罰《しょばつ》する。
　　　一　取り上げた刀は，新しくつくる大仏のくぎなどに役立てるから，百姓は仏のめぐみで，この世だけではなく，あの世でも救われるであろう。

〔**え**〕　一　文武弓馬の道にはげむこと。
　　　一　新しい（　**オ**　）を築いてはいけない。修理するときは届け出ること。
　　　一　幕府の許可を得ずに勝手に結婚《けっこん》してはいけない。

〔**お**〕　一　朝は早起きして草をかり，昼は田畑を耕し，夜は縄《なわ》や俵を作り，気を抜かずに仕事にはげむこと。
　　　一　酒や茶を買って飲まないこと。
　　　一　食べ物を大事にして，雑穀を食べ，米を多く食べないこと。
　　　一　(カ)麻《あさ》・もめん以外のものは着てはいけない。

〔**か**〕　一　政治は広く会議を開き，みんなの意見を聞いて決めよう。
　　　一　国民が心を合わせ，国の政策を行おう。
　　　一　国民一人一人の志がかなえられるようにしよう。
　　　一　これまでのよくない古いしきたりを改めよう。
　　　一　新しい知識を世界に学び，国を栄えさせよう。

〔**き**〕　第１条　日本は，永久に続く同じ家系の天皇が治める。
　　　第３条　天皇は神のように尊いものである。
　　　第５条　天皇は議会の協力で法律を作る。
　　　第11条　天皇は(キ)陸海軍を統率する。
　　　第29条　国民は，法律に定められた範囲《はんい》の中で，言論，集会，結社の自由をもつ。

問１．史料〔**え**〕と〔**お**〕は，いずれも江戸時代に出されたとされるものですが，出された対象に違《ちが》いがみられます。それぞれの史料の出された対象を，あわせて20字以内で説明しなさい。

問２．史料〔**か**〕が出されてから，史料〔**き**〕が発布されるまでの出来事を説明した次の文のうち，正しいものを**すべて**選び番号で答えなさい。

１．アメリカ合衆国との間に領事裁判権を認めた。

２．ロシアとの交渉《こうしょう》の結果，千島列島が日本の領土になった。

３．第１回衆議院議員総選挙が行われ，民権派の人たちが多数派を占《し》めた。

４．地租の税率が３％から2.5％に引き下げられた。

５．内閣制度が作られ，伊藤博文が初代の内閣総理大臣になった。

問３．下線部(ア)に関連する出来事として説明した次の文のうち，正しいものを一つ選び番号で答えなさい。

１．聖武天皇は，疫病《えきびょう》の流行や九州で起きた反乱による社会の動揺《どうよう》を鎮《しず》めるため，大仏を造立した。

２．桓武天皇は，平城京の寺院が平安京に移ることを禁じたが，次第に延暦寺などが平安京内部に作られるようになった。

３．室町幕府は一向宗を保護し信者が増えたため，加賀国では一向宗の信者を中心とした支配体制が作られた。

４．織田信長はキリスト教の信者の急増に危機感を抱《いだ》き，キリシタン大名を海外に追放し，仏教を保護する政策に転換《てんかん》した。

問４．下線部(イ)のことを，漢字４字で言い換《か》えなさい。

問５．下線部(ウ)に関連して，日本の地方支配を説明した次の文を古い順に並べ替《か》え，番号で答えなさい。

１．国ごとに守護が，荘園などに地頭がおかれた。

２．各地の支配者が分国法を制定し，独自の統治を図った。

３．国・郡・里に分けられ，それぞれ国司・郡司・里長がおかれた。

４．中央政府が任命した知事・県令により，中央集権的な統治が行われた。

問６．下線部(エ)に関連して，一揆とは武力を持って立ち上がることに限らず，広く一致《いっち》団結することを意味します。室町時代前後には多くの村落で一揆が結ばれました。村民たちが自ら村の資源を共同利用する方法などについて定めたものを一般に何といいますか。

問７．空らん（**オ**）にあてはまる語句を漢字１字で答えなさい。

問８．下線部(カ)に関連して，江戸時代の服飾《ふくしょく》や娯楽《ごらく》について説明した次の文のうち，**あやまっているもの**を一つ選び番号で答えなさい。

１．阿波の藍《あい》や最上地方の紅花など染料となる商品作物の生産量が増え，京友禅《ゆうぜん》などの今につながる織物業が誕生・発展した。

２．元禄期ごろから歌舞伎が人気となり，菱川師宣の「見返り美人図」などの役者絵が一大ブームとなった。

３．元禄期には井原西鶴の浮世《うきよ》草子「好色一代男」や近松門左衛門の「曽根崎《そねざき》心中」などが上方で人気となった。

４．化政文化の時期になると，お伊勢参りや善光寺参りなど，神社仏閣への旅行が盛んに行われた。

問９．下線部(キ)に関連して，昭和初期の軍部の行動を説明した次の文のうち，**あやまっているもの**を一つ選び番号で答えなさい。

1．関東軍は柳条湖事件を起こし，満州の重要地域を占領《せんりょう》した。

2．陸軍の青年将校の一部は犬養毅首相などを殺害する二・二六事件を起こした。

3．シンガポールやオランダ領東インドを占領し，現地の人に日本語教育などを行った。

4．海軍のハワイ真珠湾への奇襲攻撃《きしゅうこうげき》などにより，太平洋戦争が開戦した。

2　次の問いに答えなさい。

問1．次の国土地理院発行の地形図（２万5000分の１「於福《おふく》」）の中の**あ―い**間の断面図として，適当なものを後の１～４から一つ選び番号で答えなさい。

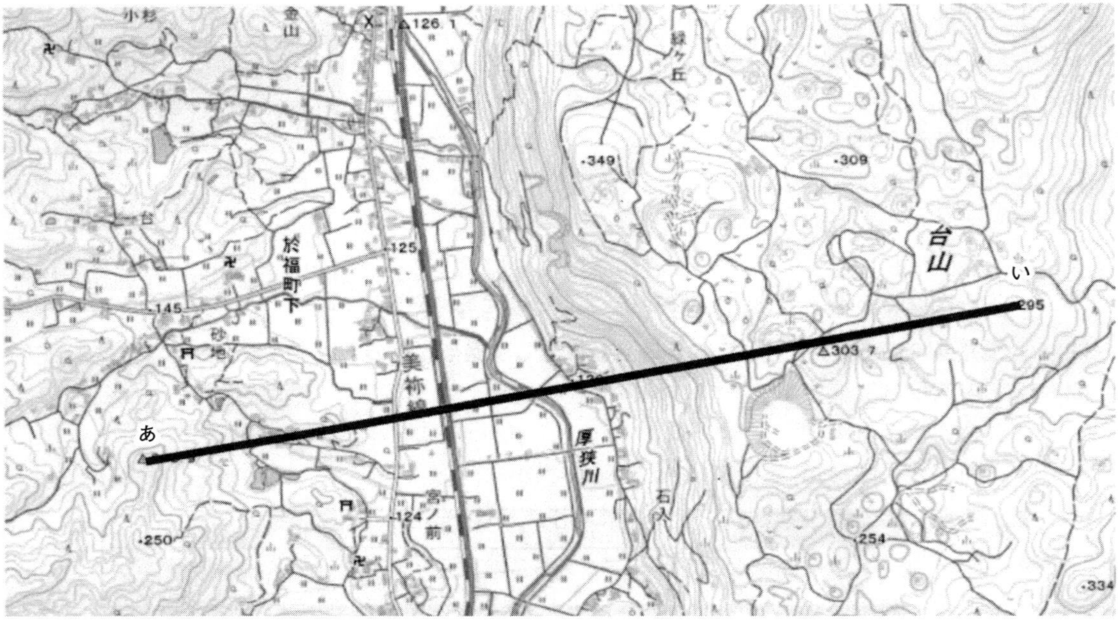

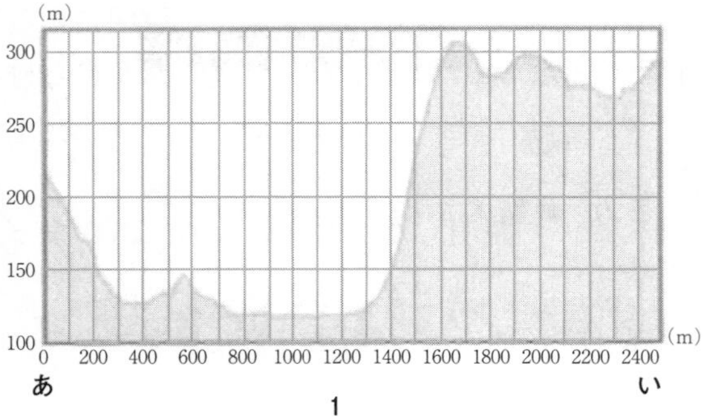

1

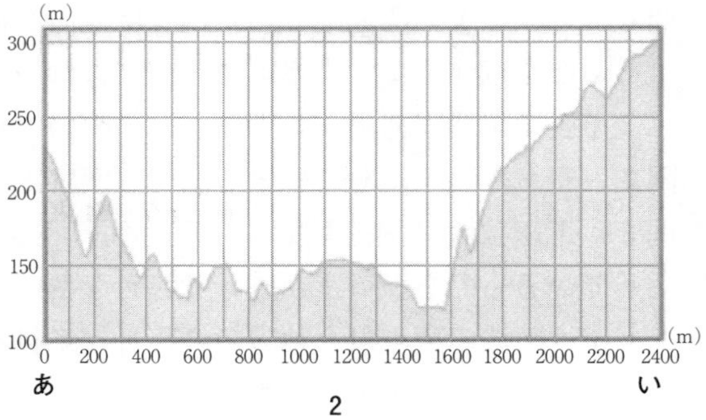

2

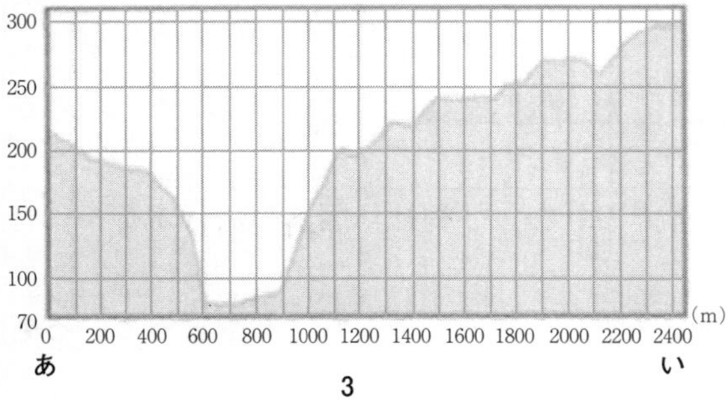

3

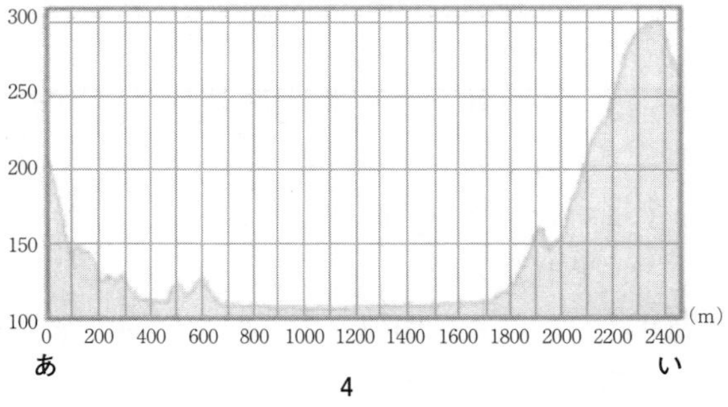

4

問２．右の画像は，群馬県南部を撮影《さつえい》した空中写真の一部です。写真の住宅の特徴《とくちょう》から，矢印の指す方角を次から一つ選び番号で答えなさい。

１．北
２．南
３．東
４．西

（地理院地図より作成）

問３．次の図は2023年３月時点での都道府県ごとの発電別割合（％）で，ア～ウは石川県，富山県，福井県のいずれかです。この組み合わせとして適当なものを，後の表から一つ選び番号で答えなさい。

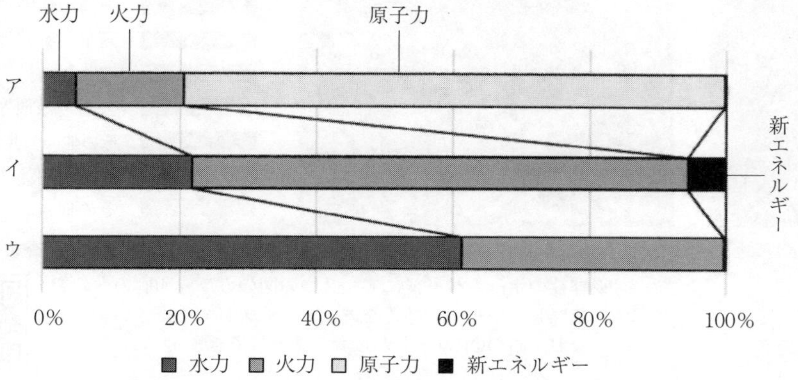

（資源エネルギー庁ホームページより作成）

	1	**2**	**3**	**4**	**5**	**6**
石川県	ア	ア	イ	イ	ウ	ウ
富山県	イ	ウ	ア	ウ	ア	イ
福井県	ウ	イ	ウ	ア	イ	ア

問４．右の表は2019年における各空港の国内線の着陸回数を示したものです。ほとんどが三大都市圏《けん》もしくは100万人都市近郊《きんこう》の空港ですが，４位の那覇と６位の〔 **あ** 〕のみはそれに該当《がいとう》しません。それは４位の那覇や６位の〔 **あ** 〕は県内各地に行くにあたって航空機を利用することが多いからです。このことから推定される，〔**あ**〕の所在地として適当なものを，下から一つ選び番号で答えなさい。

１．青森　**２**．鹿児島　**３**．高知
４．高松　**５**．富山

	空港名	着陸回数
1位	東京国際	184,755
2位	福岡	71,086
3位	大阪国際	69,212
4位	那覇	68,427
5位	新千歳	67,920
6位	〔 **あ** 〕	32,957
7位	中部国際	32,864
8位	成田国際	28,015
9位	仙台	27,621
10位	関西国際	24,463

（国土交通省ホームページより作成）

問５．日本の伝統的工芸品について説明した次の文のうち，**あやまっているもの**を一つ選び番号で答えなさい。

１．山形県天童市では豊富な森林資源を生かした曲げわっぱの生産が盛んである。
２．新潟県村上市では，村上木彫堆朱《きぼりついしゅ》という漆器《しっき》が作られている。

３．広島県熊野町は筆の生産が日本一で，化粧《けしょう》筆も品質が高いと評判である。

４．佐賀県有田町では安土桃山時代に朝鮮半島から連れてこられた職人により始まった磁器の生産が盛んである。

問６．次の図は，東京都中央区のウォーターフロント地域の，二つの年における土地利用を表したものです。なお**い**のほうが**あ**より新しい年のデータを使用しています。この図を見て以下の問いに答えなさい。

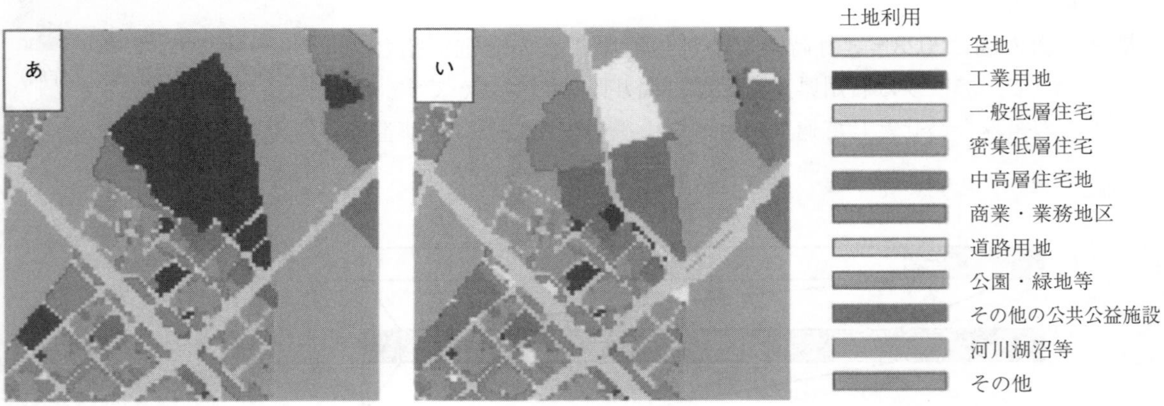

（国土地理院 宅地利用動向調査より作成）

※弊社のホームページにて，２つの図のカラー印刷のものを収録しています。必要な方はアクセスしてください。なお，右のQRコードからもアクセスできます。

(1)　**あ**から**い**までの間に最も面積が減った土地利用を下から一つ選び番号で答えなさい。

１．空地　　２．工業用地　　３．一般《いっぱん》低層住宅

４．中高層住宅地　　５．公園・緑地等

(2)　(1)のように，もともとあった市街地を新しく整備し直すことを何といいますか，漢字３字で答えなさい。

問７．右の表は2021年におけるすいか，バナナ，ぶどう，りんごの，都道府県庁所在地別の１世帯当たりの購入《こうにゅう》金額が上位３位までの都市名とその金額(円)を示したものです。この中でバナナにあたるものを，表中の**１**～**４**から一つ選び番号で答えなさい。

1		2		3		4	
青森	8,331	岡山	6,213	京都	6,376	新潟	2,359
盛岡	8,131	甲府	5,385	長崎	6,276	札幌	2,187
秋田	7,656	長野	4,611	神戸	6,037	鳥取	1,984

（総務省家計調査より作成）

３　**次の文章を読んで問いに答えなさい。**

本校では５月30日の「ごみゼロデー」にちなんで毎年５月30日前後に生徒会主催《しゅさい》で池袋校舎周辺のごみ拾い活動を行っています。毎年多くの生徒が参加してごみを拾いますが，実に様々な種類のごみが収集されてきます。中でも，プラスチックごみはとても多いです。プラスチックは主に石油などから作られ，軽くて丈夫《じょうぶ》で値段が安い素材として，あらゆる日用品に使用されています。しかし，自然には分解されにくいため，処理されないままに川や海に流れ込《こ》み，クジラやウミガメ，魚などの生命を脅《おびや》かします。さらに，(ア)プラスチックごみが紫外線《しがいせん》や波の

作用で細かく砕かれて有害物質を吸着し，それを魚が食べ，その魚を人間が食べることによる健康被害《ひがい》なども心配されているのです。

このようなプラスチックごみを減らすために，2020年からレジ袋《ぶくろ》が有料化されました。レジ袋有料化は，いわゆる「(イ)容器包装リサイクル法」の規定に基づき制定されている省令の改正によるものです。省令とは，(ウ)各省庁が法律の実施《じっし》のため，または(エ)法律の委任によって制定する命令のことです。日本のプラスチックごみ対策はリサイクルが中心でしたが，国際的な流れであるリデュース（ごみの減量）に目を向け，(オ)政府は2030年までに使い捨てプラスチックごみを25％減らすという目標を掲《かか》げています。

ごみ問題をはじめ，(カ)人間の活動が自然環境《かんきょう》に重大な悪影響《えいきょう》を及《およ》ぼすことが問題となっています。しかし自然界は人間の横暴に対抗《たいこう》するすべを持たず，破壊《はかい》されていくしかありません。そこで，声なき自然に代わって「自然の権利」を主張しようという考え方があります。日本では1995年から「アマミノクロウサギ訴訟《そしょう》」と呼ばれる(キ)裁判が鹿児島地裁で行われました。当時の奄美大島ではゴルフ場開発計画があり，野生動物の生息地への悪影響が心配されていました。特別天然記念物のアマミノクロウサギなど奄美大島の希少動物たちと住民が原告となり，鹿児島県を相手取って，ゴルフ場計画の開発許可取り消しを求めて提訴《ていそ》したのです。数年間にわたった裁判では結果的に原告の主張は却下《きゃっか》されましたが，裁判所は「自然が人間のために存在するという考え方を推し進めていってよいのかどうかについては，改めて検討すべき重要な課題」と，異例の言及《げんきゅう》をしました。この裁判が自然と人間の関係を見直すきっかけを与《あた》えたのは間違《まちが》いないでしょう。

人間は自然の一部であると同時に，自然を破壊することで(ク)人々の経済生活が成り立つ場合もあることは否めません。ごみ問題に関して言えば，私たちが生活するうえで必ずやごみが発生し，何らかの形でそれを処理しなくてはならないのは確かです。人々が日ごろからごみへの関心を高めていけば，おのずと「ごみゼロデー」の活動も変化してくるのではないでしょうか。

問１．下線部(ア)について，このような作用により大きさが５ミリ以下となったものを［ ※ ］プラスチックと呼びます。［※］にあてはまる用語をカタカナで答えなさい。

問２．下線部(イ)に関連して，容器包装リサイクル法で回収とリサイクルが義務づけられた**対象品目ではないもの**を下から一つ選び番号で答えなさい。

１．アルミ缶《かん》　２．ガラスびん　３．ダンボール
４．ペットボトル　５．割りばし

問３．下線部(ウ)に関して，2023年４月に「こども基本法」に基づいて新たに設置された省庁の名《めい》称《しょう》を答えなさい。

問４．下線部(エ)について，法律が成立するまでの手続きについて説明した下の文のうち，正しいものを**すべて**選び番号で答えなさい。

１．法律案は内閣のみが作成できる。
２．必ず衆議院から審議《しんぎ》を始める。
３．各議院の法律案の審議は必ず本会議より委員会が先に行う。
４．両院の議決が異なったときは必ず両院協議会を開く。
５．両院の議決が異なったときの再議決は衆議院のみが行う。

問５．下線部(オ)の経済活動である財政について，右の表は2023年度の基本的な予算(一般《いっぱん》会計予算)のうち，１年間に支出する予定の金額《きんがく》(歳出《さいしゅつ》額)です。単位は兆円で，計算の都合上，データの一部を簡略化しています。表中の項目《こうもく》**い**にあてはまるものを下から一つ選び番号で答えなさい。

歳出項目	金額(兆円)
あ	36.9
い	25.3
う	16.4
え	10.1
文教及《およ》び科学振興《しんこう》費	5.4
お	6.1
その他	14.2
合計	114.4

１．公共事業費　**２**．国債《こくさい》費　**３**．社会保障関係費
４．地方財政費　**５**．防衛費

問６．下線部(カ)に関連して，地球環境問題について説明した次の文のうち，正しいものを一つ選び番号で答えなさい。

１．オゾン層の破壊は主に空気中のメタンによって引き起こされ，紫外線の増加による健康被害《ひがい》も心配されている。

２．プランクトンの異常発生である赤潮は，海水に栄養分が乏《とぼ》しくなることで発生し，養《よう》殖《しょく》の魚の死滅《しめつ》など漁業に悪影響を与える。

３．酸性雨は工場からのばい煙《えん》や自動車の排気《はいき》ガスから排出《はいしゅつ》される硫黄酸化物《いおうさんかぶつ》や窒素《ちっそ》酸化物が雨に溶《と》けると発生し，湖の生態系へ影響を与える。

４．製紙パルプの原料としての需要《じゅよう》が年々伸《の》びているため，森林破壊は，先進国で主に起きている。

問７．下線部(キ)について説明した次の文のうち，**あやまっているもの**を一つ選び番号で答えなさい。

１．すべての人は公正な裁判を受ける権利があるため，真実を包み隠《かく》さずに証言しなければならない。

２．逮捕《たいほ》される場合は，現行犯の場合をのぞいて，裁判官が発行する逮捕令状が必要である。

３．裁判において，被告人《ひこくにん》にとって不利益《ふりえき》な証拠《しょうこ》が本人の自白だけの場合は，無罪となる。

４．無罪の裁判を受けたときは，抑留《よくりゅう》や拘禁《こうきん》された日数などに応じて国から補償金《ほしょうきん》を受け取ることができる。

問８．下線部(ク)に関連して，右の表は2022年における関東地方と東北地方に住む二人以上の勤労世帯のひと月の支出の内訳(円)です。この表の**１**～**４**は教育費，交通・通信費，光熱・水道費，食費のいずれかの項目《こうもく》です。教育費にあてはまるものを，一つ選び番号で答えなさい。

	関東地方	東北地方
1	84,582	77,338
2	49,788	53,488
教養娯楽《ごらく》費	32,634	24,656
3	24,061	29,159
4	23,373	9,647

(総務省家計調査より作成)

【理　科】〈第１回試験〉（社会と合わせて50分）〈満点：50点〉

1　以下の問いに答えなさい。

ヘリウム風船から手を放すと，空高く上がっていきますが，この風船はどこまで上がるのでしょうか。以下の例で考えてみましょう。ただし，風船からヘリウムが抜《ぬ》けることはなく，風船が割れることはないものとします。

図１のように，地表でのヘリウムを含《ふく》んだ風船全体の重さが５ｇ，体積が５Ｌのヘリウム風船があります。この風船にはたらく浮力《ふりょく》は，風船が押《お》しのけた空気の重さと等しくなります。１Ｌあたりの重さを密度といい，地表での空気の密度は1.23g/Lです。高度が上がると，空気はうすくなり，地表からの高度と空気の密度は図２のような関係となります。

このとき，風船にはたらく重力と浮力が等しくなる高さまで風船は上昇《じょうしょう》するものと考えることにします。

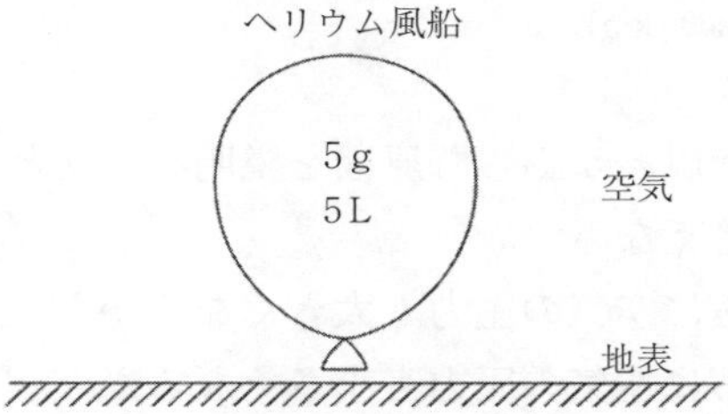

図１

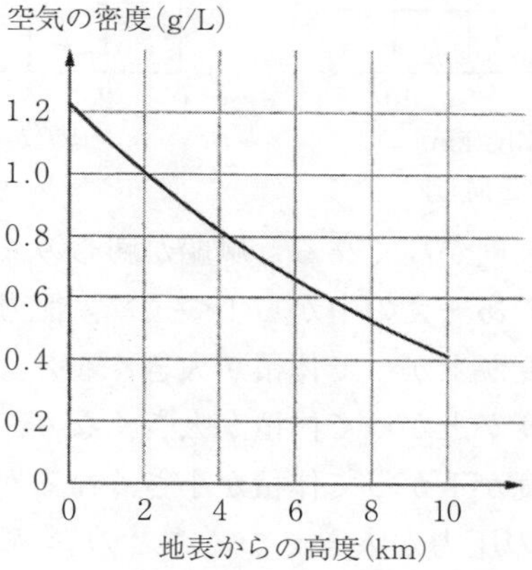

図２

まずは，変形しない風船の場合を考えてみましょう。体積が５Ｌのまま変わらない風船Ａがあります。

(1)　地表からの高度と風船Ａにはたらく浮力の大きさの関係として，正しいものを右の中から１つ選び，**あ**～**き**の記号で答えなさい。

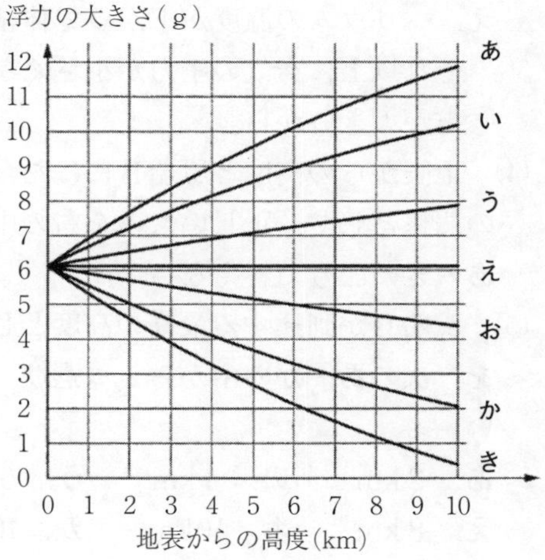

(2)　風船Ａが到達《とうたつ》する最高の高度として最も近いものを，次の**あ**～**か**の中から１つ選び，記号で答えなさい。

あ．２km
い．４km
う．６km
え．８km
お．10km
か．10kmでも風船は上昇を続ける次に，風船が非常に柔《やわ》らかい素材でできており，体積が自由に変えられる場合を考えてみましょう。体積が自由に変えられ，風船の内外の圧力(気体が押す力)が常に等しい風船Ｂがあり，地表での体積は５Ｌでした。高度が上がったときの，地表からの高度と風船Ｂの体積は図３のような関係となります。

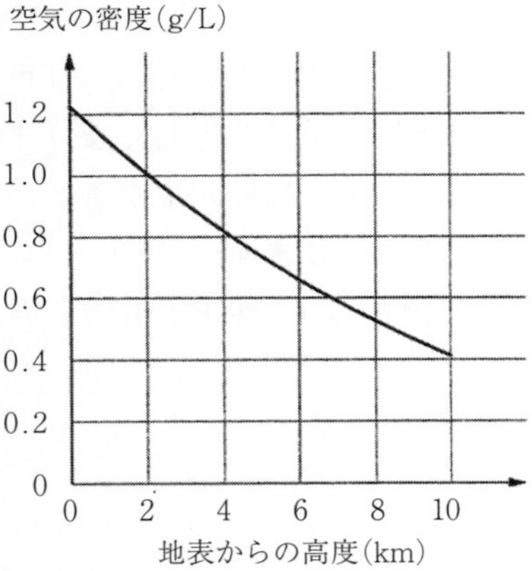

図２　(11ページと同じ)

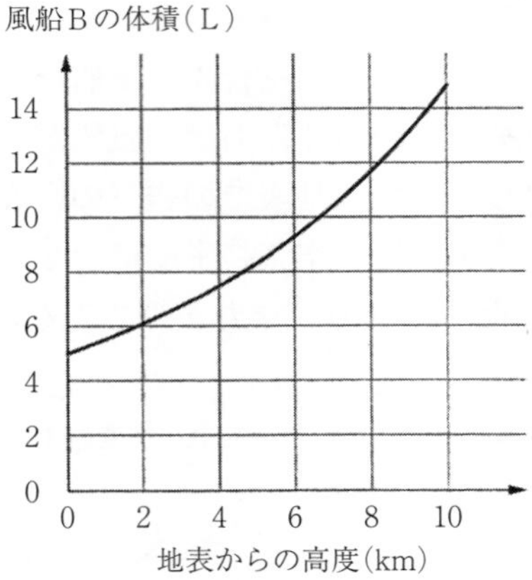

図３

(3)　図３のように，高度が高くなると風船が膨《ふく》らみます。風船が膨らむ原因を説明した文として正しいものを，次の**あ**～**え**の中から１つ選び，記号で答えなさい。

あ．ヘリウムの温度が上がって体積が大きくなり，さらに空気の圧力も大きくなるから。

い．ヘリウムの温度が上がって体積が大きくなり，さらに空気の圧力も小さくなるから。

う．ヘリウムの温度が下がって体積が小さくなるが，それ以上に空気の圧力が大きくなることの影響《えいきょう》の方が大きいから。

え．ヘリウムの温度が下がって体積が小さくなるが，それ以上に空気の圧力が小さくなることの影響の方が大きいから。

(4)　地表からの高度と風船Ｂにはたらく浮力の大きさの関係として，正しいものを右の中から１つ選び，**あ**～**き**の記号で答えなさい。

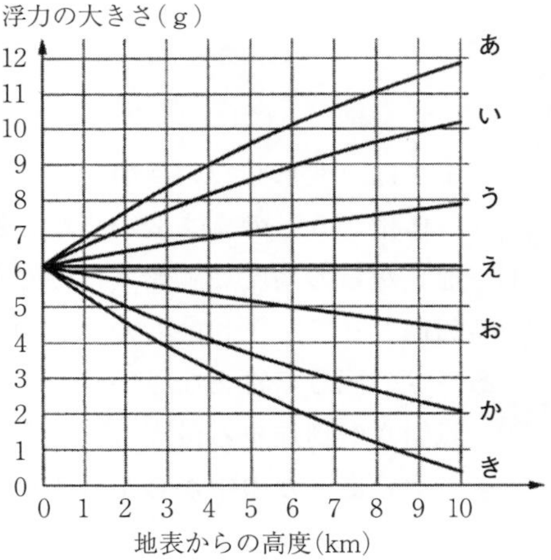

(5)　風船Ｂが到達する最高の高度として最も近いものを，次の**あ**～**か**の中から１つ選び，記号で答えなさい。

あ．２km　　**い**．４km　　**う**．６km

え．８km　　**お**．10km　　**か**．10kmでも風船は上昇を続ける

実際の風船では，伸《の》びたゴムが縮もうとする性質により，風船Ｂのような体積の変化はしません。これを考慮《こうりょ》した風船Ｃについて考えます。地表からの高度と風船Ｃの体積は図４のような関係となります。ただし，図４の点線は比較《ひかく》のために描《か》いた風船Ｂの体積です。

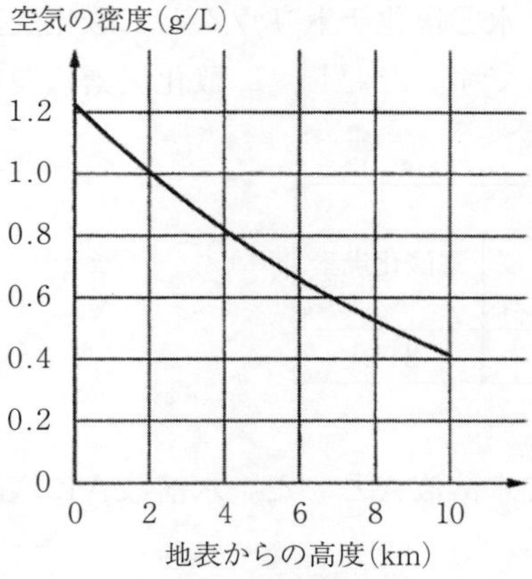

図２　(11ページと同じ)

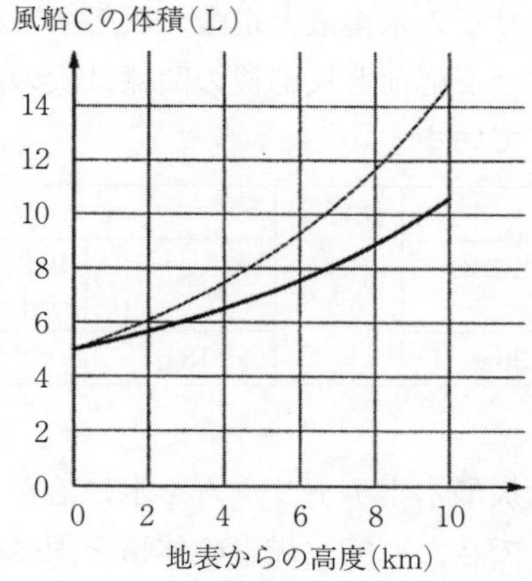

図４

(6)　地表からの高度と風船Ｃにはたらく浮力の大きさの関係として，正しいものを以下の中から１つ選び，**あ**～**き**の記号で答えなさい。

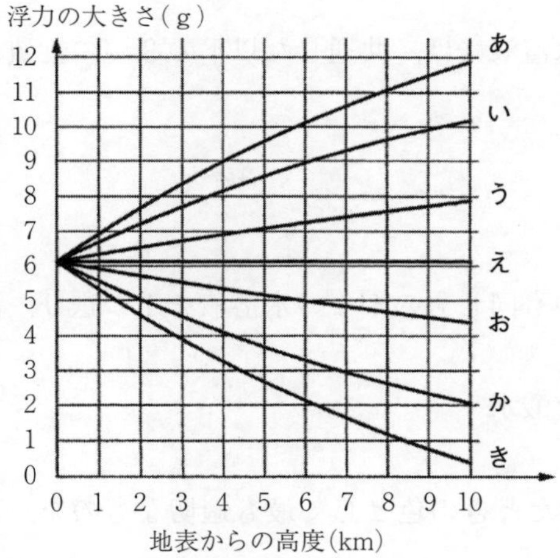

(7)　風船Ｃが到達する最高の高度として最も近いものを，次の**あ**～**か**の中から１つ選び，記号で答えなさい。

あ．２km　　**い**．４km　　**う**．６km

え．８km　　**お**．10km　　**か**．10kmでも風船は上昇を続ける

2　次のような２つの反応をふまえ，実験を行いました。以下の問いに答えなさい。

反応１：水酸化ナトリウム水溶液《すいようえき》と塩酸が反応すると，水と塩化ナトリウムができます。反応前と反応後の関係は次の通りです。

反応前		反応１	反応後	
水酸化ナトリウム	塩化水素	→	水	塩化ナトリウム
40ｇ	36ｇ		18ｇ	58ｇ

反応２：炭酸水素ナトリウム水溶液と塩酸が反応すると，水と塩化ナトリウムと二酸化炭素の３つができます。反応前と反応後の関係は次の通りです。ただし，二酸化炭素については体積を表記しています。

反応前		反応２	反応後		
炭酸水素ナトリウム	塩化水素	→	水	塩化ナトリウム	二酸化炭素
84 g	36 g		18 g	58 g	24 L

【実験】

水酸化ナトリウムと炭酸水素ナトリウムを水に溶《と》かして水溶液Ａとした。水溶液Ａに塩酸を少しずつ加えていき，できた二酸化炭素の体積を調べた。

【結果】

加えた塩酸中の塩化水素の重さ［g］	20	30	33	40	50
できた二酸化炭素の体積［L］	0	2	4	6	6

(1)　水酸化ナトリウム水溶液と炭酸水素ナトリウム水溶液には，共通した以下の３つの性質があります。

- アルカリ性である。
- 固体の物質が溶けている。
- 水溶液は電気を通す。

次の水溶液**あ**～**お**のうち，上の３つの性質と１つも同じものがない水溶液を１つ選び，記号で答えなさい。

あ．石灰水　　**い**．砂糖水　　**う**．ホウ酸水

え．アルコール水溶液　　**お**．酢酸《さくさん》水溶液

(2)　以下の①，②それぞれの水溶液にBTB液を加えたときの色として最も適切なものを，下の**あ**～**え**からそれぞれ１つずつ選び，記号で答えなさい。

①　水溶液Ａに塩化水素25 g分の塩酸を加えた水溶液

②　水溶液Ａに塩化水素40 g分の塩酸を加えた水溶液

あ．赤色　　**い**．緑色　　**う**．青色　　**え**．黄色

(3)　水溶液Ａに塩酸を少しずつ加えていくとき，はじめに反応１だけが起こり，水酸化ナトリウムがすべて反応したあとに反応２が起こるとします。このとき，水溶液Ａをつくるために加えた炭酸水素ナトリウムの重さは何gですか。四捨五入して整数で求めなさい。

(4)　(3)のとき，水溶液Ａをつくるために加えた水酸化ナトリウムの重さは何gですか。四捨五入して整数で求めなさい。

(5)　水溶液Ａの水酸化ナトリウムがすべて塩化水素と反応した時点を「点Ｐ」と呼ぶことにします。点Ｐは反応１が終わった時点であり，反応２が起こり始めた時点でもあり，さらに，炭酸水素ナトリウムがほぼ完全に残っている時点と考えることができます。

次の文**あ**～**お**のうち，それぞれの文中の仮定が正しいとしたときの点Ｐの考察として適する文を２つ選び，記号で答えなさい。

あ．水溶液中に塩化水素が少しでも残っていたら刺激臭《しげきしゅう》を感じることができると仮定すると，

水溶液Ａに塩酸を少しずつ加えていき，刺激臭を感じた時点が点Ｐといえる。

い．塩化ナトリウムが水に溶けないと仮定すると，水溶液Ａに塩酸を少しずつ加えていき，白いにごり(溶け残り)が見られた時点が点Ｐといえる。

う．二酸化炭素が水に溶けないと仮定すると，水溶液Ａに塩酸を少しずつ加えていき，気体の発生が見られた時点が点Ｐといえる。

え．溶けている物質は変化させずに，水酸化ナトリウム水溶液の色だけを赤色にすることができる薬品があると仮定すると，この薬品を加えた水溶液Ａに塩酸を少しずつ加えていき，赤色が消えた時点が点Ｐといえる。

お．溶けている物質は変化させずに，炭酸水素ナトリウム水溶液の色だけを赤色にすることができる薬品があると仮定すると，この薬品を加えた水溶液Ａに塩酸を少しずつ加えていき，赤色が消えた時点が点Ｐといえる。

3　植物について，以下の問いに答えなさい。

(1)　次の植物①～③の特徴《とくちょう》についてあてはまるものを，それぞれ**あ**～**か**から**すべて**選び，記号で答えなさい。

①　ヒマワリ　　②　ヘチマ　　③　サクラ(ソメイヨシノ)

あ．茎《くき》からまきひげをのばす。

い．生きた葉をつけて冬を越《こ》す。

う．め花とお花がある。

え．花びらが黄色い。

お．花びらがちった後，葉が出てくる。

か．小さな花がたくさん集まって，１つの花のようになる。

(2)　セイタカアワダチソウは帰化植物(植物に属する外来種)です。次の**あ**～**お**のうち，帰化植物ではないものを**２つ**選び，記号で答えなさい。

あ．オオカナダモ　　**い**．ヒメジョオン　　**う**．セイヨウタンポポ

え．キキョウ　　**お**．ススキ

(3)　セイタカアワダチソウは虫媒《ちゅうばい》花《か》(虫が花粉を運んで受粉を行う花)です。次の**あ**～**か**のうち，虫媒花であるものを**すべて**選び，記号で答えなさい。

あ．トウモロコシ　　**い**．イネ　　**う**．イチゴ

え．クロモ　　**お**．マツ　　**か**．リンゴ

(4)　植物の根から吸い上げられた水が，主に葉から水蒸気となって空気中に出ていくことを何といいますか。漢字で答えなさい。

(5)　葉の大きさや数が同じセイタカアワダチソウを３本準備し，３本とも上下を切り落とし，茎の中ほどの部分を同じ枚数の葉をつけて同じ長さだけ切り取りました。そして茎の上の切り口にワセリン(水を通さないねばり気のある油)をぬりました。これらをそれぞれ同量の水を入れた試験管に差し，試験管から水が蒸発するのを防ぐために少量の油を注ぎました。加えて，すべての葉の表にワセリンをぬったものをＡ，すべての葉の裏にワセリンをぬったものをＢ，ワセリンをぬらなかったものをＣとしました。

Ａ，Ｂ，Ｃを同じ場所に１時間放置したとき，試験管中の水の減少量(ｇ)は右のようになりました。

セイタカアワダチソウ	A	B	C
水の減少量［ｇ］	4.8	3.2	7.2

この実験に用いたセイタカアワダチソウの葉(表と裏)から１時間で空気中に出ていった量は何ｇですか。四捨五入して小数第１位まで求めなさい。

4　月について，以下の問いに答えなさい。

(1)　以下の図は，ある年の６月での月の出，月の入り，日の出，日の入りを，縦軸《たてじく》が時刻，横軸《よこじく》が日にちのグラフにまとめたものです。この６月に満月が見られる日にちと上弦《じょうげん》の月が見られる日にちはそれぞれ何日ですか。最も適切なものを次の**あ**～**え**から１つずつ選び，記号で答えなさい。

あ．４日　　**い**．11日　　**う**．18日　　**え**．26日

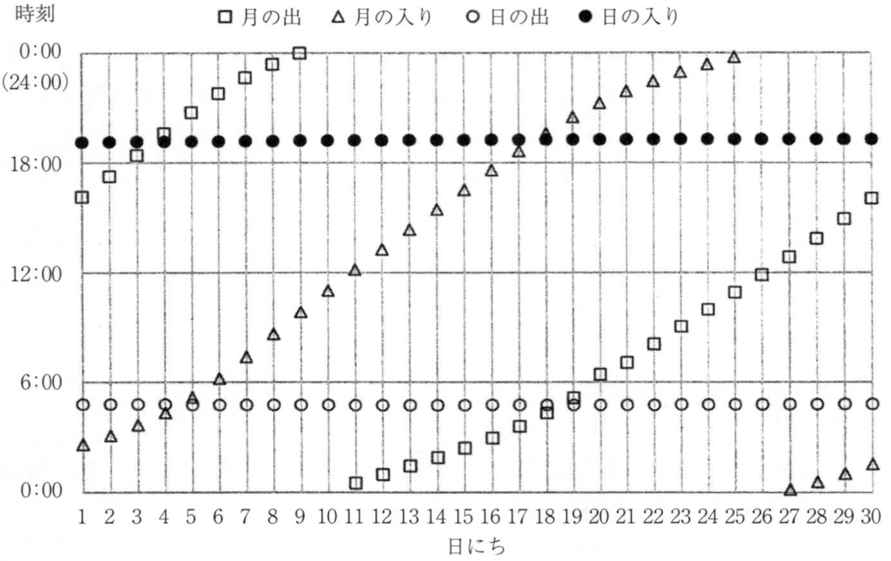

(2)　右の表は，ある年の２月の月の出と月の入りの時刻です。２月24日の夕方に出た月は満月でした。２月24日の夕方に出た月が空に出ている時間は何時間何分ですか。

	２月23日	２月24日	２月25日
月の出	16:36	17:35	18:31
月の入り	6:08	6:37	7:03

(3)　次の文中の[①]～[③]に最も適するものを後の**あ**～**さ**から選び，記号で答えなさい。

地球の直径と比べると，太陽の直径は約109倍，月の直径は約４分の１倍です。地球から月までの距離《きょり》と比べると，地球から太陽までの距離は約400倍はなれています。

地球から月を見るのではなく，月から地球を見ることを考えてみます。月から地球と太陽がほぼ同じ方向に見えたとき，[　　①　　]。月面のある場所で日の出をむかえ，次の日の出をむかえるまでの間に地球は[　　②　　]。

地球から月を見ると，新月→上弦の月→満月→下弦《かげん》の月→新月のように満ち欠けします。月から地球を見るときの地球も満ち欠けの様子によって，新地球，上弦の地球，満地球，下弦の地球のように名づけるとします。例えば，右図のように見える地球は上弦の地球と呼びます。ただし，この写真で見えている地球は上が北半球，下が南半球です。地球から見る月が新月として見られるときから，月から地球を見ると，[　③　]のように満ち欠けします。

©JAXA/NHK

あ．太陽と地球はほぼ同じ大きさに見えます

い．太陽は地球より小さく見えます

う．太陽は地球より大きく見えます

え．約１回自転します

お．約７回自転します

か．約30回自転します

き．約180回自転します

く．新地球→上弦の地球→満地球→下弦の地球→新地球

け．新地球→下弦の地球→満地球→上弦の地球→新地球

こ．満地球→上弦の地球→新地球→下弦の地球→満地球

さ．満地球→下弦の地球→新地球→上弦の地球→満地球

くことができないでいる。

問七　【文章Ⅰ】【文章Ⅱ】から読み取れる、大貫《おおぬき》の成瀬《なるせ》への思いとして最も適当なものを次のア～オの中から一つ選び、記号で答えなさい。

ア　自分まで変な人だと思われたくないので、成瀬《なるせ》のようになりたいとまでは思わないが、一方で成瀬《なるせ》の実力は認めており、成《なる》瀬《せ》を良きライバルであるとも思っている。

イ　成瀬《なるせ》は自分に対して興味を持っていないと思っており、そのさみしさからつい成瀬《なるせ》に冷たくあたってしまうが、実は成瀬《なるせ》の挑戦《ちょうせん》の行く末をひそかに楽しみにしている。

ウ　周囲からの評価を気にしていない成瀬《なるせ》の性格に理解を示す一方で、難関大学志望やデパート建設などといった大それた夢を軽々しく語る成瀬《なるせ》を幼いと見下している。

エ　常識外れな言動を迷惑《めいわく》だと思いつつも、他人からどう思われているかを一切《いっさい》気にしない成瀬《なるせ》にあこがれており、成瀬《なるせ》が困ったときには力になりたいと思っている。

オ　型破りな言動で目立つ成瀬《なるせ》とはできるだけ関わりたくないと思うが、一方で確固たる自分の考えを持ち、常識にとらわれず自由にふるまう姿をうらやましく思っている。

問八　――線⑦「成瀬《なるせ》は真顔で」とありますが、ここで成瀬《なるせ》はどのようなことを思っていたと考えられますか。【文章Ⅰ】から答えとなる二文続きの箇所《かしょ》を探し、最初の五字を抜《ぬ》き出《だ》しなさい。

問九　――線A「カンショウ」・B「フイ」・C「満足気」について、以下のそれぞれの問いに答えなさい。

(1)　――線A「カンショウ」の「ショウ」に相当する漢字をふくむものを次のア～オの中から一つ選び、記号で答えなさい。

ア　道路で転んで足をフショウする。

イ　ステージのショウメイをつける。

ウ　今でもインショウに残っている風景。

エ　一位になったのでショウジョウをもらう。

オ　キショウの荒《あら》い彼《かれ》とはすぐけんかになる。

(2)　――線B「フイ」のカタカナを正しい漢字に直しなさい。(一画一画ていねいにはっきりと書くこと。送り仮名《がな》が必要な場合、それも解答らんに書きなさい。)

(3)　――線C「満足気」の正しい読みがなをひらがなで書きなさい。

成瀬《なるせ》には大貫《おおぬき》の悪意は伝わっていない。

イ　大貫《おおぬき》は成瀬《なるせ》に最低限の応対をしようとしているが、成瀬《なるせ》はその大貫《おおぬき》の努力よりも発言内容そのものを評価している。

ウ　大貫《おおぬき》は成瀬《なるせ》にぶっきらぼうに話しているが、成瀬《なるせ》は大貫《おおぬき》の言葉を素直に受け止めており大貫《おおぬき》の態度を気にしていない。

エ　大貫《おおぬき》は成瀬《なるせ》をおとしいれようとしてわざと誤った提案をしたが、成瀬《なるせ》は大貫《おおぬき》の提案を正当なものだと思っている。

オ　大貫《おおぬき》は成瀬《なるせ》をぞんざいに扱《あつか》っているが、成瀬《なるせ》は大貫《おおぬき》の対応を真面目《まじめ》に受け止め自分の行動の未熟さを反省している。

問二　――線②「一ヶ月に～少し長い」とありますが、ここから【文章Ⅰ】は成瀬《なるせ》が何年生の何月の時の話だとわかりますか。【文章Ⅱ】の成瀬《なるせ》と大貫《おおぬき》との会話も参考にしながら、最も適当なものを次のア～オの中から一つ選び、記号で答えなさい。

ア　二年生の六月　　イ　二年生の七月　　ウ　三年生の八月

エ　三年生の九月　　オ　三年生の十月

問三　――線③「指先まで血が通うような感覚」とありますが、ここでの成瀬《なるせ》の状況《じょうきょう》を説明したものとして最も適当なものを次のア～オの中から一つ選び、記号で答えなさい。

ア　気持ちを切りかえ、いつもの勉強の感覚を取《と》り戻《もど》している。

イ　大貫《おおぬき》の助言のおかげで、不調を乗《の》り越《こ》えられたことに感謝している。

ウ　島崎《しまざき》との別れのさみしさを克服《こくふく》し、前向きになっている。

エ　京大ではなく、島崎《しまざき》と一緒《いっしょ》に東京の大学に行こうと決意している。

オ　大貫《おおぬき》や美容師との交流を経て、人としての温かさを回復している。

問四　――線④「島崎《しまざき》の眉間《みけん》にしわが寄る」とありますが、ここでの島崎《しまざき》の心情を説明したものとして最も適当なものを次のア～オの中から一つ選び、記号で答えなさい。

ア　成瀬《なるせ》が髪《かみ》を伸《の》ばし続けた自身の格好を気にしていたことに驚《おどろ》いている。

イ　成瀬《なるせ》が伸《の》ばし続けていた髪《かみ》を切ってしまったことに不可解な思いでいる。

ウ　成瀬《なるせ》が島崎《しまざき》の期待に応えるよりも快適さを優先したことに失望している。

エ　成瀬《なるせ》が勝手に島崎《しまざき》にことわりもなく髪《かみ》を切ったことに不愉快《ふゆかい》な思いでいる。

オ　成瀬《なるせ》が自身の挑戦《ちょうせん》よりも大貫《おおぬき》の提案を尊重したことに嫉妬《しっと》している。

問五　――線⑤「振《ふ》り返《かえ》ると心当たりがありすぎる」とありますが、これは成瀬《なるせ》が何をしてきたという「心当たり」ですか。六十字以内で説明しなさい。

問六　――線⑥「こんなふうに～楽だろう」とありますが、この一文から読み取れることとして最も適当なものを次のア～オの中から一つ選び、記号で答えなさい。

ア　大貫《おおぬき》は、将来に安定を求めており、野望など持っても意味がないと切り捨てている。

イ　大貫《おおぬき》は、常に完璧《かんぺき》を求めるあまりに、自分にできない挑戦《ちょうせん》はしないうちから諦《あきら》めてしまう。

ウ　大貫《おおぬき》は、失敗を恐《おそ》れているので、将来のためには注意を重ねて計画を立てている。

エ　大貫《おおぬき》は、周りの視線を気にしており、夢や希望を気軽に言うことにためらいを抱《いだ》いている。

オ　大貫《おおぬき》は、現実を悲観するあまりに、自由にのびのびと夢を描《えが》

「本店はすごいな。もはやデパートと言うより街だな」

成瀬《なるせ》は興味深そうにいろんな角度から写真を撮《と》っている。

「わたしは将来、大津《おおつ》にデパートを建てようと思ってるんだ」

⑥こんなふうに目標とも夢とも野望ともつかないことを気安く口に出せたらどんなに楽だろう。あの寂《さび》れた街にデパートを出店するのはさすがに無茶だと思うが、わたしが反論したところで成瀬《なるせ》が考えを改めるはずがない。

「今日はそのための視察？」

わたしが尋《たず》ねると、成瀬《なるせ》は「そうだ」とC満足気に答えた。

*7東大に戻《もど》る地下鉄の中で、わたしは成瀬《なるせ》に「どうして坊主《ぼうず》にしたの？」と尋《たず》ねた。成瀬《なるせ》は意外そうな表情でベリーショートの髪《かみ》に触《ふ》れる。

「はじめて訊《き》かれたな。みんな訊《き》きづらいんだろうか」

「そりゃ訊《き》きづらいでしょ」

反応を見るに、深刻な事情があるわけではないらしい。

「人間の髪《かみ》は一ヶ月に一センチ伸《の》びると言うだろう。その実験だ」

意味がよくわからず黙《だま》っていると、成瀬《なるせ》が続けた。

「入学前の四月一日に全部剃《そ》ったから、三月一日の卒業式には三十五センチになっているのか、検証しようと思ったんだ」

わたしは思わず噴《ふ》き出《だ》した。小学生の頃《ころ》、朝礼台に上る成瀬《なるせ》の肩《かた》まで伸《の》びる直毛を見て、わたしもあんな髪《かみ》だったらよかったのにと羨《うらや》んだのは一度や二度じゃない。

「全部剃《そ》らなくても、ある時点での長さを測っておいて、差を計算したらよくない？」

わたしだって縮毛矯正《きょうせい》したことで、地毛が伸《の》びるスピードがわかった。

「ちゃんと厳密にやりたかったんだ。それに、美容院に行くと、内側と外側で長さを変えられてしまうだろう。全体を同時に伸《の》ばしたらどうなるか、気にならないか？」

一瞬《いっしゅん》納得したが、同意するのは悔《くや》しくて「そうだね」と軽く答える。

「しかし短髪《たんぱつ》が想像以上に快適で、伸《の》ばすのが面倒《めんどう》になってきている」

成瀬《なるせ》は頭頂部の髪《かみ》をつまんで言った。

「せっかく剃《そ》ったんだから、最後までちゃんとやんなよ」

また憎《にく》まれ口《ぐち》を叩《たた》いてしまったが、⑦成瀬《なるせ》は真顔で「大貫《おおぬき》の言うとおりだな」とうなずいた。

（『成瀬《なるせ》は天下を取りにいく』宮島未奈《みやじまみな》）

（注）
*1　京大―京都大学の略称《りゃくしょう》。
*2　プラージュ―美容院の店名。
*3　M-1グランプリ―お笑いのコンテスト。漫才《まんざい》を競い合う。成瀬《なるせ》は島崎《しまざき》を誘ってこのコンテストに出場したことがある。
*4　西武大津《おおつ》店―成瀬《なるせ》や大貫《おおぬき》の故郷にあったデパート。成瀬《なるせ》が中学二年生の夏に閉店した。
*5　テナント―建物に入っている店舗《てんぽ》。
*6　無印良品―衣服、生活雑貨、食品などを扱《あつか》う店舗《てんぽ》。
*7　東大に戻《もど》る―二人はこの後、模擬《もぎ》授業を受けに大学へ戻《もど》る予定だった。

問一　――線①「意表をついた答え」とありますが、ここでのやりとりからわかる成瀬《なるせ》と大貫《おおぬき》それぞれの状況《じょうきょう》を説明したものとして最も適当なものを次のア～オの中から一つ選び、記号で答えなさい。

ア　大貫《おおぬき》は成瀬《なるせ》にいやな思いをさせることをわざと言っているが、

の？」と驚《おどろ》きの声を上げた。

「二十八ヶ月で、三十センチから三十一センチ伸《の》びることがわかった」

④島崎《しまざき》の眉間《みけん》にしわが寄る。

「卒業式まで伸《の》ばすんじゃなかったの？」

成瀬《なるせ》も髪《かみ》を切るつもりなんてなかった。大貫《おおぬき》に変だから切ったほうがいいと言われ、たしかにそうだと思って美容院に行ったと説明した。

「切ったらまずかったのか？」

「まずくはないけど、ちょっとがっかりしたっていうか……」

島崎《しまざき》は不満そうだが、髪《かみ》を切る切らないは個人の自由である。

「成瀬《なるせ》ってそういうところあるよね。お笑いの頂点を目指すって言っておきながら、四年でやめちゃうし」

「やってみないとわからないことはあるからな」

成瀬《なるせ》はそれで構わないと思っている。たくさん種をまいて、ひとつでも花が咲《さ》けばいい。花が咲《さ》かなかったとしても、挑戦《ちょうせん》した経験はすべて肥やしになる。

「今回も、髪《かみ》を切らないと暑くて不格好になることがわかった。＊3Ｍ－1グランプリにしても、馬場公園で漫才《まんざい》を練習したことでときめき夏祭りの司会になった。決して無駄《むだ》ではない」

「成瀬《なるせ》の言いたいことはわかるけどさ、なんかモヤモヤするんだよね。こっちは最後まで見届ける覚悟《かくご》があるのに、勝手にやめちゃうから」

成瀬《なるせ》は背中に汗《あせ》が伝うのを感じた。⑤振《ふ》り返《かえ》ると心当たりがありすぎる。成瀬《なるせ》が途中《とちゅう》で諦《あきら》めた種でも、島崎《しまざき》は花が咲《さ》くのを期待していたのかもしれない。これでは愛想を尽《つ》かされても無理はない。

「すまない、話はそれだけだ」

どうしていいかわからなくなった成瀬《なるせ》は、階段を駆《か》け下《お》りて家に帰った。

【文章Ⅱ】

【文章Ⅱ】は22ページ波線部「大貫《おおぬき》が～言った」にあたる場面の描写《びょうしゃ》で、「わたし」とは成瀬《なるせ》と同じ高校に通う同級生の大貫《おおぬき》かえでのことである。大貫《おおぬき》と成瀬《なるせ》は一年生の夏、故郷の滋賀県《しがけん》大津市《おおつし》から出て東京大学（東大）の見学に来ていた。成瀬《なるせ》から行きたい場所があると誘《さそ》われた大貫《おおぬき》はしぶしぶ成瀬《なるせ》と東大を出て、池袋《いけぶくろ》の西武デパートに着く。

店に入ると、初めて来たはずなのに懐《なつ》かしさを覚えた。＊4西武大《おお》津《つ》店とは＊5テナントも品揃《しなぞろ》えも全然違《ちが》うのに、館内の空気が西武なのだ。成瀬《なるせ》は目に涙《なみだ》を浮《う》かべている。ずいぶん大げさだと笑いたくなるが、わたしの胸にもこみあげるものがあって、うまく言葉が出てこない。

「地上に行って、外から見てみよう」

エスカレーターまでたどり着くにも人をよけて歩かなければならない。西武大津《おおつ》店がいつもガラガラだったことを思い出す。

店の外に出たら、自分が小さくなったような錯覚《さっかく》に陥《おちい》った。西武池《いけ》袋《ぶくろ》本店は巨大《きょだい》で、わたしの考えるデパートの五軒分《ごけんぶん》ぐらいはあった。西武大津《おおつ》店の一階の端《はし》で営業していた＊6無印良品だけで一つのビルになっている。「池袋《いけぶくろ》駅東口」と書かれた入口もあるが、どういう構造になっているのだろう。

また成瀬《なるせ》から写真を撮《と》るよう頼《たの》まれ、わたしを道連れにしたのはカメラマンにするためだったのだと悟《さと》る。なんだか腹立たしくなり、「わたしの写真も撮《と》ってよ」とスマホを渡《わた》した。成瀬《なるせ》の撮《と》った写真はわたしの姿とＳＥＩＢＵのロゴがちゃんと収まっている以外、特筆すべき箇所《かしょ》はなかった。

が歩いてくるのが見えた。

「おう、大貫《おおぬき》」

声をかけると、大貫《おおぬき》は「なによ」と迷惑《めいわく》そうな顔をする。どうも嫌《きら》われているらしいのだが、成瀬《なるせ》は大貫《おおぬき》が嫌《きら》いではないため、遠慮《えんりょ》する道理はない。

「数学の問題が解けなくて困っているんだ。何かいい方法はないだろうか」

成瀬《なるせ》にとって喫緊《きっきん》の課題だ。大貫《おおぬき》は勉強熱心だし、いい解決法を知っているだろう。

「どういうこと？」

「＊1京大の入試問題を見ても解法が浮《う》かばなくなったんだ」

大貫《おおぬき》は呆《あき》れたように息を吐《は》く。

「教科書の例題でもやってみたら？」

①意表をついた答えだった。教科書の範囲《はんい》はとっくに終わっている。授業では問題集をメインに使っていたこともあって、もはや表紙のデザインすら思い出せない。どこにしまっただろうかと考えていると、大貫《おおぬき》は「それと、髪《かみ》切ったほうがいいんじゃない？」と続けた。

「しかし、大貫《おおぬき》が切らないほうがいいと言ったじゃないか」

「あのときはそう思ったけど、さすがに今は変っていうか……」

やはり大貫《おおぬき》は何かが違《ちが》う。面と向かってこんなことを言ってくれるのは大貫《おおぬき》しかいない。

「大貫《おおぬき》はどこの美容院に行っているんだ？」

大貫《おおぬき》は高校に入って髪型《かみがた》が変わった。中学時代はうねったひとつ結びだったのに、今ではまっすぐ髪《かみ》を下ろしている。腕《うで》のいい美容師に切ってもらっているのだろう。

「別にどこだっていいでしょ。そこの＊2プラージュで切ったら？」

大貫《おおぬき》は吐《は》き捨《す》てるように言うと、足早に去っていった。

髪《かみ》を切って気分転換《てんかん》すれば勉強も捗《はかど》るかもしれない。成瀬《なるせ》は馬場公園から徒歩一分のプラージュに足を踏《ふ》み入《い》れた。中には十席以上あり、思いのほか多くの人がいる。勝手がわからず立ち止まっていると、「八番へどうぞ」と案内された。

担当の美容師はいかにもおしゃべりが好きそうな中年女性だった。

「これ、ずっと伸《の》ばしてはったん？」と軽い調子で尋《たず》ねてくる。

「大事なことを忘れていた。すまないが、メジャーを貸してほしい」

検証のためスキンヘッドから伸《の》ばしていたことを伝えると、美容師は「ほな測らなあかんわ」と興味を示してメジャーを持ってきた。

「トップは三十センチで、サイドは三十一センチぐらいやね」

②一ヶ月に一センチ伸《の》びるという説どおりなら二十八センチのはずだが、それより少し長い。サイドの方が伸《の》びやすいのも発見だった。

「若いから伸《の》びるのが早いんやね。ほんで、どれぐらい切りましょ？」

肩《かた》を超《こ》えたあたりで切りそろえ、前髪《まえがみ》を作ってもらうと、部屋のカーテンを取《と》り替《か》えたときのように気持ちがよかった。カット代金を支《し》払《はら》い、家に帰る。

数学の教科書は使用済み問題集と一緒《いっしょ》に積んであった。開きぐせもなく、あまり使っていなかったことが見て取れる。ぱらぱらめくってみると、項目《こうもく》ごとに例題が配置されていた。

成瀬《なるせ》は数学Ⅰの「数と式」から順番に、ノートに写して解きはじめた。難易度が低く、リハビリにはちょうどいい。解いているうちにリズムに乗ってきて、③指先まで血が通うような感覚があった。

数学Ⅰの教科書を終えたところでＢフイに島崎《しまざき》のことを思い出した。スキンヘッドにしたときも見せに行ったことだし、今回も報告に行ったほうがいいだろう。

エレベーターを上がって島崎《しまざき》の家に行き、インターフォンで呼び出す。ドアを開けて成瀬《なるせ》の顔を見るなり、島崎《しまざき》は「えっ、髪《かみ》切った

オ　自分が主人公となって世界が動いているかのように身の回りの出来事を説明したもの。

問三　――線③「冷たい呼称《こしょう》」とありますが、「冷たい」という表現を文脈に合わせて言《い》い換《か》えた時に、最も適当な表現を次のア～オの中から一つ選び、記号で答えなさい。

ア　皮肉な　イ　未熟な　ウ　無機質な

エ　残酷《ざんこく》な　オ　俯瞰的《ふかんてき》な

問四　空らん④に入る言葉として最も適当だと考えられるものを次のア～カの中から一つ選び、記号で答えなさい。

ア　物語性の強い壮大《そうだい》な　イ　物語性の弱い貧相な

ウ　実現性の高いリアルな　エ　実現性の低い空想的な

オ　精神性の高い高尚《こうしょう》な　カ　精神性の低い低俗《ていぞく》な

問五　空らん⑤に入る言葉として最も適当だと考えられるものを次のア～オの中から一つ選び、記号で答えなさい。

ア　しかし　イ　つまり　ウ　ところで

エ　あるいは　オ　まして

問六　――線⑥「このような言い回し」とありますが、これが指す部分を本文中から六十字以内で探し、最初の五字を抜《ぬ》き出《だ》しなさい。

問七　――線⑦「宗教的物語としての死後の世界」とありますが、これについて(1)と(2)に答えなさい。

(1)「死後の世界」を具体的に言《い》い換《か》えた部分を本文中から二十五字で探し、最初の五字を抜《ぬ》き出《だ》しなさい。

(2)　この「死後の世界」を信じている人だけが理解できることとして**当てはまらないもの**を次のア～オの中から一つ選び、記号で答えなさい。

ア　先祖代々受《う》け継《つ》いでいる着物を着た時に、ご先祖様に守られていると感じる。

イ　まるで前世からの縁《えん》のように、出会った瞬間《しゅんかん》から互《たが》いに惹《ひ》かれあい恋《こい》に落ちる。

ウ　戦国時代から数百年が経っても城跡《しろあと》に行けば、武将の威厳《いげん》を得たように感じる。

エ　長年連れ添《そ》った妻に先立たれた老人が、「死んだ妻に怒《おこ》られるから」と節制する。

オ　大病を患《わずら》っている人が、臓器移植手術を受けて元気に生きられるよう期待する。

問八　波線部「魂《たましい》の不死を主張する論」とありますが、これによってどのようなことが可能になりますか。この論の説明をしながら七十五字以内で答えなさい。

二　次の【文章Ⅰ】および【文章Ⅱ】を読んで、後の一から九までの各問いに答えなさい。（**ただし、字数指定のある問いはすべて句読点・記号も一字とする。**）

【文章Ⅰ】

成瀬《なるせ》あかりは幼少期から様々な挑戦《ちょうせん》をしてきていた。成瀬《なるせ》と同じマンションに住む幼なじみで同級生の島崎《しまざき》みゆきは、「成瀬《なるせ》あかり史を見届けたい」と思っており、成瀬《なるせ》をずっと間近で見守り、ある時は成瀬《なるせ》の挑戦《ちょうせん》に付き合ってきた。別の高校に進学してからも二人の親交は続いていたが、ある日島崎《しまざき》が大学進学と同時に東京へ引《ひ》っ越《こ》すことを成瀬《なるせ》に伝える。成瀬《なるせ》は衝撃《しょうげき》を受け、翌日は朝から何をしてもうまくいかない。家にいても仕方がないと思い、成瀬《なるせ》は公園に出かける。

島崎《しまざき》のことを思うとどうもAカンショウ的になってしまう。ブランコを降りて公園を出ると、向こうの方からトートバッグを提《さ》げた大貫《おおぬき》を受け入れる必要があります。この、「魂《たましい》」というものを、「身体」とは別の存在として理解することが、次に示すような宗教的物語が成立するための重要な要素となるでしょう。

人間は、身体の滅《ほろ》びによって死を迎《むか》える。しかしこのとき、心は身体と運命をともにしない。心はタンパク質を主とした有機物の塊《かたまり》ではなく、何か霊《れい》のようなものである。この霊《れい》としての心は、身体が滅《ほろ》びるとき、いわば身体を離《はな》れ、身体から抜《ぬ》け出て、どこかへ去る。去っていく先は、「あの世」である。身体がなくなると、心はあの世へ行く。この意味で、心が身体から離《はな》れてあの世へ去ること、これが「死」と呼ばれている事態の真相である。

こう考えれば、先に見た、いろんな言い回しがよく理解できます。「あの世」とは、身体から離《はな》れた心が向かっていく、この世ではない場所であり、そこで「先に待っている」のは、霊《れい》となった心です。また、これまでに死んだ人々の心も、同じように霊《れい》となって「あの世」にいるのですから、死ねば、「死んだおじいさん」つまり、あの世に存在しているおじいさんの心に「会う」こともできるでしょう。

あるいは、この世で何かめでたいことが起こると、「死んだ人が天国で喜んでいる」と言ったりしますが、この場合も、死んだ人の霊《れい》が、天国という一種の「あの世」に存在していると考えるならば、十分に理解可能です。もっとも、この言い回しが理解されるためには、「あの世」から「この世」を見ることができるということ、更《さら》には、「喜び」といった感情が、身体を持たない心にも感じられるということなどが、更《さら》に前提になります。しかしともかく、心が身体を離《はな》れてありうるならば、このような宗教的な物語が本当である余地があります。

ですから問題は、本当に、人間には「心」や「魂《たましい》」や「霊《れい》」と言われるものが、「体」や「身体」や「肉体」と言われるものと別のものなのか、ということになります。

（『神さまと神はどう違《ちが》うのか？』上枝美典《うええだよしのり》）

問一　――線①「驚《おどろ》くべきことに」とありますが、どういう点で「驚《おどろ》き」だと表現しているのですか。考えられる説明として最も適当なものを次のア～オの中から一つ選び、記号で答えなさい。

ア　人類が共通して持つ「死」への恐怖《きょうふ》は、哲学者《てつがくしゃ》たちの大半が考えても和らぐことがなかったという点。

イ　一般的《いっぱんてき》にはどんな様子かが気になるはずなのに、哲学者《てつがくしゃ》は「死後の世界」が存在するか否かに固執《こしつ》している点。

ウ　死後「魂《たましい》」が存在しないという考え方もあるのに、ほぼすべての哲学者《てつがくしゃ》が死後も「魂《たましい》」が残ることを前提としている点。

エ　多くの哲学者《てつがくしゃ》たちがよってたかって「死後の世界」について考えているにもかかわらず、未《いま》だ答えがわかっていない点。

オ　宗教も哲学《てつがく》も「人間とは何か」について議論する中で、人々の中に自然と宗教的思考が根付いていった点。

問二　――線②「人生という物語」とありますが、ここで言う「人生という物語」の説明として最も適当なものを、次のア～オの中から一つ選び、記号で答えなさい。

ア　普段《ふだん》の自分の行いが、信仰《しんこう》している宗教の教義にふさわしいかどうかを判断する基準になるもの。

イ　卒業、就職、結婚《けっこん》などの人生の節目において、勇気をもって一歩踏《ふ》み出《だ》すきっかけをくれるもの。

ウ　万人に等しく訪れる「死」への恐怖《きょうふ》から逃《に》げるため、「生」のことのみを語ろうとするもの。

エ　人が生まれてからやがて死ぬことについて自分なりの意味を見出し、それを言語化してきたもの。

を目指して、さまざまな教説が生まれました。

三つ目は、この世の最後の日に下される審判《しんぱん》によって、天国や地獄《じごく》に行くという、キリスト教やイスラム教に代表される考え方です。仏教でも浄土教《じょうどきょう》の系統は、極楽浄土《ごくらくじょうど》という天国のようなところに行くそうですので、こちらの考え方に近いかもしれません。どちらも、個人の努力というよりは、救世主の愛や如来《にょらい》の慈悲《じひ》を信じることによって地獄《じごく》行きを免《まぬか》れるという考え方なので、〔　④　〕世界観、たとえば全知全能の創造神といったものを必要とします。じっさい、キリスト教の神はそのような神の典型ですし、阿弥陀如来《あみだにょらい》も、一切衆生《いっさいしゅじょう》の救済を願う仏とされますから、強大な力をもつ人格神（如来《にょらい》）と言っていいでしょう。

四つ目は、魂《たましい》それ自体は不滅《ふめつ》であって、次の身体に転生もせず、天国にも地獄《じごく》にも行かず、この世とは違《ちが》うところ、あるいはこの世を構成しているいくつかの次元の一つに残り続けるという考え方です。こちらの方は、理屈《りくつ》が好きな哲学者《てつがくしゃ》が好む考え方ですね。精神と肉体、心と体の関係について考えることに集中するので、それ以上の大きな世界観にまで話を進めることは稀《まれ》です。ですから、死後に残存する魂《たましい》がその後どうなるのかについては、キリスト教などの既存《きそん》の宗教に接続することが多いようです。「魂《たましい》の存在は証明した。あとは宗教に任せる！」といったところでしょうか。

ところで、この四つは、それぞれが独立した四つの陣営《じんえい》と言うよりは、一つ目と、それ以外の三つの二つの陣営《じんえい》に大きく分かれます。なぜなら、一つ目以外の答え方は、すべて、身体が滅《ほろ》びても、魂《たましい》や心や霊《れい》と呼ばれる何らかのものが、何らかのしかたで残ることを前提としているからです。

ですから本書では、一つ目以外の三つの考え方をひとまとめにして、「魂《たましい》の不死を主張する論」として扱《あつか》いたいと思います。逆に言えば、一つ目の、ニヒリズム、唯物論《ゆいぶつろん》、物理主義と呼ばれる立場が正しいかどうかということに、問題を絞《しぼ》っていきたいと思います。

ドラマなどでよく、「あの世で先に待っているぞ」とか、「もうすぐおじいさんに会える」とか、「天国のあの人はきっと喜んでくれる」というセリフを聞くことがあります。そして、その意味が、なんとなくわかります。しかし、実際のところ、これはなにを言っているのでしょうか。

少なくとも、死んだら身体を焼いてしまうわけですから、このような発言の背後には、身体とは違《ちが》う何かがあるという考え方があるはずです。一般《いっぱん》にそれを「魂《たましい》」と呼びます。〔　⑤　〕人間は身体と魂《たましい》からできていて、身体が滅《ほろ》んだ後も、魂《たましい》は一緒《いっしょ》に滅《ほろ》びることがなく、何らかのかたちで残ると考えられているわけです。

このときに前提になっている考えを、哲学《てつがく》では「心身二元論」と呼びます。ちょうど、卵に白身と黄身があるように、かりに人間が心と身体という二つのものから成り立っているとすれば、死後の世界についての⑥このような言い回しを、かなりすっきりと理解することができます。

逆に、もし人間が主としてタンパク質からできた精巧《せいこう》なロボットであり、魂《たましい》や心と言われるものもすべては大脳などの身体の器官によって説明できると考えるなら、「死とは身体が壊《こわ》れることである」で話はすべて終わり、死後の世界について語ることはできません。もちろん、自分が死んだあとのこの世界、たとえば千年後のこの世界について語ることはできますが、それはここで問題にしている、⑦宗教的物語としての死後の世界ではありません。

ですから、「あの世」や「祖先の霊《れい》」などについて語りそれを理解するためには、人間は身体だけでなく魂《たましい》を持っている、という主張

2024年度

豊島岡女子学園中学校

【国語】〈第一回試験〉（五〇分）〈満点：一〇〇点〉

一 次の文章を読んで、後の一から八までの各問いに答えなさい。
（ただし、字数指定のある問いはすべて句読点・記号も一字とする。）

死んだらどうなるのだろうという問いは、宗教にとって重大です。宗教の主な役割の一つは、死に対する人類共通の不安を和らげることだとも言えるでしょう。

哲学者《てつがくしゃ》たちも、それを語っていますが、違《ちが》いは、死後の天国や地獄《じごく》の様子について語るのではなくて、そもそも「死後」というものがありうるのかどうかを問います。そして①驚《おどろ》くべきことに、現在に至るまでのほとんどの哲学者《てつがくしゃ》たちは、魂《たましい》が肉体と共に滅《ほろ》びるという世界観に対して、何らかの疑問を投げかけています。

宗教は人の生死に関係します。多くの宗教は、人間がどこから来てどこへ行くのかを語ります。人間とは本来何であるのか。日々の暮らしに追い立てられている今のあなたは、その本来の姿に比べてどうであるのか。そして、あなたは死んだ後にどうなるのか。

宗教は、このような物語を積極的に語ってきました。その結果でしょうか、私たちが漠然《ばくぜん》と考える死は、たんに生物的な、主要器官の機能停止ということよりも、豊かで複雑な内容を持つに至りました。そのように複雑な死は、長い歴史の中で、人々の宗教的思考の中で育まれてきたものです。私たちは、知らず識《し》らずのうちに、それを受け入れ、当たり前のものと見なし、そうして作られた②人生という物語の中で、生と死を考えています。

たとえば、私たちが人生について考えようとするとき、必ず死の理解を前提にします。死とは何かが曖昧《あいまい》であれば、死によって区切られるはずの生について深く考えることはできません。ところが、死の意味を理解するためには、必ず、何らかの物語を前提にしていなければなりません。そしてそのような物語の成立には、多かれ少なかれ、あるいは肯定的《こうていてき》にせよ否定的にせよ、常に何らかの宗教が関係しています。私たちは宗教を前提に置かなければ、自分の人生についてすら考えることができません。

現代の常識的な理解として、死とはどのようなものか、死んだらどうなるのかという問いに対しては、大きく分けて四つの答え方があると思います。

一つは、死んだらすべて終わりだとするもので、この考え方は、宗教の側からは無神論やニヒリズム、唯物論《ゆいぶつろん》などという③冷たい呼称《こしょう》で呼ばれてきました。すべてが自然科学によって説明できると考える物理主義や自然主義と言われる立場もまた、霊《れい》や死後の世界が自然科学の対象でないという理由で、この立場に近いと思われます。現代は科学の時代ですので、自覚がなくてもこのように考えている現代人は多いかもしれません。

二つ目は、輪廻《りんね》転生《てんしょう》という、私たち日本人にはなじみ深い仏教やヒンドゥー教のもとにある世界観です。死とは、この身体の中に生まれたこの生の終わりであって、この身体が滅《ほろ》びると、次の身体に転生すると考えます。その身体は、人間であるとは限らず、この世の行いに応じて、人間以上の天（天使？）に生まれるかもしれないし、あるいは、畜生《ちくしょう》と言われる人間以下の動物に生まれるかもしれないというわけですから、考えようによってはなかなかキビシイ世界観です。仏教では、そのような輪廻《りんね》から脱出《だっしゅつ》する、つまり解脱《げだつ》すること

2024年度

豊島岡女子学園中学校　▶解説と解答

算　数　＜第１回試験＞（50分）＜満点：100点＞

解　答

[1] (1) 184　(2) 226本　(3) 1200円　(4) 114　[2] (1) 50L　(2) 14通り　(3) 84度　(4) $\frac{27}{28}$cm　[3] (1) 6分前　(2) 4：5　(3) $25\frac{5}{7}$分後　[4] (1) 19通り　(2) 88通り　[5] (1) 4cm^2　(2) 2cm^2　(3) 4cm^2　[6] (1) 1cm　(2) 3cm

解　説

[1] 四則計算，過不足算，比の性質，条件の整理

(1) $2024\div3\times\left\{\left(0.32+\frac{2}{5}\right)\div\frac{4}{15}\div9.9\right\}=2024\div3\times\left\{\left(\frac{8}{25}+\frac{10}{25}\right)\div\frac{4}{15}\div\frac{99}{10}\right\}=2024\div3\times\left(\frac{18}{25}\times\frac{15}{4}\times\frac{10}{99}\right)=2024\times\frac{1}{3}\times\frac{3}{11}=184$

(2) １人に３本ずつ配るときと５本ずつ配るときで必要な本数の差は，88＋４＝92(本)である。これは，１人あたり，５－３＝２(本)の差が配る人数分だけ集まったものだから，配る人数は，92÷２＝46(人)とわかる。よって，用意したえんぴつは全部で，５×46－４＝226(本)と求められる。

(3) （Ａさんの所持金）×0.5＝（Ｂさんの所持金）×0.4なので，ＡさんとＢさんの所持金の比は，（１÷0.5）：（１÷0.4）＝４：５とわかる。そこで，ＡさんとＢさんの所持金をそれぞれ[4]，[5]とすると，[4]＋1800(円)と，[5]×２＝[10]が同じ金額だから，[10]－[4]＝[6]にあたる金額が1800円となる。よって，[1]にあたる金額は，1800÷６＝300(円)なので，Ａさんの所持金は，300×４＝1200(円)と求められる。

(4) それぞれの○に書き入れる数を右の図１のようにA～Jとすると，(あ)から(け)の頂点の３つの数の和を求める式はそれぞれ右の図２のようになる。図２より，できた９つの数の和は，A，G，Jを１回ずつ，B，C，D，F，H，Iを３回ずつ，Eを６回足した数になるので，その和を小さくするには，足される回数が最も多いEを小さい数にし，足される回数が最も少ないA，G，Jを大きい数にするとよい。よって，和が最も小さくなるのは，Eを１に，A，G，Jを８，９，10に，B，C，D，F，H，Iを２～７にしたときだから，その和は，１×６＋８＋９＋10＋（２＋３＋４＋５＋６＋７）×３＝33＋27×３＝114と求められる。

図１

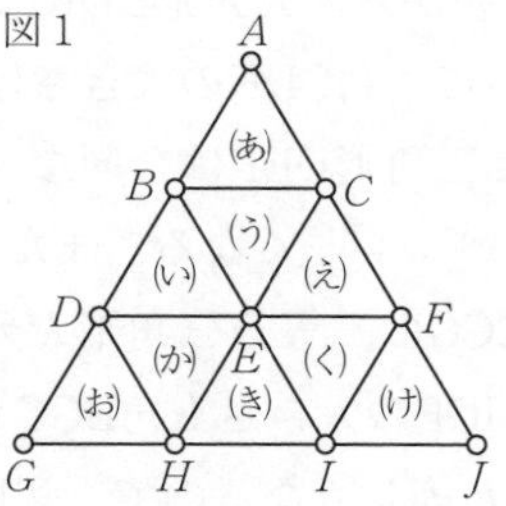

図２

(あ)…$A+B+C$　(い)…$B+D+E$
(う)…$B+C+E$　(え)…$C+E+F$
(お)…$D+G+H$　(か)…$D+E+H$
(き)…$E+H+I$　(く)…$E+F+I$
(け)…$F+I+J$

[2] 仕事算，場合の数，角度，長さ，相似

(1) 管Ａから毎分出る水の量を①とすると，水そうの容積は，①×20＝⑳と表せるので，管Ｂと管

Ｃを18分間用いると，⑳－①×５＝⑮の水が入り，管Ｂを17分間，管Ｃを12分間用いると，⑳－①×８＝⑫の水が入る。また，管Ｂからは18分間で，１×18＝18(Ｌ)，17分間で，１×17＝17(Ｌ)の水が出るので，管Ｃから毎分出る水の量を[1]とすると，下の図１のア，イの式に表せる。アを２倍，イを３倍して，管Ｃから出る水の量を[36]にそろえると，それぞれウ，エの式になる。ウ，エの式の差を考えると，㊱－㉚＝⑥が，51－36＝15(Ｌ)と等しいから，①＝15÷６＝2.5(Ｌ)とわかる。よって，水そうの容積は，2.5×20＝50(Ｌ)と求められる。

図１

18Ｌ＋[18]＝⑮…ア
17Ｌ＋[12]＝⑫…イ
36Ｌ＋[36]＝㉚…ウ
51Ｌ＋[36]＝㊱…エ

図２

３点(回)	3	2			1				0					
２点(回)	0	2	1	0	3	2	1	0	5	4	3	2	1	0
１点(回)	1	0	2	4	1	3	5	7	0	2	4	6	8	10

(2)　10÷３＝３余り１より，３点のシュートの回数は３回以下となる。３点のシュートが３回のとき，３点以外のシュートでの得点は，10－３×３＝１(点)なので，残りの回数の組み合わせは，(２点，１点)＝(０回，１回)の１通りある。３点のシュートが２回のとき，３点以外のシュートでの得点は，10－３×２＝４(点)なので，残りの回数の組み合わせは，(２点，１点)＝(２回，０回)，(１回，２回)，(０回，４回)の３通りある。３点のシュートが１回，０回のときも同様に調べると，上の図２のようになるので，組み合わせは全部で，１＋３＋４＋６＝14(通り)ある。

(3)　右の図３で，角CDKの大きさは，角CDB＋角BDKで求められる。まず，正十角形の１つの内角の大きさは，180×(10－２)÷10＝1440÷10＝144(度)だから，二等辺三角形CDBで，角CDBの大きさは，(180－144)÷２＝18(度)である。次に，辺BKと辺BJの長さは等しく，辺BJと辺JKの長さも等しいから，三角形BKJは正三角形で，角KBJの大きさは60度となる。また，角ABCの大きさは144度で，角ABJと角CBDの大きさはどちらも角CDBと同じ18度だから，角DBKの大きさは，144－60－18×２＝48(度)とわかる。さらに，辺BDと辺BKの長さも等しいから，三角形BDKは二等辺三角形で，角BDKの大きさは，(180－48)÷２＝66(度)となる。よって，角CDKの大きさは，18＋66＝84(度)と求められる。

図３

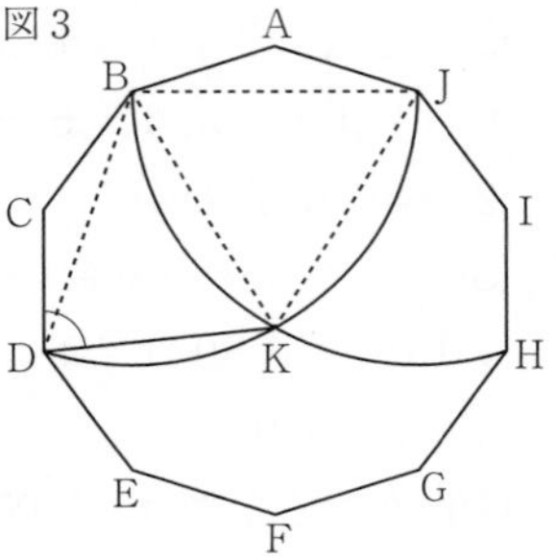

(4)　右の図４で，三角形ABCと三角形DEFは合同な二等辺三角形だから，○印の角の大きさはすべて等しくなる。また，EC＝EG＝２÷２＝１(cm)より，三角形ECGは二等辺三角形だから，角EGCの大きさは角ECGと等しく，角IGFの大きさも角EGCと等しい。すると，角DEFと角IGFの大きさが等しくなるので，辺DEと辺ACは平行とわかる。よって，三角形IGFと三角形DEFは相似で，その相似比は，GF：EF＝１：２だから，IF＝IG＝$3\times\frac{1}{2}=\frac{3}{2}$(cm)，DI＝$3-\frac{3}{2}=\frac{3}{2}$(cm)となる。同様に，三角形JBEと三角形ABCの相似より，JE＝$3\times\frac{1}{2}=\frac{3}{2}$(cm)だから，DJ＝$3-\frac{3}{2}=\frac{3}{2}$(cm)である。さらに，２組の角がそれぞれ等しいから，三角形ECGと三角形ABCも相似で，その相似比は，EC：AB＝１：３になり，CG＝$2\times\frac{1}{3}=\frac{2}{3}$(cm)，AI＝$3-\frac{2}{3}-\frac{3}{2}=\frac{5}{6}$(cm)とわかる。したがって，辺DEと辺ACは平行なので，

図４

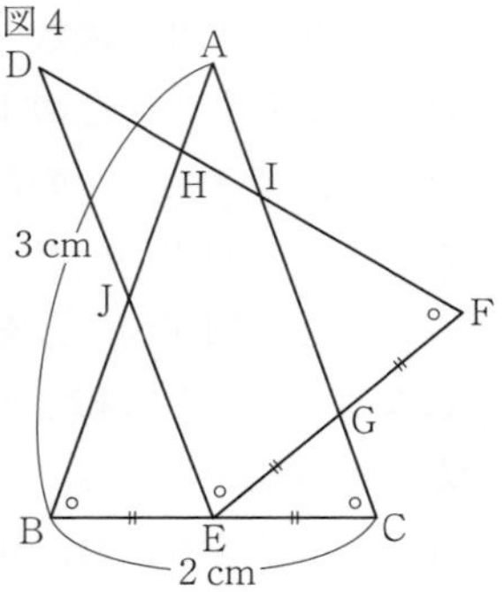

三角形DHJと三角形IHAの相似より，DH：HI＝DJ：AI＝$\frac{3}{2}$：$\frac{5}{6}$＝９：５となり，DH＝$\frac{3}{2}\times\frac{9}{9+5}$＝$\frac{27}{28}$(cm)と求められる。

3 速さと比

⑴　３人が進んだようすは右の図のようなグラフに表せる。花子さんと太郎さんは同時に出発し，速さの比は３：２なので，Ａ地点からＣ地点までとＢ地点からＣ地点までの道のりの比も３：２となる。よって，Ｃ地点からＢ地点までの道のりは，Ａ地点からＢ地点までの道のりの，$2\div(3+2)=\frac{2}{5}$とわかる。また，豊子さんは花子さんより15分早くＡ地点を出発し，Ｂ地点には同時に着いたから，豊子さんは花子さんと比べて，Ａ地点からＢ地点まで進むのに15分多くかかる。よって，Ｃ地点からＢ地点まで進むのに花子さんよりも，$15\times\frac{2}{5}=6$（分）多くかかる。したがって，豊子さんがＣ地点に到達《とうたつ》するのは，花子さんと太郎さんがすれ違《ちが》う（花子さんがＣ地点に到達する）６分前とわかる。

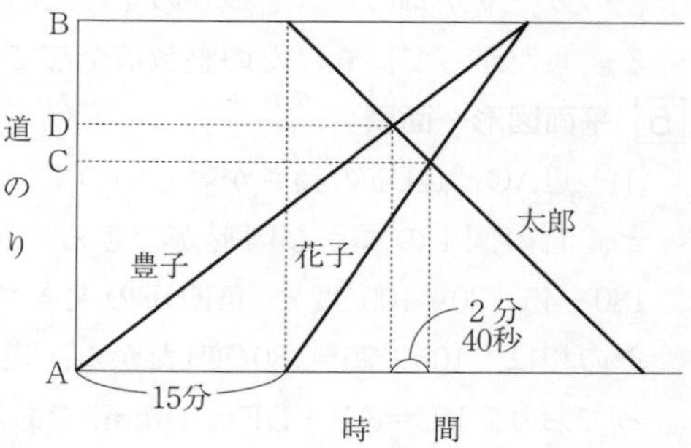

⑵　豊子さんと太郎さんがすれ違った地点をＤとすると，⑴より，豊子さんがＣ地点からＤ地点まで進む時間と太郎さんがＤ地点からＣ地点まで進む時間の和は６分だから，豊子さんがＣ地点からＤ地点まで進む時間は，６分－２分40秒＝３分20秒となる。よって，Ｃ地点とＤ地点の間を進むのにかかる時間の比は，（豊子さん）：（太郎さん）＝３分20秒：２分40秒＝200秒：160秒＝５：４だから，速さの比は，（豊子さん）：（太郎さん）＝$\frac{1}{5}$：$\frac{1}{4}$＝４：５とわかる。

⑶　花子さんと太郎さんの速さの比は，３：２＝15：10，豊子さんと太郎さんの速さの比は，４：５＝８：10だから，豊子さんと花子さんの速さの比は８：15である。よって，豊子さんと花子さんがＡ地点からＢ地点まで進む時間の比は，$\frac{1}{8}$：$\frac{1}{15}$＝15：８となる。この比の，15－８＝７にあたる時間が15分だから，花子さんがＡ地点からＢ地点まで進む時間は，$15\times\frac{8}{7}=\frac{120}{7}$（分）とわかる。また，花子さんと太郎さんがＡ地点からＢ地点まで進む時間の比は，$\frac{1}{3}$：$\frac{1}{2}$＝２：３だから，太郎さんは出発してから，$\frac{120}{7}\times\frac{3}{2}=\frac{180}{7}=25\frac{5}{7}$（分後）にＡ地点に着く。

4 場合の数

⑴　一番左のカードが[1]のとき，残りの３けたの並べ方は，問題文中に示された３けたの整数の作り方と同じで，９通りある。一番左のカードが[2]のとき，その１つ右に[2]を並べてはいけないので，残りの３けたの並べ方は，問題文中に示された３けたの整数の作り方のうち，[2]で始まるもの以外となる。つまり，[1][1][1]，[1][1][2]，[1][2][1]，[1][13]，[13][1]，[13][2]の６通りある。一番左のカードが[13]のとき，残りの２けたの並べ方は，問題文中に示された２けたの整数の作り方と同じで，４通りある。よって，４けたの整数は全部で，９＋６＋４＝19（通り）作ることができる。

⑵　まず，５けたの整数が何通りできるか考える。一番左のカードが[1]のとき，残りの４けたの並べ方は，⑴の４けたの整数の作り方と同じで，19通りある。一番左のカードが[2]のとき，残りの４けたの並べ方は，⑴の４けたの整数の作り方のうち，[2]で始まるもの以外となるから，９＋４＝13（通り）ある。一番左のカードが[13]のとき，残りの３けたの並べ方は，問題文中に示された３けたの整数の作り方と同じで，９通りある。よって，５けたの整数は全部で，19＋13＋９＝41（通り）作る

ことができる。次に，６けたの整数の場合，一番左のカードが[1]のとき，残りの５けたの並べ方は，５けたの整数の作り方と同じで，41通りある。一番左のカードが[2]のとき，残りの５けたの並べ方は，５けたの整数の作り方のうち，[2]で始まるもの以外となるから，19＋９＝28(通り)ある。一番左のカードが[13]のとき，残りの４けたの並べ方は，(1)の４けたの整数の作り方と同じで，19通りある。したがって，６けたの整数は全部で，41＋28＋19＝88(通り)作ることができる。

[5] 平面図形―面積

(1)　辺ACと辺DEの長さが等しいので，辺ACと辺DEを重ね合わせると，右の図１のような図形ができる。図１で，角BACの大きさは，180－45－30＝105(度)，角EDFの大きさは，180－60－45＝75(度)で，その和は，105＋75＝180(度)だから，辺ABと辺DFは１本の直線になっており，BF＝AB＋DF＝４(cm)である。また，角Ｂと角Ｆの大きさが45度なので，図１の図形全体は１つの直角二等辺三角形になっている。よって，点Ｃ(Ｅ)から辺BFに垂直な直線を引き，辺BFと交わる点をＷとすると，辺CW(EW)の長さは，４÷２＝２(cm)だから，２つの三角形の面積の和(直角二等辺三角形の面積)は，４×２÷２＝４(cm^2)と求められる。

図１

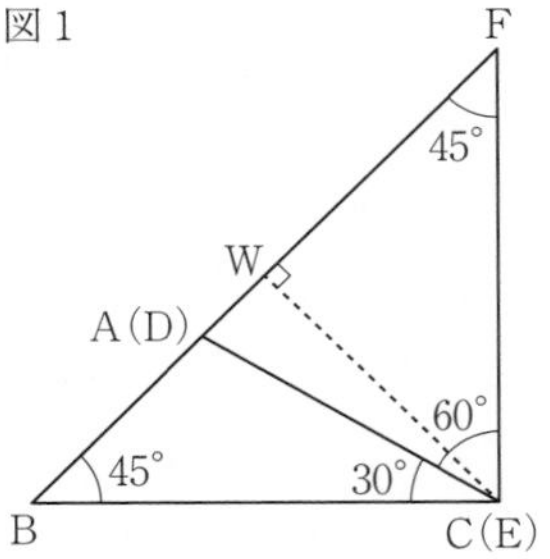

(2)　辺GIと辺JK，辺JLと辺NOの長さがそれぞれ等しいので，辺どうしを重ね合わせると，右の図２のような図形ができる。図２で，角KJLの大きさは，180－45－40＝95(度)，角ONMの大きさは，180－50－75＝55(度)だから，角HGI，KJL，ONMの和は，30＋95＋55＝180(度)で，角HIGの大きさは，180－15－30＝135(度)だから，角HIGと角JKLの和は，135＋45＝180(度)である。また，角KLJと角NOMの和は，40＋50＝90(度)だから，図２の図形全体は１つの直角三角形になっており，HM＝GH＋MN＝４(cm)である。ここで，図２の直角三角形と合同な三角形を２つ合わせると，右の図３のような図形ができる。図３で，角MHYの大きさは，15×２＝30(度)だから，三角形MHYは正三角形を２等分した直角三角形で，MY＝４÷２＝２(cm)とわかる。よって，図３の三角形MHXの面積は，４×２÷２＝４(cm^2)なので，図２の３つの三角形の面積の和(直角三角形の面積)は，４÷２＝２(cm^2)と求められる。

図２

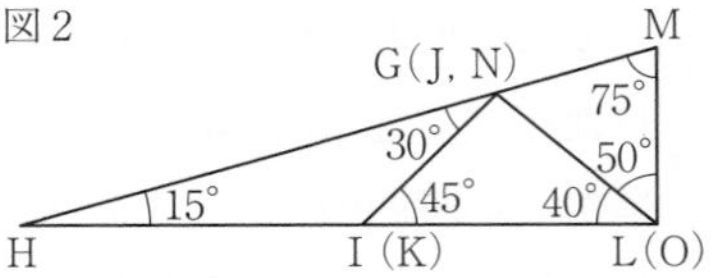

図３

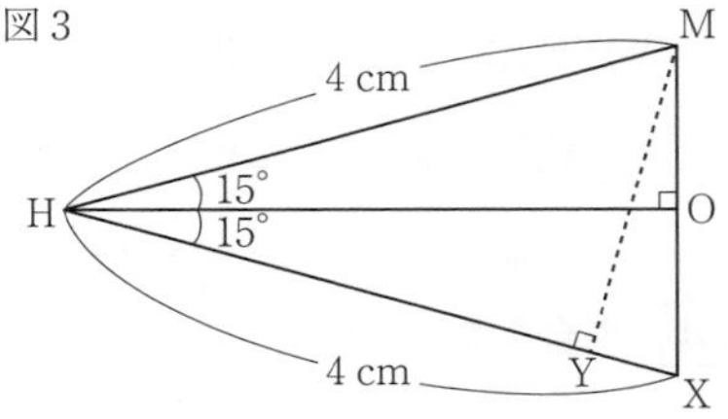

(3)　２つの図形を長さの等しい辺QRと辺VUで重ね合わせると，右の図４のような台形STPQができる。さらに，対角線TQを辺にもち，図３の二等辺三角形と相似な三角形ZTQをかき加えると，角TQZと角TZQの大きさは，(180－30)÷２＝75(度)となる。ここで，図１の直角二等辺三角形と図３の二等辺三角形を比べると，図１の辺BFの長さと図３の辺HMの長さが４cmで等しく，２つの図形の面積も４cm^2で等しい。このことから，図４の直角二等辺三角形STQと二等辺三角形ZTQの面積は等しいとわかるので，求める面積は，三角形ZTQと三角形QTPの面積の和になる。また，角ZQT，TQR，RQPの

図４

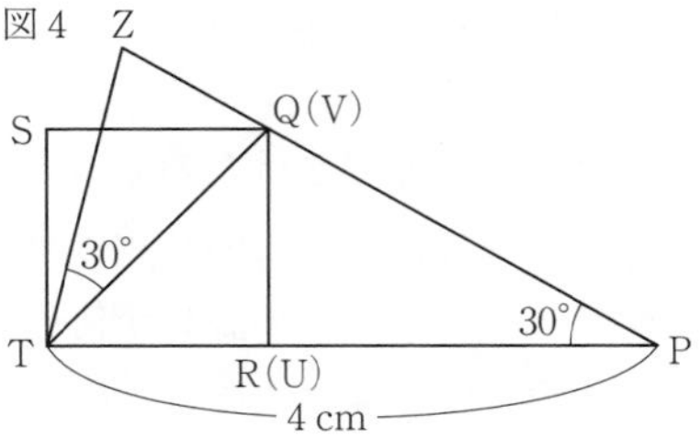

和は，75＋45＋60＝180(度)だから，三角形ZTQと三角形QTPを合わせた図形は１つの三角形ZTPになっており，角ZTPの大きさは，30＋45＝75(度)なので，三角形ZTPは図３の二等辺三角形と合同であることがわかる。したがって，求める面積は，図３の二等辺三角形の面積と等しいから，4 cm^2である。

6 立体図形—相似，長さ

⑴　右の図１のように，辺KLと辺FHの交わる点をＰとすると，点Ｐは３点Ｋ，Ｌ，Ｊを通る平面上にあるので，点Ｐ，Ｊを通る直線もその平面上にある。よって，平面と辺DHが交わる点Ｍは，点Ｐ，Ｊを通る直線と辺DHの交わる点である。ここで，三角形KFLと三角形EFGはどちらも直角二等辺三角形だから，辺KLと辺EGは平行になる。すると，三角形PFLと三角形IFGは相似だから，FP：FI＝FL：FG＝２：６＝１：３より，PI：FI＝(３－１)：３＝２：３となる。

図１

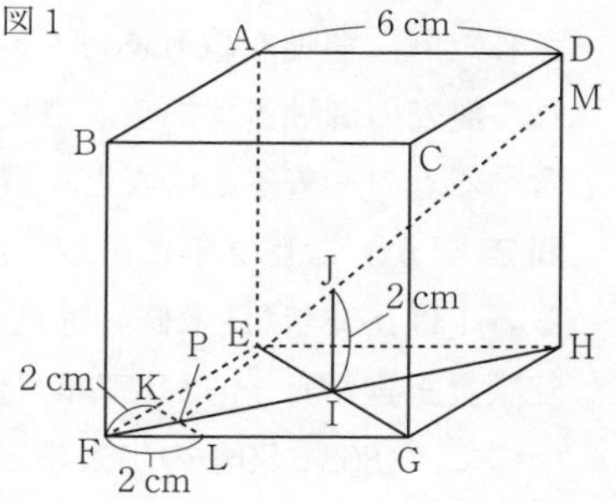

また，辺FIと辺IHの長さは等しいので，PI：PH＝２：(２＋３)＝２：５とわかる。よって，三角形PIJと三角形PHMの相似より，IJ：HM＝PI：PH＝２：５だから，HM＝$2\times\frac{5}{2}=5$(cm)となり，DM＝６－５＝１(cm)と求められる。

⑵　右の図２のように，点Ｇ，Ｊを通る直線と辺AEの交わる点をＱとすると，点Ｑは３点Ｇ，Ｎ，Ｊを通る平面上にある。辺JIと辺QEが平行だから，三角形JIGと三角形QEGの相似より，JI：QE＝IG：EG＝１：２なので，QE＝２×２＝４(cm)で，AQ＝６－４＝２(cm)となる。次に，点Ｎ，Ｑを通る直線と辺BAをのばした直線の交わる点をＲとすると，点Ｒも３点Ｇ，Ｎ，Ｊを通る平面上にある。辺ARと辺NEが平行なので，三角形AQRと三角形EQNの相似より，AR：EN＝AQ：QE＝２：４＝１：２で，

図２

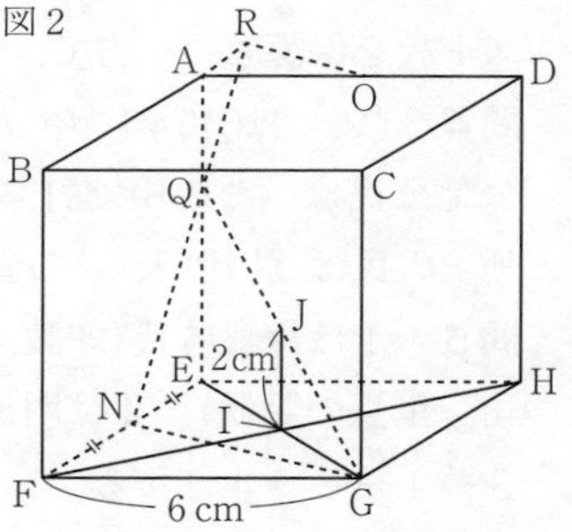

EN＝６÷２＝３(cm)だから，AR＝$3\times\frac{1}{2}=1.5$(cm)となる。さらに，点Ｒを通り，辺NGに平行な直線を引くと，この直線も３点Ｇ，Ｎ，Ｊを通る平面上にあるから，この直線と辺ADの交わる点がＯになる。このとき，辺ROと辺NG，辺RAと辺NF，辺AOと辺FGがそれぞれ平行なので，三角形RAOと三角形NFGは相似となる。したがって，NF：FG＝１：２だから，RA：AOも１：２となり，AO＝1.5×２＝３(cm)とわかる。

社　会　＜第１回試験＞（理科と合わせて50分）＜満点：50点＞

解　答

1 **問１**　(例)　えは大名に，おは農民に出された。　**問２**　２，４，５　**問３**　１　**問４**　公地公民　**問５**　３→１→２→４　**問６**　おきて　**問７**　城　**問８**　２　**問９**　２　**2** **問１**　１　**問２**　４　**問３**　４　**問４**　２　**問５**　１　**問６**　⑴　２　⑵　再開発　**問７**　３　**3** **問１**　マイクロ　**問２**　５　**問３**　こども家庭庁　**問**

4　３，５　**問５**　２　**問６**　３　**問７**　１　**問８**　４

解　説

1　歴史的な史料についての問題

問１　〔え〕は1615年に出された武家諸法度である。武家諸法度は，大名を統制するために江戸幕府が原則として将軍の代がかわるごとに定めた決まりで，これに違反した大名は，遠くの領地に移されたり，領地を取りあげられたりするなど，厳しく処罰《しょばつ》された。〔お〕は1649年に出されたとされる慶安《けいあん》の御触書である。農民にできるだけ質素な生活をさせて年貢をきちんと納めさせるために，食べるものや着るものなど，農民の生活について細かく規制した。

問２　〔か〕は1868年に出された五箇《か》条の御誓文，〔き〕は1889年に発布された大日本帝国憲法である。１は1858年(日米修好通商条約)，２は1875年(樺太《からふと》・千島交換《こうかん》条約)，３は1890年(第１回衆議院議員総選挙)，４は1877年(地租の税率を2.5％に引き下げ)，５は1885年(内閣制度の創設)のことなので，1868～89年の出来事として正しいのは，２，４，５となる。

問３　奈良時代には，都で天然痘《とう》という疫病《えきびょう》が流行し，740年には藤原広嗣《ひろつぐ》が九州で反乱を起こして社会不安が高まったため，聖武天皇は仏教の力で国を安らかに治めようと，743年に大仏をつくるよう命じた(１…○)。なお，延暦《えんりゃく》寺(京都府，滋賀県)は平安時代に比叡山《ひえいざん》につくられた寺院で，平安京の外に位置する(２…×)。室町幕府が保護したのは臨済宗である(３…×)。織田信長はキリスト教を保護し，一方で，一向宗と対立した(４…×)。

問４　〔い〕は646年に中大兄《なかのおおえの》皇子(後の天智天皇)によって出されたとされる改新の詔《みことのり》である。公地公民は，この中で打ち出された政策で，皇族や豪族《ごうぞく》の私有地・私有民は廃止《はいし》され，全ての土地・人民は朝廷《ちょうてい》(天皇)の直接支配のもとに置かれた。

問５　１は鎌倉時代(守護，地頭の設置)，２は戦国時代(分国法の制定)，３は奈良時代(国司，郡司，里長の設置)，４は明治時代(知事，県令を任命した廃藩置県)のことなので，年代の古い順に，３→１→２→４となる。

問６　室町時代の農村では，農民の自治的な組織である惣《そう》がつくられ，農民たちは神社などで寄合を開いた。そこでは，農業用水路や森林を共同利用する方法などについて村のおきてを定めたり，行事を決めたりした。

問７　1615年に江戸幕府第２代将軍徳川秀忠によって出された武家諸法度元和令では，諸大名の力を弱め，幕府に対して兵を挙げることがないよう，戦いの拠点《きょてん》となる城を新たに築くことが禁止され，城を修理するときには届け出ることが定められた。

問８　菱川師宣《ひしかわもろのぶ》は，17世紀の元禄文化において活躍《かつやく》した浮世絵の大成者で，庶民《しょみん》生活を題材とする風俗《ふうぞく》画を美しく描《えが》いて庶民の人気を得た。代表作は，女性がふり返った様子を描いた『見返り美人図』であり，役者絵ではない(２…×)。

問９　1932年５月15日，日本の政党政治に不満をいだき，軍中心の政権をつくろうと考えた海軍の青年将校らが首相官邸《かんてい》をおそい，満州国の承認に反対していた犬養毅《いぬかいつよし》首相を殺害した。これを五・一五事件という。二・二六事件は，1936年２月26日，陸軍の青年将校らが首相官邸などをおそい，斎藤実《まこと》内大臣や高橋是清《これきよ》大蔵大臣らを殺傷した反乱事件である(２…×)。

2　地形図，日本の自然や産業についての問題

問１　地形図を見ると，「い」から「あ」に向かっておよそ４分の１ほど進んだところ(断面図の1700ｍ付近)にある三角点は標高が303.7ｍであることを示している(１…○)。

問２　冬にシベリアから日本海を越《こ》えて吹《ふ》いてくる冷たい北西の季節風が日本海側に雪を降らせて水蒸気を減らし，山を越えた群馬県には乾《かわ》いた風となって吹きおろす。別名「赤城おろし」ともいうこの風の影響《えいきょう》を和らげるため，風の吹いてくる北側と西側に屋敷《やしき》林と呼ばれる防風林の植えてある家が多く見られる。

問３　福井県は，稼働《かどう》中の高浜原子力発電所(原発)と大飯《おおい》原発，美浜原発があり，原子力発電がさかんであるので，アとなる。富山県は，豊かな水資源に恵《めぐ》まれていることから，大規模な水力発電所に加えて小水力発電の開発が進められているので，ウとなる。残ったイが石川県である。

問４　鹿児島県には多くの離島《りとう》があるため，九州南部に位置する鹿児島空港から，県内の奄美《あまみ》大島，徳之島，種子《たねが》島，屋久《やく》島などへ行くにあたって，航空機を利用することが多い(２…○)。

問５　山形県天童市では，江戸時代後期に米沢藩から駒《こま》づくりを学んで始まった天童将棋駒，秋田県大館《おおだて》市では，武士の内職として広まり，秋田杉を使った大館曲げわっぱの生産がさかんである(１…×)。

問６　(1)「あ」から「い」までの間に最も面積が減った土地利用は，地図の上部に位置している工業用地である(２…○)。　(2)　ビルやマンションなどを建て直して，より高いビルや大きなマンションにしたり，もともとあった市街地を整備し直したりすることを再開発といい，都心などの都市部では各地で大規模な再開発が進められている。

問７　１はりんごの生産量１位の青森県の都市(青森市)が購入《こうにゅう》金額１位となっているのでりんご，２はぶどうの生産量１位の山梨県の都市(甲府市)や２位の長野県の都市(長野市)が上位となっているのでぶどうである。また，４は各都市の購入金額が１～３にくらべて少ないことから，食べる時期が限られ近年消費が減少傾向《けいこう》にあるすいかとわかる。よって，バナナは残った３となる。

3　環境《かんきょう》や政治についての問題

問１　マイクロプラスチックは，直径５ミリメートル以下の小さなプラスチックのごみで，化学繊《せん》維《い》の服を洗濯《せんたく》したり，これが入っている洗顔料や歯磨《みが》き粉を使用したりすることによっても，水とともに海に流れ出ている。

問２　容器包装リサイクル法は，資源を有効活用してごみを減らすために1995年に制定された法律で，消費者，自治体，企業《きぎょう》が一体となり，アルミ缶《かん》，ガラスびん，牛乳パック，ペットボトル，段ボールなどの分別・収集・リサイクルに取り組むことを定めている。

問３　こども家庭庁は，2022年６月に成立したこども基本法にもとづき，内閣府の外局として2023年４月１日に発足した行政機関で，子どもの権利が守られ，子どもの健やかな成長が保障されるように，内閣府が担当してきた少子化対策や厚生労働省が担当してきた児童虐待《ぎゃくたい》防止・保育所に関する業務を引き継《つ》ぎ，子どもに関するさまざまな取り組みを行っている。

問４　国会における法律案は，まずこれが提出された議院(衆議院が先でなくてよい)の議長から託《たく》された委員会で審査《しんさ》され，次に本会議で委員会からの報告を受けたのち審議・議決が行われる(２…×，３…○)。また，日本国憲法第59条の規定により，両院の法律案の議決が異なった場合の再議決は衆議院のみ行うことができ，出席議員の３分の２以上の賛成で可決したときは法律として成立する(５…○)。なお，法律案は内閣と国会議員がそれぞれ作成でき(１…×)，両院協議会は必ずしも開かなくてもよい(４…×)。

問５　国の一般《いっぱん》会計予算のうち，国債《こくさい》の返済や利子の支払いのための費用を国債費といい，近年は歳出《さいしゅつ》の22～24％程度を占《し》めている(い…２)。なお，「あ」は３の社会保障関係費，「う」は４の地方財政費，「え」は５の防衛費，「お」は１の公共事業費である。

問６　工場や自動車などから排出《はいしゅつ》される硫黄《いおう》酸化物や窒素《ちっそ》酸化物などが，大気中で化学変化して硫酸《りゅうさん》や硝《しょう》酸となって雨水に溶《と》けこみ地上に降る酸性雨によって，樹木や農作物が枯《か》れたり，河川や湖沼《こしょう》の水質が悪化したり，歴史的建造物が溶けたりする被害《ひがい》が生じている(３…○)。なお，オゾン層の破壊《はかい》の主な原因はフロンガスである(１…×)。赤潮は海水の栄養分が多すぎることで発生する(２…×)。森林破壊は発展途上《とじょう》国で主に起きている(４…×)。

問７　日本国憲法第38条の規定により，検察官によって起訴《きそ》されている被告人には，自分の不利になることは話さなくてもよいという黙秘《もくひ》権や自白を強要されないことが保障されている(１…×)。

問８　関東地方は，東北地方にくらべて，子どもを私立中学や私立高校に通わせる家庭や通塾《つうじゅく》させる家庭が多いため，教育費が２倍以上になっている。なお，１は食費，２は交通・通信費，３は光熱・水道費である。

理　科　＜第１回試験＞（社会と合わせて50分）＜満点：50点＞

解　答

1　(1)　か　(2)　あ　(3)　え　(4)　え　(5)　か　(6)　お　(7)　う　2　(1)　え　(2)　①　う　②　え　(3)　21ｇ　(4)　30ｇ　(5)　う，え　3　(1)　①　え，か　②　あ，う，え　③　お　(2)　え，お　(3)　う，か　(4)　蒸散　(5)　6.4ｇ　4　(1)　**満月**…あ　**上弦の月**…え　(2)　13時間28分　(3)　①　い　②　か　③　さ

解　説

1　ヘリウム風船にはたらく浮力《ふりょく》についての問題

(1)　物体は押《お》しのけた気体の重さに等しい大きさの浮力をうける。体積５Ｌの風船Ａが地表からの高度が10kmの位置にある場合，問題文中の図２より，地表からの高度が10kmでは空気の密度がおよそ0.4ｇ/Ｌになるので，風船Ａにはたらく浮力の大きさ(風船Ａが押しのける空気の重さ)は，0.4×５＝２(ｇ)となる。よって，グラフは「か」がふさわしい。

(2)　風船Ａにはたらく浮力の大きさが風船の重さと等しい５ｇになると，浮力と重さがつり合って，それ以上は上昇《じょうしょう》しなくなる。(1)の「か」のグラフで，浮力の大きさが５ｇとなるのは，地表からの高度が２kmのときである。

(3)　地表からの高度が高くなるほど，気温が低くなるため，それだけヘリウムの温度は下がり，体積が小さくなっていく。しかし，それ以上に風船をつぶそうとする空気の圧力が下がっていくため，風船は膨《ふく》らんでいく。

(4)　風船Ｂが地表からの高度が10kmの位置にある場合，問題文中の図３より，風船Ｂの体積はおよそ15Ｌになるので，風船Ｂにはたらく浮力の大きさは，0.4×15＝６(ｇ)となる。したがって，グラフは「え」がふさわしい。

(5)　(4)の「え」のグラフでは，地表からの高度が10kmになっても浮力の大きさが５ｇを下回らない。そのため，風船Ｂは地表からの高度が10kmになっても上昇を続けるとわかる。

(6)　風船Ｃが地表からの高度が10kmの位置にある場合，問題文中の図４より，風船Ｃの体積はおよそ10.5Ｌになるので，風船Ｃにはたらく浮力の大きさは，0.4×10.5＝4.2（ｇ）とわかる。よって，グラフは「お」がふさわしい。

(7)　(6)の「お」のグラフより，浮力の大きさが５ｇとなり，それ以上は風船Ｃが上昇しなくなるのは，地表からの高度が６kmのときである。

２　水溶液《すいようえき》の中和反応についての問題

(1)　アルコール水溶液は中性で，液体の物質（アルコール）が溶《と》けており，電気を通さない。

(2)　①　実験結果の表で，「加えた塩酸中の塩化水素の重さ」が20ｇのときは，二酸化炭素ができていない。このことから，水溶液Ａに塩酸を少しずつ加えていくと，はじめに反応１だけが起こり，それがすべて終わった時点で反応２が始まると考えられる。「加えた塩酸中の塩化水素の重さ」が30ｇから33ｇに変化したときと，33ｇから40ｇに変化したときの「できた二酸化炭素の体積」の変化の仕方から，「加えた塩酸中の塩化水素の重さ」が，30－（33－30）＝27（ｇ）になるまでは反応１が起こり，27ｇをこえて，33＋（33－30）＝36（ｇ）になるまでは反応２が起こると考えられる。したがって，「加えた塩酸中の塩化水素の重さ」が25ｇの場合は，反応１だけが起こっている段階なので，水溶液はアルカリ性となっており，BTB液は青色を示す。　②「加えた塩酸中の塩化水素の重さ」が40ｇの場合は，反応１も反応２も終わって塩化水素が残った状態になっているので，水溶液は酸性となり，BTB液は黄色を示す。

(3)　反応２が終わった段階で「できた二酸化炭素の体積」が６Ｌとなったから，水溶液Ａに加えた炭酸水素ナトリウムは，$84\times\frac{6}{24}=21$（ｇ）である。

(4)　反応１は「加えた塩酸中の塩化水素の重さ」が27ｇのときに終わったことになるので，水溶液Ａに加えた水酸化ナトリウムは，$40\times\frac{27}{36}=30$（ｇ）と求められる。

(5)　あ　この場合，刺激臭《しげきしゅう》を感じるのは，反応１も反応２も終わってからなので，誤り。　い　反応１でも反応２でも塩化ナトリウムができるのだから，この場合，反応１が起こり始めた時点で白いにごりが発生するので，誤り。　う　反応１では二酸化炭素はできないが，反応２では二酸化炭素ができるので，この場合，反応２が起こり始めた時点（点Ｐ）で気体の発生が見られるから，正しい。　え　反応１で水酸化ナトリウムが反応するので，反応１が終わった時点（点Ｐ）で水酸化ナトリウム水溶液の存在を示す薬品の赤色が消えるから，正しい。　お　炭酸水素ナトリウムは反応２で反応するので，炭酸水素ナトリウム水溶液の存在を示す薬品の赤色が消えるのは，反応２が終わった時点だから，誤り。

３　植物についての問題

(1)　①　ヒマワリの花は，細長い管状花と大きな黄色い花弁《べん》（花びら）をもつ舌《ぜつ》状花がたくさん集まったつくりをしていて，全体で１つの大きな花のように見せている。　②　ヘチマは，茎《くき》から出たまきひげを支柱などにからみつかせて上へと成長する。めしべのないお花とおしべのないめ花を咲《さ》かせ，どちらも花弁は黄色い。　③　サクラは，秋にはすべての葉を落とし，花芽と葉芽をつけた状態で冬を越《こ》す。春になると，まず花を咲かせ，花がちるころに葉を出し始める。

(2)　オオカナダモは昭和時代以前，ヒメジョオンは江戸時代末期，セイヨウタンポポは明治時代にそれぞれ日本に入りこんだとされる。キキョウとススキは古くから日本にいる植物である。

(3)　トウモロコシ，イネ，マツは風媒《ばい》花(花粉が風に運ばれる)，イチゴとリンゴは虫媒花，クロモは水媒花(花粉が水に運ばれる)である。

(4)　根から吸い上げられた水の一部を，葉や茎にある気孔《きこう》から水蒸気《すいじょうき》として蒸発させるはたらきを蒸散という。

(5)　ＡとＣを比べることで葉の表から出ていった水の量が，7.2－4.8＝2.4(ｇ)とわかる。また，ＢとＣを比べることで葉の裏《うら》から出ていった水の量が，7.2－3.2＝4.0(ｇ)と求められる。したがって，葉の表と裏から出ていった水の量は，2.4＋4.0＝6.4(ｇ)である。

4　月についての問題

(1)　満月のとき，地球から見ると月は太陽の反対側の方向にあるため，日の入りと月の出，日の出と月の入りがおよそ同時刻になる。よって，問題文中のグラフより，満月は４日とわかる。また，月の満ち欠けは約１週間ごとに満月→下弦《かげん》の月→新月→上弦の月→満月と移り変わっていくので，11日が下弦の月，18日が新月，26日が上弦の月であると考えられる。

(2)　２月24日の夕方に出た満月は，翌《よく》日(25日)の朝にしずむ。つまり，17時35分に出た月は，翌日の７時03分にしずむので，空に出ている時間は，(24時00分－17時35分)＋７時03分＝13時間28分と求められる。

(3)　①　地球から見ても月から見ても，太陽の見かけの大きさはおよそ同じと考えられる。一方，月から見た地球の見かけの大きさは，地球から見た月の見かけの大きさの約４倍となる。よって，月から見ると，太陽は地球より小さく見える。　②　地球から見た月面の模様がつねに同じに見えるのは，月の自転と公転の，向きと周期が同じだからである。つまり，月はおよそ１か月かけて１回公転すると同時に１回自転するのだから，月面のある場所で日の出をむかえ，次の日の出をむかえるまでの間はおよそ１か月，つまり，約30日である。したがって，その間に地球は約30回自転すると考えられる。　③　地球で新月が見られるとき，太陽―月―地球の順に直線上に並んでいるので，月から見た地球は「満地球」となっている。また，地球で上弦の月が見えるとき，月から見た地球は左半分が光っている「下弦の地球」となっている。

国　語　＜第１回試験＞（50分）＜満点：100点＞

解　答

一　**問１**　ウ　**問２**　エ　**問３**　ウ　**問４**　ア　**問５**　イ　**問６**　「あの世で　**問７**　(1)　身体から離　(2)　オ　**問８**　(例)　魂と身体が離れて存在するという考え方のことで，人間とは本来何であり，自分の人生がどうであるかや，死んだ後の世界について考えることができるようになる。　**二**　**問１**　ウ　**問２**　ウ　**問３**　ア　**問４**　イ　**問５**　(例)　自分で決めた挑戦を途中で諦めることで，成瀬の挑戦を見守ってくれていた島崎をそのたびにがっかりさせていたこと。　**問６**　エ　**問７**　オ　**問８**　やはり大貫　**問９**　(1)　ア　(2)　下記を参照のこと。　(3)　まんぞくげ

●漢字の書き取り

二　問９　⑵　不意

解　説

一　**出典：上枝美典《うええだよしのり》『神さまと神はどう違《ちが》うのか？』**。信仰《しんこう》の対象としての「神さま」と哲学《てつがく》で問題とされてきた「神」の違いや，人間が人生や死を理解するための前提となっている考え方について，宗教との関係にふれながら論じられている。

問１　前後の部分には，「死んだらどうなるのだろうという問い」に関して，「ほとんどの哲学者たちは，魂《たましい》が肉体と共に滅《ほろ》びるという世界観に対して，何らかの疑問を投げかけて」いると書かれている。「そもそも『死後』というものがありうるのかどうか」を問題にしているほとんどの哲学者たちが，死後も魂は残るという考え方を前提としている点に，筆者は驚《おどろ》きを示しているのである。

問２　この段落の初めに「宗教は，このような物語を積極的に語ってきました」とあり，「このような」とは，前の段落の「人間がどこから来てどこへ行くのか」，「人間とは本来何であるのか」，「死んだ後にどうなるのか」といった内容を指す。「私たち」はそのような「物語」を前提として「生と死」をとらえることで，「豊かで複雑な」意味を見出《みいだ》してきたと書かれている。よって，エが合う。

問３　筆者は，「死んだらすべて終わりだ」という考え方を「無神論」，「ニヒリズム」，「唯物論《ゆいぶつろん》」などとする，宗教の側からの呼称《こしょう》を「冷たい」としている。「すべてが自然科学によって説明できると考える」立場と「近い」考え方なのだから，ウがあてはまる。「無機質な」は，生命や情といったぬくもりが感じられないようすのこと。

問４　直後で筆者は，空らん④で表される「世界観」は，キリスト教に代表される「全知全能の創造神」や，仏教における阿弥陀如来《あみだにょらい》のように「強大な力をもつ人格神」を必要とすると述べている。人の知恵《ちえ》や知識を超《こ》えた力を持つ救世主や神によって人間が救われるという，規模《きぼ》が大きく，人々の心をひきつけて感動をもたらすような世界観を指しているとわかる。

問５　前で述べられている，身体とは別に「魂」があるという考え方について，後で，「身体が滅んだ後も」魂は「何らかのかたちで残る」というとらえ方だと説明し直している。よって，“要するに”という意味の「つまり」がよい。

問６　二つ前の段落で，「ドラマなど」では「『あの世で先に待っているぞ』とか，『もうすぐおじいさんに会える』とか，『天国のあの人はきっと喜んでくれる』というセリフ」を聞くと述べられている。そのうえで筆者は，私たちがこれらの発言の意味を理解できるのは，死後，身体が滅んでも魂は残るという考え方が背後にあるからだと説明している。このことから，「かなりすっきりと理解」できる「言い回し」とは，筆者が例として挙げたセリフのことだとわかる。

問７　⑴　「あの世で先に待っているぞ」などの言い回しからわかるように，「死後の世界」は「あの世」と言い換《か》えられる。「あの世」については，「身体から離《はな》れた心が向かっていく，この世ではない場所」だと説明されている。　⑵　続く部分で筆者は，「人間は身体だけでなく魂を持っている，という主張を受け入れる」ことで，「祖先の霊《れい》」や「死んだ人の霊」が「あの世」に存在し，死後も「この世」の私たちを見守っているという考え方を理解できると述べている。よって，ア〜

エがあてはまる。

問８　ここでの「魂の不死を主張する論」とは，魂と身体は別の存在であり，人間の死後も魂は何らかのかたちで残るという考え方のこと。筆者は，この論によって，「あの世」や「祖先の霊」といった「宗教的物語としての死後の世界」を理解できるようになると述べている。また，「宗教的物語」は，問２でみたように，「人間がどこから来てどこへ行くのか」や，「人間とは本来何であるのか」，今の自分は「本来の姿に比べてどうであるのか」，「死んだ後はどうなるのか」，といった問いについて考えることだと書かれているので，これらの内容をまとめる。

二　**出典：宮島《みやじま》未《み》奈《な》『成瀬《なるせ》は天下を取りにいく』**。高校生の成瀬あかりは，「人間の髪《かみ》は一ヶ月に一センチ伸《の》びる」という説を検証するために，スキンヘッドから髪を伸ばしていたが，同級生の大貫《おおぬき》の一言で髪を切った。

問１　大貫は成瀬に「迷惑《めいわく》そうな顔」をしたり，「呆《あき》れたように息を吐《は》」いたりと終始そっけない態度をとっている。これを成瀬は「どうも嫌《きら》われているらしい」と感じているが，自分は「大貫が嫌いではない」ので「遠慮《えんりょ》する道理はない」と考えて大貫に悩《なや》みを相談し，真剣《しんけん》に話を聞いている。よって，ウがよい。

問２　【文章Ⅱ】の後半にあるように，成瀬は高校「入学前の四月一日」に髪を剃《そ》ってスキンヘッドにしており，「一ヶ月に一センチ伸びる」という説に基づけば，三十五ヶ月（二年十一ヶ月）後にあたる「三月一日の卒業式」に髪の長さは「三十五センチ」になる見込《こ》みだったとある。「二十八センチ」伸びるはずだったのは，高校一年生になる年の四月一日から二十八ヶ月（二年四ヶ月）後となるので，【文章Ⅰ】の時点で成瀬は三年生の八月だとわかる。

問３　数学の解法が浮かばず，受験勉強に行きづまっていた成瀬は，大貫の助言に従い，教科書にある基本的な例題を解きはじめる。不調に陥《おちい》っていた自分には「リハビリにはちょうどいい」難易度で，「リズムに乗ってき」たのを感じているのだから，勉強するときの感覚を取り戻《もど》していることを表しているのだとわかる。また，髪を切ったことで「部屋のカーテンを取り替《か》えたときのように気持ちがよかった」と感じていることにも注目する。

問４　「眉間《みけん》にしわを寄せる」は，不機嫌《ふきげん》そうな表情や納得《なっとく》できないさまを示す表現。髪を切った成瀬に対し，島崎《しまざき》は「卒業式まで伸ばすんじゃなかったの？」と疑問をぶつけている。島崎は，「卒業式まで伸ばす」と宣言していた髪を突然《とつぜん》切ってしまった成瀬の意図が理解できず，困惑《こんわく》しているのである。

問５　前の部分で島崎は，成瀬は何かを宣言しておきながら途中《とちゅう》で「勝手に」やめることが多いと指摘《してき》し，「こっちは最後まで見届ける覚悟《かくご》があるのに」と不満を訴《うった》えている。成瀬自身は，途中で諦《あきら》めても「挑戦《ちょうせん》した経験」自体に価値があると思ってきたが，自分が挑戦を諦めるたびに，いつも見守ってくれている島崎の期待を裏切り，「がっかり」させてきたのだと初めて気づいたことが，島崎の不満を聞いて「背中に汗《あせ》が伝うのを感じ」ていることから読み取れる。

問６　「口に出せたら」と，仮定していることから，大貫は成瀬のように「目標とも夢とも希望ともつかないことを気安く」言うことができないのだとわかる。

問７　【文章Ⅰ】では，成瀬に話しかけられた大貫は露骨《ろこつ》にいやそうな態度を見せ，質問には答えるもののさっさと切り上げている。一方，【文章Ⅱ】では，成瀬のように大きな夢を語ることができたら「どんなに楽だろう」と感じている。大貫は，自分から成瀬に関わりたがってはいないものの，人の評価を気にせず自分らしく突《つ》き進む成瀬のことはうらやましく思っていると考えられるので，オが選べる。

問８　大貫は成瀬に対して髪型が変だと指摘したり，「どうして坊主《ぼうず》にしたの？」とたずねたりと，他の人が言いづらいことや「訊《き》きづらい」質問も率直《そっちょく》にぶつけている。これに対し成瀬は，「やはり大貫は何かが違う。面と向かってこんなことを言ってくれるのは大貫しかいない」と感じており，成瀬にとって大貫は，真面目《まじめ》に聞く価値のある助言をしてくれる貴重な存在であることが読み取れる。

問９　⑴「感傷的」と書く。アの「負傷」と同じ漢字が使われている。イは「照明」，ウは「印象」，エは「賞状」，オは「気性」。　⑵「不意に」は，思いがけず，突然なさま。　⑶ はたから見て，期待どおりで心が満たされているようす。

2024年度 豊島岡女子学園中学校

【算　数】〈第２回試験〉(50分)〈満点：100点〉

(注意)　１．円周率は3.14とし，答えが比になる場合は，最も簡単な整数の比で答えなさい。
　　　　２．角すい・円すいの体積は，(底面積)×(高さ)÷３で求めることができます。

1　次の各問いに答えなさい。

(1)　12－8÷6÷4＋3×2－1 を計算しなさい。

(2)　2024の約数のうち，11の倍数であるものは何個ありますか。

(3)　濃度《のうど》が５％の食塩水から，30ｇの水を蒸発させたところ，濃度が７％になりました。濃度が７％の食塩水は何ｇありますか。

(4)　10円硬貨《こうか》が３枚，50円硬貨が３枚，100円硬貨が２枚あります。これらの硬貨を使って支払うことができる金額は何通りありますか。ただし，使わない硬貨があってもよいものとし，０円は考えないものとします。

2　次の各問いに答えなさい。

(1)　A，B，C，Dの４人でじゃんけんを１回します。Aがパーを出したとき，あいこになるような，B，C，Dの手の出し方の組み合わせは何通りありますか。

(2)　７人がけの長いすと４人がけの長いすが合わせて21脚《きゃく》あります。ある集会で，参加者全員が７人がけの長いすだけをすべて使うと，最後の１脚に座っているのは４人です。また，４人がけの長いすだけをすべて使うと，１人座れません。７人がけの長いすは何脚ありますか。

(3)　右の図のように半円があり，点A，B，C，D，Eは，円周の半分を６等分する点です。点Dと点Eから直径に垂直な直線DFとEGを引きます。色のついた部分の面積が$9.42cm^2$のとき，半円の半径は何cmですか。

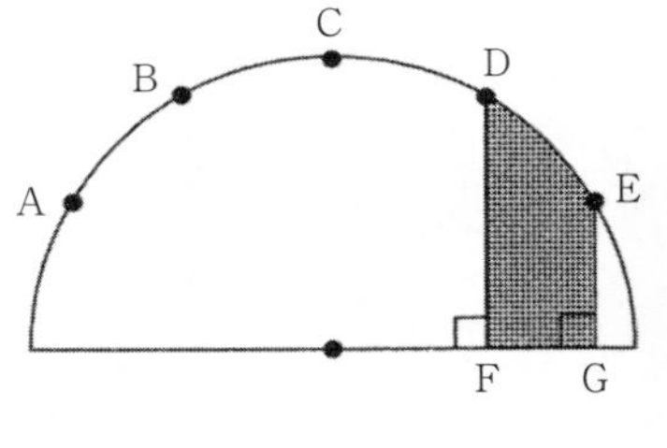

(4)　下の図の平行四辺形ABCDにおいて，点Eは辺AD上，点Fは辺BC上にあり，BF：FC＝２：３です。また，直線EF上に点Gがあり，点Gを通り辺BCに平行な直線と辺ABとの交わる点をHとします。四角形ABFEの面積と四角形GFCDの面積と三角形EGDの面積が等しいとき，HG：BFを求めなさい。

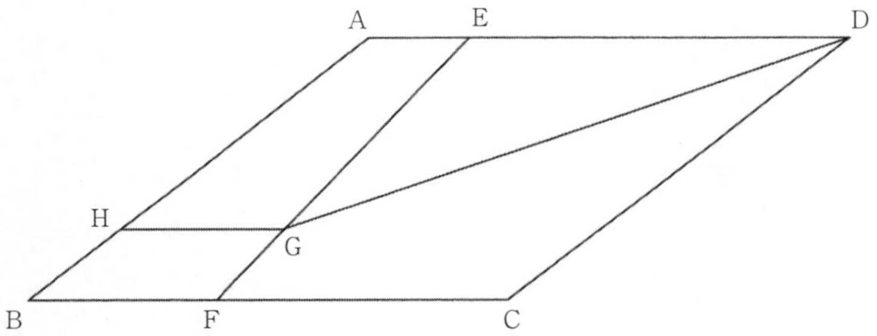

3　ある店ではフルーツジュースを売っています。カップは円柱の形で，Ｓ，Ｍ，Ｌの３つのサイズがあります。すべてのサイズのカップの底面積は10cm^{2}で，高さはＳサイズが15cmで，ＭサイズはＳサイズより５cm高く，ＬサイズはＭサイズより５cm高くなっています。ジュースは，カップの高さより１cm低いところまで注いで販売しています。また，ジュースは果《か》汁《じゅう》の量と水の量を７：３の割合で混ぜて作っています。このとき，次の各問いに答えなさい。

(1)　Ｍサイズのカップで販売するジュース１杯《ぱい》に入っている果汁の量は何mLですか。

(2)　ある日，Ｌサイズの売れた数の1.5倍の数のＭサイズが売れ，さらにＭサイズの売れた数の1.5倍の数のＳサイズが売れました。このとき使った果汁の量は23.52Ｌでした。Ｍサイズのジュースは何杯《はい》売れましたか。

4　Ａ地点，Ｂ地点，Ｃ地点が１つの道に沿ってこの順にあります。豊子さんは，はじめの10分間は分速10ｍで，次の10分間は分速20ｍで，次の10分間は分速30ｍ，…というように，10分ごとに分速を10ｍずつ増やしながら進みます。花子さんは常に分速36ｍの速さで進みます。このとき，次の問いに答えなさい。

(1)　豊子さんがＡ地点から680ｍ進んだとき，豊子さんの平均の速さは分速何ｍですか。

(2)　９月１日に，豊子さんはＡ地点をＣ地点に向かって，花子さんはＣ地点をＡ地点に向かって午前10時に出発したところ，ある時刻に出会いました。９月２日に，豊子さんは午前10時にＡ地点を，花子さんは午前10時６分にＣ地点を出発し，それぞれＣ地点，Ａ地点に向かったところ，９月１日に２人が出会った時刻の１分後に出会いました。９月２日に，２人が出会ったときの豊子さんの速さは分速何ｍですか。

(3)　９月３日に，豊子さんはＡ地点をＢ地点に向かって，花子さんはＢ地点をＡ地点に向かって午前10時に出発したところ，ある時刻に出会いました。９月４日に，豊子さんは午前10時にＡ地点を，花子さんは午前10時２分にＢ地点を出発し，それぞれＢ地点，Ａ地点に向かったところ，９月３日に２人が出会った時刻の１分後に出会いました。９月４日に，２人が出会ったときの時刻は午前何時何分何秒ですか。

5 半径が3cmの白い円と黒い円があります。黒い円をいくつか使ってできる図形の周りを，白い円がすべることなく転がりちょうど1周して元の位置に戻るとき，白い円の中心Oが動いてできる線の長さを考えます。このとき，次の各問いに答えなさい。

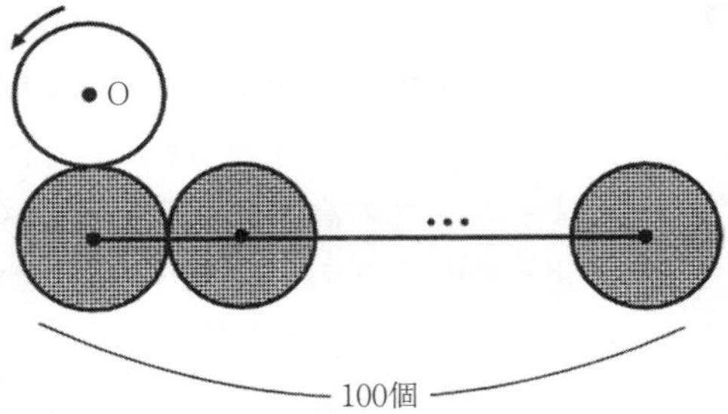

＜図1＞

(1) 右の＜図1＞のように，黒い円100個をすべての中心が一つの直線上に並ぶように互いにぴったりくっつけて並べました。その周りを白い円がすべることなく転がり1周します。このとき，白い円の中心Oが動いてできる線の長さは何cmですか。

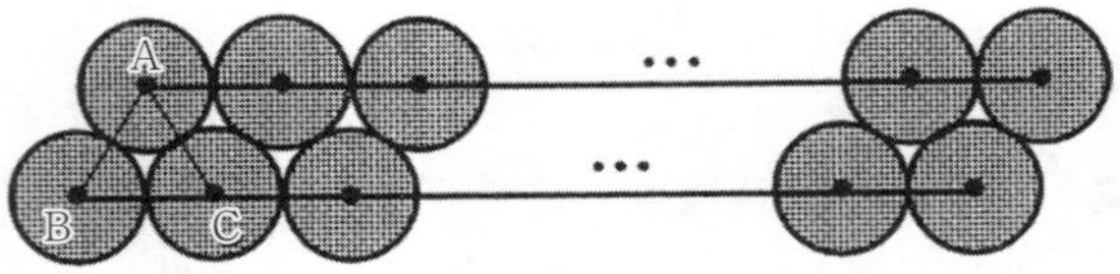

＜図2＞

(2) (1)でできた黒い円100個を並べた図形を[あ]とします。[あ]を2つ用意し，右上の＜図2＞のように黒い円の中心を結んでできた三角形ABCが正三角形となるようにぴったりくっつけて並べます。

これと同じように[あ]を5段重ねて下の＜図3＞の図形を作ります。その周りを白い円がすべることなく転がり1周します。このとき，白い円の中心Oが動いてできる線の長さは何cmですか。

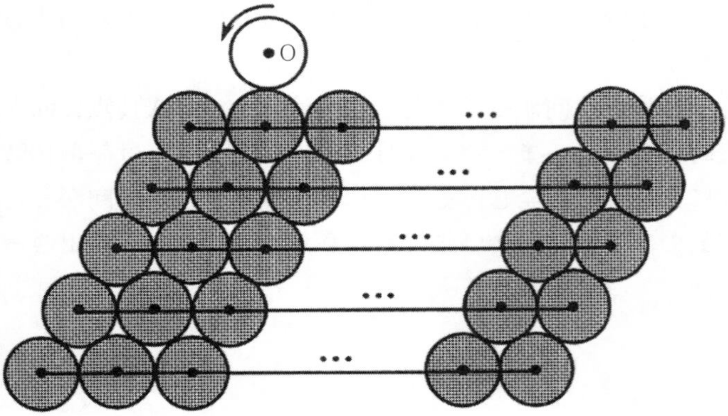

＜図3＞

6　白色の粘土《ねんど》で１辺の長さが１cmの立方体を22個，黒色の粘土で１辺の長さが１cmの立方体を５個作ります。この27個の立方体をすき間なくはりつけて，＜図１＞のように大きな立方体ABCD-EFGHを作ります。＜図２＞はこの立方体の各段を上から見たものです。このとき，あとの問いに答えなさい。

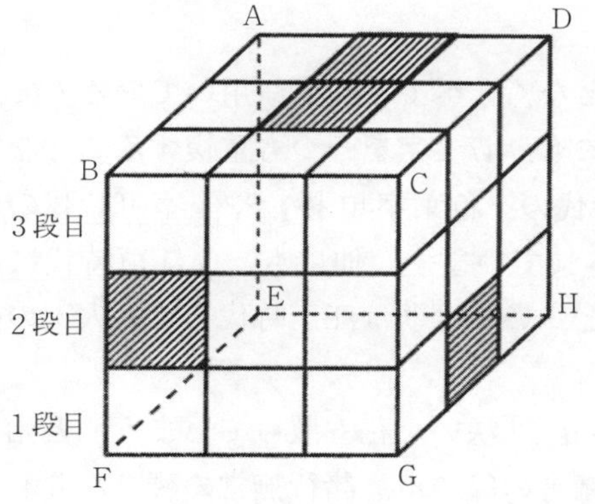

＜図１＞

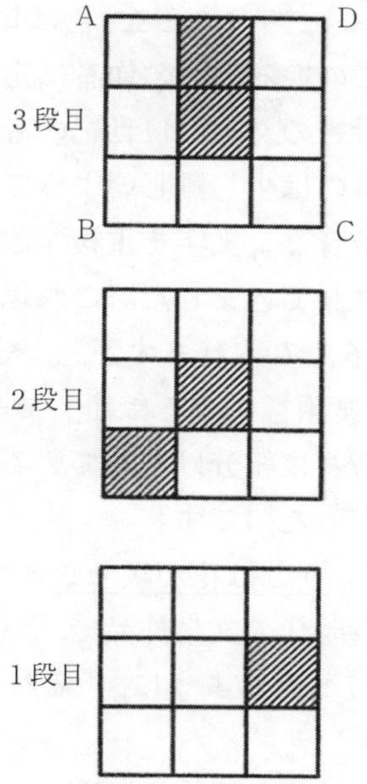

＜図２＞

(1)　立方体ABCD-EFGHを３つの点Ｂ，Ｆ，Ｈを通る平面で切ったとき，(切り口全体の面積)：(切り口の内の黒い部分の面積)を求めなさい。

(2)　下の＜図３＞で，点Ｉ，Ｊはそれぞれ辺FG，辺GHの真ん中の点です。立方体ABCD-EFGHを３つの点Ａ，Ｉ，Ｊを通る平面で切ったとき，(切られる白い粘土の立方体の個数)：(切られる黒い粘土の立方体の個数)を求めなさい。

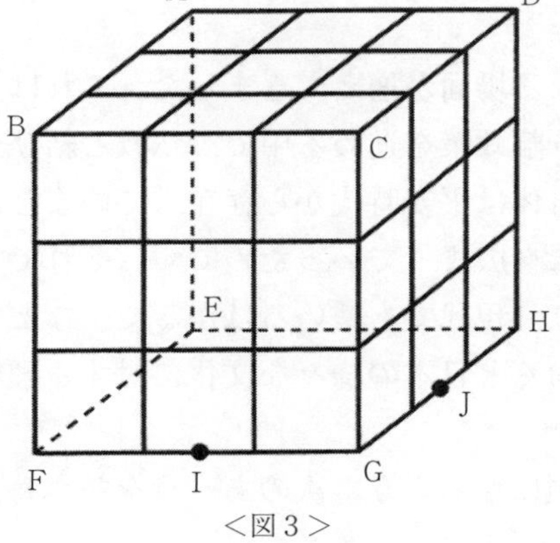

＜図３＞

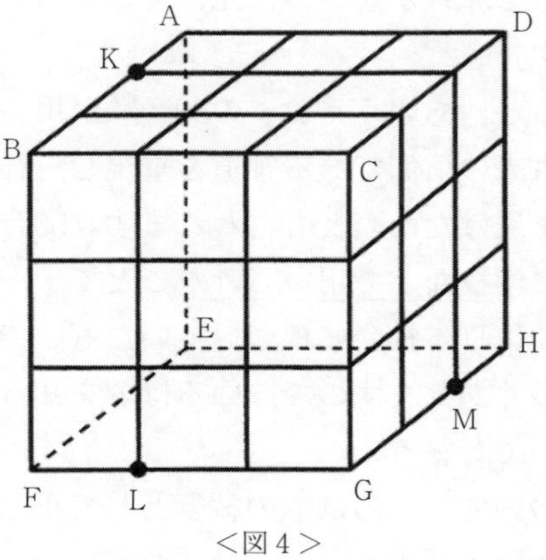

＜図４＞

(3)　上の＜図４＞で，立方体ABCD-EFGHを３つの点Ｋ，Ｌ，Ｍを通る平面で切ったとき，(切り口全体の面積)：(切り口の内の黒い部分の面積)を求めなさい。

【社　会】〈第２回試験〉（理科と合わせて50分）〈満点：50点〉

〈編集部注：実物の入試問題では，**2** **問１**の地形図，**問３**・**問８**の日本地図，**問４**のグラフ，**問７**の写真はカラー印刷です。〉

1　**次の文章を読んで問いに答えなさい。**

皆《みな》さんは，「いろはにほへとちりぬるを（色は匂えど散りぬるを）」で始まる(ア)いろは歌をすべて言えるでしょうか。このいろは歌の作者は定かではありません。(イ)空海とする説もありますが，いろは歌を記した最古の文献《ぶんけん》は11世紀のもので，８世紀から９世紀にかけて活動した空海が作ったことを裏づけるのは少し難しいようです。

いろは歌は，日本語の47音と(ウ)文字を重複することなくすべて１回ずつ用いているので，古来，仮名を習う際に利用されてきました。これ以外にも，47文字を一つも重複することなく綴《つづ》って一文としたものは数多くみられますが，平安時代の『色葉字類抄《いろはじるいしょう》』や(エ)室町時代の『節《せつ》用集《ようしゅう》』といった著名な辞典類も「いろは順」で記されています。他にも，(オ)江戸時代に設置された町火消《まちびけし》は，いろは47組に組分けされているなど，いろは歌は江戸時代までの人々の生活に非常に深く関わるものだったのです。

さて，冒頭《ぼうとう》の(カ)「色が匂」うとは花が咲くことであり，「咲《さ》いた花も散ってしまう」と始まるいろは歌の内容には，鎌倉時代の文学作品で「祇園精舎の鐘の声，諸行無常の響きあり」という書き出しで有名な（　**キ**　）と同じように，「変わらないものは何もない」という仏教的なものの見方が含《ふく》まれています。

ところで，江戸時代には「仮名手本忠臣蔵」という歌舞伎の演目が大変な人気を博しました。これは，江戸城内で（　**ク**　）に切りつけて切腹となった主君の（　**ケ**　）の仇《かたき》をとるため，家来の（　**コ**　）ら赤穂浪士《あこうろうし》（四十七士）が（　**ク**　）を討ち取った赤穂事件を題材にしたものですが，「仮名手本」とはいろは歌のことであり，いろは47文字と事件に関わった47人の浪士をかけているわけです。また一方で，作者が意図していたかどうかは不明ですが，いろは歌を７語ずつに区切った最後の文字をつなげると「とかなくてしす（科《とが》なくて死す）」という文言を読み取ることができます。ここから，いろは歌からうかがえる「とかなくてしす」というメッセージを意識して，忠義を尽《つ》くして罪科がないのに死に追いやられたという意味を込《こ》めて命名したのではないかとも言われます。

明治時代になると「あいうえお」の50音順が用いられる場面が増えてきました。これは，明治新政府が日本古来の信仰《しんこう》である神道を重視し，神仏分離《ぶんり》政策を進める中で，仏教と結びつきの深いいろは歌を避《さ》けたためとも言われます。50音順自体は平安時代から存在していましたが，(サ)明治時代以降に学校などで用いられたことで，一般《いっぱん》にも広まっていったのです。それでも，いろは歌は歴史的に日本社会に根づいていたものであり，現代でも「いろはかるた」などそれに触《ふ》れる機会は多くありますので，いろは歌を知っておくと日本の様々な文化に対する理解が深まるのではないでしょうか。

問１．下線部(ア)について，いろは歌の続きとして正しい順になるよう，次の**あ**～**う**を並《なら》べ替《か》えて記号で答えなさい。（「ゐ」・「ゑ」は「わ行」の「い」・「え」）

あ．あさきゆめみしゑひもせす（浅き夢見じ酔いもせず）

い．うゐのおくやまけふこえて（有為の奥山今日越えて）

う．わかよたれそつねならむ（我が世誰ぞ常ならん）

問２．下線部(イ)は唐から仏教の新たな宗派をもたらしましたが，それについて説明した次の文のうち，正しいものを一つ選び番号で答えなさい。

１．乱れたこの世をはかなみ，阿弥陀仏にすがって西方極楽浄土に連れて行ってもらうことを願った。

２．病気や災いを取り除くための神秘的な祈りや呪《まじな》いを重んじ，天皇や貴族たちの信仰を集めた。

３．この教えをもとに天下の安泰《あんたい》がはかられ，地方に国分寺を建てたり中央に大仏を作ったりした。

４．古墳にかわって壮大《そうだい》な寺院を建てたり，この教えを国家に仕える役人の心構えに利用したりした。

問３．下線部(ウ)に関連して，埼玉県と熊本県の古墳から見つかった鉄剣や鉄刀には同じ大王の名が記されていると考えられています。このことから，その時代の支配がどのような状況《じょうきょう》にあったことがわかりますか，記されている大王の名をあげて30字以内で説明しなさい。

問４．下線部(エ)の政治・社会経済について説明した次の文のうち，正しいものを一つ選び番号で答えなさい。

１．天皇から征夷大将軍に任じられた足利尊氏は，京都の室町に豪華な花の御所を建てて室町幕府を開いた。

２．商業が発展して月３度の市が立てられるようになり，取り引きには輸入銭である宋銭が用いられ始めた。

３．自治的な村を形成して領主に抵抗する農民が現れ，正長の徳政一揆では地頭の横暴を訴えた石碑が建てられた。

４．応仁の乱で京都は焼け野原となり，地方に下った公家や僧によって都の文化が地方に広まった。

問５．下線部(オ)について，これを設置した将軍の政策として，正しいものを次から一つ選び番号で答えなさい。

１．石川島人足寄場《にんそくよせば》の設置　　２．天保の薪水《しんすい》給与令

３．小石川養生所の設置　　４．五百石《こく》以上の船の建造禁止

５．湯島聖堂の建設

問６．下線部(カ)に関連して，「あおによし奈良の都は咲く花の匂うがごとく今さかりなり」という歌がありますが，この歌が詠《よ》まれた時よりも後の出来事を次からすべて選び番号で答えなさい。

１．大輪田泊を修築した平清盛が宋との貿易を開始した。

２．小野妹子が推古天皇の命を受けて隋に派遣《はけん》された。

３．桓武天皇が蝦夷討伐《とうばつ》のために坂上田村麻呂を派遣した。

４．唐が滅《ほろ》ぶ10数年前に菅原道真が遣唐使の中止を提言した。

５．中大兄皇子が百済復興のために朝鮮半島へ軍を派遣した。

問７．空らん(**キ**)にあてはまる文学作品は，文字の読めない人にも語り伝えられましたが，それを語り伝えた人々をおもに何といいますか，漢字で答えなさい。

問８．空らん(**ク**)～(**コ**)には，それぞれ①浅野内匠頭《たくみのかみ》・②大石内蔵助《くらのすけ》・③吉《き》良上野介《らこうずけのすけ》のいずれ

かがあてはまりますが，その組み合わせとして正しいものを次の**1**～**6**から選び番号で答えなさい。

1．(ク)　①・(ケ)　②・(コ)　③
2．(ク)　①・(ケ)　③・(コ)　②
3．(ク)　②・(ケ)　①・(コ)　③
4．(ク)　②・(ケ)　③・(コ)　①
5．(ク)　③・(ケ)　①・(コ)　②
6．(ク)　③・(ケ)　②・(コ)　①

問９．下線部(サ)について，戦前の学校で重要視された当時の教育の理念を示した天皇の言葉で，戦後に国会決議で効力を失ったものを一般に何といいますか，漢字で答えなさい。

2　**次の問いに答えなさい。**

問１．次の地形図は福岡県柳川《やながわ》市の市街地を示したものです。この地域は室町時代に柳川城が築かれました。柳川城が築かれた場所として最も適当なものを，図中の**1**～**5**から選び番号で答えなさい。

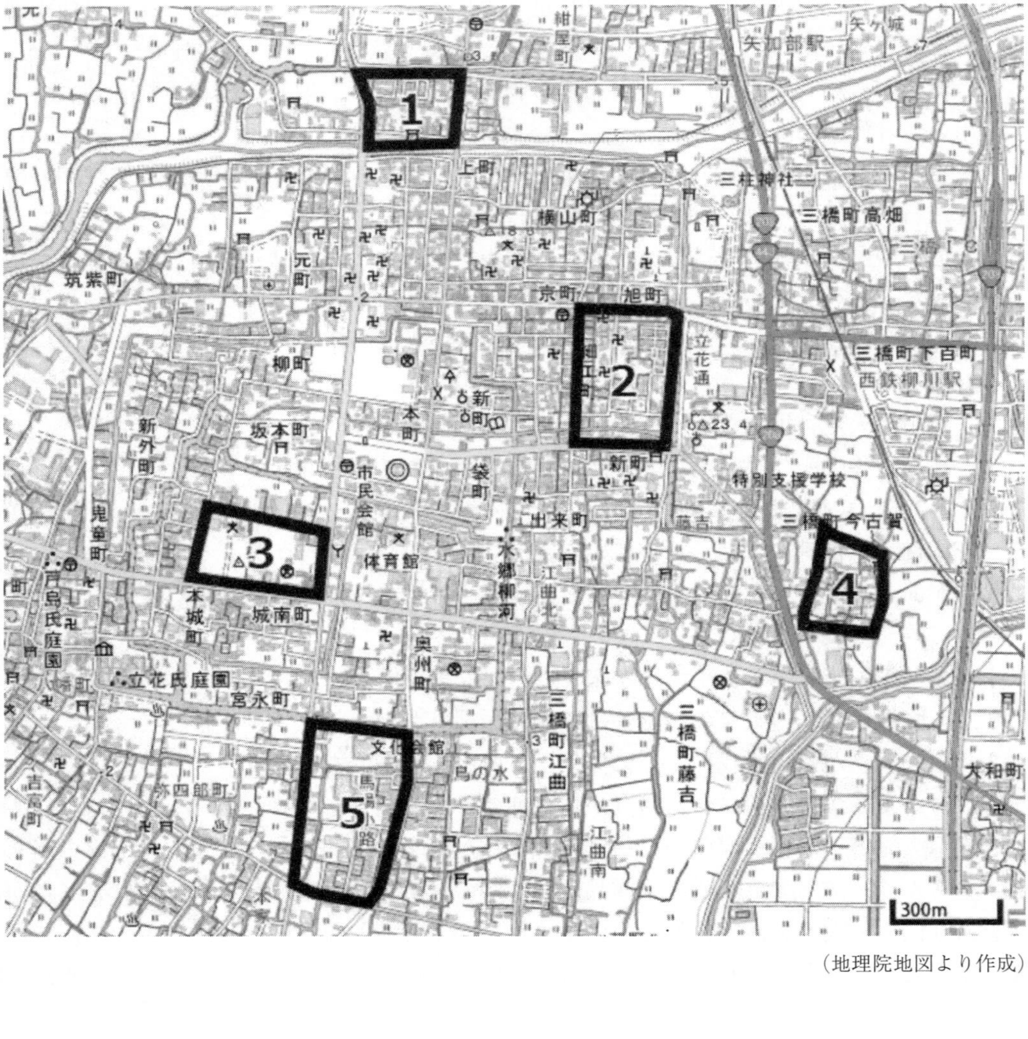

（地理院地図より作成）

問２．次の表は，秋田・高田（新潟県）・潮岬《しおのみさき》（和歌山県）・松山・那覇の１月と８月の降水量（ミリメートル）を示したものです（1991年から2020年の平均値）。この中で，松山にあたるものを表の**１**～**５**から選び番号で答えなさい。

	1	2	3	4	5
1月	429.6	118.9	101.6	97.7	50.9
8月	184.5	184.6	240.0	260.3	99.0

（気象庁 HP より作成）

問３．次の図は果実の県別収穫《しゅうかく》量（万トン）を示したものです（2021年）。図中の**１**～**４**は，日本なし，みかん，もも，りんごのいずれかです。ももにあてはまるものを番号で答えなさい。

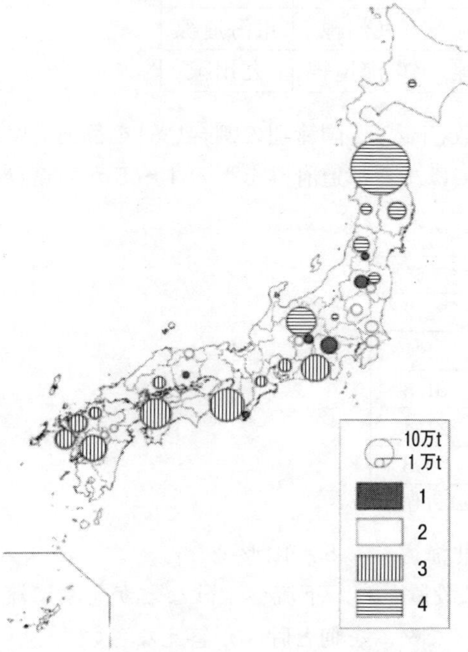

（日本国勢図会 2023/24より作成）

問４．右の図は都市別の製造品出荷額等（億円）の推移で，**ア**～**オ**は市原（千葉県），大阪，東京23区，豊田（愛知県），横浜のいずれかです。**ア**にあてはまる都市を下の**１**～**５**から選び番号で答えなさい。

１．市原
２．大阪
３．東京23区
４．豊田
５．横浜

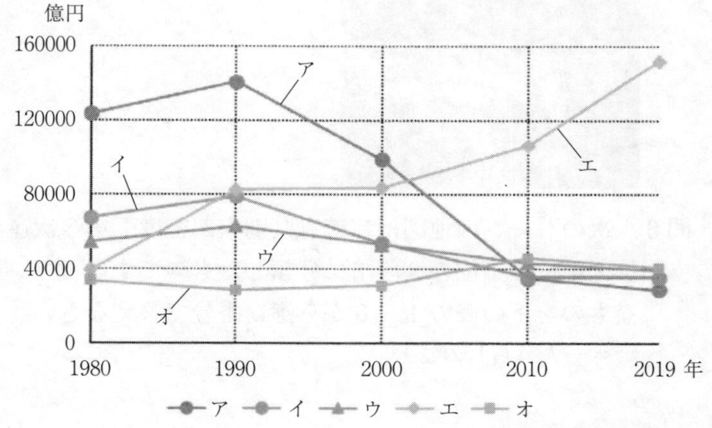

（工業統計調査より作成）

問５．右の表は，新幹線の路線別の鉄道旅客営業キロ，旅客輸送人数，＊旅客輸送人キロ(いずれも2021年)を示したものです。表の**あ**～**う**の組み合わせとして正しいものを，下の表の**１**～**６**から選び番号で答えなさい。

	旅客営業キロ(km)	旅客輸送人数(万人)	旅客輸送人キロ(百万人キロ)
あ	713.7	4,588	6,898
い	552.6	8,569	25,336
う	288.9	798	978

(日本国勢図会 2023/24より作成)

＊旅客輸送人キロ＝旅客輸送人数×乗車距離

	1	**2**	**3**	**4**	**5**	**6**
あ	九州線	九州線	東海道線	東海道線	東北線	東北線
い	東海道線	東北線	九州線	東北線	九州線	東海道線
う	東北線	東海道線	東北線	九州線	東海道線	九州線

問６．次の表は，日本に在留する外国人人口の総数(千人)と国籍《せき》別の割合(％)を都道府県別に示したものです(いずれも2019年)。表の**あ**にあてはまる都道府県を下の**１**～**５**から選び番号で答えなさい。

	総数	中国	韓国	ベトナム	フィリピン	ブラジル
愛知	281	18.1	10.5	14.7	14.0	22.2
大阪	256	26.8	38.4	13.5	3.6	1.1
静岡	100	12.3	4.7	12.2	17.6	31.3
あ	62	12.4	3.6	16.2	12.8	21.4
青森	6	20.9	12.2	29.7	11.5	0.6

(国立社会保障・人口問題研究所資料より作成)

１．熊本　**２**．群馬　**３**．東京　**４**．北海道　**５**．山形

問７．次の写真の施設《しせつ》は，河川上流の渓流《けいりゅう》などに設置され，下流へ土砂などが急激に流下しないように貯めておく役割があります。このようなダムを何と呼ぶか答えなさい。

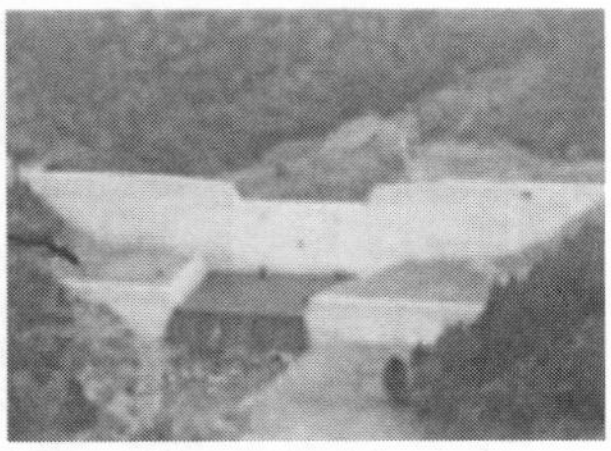

問８．次のページの地図は都道府県別人口密度，第３次産業就業人口割合，＊単独世帯割合を上位・中位・下位の３段階に分類したものです(いずれも2020年)。この組み合わせとして適当なものを下の表の**１**～**６**から選び番号で答えなさい。

＊一人暮らしのこと。

ア

イ

ウ

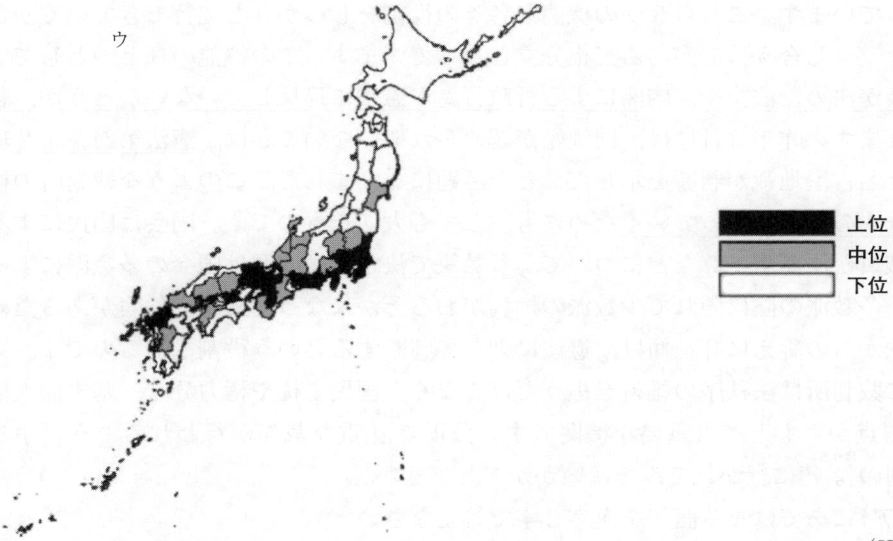

(JSTAT MAPより作成)

	1	2	3	4	5	6
人口密度	ア	ア	イ	イ	ウ	ウ
第３次就業人口割合	イ	ウ	ア	ウ	ア	イ
単独世帯	ウ	イ	ウ	ア	イ	ア

※弊社のホームページにて，ア～ウの図のカラー印刷のものを収録しています。必要な方はアクセスしてください。
なお，右のQRコードからもアクセスできます。

3　**次の文章を読んで問いに答えなさい。**

皆さんは，裁判所に行ったことがありますか。本校から地下鉄で15分ほどの場所に東京地方裁判所と東京高等裁判所がありますが，法廷《ほうてい》で行われる裁判は原則としてだれでも見ることができます。多くの人々にとって裁判はなじみの薄《うす》いものですが，国民の中から選ばれる裁判員が（　ア　）裁判に参加する裁判員制度が始まってから，今年で15年となりました。この制度は，裁判所が行う裁判に国民が参加することで，国民の意見を裁判に活かし，裁判に対する国民の関心と信頼《しんらい》を高めていくために導入されたものです。

日本では，国の政治を進める役割を立法・行政・司法に分け，それぞれ国会・(イ)内閣・裁判所がそれらの仕事を担っていますが，国の政治についての最終決定権は国民にある国民主権の国です。ですから，(ウ)立法・行政・司法について，それぞれに国民が関わり，国民の意思を反映できるようなしくみが必要とされており，裁判員制度はそのひとつです。

立法権を持つ国会は，法律や予算，条約の承認など，国の方針を決める役割を，行政権を持つ内閣は，国会で決めた予算や法律を実行する役割を担っています。そして司法権を持つ裁判所は人々の間で起こった争いごとや犯罪について，(エ)憲法や法律にもとづいて判断し，解決する役割を担っています。これら３つの機関が各々の役割をしっかりと遂行《すいこう》できているかどうかを互《たが》いにチェックし合う機能がある三権分立となっています。この機能のひとつとして，裁判所には(オ)国会が決めた法律や，内閣による行政行為が憲法に違反していないかどうか，審査する役割があります。昨年５月には，同性婚《こん》が認められていないことは(カ)憲法第24条第２項に反している，と名古屋地裁が判断を示したことが話題になりました。このような裁判所の権限は，(キ)国民一人一人の権利を守っていくためにも，とても大切なものです。国会は国民による選挙で選ばれた議員が法律や予算などについて(ク)多数決で決定し，内閣は国会の多数派によって構成されます。多数派の陰《かげ》に隠《かく》れて少数派の権利がおろそかになってしまう危険があるため，裁判所は少数派からの訴《うった》えに耳を傾《かたむ》け，憲法に則って判断するという役割もあるのです。

このように裁判所は法秩序《ちつじょ》の維持《いじ》を担うだけでなく，国民主権や権力分立，基本的人権の尊重といった観点からもとても重要な機関です。公正で慎重《しんちょう》な裁判が行われるようにするため，皆さんも裁判の傍聴《ぼうちょう》に行かれてみてはいかがでしょうか。

問１．空らん（ア）にあてはまる語句を漢字２字で答えなさい。

問２．下線部(イ)について，憲法69条で，国会で不信任案が可決された際，10日以内に衆議院が解散されない限り，内閣は総辞職することが規定されていますが，実際には衆議院が解散されても総辞職をすることになります。衆議院が解散された場合，内閣はいつ総辞職しますか。次のうち正しいものを一つ選び番号で答えなさい。

１．衆議院が解散されたとき。

２．衆議院議員総選挙の選挙期日が公示されたとき。

３．衆議院議員総選挙の後，国会が召集されたとき。

４．衆議院議員総選挙の後，新しい内閣総理大臣が任命されたとき。

問３．下線部(ウ)について，立法・行政・司法それぞれに国民が関わっていくためのしくみの組み合わせとして最も適当なものを選び番号で答えなさい。

	1	2	3	4	5	6
立法	国政選挙	国政選挙	国民審査	国民審査	情報開示請求	情報開示請求
行政	国民審査	情報開示請求	情報開示請求	国政選挙	国政選挙	国民審査
司法	情報開示請求	国民審査	国政選挙	情報開示請求	国民審査	国政選挙

問４．下線部(エ)に関する次の文のうち，**あやまっているもの**を一つ選び番号で答えなさい。

１．憲法は，国の政治の基本的なあり方を定めたものであり，憲法にもとづく政治を立憲政治という。

２．天皇や大臣，国会議員や裁判官，その他の公務員は，憲法を尊重し，擁護《ようご》する義務を負っている。

３．憲法は国の最高法規なので，憲法に反する法律や政令，政府の行為《こうい》などはすべて無効とされる。

４．国会が作る法律のうち，特定の地方公共団体にのみ効力が及《およ》ぶものを特に条例という。

問５．下線部(オ)について，このような権限はすべての裁判所が持っていますが，特に最終審を行うことから最高裁判所は何と呼ばれますか，５字で答えなさい。

問６．下線部(カ)について，以下がその条文ですが，空らんにあてはまる語句を選び番号で答えなさい。

「配偶者《はいぐうしゃ》の選択，財産権，相続，住居の選定，離婚並びに婚姻《こんいん》及び家族に関するその他の事項に関しては，法律は，□と両性の本質的平等に立脚して，制定されなければならない。」

１．公共の福祉　２．国事行為　３．個人の尊厳

４．信教の自由　５．平和主義

問７．下線部(キ)に関連して，人権を守ることを第一の目的として制定されている法律を**すべて**選び番号で答えなさい。

１．国旗・国歌法　２．障害者差別解消法　３．生活保護法

４．男女雇用《こよう》機会均等法　５．地方自治法

問８．下線部(ク)について，出席議員の過半数が賛成することで議決される議案を**二つ**選び番号で答えなさい。

１．国会議員の除名　２．憲法改正の発議　３．条約の承認

４．臨時会開催の要求　５．予算案の議決

【理　科】〈第２回試験〉（社会と合わせて50分）〈満点：50点〉

1　次の文章を読み，以下の問いに答えなさい。

音が聞こえるのは，ものが振動《しんどう》してその振動が空気を伝わって耳の中の鼓膜《こまく》を振動させるからです。

ものの振動の振《ふ》れ幅《はば》が大きければ，それだけ空気を大きく振動させ，大きな音として聞こえます。

また，振動数（１秒間に振動する回数）が多いものほど高い音が出ます。振動数は振動するものの長さと，振動が伝わる速さで決まります。このことを利用して，楽器は色々な高さの音を出すことができます。

様々な楽器が音を出すしくみは以下の通りです。

①　リコーダーやフルートなどの管楽器は吹《ふ》き口を吹くことで，筒《つつ》の中の空気全体を振動させ，音を出しています。

②　ギターや琴《こと》などの弦楽器《げんがっき》はピンとはった弦をはじくことで，弦全体を振動させ，音を出しています。

③　木琴《もっきん》や鉄琴《てっきん》などの打楽器は細長い木の板や金属の板をたたくことで，板全体を振動させ，音を出しています。

(1)　楽器が様々な高さの音を出す様子から，振動するものの長さと音の高さの関係はどのようになっていると考えられますか。次の**あ**～**う**から最も適当なものを１つ選び記号で答えなさい。ただし，振動するものの長さ以外の条件は同じものとします。

あ．振動するものの長さが長いほど高い音を出す。

い．振動するものの長さが短いほど高い音を出す。

う．振動するものの長さと音の高さは関係ない。

(2)　ギターなど弦楽器の弦の真ん中をはじくと，その振動が弦の端《はし》の方まで伝わっていきます。この振動が弦を伝わる速さが，弦を引っぱる力の大きさや，弦の長さ１cmあたりの重さによって，どのように変化するのかを調べると，それぞれ下のグラフのようになりました。弦楽器が音を出す様子から，振動が弦を伝わる速さと音の高さの関係はどのようになっていると考えられますか。次の**あ**～**う**から最も適当なものを１つ選び，記号で答えなさい。ただし，弦の長さは同じものとします。

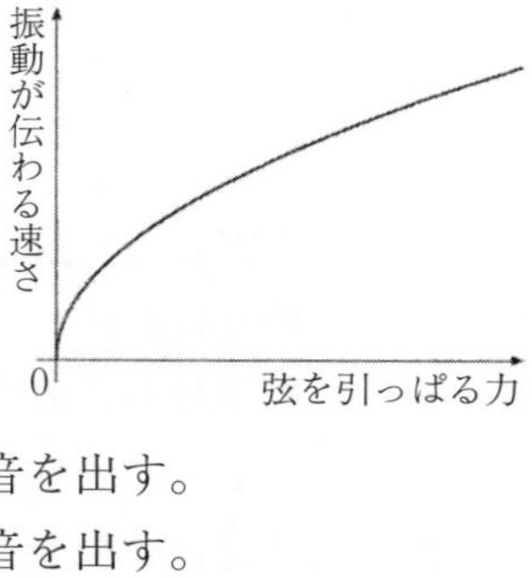

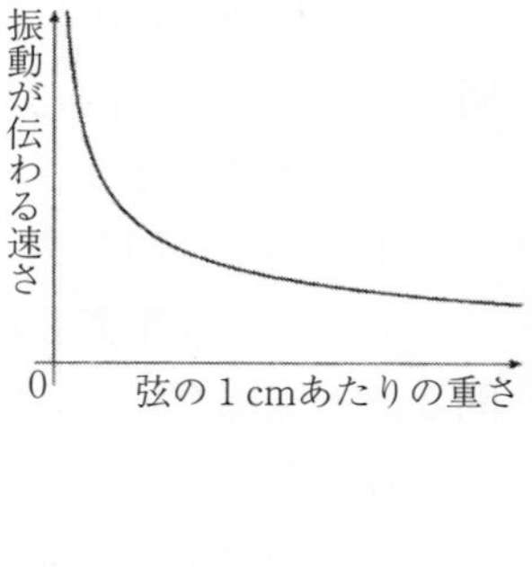

あ．振動が伝わる速さが速いほど高い音を出す。

い．振動が伝わる速さが遅《おそ》いほど高い音を出す。

う．振動が伝わる速さと音の高さは関係ない。

(3)　右のグラフは，空気の振動が伝わる速さが空気の温度によってどのように変化するのかを調べた結果です。このことから，リコーダーなどの管楽器を部屋の中で吹くとき，出る音の高さと，室温との関係はどうなると考えられますか。次の**あ**～**う**から最も適当なものを１つ選び，記号で答えなさい。ただし，室

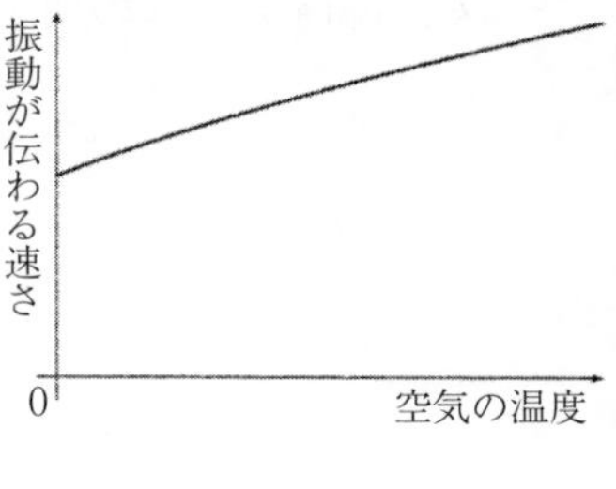

温以外の条件は同じものとします。

あ．室温が高いほど，高い音が出る。

い．室温が低いほど，高い音が出る。

う．室温と音の高さは関係ない。

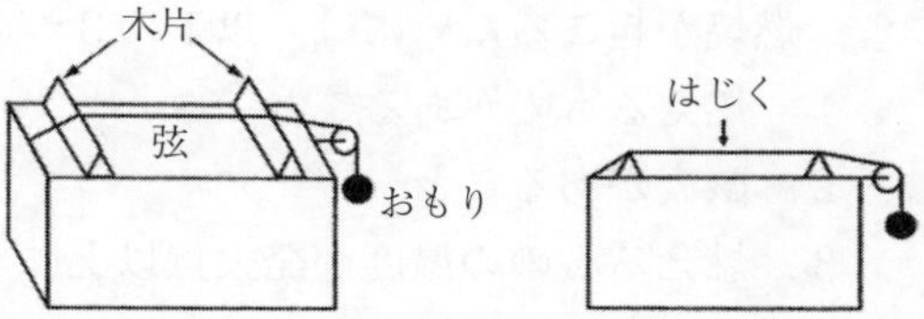

(4)　右図のように台の上の左端に弦の一方の端をとりつけ，三角柱状の２つの木片の上にのせ，かっ車を通してもう一方の端におもりをつり下げ，弦をピンとはった状態にしました。この状態で木片と木片の間の弦をはじくと，音が出ます。

はじめに，弦にアルミニウムの針金を用い，木片の間隔《かんかく》を40cmにし，おもりを１個つり下げて弦をはじき，音の高さを調べました。

次に，以下の①～④のように様々な条件を変えながら，弦から出る音の高さを調べる実験を行いました。それぞれの実験について述べた文章中の(　)の中の選択肢《せんたくし》から実験結果として適当なものを選び，記号で答えなさい。

①　はじめの状態から，木片の間隔を60cmにして，弦をはじいたら，はじめの状態と比べて(**あ**．高い　**い**．低い　**う**．同じ高さの)音が出た。

②　はじめの状態から，おもりを２個つり下げて，弦をはじいたら，はじめの状態と比べて(**あ**．高い　**い**．低い　**う**．同じ高さの)音が出た。

③　はじめの状態から，弦を同じ太さの銅の針金に変えてはじいたら，はじめの状態と比べて(**あ**．高い　**い**．低い　**う**．同じ高さの)音が出た。

④　はじめの状態から，弦のアルミニウムの針金を細いものに変え，さらに木片の間隔を(**あ**．大きく　**い**．小さく)したら，はじめの状態と同じ高さの音が出た。

(5)　リコーダーの指でおさえる穴をすべてセロテープでふさぎ，右図のように空気を入れたビニール袋《ぶくろ》の口をリコーダーの吹き口にかぶせます。空気がもれないようにしながらビニール袋を押して，リコーダーに空気を入れると，口で吹いたときと同じように，リコーダーから音が出ます。

この方法で，以下の気体を用いてリコーダーから音を出す実験をした場合，

あ．空気を用いた場合の音の高さ

い．二酸化炭素を用いた場合の音の高さ

う．水素を用いた場合の音の高さ

を出る音が高い順に並《なら》べ，記号で答えなさい。

(6)　右図のように同じ試験管２つに，中に入れる水の量のみを変えたＡ，Ｂを用意します。まず，この２つの試験管の口を吹いて音を出し，出る音の高さを比べました。次に，２つの試験管を木の棒で軽くたたいて音を出し，出る音の高さを比べました。この実験結果を述べた文章として最も適当なものを次の**あ**～**え**から１つ選び，記号で答えなさい。

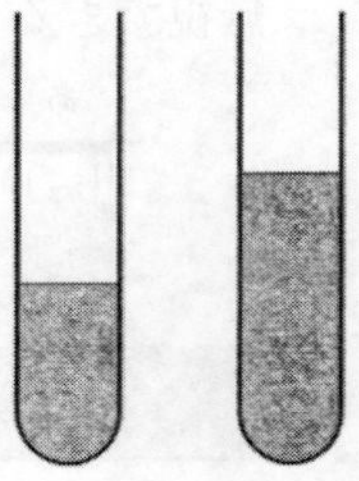

あ．口を吹いてもたたいてもＡの出す音の方が高い。

い．口を吹いてもたたいてもＢの出す音の方が高い。

う．口を吹くときはＡの出す音の方が高く，たたくときはＢの出す音の方が高い。

え．口を吹くときはＢの出す音の方が高く，たたくときはＡの出す音の方が高い。

2　燃焼や温度に関する次の文章を読み，以下の問いに答えなさい。

燃焼が起こるためには，以下の３つの要素が必要です。

1．燃えるものがあること

2．酸素があること

3．燃えるものの温度が発火点以上になること

このうち１，２については，以下のような実験で確かめることができます。

下図のように，はじめに水に浮《う》かぶ軽い容器にマッチの外箱にも使われている赤リンの粉末を十分な量のせて，水槽《すいそう》に浮かべました。次に両端《りょうたん》が開いたプラスチックの筒《つつ》をかぶせ赤リンに火をつけ，すぐに筒の上をゴムでできた栓《せん》でふさぎました。筒は上下しないように固定しておきました。①まもなくすると火が消え，筒の中の温度は室温に戻りました。ゴム栓をとる前の容器の上には，まだ赤リンの粉末が残っていました。

この実験を粉末の赤リンではなく，同じ質量の赤リンのかたまりで行ったところ，②粉末の赤リンの方が激しく燃焼しました。

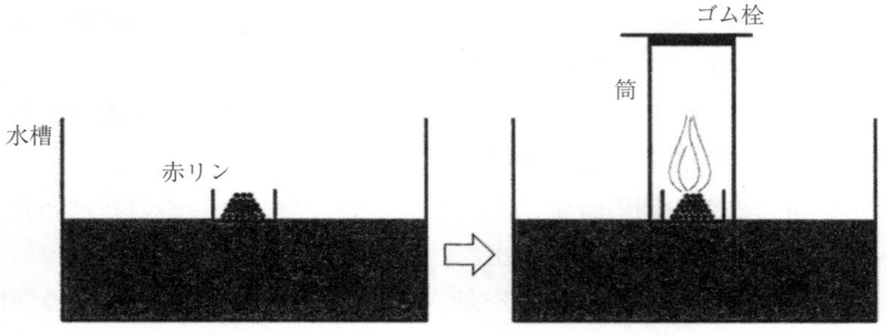

図

ところで，紙や木材を燃焼させた際に発生する二酸化炭素や，牛のゲップに含《ふく》まれるメタンなどは，［　A　］ガスと呼ばれ，地球温暖化の原因の１つといわれています。我々の住む場所が暖かくなってしまう現象は，この他にヒートアイランド現象があります。

土には水分が含まれ，この③水分が蒸発することによって土の熱を奪うため，気温の上昇《じょうしょう》を抑《おさ》える効果があります。土と比べてコンクリートやレンガなどは水分を含みにくく，また温まりにくく冷めにくい性質があります。一度温まってしまったコンクリートやレンガは夜になっても冷めにくく，気温の低下を妨《さまた》げてしまいます。

(1)　下線部①の筒の中のようすとして，最も適切なものを次の**あ**～**お**から１つ選び記号で答えなさい。ただし，反応してできた物質に気体はなく，また容器の中の燃え残った赤リンの重さは無視できるものとします。

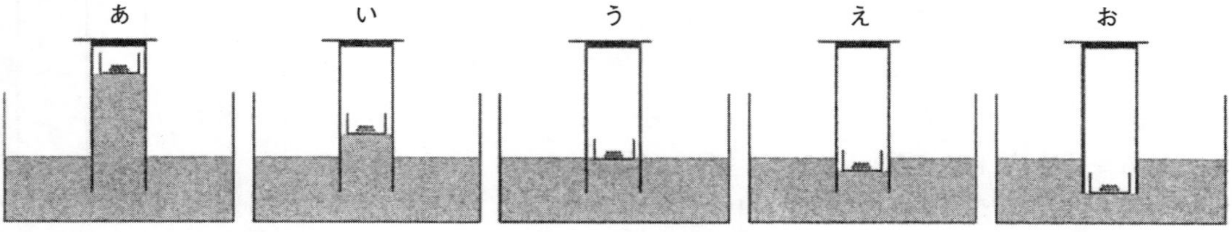

(2)　［A］に最も適当な語句を漢字で入れ，意味のつながる文章にしなさい。

(3)　以下の文章のうち，反応(燃焼)の激しさの理由が下線部②と同じものを次の**あ**～**え**から**２つ**選び，記号で答えなさい。

あ．スチールウールは空気中で火を近づけると発火するが，粉末の鉄は空気の中を落下するだけで発火することがある。

い．過酸化水素はそのままでは酸素をほとんど発生させないが，粉末の二酸化マンガンを加えると激しく酸素を発生させる。

う．集気びんに酸素を満たしてロウソクを入れたところ，空気中よりも激しく燃焼した。

え．揚《あ》げ物をしていたところ油に火がついてしまったため水をかけたところ，液体の油が細かくなって飛び散り爆発《ばくはつ》的に燃えた。

(4)　下線部③について，液体が気体に変わるとき周りから熱がうばわれ周りの温度が下がることが知られています。この現象とは**異なるもの**を次の**あ**～**え**から１つ選び，記号で答えなさい。

あ．アルコール消毒をすると，手が冷たく感じる。

い．お風呂《ふろ》やプールから上がって体をふかずにいると，寒く感じる。

う．夏にコンクリートへ水をまくと，すずしく感じる。

え．冬に鉄棒に触《さわ》ると，手が冷たく感じる。

3　次の文章を読み，以下の問いに答えなさい。

ヒトを含《ふく》めた動物たちは，音や身振《みぶ》り手振《てぶ》りでお互《たが》いにコミュニケーションを取っていることが知られています。豊子さんはミツバチのコミュニケーション方法に関する研究でノーベル賞を取ったカール・フォン・フリッシュのことを知り，明石市で養蜂《ようほう》業を営む知り合いにお願いして，次のような実験をしてみました。養蜂場の巣箱は，図１のように四角い箱の中に垂直に板状の巣板が並べられ，ミツバチはそこに巣をつくります。ただし，この養蜂場では太陽が正午に南中することとします。

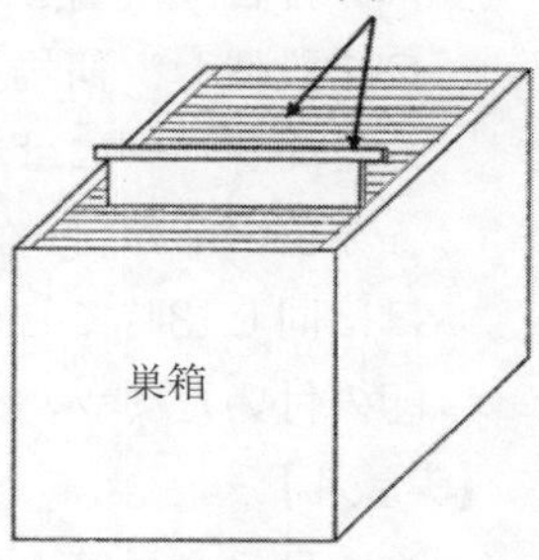

図１

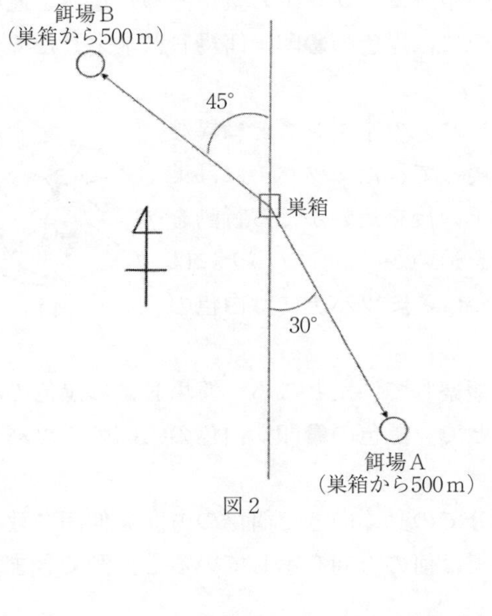

図２

【実験1】

同じ巣箱の数十匹《ひき》に黄色の印を付け，巣箱から500m離《はな》れたところに砂糖水を置き，餌場《えさば》Aとしました。巣箱と餌場Aの位置関係は図2の通りです。巣箱から飛び立ったミツバチが，餌場Aに飛来したところで，黄色の印を付けたミツバチにさらに青色の印を付けました。巣箱に黄色と青色の両方の色の付いたミツバチが戻《もど》ったのは13時でした。このミツバチの行動を観察すると，巣板の垂直面内で，音を出しながら図3のような8の字ダンス(8の字を描《えが》くような動き)を始めました。このとき8の字を描く速さは，およそ15秒間に6回でした。

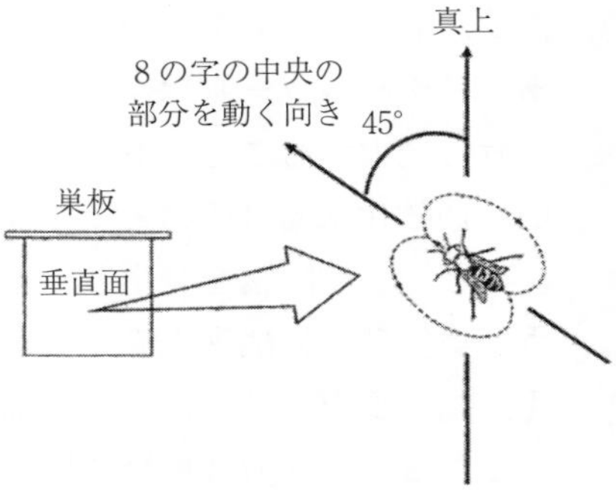

図3

【実験2】

翌日，餌場Aを取り外し，代わりに図2のように巣箱から北西に500m離れたところに砂糖水を置き，餌場Bとしました。巣箱の位置以外は【実験1】と同様にして実験しました。

このときも，巣箱に戻ったミツバチは盛んに8の字ダンスを始めました。このときミツバチが巣箱に戻ったのは14時でした。また，8の字を描く速さはおよそ15秒間に6回でした。

【実験3】

3日目，餌場Bを取り外してから，巣箱から餌場Aと同じ方角で1000m離れたところに餌場Cを設置し，餌場Bと同じ方角で300m離れたところに餌場Dを設置しました。餌場Cに飛来したミツバチには赤色の印を，餌場Dに飛来したミツバチには緑色の印を付けました。

赤色の印が付いたミツバチが戻ってきたのも，緑色の印の付いたミツバチが戻ってきたのもほぼ同じ13時でした。ともに8の字ダンスをし始めたのですが，8の字を描く速さは，赤色の印の付いたミツバチは15秒間に5回，緑色の印の付いたミツバチは15秒間に7回でした。

【実験4】

4日目，巣箱から餌場Aと同じ方角で50mと近い距離《きょり》にレンゲソウの蜜《みつ》を薄《うす》めた溶液《ようえき》を置いた餌場E，巣箱から餌場Bと同じ方角で50mと近い距離にアブラナの蜜を薄めた溶液を置いた餌場Fを設置しました。餌場Eに飛来したミツバチには黒色の●印，餌場Fに飛来したミツバチには白色の○印を付けました。

それぞれの餌場から戻ってきたミツバチは，ともに8の字ダンスとは異なる図4のようなダンスをし始めました。餌場から戻ってきたミツバチには巣箱内のミツバチが多数集まり，戻ってきたミツバチの後を追いかける行動を見せました。そこで，黒色の●印のミツバチの後を追いかけるミツバチには黒色の▲印を，白色の○印のミツバチの後を追いかけるミツバチには白色の△印を付けました。

図4

その後，餌場Eと餌場Fに飛来するミツバチを観察していたところ，餌場Eには黒色の▲印，餌場Fには白色の△印を付けたミツバチがほとんどで，黒色の●印，白色の○印のミツバチは観察されませんでした。

(1) ミツバチの8の字ダンスは，8の字の中央の部分での動く向きで餌場の方向を仲間に教えているといわれています。【実験1】の結果から，真上は何の方向を示していると推測できますか。

最も適当なものを次の**あ**～**か**から１つ選び，記号で答えなさい。

あ．東　**い**．西　**う**．南

え．北　**お**．太陽　**か**．月

(2)　(1)の推測をもとにすると，【実験２】のミツバチは，どのような向きに８の字ダンスをすると考えられますか。最も適当な向きや角度を表している図を次の**あ**～**か**から１つ選び，記号で答えなさい。

あ．
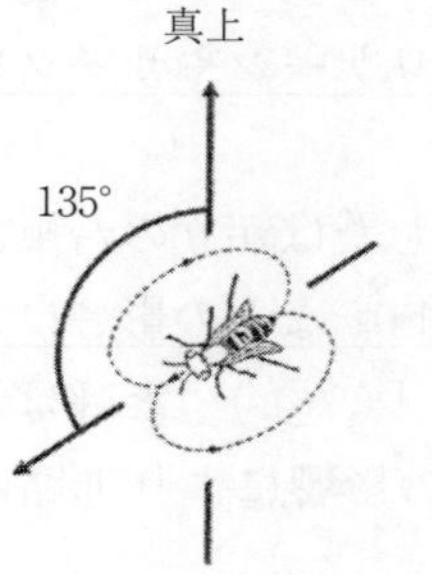

い．
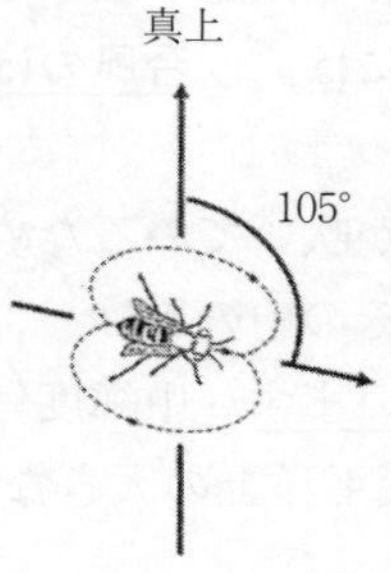

う．
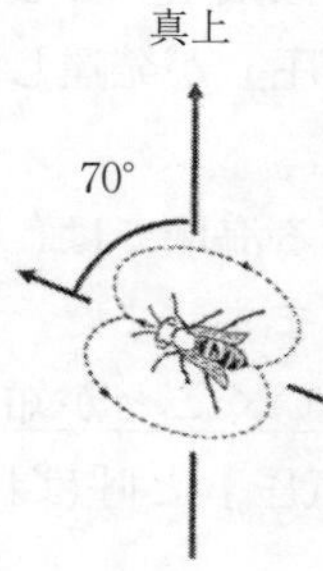

え．
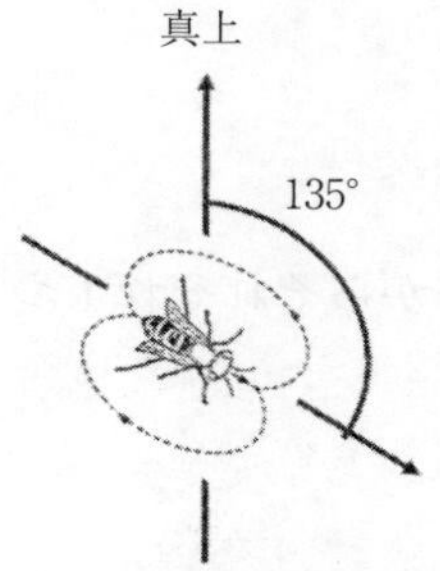

お．
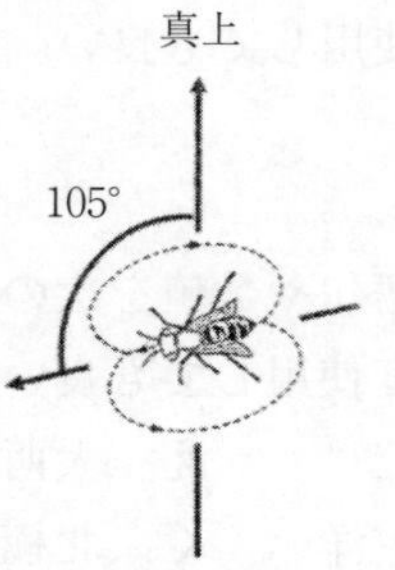

か．
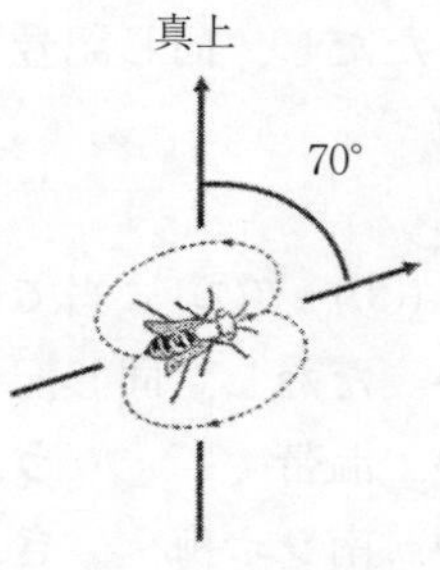

(3)　【実験１】～【実験３】の結果より，餌場までの距離が近くなると，ダンスはどのように変化すると考えられますか。解答欄《らん》に合うように答えなさい。

(4)　【実験４】の結果から，巣箱から餌場までの距離が非常に近い場合，何が餌場の位置を知らせる情報となっていると推測できますか。最も適当なものを次の**あ**～**え**から１つ選び，記号で答えなさい。

あ．蜜の味　　**い**．蜜の色

う．蜜のにおい　　**え**．蜜の粘性《ねんせい》

(5)　ミツバチに関する次の問いに答えなさい。

①　ミツバチは，花の蜜の他，何を食べて栄養としていますか。

②　ミツバチは育つ過程でその形などを変えています。ミツバチと同じ育ち方をするものを次の**あ**～**か**から<u>すべて</u>選び，記号で答えなさい。

あ．アゲハ　**い**．カマキリ　**う**．カブトムシ

え．カ　**お**．テントウムシ　**か**．コオロギ

③　ミツバチは，育ち方のどの段階の姿で冬越《ふゆご》しをしますか。最も適当なものを次の**あ**～**え**から１つ選び，記号で答えなさい。

あ．幼虫　**い**．成虫

う．さなぎ　**え**．卵

4　次の文章を読み，以下の問いに答えなさい。

毎年，夏から秋にかけて日本を襲《おそ》う自然災害といえば台風です。北太平洋の東経180°より（ ① ）の地域，または，南シナ海で発生する「（ ② ）低気圧」のうち，最大風速がおよそ毎秒（ ③ ）m以上のものを台風と呼んでいます。

この地域の海水温が高い海域では，上空の空気のかたまりに大量の水蒸気が供給されます。水蒸気が水滴《すいてき》や氷になるときのエネルギーで上昇気流が激しく起こり，雲が発生します。アこの雲が集まり「（ ② ）低気圧」となり，さらに発達することで台風へと変わっていきます。同じように「（ ② ）低気圧」が発達したものには，イ台風のほかにハリケーンやサイクロンと呼ばれるものもあります。

通常，台風が発生する海域では（ ④ ）風が吹《ふ》いているため，発生したばかりの台風は（ ⑤ ）の方向に移動していきます。また，台風やその中の風は，ウ地球の自転などの影響により，進行方向に対してずれていくことが知られています。中緯度付近では「（ ⑥ ）」と呼ばれる西風の影響《えいきょう》や「（ ⑦ ）高気圧」と呼ばれる北太平洋上の大きな高気圧の影響により進路が決まります。

(1)　文章中の(①)，(④)，(⑤)に当てはまる方位を，次の**あ**～**え**からそれぞれ１つずつ選び，記号で答えなさい。ただし，同じ記号を何度使用しても良い。

あ．東　　**い**．西

う．南　　**え**．北

(2)　文章中の(②)，(③)，(⑦)に当てはまる語句や数値を次の**あ**～**す**からそれぞれ１つずつ選び，記号で答えなさい。ただし，同じ記号を何度使用しても良い。

あ．寒帯　　**い**．温帯　　**う**．熱帯　　**え**．大西洋

お．太平洋　　**か**．南シナ海　　**き**．インド洋　　**く**．北極海

け．７　　**こ**．14　　**さ**．17　　**し**．24

す．27

(3)　文章中の(⑥)に当てはまる語句を，次の**あ**～**う**から１つ選び，記号で答えなさい。

あ．偏西風《へんせいふう》　　**い**．偏東風《へんとうふう》　　**う**．貿易風

(4)　文章中の下線部アの雲の名称《めいしょう》を漢字３文字で答えなさい。

(5)　文章中の下線部イの台風，ハリケーン，サイクロンの呼び名の違《ちが》いは何によって決まりますか。次の**あ**～**お**から最も適当なものを１つ選び，記号で答えなさい。

あ．風速の違いによって呼び名が異なる。

い．大きさの違いによって呼び名が異なる。

う．存在する地域の違いによって呼び名が異なる。

え．雨の強さの違いによって呼び名が異なる。

お．中心付近の気圧の違いによって呼び名が異なる。

(6)　文章中の下線部ウに関して，台風の中の風の吹き方として，最も適当なものを次の**あ**～**え**から１つ選び，記号で答えなさい。

あ.

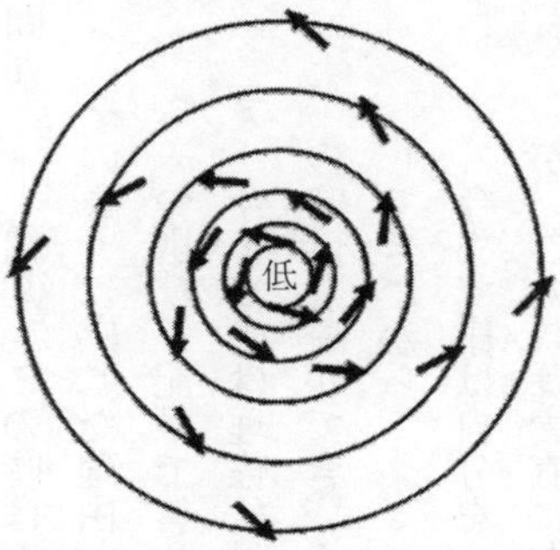

い.

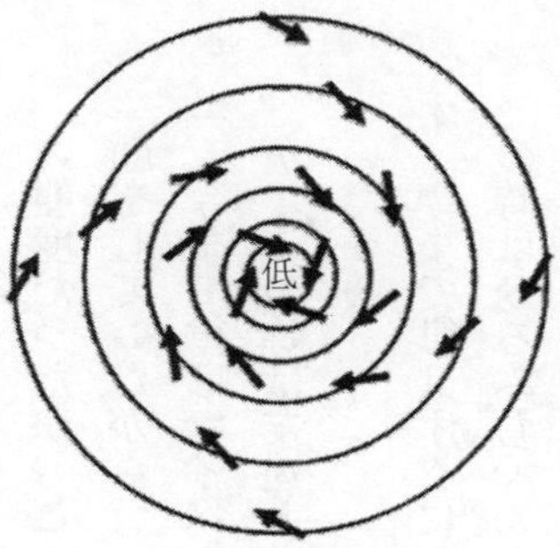

う.

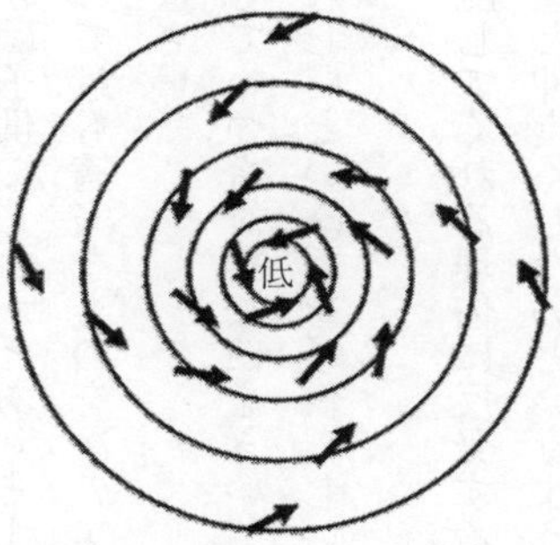

え.

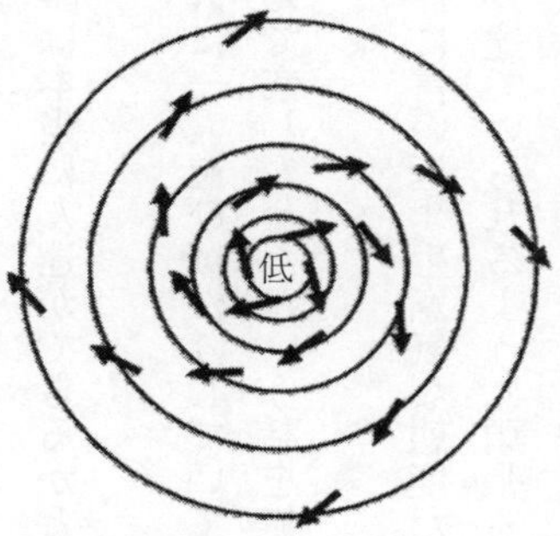

(7)　台風は，大陸などに上陸すると急激にその勢力を低下させます。その理由を述べた次の文章の(　)内に入る最も適当な言葉を 4 の本文中から10字以内で抜《ぬ》き出しなさい。

理由「(　　　　　)なくなるから」

オ　まだしつけを受けている最中の子供のうちは、社会のマナーや思いやりの身に付き具合に個人差があるということ。

問九　――線⑨「この時ばかりは子供らしい」とありますが、理佐がそのように感じた理由として最も適当なものを次のア～オの中から一つ選び、記号で答えなさい。

ア　今まで律は理佐に対していつも対等な口をきいていたが、この時は友達ができてうれしいという話を子供らしい口調で報告してきたから。

イ　今まで律は自分を心配してくれる理佐に反発する時もあったが、この時は素直に友達と仲良くしたいというような発言をしたから。

ウ　今まで律は理佐に心配されてもそれを跳《は》ね飛ばすふてぶてしい態度だったが、この時は本当に友達ができるかどうか不安な顔をしていたから。

エ　今まで律はマイペースに一人遊びばかりしていて無口だったが、この時は友達と遊んで楽しかったという話を無邪気《むじゃき》にしていたから。

オ　今まで律はすぐに理佐に言い返す生意気な態度だったが、この時はひろみちゃんと友達でいられるように頑張《がんば》るとけなげに返事をしたから。

問十　二重線「なんか小学三年が～間違えたように感じた」とありますが、それはなぜですか。四十五字以内で説明しなさい。

エ　ネネは人の声を耳にしたそばからまねし始めてしまうため、下手に刺激《しげき》を与えて覚えてほしくない言葉を聞かせたくなかったから。

オ　天国の奥で座って待ち受けている神様か何かのような威厳を漂わせているネネを前にして、自然と厳かな気持ちになったから。

問五　――線⑤「そうじゃないと律の相手はつとまらないのかもしれないけれども」とありますが、「理佐」がそのように思うのはなぜですか。その説明として最も適当なものを次のア～オの中から一つ選び、記号で答えなさい。

ア　好奇心旺盛《こうきしんおうせい》で一見突拍子《とっぴょうし》もないことをしたり、独自のルールを持って行動していたりする律には、賢《かしこ》い子でないと張り合いがなく感じられるだろうと思ったから。

イ　同年代の女の子が喜ぶようなことに興味がなく、子供らしさに欠けている律にとっては、同年代の女の子はたいてい子供っぽく感じられるだろうと思ったから。

ウ　人目を気にしないで松ぼっくりを一人で拾っているような律の面白い性格を分かってくれるのは、ある程度頭のいい子でないと難しいだろうと思ったから。

エ　こだわりがあり理屈《りくつ》っぽいところのある律にとっては、律の話を理解しつつ、きちんと自分の感じたことも言う子でないと話が続かないだろうと思ったから。

オ　理佐の小学生の頃《ころ》とは違って何に対しても冷めている律は、大人びた子が相手でないと印象が悪いととらえられ、いじめられてしまうのではないかと思ったから。

問六　――線⑥「転校生の方が通りがいいよね」とありますが、これは誰《だれ》が誰に同意を求めた言葉ですか。最も適当なものを次のア～オの中からそれぞれ一つずつ選び、記号で答えなさい。

ア　理佐　イ　律　ウ　ひろみちゃん
エ　先生　オ　ネネ

問七　――線⑦「ネネがご縁になってくれて良かったよね」とありますが、これはどのようなことですか。その説明として最も適当なものを次のア～オの中から一つ選び、記号で答えなさい。

ア　ネネの存在をそば屋の常連客である親から聞いたことで、ひろみちゃんが律に対して興味を持ってくれたということ。

イ　律がネネの世話をしていることが会話のとっかかりとなって、互《たが》いに強く関心を持つようになっていったということ。

ウ　ネネの世話をしたり一緒に遊んだりすることで気まずさがやわらぎ、ひろみちゃんと自然と友達になれたということ。

エ　ネネのために松ぼっくりを拾っていたことがきっかけでひろみちゃんに声をかけてもらい、仲良くなれたということ。

オ　放課後にネネが好きな松ぼっくりを一緒に探した縁で、ネネと交流していくうちに互いに信頼が深まったということ。

問八　――線⑧「性格のいい友達～小学校ではとても難しい」とありますが、これはどのようなことですか。その説明として最も適当なものを次のア～オの中から一つ選び、記号で答えなさい。

ア　子供は自分の気持ちを優先させがちで、他人に興味を持ったり合わせたりできる子に出会えるのはまれだということ。

イ　まだ自分の欲求のままに行動してしまう子供のうちは、お互い譲《ゆず》らずにぶつかってしまうことがよくあるということ。

ウ　いい人に見られたいというような意識がない子供のうちは、場をわきまえない行動を取ることが多いということ。

エ　人付き合いの経験が少ない子供のうちは、適切な距離感《きょりかん》をつかめずに友達付き合いに失敗することもあるということ。

「ネネはどういう松ぼっくりが欲しいの？」

そう訊かれて、律はうっとつまったけれども、知らないけど、きれいなのと、ぼろぼろなのと、いろいろ混ぜて渡すよ、そば屋さんの店主さんにゆでてもらって虫を殺すんだ、とさらに熱心に松ぼっくりを検分し始めた。「ひろみちゃん」はそれを手伝い、その後帰宅してランドセルを置き、すぐに水車小屋にやってきたそうだ。

「⑦ネネがご縁《えん》になってくれて良かったよね」

「うん。ひろみちゃん、今日知り合ったばっかりだけど、いい人だと思う」

小学三年でも、友達が「いい人」か否かが重要なのはそうだよな、と理佐は思う。⑧性格のいい友達を見つけるのは、子供の人間性がまだ剝《む》き出しのまま交ざり合っている小学校ではとても難しい。

「ずっと仲良くできるといいね」

「うん。がんばる」

理佐にとって律は、子供というよりも、自分が世話をしなければいけない背丈《せたけ》が低くてたまに突拍子《とっぴょうし》もないことを知っている変な人、のようなところがあるのだが、⑨この時ばかりは子供らしいと思った。律が悩《なや》むようなことになれば理佐もきっと悩むだろうし、できるだけ応援《おうえん》しなければ、と理佐は決めた。

（『水車小屋のネネ』津村記久子《つむらきくこ》）

（注）＊1　じょうご―ここでは、そばの実を入れるためのろうと。

＊2　ケージ―鳥かご。

問一　――線①「ネネ」とありますが、その説明として**間違っている**ものを次のア～オの中から**二つ**選び、記号で答えなさい。

ア　律が亡くなった祖父から引《ひ》き継《つ》ぎ飼っている。

イ　大好きなエサの松ぼっくりを与えると喜ぶ。

ウ　石臼のそばの実が空になると知らせてくれる。

エ　理佐が働くそば屋の水車小屋で飼われている。

オ　人の言葉をまねするヨウムという種類の鳥。

問二　――線②「双子の女の子たち」とありますが、「双子の女の子たち」に対して律はどのような思いを抱《いだ》いていますか。本文中から六字で探し、抜《ぬ》き出しなさい。

問三　――線③「変な圧力」とありますが、ここで言う「圧力」とはどのようなものですか。その説明として最も適当なものを次のア～オの中から一つ選び、記号で答えなさい。

ア　姉も保護者として学校生活を見守っているという恩の押《お》し付《つ》け。

イ　自身がかつて経験してきた学校生活に基づく理想の押し付け。

ウ　学校で多くのことを学んでほしいという過度な期待の押し付け。

エ　自立心が出てきた妹の個性を育《はぐく》むような姉の親切の押し付け。

オ　友達ができないと困るだろうという大人の価値観の押し付け。

問四　――線④「ひそひそ話しかけていた」とありますが、その理由として最も適当なものを次のア～オの中から一つ選び、記号で答えなさい。

ア　ものまねをするのが得意なネネがラジオと一緒に歌っている声をよく聴くことができるように、静かな環境を守りたかったから。

イ　ネネがラジオから流れるヘンデルのピアノ曲に熱心に聴き入っているのを見て、何としても音を立てないように気を張っていたから。

ウ　曲が終わるまで静かにしていようといった意味合いのことを律から言われ、その意図を汲《く》み取《と》り、大声で話すことを遠慮《えんりょ》したから。

かせたり体を左右に動かしたりするネネよりも、苦手な言葉を克服《こくふく》しようとおずおずと真剣《しんけん》に繰《く》り返《かえ》すネネのほうが偉《えら》いように見えたことが、理佐には興味深かった。

　ひろみちゃん、手出して、これネネにあげて、と律はキュロットのポケットからどんどん松ぼっくりを出して彼女の手に置いていった。ネネは、おー、おー、おー、おー、と低く鳴きながら、貢《みつ》ぎ物《もの》を検分するように「ひろみちゃん」の両手の中の松ぼっくりを覗き込んだ。そして、一つ摘《つま》んで口にくわえたかと思うと、上を向いてくちばしの前後に移動させながら、満足げにかじり、今度は台の上に飛び移って吐《は》き出《だ》し、熱心につつき始めた。

　理佐は、そういえば、と気になって、引き戸の窓の向こうの石臼《いしうす》とその上の*1じょうごを覗き込んだのだが、まだそばの実は半分ほど残っていた。ネネが松ぼっくりや新しい人に自分を見せることに夢中になって、「空っぽ！」を忘れたりしているのではないかと危惧《きぐ》したのだが、その後、松ぼっくりで遊んでいても石臼を確認する頃合《ころあ》いはちゃんと思い出したようで、「空っぽ！」と叫《さけ》んでいた。ネネの中には何か、正確に時間を測る装置のようなものが隠《かく》れていそうだと理佐は思った。なのに、*2ケージに入れて布をかぶせたら昼間でも夜と勘違《かんちが》いして寝《ね》てしまうのよ、と杉子さんが言っていたのが不思議だった。

　ネネは、「ひろみちゃん」の肩《かた》に止まって、服でくちばしを拭《ふ》くところまで慣れたようだった。理佐は、ごめんなさいとあやまりながら、ネネの今日の食事がひまわりの種だけで良かったと心から思った。「ひろみちゃん」は、平気です、と答えて、これもそうだけど、次からは汚《よご》れていい服で来ますね、と付け加えた。

　「ひろみちゃん」は、ネネの「空っぽ！」を三回聞いた後、習い事の練習があるから、と言って帰って行った。律は、ピアノだって、かっこいいね、と理佐に向かって両手を広げて見せた。

「私も〈ねこふんじゃった〉なら弾《ひ》ける」

「私も弾ける」

「私はものすごく速く弾ける」

　そうやって姉妹でくだらないことで張り合った後、あの子は同じクラスなの？　と理佐が訊《き》くと、ううん、と律は首を横に振った。実は集団登校で同じグループなのだが、彼女はその中ですでにできあがっている三年生の小グループにいて話しかけにくかった、と律は説明を始めた。

　律が小学校からの帰り道で双子と別れた後、少し戻《もど》って松ぼっくりを拾っていると、彼女が通りかかったらしい。「ひろみちゃん」は「ひろみちゃん」でいつも一緒に帰っている子がいるのだが、その子はその日は風邪《かぜ》で休みだったので一人で下校していた。松ぼっくりを拾い上げて熱心に検分している律に、「ひろみちゃん」は、転校生の子だよね、集団登校にいる、と話しかけた。律は、そう、とうなずいて続けた。転入生っていうんだってていせいしてくる人もいるけど、⑥転校生の方が通りがいいよね。

　「ひろみちゃん」は、変な子だと思っただろう、と理佐は考えた。けれども呆《あき》れて通り過ぎるということはせず、律の松ぼっくり拾いに興味を示して手伝ってくれたそうだ。

　山下さんちさ、しゃべる鳥いるんでしょ、と彼女が言うと、わたしの鳥じゃないけどね、と律は答えた。お姉ちゃんがはたらいてるそば屋さんの、亡くなったおじいさんの鳥。彼女は、でも会えるんでしょ、いいなあ、と心の底からという様子でうらやましげに言ったので、律はとても誇《ほこ》らしく思ったのだという。

「この松ぼっくりも、ネネにあげるんだよ、ネネっていうのはそのしゃべる鳥で、種類は『ヨウム』なんだ」

なんだか冷めたところのある子だなと思っていた。友達は、親しい子が数人だけはいたようで、理佐との引《ひ》っ越《こ》しが決まった時はその子たちに手紙を書いていた。

「まあ、早く友達を作らないと」

「お姉ちゃんなのに、お母さんとか先生みたいなこと言わないでくれる？」

「それはそうか」

自分自身の小学校と中学校と高校の生活のことを考えると、友達に恵《めぐ》まれた学年もあればそうでない学年もあるので、あまりに『年かさの人間が小学生に言いそうなこと』ばかりをなぞっていると律に③変な圧力をかけるかもな、と理佐は思い直した。

そうはいっても、子供は子供同士というだけで友達になれたりもするもので、慎重《しんちょう》に期待しないように心がけていた様子の律にも、それらしき付き合いの相手はできた。それが、店にそばを食べにやってくる、榊原《さかきばら》さんの娘《むすめ》さんだった。

ある日、短縮授業を終えて通常の時間割をこなすようになった律が、同年代の女の子を水車小屋につれてきた。その日は五時間目まで学校の授業がある日で、理佐の方が早く水車小屋に行っていた。女の子は、理佐《りさ》に、こんにちは、と硬《かた》い声で挨拶《あいさつ》したかと思うと、すぐにラジオから流れるヘンデルのピアノ曲に聴《き》き入《い》っているネネに心を奪《うば》われた様子で見入っていた。律は、音楽を聴いているネネを尊重しているのか、何か話しかけようと身構えている様子の女の子に向かって口元に人差し指を当てていた。

「曲が終わったらあいさつしよう」

「うん」

女の子は、ヘルメットのように切った短い髪《かみ》に、緑一色のシャツを着て、くすんだ青色だがデニムというわけではないズボンを穿《は》いていた。律が連れてきた友達らしき女の子、というだけで、理佐にはとてもかわいい子なのだが、それはおいておいて、なんだかおじさんが適当に合わせたような服装だな、と思った。自分自身も洗濯《せんたく》ができた順から服を着ていて、べつにおしゃれなほうでもないのは棚《たな》に上げるとしても。

彼女《かのじょ》は、律に向かって、この鳥、ものまねするんだよね？　と④ひそひそ話しかけていた。律が、そう、うまいよ、と少しいばるように言うと、でもピアノのまねはしないんだね、と返して、またネネに見入っていた。頭のいい子だな、と理佐は思った。

⑤そうじゃないと律の相手はつとまらないのかもしれないけれども。

ちなみに律は、最初の日に一緒に下校した双子とは、「話が合わない」という。双子は双子の間の話しかしないし、他人にまったく興味がなくて困る、と律は大人が苦言を呈《てい》するように言っていた。

曲が終わると、やっと律は彼女をネネの目の前に押《お》し出《だ》して、ひろみちゃんだよ、と言った。

「ひ、ろ、む、む、むぃ……ちゃん！」

どもりながら口の中で音声を転がしているにもかかわらず、ネネはまるで、天国の奥《おく》で座って待ち受けている神様か何かのような威厳《いげん》を漂《ただよ》わせて、止まり木から軽く身を乗り出しながら「ひろみちゃん」を覗《のぞ》き込《こ》んだ。言いにくければひーちゃんでいいです、と律に「ひろみちゃん」と紹介《しょうかい》された彼女は丁寧《ていねい》に言い直して、律は、ネネ、ひーちゃん！　とさらに簡単に訂正《ていせい》した。

「ひーちゃんだって！」

「ひーちゃん！」

「ひーちゃん！」

そちらのほうは言いやすかったのか、ネネはすぐに、ひーちゃん、ひーちゃん、と連呼し始めた。得意な発音を何度も言って羽をばたつ必要な場合、それも解答らんに書きなさい。）

(3) ――線C「目下」の正しい読みがなをひらがなで書きなさい。

二

次の文章を読んで、後の一から十までの各問いに答えなさい。
（ただし、字数指定のある問いはすべて句読点・記号も一字とする。）

　始業式の日、律《りつ》は上の学年の子に引率されて登校し、午前中で帰ってきて、自宅で理佐《りさ》が朝作った十枚切りのパン二枚にハムを一枚はさんだだけのハムサンドを食べ、春休み中の午後と同じように水車小屋に出かけた。それまでと違《ちが》っていたのは、松ぼっくりを三つほど、①ネネへのお土産《みやげ》にできたことだった。

「ガムテープの芯《しん》はなかなか手に入らないだろうし、ダンボールもそのへんにあるの持ってっちゃったらどろぼうかなと思うんだけど、松ぼっくりならなんとかできると思って」

　しかし、その時律が持ってきたものは、新しく拾ったものではないようだった。ネネが遊んでいる松ぼっくりについて、外で拾ったのをあげていいかと律が杉子《すぎこ》さんにたずねると、松ぼっくりを拾ったらまず浪子《なみこ》さんの旦那《だんな》さんの守《まもる》さんに渡《わた》して茹《ゆ》でてもらって、とのことだったという。それで拾ったものを渡しに行くと、守さんは代わりに同じ数の松ぼっくりを律に渡してくれたそうだ。少し耳が悪い守さんに、どうして松ぼっくりをゆでるんですか⁉ と律が大声でたずねると、虫がいるからね！ と守さんは同じぐらいの大きな声で答えてくれたと律は話していた。

　新しい松ぼっくりをもらうと、ネネは鳥らしい歓声《かんせい》をあげてすぐにかじり始め、三十分ほどでけばけばのぼろぼろにしてしまった。

守さんと松ぼっくりを交換《こうかん》した件について聞いたあと、寄り道したの？ と理佐がたずねると、律は首を振《ふ》って、そのへんに落ちてる、と言った。確かに、理佐の休みの日に二人で歩いてみた小学校までの道には、上の方に松林がある急斜面《しゃめん》に面した道があった。都会育ちの理佐には想像もつかなかったような通学路で、何か律が危険な目に遭《あ》ったらと思うと気が気ではなかったのだが、このあたりの小学生はみんなそういう所を通って学校に行くのだ、それに事件があったという話を聞いたことはない、と浪子さんに言われてようやく納得した。

　律によると、登校は集団登校だが、下校は土曜日のみ集団下校であるとのことだった。平日の下校は、できるだけ子供たち同士で帰るように、クラスの先生がそれとなく帰宅方向が同じ子同士でグループを組めるように、あの子と帰ったら？ あの子と帰る方向が一緒《いっしょ》だよ、などと教室を出る時にいちいち提案してくれるらしい。律は、駅の近くの小さな分譲《ぶんじょう》地に住む、片方が同じクラスの②双子《ふたご》の女の子たちと帰ってきたという。どんな子たち？ とたずねると、え、双子だから似てる、と律は、愚問《ぐもん》を、という様子で訝《いぶか》しげに答えた。

　みんなと仲良くできそう？ と律にたずねながら、いや、なんか小学三年がされたくないたぐいの子供扱《あつか》いをしているかもな、と理佐は言い方を間違《まちが》えたように感じた。律は案の定、少しむっとした顔をして、みんなとかっていうのはないんじゃないの？ ちょっとはん囲が広すぎるよ、と反論した。

「気が合う合わないはあるものね」

「そうだよ」

　前の小学校で律がどういう子供だったのか、理佐はほとんど知らなかった。いじめられているという話は聞かなかったけれども、人気のある子供というわけでもなさそうで、おたんじょう会はやらなくていい、と母親に言っているところを去年見たことがある。理佐は小学四年までは誕生日会に行ったり、自分もやってもらったりしていたので、

問五　——線④「実利的な特性」とありますが、これはどのような特性ですか。その説明として最も適当なものを次のア〜オの中から一つ選び、記号で答えなさい。

ア　他人と空間を共にせず、自分一人の世界に入れるという特性。
イ　時間と空間を問わず、言語能力を高められるという特性。
ウ　場所と時間における制約がなく、効率的であるという特性。
エ　本来支払《しはら》うべき代金を払《はら》わずに無料で見られるという特性。
オ　安価でありながら真の芸術を知ることができるという特性。

問六　——線⑤「〝同罪〟」とありますが、この表現はどのような考えに基づいているといえますか。その説明として最も適当なものを次のア〜オの中から一つ選び、記号で答えなさい。

ア　オリジナル性を失ったものを見ることは真の鑑賞とはいえないという考え。
イ　オリジナルを離《はな》れた状態で鑑賞することを許容するべきであるという考え。
ウ　オリジナルでも手を加えたものでも、鑑賞の仕方は自由であるという考え。
エ　オリジナルを改変したとしても視聴者《しちょうしゃ》からの評価に差異はないという考え。
オ　そもそも原作を映画化する時点でオリジナル性は消滅《しょうめつ》しているという考え。

問七　——線⑥「〝良識的な旧来派〟が不快感を示す」とありますが、これらの人たちが不快感を示す具体的な事例として**当てはまらないもの**を次のア〜オの中から**二つ**選び、記号で答えなさい。

ア　テレビの生放送
イ　録画で観るドラマ
ウ　コンクール会場で聴く合唱
エ　ラジオで聴く野球の実況中継《じっきょうちゅうけい》
オ　劇場で観る演劇

問八　——線⑦「書物」とありますが、大宅壮一は「書物」をどのようなものととらえていますか。その説明として最も適当なものを次のア〜オの中から一つ選び、記号で答えなさい。

ア　ＴＶのように笑いを取るただの娯楽《ごらく》とは異なり、問題解決を求められるもの。
イ　文字から場面や状況《じょうきょう》を思《おも》い描《えが》いたり考えたりするのを読者に委《ゆだ》ねているもの。
ウ　提供する側がよく吟味《ぎんみ》して、受け手の気持ちをよく汲み取って表現したもの。
エ　一般大衆を対象にしているのではなく、作品の真の理解者を求めているもの。
オ　文字が持つ多様な意味を理解できる読者だけが楽しめる世界となっているもの。

問九　筆者は「倍速視聴や10秒飛ばし」という視聴方法について、今後どのようになっていくと考えていますか。現状を踏《ふ》まえ、六十字以内で答えなさい。

問十　——線Ａ「セイドク」・Ｂ「イチジルシク」・Ｃ「目下」について、以下のそれぞれの問いに答えなさい。

(1)　——線Ａ「セイドク」の「セイ」に相当する漢字をふくむものを次のア〜オの中から一つ選び、記号で答えなさい。

ア　日常セイカツを見直す。　イ　机の周りをセイリする。
ウ　セイリュウにいる魚。　エ　セイシンをきたえる。
オ　クイズにセイカイする。

(2)　——線Ｂ「イチジルシク」のカタカナを正しい漢字に直しなさい。（一画一画ていねいにはっきりと書くこと。送り仮名《がな》が

と同様に、倍速視聴や10秒飛ばしという視聴習慣も、いずれ多くの作り手に許容される日が来るのかもしれない。

我々は、「昔は、レコードなんて本物の音楽を聴いたうちに入らないって〔⑨〕くじらを立てる人がいたんだって」と笑う。しかしそう遠くない未来、我々は笑われる側に回るのかもしれない。

「昔は、倍速視聴にいちいち〔⑨〕くじらを立てる人がいたんだって」

（『映画を早送りで観る人たち』稲田豊史《いなだとよし》）

（注）＊1 ビデオデッキ―画像の記録・再生をする装置。

＊2 レコード―演奏などを録音し、レコードプレイヤーによって再現する円盤《えんばん》。

＊3 蓄音機《ちくおんき》―円盤レコードの溝《みぞ》に針を接触《せっしょく》させ録音した音を再生する装置。

＊4 メリット―利点。

＊5 ビデオグラム化（VHS、DVDなど）権―国内において映像ソフトとして複製、発売及び広くいき渡らせる権利。

＊6 コンテンツ―情報の中身。

＊7 バリエーション―変種・変化。

＊8 デバイス―機器・装置・道具。

＊9 WEB―インターネット上の様々な情報を見られるシステム。

問一　空らん〔⑧〕と〔⑨〕の中に入る言葉をそれぞれ漢字一字で答えなさい。

問二　――線①「字幕や吹き替えは～ではないのか」とありますが、これはどのようなことですか。その説明として最も適当なものを次のア～オの中から一つ選び、記号で答えなさい。

ア　字幕や吹き替えは、鑑賞者《かんしょうしゃ》が自分の思い通りに解釈《かいしゃく》できるものなので、改変行為であるということ。

イ　字幕や吹き替えは、翻訳者《ほんやくしゃ》の手が入ることによって原典との違いが生じるので、改変行為であるということ。

ウ　字幕や吹き替えは、鑑賞者の想《おも》いを汲《く》み取《と》って翻訳者が考えたものなので、改変行為であるということ。

エ　字幕や吹き替えは、鑑賞者が画面に表示された多様な言語の中から選べるので、改変行為であるということ。

オ　字幕や吹き替えは、翻訳者の母国の文化や思想が入《はい》り込《こ》む可能性が高いので、改変行為であるということ。

問三　――線②「草分け的存在」とありますが、その意味として最も適当なものを次のア～オの中から一つ選び、記号で答えなさい。

ア　多面的存在　イ　後継者《こうけいしゃ》的存在　ウ　世界的存在

エ　先がけ的存在　オ　リーダー的存在

問四　――線③「ビジネスチャンスが広がるからだ」とありますが、本文中において「ビジネスチャンスが広がる」とはどういうことですか。その説明として最も適当なものを次のア～オの中から一つ選び、記号で答えなさい。

ア　世間の人々は、経済的に不況《ふきょう》である時期も余暇《よか》を楽しむサービスを求めてくるので、会社の収益には好都合だということ。

イ　世間の人々が自身の求めるサービスを提示してくれることで、会社は自ら考える手間を省き楽に仕事できるということ。

ウ　世間の人々が余暇を楽しめるようにするために、会社は次々とサービスを考えていかなければならないということ。

エ　世間の人々に対して多分野におけるサービスを提供すれば、多様な社員の活躍《かつやく》が期待できるようになるということ。

オ　世間の人々の要求にあったサービスを提供すれば、おのずと収入が増え、会社にとって利益につながるということ。

たほうが、③ビジネスチャンスが広がるからだ。

本書冒頭《ぼうとう》で筆者は、「テクスト論」すなわち「文章を作者の意図に支配されたものと見るのではなく、あくまでも文章それ自体として読むべきだとする思想」を倍速視聴に当てはめること（製作者が意図しない速度で観る行為）に、抵抗《ていこう》を示した。彼らの動機の大半が「時短」「効率化」「便利の追求」という、きわめて実利的な理由だったからだ。これは作品を（あるいは＊6コンテンツを）鑑賞する（あるいは消費する）態度のいち＊7バリエーションとは、到底言えないのではないか、と。

しかし、レコードやVHSやDVDは、「聴く／観るためにわざわざ家から出なくていい」「好きなタイミングで何度でも視聴できる」という、極めて④実利的な特性によってその存在意義が支えられてきた。レコード会社や映画会社やDVDメーカーも、ビジネスチャンスの拡大というこれ以上なく実利的な動機をもって、これを推進してきた。

すなわちレコードやVHSやDVDでの視聴も「実利的な目的のために、オリジナルの状態で鑑賞しないことを許容する」という意味において、倍速視聴や10秒飛ばしと⑤〝同罪〟である。あるいは、もしそれらを罪とは考えず「作品鑑賞のいちバリエーション」と認めるならば、今度は倍速視聴や10秒飛ばしのほうも「作品鑑賞のいちバリエーション」と認めなければならないのではないか。

我々の社会では、新しいメディアや＊8デバイスが登場するたび、あるいはそれらの新しい使い方が見いだされるたび、大田黒のような⑥〝良識的な旧来派〟が不快感を示すという歴史が繰《く》り返《かえ》されてきた。

後に「芸術」の属性を勝ち取った映画ですら、登場時は「芸術にはなりえない見世物」という扱《あつか》いだったし、ラジオ放送が始まって数年は、それを聞かないことが教養ある人々の態度とされた。日本初のTV放送開始から4年後の1957年、昭和日本を代表するジャーナリストにして社会評論家の大宅《おおや》壮一《そういち》は、⑦書物と違《ちが》って受け身で眺《なが》めるTVは人の想像力や思考力を低下させる、要は「バカになる」という意味合いを込《こ》めて、「一億総白痴化《いちおくそうはくちか》」という流行語を生み出している。

PCやインターネットの登場時にも、この種の抵抗感・嫌悪感《けんおかん》が〝良識的な旧来派〟からこぞって表明された。2000年代初頭には、「＊9WEBはまとまった長さの文章をAセイドクするのに向いていない」と言って記事を全部プリントアウトして読む年配層がオフィスに一定数いたし、2010年頃ですら「PCの小さな画面で観る映画など、観たうちに入らない」と不快感を示す映画好きがそこかしこにいた（さしずめ「缶詰の映画」とでも言おうか）。

また、本を読む方法としての「デジタルデバイスで閲覧《えつらん》する＝電子書籍《しょせき》」「朗読音声で聴く＝オーディオブック」が、これほどまでに出版社にとって無視できない売上になることを、電子書籍とオーディオブックそれぞれの登場時に予測できた者が一体どれほどいたか。むしろ「本を読む体験としては、本来の方法にBイチジルシク劣《おと》る」と、いずれに対してもケチをつけた〝良識的な旧来派〟たる本好きは多かったはずだ。

新しい方法というやつはいつだって、出現からしばらくは〔　⑧　〕当たりが強い。

C目下のところ、倍速視聴や10秒飛ばしという新しい方法を手放しで許容する作り手は多数派ではない。〝良識的な旧来派〟からは非難《ひなん》轟々《ごうごう》である。

しかし、自宅でレコードを聴いたり映画をビデオソフトで観たりといった「オリジナルではない形での鑑賞」を、ビジネスチャンスの拡大という大義に後押《あとお》しされて多くのアーティストや監督が許容したの

2024年度

豊島岡女子学園中学校

【国　語】〈第二回試験〉（五〇分）〈満点：一〇〇点〉

一 次の文章を読んで、後の一から十までの各問いに答えなさい。**（ただし、字数指定のある問いはすべて句読点・記号も一字とする。）**

映像を自分の思い通りの状態で「楽」に観《み》るための改変行為、すなわち倍速視聴《しちょう》や10秒飛ばしという現代人の習慣は、文明進化の必然である。……といった言い切りには、まだまだ抵抗感《ていこうかん》をおぼえる人もいるだろう。作品は作者が発表した通りの形、「オリジナルの状態」で鑑賞《かんしょう》すべきであると。

しかし、そもそも我々は多くの場合において、作品を厳密《げんみつ》な意味での「オリジナルの状態」では鑑賞していない。

たとえば、映画館のスクリーンで観ることを前提に作られた映画をTVモニタで視聴する時点で、画面サイズは小さく、音響《おんきょう》は貧弱になる。場合によっては画角（画面の縦横比）すら〝改変〟され、スクリーンでは画面端《はし》に見えていたものが見えなくなっていたりする。家庭用＊1ビデオデッキの登場によって映画が映画館以外でも手軽に観られるようになったとき、「あんな小さな画面で映画を味わったとは言えない」と声高《こわだか》に叫《さけ》んだ映画好きや映画人は相当数に上った。

映画文化に「他の見知らぬ観客と肩《かた》を並べ、暗闇《くらやみ》で2時間の非日常を過ごす」という体験価値を見出《みいだ》す者にとっても、ビデオデッキによる映画鑑賞は到底《とうてい》認められるものではなかった。TVが置いてあるのは日常そのものである自宅の居間。トイレのたびに一時停止できる「ビデオ鑑賞」の体験は、真の映画体験とは似ても似つかない。

もっと言えば、自分が理解できない言語で作られた作品を、母国語など理解できる言語の字幕や吹《ふ》き替《か》えで観る場合、果たして「オリジナルを鑑賞している」と言い切れるだろうか？　ある言語のある表現を寸分たがわぬニュアンスで他言語に置《お》き換《か》えることが原理的にできない以上、①字幕や吹き替えは「思い通りの状態で観るための改変行為」ではないのか。

こういう話は＊2レコードが登場して間もない頃《ころ》にもあった。日本における音楽評論の②草分け的存在である大田黒元雄《おおたぐろもとお》は、大正期に日本でレコードの需要《じゅよう》が急拡大した際、＊3蓄音機《ちくおんき》で聴《き》くレコード音楽は所詮《しょせん》「缶詰《かんづめ》の音楽」だと斬《き》り捨《す》てた。真の音楽鑑賞とは生演奏を聴くことを指すのであって、録音された音源を機械を通して聴くことを音楽鑑賞とは呼ばない。皿に載《の》ったまともな料理には程遠い、だから「缶詰」なのだと。

ただ、このような「オリジナルからの改変行為」は、むしろ作品の供給側（映画製作会社など）が率先して行ってきたことを忘れてはならない。そのほうがビジネスチャンスは広がり、監督《かんとく》や俳優やスタッフらを含む制作陣《せいさくじん》がその経済的＊4メリットを享受《きょうじゅ》できるからだ。映画館で上映するだけでなく、＊5ビデオグラム化（VHS、DVDなど）権、テレビ放映権、配信権などを販売《はんばい》したほうが、端的《たんてき》に言ってより大きく儲《もう》けられる。

配信メディア会社というだけでなく映画やドラマの製作会社でもあるNetflixやAmazonが、あるいは放送メディア会社というだけでなく番組製作会社でもあるTV局各社が、倍速視聴や10秒飛ばし機能を自社の配信サービス上に実装しているのもまた、「オリジナルではない形での鑑賞」の積極的な提案だ。なぜそんなことをするのか？　相応の数の顧客がそれを求めているからだ。その求めに応じ

2024年度
豊島岡女子学園中学校　▶解説と解答

算　数　＜第２回試験＞（50分）＜満点：100点＞

解　答

1 (1)　$16\frac{2}{3}$　(2)　８個　(3)　75ｇ　(4)　31通り　2 (1)　13通り　(2)　８脚　(3)　６cm　(4)　32：33　3 (1)　133mL　(2)　60杯　4 (1)　分速21.25m　(2)　分速180m　(3)　午前10時30分36秒　5 (1)　1281.12cm　(2)　1331.36cm　6 (1)　３：１　(2)　11：４　(3)　13：４

解　説

1　四則計算，約数と倍数，濃度《のうど》，場合の数

(1)　$12-8\div6\div4+3\times2-1=12-8\times\frac{1}{6}\times\frac{1}{4}+6-1=12-\frac{1}{3}+6-1=12+6-1-\frac{1}{3}=17-\frac{1}{3}=16\frac{2}{3}$

(2)　2024＝11×184より，2024の約数のうち11の倍数であるものは，184の約数に11をかけた数だから，その個数は184の約数の個数と同じになる。また，184＝２×２×２×23と表せる。よって，184の約数のうち23の倍数でないものは，１，２，２×２＝４，２×２×２＝８の４個で，23の倍数であるものは，23×１＝23，23×２＝46，23×４＝92，23×８＝184の４個だから，184の約数は，４＋４＝８(個)ある。したがって，2024の約数のうち11の倍数であるものは８個ある。

(3)　水を蒸発させる前と後で，食塩水に含《ふく》まれる食塩の重さは変わらないから，(蒸発させる前の食塩水)×0.05＝(蒸発させた後の食塩水)×0.07となる。よって，蒸発させる前と後の食塩水の重さの比は，(１÷0.05)：(１÷0.07)＝７：５とわかる。この比の，７－５＝２にあたる重さが蒸発させた30ｇだから，比の１にあたる重さは，30÷２＝15(ｇ)となる。したがって，７％の食塩水，つまり，蒸発させた後の食塩水の重さは，15×５＝75(ｇ)と求められる。

(4)　50円硬貨《こうか》と100円硬貨だけで支払《しはら》える金額は，最も大きい金額が，50×３＋100×２＝350(円)なので，50円，100円，150円，200円，250円，300円，350円の７通りある。また，10円硬貨を使って支払える金額は，10円，20円，30円の３通りのほかに，50円硬貨と100円硬貨を加えた金額も支払えるから，３＋３×７＝24(通り)ある。よって，支払える金額は全部で，７＋24＝31(通り)ある。

2　場合の数，整数の性質，長さ，辺の比と面積の比

(1)　Ｂ，Ｃ，Ｄの出した手が１種類の場合，あいこになる出し方は３人ともパーの１通りある。次に，Ｂ，Ｃ，Ｄの出した手が２種類の場合，あいこになるのは，その２種類がグー，チョキのときである。このとき，Ｂ，Ｃ，Ｄの手の出し方は，Ｂがグーのとき，(Ｃ，Ｄ)＝(グー，チョキ)，(チョキ，グー)，(チョキ，チョキ)の３通りあり，Ｂがチョキのときも３通りあるから，合わせて，３＋３＝６(通り)ある。また，Ｂ，Ｃ，Ｄの出した手が３種類の場合，どのように出してもあいこになる。このときのＢ，Ｃ，Ｄの手の出し方は，Ｂがグーのとき，(Ｃ，Ｄ)＝(チョキ，パー)，

（パー，チョキ）の２通りあり，Ｂがチョキ，パーのときも２通りずつあるから，合わせて，$2\times3=6$（通り）ある。よって，あいこになるようなＢ，Ｃ，Ｄの手の出し方は全部で，$1+6+6=13$（通り）ある。

(2)　２つの場合の座り方から，参加者の人数は，７でわると４余り，４でわると１余る数とわかる。よって，７と４の公倍数より３少ない数であり，７と４の最小公倍数は28なので，$28-3=25$（人），$25+28=53$（人），$53+28=81$（人），…が考えられる。参加者が25人だとすると，７人がけの長いすは，$25\div7=3$余り４より，$3+1=4$（脚《きゃく》），４人がけの長いすは，$25\div4=6$余り１より，６脚で，合わせると，$4+6=10$（脚）なので，条件に合わない。参加者が53人だとすると，７人がけの長いすは，$53\div7=7$余り４より，$7+1=8$（脚），４人がけの長いすは，$53\div4=13$余り１より，13脚で，合わせると，$8+13=21$（脚）だから，条件に合う。よって，参加者は53人で，７人がけの長いすは８脚ある。

(3)　右の図１で，半円の中心をＯとすると，色のついた部分の面積は，（おうぎ形ODEの面積）＋（三角形OEGの面積）－（三角形DOFの面積）となる。ここで，角EOGの大きさは，$180\div6=30$（度），角DOFの大きさは，$30\times2=60$（度）だから，角OEGの大きさは，$180-(30+90)=60$（度），角ODFの大きさは，$180-(60+90)=30$（度）になる。すると，三角形OEGと三角形DOFは３つの内角の大きさが等しく，辺OEと辺DOの長さも等しいから，合同で，面積が等しい。よって，色のついた部分の面積はおうぎ形ODEの面積と等しくなるので，半円の半径を□cmとすると，$□\times□\times3.14\times\frac{30}{360}=9.42$（$cm^2$）と表せる。したがって，$□\times□\times\frac{30}{360}=9.42\div3.14=3$，$□\times□=3\div\frac{30}{360}=36$，$36=6\times6$より，□＝６（cm）とわかる。

図１
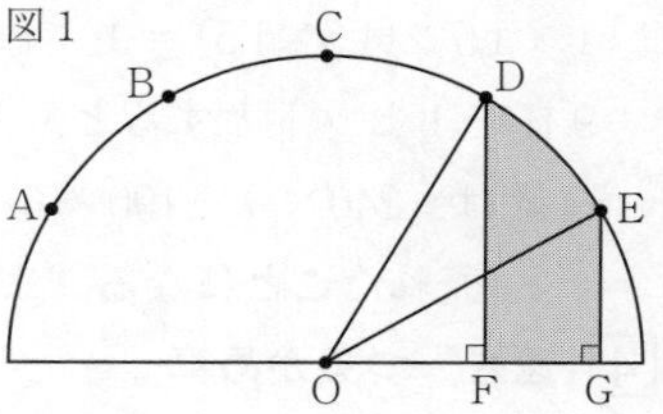

(4)　右の図２で，平行四辺形ABCDの面積を１とすると，四角形ABFE，四角形GFCD，三角形EGDの面積はいずれも$\frac{1}{3}$である。また，三角形BCDの面積は$\frac{1}{2}$で，三角形BFDと三角形FCDの面積の比は，BF：FCと等しく，２：３だから，三角形FCDの面積は，$\frac{1}{2}\times\frac{3}{2+3}=\frac{3}{10}$となる。よって，三角形GFDの面積は，$\frac{1}{3}-\frac{3}{10}=\frac{1}{30}$だから，EG：GF＝（三角形EGDの面積）：（三角形GFDの面積）$=\frac{1}{3}:\frac{1}{30}=10:1$とわかる。次に，四角形ABFEの面積は平行四辺形ABCDの$\frac{1}{3}$なので，辺AEと辺BFの長さの和は，辺ADと辺BCの長さの和の$\frac{1}{3}$になる。辺BF，辺FCの長さをそれぞれ$\boxed{2}$，$\boxed{3}$とすると，

図２
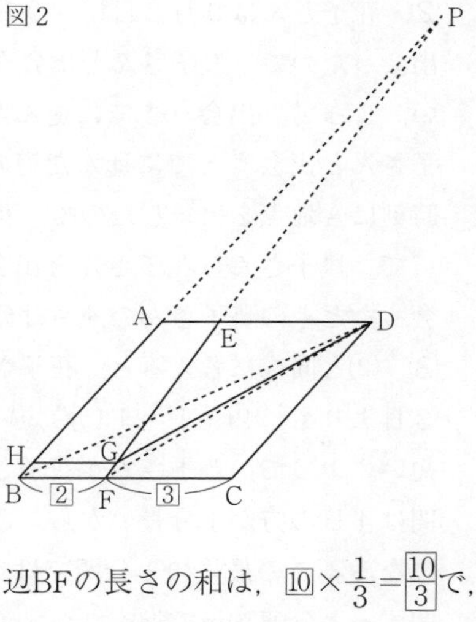

辺ADと辺BCの長さの和は，$(\boxed{2}+\boxed{3})\times2=\boxed{10}$だから，辺AEと辺BFの長さの和は，$\boxed{10}\times\frac{1}{3}=\boxed{\frac{10}{3}}$で，辺AEの長さは，$\boxed{\frac{10}{3}}-\boxed{2}=\boxed{\frac{4}{3}}$となる。これより，AE：BF$=\frac{4}{3}:2=2:3$とわかる。さらに，BAとFEをのばした直線が交わる点をＰとすると，三角形PAEと三角形PBFは相似なので，PE：PF＝AE：BF＝２：３より，PE：EF＝２：（３－２）＝２：１となる。この比を用いると，$EG=1\times\frac{10}{10+1}=\frac{10}{11}$と表せるから，$PG:PF=\left(2+\frac{10}{11}\right):3=\frac{32}{11}:\frac{33}{11}=32:33$となる。したがって，三角形

PHGと三角形PBFの相似より，HG：BF＝PG：PF＝32：33とわかる。

3 水の深さと体積，比の性質

(1)　Ｓサイズはカップの高さが15cmで，ジュースの高さが，15－１＝14(cm)，Ｍサイズはカップの高さが，15＋５＝20(cm)で，ジュースの高さが，20－１＝19(cm)，Ｌサイズはカップの高さが，20＋５＝25(cm)で，ジュースの高さが，25－１＝24(cm)である。また，カップの底面積はいずれも10cm^{2}だから，Ｍサイズのジュース１杯《ばい》の量は，10×19＝190(cm^3)より，190mLとなる。さらに，ジュースは果《か》汁《じゅう》と水を７：３の割合で混ぜているので，Ｍサイズのジュース１杯に入っている果汁の量は，$190\times\frac{7}{7+3}=133$(mL)と求められる。

(2)　売れたジュースの量は全部で，$23.52\times\frac{7+3}{7}=33.6$(Ｌ)なので，33.6×1000＝33600(mL)である。また，ＳサイズとＬサイズのジュース１杯の量はそれぞれ，10×14＝140(cm^3)，10×24＝240(cm^3)より，140mLと240mLである。さらに，Ｌサイズ，Ｍサイズ，Ｓサイズの売れた数の比は，１：1.5：(1.5×1.5)＝１：1.5：2.25＝４：６：９だから，Ｌサイズ４杯，Ｍサイズ６杯，Ｓサイズ９杯を１セットとすると，ちょうど何セットか売れたことになる。このとき，１セットのジュースの量は，240×４＋190×６＋140×９＝960＋1140＋1260＝3360(mL)なので，33600÷3360＝10(セット)売れたことになる。よって，売れたＭサイズのジュースは，６×10＝60(杯)とわかる。

4 速さ，つるかめ算

(1)　豊子さんは，はじめの10分間で，10×10＝100(ｍ)，次の10分間で，20×10＝200(ｍ)，その次の10分間で，30×10＝300(ｍ)進むので，出発してから30分間で，100＋200＋300＝600(ｍ)進む。よって，Ａ地点から680ｍ進むのは，分速40ｍで進み始めてから，680－600＝80(ｍ)進んだときなので，出発してから，30＋80÷40＝32(分後)とわかる。したがって，そのときまでの平均の速さは分速，680÷32＝21.25(ｍ)と求められる。

(2)　花子さんは９月２日に，９月１日と比べて６分おそくＣ地点を出発し，１分おそく豊子さんと出会ったので，豊子さんと出会うまでに進んだ時間は，２日の方が１日よりも，６－１＝５(分)短い。よって，出会うまでに進んだ道のりは２日の方が，36×５＝180(ｍ)短いから，豊子さんが花子さんと出会うまでに進んだ道のりは２日の方が180ｍ長い。また，豊子さんはどちらの日も同じ時刻にＡ地点を出発したので，花子さんと出会うまでに進んだ時間は２日の方が１分多い。したがって，豊子さんは花子さんと出会うまでの最後の１分間で180ｍ進んだことになるから，２人が出会ったときの豊子さんの速さは分速180ｍである。

(3)　(2)と同様に考えると，花子さんが豊子さんと出会うまでに進んだ時間は，９月４日の方が９月３日よりも，２－１＝１(分)短いので，出会うまでに進んだ道のりは４日の方が，36×１＝36(ｍ)短い。よって，豊子さんが花子さんと出会うまでに進んだ道のりは４日の方が36ｍ長く，進んだ時間は４日の方が１分長いから，豊子さんは花子さんと出会うまでの最後の１分間で36ｍ進んだことになる。この最後の１分間では，はじめ分速30ｍで進み，途《と》中《ちゅう》から分速40ｍで進んでいる。１分間ずっと分速30ｍで進んだとすると，進む道のりは，30×１＝30(ｍ)となり，実際よりも，36－30＝６(ｍ)少ないから，分速40ｍで進んだ時間は，６÷(40－30)＝0.6(分)，つまり，60×0.6＝36(秒)とわかる。また，分速を30ｍから40ｍに増やすのは，出発してから，10×３＝30(分後)なので，９月４日に２人が出会った時刻は，午前10時＋30分＋36秒＝午前10時30分36秒である。

5 平面図形―図形の移動，長さ

⑴　下の図Ⅰで，白い円が①の位置から②の位置へ移動するとき，中心Oが動いてできる線は曲線ア，②の位置から③の位置へ移動するとき，中心Oが動いてできる線は曲線イになり，１周したときに動いてできる線の長さは，曲線ア，$(100-2)\times2=196$(本分)と，曲線イ２本分の長さの和となる。図Ⅰで，三角形DFGと三角形EGHはどちらも１辺が，$3\times2=6$(cm)の正三角形なので，角DGF，角EGHの大きさは60度で，角DGEの大きさも，$180-60\times2=60$(度)になる。よって，曲線アの長さは，$6\times2\times3.14\times\frac{60}{360}=2\times3.14$(cm)となる。また，曲線イは半径が6 cm，中心角が，$360-60\times2=240$(度)のおうぎ形の弧《こ》なので，その長さは，$6\times2\times3.14\times\frac{240}{360}=8\times3.14$(cm)である。よって，１周したときに中心Oが動いてできる線の長さは，$2\times3.14\times196+8\times3.14\times2=392\times3.14+16\times3.14=408\times3.14=1281.12$(cm)と求められる。

図Ⅰ

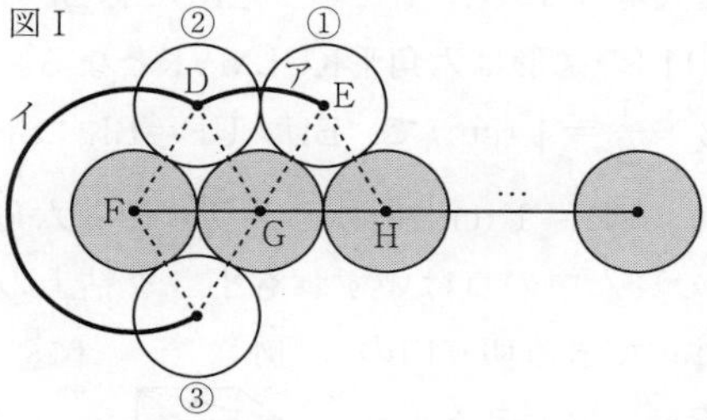

図Ⅱ

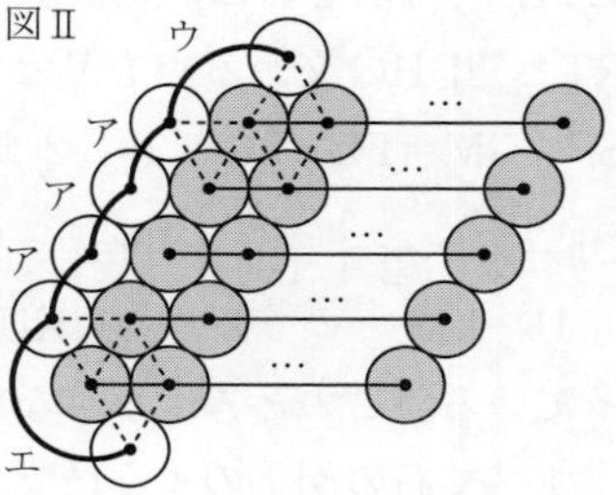

⑵　上の図Ⅱで，１周したときに中心Oが動いてできる線の長さは，図Ⅰの曲線アと同じものが，$(100-2)\times2+3\times2=202$(本分)と，曲線ウ２本分，曲線エ２本分の長さの和となる。曲線ウは，半径が6 cm，中心角が，$360-60\times4=120$(度)のおうぎ形の弧だから，その長さは，$6\times2\times3.14\times\frac{120}{360}=4\times3.14$(cm)で，曲線エは，半径が6 cm，中心角が，$360-60\times3=180$(度)のおうぎ形の弧だから，その長さは，$6\times2\times3.14\times\frac{180}{360}=6\times3.14$(cm)となる。よって，１周したときに中心Oが動いてできる線の長さは，$2\times3.14\times202+4\times3.14\times2+6\times3.14\times2=404\times3.14+8\times3.14+12\times3.14=424\times3.14=1331.36$(cm)と求められる。

6 立体図形―構成，分割

⑴　点B，F，Hを通る平面は点Dも通るので，切り口の図形は長方形BFHDになる。よって，切り口の内部のようすは右の図①のようになるので，(切り口全体の面積)：(切り口の内の黒い部分の面積)＝９：３＝３：１である。

図①

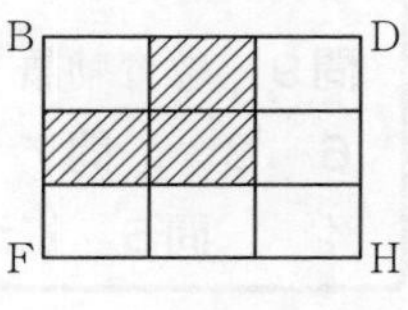

⑵　下の図②のように，点Ｉ，Ｊを通る直線と辺EF，EHをのばした直線の交わる点をそれぞれN，Oとし，辺ANと辺BFの交わる点をP，辺AOと辺DHの交わる点をQとすると，切り口の図形は五角形APIJQとなる。三角形IFNと三角形IGJは合同なので，NF＝JG＝$3\div2=1.5$(cm)であり，三角形ABPと三角形NFPの相似より，BP：PF＝AB：NF＝３：1.5＝２：１となる。同様に，DQ：QH＝２：１だから，点P，Qは１段目と２段目にある小さな粘土《ねんど》の立方体の頂点とわかる。よって，切られる粘土の立方体は，１段目では下の図③の色のついた部分に６個，２段目では下の図④の色のついた部分に６個，３段目では下の図⑤の色のついた部分に３個あり，全部で，$6+6+3=15$(個)ある。このうち黒い粘土は，１段目に１個，２段目に２個，３

段目に１個，合わせて，１＋２＋１＝４(個)あるから，(切られる白い粘土の個数)：(切られる黒い粘土の個数)＝(15－４)：４＝11：４となる。

図②
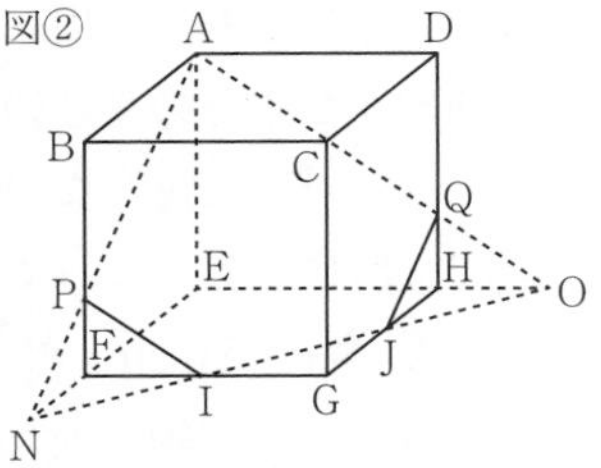

図③
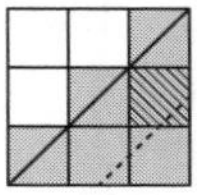
１段目

図④
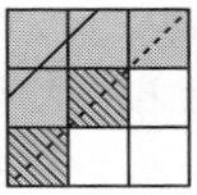
２段目

図⑤
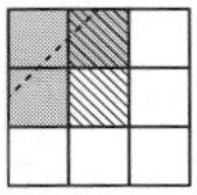
３段目

図⑥
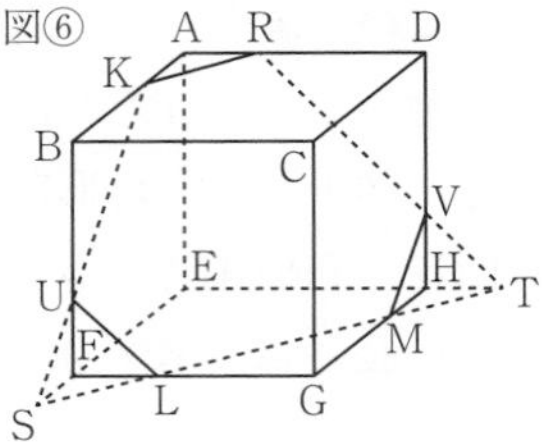

(3)　上の図⑥で，点Ｋを通り辺LMに平行な直線と辺ADの交わる点をＲとすると，点Ｒは３点Ｋ，Ｌ，Ｍを通る平面と辺ADの交わる点で，小さな粘土の立方体の頂点である。また，点Ｌ，Ｍを通る直線と辺EF，EHをのばした直線の交わる点をそれぞれＳ，Ｔとし，辺KSと辺BFの交わる点をＵ，辺RTと辺DHの交わる点をＶとすると，切り口の図形は六角形KULMVRとなる。(2)と同様にして，SF：GM＝FL：LG＝１：２より，SF＝$2\times\frac{1}{2}$＝１(cm)で，BU：UF＝BK：SF＝２：１だから，UF＝$3\times\frac{1}{2+1}$＝１(cm)となる。同様に，VH＝１(cm)だから，切り口の六角形の６つの頂点Ｋ，Ｕ，LM，Ｖ，Ｒと，辺KU，LM，RVの真ん中の点はいずれも小さな粘土の立方体の頂点となっている。このとき，小さな粘土の立方体にできる切り口の図形は，すべて右の図⑦のように立方体の頂点を結んでできる正三角形になるので，切り口の内部のようすは右の図⑧のようになる。よって，(切り口全体の面積)：(切り口の内の黒い部分の面積)＝13：４とわかる。

図⑦
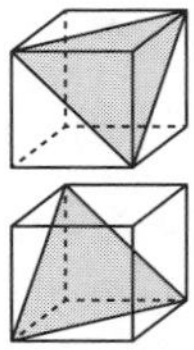

図⑧
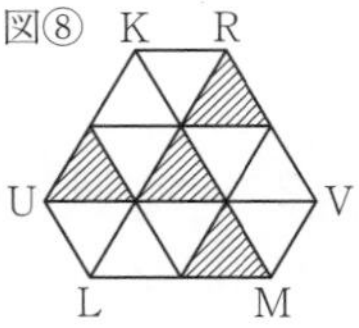

社　会　＜第２回試験＞（理科と合わせて50分）＜満点：50点＞

解　答

1　**問１**　う→い→あ　**問２**　２　**問３**　(例)　ワカタケル大王の支配が東国から九州におよんでいた。　**問４**　４　**問５**　３　**問６**　１，３，４　**問７**　琵琶法師　**問８**　５　**問９**　教育勅語　**2**　**問１**　３　**問２**　５　**問３**　１　**問４**　３　**問５**　６　**問６**　２　**問７**　砂防　**問８**　５　**3**　**問１**　刑事　**問２**　３　**問３**　２　**問４**　４　**問５**　憲法の番人　**問６**　３　**問７**　２，３，４　**問８**　３，５

解　説

1　いろは歌を題材とした歴史の問題

問１　いろは歌は，本文冒頭《ぼうとう》(いろはにほへとちりぬるを)→う(わかよたれそつねならむ)→い(うゐのおくやまけふこえて)→あ(あさきゆめみしゑひもせす)の順となる。

問２　平安時代の初めに遣唐《けんとう》使とともに唐(中国)にわたった空海は，密教を学んで帰国し，高野山(和歌山県)に金剛峯寺《こんごうぶじ》を開いて真言宗を伝えた。密教は神秘的な祈《いの》りやまじないなどによって病気や災《わざわ》いを避け，国家や人々の幸福を祈る仏教であったため，現世での幸福を求める天皇や貴族たちの信仰《しんこう》を集めた（２…○）。

問３　埼玉県の稲荷山《いなりやま》古墳から出土した鉄剣《てっけん》と，熊本県の江田船山古墳から出土した鉄刀には，雄略天皇のことだと推定されているワカタケルの名をふくむ文字が刻まれていたことから，ワカタケル大王《おおきみ》の支配が関東（東国）から九州までという広い範囲《はんい》におよんでいたと考えられている。

問４　1467年に起こった応仁の乱では，11年にわたって京都で戦乱がくり広げられたので，京都の公家や僧たちは戦火を逃れるために地方へ下った。このとき，京都の文化に強いあこがれを持っていた地方の大名は，当時の文化人であった彼らを積極的にむかえ入れたため，京都の文化が地方に広がった（４…○）。なお，１の花の御所を建てたのは第３代将軍足利義満，２は鎌倉時代についての説明，３の石碑《せきひ》には徳政を勝ち取ったことが刻まれている。

問５　江戸幕府の第８代将軍徳川吉宗によって行われた享保の改革では，くり返し火事に見まわれた江戸に町火消が組織されるなどの改革が行われた。さらに，庶民《しょみん》の意見を政治に取り入れるために目安箱が設置され，その投書にもとづいて小石川養生所がつくられた（３…○）。なお，１は松平定信，２は水野忠邦，４は第３代将軍徳川家光，５は第５代将軍徳川綱吉の政策である。

問６　「奈良の都」の繁栄《はんえい》が歌われているので，奈良時代に詠《よ》まれた歌である。１は平安時代（日宋《にっそう》貿易），２は飛鳥時代（遣隋《ずい》使），３は平安時代（桓武天皇），４は平安時代（遣唐使の中止），５は飛鳥時代（白村江《はくすきのえ》の戦い）のことなので，後の出来事として正しいのは，１，３，４となる。

問７　「祇園精舎《ぎおんしょうじゃ》の鐘《かね》の声，諸行無常の響《ひび》きあり」で始まる『平家物語』は，鎌倉時代につくられた軍記物で，平氏が栄華《えいが》をきわめたのち滅《ほろ》びゆくありさまが，琵琶《びわ》法師の弾き語りによって伝えられた。

問８　人形浄瑠璃《じょうるり》や歌舞伎《かぶき》の演目の１つである『仮名手本忠臣蔵』は，1701年に赤穂《あこう》藩主である浅野内匠頭《たくみのかみ》（ケ）が吉良上野介《きらこうずけのすけ》（ク）に切りつけ，赤穂藩が取りつぶされると，翌年，家来の大石内蔵助《くらのすけ》（コ）を中心とした赤穂浪士《ろうし》が主君のあだ討《う》ちをして切腹させられた赤穂事件を題材としている。

問９　教育勅語《ちょくご》は，国民道徳と日本の教育の基本方針を示したもので，1890年に発布された。天皇中心の近代国家をつくりあげていくには人材の育成が必要とされ，子どもたちは忠君愛国の精神を持つよう教育された。

2　地形図や産業についての問題

問１　室町時代，支配下の中心地として発展させるために，城の周りには家臣や商工業者を集めた城下町がつくられ，軍事・政治・経済の拠点《きょてん》となった。「本城町」「城南町」など，その名残《なごり》と思われる表記があるため，３と推測できる。

問２　愛媛県松山市は，温暖な瀬戸内海の気候で，中国山地と四国山地にはさまれて季節風の影《えい》響《きょう》を受けにくいため，年間を通して降水量が少ない（５…○）。なお，１は高田（新潟県），２は秋田，３は那覇（沖縄県），４は潮岬（和歌山県）の降水量である。

問３　１は山梨県や福島県の生産量が多いので「もも」，２は千葉県や茨城県，鳥取県の生産量が多いので「日本なし」，３は和歌山県や愛媛県，静岡県などの生産量が多いので「みかん」，４は青森県や岩手県，長野県などの生産量が多いので「りんご」である。

問４　東京23区はかつて製造品出荷額等が全国１位であったが，バブル崩壊《ほうかい》（1991年）後，減少が続いているので，アとなる。なお，イは２の大阪，ウは５の横浜，エは４の豊田，オは１の市原である。

問５　「あ」は旅客営業キロが最も長いことから東北線，「い」は旅客輸送人数が最も多いことから日本の大動脈となっている東海道線，「う」は旅客営業キロが最も短いことから九州線となる。

問６　群馬県の南東部では自動車や電気機器などの機械工業がさかんで，1990年に入国管理法が改正されると，ブラジルから多くの人が工場で働くために来日した。中でも大泉町は，北関東有数の製造品出荷額をほこる町で，住民の10人に１人がブラジル人である(2023年)。

問７　砂防ダムは，渓流《けいりゅう》や河川の上流に設置され，上流から流れてくる土砂などが下流へ流れ出ないように貯《た》めておくためのダムで，下流域に土砂や土石流の被害《ひがい》が広がらないようにしている。

問８　まず，都道府県の中で圧倒《あっとう》的に面積の大きい北海道が下位であることから，ウが都道府県別人口密度である。第３次産業就業人口割合は大都市周辺や観光業がさかんな都道府県，政令指定都市を持つ都道府県で高くなるので，首都圏や大阪府，兵庫県，京都府，奈良県が上位となっているアが選べる。なお，アの地図で，政令指定都市の名古屋市がある愛知県の第３次産業就業人口割合が低くなっているのは，愛知県が機械工業のさかんな中京工業地帯に位置しているためである。残ったイが単独世帯割合を示している。

3　三権分立や人権についての問題

問１　裁判員制度は，殺人や強盗《ごうとう》など重大な刑事《けいじ》事件について審議《しんぎ》する刑事裁判の第一審に，事件ごとに選ばれた国民が裁判員として参加するしくみである。裁判では３人の裁判官と６人の裁判員が話し合って有罪か無罪かを判断し，有罪の場合には刑の重さを決める。

問２　内閣が総辞職するのは，内閣総理大臣(首相)自ら辞任を決定した場合，首相が死去などで欠けた場合，内閣不信任決議案が可決(内閣信任決議案が否決)されながらも10日以内に衆議院が解散されない場合，衆議院議員総選挙(総選挙)後に初めて国会が召集《しょうしゅう》された場合である(３…○)。

問３　国民は，選挙を通じて国会議員を選ぶこと(立法…国政選挙)や，国の行政機関や独立行政法人に対する行政文書・法人文書の開示請求(行政…情報開示請求)，任命後に初めて行われる衆議院議員総選挙のときと，その後10年を経過して初めて行われる衆議院議員総選挙のたびごとに最高裁判所裁判官が身分にふさわしいかどうかの判断(司法…国民審査)ができる。

問４　日本国憲法第95条では，特定の地方公共団体にのみ適用される特別法を国会で制定することができる(ただし住民投票が必要)と定められているが，条例は憲法と法律の範囲内で地方議会が制定し，その地方公共団体において適用される決まりである(４…×)。

問５　それぞれの裁判所には，法律や行政処分などが憲法に違反していないかどうかを審査する違憲審査権があり，最高裁判所はその最終的な判断を下す決定権を持っているため，「憲法の番人」と呼ばれる。

問６　日本国憲法第24条２項《こう》では，「配偶《はいぐう》者の選択《せんたく》，財産権，相続，住居の選定，離婚《りこん》並びに婚姻《こんいん》及《およ》び家族に関するその他の事項に関しては，法律は，個人の尊厳と両性の本質的平等に立脚《りっきゃく》して，制定されなければならない」と定めている(３…○)。

問７　障害者差別解消法は，障害を理由とする差別をなくし，人格と個性を尊重する社会の実現のために制定された(２…○)。生活保護法は，憲法第25条で規定された生存権を全ての人に保障するために制定された(３…○)。男女雇用《こよう》機会均等法は，採用や昇進《しょうしん》などにおいて性別を理由とする差別をなくし，男性と女性が対等に働けるようにするために制定された(４…○)。なお，国旗・国歌法は，国旗を日章旗，国歌を「君が代」とすることを定めた法律（１…×），地方自治法は地方公共団体の組織や運営について定めた法律である（５…×）。

問８　憲法第56条２項に，国会では「憲法に特別の定《さだめ》のある場合を除いては，出席議員の過半数」の賛成で議決するとある。衆議院の法律案の再可決，国会議員の除名，秘密会の開催《かいさい》，資格争訟《そうしょう》の裁判で議員議席を失うことについては，出席議員の３分の２以上が賛成することで議決される（１…×）。憲法改正の発議には衆参各議院の総議員の３分の２以上（２…×），臨時会開催の要求にはいずれかの議院の総議員の４分の１以上の賛成が必要である（４…×）。

理　科　＜第２回試験＞（社会と合わせて50分）＜満点：50点＞

解　答

1 (1) い　(2) あ　(3) あ　(4) ① い　② あ　③ い　④ あ　(5) う→あ→い　(6) え　2 (1) い　(2) 温室効果　(3) あ，え　(4) え　3 (1) お　(2) い　(3) **何が**…速さ　**どうなる**…速くなる　(4) う　(5) ① 花粉　② あ，う，え，お　③ い　4 (1) ① い　④ あ　⑤ い　(2) ② う　③ さ　⑦ お　(3) あ　(4) 積乱雲　(5) う　(6) う　(7) （例）水蒸気が供給され(なくなるから)

解　説

1 音についての問題

(1)　たとえば，弦《げん》楽器では短い弦をはじいたときに高い音が出る。これは，振動《しんどう》するものの長さが短いほど振動しやすくなり，１秒間に空気を振動させる回数が増《ふ》えるからである。

(2)　弦楽器では，弦を引っぱる力が大きいほど弦は振動しやすくなるため，振動数が多くなって高い音が出る。また，弦の１cmあたりの重さが軽いほど弦は振動しやすくなるために振動数が増え，高い音が出る。よって，問題文中の２つのグラフから，弦を引っぱる力が大きくなったり，弦の１cmあたりの重さが軽くなったりすると振動が伝わる速さが速くなることがわかるので，弦に振動が伝わる速さが速いほど，弦は高い音を出すと考えられる。

(3)　グラフより，空気の温度が上がるほど振動が伝わる速さが速くなっている。(2)より，音は伝わる速さが速いほど，高い音になると考えられるので，室温が高いほど音が高くなるとわかる。

(4)　①　木片の間隔《かんかく》が40cmから60cmへと長くなったため，弦をはじいたときに弦が振動しにくくなって振動数が減り，音は低くなる。　②　おもりの数が１個から２個に増えたことで，弦を引っぱる力が強くなるので，振動が伝わる速さが速くなり，音は高くなる。　③　太さが同じ場合，１cmあたりの重さはアルミニウムの弦よりも銅の弦の方が重くなる。よって，振動が伝わる速さが遅《おそ》くなるので，音は低くなる。　④　弦の太さを細くすると，弦１cmあたりの重さが軽くなるので，他の条件を変えなかった場合は，振動が伝わる速さが速くなり，高い音が出る。よって，同じ高さの音を出すためには，木片の間隔を大きくして，弦を振動しにくくすればよい。

(5)　リコーダーの中で振動する気体が軽い気体であればあるほど，気体は振動しやすく，振動数が増えるため音は高くなる。ここで，気体を同じ体積で比べたときの重さが軽い順に，水素，空気，二酸化炭素となるので，この順で音は高くなる。

(6)　試験管の口を吹《ふ》いた場合，振動するのは試験管の口から水面までの空気である。そのため，水が多く入った試験管Ｂの方が，空気の量が少ないので振動しやすく，口を吹いたときの音は高くなる。また，試験管をたたいて音を出す場合，振動するのは試験管のガラスなので，中に入っている水の量が少ない試験管Ａの方が，ガラスが振動しやすいため音が高くなる。

2 燃焼や温度についての問題

(1)　赤《せき》リンにつけた火が消えたとき，まだ赤リンの粉末が残っていたことから，火が消えたのは筒《つつ》の中の酸素がなくなったからだと考えられる。よって，赤リンの燃焼に使われた酸素の分だけ，筒の中の気圧が下がるので，筒の中に水が入り，筒の中の水面が上がる。このとき，空気中に含《ふく》まれる酸素はおよそ20％であることから，水面は筒の高さの約$\frac{1}{5}$まで上昇《じょうしょう》する。

(2)　メタンや二酸化炭素のように，地球から宇宙に放射《ほうしゃ》される熱を吸収し，再び放出する性質を持つ気体のことを温室効果ガスと呼ぶ。温室効果ガスの増加《ぞうか》が地球温暖化の原因とされている。

(3)　同じ質量の赤リンが燃焼するとき，かたまりよりも粉末の方が激しく燃焼したのは，粉末の方が酸素を含む空気とふれ合う面積が大きいためである。同様に，粉末の鉄の方がスチールウールよりも表面積が大きいため，粉末の鉄は空気中で落下させただけで，空気との摩擦熱《まさつねつ》で発火することがある。また，火のついた油に水をかけると油は水と混ざり合わないことから，油が細かな粒《つぶ》となって空気中に飛び散り，空気とふれる面積が大きくなって激しく燃焼する。なお，過酸化水素水に二酸化マンガンを入れると激しく酸素を発生させるのは，二酸化マンガンが反応を促《うなが》す物質(触《しょく》媒《ばい》という)であるからであり，酸素を満たした集気びんでロウソクがよく燃えたのは，表面積が大きくなったわけではなく酸素の量が増えたからである。

(4)　冬に鉄棒を触《さわ》ると手が冷たく感じるのは，鉄棒より温度の高い手から熱が鉄棒に移動するためである。

3 ミツバチについての問題

(1)　太陽は東→南→西と１時間に，360÷24＝15(度)動くので，ミツバチが巣箱に戻《もど》った13時に，太陽は真南から15度西に動いた方角にある。このとき，巣箱から見た餌場《えさば》の角度は，太陽の方角から東(左)に，15＋30＝45(度)の位置になる。よって，ミツバチの８の字ダンスでは，巣板の真上を太陽の方角として，８の字の中央の部分を動く向きで餌場までの角度を表していると考えられる。

(2)　ミツバチが巣箱に戻った14時には，太陽は真南よりも西へ，15×２＝30(度)動いた位置にある。問題の図２から，巣箱から見た餌場の位置は，太陽の方角から，180－(30＋45)＝105(度)時計回りに動いた方向にある。よって，ミツバチは太陽の方角に見立てた巣板の真上から，時計回りに105度回った向きに８の字ダンスをする。

(3)　巣箱から500ｍ離《はな》れた餌場から戻ってきたミツバチのダンスは15秒間に６回で，1000ｍ離れた餌場から戻ったミツバチのダンスは15秒間に５回，300ｍ離れた餌場では15秒間に７回であったことから，巣箱から餌場までの距離《きょり》が近くなると15秒間にミツバチがダンスをして８の字を描《えが》く回数が多くなっている。これより，ダンスをする速さが速くなることがわかる。

(4)　レンゲソウの蜜《みつ》を薄《うす》めた溶液《ようえき》を置いた餌場Ｅから戻ってきたミツバチを追いかけていたミツバチは餌場Ｅへ向かい，アブラナの蜜を薄めた溶液を置いた餌場Ｆから戻ったミツバチを追いかけていたミツバチは餌場Ｆへ向かったことから，追いかけていたミツバチは蜜のにおいをもとにして餌場の位置を知ったと考えられる。ミツバチ同士が蜜自体を受け渡《わた》した様子はないので，味や色，粘《ねん》性《せい》をもとにしているとは考えられない。

⑸　①　ミツバチは花の蜜の他にタンパク質やミネラルを含む花粉を餌としている。　②　ミツバチはアゲハやカブトムシ，カ，テントウムシと同じように成長の過程でさなぎの時期がある完全変態の育ち方をする昆《こん》虫である。　③　ミツバチは冬になると成虫のまま巣の中で１カ所に固まり，細かく羽をはばたかせることで温度を一定に保つようにして冬越《ご》しをする。

４　台風についての問題

⑴～⑶　台風は北半球で東経180度よりも西の北太平洋で発生した熱帯低気圧のうち，中心付近の最大風速がおよそ毎秒17.2m以上になったもののことをいう。特に，台風は海水温が高く，さかんに海水が蒸発《じょうはつ》している赤道付近で発生することが多く，この付近には貿易風という東風が吹いているため，はじめは西の方向へ移動していく。その後，高気圧の影響《えいきょう》などで北向きに進み，日本付近では，上空を常に吹いている偏西《へんせい》風や太平洋高気圧の影響を受けて，東寄りへ進路を変えるものもある。

⑷　あたたかくしめった空気が流れ込《こ》み，強い上昇気流が発生すると，垂直にのびた積乱雲が発達する。積乱雲は，強い雨や雷などをもたらす。

⑸　東経180度より西の北西太平洋に中心があるものを台風，インド洋や南半球の太平洋に中心があるものをサイクロン，東経180度より東の北東太平洋や北半球の大西洋上に中心があるものをハリケーンという。

⑹　台風は発達した低気圧であり，台風の中心が存在する北半球では地球の自転の影響を受けて，中心に向かって反時計回りに風が吹き込んでいる。

⑺　台風の主なエネルギーは，海面から蒸発した水蒸気が水滴《すいてき》や氷になるときのエネルギーである。そのため，台風が陸地に上陸すると，エネルギー源である水蒸気の供給が断たれ，台風の勢力が急速に低下する。また，地面との摩擦などでも徐々《じょじょ》に勢力は弱まっていく。

国　語　＜第２回試験＞（50分）＜満点：100点＞

解　答

一　**問１**　⑧　風　⑨　目　**問２**　イ　**問３**　エ　**問４**　オ　**問５**　ウ　**問６**　ア　**問７**　ウ，オ　**問８**　イ　**問９**　（例）　作品の改変行為だと非難されもするが，供給者・視聴者とも実利があるので，今後認めざるを得なくなるかもしれないと考えている。　**問10**　⑴　エ　⑵　下記を参照のこと。　⑶　もっか　二　**問１**　ア，イ　**問２**　話が合わない　**問３**　オ　**問４**　ウ　**問５**　エ　**問６**　誰が…イ　誰に…ウ　**問７**　エ　**問８**　ア　**問９**　イ　**問10**　（例）　律は大人びたところのある子なので，子供扱いされるのを不快に思うのではないかと考えたから。

●漢字の書き取り

一　**問10**　⑵　著しく

解説

一　出典：稲田豊史《いなだとよし》『映画を早送りで観《み》る人たち　ファスト映画・ネタバレ――コンテンツ消費の現在』。映画を「倍速視聴《しちょう》や10秒飛ばし」で観るという視聴形態が生まれた背景や「厳密な意味で」映像・音楽を鑑賞《かんしょう》することについて，メディアや評論の歴史も交えて論じている。

問1　⑧「風当たりが強い」は，世間や周囲からひどく批判されるさま。　⑨「目くじらを立てる」は，“小さなことにも必要以上に腹を立て，強く責め立てる”という意味。

問2　映像作品を「『オリジナルの状態』では鑑賞していない」例の一つとして，映画を自宅のテレビで観る場合，音響《おんきょう》や画面サイズ，画角などが異なることが挙げられている。その内容を受け，さらに，鑑賞者が「理解できない言語で作られた」オリジナルの作品を楽しむために，翻訳者《ほんやくしゃ》によって「母国語など理解できる言語」に訳された「字幕や吹《ふ》き替《か》え」を求めることも「オリジナルではない形での鑑賞」であり，「改変行為《こうい》」の一つに挙げられているのである。

問3　「草分け」はあるものごとを初めて行うことで，「草分け的存在」は先駆者《せんくしゃ》・創始者のこと。

問4　一つ前の段落で筆者は，ビジネスチャンスが広がると，「制作陣《せいさくじん》」が「経済的メリット」を受けられ，お金を「より大きく儲《もう》けられる」と述べている。映像を「自分の思い通りの状態」で観たいという視聴者の期待に応えれば，顧客《こきゃく》も売上も増え，作品を供給する会社に利益がもたらされることになるので，オが正しい。

問5　同じ文にあるように，「レコードやVHSやDVD」を，「聴《き》く／観るためにわざわざ家から出」ずに「好きなタイミングで何度でも視聴できる」特性のことなので，ウがふさわしい。

問6　「倍速視聴や10秒飛ばし」を「『オリジナルの状態』では鑑賞していない」との理由で非難するなら，「レコードやVHSやDVDでの視聴」も同じようにとがめられるべきだというのが筆者の意見である。そのようにいうのは，文章の初めにあるとおり，「作品は作者が発表した通りの形，『オリジナルの状態』で鑑賞すべきである」という考えがあるためである。

問7　筆者が「良識的な旧来派」とする音楽評論家，大田黒元雄《おおたぐろもとお》によれば，「真の音楽鑑賞とは生演奏を聴くこと」であり，「録音された音源を機械を通して」視聴しても，「音楽鑑賞とは呼ばない」のである。よって，コンクール会場で合唱を聴いたり，劇場で観劇したりといった生の鑑賞体験は，「良識的な旧来派」にとって真の芸術鑑賞であり，不快感は示されないと考えられる。

問8　ぼう線⑦をふくむ文で，大宅壮一《おおやそういち》は，「書物と違《ちが》って受け身で眺《なが》めるTV」は視聴者の「想像力や思考力を低下させる」と考えていたと説明されている。裏を返せば，大宅にとって書物とは，読者が受け身ではなく主体的に向き合い，自らの「想像力や思考力」をはたらかせながら読むものだった。

問9　本文の後半で筆者は，新しいメディアやデバイスが登場すると，一定の層から「抵抗感《ていこうかん》・嫌《けん》悪感《おかん》」が示されるが，「ビジネスチャンス」拡大《かくだい》のために受け入れられていくという流れは今までもあったと述べている。また，その背景として，効率や利便性といった実利を求める視聴者の需要《じゅよう》に，経済的メリットを見込《こ》む供給側が応えてきたことが本文の中盤《ちゅうばん》で説明されている。このことから筆者は，今は作品の「改変行為」として抵抗感をおぼえる人の多い「倍速視聴や10秒飛ばし」も，同様の流れで「そう遠くない未来」に「作品鑑賞」の一つのあり方として認められるかもしれないと考えているのである。

問10　⑴「精読」と書く。エの「精神」と同じ漢字が使われている。アは「生活」，イは「整理」，ウは「清流」，オは「正解」。　⑵「著しい」は，程度がはなはだしいさま。　⑶ 目先や現在のこと。

二 **出典：津村記久子《つむらきくこ》『水車小屋のネネ』**。小学三年生の律《りつ》は，水車小屋にいるおしゃべりなヨウムのネネがご縁《えん》になり，ひろみちゃんと親しくなった。

問1　本文の後半でひろみちゃんからネネについてたずねられた律は，姉がはたらく「そば屋さんの，亡《な》くなったおじいさんの鳥」だと説明している。よって，アは正しくない。また，ネネは松ぼっくりをかじったりつついたりして「遊んで」はいるが食べてはおらず，エサではなくおもちゃだと考えられるので，イも合わない。

問2　ぼう線⑤に続く段落で，律は「双子《ふたご》の女の子たち」について，「話が合わない」，「他人にまったく興味がなくて困る」などと言ったとある。

問3　前の部分で理佐《りさ》は，「早く友達を作らないと」と言って，律に「お母さんとか先生みたいなこと言わないでくれる？」と反発された。その後，自身の学生時代を振《ふ》り返り，「友達に恵《めぐ》まれた学年」も「そうでない学年」もあったと思い出し，「友達を作」るべきだというのは，いかにも大人が「小学生に言いそうなこと」で，律にとってわずらわしく感じられることかもしれないと思い直したのである。

問4　前に，「ラジオから流れるヘンデルのピアノ曲に聴き入っているネネ」を「尊重」したらしい律が，ひろみちゃんに向かって「口元に人差し指を当て」，静かにするよう伝えたことが書かれている。ひろみちゃんは律の意図を理解し，ネネが音楽を聴くのをじゃましないように「ひそひそ」話したと想像できる。

問5　律は，「みんなと仲良くできそう？」と聞かれると，「みんな」では「はん囲が広すぎる」と理屈《りくつ》をこねて反論したり，ひろみちゃんと松ぼっくりを拾っていたときの会話から，「変な子」と思われただろうと理佐が想像したりするような人物である。そのような律が，ネネはものまねがうまいと「少しいばるように」言ったのに対し，「でもピアノのまねはしないんだね」と率直《そっちょく》に感想を言ったひろみちゃんのようすを見て，理佐は，自分の考えを持っていてそれをはっきり言えるひろみちゃんなら，律にも合いそうだと感じたのである。

問6　前の文で「律は，そう，とうなずいて続けた」とあることから，ぼう線⑥をふくむ一文は，それまでの律とひろみちゃんの会話の続きであることがわかる。

問7　前の部分で律は，学校からの帰り道でネネのために松ぼっくりを拾っていたら，通りかかったひろみちゃんが「興味を示して」一緒《いっしょ》に松ぼっくりを探してくれたこと，ひろみちゃんはネネを見るため，帰宅後すぐに水車小屋までやってきたことを話している。ここから，律とひろみちゃんが親しくなれたきっかけは，松ぼっくりを拾っていたことだとわかる。

問8　「人間性がまだ剝《む》き出しのまま」とは，自分の感情や欲望，生まれ持った性質を隠《かく》さず，そのまま表に出してしまうようす。問2でみたように，律は，双子の女の子たちについて「双子の間の話しかしないし，他人にまったく興味がなくて困る」と「大人が苦言を呈《てい》するように」こぼしている。これに対し，ひろみちゃんは律に関心を持って話しかけ，水車小屋に遊びに来てくれた。律や理佐の思う「いい人」は，自分のことばかりでなく他人にも興味を持って歩み寄れる人であると考えられるので，アがよい。

問9　本文の前半で律は，「みんなと仲良くできそう？」「早く友達を作らないと」などと律の友達関係を心配する理佐のおせっかいに対し，ことごとく反発していた。ところが，本文の最後では，ひろみちゃんと「ずっと仲良くできるといいね」という理佐の言葉に，律は「がんばる」と答えている。このようなようすには，イが合う。

問10　律は「おたんじょう会はやらなくていい」と母親に言ったり，「大人が苦言を呈するよう」な調子で同級生への不満をこぼしたりと，あまり子供らしくない一面を見せている。そんな律に対して理佐は，「なんだか冷めたところのある子だな」と思ったり，「子供」というよりも「たまに突《とっ》拍《ぴょう》子《し》もないことを知っている変な人」のように感じたりしている。理佐が律を小学三年生だからといって子供扱《あつか》いすると，大人びていて少し変わった律は嫌《いや》がるかもしれないと考えたことが，想像できる。

2024年度

豊島岡女子学園中学校

【算　数】〈第３回試験〉（50分）〈満点：100点〉

（注意）１．円周率は3.14とし，答えが比になる場合は，最も簡単な整数の比で答えなさい。

２．角すい・円すいの体積は，(底面積)×(高さ)÷3で求めることができます。

1　次の各問いに答えなさい。

(1)　$\left(\frac{5}{21}\div\frac{1}{30}-4\right)\times\frac{14}{33}+\frac{2}{3}$ を計算しなさい。

(2)　40人の生徒に100点満点のテストを行ったところ，男子の平均点は75点，女子の平均点は85点，40人全体の平均点は81点でした。このとき，女子の人数は何人ですか。

(3)　連続する３つの整数の積を６で割ると2024になりました。３つの整数の中で最も小さい整数はいくつですか。

(4)　a は b より大きい数とします。２つの数 a と b について，記号「◎」を次のように約束します。

$$a ◎ b=\frac{a-b}{a+b}$$

$\boxed{\quad\quad}$ ◎ $\left(\frac{5}{6}◎\frac{2}{3}\right)=\frac{3}{4}$ となるとき，$\boxed{\quad}$ にあてはまる数を答えなさい。ただし，かっこの中を先に計算するものとします。

2　次の各問いに答えなさい。

(1)　ある商品を600個仕入れて，10％の利益を見込《こ》んで定価をつけました。450個が売れたところで，残りを定価の２割引きにしたところすべて売り切れ，全部で13500円の利益がでました。この商品の１個あたりの仕入れ値はいくらですか。

(2)　ある井戸に水が96Ｌたまっていて，一定の割合で水がわき出ています。この井戸を空《から》にするのに，ポンプを４つ使うと24分かかり，ポンプを５つ使うと16分かかります。ポンプを６つ使うと，井戸は何分で空になりますか。ただし，ポンプ１つで１分間にくみ出せる水の量はすべて同じであるものとし，井戸から水があふれることはないものとします。

(3)　下の図のような３つの地点Ｐ，Ｑ，Ｒの間を，ＡさんとＢさんが，Ｑを同時に出発し，それぞれ一定の速さで進みます。ＡさんはＱを出発するとＰへ向かって進み，Ｐで３分間停まると，それまでの２倍の速さでＲへ向かって進みました。ＢさんはＱを出発するとＲへ向かって進み，出発してから24分後にＡさんと同時にＲに着きました。ＡさんがＰからＱに戻ってきたとき，ＢさんはＲまであと何ｍの位置にいましたか。

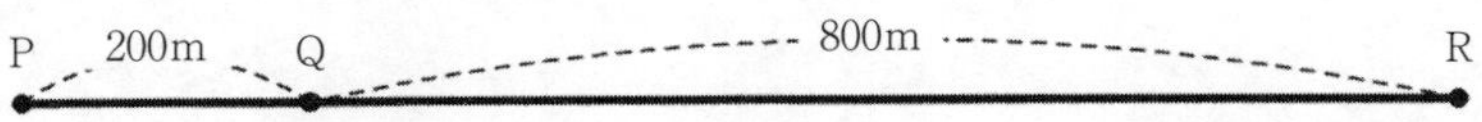

(4)　下の図のように，同じ大きさの立方体を積み上げます。２段積み上げると＜図１＞のようになり，３段積み上げると＜図２＞のようになり，４段積み上げると＜図３＞のようになります。同じように９段積み上げるためには，立方体は何個必要ですか。

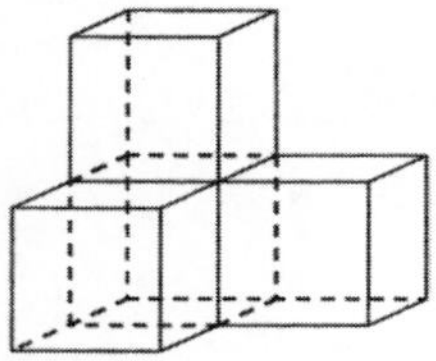

＜図１＞

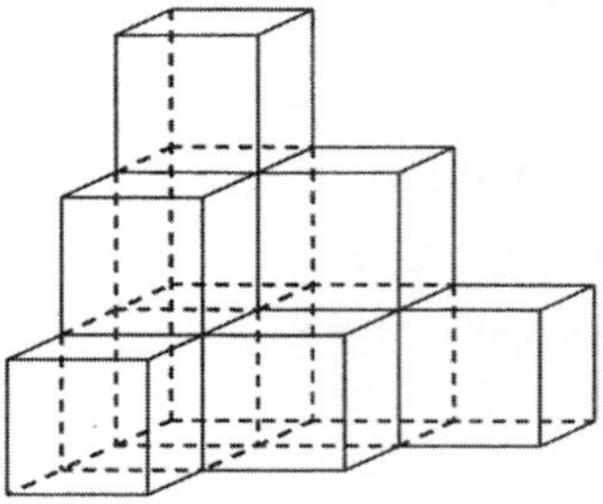

＜図２＞

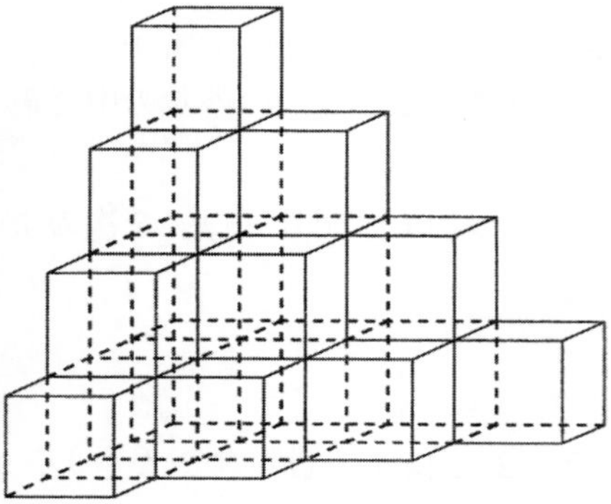

＜図３＞

3　右の＜図１＞のように，AB＝３cm，BC＝４cm，CD＝３cm，BG＝５cm で，側面がすべて長方形でできている容器が水平な台の上に置いてあります。この容器に水を$60cm^3$入れ，＜図１＞のように置いたとき，水平な台から水面までの高さが１cm でした。このとき，次の各問いに答えなさい。ただし，容器の厚みは考えないものとします。

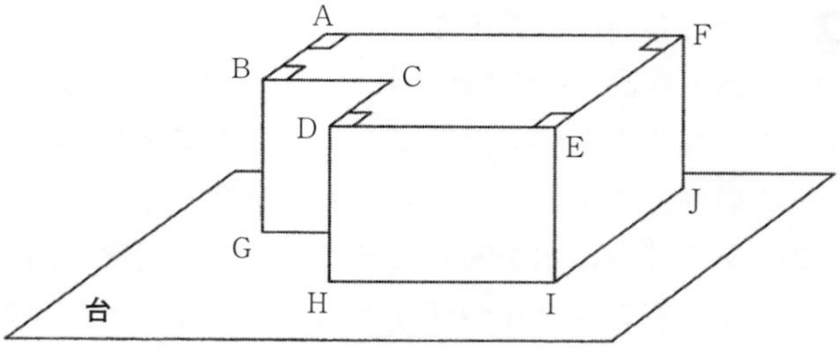

＜図１＞

(1)　DE の長さは何cm ですか。

(2)　この容器にさらに水を入れ，ふたをしてこぼれないようにしました。この容器を辺BG，辺DHが水平な台につくように置いて真横から見ると，下の＜図２＞のようになりました。このとき，ちょうど水面が点Eを通りました。この容器を＜図１＞のように置きなおしたとき，水平な台から水面までの高さは何cmになりますか。

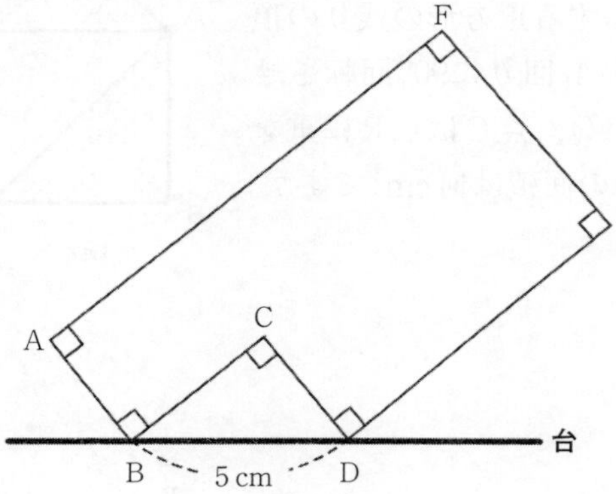

＜図２＞

4　豊子さんが持っている時計は普通の時計とは異なる時計で，短い針は普通の時計と同じように12時間で時計回りに１周しますが，長い針は１時間で**反時計回り**に１周します。この時計をある日の午前９時ちょうどに時刻を合わせ，その日の午後９時までの12時間の動きを観察します。このとき，次の各問いに答えなさい。

(1)　はじめて長い針と短い針の間の角度が180°となるのは午前９時から何分後ですか。

(2)　午前９時から午後９時までの間に，長い針と短い針の間の角度が180°となるのは何回ありますか。

5　分母が分子よりも大きい分数について考えます。このような分数を，分子を分母で割り進めて小数で表したとき，割り切れるか，または，どこまでも割り切れないかのどちらかになります。

例えば，$\frac{7}{125}=0.056$は割り切れ，$\frac{1}{7}=0.142857142857\cdots\cdots$はどこまでも割り切れません。

このとき，次の各問いに答えなさい。

(1)　分数$\frac{1}{\boxed{\quad}}$を小数で表したとき，どこまでも割り切れません。$\boxed{\quad}$にあてはまる数のうち，２以上30以下の整数は何個ありますか。

(2)　$\frac{1}{41}$を小数で表したとき，小数第88位の数字はいくつですか。

(3)　$\frac{145}{451}=\frac{\boxed{\text{あ}}}{41}+\frac{\boxed{\text{い}}}{11}$であるから，$\frac{145}{451}$を小数で表したとき，小数第88位の数字は$\boxed{\text{う}}$となります。$\boxed{\text{あ}}$，$\boxed{\text{い}}$，$\boxed{\text{う}}$にあてはまる整数をそれぞれ答えなさい。

6　AB＝BC＝４cm の直角二等辺三角形 ABC について，次の各問いに答えなさい。

(1)　右の＜図１＞のように，三角形 ABC を点Ａを中心に反時計回りに90°回転させると，点Ｂは点Ｑ，点Ｃは点Ｒに重なりました。このとき，三角形 ABC が通過した部分の面積は何 cm^2 ですか。

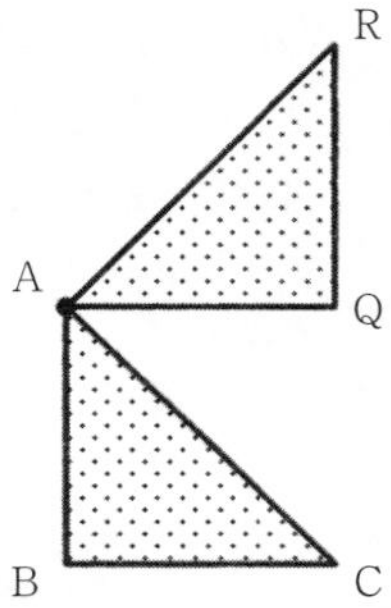

＜図１＞

(2)　下の＜図２＞のように，３点Ａ，Ｂ，Ｃを頂点とする正方形の残りの頂点をＤとします。三角形 ABC を点Ｄを中心に反時計回りに90°回転させると，点Ａは点Ｃがもともとあった点Ｐ，点Ｂは点Ｑ，点Ｃは点Ｒに重なりました。このとき，三角形 ABC が通過した部分の面積は何 cm^2 ですか。

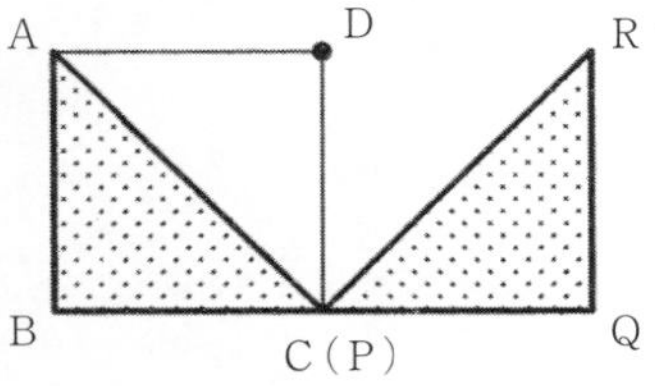

＜図２＞

(3)　右の＜図３＞のように，(2)の正方形 ABCD と１辺の長さが４cm の正方形を３個用いて，大きい正方形をつくります。三角形 ABC を大きい正方形の頂点Ｅを中心に反時計回りに90°回転させると，点Ａは点Ｐ，点Ｂは点Ｑ，点Ｃは点Ｒに重なりました。このとき，三角形 ABC が通過した部分の面積は何 cm^2 ですか。

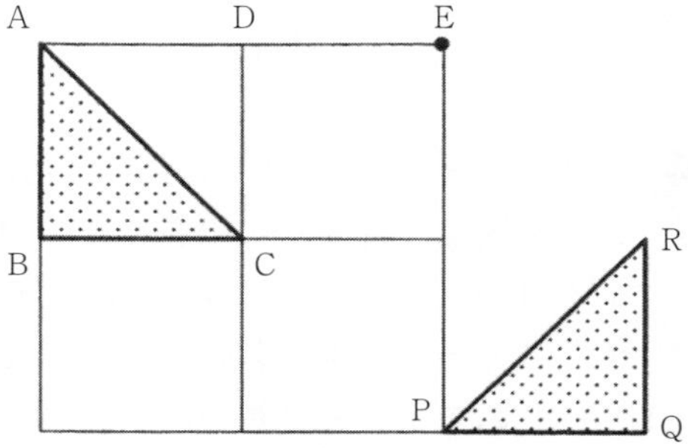

＜図３＞

【社　会】〈第３回試験〉（理科と合わせて50分）〈満点：50点〉

〈編集部注：実物の入試問題では，**２** **問３**のグラフと**問４**・**問７**の地図，**問５**の地形図はカラー印刷です。〉

１　**次の文章を読んで問いに答えなさい。**

裁判においては，過去の判例を参照し，そのうえで判決が下されます。また，多くの法律についても，過去の先例の積み重ねによって制定されると言えるでしょう。このように，過去の例や記録を参照し，その先例をもとに意思決定を行うことは，これまでの日本の歴史でも多く見られてきました。特に，近代以前においては先例が重視される傾向《けいこう》が顕著《けんちょ》に見られます。

９世紀後半以降，朝廷で行われる(ア)儀式《ぎしき》や仕事が年中行事として整えられるようになると，あらゆる行事について手順が細かく定められていきます。それに合わせて，日記を記した人や，先祖が残した日記を引き継《つ》いだ人などが，様々な行事の手順や作法に詳《くわ》しいために朝廷で重んじられるようになりました。当時は摂関政治が行われ，藤原氏が政治を独占した時代だったこともあり，(イ)藤原道長も『御堂関白記』という日記で行事について書き残しています。

鎌倉時代になると，北条泰時により，源頼朝以来の先例と武士の慣例に基づく(ウ)御成敗式目が制定されました。その後の室町時代においても御成敗式目は基本法典とされ，室町幕府の法令は，必要に応じて追加で発布される形をとり，(エ)建武以来追加と呼ばれました。

先例を重視する取り組みは，江戸時代にも見られます。武家諸法度は将軍の代替《が》わりごとに繰《く》り返し更新《こうしん》されるものの，基本的にその内容は引き継がれていきました。こうした背景には，「古法墨守《ぼくしゅ》」という古くからの方法や形式を重視する考え方があったことが挙げられます。また，(オ)御触書《おふれがき》集成という，過去に幕府が出した法令の内容を種類ごとにまとめたものが４度にわたって作成されました。こうして，江戸時代の法令や判例は，先例として後の時代に残されていったのです。

明治維新後は，政治の刷新を示すために先例にもとづかない新しい政治の方針が定められていきます。しかし，その中でも，先例を活用する傾向は依然《いぜん》として見られました。例えば，明治新政府が民衆に対して出した最初の禁止令である（　**カ**　）は，江戸時代に出された高札（立て札）の内容をそのまま引き継いでいました。

戦後の日本は，先例の継承《けいしょう》とは真逆の道を歩んでいきます。(キ)ＧＨＱ《ジーエイチキュー》により戦前の日本のあり方を否定する政策が進められ，非軍事化・民主化が実施《じっし》されました。GHQにとっては，戦後日本が戦前の先例をもとに再び軍国主義の道へ行くことがないようにする必要があったのです。

現在に至るまで，過去の事例を参照して現在の施策《しさく》に活かすというのは多く行われてきました。しかし，時代に応じた施策を実施するためには，ただ先例をそのまま引いてくるのではなく，今の時代に求められていることは何かをしっかりと自分たちの頭で考えることも必要なのではないでしょうか。

問１．下線部(ア)に関連して，古代において行われていた儀式や儀礼について説明した次の文のうち，**あやまっているもの**を一つ選び番号で答えなさい。

１．古墳時代の人々は，古墳の周りに土偶を並べることで死者の魂をしずめようとした。

２．日本書紀で神話や伝承がまとめられ，即位の儀礼についても記載《きさい》された。

３．卑弥呼は神の意志を聞くことにたけており，まじないによって政治を行った。

4．弥生時代の人々は，銅鏡や青銅器を用いて祭りを行っていた。

問２．下線部(イ)に関連して，以下の(1)・(2)の問いに答えなさい。

(1) 平安時代の貴族の日記には，貴族の邸宅《ていたく》などで様々な行事が行われた記録が残されています。右の図は，平安時代の代表的な貴族の邸宅の平面図ですが，図中の**あ**の建物を何と呼びますか，漢字で答えなさい。

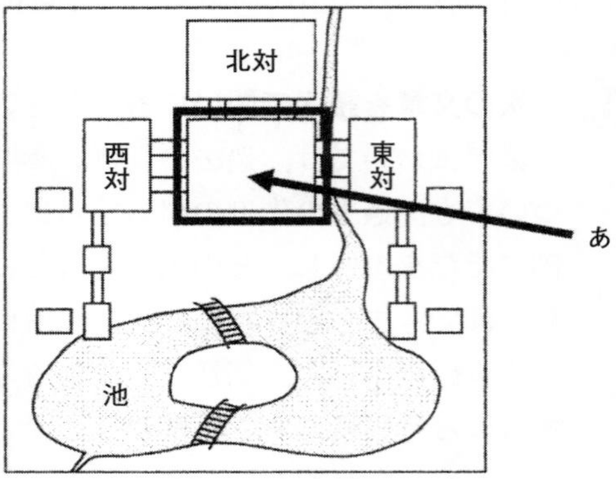

(2) 本文の内容を参考にして，平安時代の貴族が日記を記した理由を，主に誰《だれ》に向けて記したものかにふれながら，20字以内で説明しなさい。

問３．下線部(ウ)について，以下の(1)・(2)の問いに答えなさい。

(1) 御成敗式目は，その制定の10年ほど前に起こった出来事をきっかけに土地をめぐる争いが増えたことに対応して作成されました。その出来事を何といいますか，答えなさい。

(2) 次の文章は，御成敗式目の一部を現代語に改めたものです。文章中の空らんにあてはまる語句を，漢字で答えなさい。

> 頼朝公の時代に定められたように，諸国の(　　)の職務は，御家人を京都の警備につかせることや，謀反《むほん》や殺人などの犯罪人を取り締《し》まることであって，それ以外のことはしてはならない。

問４．下線部(エ)について，「建武」というのは元号ですが，次の文のうち，この時期の出来事として正しいものを一つ選び番号で答えなさい。

1．朝廷を監視するために，六波羅探題がおかれた。

2．天皇中心の政治体制に改められたが，武士の不満が高まった。

3．南朝と北朝がまとまり，南北朝の動乱が終了した。

4．明との間で，勘合を用いた貿易が始まった。

問５．下線部(オ)について，四つの御触書集成は，作成が始まった当時の元号をつけて区別されます。下の表の**1**～**4**はそれぞれの御触書集成についての説明です。次の(あ)・(い)の法令がどの御触書集成に載《の》っているかを，それぞれ表の**1**～**4**から一つ選び番号で答えなさい。

(あ) 異国船が来たら打払いなさい。

(い) 大名は，米１万石につき50石を貯蔵しなさい。

		完成時の将軍	収められた法令の期間
1	御触書寛保集成	徳川吉宗	1615年(元和元年)～1743年(寛保３年)
2	御触書宝暦集成	徳川家治	1744年(延享元年)～1760年(宝暦10年)
3	御触書天明集成	徳川家斉	1761年(宝暦11年)～1787年(天明７年)
4	御触書天保集成	徳川家慶	1788年(天明８年)～1837年(天保９年)

問６．空らん(**カ**)にあてはまる語句を答えなさい。

問７．下線部㈴に関連して，戦前と戦後の日本の変化について説明した次の文のうち，**あやまっているもの**を一つ選び番号で答えなさい。

1．選挙制度が変わり，女性にも参政権が与《あた》えられるようになった。
2．天皇の位置づけが変わり，天皇は神の子孫ではなく人間とみなされるようになった。
3．農地改革で土地所有の状況《じょうきょう》が変わり，小作農が増加した。
4．労働者の権利が変わり，労働組合の結成が奨励《しょうれい》された。

２ **次の各問いに答えなさい。**

問１．2000年代以降，経済発展が著しかった５か国をBRICS《ブリックス》と総称《そうしょう》することがあります。その５か国すべてにあてはまるものを，次のうちから一つ選び番号で答えなさい。

1．北半球に存在する。
2．日本よりも面積が大きい。
3．日本よりも人口密度が高い。
4．国連の安全保障理事会の常任理事国ではない。

問２．各都道府県では，観光客を呼《よ》び込《こ》むためのキャッチコピーを定めています。次の**1**～**5**は，大分県・大阪府・岡山県・島根県・鳥取県のキャッチコピーの一部です。この中から，岡山県のものを一つ選び番号で答えなさい。

1．おんせん県　　2．蟹《かに》取県　　3．ご縁《えん》の国
4．水都《すいと》　　5．晴れの国

問３．次のグラフは，日本のある20年の期間における，年度ごとの１軒《けん》あたりの停電回数(回)と停電時間(分)を示したものです。このグラフで示されている期間としてもっとも適当なものを，**1**～**5**のうちから一つ選び番号で答えなさい。

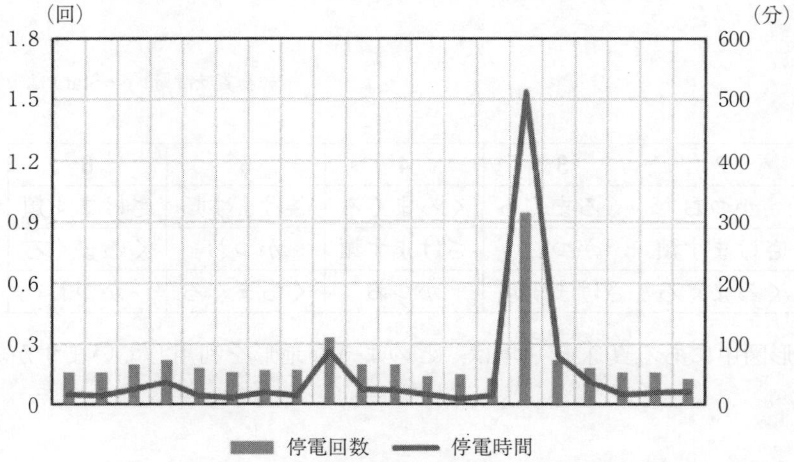

(電気事業連合会「FEPC INFOBASE2022」より作成)

1．1981～2000年度　　2．1986～2005年度　　3．1991～2010年度
4．1996～2015年度　　5．2001～2020年度

問4．次の図**あ**～**う**は，かつお・くろまぐろ・さけます類のいずれかにおける都道府県別産出額の上位5都道府県(2021年)を示したものです。**あ**～**う**の組み合わせとして正しいものを，下の表の**1**～**6**から一つ選び番号で答えなさい。

あ

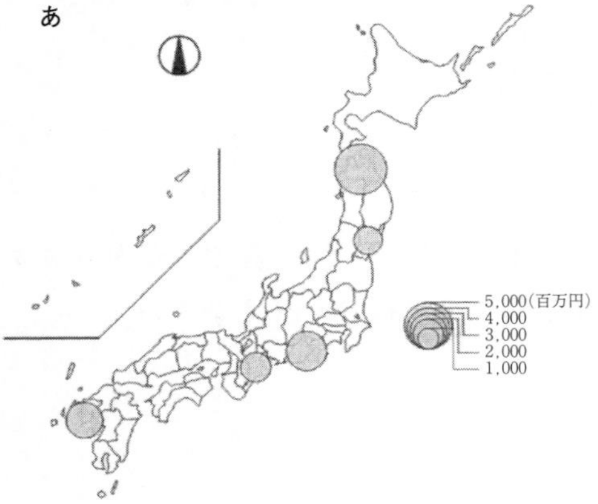

い

う

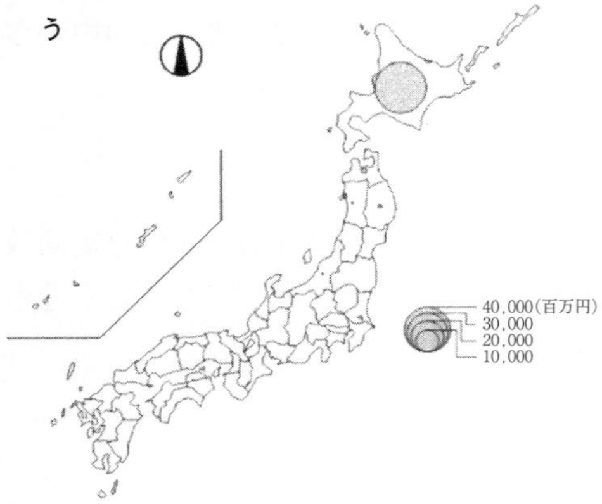

（総務省統計局「e－Stat」より作成）

	1	2	3	4	5	6
あ	かつお	かつお	くろまぐろ	くろまぐろ	さけます類	さけます類
い	くろまぐろ	さけます類	かつお	さけます類	かつお	くろまぐろ
う	さけます類	くろまぐろ	さけます類	かつお	くろまぐろ	かつお

問5．次のページの地形図中にある真珠養殖《しんじゅようしょく》場は，どのような地形を利用していますか。その地形名を答えなさい。

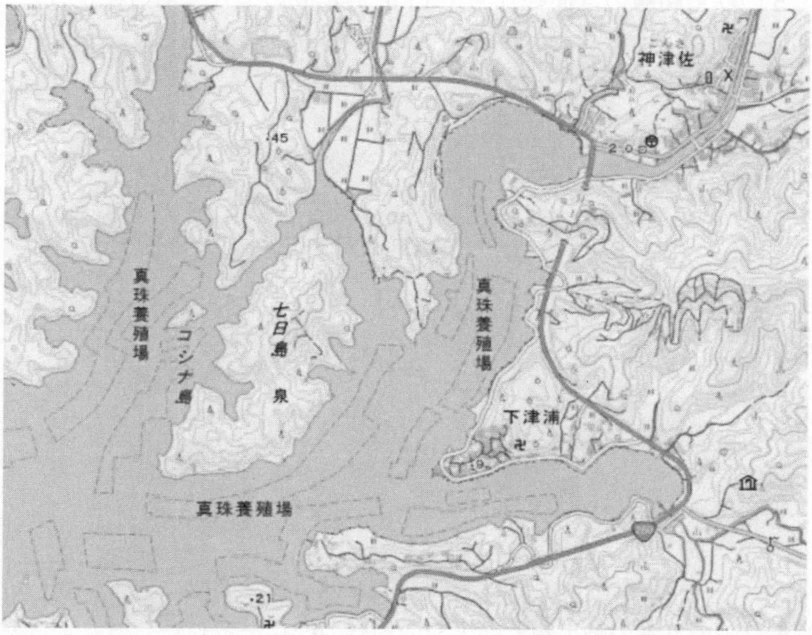

(地理院地図より作成)

問６．次の表は，日本の三つの都道府県における可住地面積と可住地面積が総面積に占《し》める割合を表したものです(いずれも2021年)。表中の**あ**～**う**は，東京都，長崎県，北海道のいずれかです。**あ**～**う**の組み合わせとして正しいものを，下の表の**１**～**６**から一つ選び番号で答えなさい。

	可住地面積(km^2)	可住地面積が総面積に占める割合(％)
あ	21652	27.5
い	1641	39.7
う	1354	61.7

(※可住地面積とは，総面積から林野面積と主要湖沼《こしょう》面積を差し引いた面積のことです。)

(『データでみる県勢 2023』より作成)

	1	**2**	**3**	**4**	**5**	**6**
東京都	**あ**	**あ**	**い**	**い**	**う**	**う**
長崎県	**い**	**う**	**あ**	**う**	**あ**	**い**
北海道	**う**	**い**	**う**	**あ**	**い**	**あ**

問７．次の図中の**１**～**５**の鉄道路線の区間のうち，１kmあたりの１日平均の輸送人員(2022年度)が最も多い区間を選び番号で答えなさい。

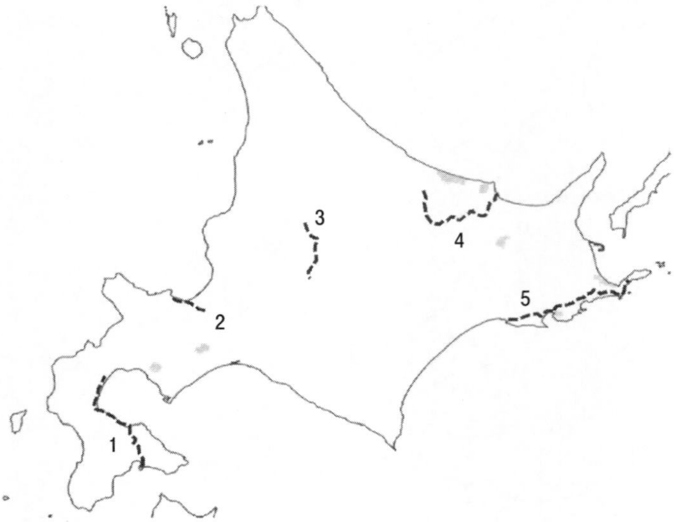

問８．次の表は，1990年以降の日本の輸出額と輸入額の割合の推移を示したものです。表中の**あ**にあてはまるものとして正しいものを，下の**１**～**５**から一つ選び番号で答えなさい。

		1990年	2000年	2010年	2021年
輸出額の割合(%)	自動車	17.8	13.4	13.6	12.9
	あ	4.7	8.9	6.2	5.9
	鉄鋼	4.4	3.1	5.5	4.6
	自動車部品	3.8	3.6	4.6	4.3

		1990年	2000年	2010年	2021年
輸入額の割合(%)	原油	13.2	11.8	15.5	8.2
	天然ガスと製造ガス	3.9	4.7	7.0	5.9
	あ	1.4	5.2	3.5	4.0
	事務用機器	2.2	7.1	3.6	3.4

(『データブック オブ・ザ・ワールド 2023』より作成)

１．衣類　**２**．魚介類　**３**．石炭
４．半導体等電子部品　**５**．木材

3 **次の文章を読んで問いに答えなさい。**

近年，デジタル分野の技術革新が目覚ましく，様々な場面で新しい技術が導入されています。例えば，世界各国の企業《きぎょう》がデジタル通貨の研究開発を行っています。お金といえば，これまでは(ア)紙幣《しへい》や硬貨《こうか》でのやり取りが主でしたが，将来は，形をもたずにデータ上でやり取りされるお金が主流になるかもしれません。また，チャットＧＰＴ《ジーピーティー》に代表される生成ＡＩ《エーアイ》も急速に発展しています。生成AIは，投げかけた質問に対して人間が答えているかのような柔軟《じゅうなん》な回答をすることができるため，様々な分野での活用が検討されています。

しかし，これらの技術については多くの問題点も指摘《してき》されています。デジタル通貨について

は，サイバー攻撃《こうげき》をされた場合への対応や個人情報の保護について課題があります。また，デジタル通貨が各国の法定通貨より利用されるようになれば，(イ)中央銀行が行う経済政策の効果が薄《うす》れる恐《おそ》れもあります。生成 AI については，レポートや論文，映画の脚本《きゃくほん》などを AI が作成してしまうことが懸念《けねん》されています。このような AI の脅威《きょうい》もあって，アメリカのハリウッドでは脚本家組合と俳優組合が労働を拒否《きょひ》する（ **ウ** ）を行い，多くのドラマや映画などの制作が中断する事態にもなりました。また，生成 AI が軍事目的やテロに使用される恐れがあるとして，(エ)国連安全保障理事会でもその危険性について議論が行われました。(オ)Ｇ７の国の中には，プライバシー侵害《しんがい》への懸念から生成 AI に対して規制をかける動きもあります。

日本では，コロナ対応で政府のデジタル化の遅《おく》れが浮《う》き彫《ぼ》りとなったことから，(カ)2021年にデジタル庁が発足しました。デジタル庁は，生成 AI については技術発展を重視し，まだ規制をかけようとはしていません。しかし，今後デジタル技術の課題が注目されるようになったときに，それに対して行政の対応はどのように変化していくのでしょうか。

私たち国民は主権者としてそのような対応に関心を持っている必要があります。(キ)選挙で選んだ(ク)国会議員や大臣に任せきりにするのではなく，よりよい社会の実現に向けて時に声をあげることも国民の果たすべき役割なのです。

問１．下線部(ア)について，2024年の７月に新しい紙幣の発行が始まりますが，新紙幣の肖像《しょうぞう》画に描《えが》かれている人物を次のうちから**すべて**選び，**金額の高い紙幣に描かれている順**に番号で答えなさい。

１．北里柴三郎　２．渋沢栄一　３．津田梅子
４．野口英世　５．森鷗外

問２．下線部(イ)に関連して，日本の中央銀行である日本銀行について説明した次の**あ**・**い**の文が，正しい（○）かあやまっている（×）かの組み合わせとして，正しいものを下から一つ選び番号で答えなさい。

あ．日本銀行は，日本で紙幣を発行できる唯一《ゆいいつ》の銀行である。
い．日本銀行は，一般《いっぱん》の企業の口座開設を受け付けていない。

１．**あ**―○　**い**―○　２．**あ**―○　**い**―×
３．**あ**―×　**い**―○　４．**あ**―×　**い**―×

問３．空らん（**ウ**）にあてはまる語句を，カタカナ５字で答えなさい。

問４．下線部(エ)について，次の文章は国際連合憲章の第７条の条文です。文章中の空らんにあてはまる機関として正しいものを，下から一つ選び番号で答えなさい。

> １．国際連合の主要機関として，総会，安全保障理事会，経済社会理事会，信託《しんたく》統治理事会，（　　）及《およ》び事務局を設ける。
> ２．必要と認められる補助機関は，この憲章に従って設けることができる。

１．国際司法裁判所　２．国際通貨基金　３．国際労働機関
４．世界保健機関　５．世界貿易機関

問５．下線部(オ)について，Ｇ７サミットの首脳会議が開催《かいさい》されたことがある日本の都道府県を，次のうちから**二つ**選び番号で答えなさい。

１．愛知県　２．沖縄県　３．京都府　４．広島県　５．宮城県

問６．下線部(カ)について，次の文章はデジタル庁設置法の条文の一部です。文章中の空らんにはすべて同じ語句が入ります。空らんにあてはまる語句を，漢字で答えなさい。

> 第２条　（　　）に，デジタル庁を置く。
>
> 第３条　デジタル庁は，次に掲《かか》げることを任務とする。
>
> １　デジタル社会形成基本法第２章に定めるデジタル社会の形成についての基本理念にのっとり，デジタル社会の形成に関する（　　）の事務を（　　）官房と共に助けること。
>
> ２　基本理念にのっとり，デジタル社会の形成に関する行政事務の迅速《じんそく》かつ重点的な遂行《すいこう》を図ること。

問７．下線部(キ)に関連して，日本の選挙制度について説明した次の文のうち，正しいものを一つ選び番号で答えなさい。

１．参議院議員選挙は，必ず３年に１回行われる。

２．参議院議員選挙では，小選挙区比例代表並立制が採用されている。

３．衆議院議員と都道府県知事の被選挙権は，ともに満25歳以上である。

４．選挙日の当日しか投票できないことが，投票率の低さの一因とされる。

問８．下線部(ク)について説明した次の文のうち，正しいものを一つ選び番号で答えなさい。

１．国務大臣は，必ず国会議員のなかから選ばれる。

２．国会議員は，議院内での発言や表決について，院外で責任を問われない。

３．法律案や予算案は，内閣だけでなく国会議員も国会に提出できる。

４．国会議員が過ちを犯した場合は，弾劾裁判によって裁かれる。

【理　科】〈第３回試験〉（社会と合わせて50分）〈満点：50点〉

1　図１のような輪軸《りんじく》と，自然の長さが10cm で同じように伸《の》び縮みする２本のばねＡ，Ｂを用いて次のような実験を行いました。２本のばねＡ，Ｂは同じ性質をもっており，図２のようにおもりを下げたときのばねの長さとおもりの重さの関係は，図３のグラフのようになることがわかっています。以下の問いに答えなさい。

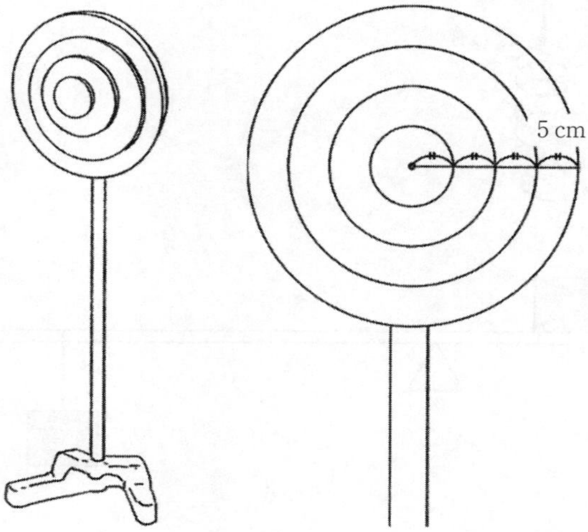

図１

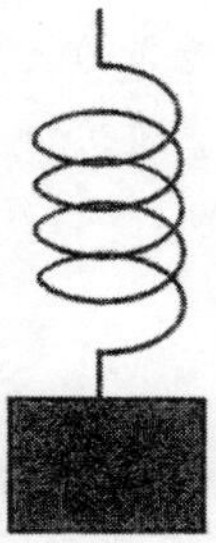

図２

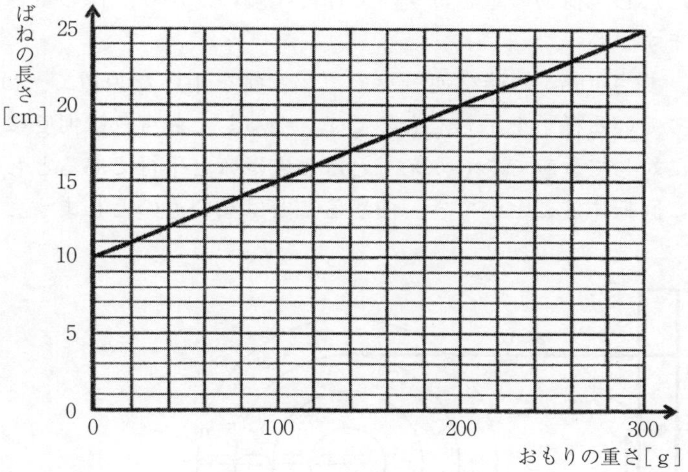

図３

(1)　次のページの図４のように輪軸におもりとばねを下げ，ばねを引っ張ったところ，ばねの長さがはじめ10cm だったのが14cm になったところでおもりは止まりました。このときのおもりの重さを，四捨五入して整数で答えなさい。

(2)　(1)と同じおもりを次のページの図５の位置につけかえて，同じ性質の２本のばねＡ，Ｂを引っ張っておもりを静止させたところ，２本のばねＡ，Ｂは同じ長さになりました。このときのばねの長さを，四捨五入して小数第１位まで答えなさい。

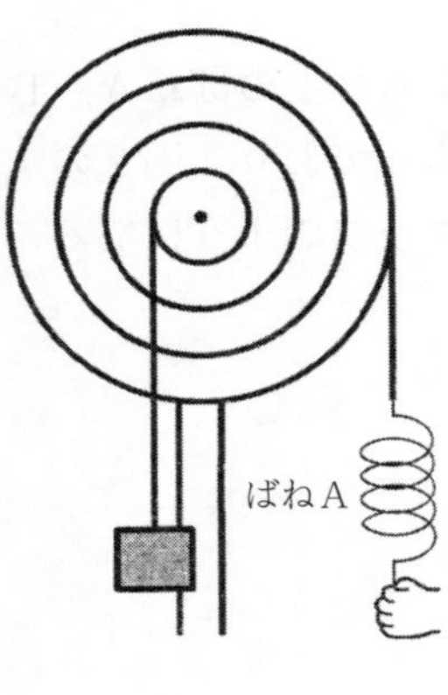

図４

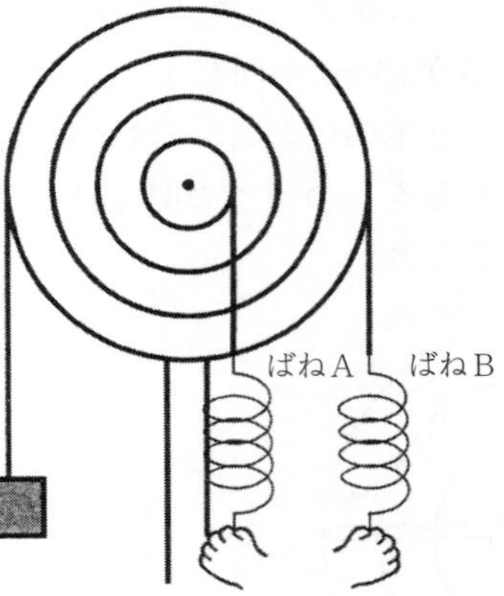

図５

(3)　太さと材質が均一な，長さ20cm，重さ50ｇの棒を用いて１kgの荷物を持ち上げます。右の図６のように，棒の左《ひだり》端《はし》に荷物を載《の》せ，左端から２cmのところに支点を作ります。棒の右端から２cmのところにおもりをつり下げてこの荷物を水平にするためには，何ｇのおもりをつり下げる必要がありますか。四捨五入して整数で答えなさい。ただし，荷物の重さはすべて棒の左端にかかり，棒の重さは棒の中心にかかっているものとします。

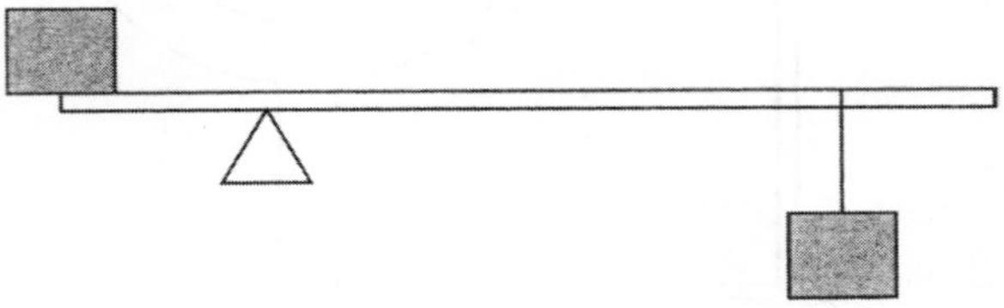

図６

(4)　図７は，ばねＡ，長さ40cmの棒を使ったてこ，輪軸を用いた装置で，ばねＡが５cm縮んだところでつりあっている様子を示したものです。つるしたおもりは何ｇになりますか。ただし，てこの棒は床に対して垂直であり，糸①とばねＡは床と平行であるとします。また，てこの棒は支点を中心に回転することができ，曲がることはないものとします。

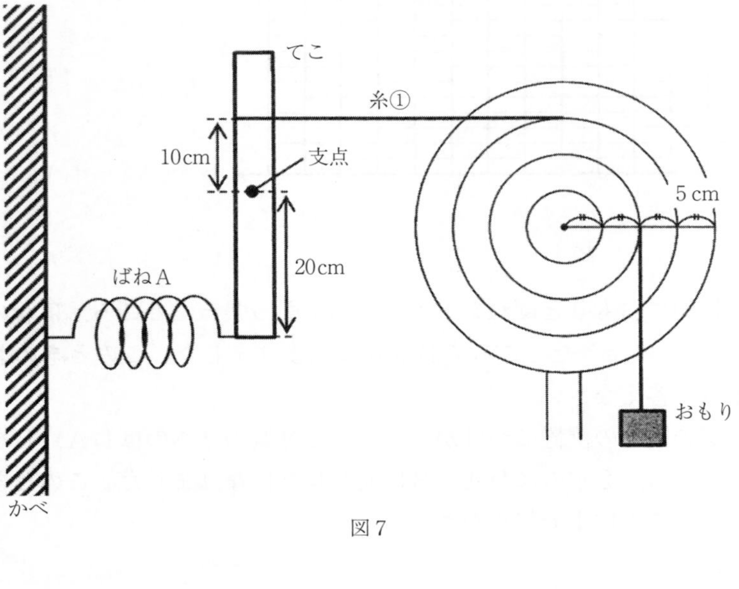

図７

2　もうこれ以上固体が溶《と》けなくなる限界まで溶かした水溶液《すいようえき》のことを『飽和《ほうわ》水溶液』といいます。また，水溶液に溶けていたものが固体として再び水溶液中にあらわれてくる現象を『析《せき》出《しゅつ》』といいます。飽和水溶液と析出に関する以下の問いに答えなさい。

右の表は，各温度の水100ｇに固体であるＡ，Ｂ，Ｃがそれぞれ溶ける重さの最大量を記した表です。

	20℃	40℃	60℃	80℃
A	34 g	60 g	110 g	170 g
B	5 g	10 g	15 g	25 g
C	38 g	40 g	41 g	42 g

(1)　60℃におけるＡの飽和水溶液100ｇを20℃に冷やすと，析出するＡは何ｇですか。四捨五入して整数で答えなさい。

(2)　40℃におけるＡの飽和水溶液80ｇと80℃におけるＡの飽和水溶液135ｇを混ぜあわせて温度を60℃にすると，析出するＡは何ｇですか。四捨五入して整数で答えなさい。

右上の表にある３種類の固体Ａ，Ｂ，Ｃを適当に混ぜて重さをはかると36.3ｇありました。これを80℃のお湯50ｇに入れて溶かしたところ，３種類の固体はすべて完全に溶けました。この水溶液の温度を80℃から少しずつ下げていったところ，40℃を下回った瞬間《しゅんかん》にＡだけが固体として析出しはじめ，さらに温度を下げていくと今度は20℃を下回った瞬間にＡに次いでＢが固体として析出しはじめました。このときＣはまだ完全に溶けたままでした。Ａ，Ｂ，Ｃの水に対して溶ける量は，他の物質が溶けていたとしてもたがいに影響《えいきょう》を受けないものとします。

(3)　Ｂが固体としてあらわれはじめたとき，析出しているＡは何ｇですか。四捨五入して整数で答えなさい。

(4)　Ｃは20℃で完全に水に溶けていますが，水を蒸発させて20℃を下回った瞬間に固体Ｃを析出させるには，何ｇの水を蒸発させればよいですか。四捨五入して整数で答えなさい。

3　次の文章を読み，以下の問いに答えなさい。

ヒトの体が生きている状態を保つためには，（　ア　）と（　イ　）が必要です。これらは血液循《じゅん》環《かん》で体のすみずみまで運ばれ，（　ウ　）の中に取り込《こ》まれて使われ，生きるためのエネルギーが作り出されます。（　ウ　）は数十兆個集まって１つの体をつくっています。

（　イ　）は大きく３つに分けることができます。エネルギーのもとになるもの，体をつくるもの，体の調子を整えるもので，それぞれわかりやすく，「黄色い食べ物」「赤い食べ物」「緑の食べ物」でグループ分けをすることがあります。このうち，（　ウ　）がエネルギーのもととして主に使うものは「黄色い食べ物」に多く含《ふく》まれている（　エ　）と（　オ　）で，そのうち（　オ　）は主に貯蔵物質としての役割があります。「赤い食べ物」に多く含まれている（　カ　）は，（　ウ　）自体の材料にもなります。「緑の食べ物」に多く含まれているのはミネラルやビタミンで，さまざまな種類があり，それぞれの役割があります。

図１は（　ア　）を体外から取り込むためのつくり（器官）を，図２はヒトの血液循環の様子を模式的に表したものです。①～④はそれぞれ体のある器官を表し，Ｃ～Ｊは主な血管を表しています。ただし，ＣとＧは心臓から各器官に向かう血液の通り道を表しています。

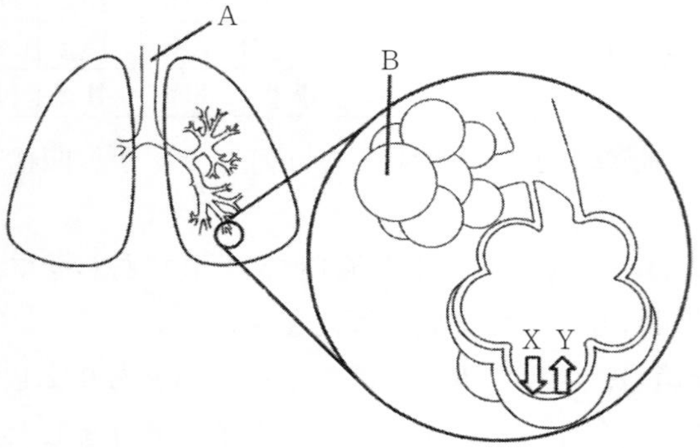

図１

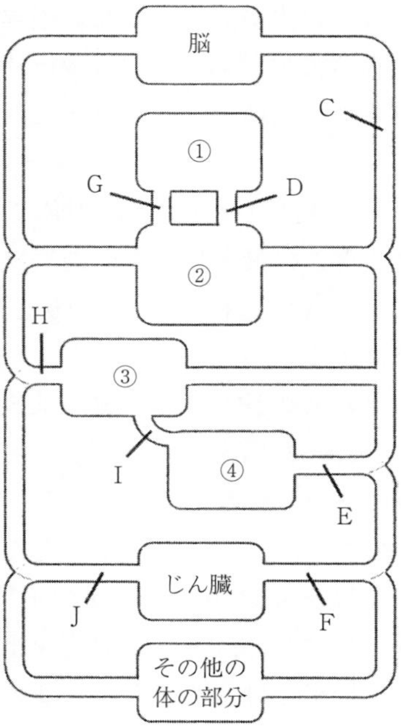

図２

(1)　文章中の(ア)～(ウ)に当てはまる語句として最も適切なものを答えなさい。

(2)　文章中の(エ)～(カ)に当てはまる語句として最も適切なものを次の**あ**～**う**から１つずつ選び，記号で答えなさい。ただし，同じ記号を用いないこと。

あ．タンパク質

い．炭水化物

う．脂肪《しぼう》

(3)　図２の③，④の器官は，それぞれ何を表していますか。最も適切なものを次の**あ**～**お**から１つずつ選び，記号で答えなさい。

あ．胃　　**い**．すい臓　　**う**．小腸

え．肝臓《かんぞう》　　**お**．心臓

(4)　図１のＡ，Ｂの名称《めいしょう》として最も適切なものを答えなさい。

(5)　(ア)が取り込まれる向きは，図１のＸ，Ｙのうちどちらか，記号で答えなさい。

(6)　次の(a)～(c)の特徴《とくちょう》をもった血液が通る血管は図２のＣ～Ｊのどれですか。最も適切なものをそれぞれ１つずつ選び，記号で答えなさい。ただし，同じ記号を用いないこと。

(a)　二酸化炭素濃度《のうど》が最も低い血液

(b)　食後の糖分濃度が最も高い血液

(c)　尿素《にょうそ》などの老廃物《ろうはいぶつ》が最も少ない血液

(7)　心臓は４つの部屋に分かれています。肺静脈は４つの部屋のうち，どこへつながっていますか。次の**あ**～**え**から正しいものを１つ選び，記号で答えなさい。

あ．左心室　　**い**．右心室

う．左心房《さしんぼう》　　**え**．右心房

4　以下の問いに答えなさい。

(1)　次の①と②は，東京では何月に当てはまりますか。数字で答えなさい。

①　１年の中で昼の長さが最も長い日のある月

②　１年の中で太陽の南中高度が最も高い日のある月

(2)　図１は４月のある晴れた日に，東京で太陽高度を１時間ごとに計測しグラフにしたものです。太陽高度の変化を表したグラフとして最も適切なものを図１の**あ**～**え**から１つ選び，記号で答えなさい。

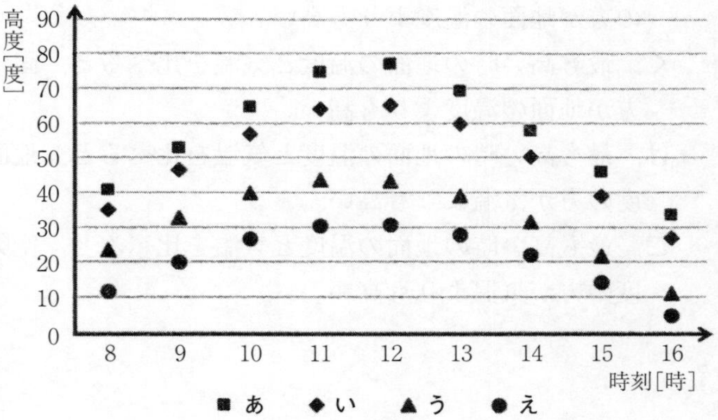

図１

(3)　(2)において，地面に垂直に立てた棒の影の動きを観察しました。正午(12時)での影はどのようになりますか。最も適切なものを次の**あ**～**え**から１つ選び，記号で答えなさい。

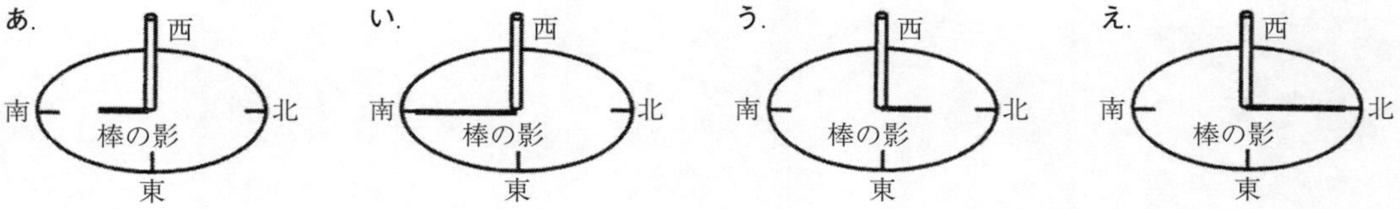

(4)　図１と同じ日に，地下５cm と地下25cm の温度を測り１日の変化をグラフにしました。そのとき最高温度と日較差《にちかくさ》(１日の最高温度と最低温度の差)は，地下５cm に比べて地下25cm の場合はどうなりますか。次の文章の空らん①，②に適する語句を下の**あ**～**か**から１つずつ選び，記号で答えなさい。

「地下５cm に比べて最高温度は(　①　)，日較差は(　②　)。」

あ．高くなり　　**い**．低くなり　　**う**．変わらず

え．大きくなる　　**お**．小さくなる　　**か**．変わらない

(5)　(2)の太陽高度の計測と同時に，地面の温度と気温も１時間ごとに計測しグラフにしました。地面の温度と気温のグラフについて述べた文章**あ**～**お**から１つ，**か**～**こ**から１つ，正しいものを選び，記号で答えなさい。

あ．太陽高度が最も高くなる時刻に，地面の温度と気温も最も高くなる。

い．地面の温度は太陽高度が最も高くなる時刻より前に最も高くなり，気温は太陽高度が最も高くなる時刻より後に最も高くなる。

う．気温は太陽高度が最も高くなる時刻より前に最も高くなり，地面の温度は太陽高度が最も高くなる時刻より後に最も高くなる。

え．太陽高度が最も高くなる時刻より後に地面の温度が最も高くなり，地面の温度が最も高くなる時刻より後に気温が最も高くなる。

お．太陽高度が最も高くなる時刻より後に気温が最も高くなり，気温が最も高くなる時刻より

後に地面の温度が最も高くなる。

か．最も高い時の地面の温度と気温を比べると，太陽に近い場所を測っているため，気温の方が地面の温度よりも高い。

き．最も高い時の地面の温度と気温を比べると，気体の方が固体より温まりやすいため，気温の方が地面の温度よりも高い。

く．最も高い時の地面の温度と気温を比べると，固体の方が気体より冷めやすいため，気温の方が地面の温度よりも高い。

け．最も高い時の地面の温度と気温を比べると，地面は太陽に直接温められるため，地面の温度の方が気温よりも高い。

こ．最も高い時の地面の温度と気温を比べると，空気の対流により冷めやすいため，地面の温度の方が気温よりも高い。

ませんが、そもそも男は発明品そのものにこだわっているようには感じられませんね。」

オ　Ｅさん―「図面を破り捨てるわけだし、なんだか、男は発明するという行為《こうい》にこそ価値を認めていたのではないでしょうか。」

問九　本文の表現上の特徴《とくちょう》とその効果についての説明として最も適当なものを次のア～カの中から二つ選び、記号で答えなさい。

ア　発明という誰《だれ》もが一度はあこがれるであろう話題をわかりやすい単純な言葉で描写《びょうしゃ》することにより、読者に親しみを持たせ、世代を越えて読まれる作品となっている。

イ　現実には存在しないような人物の行動を平易な言葉でわかりやすく描写《びょうしゃ》することで、話を理解しやすくしながらも、人間関係の複雑さと奥深さを読者に感じさせている。

ウ　作品の舞台《ぶたい》を「町から遠く離《はな》れたところ」と「町」というように明確に分けて描写《びょうしゃ》することで、主人公の心理の揺《ゆ》れ動《うご》きを理解しやすくしている。

エ　登場人物を「男」や「発明家」とし、季節や町の名前も特定しない語り方により、物語の世界を固定化せず奥行《おくゆ》きのあるものにしている。

オ　あえてわかりやすい言葉ばかりを用いて複雑な表現を避《さ》けることで、かえって日常敬遠されがちな難解な思想を読者に伝えることに成功している。

カ　作中に何度か信号が出てくるが、それに対し主人公がどのように行動するかが描かれることで、主人公の心情の変化が伝わるようになっている。

イ　二人が貧富の差ゆえにわかり合えないことを示す働きがある。
ウ　男と町の人々との考え方にずれがあることを暗示する働きがある。
エ　男の発明に価値があることをそれとなく印象付ける働きがある。
オ　紳士《しんし》が男の唯一《ゆいいつ》の理解者であることを示す働きがある。

問五　――線⑥「ここぞとばかりに」とありますが、この言葉を使った例文として**正しくないもの**を次のア～オの中から一つ選び、記号で答えなさい。
ア　落とし物を届けてくれた人に、ここぞとばかりにお礼を言った。
イ　相手チームのプレーの乱れを見て、ここぞとばかりに攻撃《こうげき》した。
ウ　夏のセールが始まったので、ここぞとばかりに買いあさった。
エ　一つ失敗をしたら、ここぞとばかりにこれまでのミスも責められた。
オ　叔父《おじ》がご馳走《ちそう》してくれると言うので、ここぞとばかりにたくさん注文した。

問六　――線⑦「儂《わし》はテレビを発明したのじゃ」とありますが、ここには男の困惑《こんわく》ぶりがうかがえます。それはどのような点にうかがえますか。次の説明の空らんA・Bに当てはまる言葉を本文中から探しなさい。ただし、Aは二十五字以内で、Bは三字で抜《ぬ》き出《だ》しなさい。解答らんにはAは最初の五字を、Bは三字すべてを記入すること。
《男が発明したのは［　A　］であるのに、それを周囲の人が使った「［　B　］」という言葉で表現してしまった点。》

問七　――線⑧「『いいや、見とうない』。発明家は席を立ち、出ていきました」とありますが、発明家がこのように言って出て行った理由として最も適当なものを次のア～オの中から一つ選び、記号で答えなさい。
ア　自分の発明よりも町で見た発明のほうが偉大《いだい》であったことを見せつけられてしまい、悲しくなってしまったから。
イ　発明の苦労を何も知らないくせにさもわかったふうなことを言う隣《とな》りの客に、負けてはならないと意気込《いきご》んだから。
ウ　すでに世の中にあるものは今さら発明する必要はないという理屈《りくつ》に嫌気《いやけ》がさし、話を続ける気がしなかったから。
エ　自分の発明品は実は発明する必要がなかったものだと知らされ、その場に居続けることが申し訳なく思われたから。
オ　何年もかけてやっとの思いで発明したのに先を越《こ》されていたとわかり、発明家としての才能に自信を失ったから。

問八　この作品を学校の授業で勉強した生徒たちが、――線⑨「男は、町で見かけたものをすべて、もう一度発明したのです」の箇所《かしょ》について感想を出し合いました。本文の内容を踏《ふ》まえた上での感想として**適当でないもの**を次のア～オの中から一つ選び、記号で答えなさい。
ア　Aさん―「ちょっと不器用な感じですけど、発明という仕事に対する男の純粋《じゅんすい》な思いが伝わってきます。」
イ　Bさん―「私も、なんだか男の執念《しゅうねん》というか、発明に対するなかなか理解されにくい情熱のようなものを感じます。」
ウ　Cさん―「まあ、少しは社交性を身につけたほうがいいかもしれません。そうでないと、せっかく発明しても社会に役立てることができませんから。」
エ　Dさん―「確かに上手に人付き合いができるタイプには見え

から男はエスカレーターを発明しました。電話を発明しました。冷蔵庫を発明しました。

⑨男は、町で見かけたものをすべて、もう一度発明したのです。

そして、一つ発明をするたびに、図面を破り捨て、言うのでした。

「これはもう発明されているのじゃ」

しかしながら男は、生涯《しょうがい》正真正銘《しょうしんしょうめい》の発明家であり続けました。

なぜなら、もう発明されてしまったものでも、それを発明するのは大変なことだし、それができるのは発明家だけだからです。

（『発明家』ペーター・ビクセル　山下《やました》　剛《たけし》　訳）

（注）＊1　もう一人―ここより前の部分で、発明家としてエジソンが挙げられている。ここの「もう一人」とは、エジソン以外の「もう一人」ということ。なお、エジソンは一九三一年に亡くなっている。

＊2　原文は「不気嫌《ふきげん》」。後の「上機嫌《じょうきげん》」も原文は「上気嫌《じょうきげん》」。

問一　――線①「思索《しさく》に〔　〕」とありますが、この部分が「考えに集中する・考えを深める」の意味になるように、〔　〕に当てはまるひらがな三字を答えなさい。

問二　――線②「何年かぶりに初めて町へ出ていきました」とありますが、このとき男はどのような気持ちだったと考えられますか。その説明として最も適当なものを次のア～オの中から一つ選び、記号で答えなさい。

ア　自分が偉大《いだい》な発明を成し遂《と》げたことがとてもうれしくて、今の時代にも発明家は確かに存在しているということを人々に教えたいという気持ち。

イ　長年の苦労が実りみごと偉大《いだい》な発明にこぎつけたことで感激してじっとしていられず、久しく離《はな》れていた町の空気を吸いたいという気持ち。

ウ　自分の発明がうまくいき正確な図面も仕上げたことでうれしくて心が高揚《こうよう》し、町の人々に偉大《いだい》な発明の事実を伝えたいという気持ち。

エ　自分が成《な》し遂《と》げた偉大《いだい》な発明によって世の中が変わることを思うといてもたってもいられず、町の人々と喜びを分かち合いたいという気持ち。

オ　大きな仕事を成《な》し遂《と》げたという満足感と解放感から、いつもの生活とは違《ちが》う町のにぎやかな空気の中で今の喜びを味わいたいという気持ち。

問三　――線③「こうして男はすべてを理解しました」とありますが、男はどういうことを理解したのですか。その説明として最も適当なものを次のア～オの中から一つ選び、記号で答えなさい。

ア　昔あったものがなくなり町がすっかり変わり果ててしまっているということ。

イ　昔のものにこだわっていてはやはり偉大《いだい》な発明はできないのだということ。

ウ　町で知ったいくつかの発明より自分の発明のほうが偉大《いだい》だということ。

エ　町で初めて目にしたものがどのような働きをしているのかということ。

オ　昔と比べて新しいルールが増えて窮屈《きゅうくつ》な社会になっているということ。

問四　――線④「あのう、すまんが、儂《わし》は発明をしたのじゃ」および――線⑤「で、何がほしいんです」の会話にはどのような働きがありますか。その説明として最も適当なものを次のア～オの中から一つ選び、記号で答えなさい。

ア　男と町に流れる時間の違《ちが》いを強く印象付ける働きがある。

発明家に、「儂《わし》は発明をしたのじゃ」と声をかけられた人たちは、何と返事をしたらよかったでしょう。

　たいていの人は何も言わず、中には発明家をせせら笑ったり、何も聞こえなかったふりをして、足早に先を急ぐ人もいました。

　発明家は人と話をしなくなって久しかったので、どのように会話を始めたらいいか忘れていたのです。男は、話のきっかけとして、「すみません、いま何時でしょう」とか、「きょうはひどい天気ですね」と言葉をかけるものだということを忘れていたのです。

　男は、いきなり、「あのう、儂《わし》は発明をしたのじゃ」などと言うのは、およそ場違《ばちが》いだということにはまったく思い至りませんでした。それで、市電に乗っていて、「きょうは好《よ》い天気ですね」と声をかけられると、男は「ええ、ほんとうに好《よ》い天気ですね」とは答えないで、⑥ここぞとばかりに、「あのう、儂《わし》は発明をしたのじゃ」と言う始末でした。

　男はほかのことをもう何も考えられませんでした。なぜなら、男の発明は偉大《いだい》で、とても重要で独特な発明だったのですから。もしも自分の図面にまちがいはないと、しっかりとした自信が持てなかったら、男自身それを信じることができなかったほどです。

　男は、遠く離《はな》れたところで起こっていることが見られる機械を発明したのです。

　それで男は市電の中で急に立ち上がると、床《ゆか》の上の乗客たちの足元に図面を広げ、そして声を上げました。「ちょっとこれを見てくれんか。儂《わし》は、遠く離《はな》れたところで起こっていることが見られる機械を発明したのじゃよ」

　乗客たちは、まるで何ごともなかったかのようなふりをしました。人々は乗《の》り込《こ》んでは、降りていきました。すると発明家は大声で言いました。「どうか見てくだされ。儂《わし》はあるものを発明したのじゃ。これがあると、ずっと遠くで起こっていることが見られるのじゃよ」

　「この人はテレビを発明したんだってさ」とだれかが大声で言うと、どっと笑いが起こりました。

　「どうして笑うのじゃ」と、男は尋《たず》ねました。が、だれも答えてくれませんでした。男は電車を降り、街を歩きました。赤信号で止まり、青に変わるとどんどん歩き続け、とあるレストランで腰《こし》を落ち着けると、コーヒーを注文しました。そして隣《となり》の客が、「きょうは好《よ》い天気ですね」と話しかけてくると、発明家は言いました。「どうか助けてくだされ。⑦儂《わし》はテレビを発明したのじゃ。けれどもだれも信じようとせん。──みんな儂《わし》を笑い物にしおる」。すると、隣《とな》りの客は口をつぐんでしまいました。客は発明家の顔をしばらくしげしげと見つめました。すると発明家は尋《たず》ねました。「どうしてみんな笑うのじゃろう」。「みんなが笑うのは」と、客は言いました。「テレビはとっくのむかしからあるし、それを発明する必要なんかなくなったからですよ」。そう言って、レストランのすみに置いてあったテレビを指さし、そして訊《き》きました。「つけてみましょうか」

ところが発明家は言いました。⑧「いいや、見とうない」。発明家は席を立ち、出ていきました。

　図面は置き去りにしていきました。

　男は街を歩き、もう赤信号も青信号もおかまいなしだったので、ドライバーたちはどなり、やれやれと指で額をたたくのでした。

　これを最後に、発明家は二度と町へ出てくることはありませんでした。

　男は家にもどり、今度はもう自分のためだけに発明をするのでした。

　男は大きな紙を取り出し、そこに「自動車」と書き、何週間も何ヶ月も計算し、図面を引いては、自動車をもう一度発明しました。それ住んでおらず、人前に出ることもなかったからです。なぜなら発明家には静けさが必要ですから。

男は町から遠く離《はな》れたところに住み、けっして家を出ることなく、訪れる者もめったにありませんでした。

男は一日中計算し、図面を引いていました。男は何時間も腰《こし》かけたまま、額に皺《しわ》を寄せ、手で何度も何度も顔をこすり、そして①思索《しさく》に［　］のでした。

それから男は計算したものを取り、それを破り捨てると、気を取り直してまた一から始めるのでした。そうして晩になると、また仕事がうまくいかなかったというわけで、＊2不機嫌《ふきげん》で怒《おこ》りっぽくなるのでした。

男には、自分の図面を理解してくれる人がいませんでした。それに、ほかの人たちと話をしたところで、男にはなんの意味もありませんでした。四〇年以上も男は仕事に打《う》ち込《こ》んできました。そしてあるときだれか訪ねてきたりすると、図面を隠《かく》してしまうのでした。アイディアを盗《ぬす》まれるのではないかと心配だったし、笑い物にされるのではないかと思ったからです。

男は早寝《はやね》早起きをし、一日中仕事に打《う》ち込《こ》みました。郵便も届かず、新聞も読まず、ラジオというものが存在することも、まったく知りませんでした。

そしてこのようにして何年かがすぎたある晩のこと、男はめずらしく上機嫌《じょうきげん》になりました。男は自分の発明品を発明したのです。こうなると、もうまったく寝食《しんしょく》を忘れました。昼も夜も男は図面にかかりきりとなり、それらを検算しました。はたしてそれらにまちがいはありませんでした。

それから男は図面をくるくるとまるめると、②何年かぶりに初めて町へ出ていきました。町はすっかり変わっていました。

むかし馬が走っていたところには、いまは自動車が走っていました。デパートにはエスカレーターがあり、そして汽車はもう蒸気式ではありませんでした。市電は地面の下を走り、いまでは地下鉄と呼ばれていました。それから持ち運びができる小さな箱からは音楽が聞こえてきました。

発明家はおどろきました。しかしそこは発明家です。男はすぐさますべてを理解しました。

男は冷蔵庫を見て、言いました。「ははぁ、なるほど」

電話機を見て、言いました。「ははぁ、なるほど」

それから、赤と青の灯《あ》かりを見たときには、赤のときには待たなければならず、青のときは進んでいいことを理解しました。

それで男は赤で待ち、青になると進みました。

③こうして男はすべてを理解しましたが、あまりにおどろいて、自分の発明のことをほとんど忘れてしまうところでした。

男は気を取り直すと、ちょうど赤で信号待ちをしていた男の人に近づいていき、言いました。「④あのう、すまんが、儂《わし》は発明をしたのじゃ」

するとその紳士《しんし》は愛想《あいそ》よく、言いました。「⑤で、何がほしいんです」

発明家にはその意味がわかりませんでした。

「これはつまり重大な発明なのじゃ」と、発明家は言いました。ところがそのとき信号が青に変わり、二人は進まなければならなくなりました。

それにしても長いこと町に来ていないと、途方《とほう》にくれてしまうものです。それに、かりに発明をしても、それを持ってどこへ行けばいいのか、見当がつきません。

問六 ――線⑥「悪循環《あくじゅんかん》」とありますが、どのような点で「悪循《あくじゅん》環《かん》」なのですか。その説明として最も適当なものを次のア～オの中から一つ選び、記号で答えなさい。

ア 相手がどういう思いでその話をしたのか分からず相手への不信感が増す一方で、その相手にさらに疑問を投げかけることで一層不信感が増してしまう点。

イ 相手を疑うという元来苦手な行為《こうい》に疲《つか》れる上に、疑えば疑うほど逆に相手を理解できなくなり、さらに嫌悪感《けんおかん》を抱《いだ》かれることになるという点。

ウ 相手の話に対して疑いの姿勢で臨むことに苦痛を覚え、さらに疑った相手からは嫌《きら》われてしまうのではないかという不安を交えながらも疑い続けざるをえない点。

エ 相手の話の真意をつかむためには何でも疑問を投げかけねばならず、そのため「空気の読めない人」となってしまうが、真意の確認のためにはそれを繰《く》り返すしかない点。

オ 相手の話を疑うという本来的に苦手なことをするために疲《つか》れるにもかかわらず、疑うほど相手の言葉の真意がつかめなくなり、さらに相手の話を疑って疲《つか》れてしまう点。

問七 本文中の空らん〔A〕から〔E〕に入る言葉として最も適当なものを次のア～オの中から一つずつ選び、記号で答えなさい。

ア でも、ちょっと待って！

イ 平和って、戦争がないことじゃないの？

ウ そのとき、平和を守りたい日本は、どうすればいい？

エ もっと言えば、平和を守るためには、相手に戦争をしかけさせないようにしたほうがいい。

オ 言《い》い換《か》えれば、平和を乱す力じゃないか。

問八 ――線⑦「違《ちが》って見えてきませんか」とありますが、「違《ちが》って見え」ると、その結果どのようになりますか。その説明として最も適当なものを次のア～オの中から一つ選び、記号で答えなさい。

ア 自分の考え方に幅《はば》を持たせてくれる、魅力《みりょく》を持った考えだと気づく。

イ 正しいかは別として、自分の知見が広がる考えだということに気づく。

ウ ある面では正しいことを言っている考えだということに気づく。

エ 実はとても重要な真実を含《ふく》んでいる考えだということに気づく。

オ 正しいか間違《まちが》っているかが分からない、あいまいな考えだと気づく。

問九 波線部「『違和感《いわかん》』にあります」とありますが、筆者はなぜ「違和感《いわかん》」を持つことが重要だというのですか。その理由を波線部よりも後ろから考えて、六十字以内で答えなさい。

問十 ――線ａ「ケンゼン」・ｂ「センモン」のカタカナを正しい漢字に直しなさい。

二

次の文章を読んで、後の一から九までの各問いに答えなさい。

（ただし、字数指定のある問いはすべて句読点・記号も一字とする。）

一八九〇年に＊1もう一人生まれはしました、そしてその男はいまでも生きてはいます。その男を知る者は一人もいません。なぜならその男はいま、もう発明家などいない時代に生きているからです。

一九三一年以降、発明家といえばその男一人だけです。

本人はこのことを知りません。というのも、そのときもう町中には

ます。

それは何より危険なことです。

つまり、違和感《いわかん》を持てば、何が正しいかに疑問を抱《いだ》くだけではなく、自分が何を知っているか、あるいは知らないかに目を向けられるのです。

（『〝正しい〟を疑え！』真山《まやま》仁《じん》）

（注）＊1　ＳＮＳ—登録された利用者同士がインターネットを通して交流できるサービス。

＊2　フェイクニュース—間違《まちが》った情報で作られたニュース。

＊3　これには〜でしたね—本文よりも前の章でこうした内容を筆者は述べている。

＊4　和をもって貴《たっと》しとなす—聖徳太子が定めた十七条憲法の第一条の言葉。協調・協和の大切さを説く。

＊5　セコム—警備サービス会社。

＊6　脊髄反射《せきずいはんしゃ》—ある刺激《しげき》に対して無意識的に即座《そくざ》に反応すること。

問一　——線①「人を疑うなんて、よくないでしょ」とありますが、この考え方を生み出す要因として最も適当なものを本文中から二十字以内で探し、最初と最後の三字を抜《ぬ》き出《だ》しなさい。

問二　——線②「それを気にしないほうが不ケンゼンですよ」とありますが、ここで筆者が言おうとしているのはどのようなことですか。その説明として最も適当なものを次のア〜オの中から一つ選び、記号で答えなさい。

ア　他人の考えと自分の考えとの相違《そうい》を絶えず気にとめながら日々の生活を送るべきだということ。

イ　他人の考えと自分の考えが違《ちが》っている点を気にかけて両者の考えをすり合わせるべきだということ。

ウ　他人の考えなのだから自分の考えと違《ちが》うところがあっても当然だと認識しておくべきだということ。

エ　他人の考えに自分の考えを合わせていくことに何の不満も抱《いだ》かないようにするべきだということ。

オ　他人の考えが知らぬ間に自分の考えになっていることに違和《いわ》感《かん》を覚えられるようにするべきだということ。

問三　——線③「言葉や情報を〜考えてください」とありますが、なぜ人間関係がよりケンゼンになるのですか。その理由として最も適当なものを次のア〜オの中から一つ選び、記号で答えなさい。

ア　情報だけを問題にしていれば、その情報の是非《ぜひ》を問うだけで済み、情報提供者への否定にはつながらないから。

イ　たとえ相手が誤情報を自分にもたらしていても、それは自分への思いやりに基づいてなされた行為《こうい》だと言えるから。

ウ　相手を疑わず、相手の情報のみを疑うということが、日本の文化にのっとった行動として互《たが》いに根付いているから。

エ　誰《だれ》がくれた情報かに関係なく、その情報の是非《ぜひ》を判断するのは自分であり、相手を責めることはできないから。

オ　情報自体を考えることは、結局情報をくれた相手を考えることにつながり、相互《そうご》理解へと深まっていくから。

問四　空らん［④］に入る言葉として最も適当なものを次のア〜オの中から一つ選び、記号で答えなさい。

ア　普遍性《ふへんせい》　イ　同一性

ウ　類似性　エ　絶対性

オ　民族性

問五　——線⑤「相手に疑問を〜可能性があります」とありますが、この風潮を筆者はどのように捉《とら》えていますか。その答えとなる言葉を本文中から五字程度で探し、抜《ぬ》き出《だ》しなさい。

〔　C　〕

戦争って相手がいないと始まらないよね？

自分たちは戦争をするつもりがなくても、相手が戦争をしかけてきたら、平和は壊《こわ》れるんじゃない？

〔　D　〕

戦争をしかけてきた国を撃退《げきたい》するしかないよね。

〔　E　〕

あの国には勝てないと思わせないと、相手は襲《おそ》ってくるかもしれない。だから自衛隊は必要だという見方もできるのでは？

こういう考えを「抑止力《よくしりょく》」と言って、国際政治のｂセンモン家は、平和維持《いじ》のためには「抑止力《よくしりょく》は重要である」と考えています。

それは、日本を軍事大国にしたい人の口実だと非難する人もいるでしょう。軍隊を持っていない国を誰《だれ》が攻《せ》めるんだ、という発想もあるかもしれません。

そういう考え方を全否定はしませんが、世界中で今なお起きている戦争は、しかけた側の一方的な正義を理由にして、問答無用で始まっているのです。

実際のところ、軍事力を持たない国は、アッという間に攻撃《こうげき》され占《せん》領《りょう》されます。

だから軍事力を持ちましょう、と言いたいのではありません。

平和を考えるときに、平和である状態だけを考えるのではなく、平和を乱されないようにしないと平和は続かないのでは、という視点も必要だという話をしたいんです。

他国から戦争をしかけられたときに自国を防衛するため、また抑止《よくし》力《りょく》のために、一定の軍事力は必要だというのは、暴論ではありません。

何と言っても、日本は世界第三の経済大国です。無防備であれば、日本の富を狙《ねら》ってどこかの国、あるいは海賊《かいぞく》が攻《せ》めてきてもおかしくない。

（中略）

その渦中《かちゅう》にいる国が無防備だったら、夜もおちおち眠《ねむ》れないぐらい不安になりませんか。

その不安を解消するには、自衛のための備えがいる。

自宅にお金があるから、泥棒《どろぼう》対策の警備をしていることをアピールする。それと同じ発想が、抑止力《よくしりょく》です。

言ってみれば、自衛隊は「＊5セコム」のような存在なのです。

そうすると、「日本の平和のために、自衛隊は必要です」という言葉が、⑦違《ちが》って見えてきませんか。

違和感《いわかん》は確かにある。でも、その理由を探っていくと、「そういう考えは必要かもしれない」という理解が生まれます。

あれ、疑う力を持つのは、相手の話を疑って真実を探ることだったはず。なのに、今の話は結局、ある人の発言を〝正しい〟と言っているじゃないか、と思いましたか？

よく読んでくださいよ。

私は、「日本の平和に自衛隊が必要だ」という考え方を〝正しい〟とは書いていませんよね。「そういう考えは必要かもしれない」という理解が生まれる、と書きました。

要するに、それが正しいか間違《まちが》っているかを考える前に、その発言や情報は何を言おうとしているのか、なぜそんな発信をするのかを理解しなければ、何の判断もできない――そう言いたいのです。

違和感《いわかん》を抱《いだ》いたから、それについて調べた。あるいは、その発言の背景を考えてみた。すると、勘違《かんちが》いしていたことや、知らなかった側面の事情が見えてきます。

〝正しい〟かどうかを考えるときに、多くの人はそこまで探らず、＊6脊髄反射《せきずいはんしゃ》のように「その通り！」「それは違《ちが》う！」と反応してい

「和」を乱す不心得者かもしれません。

こういう文化の国で疑う力を養うのは難しい話で、⑤相手に疑問をぶつけるだけでも、嫌《きら》われる可能性があります。

つまり、日本では相手の話や情報を肯定的《こうていてき》に受け止める習慣があり、疑う力の養成を邪魔《じゃま》しているわけです。

（中略）

誰《だれ》かが確信を持って話すのを聞いて、たいていの人は「へえ、そうなのか」とあっさり受け入れる。メディアの情報もＳＮＳも、信じることを前提としている。

これが、日本の文化です。

そこに異を挟《はさ》むのは、まさに「空気を読まない」行為《こうい》ですね。「空気を読むのはやめよう」と訴《うった》えている私に言わせれば、笑止千万《しょうしせんばん》ですけど。

でも、多くの人に相手の話や情報を疑う習慣はないので、なかなか厄介《やっかい》です。

情報を常に疑って受け止めよう、と一念発起すると、これはかなり疲《つか》れます。しかも、ますます相手の話が理解できなくなる⑥悪循環《あくじゅんかん》です。

なぜなら、事実を全部疑ってかかると、何の話を聞いているのかすらわからなくなりますし、相手は途中《とちゅう》で話をやめてしまうでしょう。それが記事なら理解不能となり、読み進められません。

だから、何でも疑ってかかるのは、正しい情報収集法とは言えません。

では、どうすればいいでしょう。

ヒントは、あなたが相手の話や情報に接したときの「違和感《いわかん》」にあります。

違和感《いわかん》という言葉は、よく耳にしますよね。じゃあ、違和感《いわかん》って何？と問うと、定義するのは意外に難しくないですか。

ぼんやり「不快感」とか「賛成できないこと」などをイメージするかもしれませんね。

でも、スポーツ選手の体調について、記事で「肩《かた》に違和感《いわかん》があるので、治療《ちりょう》に専念」と書かれているのを思い起こすと、少しイメージが変わりませんか。

こういうときの「違和感《いわかん》」は、「怪我《けが》をしているわけじゃないけど普段《ふだん》と少し違《ちが》う」状態を指しています。

あれ、いつもと違《ちが》うな。

何かひっかかるな、という感覚。

スポーツ選手の場合、体の違和感《いわかん》を無視すると、取り返しがつかない重症《じゅうしょう》になることがあります。だから、彼《かれ》らは違和感《いわかん》、つまり無意識に近い「ひっかかり」に敏感《びんかん》です。

私がみなさんに持ってほしいのは、スポーツ選手の違和感《いわかん》に近いものです。おかしいな、何となく変だ、という「感じ」、その感覚です。

例を挙げてみましょうか。

（中略）

「日本の平和のために、自衛隊は必要です」と言われたとしたら、どんな印象を持ちますか。

違和感《いわかん》を持たない人は少ないと思います。じゃあ、立ち止まってこの違和感《いわかん》を深掘《ふかぼ》りしてみましょう。

〔　Ａ　〕

自衛隊イコール軍事力で、つまり戦争する力を持つってことだろ。

〔　Ｂ　〕

なのに、軍事力が平和のために必要だなんて、矛盾《むじゅん》している。

そもそも戦争ができる軍事力があると、平和を壊《こわ》すかもしれない。

そんなものは持たないほうがいいに決まっている——。

2024年度

豊島岡女子学園中学校

【国　語】〈第三回試験〉（五〇分）〈満点：一〇〇点〉

一　次の文章を読んで、後の一から十までの各問いに答えなさい。**（ただし、字数指定のある問いはすべて句読点・記号も一字とする。）**

すぐに人の言うことを受け入れるのではなく、時間をかけて評価しよう。これまで、そういうことを書いてきました。言《い》い換《か》えると、疑う力を身につけようということです。

①人を疑うなんて、よくないでしょ。そんなことをしたら、aケンゼンなコミュニケーションは生まれないのでは、という反論が返ってきそうですね。

でも、相手の話や＊1SNSで書かれていることを、何でもかんでも受け入れてしまうと、苦しくなりますよね。所詮《しょせん》は他人の考えだから、合わないところもあるはずなのに、②それを気にしないほうが不ケンゼンですよ。

だから、こう考えませんか。

疑うべきは、人ではなく、言葉だと。

たとえば、コミュニケーションを通じて、心から信頼《しんらい》を寄せる親友ができたとしましょう。かといって、親友の言葉がすべて〝正しい〟かというと、それは違《ちが》う。

だって、あらゆる出来事や事象を知っている人なんていないですからね。たまたま親友が、間違《まちが》った情報を聞いて、それをあなたに伝えるかもしれない。

誤情報というのは、悪意で流されることよりも、それが〝正しい〟と信じている人から発信される場合のほうが、はるかに多いんです。

だから、信頼《しんらい》している人の情報でも正しいとは限らない。

全部鵜呑《うの》みにした後で、それは間違《まちが》いだとわかったら、「だまされた！」と言って喧嘩《けんか》になることや、相手を信用できなくなることだってありえます。

でも、その人が「だますつもりじゃなかった」としたら、どうですか。怒《おこ》るのはちょっと待て、となりそうですよね。

だから、③言葉や情報を時々疑ってみることは、人間関係を壊《こわ》すどころか、よりケンゼンにすると考えてください。

では、なぜ疑う力を養うべきなんでしょうか。

それは、あなたが＊2フェイクニュースに振《ふ》り回《まわ》されないためであり、根拠《こんきょ》もなく不安になることを防ぐためです。そして何より、正確な情報を得るためです。

世の中は情報の洪水《こうずい》状態です。何が正しくて何が誤りなのかを見分けるのは至難の業《わざ》で、正確な事実をつかみ取るのは難しい。

でも、疑う力が身につくと、情報の良《よ》し悪《あ》しを見極める力が高まります。

理屈《りくつ》はわかるけど、そんな力が簡単に得られるのだろうか——と思うでしょう。

確かに簡単じゃありませんが、不可能ではないのです。

まず、前提として自覚してほしいことがあります。

日本人は情報や他人の話を疑うのが苦手だ、ということ。＊3これには、日本独特の文化が影響《えいきょう》しているのでしたね。

すなわち——日本は島国で、同じ価値観を共有しているという意識が高い、いわゆる〔　④　〕の文化を培《つちか》ってきました。＊4和をもって貴《たっと》しとなす——の国ですから、人の話を疑ってかかるなんて、貴《たっと》い

2024年度
豊島岡女子学園中学校 ▶解　答

※　編集上の都合により，第３回試験の解説は省略させていただきました。

算　数　＜第３回試験＞（50分）＜満点：100点＞

解　答

1 (1)　2　(2)　24人　(3)　22　(4)　$\frac{7}{9}$　2 (1)　500円　(2)　12分　(3)　400m　(4)　165個　3 (1)　8 cm　(2)　3 cm　4 (1)　$41\frac{7}{13}$分後　(2)　13回　5 (1)　21個　(2)　4　(3)　**あ**　2　**い**　3　**う**　6　6 (1)　33.12cm^2　(2)　26.84 cm^2　(3)　45.68cm^2

社　会　＜第３回試験＞（理科と合わせて50分）＜満点：50点＞

解　答

1 **問１**　1　**問２**　(1)　寝殿　(2)（例）　行事の手順や作法を記し子孫に伝えるため。**問３**　(1)　承久の乱　(2)　守護　**問４**　2　**問５**　(あ)　4　(い)　4　**問６**　五榜の掲示　**問７**　3　2 **問１**　2　**問２**　5　**問３**　4　**問４**　3　**問５**　リアス海岸　**問６**　6　**問７**　2　**問８**　4　3 **問１**　2，3，1　**問２**　1　**問３**　ストライキ　**問４**　1　**問５**　2，4　**問６**　内閣　**問７**　1　**問８**　2

理　科　＜第３回試験＞（社会と合わせて50分）＜満点：50点＞

解　答

1 (1)　320 g　(2)　22.8cm　(3)　100 g　(4)　300 g　2 (1)　36 g　(2)　5 g　(3)　13 g　(4)　40 g　3 (1)　**ア**　酸素　**イ**　栄養分　**ウ**　細胞　(2)　**エ**　い　**オ**　う　**カ**　あ　(3)　③　え　④　う　(4)　**A**　気管　**B**　肺胞　(5)　X　(6)　(a)　D　(b)　I　(c)　J　(7)　う　4 (1)　①　6月　②　6月　(2)　い　(3)　う　(4)　①　い　②　お　(5)　え，け

国　語　＜第３回試験＞（50分）＜満点：100点＞

解　答

一　**問１**　相手の～る習慣　**問２**　ウ　**問３**　ア　**問４**　イ　**問５**　笑止千万　**問６**　オ　**問７**　**A**　イ　**B**　オ　**C**　ア　**D**　ウ　**E**　エ　**問８**　イ　**問９**　（例）その情報が持っている意味や意図に対する理解が生まれ，また，自分の勘違いや知らなかった側面が見えるようになるから。　**問10**　下記を参照のこと。　二　**問１**　ふける　**問２**　ウ　**問３**　エ　**問４**　ウ　**問５**　ア　**問６**　**A**　遠く離れた　**B**　テレビ　**問７**　ウ　**問８**　ウ　**問９**　エ，カ

●漢字の書き取り

一　**問10**　**a**　健全　**b**　専門

2023年度 豊島岡女子学園中学校

【算　数】〈第１回試験〉（50分）〈満点：100点〉

（注意）１．円周率は3.14とし，答えが比になる場合は，最も簡単な整数の比で答えなさい。

２．角すい・円すいの体積は，（底面積）×（高さ）÷３　で求めることができます。

１　次の各問いに答えなさい。

(1)　$\left(0.1\times\frac{2}{3}+\frac{5}{4}\right)\div\frac{7}{6}-\frac{9}{8}$を計算しなさい。

(2)　$9\frac{1}{5}$をかけても，$40\frac{1}{4}$をかけても整数となる分数のうち，１より小さい分数を答えなさい。

(3)　１に６を2023回かけてできる数の十の位の数は［　ア　］，一の位の数は［　イ　］です。このとき，［ア］と［イ］にあてはまる数はいくつですか。

(4)　０でない数AとBについて，記号「△」を次のように約束します。

$A\triangle B=2\div(1\div A+1\div B)$

このとき，次の［　］にあてはまる数を答えなさい。

$(4\triangle 6)\triangle$［　　　］$=8$

２　次の各問いに答えなさい。

(1)　下の図のような直線のコースに３点Ｐ，Ｑ，Ｒがあり，QRの長さは100m，PRの長さは110mです。それぞれ一定の速さで走るＡさんとＢさんが，このコースを使って２回競走をしました。１回目は，２人ともＱから同時にスタートし，Ｒまで競走をしたところ，ＡさんがＢさんに10mの差をつけて先にゴールしました。２回目は，ＡさんはＰから，ＢさんはＱから同時にスタートし，１回目と同じ速さでＲまで競走をしたところ，［　ア　］さんが［　イ　］mの差をつけて先にゴールしました。このとき，［ア］にはＡかＢを，［イ］にはあてはまる数をそれぞれ答えなさい。

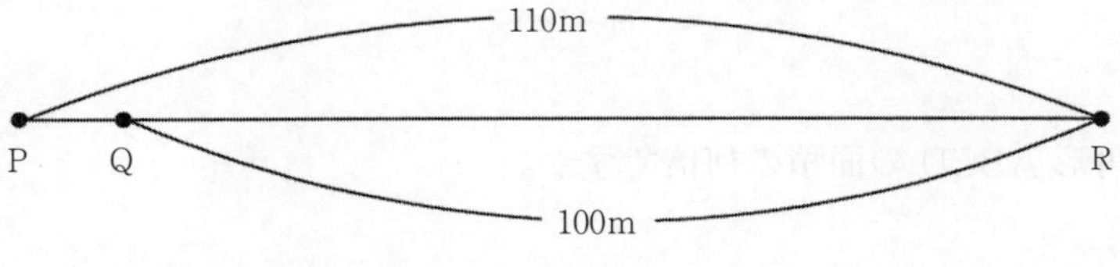

(2)　同じ大きさの白い正三角形のタイルと黒い正三角形のタイルが，それぞれ４枚ずつ合計８枚あります。この８枚の中から４枚を選んでぴったりとくっつけて大きい正三角形を作るとき，大きい正三角形は何通り作ることができますか。ただし，異なる向きから見ると同じものは，１通りと数えることとします。

(3)　ある中学校の全校生徒の男子と女子の人数の比は５：４です。また，通学に電車を利用している生徒と利用していない生徒の人数の比は10：17です。通学に電車を利用している男子の人数が180人で，通学に電車を利用していない女子の人数が240人のとき，全校生徒は何人ですか。

(4)　右の図のように正十角形 ABCDEFGHIJ があり，AC を１辺とする正方形 ACPQ を正十角形の内側につくります。このとき，角 CPE の大きさは何度ですか。

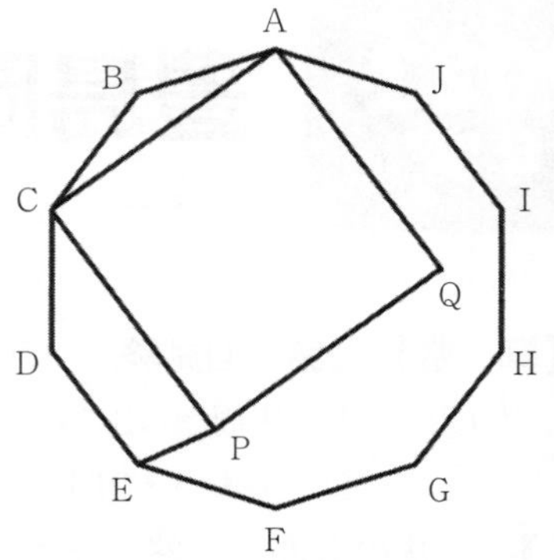

3　次の各問いに答えなさい。

(1)　品物Ａを□円で１個仕入れました。この品物に５割増しの定価をつけましたが，売れなかったので，定価の２割引きで売ったところ，利益は240円でした。このとき，□にあてはまる数を答えなさい。

(2)　品物Ｂを120円で□個仕入れました。この品物に５割増しの定価をつけたところ700個売れ，残りの品物は定価の２割引きで売ったところ，全ての品物が売れました。このとき，利益は全部で43800円でした。□にあてはまる数を答えなさい。

4　下の図のように平行四辺形 ABCD があり，点Ｅは辺 BC 上の点，点Ｆは辺 AB 上の点，点Ｇは直線 DF と直線 AE の交わる点です。四角形 AECD の面積が三角形 ABE の面積の２倍で，四角形 BEGF と三角形 BDF の面積が等しいとき，下の各問いに答えなさい。

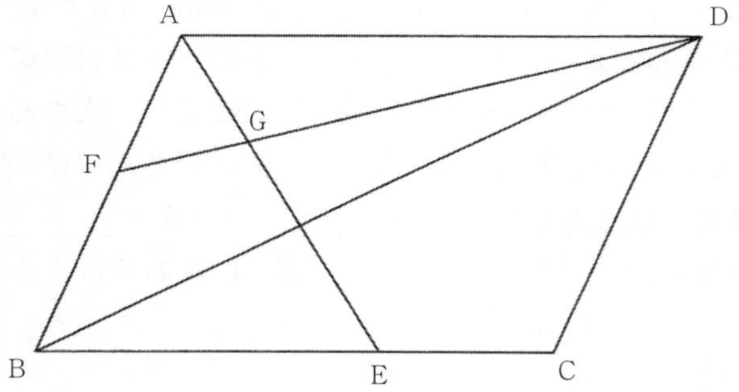

(1)　AG：GE を求めなさい。

(2)　三角形 AFG の面積は，四角形 ABCD の面積の何倍ですか。

5　下の図のような階段があり，それぞれの位置に「右１段」～「右４段」，「５段」，「左１段」～「左４段」と名前をつけます。

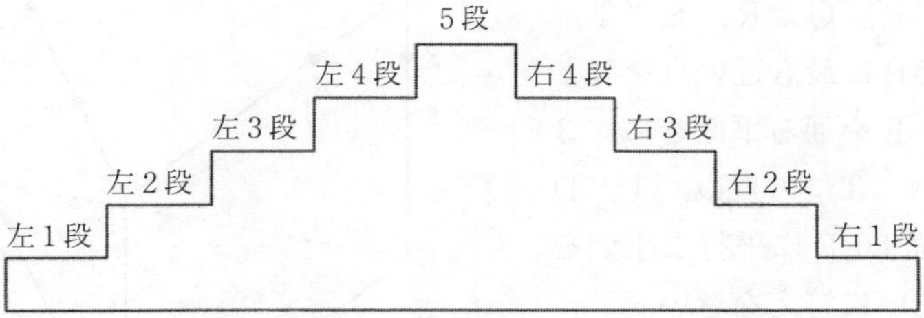

Ａさんは，「右１段」から出発し，１秒ごとに１段とばしで階段を昇《のぼ》り始め，
「右１段」→「右３段」→「５段」→「左３段」→「左１段」→「左３段」→「５段」→「右３段」→「右１段」→……
と階段を昇り降りすることを繰《く》り返します。

Ｂ，Ｃ，Ｄの３人は，それぞれある段からＡさんと同時に出発し，１秒ごとに１段ずつ階段を昇り降りします。
「右１段」～「右４段」，「左１段」～「左４段」から出発するときは，まず階段を昇り始めます。「５段」まで昇ると昇ってきた階段とは反対側の階段を降り，「右１段」か「左１段」まで降りると再び昇り始めます。

例えば，「左３段」から出発したときは，
「左３段」→「左４段」→「５段」→「右４段」→「右３段」→「右２段」→「右１段」→「右２段」→「右３段」→……
と階段を昇り降りすることを繰り返します。

また，「５段」から出発するときは，「右４段」か「左４段」に降り，「右１段」か「左１段」まで降りると再び昇り始め，「５段」まで昇ると昇ってきた階段とは反対側の階段を降ります。

例えば，「５段」から出発して「右４段」に降りたときは，
「５段」→「右４段」→「右３段」→「右２段」→「右１段」→「右２段」→「右３段」→「右４段」→「５段」→「左４段」→……
と階段を昇り降りすることを繰り返します。

このとき，次の各問いに答えなさい。

(1)　Ｂさんは「左１段」から出発し，ＡさんとＢさんは８秒後に初めて同じ高さの同じ位置に立ちました。２回目にＡさんとＢさんが同じ高さの同じ位置に立っていたのは，出発してから何秒後でしたか。

(2)　Ｃさんはある段から出発しました。ＡさんとＣさんは13秒後に同じ高さの異なる位置に立ちました。このとき，Ｃさんはどの位置から出発しましたか。

(3)　Ｄさんがどの位置から出発しても，［　　］秒後にＡさんとＤさんは同じ高さの同じ位置にも，同じ高さの異なる位置にも立っていませんでした。このとき，［　　］にあてはまる100に最も近い数を答えなさい。

6 右の図のように，全ての辺の長さが等しく体積が１cm^3の正三角柱 ABC-DEF があります。辺 AB，BC，CA を３等分する点をそれぞれ，P，Q，R，S，T，Uとし，辺 BE を４等分する点でBに最も近い点をXとします。また，３つの点P，S，Eを通る平面を(あ)，３つの点R，U，Fを通る平面を(い)，３つの点Q，T，Dを通る平面を(う)，点Xを通り底面 DEF に平行な平面を(え)とします。このとき，次の各問いに答えなさい。

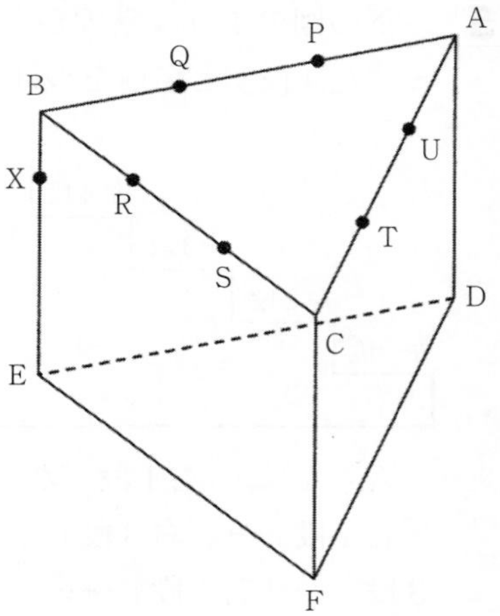

(1) 正三角柱 ABC-DEF を平面(あ)で切ったとき，底面 DEF を含《ふく》む立体の体積は何cm^3ですか。

(2) 正三角柱 ABC-DEF を平面(あ)，(い)で切ったとき，底面 DEF を含む立体の体積は何cm^3ですか。

(3) 正三角柱 ABC-DEF を平面(あ)，(い)，(う)，(え)で切ったとき，底面 DEF を含む立体の体積は何cm^3ですか。

【社　会】〈第１回試験〉（理科と合わせて50分）〈満点：50点〉

〈編集部注：実物の入試問題では，2のグラフと地形図，地図はすべてカラー印刷です。〉

1　次の文章を読んで問いに答えなさい。

数年前に政府が行政手続きを中心に，印《いん》(はんこ)を押《お》すことを廃止《はいし》する方針を打ち出したことを覚えている人も多いでしょう。その背景には，近年の社会のデジタル化・ペーパーレス化の進行や，新型コロナウイルス感染症《かんせんしょう》拡大によるテレワークの浸透《しんとう》によって，直接対面をしない活動が広がってきていることがあります。それでは，印は歴史的にどのような意味をもって使用されてきたのでしょうか。

印は古くから世界各地でみられ，宗教的な意味が認められるものも多くありました。日本における最も古い例は，１世紀に中国の（ ア ）の皇帝《こうてい》から授けられた金印で，その実物とされるものが江戸時代に九州で発見されていますが，権威《けんい》の象徴《しょうちょう》として使われたと考えられています。しかし，実際に印の利用が広まっていったのは(イ)律令制の文書行政を導入してからです。文書には印が押され，その内容が本物であることを保証する役割を果たしました。奈良時代に(ウ)藤原仲麻呂が反乱を起こした時，内裏で印の奪《うば》い合いがくり広げられたことは，印が正統性を示す重要なものであったことを物語っています。外交でも印は使用されています。室町時代の朝鮮との貿易では，倭寇と区別するために，朝鮮の発行する印の押された証明書が使用されましたが，印が偽造《ぎぞう》されることもあったようです。降《くだ》って，江戸時代の初期には朱印船《しゅいんせん》貿易が盛んでしたが，これは渡航《とこう》許可証として朱印状を所持していたのでそう呼ばれています。こうした公的な機関だけでなく，家の印や個人の印も作られていきました。(エ)鎌倉時代には，禅宗の僧侶《そうりょ》が自分の肖像画《しょうぞうが》を弟子に与《あた》える風習が中国から伝えられましたが，そこに個人の印が押されたりしています。(オ)戦国大名が発給した文書にも，多く個人の印がみられます。江戸時代になると，都市や村落でも印が使用されるようになっていきます。(カ)江戸の豪商三井家では，お金の出し入れや取引などから遺産分割にいたるまで印が使われていたことが分かっています。また，農村においても名主が国絵図《くにえず》(江戸時代に作られた国土基本図)の内容を不服として印を押すことを拒否《きょひ》した例があり，意思表示をする機能も有していたことが分かります。(キ)明治時代になると政府機構の整備にともなって，いわゆる「御名御璽《ぎょめいぎょじ》」，すなわち天皇の名前を署名し印を押して命令を発する形態が確立されました。そして，世界ではあまり民間には印が普及《ふきゅう》しなかったのとは対照的に，(ク)日本では個人の契約《けいやく》など民衆の間でも印が押されることが定着しました。

このように，日本において，印は文書の内容が事実を示し信用できることや，不当な改変が行われていないことを証明する意義をもち，時には印を押すことが決意を示すことにもつながっています。現在，印を押すことの問い直しがなされていますが，印の果たしてきた様々な機能がすべて他で代替《だいたい》できるようになって，ようやく印はその役割を終えるのではないでしょうか。

問１．空らん（ア）にあてはまる王朝名を漢字で答えなさい。

問２．下線部(イ)に関連して，律令制の導入と律令の内容について説明した次の文のうち，正しいものを一つ選び番号で答えなさい。

1．聖徳太子によって日本最初の律令である憲法十七条が定められた。

2．天皇のもとに太政官と神祇官がおかれ，太政官の決めた政策にもとづいて八つの省が実際に政治を行った。

3．地方は国・郡・里に分けられ，都から国司・郡司・里長が派遣《はけん》された。

4．口分田が与《あた》えられたのは戸籍《こせき》に記載《きさい》された成年男子のみで，そこから収穫《しゅうかく》される稲を租として納めた。

問3．下線部(ウ)に関連して，藤原氏について説明した次の文のうち，正しいものを**すべて**選び番号で答えなさい。

1．天武天皇を支えた中臣鎌足は，亡くなる直前にそれまでの功績が評価されて藤原の姓《せい》を与えられた。

2．光明皇后の甥《おい》だった藤原仲麻呂は，留学生として唐に渡り「天の原ふりさけ見れば春日なる三笠の山にいでし月かも」という歌を詠《よ》んだ。

3．藤原氏は，天皇が幼少のころには摂政，成人すると関白となって権力をふるう摂関政治を行った。

4．藤原氏は，遣唐使の停止を進言して実現させた菅原道真などの有力な貴族を朝廷から追放した。

5．藤原道長は三人の娘を天皇の后《きさき》として摂関政治の全盛を築き，宇治に平等院鳳凰堂を建立してこの世に極楽浄土を表した。

問4．下線部(エ)に関連して，鎌倉時代の仏教とその内容・特徴《とくちょう》や関連の深いことがらの組み合わせとして，正しいものを次から一つ選び番号で答えなさい。

1．時宗―南無妙法蓮華経　2．浄土宗―踊念仏　3．曹洞宗―一向一揆

4．日蓮宗―南無阿弥陀仏　5．臨済宗―座禅(坐禅)

問5．下線部(オ)について，右の印《いん》はある戦国大名が使用したものとして知られていますが，それは誰《だれ》ですか，氏名を漢字で答えなさい。

問6．下線部(カ)について，三井家が経営した呉服《ごふく》商の越後屋は「現金掛《か》け値《ね》なし」という新しい商法によって繁盛《はんじょう》したといいます。越後屋は他の店で主流だった売り方をどのように変えたのですか，「他の店→越後屋」の順になるように，次から選び番号で答えなさい。

1．代金を店頭で受け取るかわりに定価どおりに売る

2．代金を店頭で受け取るかわりに定価より高くして売る

3．代金を後払《あとばら》いにするかわりに定価どおりに売る

4．代金を後払いにするかわりに定価より高くして売る

問7．下線部(キ)について，明治時代の機構整備に関する次の出来事を，年代の古い順に並べ番号で答えなさい。

1．大日本帝国憲法の発布　2．朝鮮総督府の設置

3．帝国議会の開設　4．内閣制度の創設

問8．下線部(ク)に関連して，明治時代以降の民衆について説明した次の文のうち，**あやまっているもの**を一つ選び番号で答えなさい。

1．明治時代の初め，農民は子どもを学校に通わせることで働き手が奪《うば》われ，重い税や兵役が課せられたことから，それらに反対する一揆を起こした。

2．衆議院議員総選挙の選挙権が与えられた当初は財産制限があったが，大正デモクラシー

の時期には男女とも普通選挙が行われるようになった。

3．大正時代から昭和初期にかけてガス・水道・電話が都市の日常生活に普及《ふきゅう》し，ラジオ放送が始まり活動写真(映画)が娯楽《ごらく》として広まった。

4．日中戦争の開始以降，国民が戦争に協力する体制が作られていき，生活物資が不足したり女学生が工場で働かされたりした。

2 次の問いに答えなさい。

問1．次のグラフは，牛乳・乳製品，米，野菜の1年間に一人あたりに対して供給されている量(消費者のもとにもたらされた量)の推移(1960年度～2019年度)を示したものです。**あ**～**う**にあてはまる項目《こうもく》の組み合わせとして，正しいものを下の表の**1**～**6**から選び番号で答えなさい。

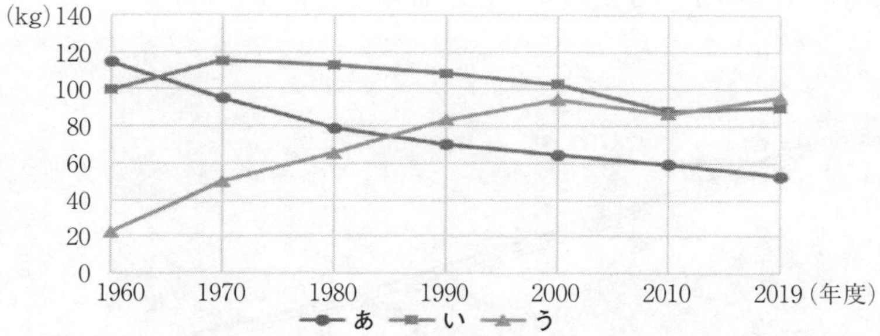

(『データブック オブ・ザ・ワールド 2022』から作成)

	1	2	3	4	5	6
牛乳・乳製品	あ	あ	い	い	う	う
米	い	う	あ	う	あ	い
野菜	う	い	う	あ	い	あ

問2．次の表は，日本の海上貨物の主な輸出品目(2020年)のうち，重量ベースと金額ベースで上位5位までを示したもので，**あ**～**う**にはそれぞれセメント，鉄鋼，乗用自動車のいずれかがあてはまります。**あ**～**う**の品目の組み合わせとして，正しいものを下の表の**1**～**6**から選び番号で答えなさい。

重量ベース(万トン)		金額ベース(億円)	
あ	3,182	機械類	152,988
い	1,095	う	86,270
機械類	1,032	電気製品	47,665
う	493	あ	25,564
電気製品	120	い	386

(『データブック オブ・ザ・ワールド 2022』から作成)

	1	2	3	4	5	6
あ	セメント	セメント	鉄鋼	鉄鋼	乗用自動車	乗用自動車
い	鉄鋼	乗用自動車	セメント	乗用自動車	セメント	鉄鋼
う	乗用自動車	鉄鋼	乗用自動車	セメント	鉄鋼	セメント

問3．次の文章は，ある生徒が夏に北海道へ行った旅行について書いた日記の一部です。これを

読んで以下の問いに答えなさい。

８月６日　道東の女満別《めまんべつ》空港に着く。鉄道に乗って網走《あばしり》まで行く。網走監獄《かんごく》などを見学。

８月７日　釧網《せんもう》本線に乗る。すぐに(ア)右に濤沸湖《とうふつこ》，左にオホーツク海が見え，ここが二つの水域に挟《はさ》まれた細長い地形であることが分かった。そこを通り過ぎた後は一路南下する。途中の川湯《かわゆ》温泉駅で下車。川湯温泉駅ではアトサヌプリ山が見えた。アトサヌプリは（　**イ**　）語で「裸《はだか》の山」という意味だそうだ。あたりには硫黄《いおう》のにおいが強くただよっている。硫黄のために植物が生えないことからこのような名前で呼ばれたのだろうか。

８月８日　マリモで有名な阿寒湖《あかんこ》を見学する。昨日見た濤沸湖と同じくラムサール条約の登録地らしい。マリモを見ることができず，残念。阿寒湖の近くでは（　**イ**　）の舞踊《ぶよう》を見学した。

(1)　次の地形図は下線部(ア)の地域です。この地形図において，釧網本線が通っている場所の地形名として適当なものを下の**1**～**5**から一つ選び番号で答えなさい。

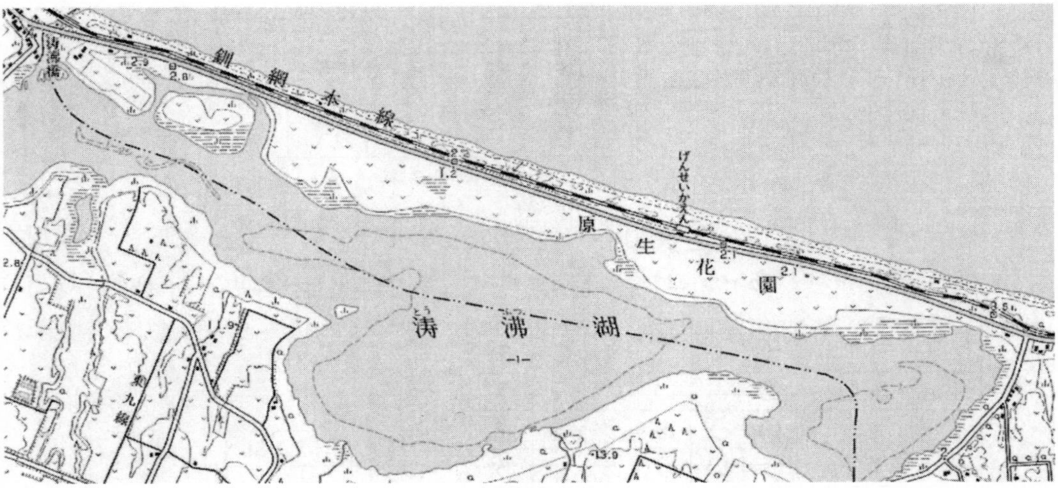

（国土地理院発行５万分の１地形図「小清水」より）

1．海岸段丘　　**2**．砂州
3．三角州　　**4**．扇状地
5．リアス海岸

(2)　空らん(**イ**)にあてはまる語句を答えなさい。

問４．右の表は，都道府県別に，15歳《さい》未満，15歳～64歳，65歳以上の３区分において，各都道府県の総人口に占《し》める割合を示した時に，割合の大きい方から上位５都県までを表したものです(2020年)。**あ**～**う**にあたる年齢《ねんれい》区分の組み合わせとして，正しいものを次の表の**1**～**6**から選び番号で答えなさい。

	あ	**い**	**う**
１位	秋田	沖縄	東京
２位	高知	滋賀	神奈川
３位	山口	佐賀	愛知
４位	島根	熊本	埼玉
５位	徳島	鹿児島	沖縄

（国勢調査より作成）

	1	**2**	**3**	**4**	**5**	**6**
15歳未満	**あ**	**あ**	**い**	**い**	**う**	**う**
15歳～64歳	**い**	**う**	**あ**	**う**	**あ**	**い**
65歳以上	**う**	**い**	**う**	**あ**	**い**	**あ**

問５．次の地図は，富山県魚津市の一部です。地図中の**あ**の記念碑《ひ》から**い**の城跡《しろあと》の標高差は約何メートルですか，最も近いものを下の**１**～**５**から一つ選び番号で答えなさい。

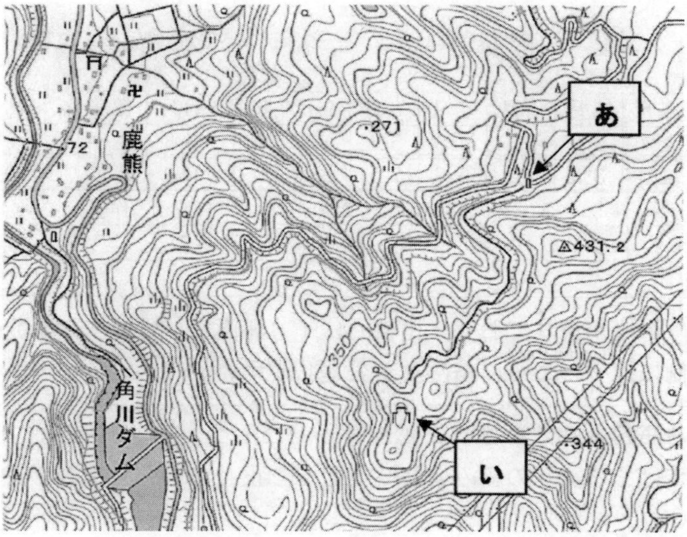

（「地理院地図」より）

１．30メートル　　**２**．50メートル
３．80メートル　　**４**．120メートル
５．150メートル

問６．次の図は，都道府県ごとの「かたつむり」の方言の割合を示したもので，左の図は1960年ごろ，右の図は2010年ごろに調査された結果です。２枚の図から「でんでんむし」という方言の分布にどのような変化があったことが読み取れますか，10字以内で答えなさい。

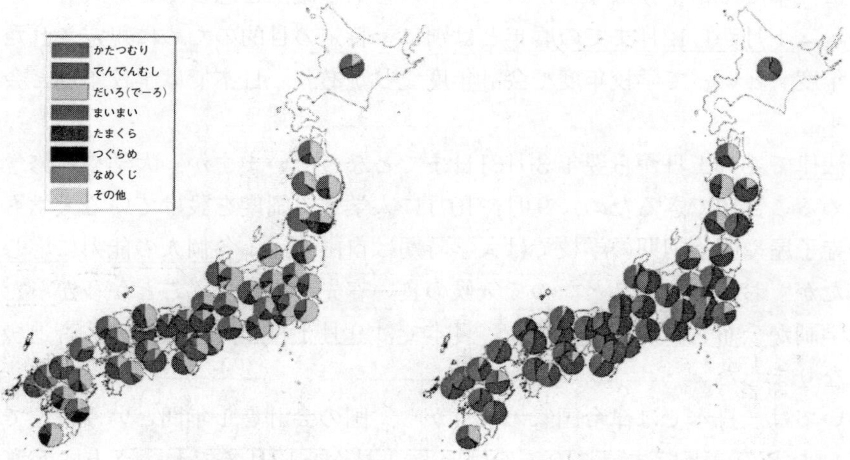

1960年ごろ　　2010年ごろ

（国立国語研究所の「日本言語地図」ならびに
「新日本言語地図」のデータを利用して作成）

※弊社のホームページにて，２つの図のカラー印刷のものを
収録しています。必要な方はアクセスしてください。
なお，右のQRコードからもアクセスできます。

問７．次の表は富山市と宇都宮市の1991年から2020年にかけての月別の雷《かみなり》日数の平均を示したものです。また，下の文章は日本海側の雷日数の特徴《とくちょう》について述べたものです。これらをみて，以下の問いに答えなさい。

(表)

月	１月	２月	３月	４月	５月	６月	７月	８月	９月	10月	11月	12月
富山市	3.1	1.4	1.5	1.7	2.0	2.1	4.8	5.1	1.9	1.6	3.3	4.8
宇都宮市	0.0	0.1	0.6	2.0	3.5	3.2	5.7	7.1	2.7	0.9	0.3	0.2

(気象庁ホームページから作成)

(文章)

日本海側の沿岸には(**ア**)海流が流れており，比較的《ひかくてき》(**イ**)海面に(**ウ**)空気が流れ込《こ》むことで，内陸や太平洋側に比べ(**エ**)に積乱雲が発達しやすい。

(1)　空らん(**ア**)にあてはまる語句を答えなさい。

(2)　空らん(**イ**)～(**エ**)にあてはまる語句の組み合わせとして，正しいものを次の**１**～**４**から一つ選び番号で答えなさい。

１．**イ**：冷たい　　**ウ**：あたたかい　**エ**：春
２．**イ**：冷たい　　**ウ**：あたたかい　**エ**：冬
３．**イ**：あたたかい　**ウ**：冷たい　　**エ**：春
４．**イ**：あたたかい　**ウ**：冷たい　　**エ**：冬

３　**次の文章を読んで問いに答えなさい。**

まもなく皆《みな》さんは小学校を卒業し，４月からは中学生になります。ところで，１年の始まりは１月からなのに，年度の始まりは４月からというのを不思議だと思っている人もいるのではないでしょうか。(ア)１月から12月までの暦年《れきねん》とは別に，特定の目的のために規定された１年間の区切り方を「年度」といって学校年度や会計年度などがあり，日本では学校年度と会計年度が一致《いっち》しています。

学校年度は(イ)法律で４月１日から翌年３月31日までとなっていますが，大学や専修学校については校長が定めることができるため，９月や10月に入学する制度を設けている大学もあります。江戸時代の寺子屋や明治初期の学校では入学時期は自由で，(ウ)各個人の能力に応じて進級する仕組みでしたが，おめでたいことなので気候の良い春先が選ばれることが多かったそうです。最終的には学制が公布されたことにより，日本では９月１日の一斉《いっせい》入学・一斉進級が多くみられるようになりました。

会計年度については，日本では律令国家の時代から，国の会計を１年間という単位で区切ることが行われていたとのことです。このころは旧暦《きゅうれき》１月から12月までという方式が導入され，これに基づいて(エ)税の納付や実際の予算配分等が行われていたようです。会計年度という概念《がいねん》については，明治時代になってから制度化され，何度も会計年度が変更《へんこう》された末に1886年から４月始まりになったところ，学校年度もこれにならって４月１日開始となって今日に至ります。

会計年度が４月始まりである理由としては，農家が収穫《しゅうかく》した米を売って現金化したことに対して，(オ)政府が税金を徴収《ちょうしゅう》して収支を把握《はあく》し予算編成を行うためには，１月では時期が早

すぎるので４月がちょうど良かったという説と，(カ)当時，世界に大きな影響《えいきょう》を与《あた》える大国であったイギリスの会計年度が４月から翌年の３月だったのでこれにならったという説があります。現在では，通常国会が１月に召集《しょうしゅう》され，４月からの新年度までに提出された(キ)予算案について国会で審議《しんぎ》・可決しなくてはなりません。新年度の学校教育のための予算もここで審議されますから，みなさんの学校生活にも大いに関係があります。公立学校だけでなく私立学校も，政府から助成金を受け取っています。普段《ふだん》は気が付かないようなことでも，国会における審議はわたしたちの生活に深くかかわっているので，(ク)国会議員を選ぶ選挙はとても大切です。

諸外国では，学校年度と会計年度が一致しない国が多いようですが，日本の学校年度は会計年度に合わせて４月始まりとなった結果，入学式や初々しい新入生が春の風物詩となりました。新しい年度が始まると，「今年度も頑張《がんば》ろう！」というあらたまった気持ちになる人も多いでしょう。冬が終わり，新しい命が活動を始める春とともに新年度が始まるのであるとすれば，日本の独特の年度の始まり方も良いものかもしれません。

問１．下線部(ア)について，現在日本で使用されている暦年《れきねん》は，どの周期をもとにして構成されていますか，次から一つ選び番号で答えなさい。

１．地球が太陽の周りを回る周期
２．川の氾濫《はんらん》の周期
３．月の満ち欠けの周期
４．雨季と乾季《かんき》の周期

問２．下線部(イ)について，次の過程をすべて経《へ》て法律が成立した場合，どのような順となりますか，番号で答えなさい。

１．衆議院で過半数の賛成で可決される。
２．衆議院で３分の２以上の賛成で可決される。
３．衆議院で議決された法案が参議院へ送られる。
４．両院協議会が開かれる。

問３．下線部(ウ)について，日本国憲法で国民は「その能力に応じて，ひとしく教育を受ける権利を有する」とされていますが，これを実現するために行われていることとして，**適切でないもの**を次から一つ選び番号で答えなさい。

１．小学校６年間と中学校３年間の義務教育は無償《むしょう》とする。
２．子を持つ親に，子どもに教育を受けさせる義務を負わせる。
３．小・中・高等学校用の教科書について国が検定を行う。
４．地方公共団体が特別支援《しえん》学校を設置する。

問４．下線部(エ)について，税金には国に納付される国税と地方公共団体に納付される地方税がありますが，このうち国税に分類されるものを，次から**三つ**選び番号で答えなさい。

１．固定資産税　　２．住民税　　３．消費税
４．所得税　　５．法人税

問５．下線部(オ)について，右の図は，政府が独裁的権力を持たないための三権分立の仕組みを示したものです。この図において，矢印**あ**で示された権限を何と言いますか，漢字で答えなさい。

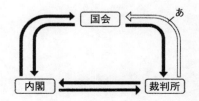

問６．下線部(カ)に関連して，当時の日本はイギリスにならって二院制としましたが，現在の日本が二院制を採用している理由として，**適当でないもの**を次から一つ選び番号で答えなさい。

1．国民の様々な意見をできるだけ広く反映させることができるから。

2．一つの議院が決めたことを他の議院がさらに検討することで審議《しんぎ》を慎重《しんちょう》に行えるから。

3．一つの議院の行き過ぎをおさえたり，足りないところを補ったりできるから。

4．効率的に審議することができるので，政策決定が迅速《じんそく》に行えるから。

問７．下線部(キ)について，予算と歳入《さいにゅう》・歳出について説明した次の文のうち，正しいものを一つ選び番号で答えなさい。

1．予算案は内閣以外にも国会議員が提出することができる。

2．予算案は，衆議院と参議院で可決されないと成立しない。

3．歳出のうち，昨年度の最大の項目は社会保障関係費である。

4．近年では，歳入における公債《こうさい》金収入の割合が減少し続けている。

問８．下線部(ク)について，次のグラフは2001年から2019年までの参議院議員通常選挙における年代別投票率を示したもので，**あ**～**き**は，それぞれ10歳《さい》代から60歳代までと70歳以上のいずれかの投票率にあたります。このグラフからは**か**や**き**の年齢《ねんれい》層の投票率が低いことが読み取れ，衆議院議員総選挙においても同様の傾向《けいこう》がみられます。そのことが一般《いっぱん》に政府の政策決定にどのような影響《えいきょう》を与《あた》えていると言われていますか，20字以内で説明しなさい。

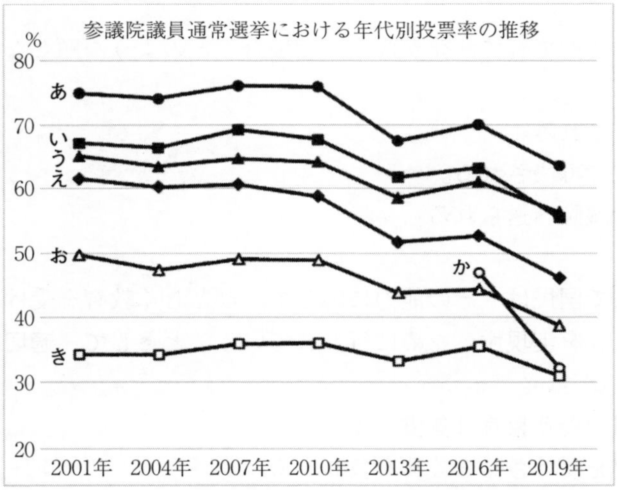

（総務省ホームページのデータから作成）

【理　科】〈**第１回試験**〉（社会と合わせて50分）〈**満点：50点**〉

1　以下の問いに答えなさい。

ボールＡが床Ｂに衝突《しょうとつ》したとき，どのようにはね返るか調べました。

〈実験１〉

ボールＡが秒速５ｍの速さで，床Ｂに直角に衝突したとき，Ａは秒速３ｍの速さではね返った。

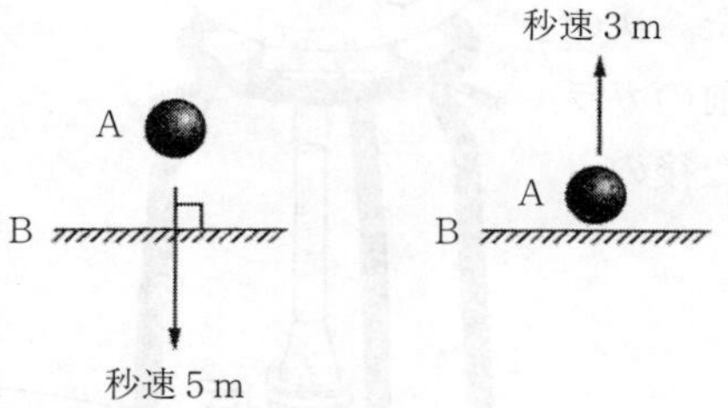

〈実験２〉

ボールＡの速さを２倍にしたとき，はね返る速さも２倍になった。

《わかったこと①》

ボールＡが床Ｂに衝突するときは，衝突するときの速さとはね返る速さはいつも同じ割合である。

〈実験３〉

ボールＡを手に持ち，高さ１ｍのところから放したら，床Ｂに直角に衝突し，0.36mはね上がった。

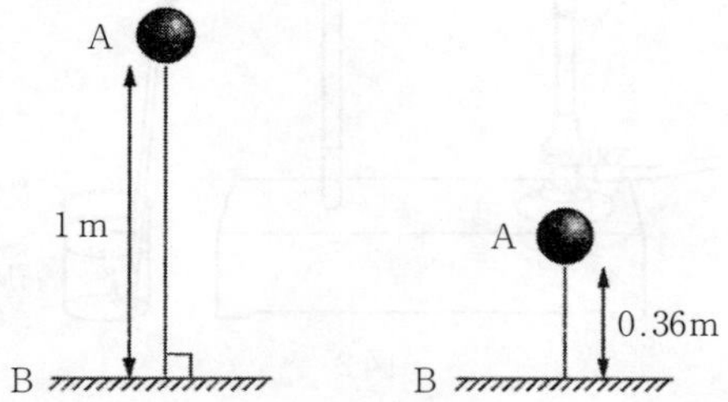

〈実験４〉

ボールＡを放す高さを２倍にしたら，はね上がる高さも２倍になった。

《わかったこと②》

ボールＡが床Ｂに衝突するときは，手を放す高さとはね上がる高さはいつも同じ割合である。

(1)　「ＡがＢに衝突するときの速さ」:「はね返る速さ」の比はいくらですか。最も簡単な整数の比で答えなさい。

(2)　ＡがＢに衝突し，はね返る速さが秒速９ｍのとき，衝突したときの速さは秒速何ｍでしたか。**四捨五入して整数で求めなさい。**

(3)　Ａについて「手を放す高さ」:「はね上がる高さ」の比はいくらですか。最も簡単な整数の比で答えなさい。

(4)　Ａを高さ1.5mのところで放したとき，はね上がる高さは何ｍですか。**四捨五入して小数第２位まで求めなさい。**

(5)　(4)で，Ａが１度はね上がり，再び落下してＢに直角に衝突したときは，はね上がる高さは何ｍですか。**四捨五入して小数第２位まで求めなさい。**

2　以下の問いに答えなさい。

10ｇのガラス容器に，赤色の粉末の銅をのせ，図１のように加熱する実験を行いました。すると銅は空気中の酸素と結びつき，すべて黒色の酸化銅という銅のさびに変化しました。次の表１は，銅の重さを３回変えて実験したときの，加熱前のガラス容器と銅の重さの合計(A)，すべて酸化銅に変化した後のガラス容器と酸化銅の重さの合計(B)を表しています。

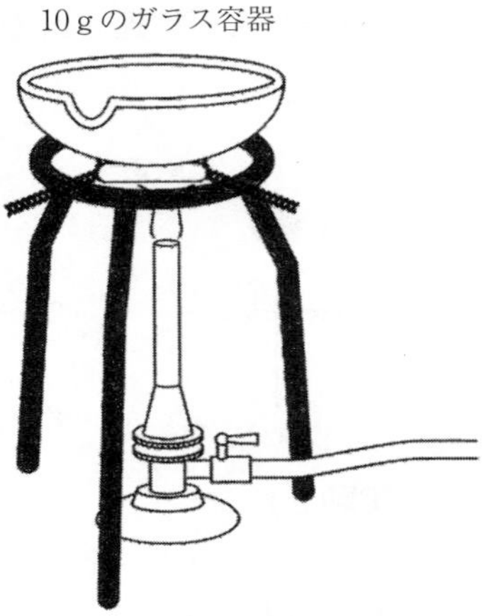

図１

表１

	１回目	２回目	３回目
A	10.8ｇ	11.0ｇ	11.2ｇ
B	11.0ｇ	11.25ｇ	11.5ｇ

こんどは試験管の中に黒色の酸化銅と炭素の粉末を入れたのち，(※)静かに窒素《ちっそ》を入れて試験管の中に入っていた空気をすべて追い出しました。

気体誘導管《ゆうどうかん》を取り付け，ガラス管の先は石灰水に入れた状態で試験管を加熱したところ，石灰水は白く濁《にご》り，試験管には赤色の銅ができました。このようすを表したのが図２です。

黒色の酸化銅20ｇを過剰《かじょう》の炭素の粉末とともに加熱して，酸化銅を完全に銅に変えると石灰水の重さは5.5ｇ増加しました。

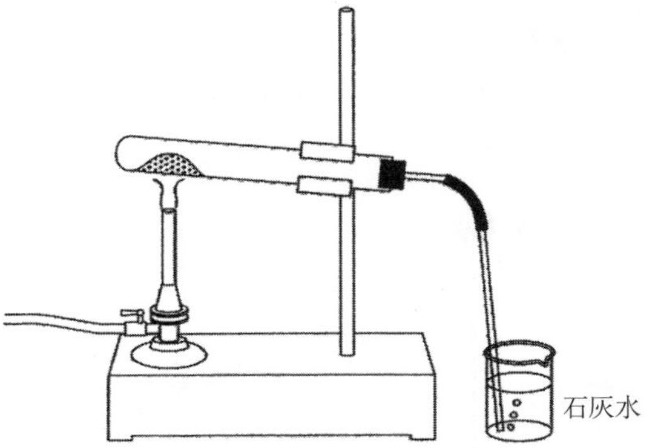

図２

加熱によってできたものは，気体と固体それぞれ１種類で，気体はすべて石灰水と反応して空気中には出てこないものとして以下の問いに答えなさい。

(1)　銅20ｇがすべて酸化銅になるとき，銅と結びついた酸素は何ｇですか。**四捨五入して整数で求めなさい。**

(2)　銅28ｇがすべて酸化銅に変化する前に加熱を止めました。反応後のガラス容器以外の重さの合計は30ｇであったとすると，反応せずに残っている銅の重さは何ｇですか。**四捨五入して整数で求めなさい。**

(3)　20ｇの酸化銅と過不足なく反応する炭素の粉末の重さは何ｇですか。**四捨五入して小数第１位まで求めなさい。**

(4)　50ｇの酸化銅に３ｇの炭素の粉末を入れて，気体の発生がなくなったところで加熱をやめ，試験管内の固体をすべて取り出して重さをはかると，この固体の重さは何ｇになりますか。**四捨五入して整数で求めなさい。**

(5)　酸化銅は炭素の粉末以外に水素と加熱しても赤色の銅に変えることができ，その際に銅以外に水だけができます。２ｇの水素が酸化銅と完全に反応すると，18ｇの水ができます。水素２ｇが完全に反応してできた銅は何ｇですか。**四捨五入して整数で求めなさい。**

(6)　下線部(※)のように，窒素を入れて，空気を追い出す理由として，最も適当なものを次の**あ**～**え**から１つ選び，記号で答えなさい。

あ．空気中の酸素が酸化銅と反応するのを防ぐため。

い．空気中の酸素が炭素と反応するのを防ぐため。

う．空気に含まれる酸素と窒素の割合が，常に一定ではないため。

え．石灰水に空気中の酸素が溶け込んで，石灰水の重さに大きな誤差が生じるため。

(7)　220ｇの酸化銅を，ある量の炭素と反応させたところ，酸化銅が残りました。そこで，残りの酸化銅を水素と過不足なく反応させました。反応した炭素と水素の重さの合計は10.5ｇでした。酸化銅と反応した水素の重さは何ｇですか。**四捨五入して整数で求めなさい。**

(8)　(7)で発生した気体すべてを石灰水に入れたとすると，石灰水の重さは何ｇ増加しますか。**四捨五入して小数第１位まで求めなさい。**

3

顕微鏡《けんびきょう》を用いて，池にいる小さな生物を観察しました。以下の問いに答えなさい。

(1)　顕微鏡全体の倍率を600倍にするとき，接眼レンズの倍率が15倍の場合，対物レンズは何倍にすればよいですか。

(2)　顕微鏡全体の倍率を100倍にして視野《しや》の中の正方形を見ていたとします。顕微鏡全体の倍率を400倍にすると，視野の中の正方形の面積は，倍率が100倍のときの何倍に見えますか。

(3)　顕微鏡で観察していると，視野の中央に見えていた生物が左図のように移動してしまいました。この生物を視野の中央にもってくるためには右図のプレパラートをどの方向に移動させればよいですか。最も適当なものを図の**あ**～**え**から１つ選び，記号で答えなさい。

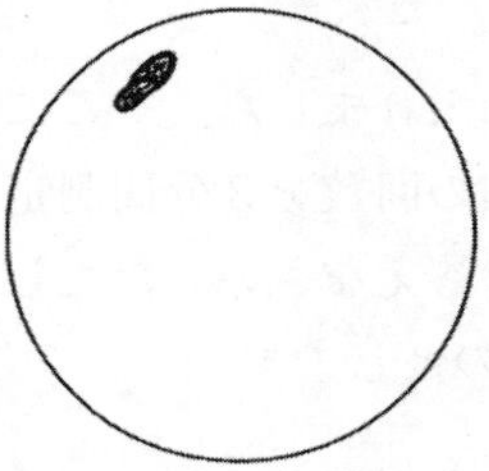

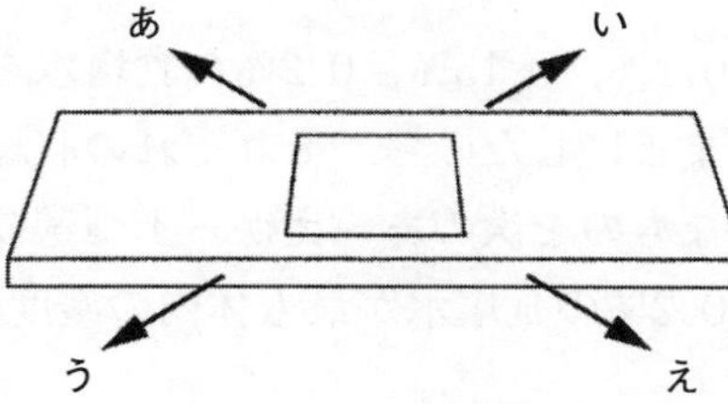

(4)　下図は，接眼《せつがん》レンズ，対物《たいぶつ》レンズを横から見た模式図です。接眼レンズは５倍，10倍，15倍の３種類，対物レンズは４倍，10倍，40倍の３種類です。図の接眼レンズと対物レンズを組み合わせたとき，顕微鏡全体の倍率が４番目に低くなる組み合わせはどれですか。接眼レンズを**あ**～**う**から，対物レンズを**え**～**か**から１つずつ選び，記号で答えなさい。

接眼レンズ

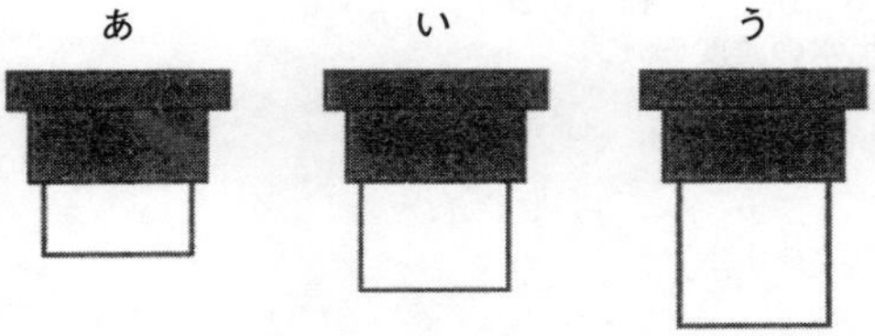

対物レンズ

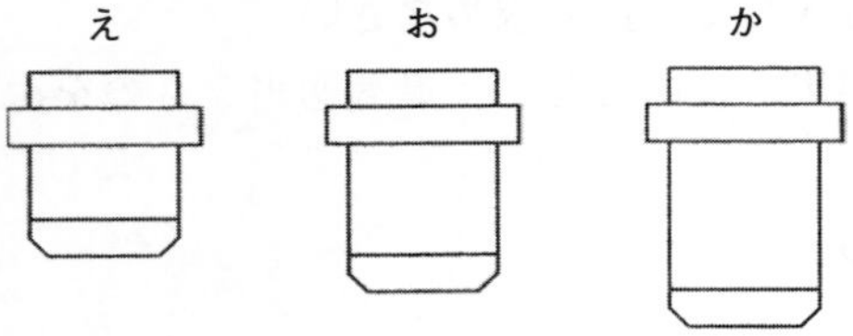

(5)　池の水を採取して顕微鏡で観察したところ，下図の生物が観察されました。この生物の名前を答えなさい。

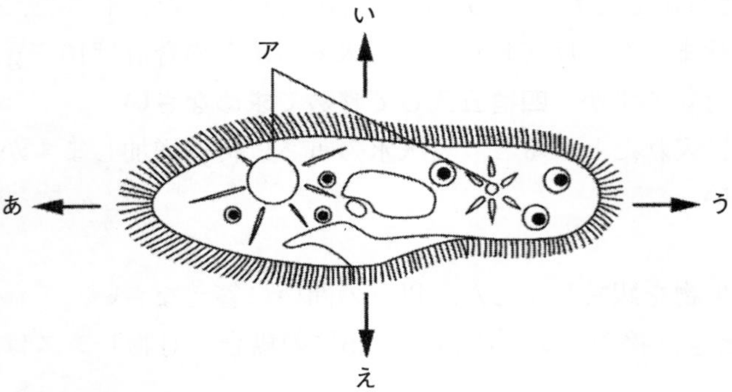

(6)　(5)の生物はエサを得るときはどちらの方向に向かって泳ぎますか。(5)の図中の**あ**～**え**から１つ選び，記号で答えなさい。

一般的《いっぱんてき》に生物は体内の液体の濃度《のうど》を一定に保つようにしています。ヒトはこれを腎臓《じんぞう》で行っています。(5)の生物の図のアのつくりを収縮胞《しゅうしゅくほう》といい，ここを収縮させて体内の余分な水を体外に出しています。体内の液体の濃度より体外の液体の濃度の方が低いほどより多くの水が体内に入ってきます。

(7)　シャーレに水，0.05%，0.1%，0.15%，0.2%の食塩水をそれぞれ入れました。そこに(5)の生物を入れてしばらくそのままにしたのち，それぞれの収縮胞の収縮の回数を３分間測定しました。実験結果として適当なものを次の**あ**～**え**から１つ選び，記号で答えなさい。ただし，(5)の生物は実験条件の中では0.2%の食塩水が最も体内の濃度に近いものとします。

あ

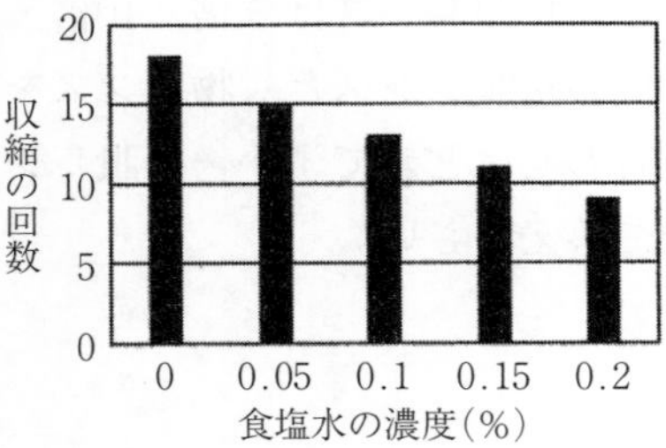

い

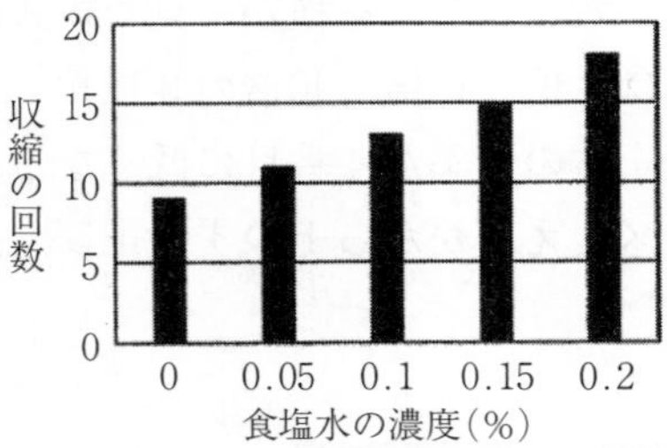

う

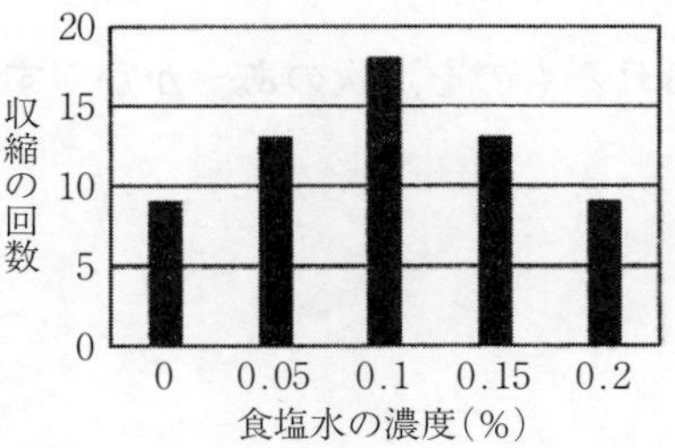

え

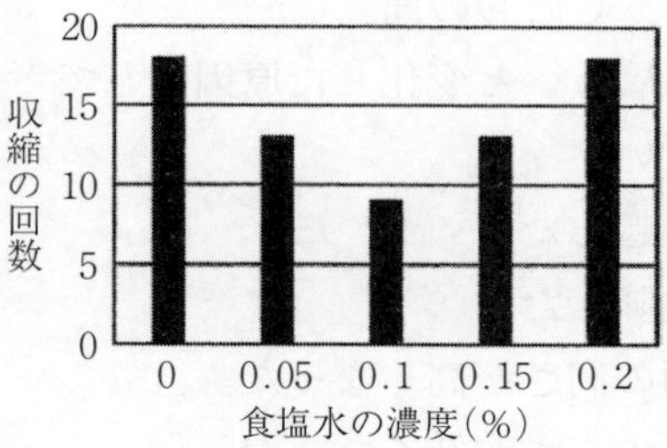

4　豊子さんの住んでいる地域(図１)で，大規模な開発のために，図１のＡからＥで地面に穴をあけ，土を掘るボーリング調査を行いました。図２はそのボーリング試料をスケッチしたものです。以下の問いに答えなさい。

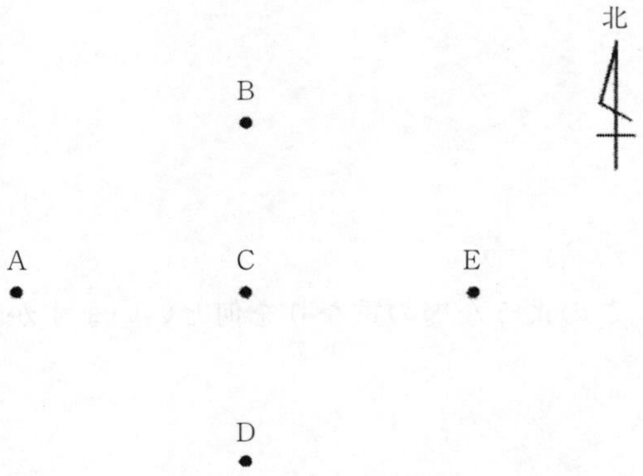

図１

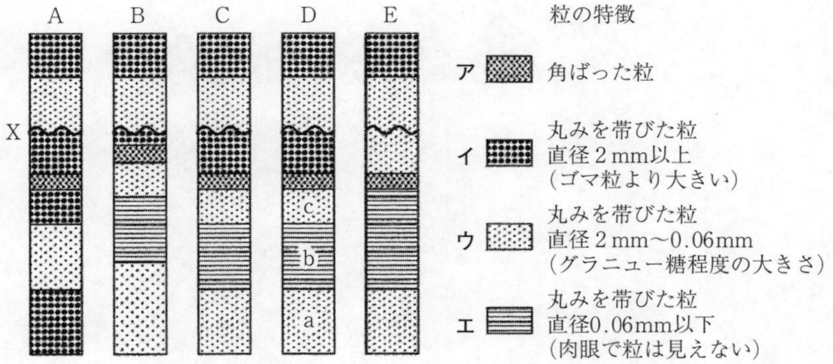

図２

(1)　層**ア**は，他の層と異《こと》なり粒が角ばっています。この層は，どのような活動によって形成された層ですか。

(2)　層**ア**が堆積《たいせき》していた当時，川はどの方位から流れていたと考えられますか。東・西・南・北で答えなさい。

(3)　このボーリング調査や他の調査から，この地域には断層が１か所あることがわかりました。その断層の位置を次の**あ**～**え**から１つ選び，記号で答えなさい。

あ．ＡとＣの間　　**い**．ＢとＣの間

う．ＣとＤの間　　**え**．ＣとＥの間

(4)　図２のＤの層ａから層ｂへと変化した原因として考えられるものを，次の**あ**～**か**から**すべて**選び，記号で答えなさい。

あ．この地域全体が隆起《りゅうき》した。

い．この地域全体が沈降《ちんこう》した。

う．陸に対する海水面の高さが高くなった。

え．陸に対する海水面の高さが低くなった。

お．地球全体が温暖化した。

か．地球全体が寒冷化した。

(5)　図２の層ｃには，ホタテ貝の化石が出土しました。この地層が出来たころのこの地域の環《かん》境《きょう》として最も適当なものを，次の**あ**～**か**から１つ選び，記号で答えなさい。

あ．暖かい地域で水深が０～１ｍあたりの海

い．暖かい地域で水深が10～100ｍあたりの海

う．暖かい地域の湖

え．寒い地域で水深が０～１ｍあたりの海

お．寒い地域で水深が10～100ｍあたりの海

か．寒い地域の湖

(6)　Ｘは，地層が風化・浸食《しんしょく》を受けた形跡《けいせき》です。このような層の重なりを何といいますか。漢字３文字で答えなさい。

エ　ふだんはめったに人をほめない父親が自分をほめたことに驚《おどろ》き、うれしい反面不安もあり、浮足立《うきあしだ》っている様子。

オ　父親が自分に関心を示してくれたことがうれしく、今すぐに父親に自分の絵を見せたいと、気が急《せ》いている様子。

問七　――線⑤「少なからず責任を感じたからだ」とありますが、なぜ「僕《ぼく》」は「少なからず責任を感じた」のですか。その理由を六十字以内で答えなさい。

問八　二重線〈Ⅲ〉「だからこそ、おもしろい」・〈Ⅳ〉「だからこそ、おもしろい」の説明として最も適当なものを次のア～オの中からそれぞれ一つずつ選び、記号で答えなさい。

ア　科学者であるにもかかわらず、子どもの才能に期待する父親らしさをも兼《か》ね備えていることに違和感《いわかん》を覚えている。

イ　この世界の現象はわからないことがあるからこそ、知りたいという衝動《しょうどう》にかられるものだと感じている。

ウ　優秀《ゆうしゅう》な科学者の子どもが空の現象を客観的に写し取っていることに、血筋《ちすじ》は争えないと興味深く思っている。

エ　世の中は、考えれば考えるほどわからないことばかりが生じるので、研究をし続ける社会的価値があると考えている。

オ　科学者然としていた先生の意外な一面に触《ふ》れた出来事が思い起こされ、あらためて先生の人間性に好感を抱《いだ》いている。

問九　本文の内容と表現の特徴《とくちょう》についての説明として最も適当なものを次のア～カの中から二つ選び、記号で答えなさい。

ア　藤巻《ふじまき》先生は、興味のあることには周囲のことが何も見えなくなるほどの集中力が働くが、他人の気持ちを汲《く》み取ったり相手に寄《そ》り添ったりするなどの細かい気配りが苦手な人物として描《えが》かれている。

イ　「険しい目つき」「ふてくされたような口ぶり」「投げやりに言い捨てる」「腕組《うでぐ》みして壁《かべ》にもたれ」などには、和也《かずや》の父親に対する反発が垣間見《かいまみ》られ、反抗期《はんこうき》の少年の荒々《あらあら》しく粗雑《そざつ》な性格が鮮《あざ》やかに印象づけられている。

ウ　藤巻《ふじまき》先生の描写《びょうしゃ》には、「和也《かずや》が呼んでも応えない」「うん、と先生はおざなりな生返事をしたきり、見向きもしない」など、家族よりも研究を優先しなければならない、科学者としての姿勢が貫《つらぬ》かれている。

エ　立派な科学者を父親に持つ和也《かずや》は、頭がよくない自分を卑屈《ひくつ》に感じていて、研究の内容を理解できる「僕《ぼく》」とだけ楽しそうに話す自分の父親を「あのひと」呼ばわりすることで、「僕《ぼく》」にも嫉妬《しっと》の感情をぶつけている。

オ　「母に恋人《こいびと》を紹介《しょうかい》されたとき、僕《ぼく》は和也《かずや》と同じ十五歳《じゅうごさい》だった」と、唐突《とうとつ》に「僕《ぼく》」の回想シーンが挿入《そうにゅう》されるが、それによって当時の「僕《ぼく》」の苦しみと今の和也《かずや》の苦しみが重層的に表現されている。

カ　最後に「僕《ぼく》」の問いかけに返答もせず身じろぎもしない和也《かずや》の姿を描写《びょうしゃ》することで、藤巻《ふじまき》家独自の恒例《こうれい》行事は中止となり、この後の親子の確執《かくしつ》についても解決する見通しがほとんどなくなることが暗示されている。

ア
雨水《うすい》
啓蟄《けいちつ》
春分《しゅんぶん》
清明《せいめい》
穀雨《こくう》
立夏《りっか》
小満《しょうまん》
芒種《ぼうしゅ》
夏至《げし》
小暑《しょうしょ》
イ
立秋《りっしゅう》
ウ
白露《はくろ》
秋分《しゅうぶん》
寒露《かんろ》
霜降《そうこう》
エ
小雪《しょうせつ》
大雪《たいせつ》
オ
小寒《しょうかん》
大寒《だいかん》

問三　――線②「和也《かずや》は僕《ぼく》に向かって眉《まゆ》を上げてみせ、母親とも目を見かわした」とありますが、ここでの和也《かずや》の様子として最も適当なものを次のア～オの中から一つ選び、記号で答えなさい。

ア　何かに没頭《ぼっとう》している父親の姿がほほえましく、母親と一緒《いっしょ》にそっと見守っている様子。

イ　父親の反応に困《こま》るものの、研究熱心な姿に尊敬の念を抱《いだ》かざるを得ないでいる様子。

ウ　繰《く》り返される無反応な父親の姿に半ば呆《あき》れぎみになりながら、同意を求めている様子。

エ　呼んでも無視する父親の姿に戸惑《とまど》い、何も言わない母親にも不信感を抱《いだ》いている様子。

オ　研究に夢中になっている父親の姿を理解できず、怒《いか》りを隠《かく》しきれないでいる様子。

問四　――線③「僕《ぼく》は赤面した」とありますが、その理由として最も適当なものを次のア～オの中から一つ選び、記号で答えなさい。

ア　台風の構造と進路に関することが興味深い内容であるところ、新聞では洪水《こうずい》など台風がもたらした大きな被害《ひがい》ばかりが取り上げられていることに、気象を研究している者として不満を抱《いだ》いたから。

イ　台風の被害《ひがい》が相次いだことは気象を研究している者にとって大きな関心事であり、さりげなさを装っているようでも、熱い議論が交わされる気配に興奮してしまったから。

ウ　気象を研究している者にとって、台風の被害《ひがい》が生じた原因を把握《はあく》しようとするのが当たり前とも思えるのに、やる気のない調子で応答し関心を示さない院生に怒《いか》りを覚えたから。

エ　世間で取りざたされる悲惨《ひさん》な被害《ひがい》のほうに気をとられてしまっていたが、気象を研究している者であれば、豪雨《ごうう》をもたらした気象そのものに関心が向いて当然であったと、自分自身を恥《は》ずかしく思ったから。

オ　気象を研究している者であれば、自然による災害が生じる仕組みは周知のことにもかかわらず、知ったかぶりして先輩《せんぱい》に教えるという出過ぎた行為《こうい》をしてしまったことを反省したから。

問五　二重線〈Ⅰ〉「和也《かずや》がいぶかしげに眉根《まゆね》を寄せた」・〈Ⅱ〉「和也《かずや》はまだ釈然《しゃくぜん》としない様子で首をすくめている」の間に交わされた会話Ａ～Ｇの中で、藤巻《ふじまき》先生の発言をすべて選び、アルファベットを順番通りに答えなさい。

問六　――線④「冗談《じょうだん》めかしてまぜ返しつつ、和也《かずや》はまんざらでもなさそうに立ちあがった」とありますが、この行動から和也《かずや》のどのような様子が読み取れますか。その説明として最も適当なものを次のア～オの中から一つ選び、記号で答えなさい。

ア　思いがけず父親に自分の絵をほめられ、照れくささを取りつくろいながら、うれしさを隠《かく》しきれないでいる様子。

イ　楽しいこともなくたいくつな日常の中、父親が自分の絵を見たいと言い出したことが意外で、興奮している様子。

ウ　今まで父親にほめられたことがないのに、母親と一緒《いっしょ》になって自分の絵をほめてくれたことに、喜んでいる様子。

に違《ちが》いない。「様子を見てきます」と僕《ぼく》が席を立ったときも、なにが起きたのか腑《ふ》に落ちない様子できょとんとしていた。

「別にしてない」

和也《かずや》は投げやりに言い捨てる。

「昔から知ってるもの。あのひとは、おれのことなんか興味がない」

腕組《うでぐ》みして壁《かべ》にもたれ、暗い目つきで僕《ぼく》を見据《みす》えた。

「でも、おれも先生みたいに頭がよかったら、違《ちが》ったのかな」

「え?」

「親父《おやじ》があんなに楽しそうにしてるの、はじめて見たよ。いつも家ではたいくつなんだろうね。おれたちじゃ話し相手になれないもんね」

うつむいた和也《かずや》を、僕《ぼく》はまじまじと見た。妙《みょう》に落ち着かない気分になっていた。胸の内側をひっかかれたような。むずがゆいような、ちりちりと痛むような。

唐突《とうとつ》に、思い出す。

状況《じょうきょう》はまったく違《ちが》うが、僕《ぼく》もかつて打ちのめされたのだった。自分の親が、これまで見せたこともない顔をしているのを目《ま》のあたりにして。母に恋人《こいびと》を紹介《しょうかい》されたとき、僕《ぼく》は和也《かずや》と同じ十五歳《じゅうごさい》だった。こんなに幸せそうな母をはじめて見た、と思った。

「どうせ、おれはばかだから。親父《おやじ》にはついていけないよ。さっきの話じゃないけど、なにを考えてるんだか、おれにはちっともわかんない」

僕《ぼく》は小さく息を吸って、口を開いた。

「僕《ぼく》にもわからないよ。きみのお父さんが、なにを考えているのか」

和也《かずや》が探るように目をすがめた。僕《ぼく》は机に放り出されたスケッチブックを手にとった。

「僕《ぼく》が家庭教師を頼《たの》まれたとき、なんて言われたと思う?」

和也《かずや》は答えない。身じろぎもしない。

「学校の成績をそう気にすることもないんじゃないか、ってお父さんはおっしゃった。得意なことを好きにやらせるほうが、本人のためになるだろうってね」

色あせた表紙をめくってみる。ページ全体が青いクレヨンで丹念《たんねん》に塗《ぬ》りつぶされている。白いさざ波のような模様は、巻積雲《けんせきうん》だろう。

「よく覚えてるよ。意外だったから」

次のページも、そのまた次も、空の絵だった。一枚ごとに、空の色も雲のかたちも違《ちが》う。確かに力作ぞろいだ。

「藤巻《ふじまき》先生はとても熱心な研究者だ。もしも僕《ぼく》だったら、息子《むすこ》も自分と同じように、学問の道に進ませようとするだろうね。本人が望もうが、望むまいが」

僕《ぼく》は手をとめた。開いたページには、今の季節におなじみのもくもくと不穏《ふおん》にふくらんだ積雲が、繊細《せんさい》な陰翳《いんえい》までつけて描《か》かれている。

「わからないひとだよ、きみのお父さんは」

わからないことだらけだよ、この世界は――まさに先ほど先生自身が口にした言葉を、僕《ぼく》は思い返していた。

〈Ⅳ〉だからこそ、おもしろい。

(『博士《はかせ》の長靴《ながぐつ》』瀧羽麻子《たきわあさこ》)

〔注〕 *院生＝大学院に在籍《ざいせき》する学生。

問一 次の文は本文中の登場人物について整理したものです。〔a〕・〔b〕に入る最もふさわしい言葉をそれぞれ本文中から探し、指定された字数で抜《ぬ》き出しなさい。

藤巻《ふじまき》先生の教え子である僕《ぼく》は、先生の〔a 二字〕である和也《かずや》の〔b 四字〕をしている。

問二 ――線①「処暑」とは、暦《こよみ》による季節区分を示す二十四節気の一つです。次に記した二十四節気の表の中で、「処暑」の時期として適当なものを表の**ア**~**オ**の中から一つ選び、記号で答えなさい。

首をかしげている。

「それで、後で空の絵を描《か》くんですよ。お父さんに見せるんだ、って言って。親ばかかもしれないですけど、けっこうな力作で……そうだ、先生にも見ていただいたら？」

「親ばかだって。子どもの落書きだもん」

照れくさげに首を振《ふ》った和也《かずや》の横から、藤巻《ふじまき》先生も口添《くちぞ》えした。

「いや、わたしもひさしぶりに見たいね。あれはなかなかたいしたものだよ」

「へえ、お父さんがほめてくれるなんて、珍《めずら》しいこともあるもんだね」

④冗談《じょうだん》めかしてまぜ返しつつ、和也《かずや》はまんざらでもなさそうに立ちあがった。

「あれ、どこにしまったっけ？」

「あなたの部屋じゃない？　納戸《なんど》か、書斎《しょさい》の押《お》し入れかもね」

奥《おく》さんも後ろからついていき、僕《ぼく》は先生とふたりで和室に残された。

「先週貸していただいた本、もうじき読み終わりそうです。週明けにでもお返しします」

なにげなく切り出したところ、先生は目を輝《かがや》かせた。

「あの超音波《ちょうおんぱ》風速温度計は、実に画期的な発明だね」

超音波《ちょうおんぱ》風速温度計のもたらした貢献《こうけん》について、活用事例について、今後検討すべき改良点について、堰《せき》を切ったように語り出す。

お絵《え》描《か》き帳が見あたらなかったのか、和也《かずや》たちはなかなか帰ってこなかった。その間に、先生の話は加速度をつけて盛りあがった。ようやく戻《もど》ってきたふたりが和室の入口で顔を見あわせているのを、僕《ぼく》は視界の端《はし》にとらえた。自分から水を向けた手前、話の腰《こし》を折るのもためらわれ、どうしたものかと弱っていると、スケッチブックを小脇《こわき》に抱《かか》えた和也《かずや》がこちらへずんずん近づいてきた。

「お父さん」

うん、と先生はおざなりな生返事をしたきり、見向きもしない。

「例の、南西諸島の海上観測でも役に立ったらしい。船体の揺《ゆ》れによる影響《えいきょう》をどこまで補正できるかが課題だな」

「ねえ、あなた」

奥《おく》さんも困惑顔《こんわくがお》で呼びかけた。

と、先生がはっとしたように口をつぐんだ。僕《ぼく》は胸をなでおろした。たぶん奥《おく》さんも、それに和也《かずや》も。

「ああ、スミ。悪いが、紙と鉛筆《えんぴつ》を持ってきてくれるかい」

先生は言った。和也《かずや》が踵《きびす》を返し、無言で部屋を出ていった。

おろおろしている奥《おく》さんにかわって、自室にひっこんでしまった和《かず》也《や》を呼びにいく役目を僕《ぼく》が引き受けたのは、⑤少なからず責任を感じたからだ。

父親に絵をほめられたときに和也《かずや》が浮《う》かべた表情を、僕《ぼく》は見逃《みのが》していなかった。雲間から一条《いちじょう》の光が差すような、笑顔だった。いつだって陽気で快活で、いっそ軽薄《けいはく》な感じさえする子だけれど、あんな笑みははじめて見た。

「花火をしよう」

ドアを開けた和也《かずや》に、僕《ぼく》は言った。

「おれはいい。先生がつきあってあげれば？　そのほうが親父《おやじ》も喜ぶんじゃない？」

和也《かずや》はけだるげに首を振《ふ》った。険しい目つきも、ふてくされたような皮肉っぽい口ぶりも、ふだんの和也《かずや》らしくない。僕《ぼく》は部屋に入り、後ろ手にドアを閉めた。

「まあ、そうかっかするなよ」

藤巻《ふじまき》先生に悪気はない。話に夢中になって、他のことをつかのま忘れてしまっていただけで、息子《むすこ》を傷つけるつもりはさらさらなかった昨年は台風の被害《ひがい》が相次いだ。夏の台風八号は、梅雨前線を刺激《しげき》して大雨を降らせ、各地で洪水《こうずい》や地すべりを引き起こした。秋の台風十六号もまた強力で、都内でも、多摩川《たまがわ》が氾濫《はんらん》して住宅が流されるという惨事《さんじ》が起きた。一軒家《いっけんや》がなすすべもなく濁流《だくりゅう》にのみこまれていく衝撃的《しょうげきてき》な映像が、連日テレビで報道されていた。

当時、僕《ぼく》はすでに藤巻《ふじまき》研究室に顔を出すようになっていた。なんでこんなことになっちゃったのかね、と*院生のひとりが新聞を読んで首をひねっていたので、ニュースで得た知識を披露《ひろう》した。上流のダムを放水したため川の流量が一気に増え、その勢いに耐《た》えきれなくなった堤防《ていぼう》がふたつとも決壊《けっかい》したようだ、と。

ああうん、それは知ってる、と彼《かれ》は気のない調子で答えた。おれが考えてたのは、この台風の構造と、あとは進路のこと。

③僕《ぼく》は赤面した。（中略）

「ねえ、お父さんたちは天気の研究をしてるんでしょ」

和也《かずや》が箸《はし》を置き、父親と僕《ぼく》を見比べた。

「被害《ひがい》が出ないように防げないわけ？」

「それは難しい」

藤巻《ふじまき》先生は即座《そくざ》に答えた。

「気象は人間の力ではコントロールできない。雨や風を弱めることはできないし、雷《かみなり》も竜巻《たつまき》もとめられない」

「じゃあ、なんのために研究してるの？」

〈I〉和也《かずや》がいぶかしげに眉根《まゆね》を寄せた。

A「知りたいからだよ。気象のしくみを」

B「知っても、どうにもできないのに？」

C「どうにもできなくても、知りたい」

D「もちろん、まったく役に立たないわけじゃないですしね」

僕《ぼく》は見かねて口を挟《はさ》んだ。

E「天気を正確に予測できれば、前もって手を打てるから。家の窓や屋根を補強するように呼びかけたり、住民を避難《ひなん》させたり」

F「だけど、家は流されちゃうんだよね？」

G「まあでも、命が助かるのが一番じゃないの」

奥《おく》さんもとりなしてくれたが、〈II〉和也《かずや》はまだ釈然《しゃくぜん》としない様子で首をすくめている。

「やっぱり、おれにはよくわかんないや」

「わからないことだらけだよ、この世界は」

先生がひとりごとのように言った。

「〈III〉だからこそ、おもしろい」

一時はどうなることかとはらはらしたけれど、それ以降は和也《かずや》が父親につっかかることもなく、食事は和やかに進んだ。鰻《うなぎ》をたいらげた後、デザートには西瓜《すいか》が出た。

話していたのは主に、奥《おく》さんと和也《かずや》だった。僕《ぼく》の学生生活についていくつか質問を受け、和也《かずや》が幼かった時分の思い出話も聞いた。

中でも印象的だったのは、絵の話である。

朝起きたらまず空を観察するというのが、藤巻《ふじまき》先生の長年の日課だという。晴れていれば庭に出て、雨の日には窓越《まどご》しに、とっくりと眺《なが》める。そんな父親の姿に、幼い和也《かずや》はおおいに好奇心《こうきしん》をくすぐられたらしい。よちよち歩きで追いかけていっては、並んで空を見上げていたそうだ。熱視線の先に、なにかとてつもなくおもしろいものが浮《う》かんでいるはずだと思ったのだろう。

「お父さんのまねをして、こう腰《こし》に手をあてて、あごをそらしてね。今にも後ろにひっくり返りそうで、見ているわたしはひやひやしちゃって」

奥《おく》さんは身ぶりをまじえて説明した。本人は覚えていないようで、自力で解けるようになるまでに成長したという実験。

エ　ねずみなどの動物にはいくら報酬《ほうしゅう》や罰《ばつ》を与《あた》えても解くことのできなかったパズルを、アカゲザルは報酬《ほうしゅう》や罰《ばつ》を与《あた》えられることなく容易に解けてしまったという実験。

オ　他の動物はオペラント条件づけによりパズルを解けるようになったが、アカゲザルはオペラント条件づけをしても解けるサルと解けないサルとに分かれてしまったという実験。

問九　本文中で筆者は「やる気」というものをどのようなものとしてとらえていますか。七十字以上九十字以内で答えなさい。

二

次の文章を読んで、後の一から九までの各問いに答えなさい。（ただし、字数指定のある問いはすべて句読点・記号も一字とする。）

八月二十四日の夕方、僕《ぼく》は藤巻邸《ふじまきてい》を訪ねた。

辞書で「①処暑」をひいてみたところ、やはり暑さがやむ時期という意味らしい。この日は毎年、庭で花火をするのだと和也《かずや》が教えてくれた。夏らしいことをして、夏の終わりをしめくくろうという趣向《しゅこう》だろうか。てっきり東京のならわしなのかと思ったら、藤巻《ふじまき》家独自の恒《こう》例《れい》行事だという。

まずはいつものように和也《かずや》の勉強を見てやった後、ふたりで部屋を出た。磨《みが》き抜《ぬ》かれた廊下《ろうか》を玄関《げんかん》とは逆の方向に進み、左手の襖《ふすま》を開けると、中は十畳《じゅうじょう》ほどの和室だった。床《とこ》の間に掛《か》け軸《じく》が飾《かざ》られ、黄色い花が生けてある。中央の細長い座卓《ざたく》に、奥《おく》さんが箸《はし》や食器を並べていた。

藤巻《ふじまき》先生もいた。奥《おく》の縁側《えんがわ》に、こちらには背を向けて座っている。

「お父さん」と和也《かずや》が呼んでも応えない。庭を眺《なが》めているふうにも見えるけれど、視線の先にあるのはおそらく植木や花壇《かだん》ではなく、その上に広がる空だろう。研究熱心なのは自宅でも変わらないようだ。

「いつもこうなんだ」

②和也《かずや》は僕《ぼく》に向かって眉《まゆ》を上げてみせ、母親とも目を見かわした。それは僕《ぼく》も知っている。

床《とこ》の間を背にして、腰《こし》を下ろした。正面に先生、その横が奥《おく》さん、和也《かずや》は僕《ぼく》の隣《となり》という席順である。考えてみれば、藤巻《ふじまき》先生と食事をともにする機会はこれまで一度もなかった。うれしい反面、なんだか緊《きん》張《ちょう》してくる。

主菜は鰻《うなぎ》だった。ひとり分ずつ立派な黒塗《くろぬ》りの器に入った鰻重《うなじゅう》は、昔からひいきにしている近所の店に届けてもらったという。これで一人前かとびっくりするほど大きい。たれのたっぷりからんだ身はふっくらと厚く、とろけるようにやわらかい。

「おいしいです、とても」

僕《ぼく》がうっとりしていると、奥《おく》さんも目もとをほころばせた。

「お口に合ってよかったです」

父子も一心に箸《はし》を動かしている。ただ父親のほうは、旨《うま》そうに鰻《うなぎ》をほおばりながらも、ちらりちらりと外へ目をやっていた。厚ぼったい層積雲が茜色《あかねいろ》に染まっている。

「雨がやんでよかったわね」

奥《おく》さんも夕焼け空を見上げた。台風の影響《えいきょう》で、ここ二日ほどぐずついた天気が続いていたのだ。

「温帯低気圧に変わったから、もう大丈夫《だいじょうぶ》だろう。どうも今年は台風が少ないみたいだね」

先生が言う。

「でも、これからの季節が本番でしょう。去年みたいなことにならないといいけれど」

エ　将来の夢や目標とするものをかなえるために、今は大変でも勉強をしておこうという気持ち。

オ　勉強をする中できちんと自分なりの目的をもって、それに見合う勉強をするという気持ち。

問五　空らん X ・ Y に入る語を考え、慣用表現を完成させなさい。ただし、それぞれカタカナ二字で答えること。

問六　――線④「義務と命令に～捉《とら》えます」とありますが、どういうことですか。その説明として最も適当なものを次のア～オの中から一つ選び、記号で答えなさい。

ア　義務と命令は親などの第三者によって生じるものだと一般的《いっぱんてき》には考えられているが、心理学上は第三者の働きかけをもとに自発的な「やる気」が生じていると考えられているということ。

イ　義務と命令は「やる気」をなくさせるものであり「やる気」とは反するものと一般的《いっぱんてき》には考えられているが、心理学上では積極的に「やる気」を起こさせるものとして考えられているということ。

ウ　義務と命令は「外からのやる気」であって「内からのやる気」とは区別されると一般的《いっぱんてき》には考えられているが、心理学上ではどちらも同じものとして区別せずに考えられているということ。

エ　義務と命令は外部から強制されるものなので「やる気」とは関係ないと一般的《いっぱんてき》には考えられているが、心理学上では行動を引き起こすためにそれらから生じるものも「やる気」と考えられているということ。

オ　義務と命令は当人が仕方なしに行動するため「やる気」が感じられないと一般的《いっぱんてき》には考えられているが、心理学上は「やる気」が感じられるかどうかよりも行動しているかどうかが重要だと考えられているということ。

問七　――線⑤「言い換《か》えれば、～いるのです」とありますが、どういうことですか。その説明として最も適当なものを次のア～オの中から一つ選び、記号で答えなさい。

ア　行動することが目的と関連しているのか、それとも関連していないのかで、やる気を区別できるということ。

イ　目的として行動そのものを行っているか、目的のために行動を行っているかで、やる気を区別できるということ。

ウ　行動することを通じて目的を達成しようとするか、行動を単なる手段とするかで、やる気を区別できるということ。

エ　目的を先に設定して行動をしていくか、行動した先に目的が生じるものとするかで、やる気を区別できるということ。

オ　目的として行動自体に意味を見出《みいだ》すか、手段でしかないので意味は見出《みいだ》さないかで、やる気を区別できるということ。

問八　本文の後、筆者は、「やる気」に関しての一般的《いっぱんてき》な考え方の転《てん》換点《かんてん》となった「アカゲザル（サルの一種）」による実験を紹介《しょうかい》しています。それはどのような実験だったと考えられますか。その説明として最も適当なものを次のア～オの中から一つ選び、記号で答えなさい。

ア　オペラント条件づけによりアカゲザルにパズルを解かせようとしたところ、報酬《ほうしゅう》も罰《ばつ》も与《あた》えない内に熱心にパズルを解き始め、その方法を理解するようになったという実験。

イ　最初は報酬《ほうしゅう》と罰《ばつ》によってアカゲザルにパズルを解かせていたが、そのうちにパズルを与《あた》えただけで何も報酬《ほうしゅう》や罰《ばつ》を与《あた》えなくとも解けるようになるまで学習したという実験。

ウ　他の動物にパズルを解かせようとしても一切興味・関心を持たなかったのに対し、アカゲザルだけがパズルに興味を持ち、という行動を学習させたねずみに、今度は、レバーを押《お》させないようにするとき、レバーを押《お》すと電気ショックが流れるというような罰《ばつ》を与《あた》えることで、ねずみはレバーを押《お》さなくなります。

こうしたオペラント条件づけは、動物にさまざまな行動を学習させる(訓練する)ための方法として広く活用されています。犬にお座りをさせることだったり、水族館のショーで見られるイルカの大きなジャンプだったり、サーカスで見られるゾウの玉乗りだったり。

行動主義心理学が主流であった一九五〇年代まで、人間の行動も動物と同じく、学習は適切に報酬《ほうしゅう》や罰《ばつ》を与《あた》えることによって、成立すると考えられていました。つまり、人間が行動を起こすためには、先に説明したオペラント条件づけのねずみのように、［X］と［Y］の力が必要であり、外からの働きかけがないと、われわれは行動を起こさないと考えられていたのです。

(『勉強する気はなぜ起こらないのか』外山美樹《とやまみき》)

〔注〕＊ルンバ＝ロボット掃除機《そうじき》の商品名。

問一 ――線A「ジュウジ」・B「ツキ」・C「コンテイ」のカタカナを正しい漢字に直しなさい。(一画一画ていねいにはっきりと書くこと。送り仮名《がな》が必要な場合、それも解答らんに書きなさい。)

問二 ――線①「『あのルンバはやる気があるなぁ』とは感じないでしょう」とありますが、なぜですか。その理由として最も適当なものを次のア～オの中から一つ選び、記号で答えなさい。

ア 人間は外部による力で動くことはあまりないことだと感じているから。

イ 動くための力のありかの違《ちが》いによってどれくらいの「やる気」があるかを見極められるから。

ウ ルンバが動くのは、外部から「やる気」を得ているためだと理解しているから。

エ 人とルンバに対して異なった感情が芽生えるのが人として普通《ふつう》のことだと思っているから。

オ 「やる気」とは、人間の内部に存在している力のことだと考えているから。

問三 ――線②「『やる気スイッチ』」とありますが、ここではどういうものだと考えられますか。その説明として最も適当なものを次のア～オの中から一つ選び、記号で答えなさい。

ア 外部からそのスイッチを他人が押《お》すことで、やる気を起こさせることができるもの。

イ 内部にあるやる気を起こさせるスイッチで、他人が押《お》すことのできないもの。

ウ そのスイッチを押《お》すことで、押《お》された人にある行動を起こさせるもの。

エ そのスイッチを押《お》すことで、押《お》された人に行動を起こさせ、その行動を持続させるもの。

オ 外部からスイッチを押《お》すことで、押《お》された人をやる気にさせ、その結果成功に導くもの。

問四 ――線③「行動自体が目的となっているやる気」とありますが、これを「勉強」で考えた場合、どのような気持ちだと考えられますか。その説明として最も適当なものを次のア～オの中から一つ選び、記号で答えなさい。

ア 勉強すること自体に喜びや意味を見出《みいだ》し、勉強することに積極的になっている気持ち。

イ 自分の興味や関心のあるものを探し求め、結果として勉強することを惜《お》しまない気持ち。

ウ 自分の好きだという気持ちを大切にして、自分のやりたいときにだけ勉強をするという気持ち。

かに褒《ほ》められたいからでもありません。

このように、内からのやる気に基づいた行動は、行動そのものが目的となっており、他に何か目的があって行動しているわけではありません。まさに「やりたいからやる」というもの。そのＣコンテイには、面白いから、楽しいからやるといった、その活動に対する興味・関心があります。

新しいことを知りたいから勉強をしている、あるいは、楽しいから、好きだから勉強をしているみなさんは、内からのやる気に基づいて勉強している(行動している)ことになります。

一方、「外から与《あた》えられるやる気」(以後、「外からのやる気」ということにします)は、自分の行動が外部(他人や環境《かんきょう》)からの報酬《ほうしゅう》や罰《ばつ》、命令、義務によって生じている状態です。

たとえば、良い成績をとって親に褒《ほ》められたいから勉強をしたり、親に叱《しか》られるのが嫌《いや》だからしぶしぶお手伝いをするといった、 X と Y に基づく行動がこれにあたります。④義務と命令による「やる気」というと違和感《いわかん》があるかもしれませんが、心理学ではこれらも動機づけという文脈では「やる気」と捉《とら》えます。

外からのやる気に基づいた行動は、何らかの目的を達成するための手段であるといえます。「○○をしたいから△△する」、あるいは「○○をしたくないから△△する」というもので、ここでは○○をする(しない)が目的、△△するが手段となります。

では、内からのやる気と外からのやる気の違《ちが》いはどこにあるのでしょうか?

それは、内からのやる気では、行動することが目的であり(簡単にいうと、「やりたいからやる!」)、外からのやる気では、行動をすることが手段である点です(「○○したいからやる」、「○○したくないからやる」)。⑤言い換《か》えれば、「目的―手段」の観点から、やる気を分類しているのです。

(中略)

それでは、内からのやる気と外からのやる気、どちらが心理学のなかで先に見いだされたのでしょうか。

答えは外からのやる気です。やる気といえば内からというイメージがある読者のみなさんには、意外な感じがするかもしれませんね。

実は、人間(やある種の動物)に内からのやる気が存在することが広く認められたのは、一九七〇年代に入ってからになります。中高生の読者のみなさんにとっては昔のことと感じるかもしれませんが、心理学の歴史からいえば割と最近のことといえるでしょう。それまでは、人間が行動を起こすのは、すべて、外からの働きかけによると考えられていたのです。

一九五〇年代まで、心理学の世界は、行動主義心理学と呼ばれる心理学が主流で、動物を対象にした実験によって行動について研究していました。行動主義心理学というのは、人間や動物の意識や動機、感情を考慮《こうりょ》せずに、目に見える行動だけに着目した心理学のことをいいます。

行動主義心理学の基本的な理論に、オペラント条件づけというものがあります。これは、動物(人間)がたまたま何か行動した直後に、報《ほう》酬《しゅう》(多くはエサ)を与《あた》えることで、その行動を学習させる手続きを意味します。

たとえば、ねずみにレバーを押《お》すという行動を学習させたいときに、ねずみがさまざまな行動をとる中で、たまたまレバーを押《お》すという行動を自発した直後に、エサを与《あた》えます。それを何度もくり返すことによって、ねずみは意図的にレバーを押《お》すという行動を学習します。

また、ある行動を減少、あるいは消失させたいときには、罰《ばつ》(多くは電気ショック)を使います。たとえば、報酬《ほうしゅう》によってレバーを押《お》す

2023年度

豊島岡女子学園中学校

【国　語】〈第一回試験〉（五〇分）〈満点：一〇〇点〉

一　次の文章を読んで、後の一から九までの各問いに答えなさい。（ただし、字数指定のある問いはすべて句読点・記号も一字とする。）

一心不乱に勉強している人を見ると、「あの人はやる気のある人だなぁ」と思うことはありますが、ブウンブウンと音を立てて一心不乱に掃除《そうじ》している＊ルンバを見ても、①「あのルンバはやる気があるなぁ」とは感じないでしょう。

不思議な気がしますが、なぜこのように人とルンバに対して異なった感情が芽生えるのでしょうか。

それは動くための力のありかが違《ちが》うことを知っているからです。ルンバが動くことができるのは、ルンバの内部からの力ではなく、外部からの力、すなわち、電力によって動力を得ているからです。ルンバに限らず機械が動くためには、外部から電力やガソリンなどの物理的な力が供給される必要があります。その力を得た後に、スイッチをいれると動き出します。それに比べて、人間は外部による力で動くことはあまりありません。むしろ、人間（やある種の動物）は、内部からのやる気によって自ら行動を起こします。

そのように考えると、「やる気」とは、人間の内部に存在している力のことだということがわかります。もう少し説明を加えると、「やる気」とは、ある行動を引き起こし、その行動を持続させ、結果として一定の方向に導く心理的過程のことだといえるでしょう。

ちょっと難しく感じたかもしれませんね。それではみなさんに身近な勉強を例にやる気を説明してみましょう。「やる気」とは、「勉強する」という行動を引き起こして、「勉強する」という行動を持続させ、結果として、成績が向上するような過程であると考えられます。少しはわかりやすくなったのではないでしょうか。

つまり、ある行動を引き起こして、それを持続させる源（力）が「やる気」なのです。一般的《いっぱんてき》には②「やる気スイッチ」などというように、行動を引き起こすことに重点がおかれがちですが、持続させる力という点もあることに注意しましょう。

ただし、「やる気」は、勉強や運動に対してだけ使うものではありません。お母さんの手伝いをすることだったり、部屋を整理整頓《せいとん》することだったり、ゲームをすることだったりと、すべての行動を引き起こす源のことをいいます。

（中略）

冒頭《ぼうとう》のルンバの説明では、外からの力で動くものには「やる気」を感じないと単純化して話しましたが、実は、やる気には、「外から与《あた》えられるやる気」もあります。そのため、「内からわき出るやる気」と「外から与《あた》えられるやる気」の二つに大きく分けられます。心理学の学術用語では、それぞれ「内発的動機づけ」と「外発的動機づけ」といいます。

「内からわき出るやる気」（以後、「内からのやる気」ということにします）とは、③行動自体が目的となっているやる気、つまり、自分の行動の理由が好奇心《こうきしん》や興味・関心から生じている状態のことをいいます。

ゲームに夢中になっている子どもたちの多くは、ゲームが楽しくてゲームをしている（一般化《いっぱんか》するとその行動にＡジュウジしている）のであって、何も、将来、ゲームに関わる職業にＢツキたいからでも、誰《だれ》

2023年度

豊島岡女子学園中学校　▶解説と解答

算　数　＜第１回試験＞（50分）＜満点：100点＞

解　答

1 (1) $\frac{1}{280}$　(2) $\frac{20}{23}$　(3) ア　1　イ　6　(4) 24　2 (1) ア　A　イ　1　(2) 8通り　(3) 810人　(4) 81度　3 (1) 1200　(2) 775　4 (1) 1：2　(2) $\frac{1}{21}$倍　5 (1) 24秒後　(2) 右２段　(3) 102　6 (1) $\frac{23}{27}$cm^3　(2) $\frac{77}{108}$cm^3　(3) $\frac{9}{16}$cm^3

解　説

1 四則計算，分数の性質，周期算，約束記号

(1) $\left(0.1\times\frac{2}{3}+\frac{5}{4}\right)\div\frac{7}{6}-\frac{9}{8}=\left(\frac{1}{10}\times\frac{2}{3}+\frac{5}{4}\right)\div\frac{7}{6}-\frac{9}{8}=\left(\frac{1}{15}+\frac{5}{4}\right)\div\frac{7}{6}-\frac{9}{8}=\left(\frac{4}{60}+\frac{75}{60}\right)\div\frac{7}{6}-\frac{9}{8}=\frac{79}{60}\times\frac{6}{7}-\frac{9}{8}=\frac{79}{70}-\frac{9}{8}=\frac{316}{280}-\frac{315}{280}=\frac{1}{280}$

(2) $9\frac{1}{5}$をかけても，$40\frac{1}{4}$をかけても整数となる分数を$\frac{B}{A}$とする。$\frac{B}{A}\times9\frac{1}{5}=\frac{B}{A}\times\frac{46}{5}$が整数になるとき，$A$は46と約分されて１になり，５は$B$と約分されて１になるから，$A$は46の約数，$B$は５の倍数である。同様に，$\frac{B}{A}\times40\frac{1}{4}=\frac{B}{A}\times\frac{161}{4}$が整数になるとき，$A$は161の約数，$B$は４の倍数である。よって，$A$は46と161の公約数，$B$は５と４の公倍数となり，46と161の最大公約数は23で，５と４の最小公倍数は20だから，Aは23の約数，Bは20の倍数である。したがって，分数$\frac{B}{A}$のうち，１より小さい分数は$\frac{20}{23}$となる。

(3) １に６を１回かけると，１×６＝６，２回かけると，６×６＝36，３回かけると，36×６＝216となる。また，ある数に６をかけた数の下２けたの数は，ある数の下２けたに６をかければ求められる。よって，１に６を何回かかけた数の下２けたを求めていくと，右の図のようになる。これより，７回のときは２回のときと同じ36なので，７回のときからは，２回から６回までの{36，16，96，76，56}の５つを繰《く》り返していく。したがって，(2023－１)÷５＝2022÷５＝404余り２より，2023回のときの下２けたは{36，16，96，76，56}のうちの２番目と同じで，16となるから，十の位は１(…ア)，一の位は６(…イ)である。

６を１回…１×６＝６
６を２回…６×６＝36
６を３回…36×６＝216
６を４回…16×６＝96
６を５回…96×６＝576
６を６回…76×６＝456
６を７回…56×６＝336

(4) ４△６＝２÷(１÷４＋１÷６)$=2\div\left(\frac{1}{4}+\frac{1}{6}\right)=2\div\left(\frac{3}{12}+\frac{2}{12}\right)=2\div\frac{5}{12}=2\times\frac{12}{5}=\frac{24}{5}$より，$\frac{24}{5}$△□＝８となる。よって，$2\div\left(1\div\frac{24}{5}+1\div\square\right)=8$より，$2\div\left(\frac{5}{24}+1\div\square\right)=8$，$\frac{5}{24}+1\div\square=2\div8=\frac{1}{4}$，$1\div\square=\frac{1}{4}-\frac{5}{24}=\frac{6}{24}-\frac{5}{24}=\frac{1}{24}$，$\square=1\div\frac{1}{24}=1\times\frac{24}{1}=24$と求められる。

2 速さと比，場合の数，比の性質，集まり，角度

(1) １回目はＡさんが100ｍ走る間にＢさんは，100－10＝90(ｍ)走ったので，ＡさんとＢさんの速さの比は，100：90＝10：９である。２回目も２人は同じ速さで走ったから，Ａさんが110m走る間に，Ｂさんは，$110\times\frac{9}{10}$＝99(m)走る。よって，Ａさんが，100－99＝１(m)の差をつけて先にゴールした。

(2)　４枚とも黒の場合と４枚とも白の場合はそれぞれ１通りずつある。また，４枚のうち１枚だけ白の場合，白を置く場所は下の図１のア，イ，ウ，エの４つあるが，ア，イ，エに置くとき，異なる向きから見ると同じものになる。よって，１枚だけ白のときが２通りあり，１枚だけ黒のときも同様に２通りある。さらに，黒と白が２枚ずつの場合，ウに白を置くと，残り１枚の白をア，イ，エのどこに置いても，異なる向きから見ると同じものになるので，ウに白を置くときは１通りあり，ウに黒を置くときも同様に１通りある。したがって，全部で，１＋１＋２＋２＋１＋１＝８(通り)作ることができる。

図１

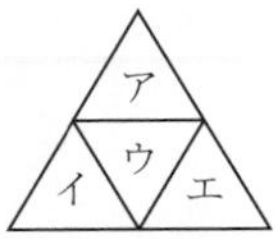

図２

	男子	女子	合計
利用している	180人		[10]
利用していない	ア人	240人	[17]
合計	[15]	[12]	[27]

図３

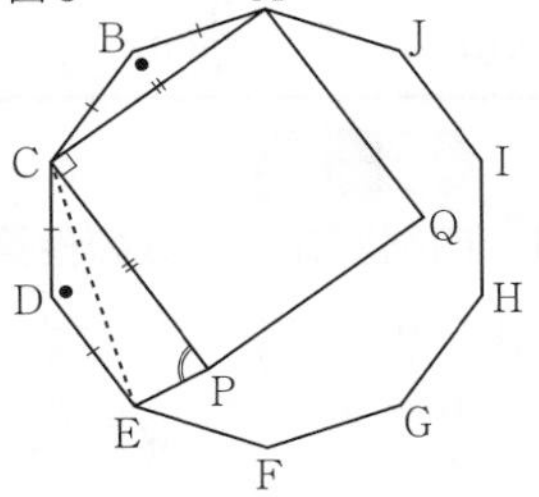

(3)　全校生徒の人数を，５＋４＝９と，10＋17＝27の最小公倍数より，[27]とすると，男子の人数は，[27]×$\frac{5}{9}$＝[15]，女子の人数は，[27]×$\frac{4}{9}$＝[12]，電車を利用している生徒の人数は[10]，利用していない生徒の人数は[17]とそれぞれ表せるので，上の図２のようになる。ここで，電車を利用していない男子の人数をア人とすると，180＋ア＝[15]，ア＋240＝[17]だから，[17]－[15]＝[2]にあたる人数が，(ア＋240)－(180＋ア)＝240－180＝60(人)とわかる。よって，[1]＝60÷２＝30(人)となるので，全校生徒の人数は，[27]＝30×27＝810(人)と求められる。

(4)　上の図３で，正十角形の内角の和は，180×(10－２)＝1440(度)なので，その１つの内角の大きさは，1440÷10＝144(度)である。また，三角形CDEと三角形ABCは合同な二等辺三角形だから，CEとACの長さは等しく，正方形ACPQよりACとCPの長さも等しいので，三角形CEPは，CE＝CPの二等辺三角形とわかる。さらに，三角形ABCに注目すると，角BCA＝(180－144)÷２＝18(度)となり，同様に角DCEも18度だから，角ECP＝144－18－90－18＝18(度)とわかる。よって，二等辺三角形CEPで，角CPE＝(180－18)÷２＝81(度)と求められる。

3　売買損益

(1)　仕入れ値を１とすると，定価は，１×(１＋0.5)＝1.5，売り値は，1.5×(１－0.2)＝1.2と表せるので，利益は，1.2－１＝0.2となる。これが240円だから，比の１にあたる値段，つまり，仕入れ値は，240÷0.2＝1200(円)とわかる。

(2)　仕入れ値が120円で，定価は，120×(１＋0.5)＝180(円)，定価の２割引きは，180×(１－0.2)＝144(円)だから，１個あたりの利益は，定価で売ったときが，180－120＝60(円)，定価の２割引きで売ったときが，144－120＝24(円)となる。よって，定価で売った分の利益は，60×700＝42000(円)なので，定価の２割引きで売った分の利益は，43800－42000＝1800(円)となる。したがって，定価の２割引きで売れた個数は，1800÷24＝75(個)だから，仕入れた個数は全部で，700＋75＝775

(個)と求められる。

4 平面図形―辺の比と面積の比

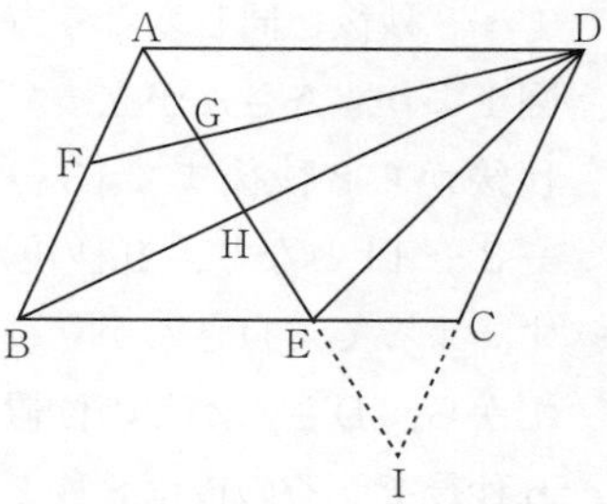

(1) 右の図で，平行四辺形ABCDの面積を$\boxed{1}$とすると，四角形AECDと三角形ABEの面積の比が２：１だから，三角形ABEの面積は，$\boxed{1}\times\frac{1}{2+1}=\boxed{\frac{1}{3}}$となり，ADとBEは平行なので，三角形DBEの面積は三角形ABEの面積と等しく，$\boxed{\frac{1}{3}}$となる。ここで，AEとBDの交わる点をＨとすると，四角形BEGFと三角形BDFの面積が等しく，四角形BHGFは共通だから，三角形BEHと三角形DGHの面積も等しくなる。また，どちらにも三角形DHEをつけ加えると，三角形DBEと三角形DGEの面積も等しくなる。よって，三角形DGEの面積は$\boxed{\frac{1}{3}}$となる。さらに，三角形ADEの面積は平行四辺形ABCDの面積の半分で，$\boxed{\frac{1}{2}}$だから，三角形AGDの面積は，$\boxed{\frac{1}{2}}-\boxed{\frac{1}{3}}=\boxed{\frac{1}{6}}$とわかる。したがって，三角形AGDと三角形DGEの面積の比は，$\frac{1}{6}:\frac{1}{3}=1:2$だから，AG：GEも１：２である。

(2) 三角形DECの面積は，平行四辺形ABCDの面積から三角形ABEと三角形ADEの面積をひいて，$\boxed{1}-\boxed{\frac{1}{3}}-\boxed{\frac{1}{2}}=\boxed{\frac{1}{6}}$だから，BE：EC＝(三角形ABEの面積)：(三角形DECの面積)＝$\frac{1}{3}:\frac{1}{6}=2:1$である。ここで，AEとDCをのばした直線が交わる点をＩとすると，ABとICが平行より，三角形ABEと三角形ICEは相似なので，AE：EI＝BE：EC＝２：１となる。そこで，AE＝②，EI＝①とすると，AG：GE＝１：２より，AGの長さは，②×$\frac{1}{1+2}=\textcircled{\frac{2}{3}}$，GEの長さは，②－$\textcircled{\frac{2}{3}}=\textcircled{\frac{4}{3}}$だから，AG：GI＝$\textcircled{\frac{2}{3}}:\left(\textcircled{\frac{4}{3}}+\text{①}\right)=\textcircled{\frac{2}{3}}:\textcircled{\frac{7}{3}}=2:7$とわかる。さらに，三角形AFGと三角形IDGも相似なので，FG：GD＝AG：GI＝２：７となる。よって，三角形AFGの面積は，三角形AGDの面積の$\frac{2}{7}$倍となり，$\boxed{\frac{1}{6}}\times\frac{2}{7}=\boxed{\frac{1}{21}}$だから，平行四辺形ABCDの面積の$\frac{1}{21}$倍である。

5 周期算，調べ

(1) ＡさんとＢさんの昇《のぼ》り降りのしかたを調べると，下の図１のようになる。図１より，８秒後にどちらも「右１段」に立ち，16秒後には初めと同じように，Ａさんは「右１段」，Ｂさんは「左１段」に立っている。よって，17秒後からは，１秒後～16秒後と同じ昇り降りを繰り返すので，２回目に２人が同じ高さの同じ位置に立つのは，16秒後からさらに８秒後となり，16＋８＝24(秒後)である。

図１

秒後	1	2	3	4	5	6	7	8	9	10	11	12	13	14	15	16
A	右3	5	左3	左1	左3	5	右3	右1	右3	5	左3	左1	左3	5	右3	右1
B	左2	左3	左4	5	右4	右3	右2	右1	右2	右3	右4	5	左4	左3	左2	左1

(2) 図１より，13秒後，Ａさんは「左３段」に立っているから，Ｃさんは「右３段」に立っている。また，Ｃさんは，「５段」にいる場合を除くと，８秒後には必ず同じ高さの異なる位置にくるので，Ｃさんは出発してから，13－８＝５(秒後)に「左３段」に立っていたことになる。よって，出発してから５秒間で，「右２段」→「右３段」→「右４段」→「５段」→「左４段」→「左３段」と移動したから，Ｃさんが出発した位置は「右２段」とわかる。

(3) ＡさんとＤさんが同じ高さの同じ位置にも，同じ高さの異なる位置にも立っていないのは，２人が立っている段の数字が異なるときである。まず，Ｄさんが，１～５段からそれぞれ出発した場合，Ｄさんが立っている段の数字の変わり方は，右の図２のようになり，９秒後からもそれぞれ１～８秒後と同じ変わり方を繰り返す。一方，図１より，Ａさんが立っている段の数字は，１秒後から８秒後まで｛3→5→3→1→3→5→3→1｝となり，９秒後からもこれを繰り返す。よって，Ｄさんが立っている段の数字がＡさんと同じになるのは，図２のかげをつけたところだから，Ｄさんがどの位置から出発しても，２人が立っている段の数字が異なる時間は，１回目が６秒後で，その後は８秒ごとになる。したがって，100秒後に最も近い時間は，(100－６)÷８＝11余り６より，６＋８×12＝102(秒後)である。

図２

秒後	1	2	3	4	5	6	7	8
左１段，右１段から	2	3	4	5	4	3	2	1
左２段，右２段から	3	4	5	4	3	2	1	2
左３段，右３段から	4	5	4	3	2	1	2	3
左４段，右４段から	5	4	3	2	1	2	3	4
５段から	4	3	2	1	2	3	4	5

6　立体図形―分割，体積

(1)　平面(あ)で切ったときのようすは下の図１のようになり，底面DEFを含《ふく》まない方の立体は三角すいE－PBSである。三角形PBSと三角形ABCは相似で，その相似比は２：３だから，三角形PBSの面積は三角形ABCの面積の，$\frac{2}{3}\times\frac{2}{3}=\frac{4}{9}$(倍)となる。よって，三角すいE－PBSの体積は，底面が三角形PBSで，高さがBEの三角柱の体積の$\frac{1}{3}$倍だから，正三角柱ABC－DEFの体積の，$\frac{4}{9}\times\frac{1}{3}=\frac{4}{27}$(倍)とわかる。したがって，その体積は，$1\times\frac{4}{27}=\frac{4}{27}$(cm^3)だから，底面DEFを含む立体の体積は，$1-\frac{4}{27}=\frac{23}{27}$(cm^3)と求められる。

(2)　(1)の後，さらに平面(い)で切ると，下の図２のようになり，このとき，三角すいF－URCから三角すいG－VRSを除いた部分が新たに切り取られることになる。まず，三角すいF－URCの体積は三角すいE－PBSの体積と同じ$\frac{4}{27}$cm^{3}である。また，図２のように，正三角形ABCは９個の合同な正三角形に分けることができるから，三角形VRSの面積は三角形URCの面積の$\frac{1}{4}$倍となる。さらに，RSとEFが平行より，三角形RSGと三角形FEGは相似で，その相似比は，RS：FE＝１：３だから，底辺をそれぞれRS，FEとみたときの高さの比も１：３である。よって，三角すいG－VRSの高さは三角すいF－URCの高さの，$1\div(1+3)=\frac{1}{4}$(倍)になるので，三角すいG－VRSの体積は，三角すいF－URCの体積の，$\frac{1}{4}\times\frac{1}{4}=\frac{1}{16}$(倍)となり，$\frac{4}{27}\times\frac{1}{16}=\frac{1}{108}$(cm^3)とわかる。したがって，新たに切り取られる部分の体積は，$\frac{4}{27}-\frac{1}{108}=\frac{5}{36}$(cm^3)なので，底面DEFを含む立体の体積は，$\frac{23}{27}-\frac{5}{36}=\frac{77}{108}$(cm^3)と求められる。

(3)　(2)の後，さらに平面(う)で切ると，下の図３のようになり，このとき，三角すいD－AQTから三角すいH－UVTと三角すいI－PQVを除いた部分が新たに切り取られることになる。(2)と同様に，三角すいD－AQTの体積は$\frac{4}{27}$cm^3，三角すいH－UVTと三角すいI－PQVの体積はそれぞれ$\frac{1}{108}$cm^{3}なので，新たに切り取られる部分の体積は，$\frac{4}{27}-\frac{1}{108}\times 2=\frac{7}{54}$(cm^3)となり，図３の底面DEFを含む立体の体積は，$\frac{77}{108}-\frac{7}{54}=\frac{7}{12}$(cm^3)とわかる。次に，三角形RSGと三角形FEGの相似比が１：３なので，三角形FEGで，底辺をFEとみたときの高さは正三角柱ABC－DEFの高さの$\frac{3}{4}$倍になる。三角形DFH，三角形EDIでも同様に，底辺をそれぞれDF，EDとみたときの高さは正三角柱ABC－DEFの高さの$\frac{3}{4}$倍となり，XEの長さも正三角柱ABC－DEFの高さの$\frac{3}{4}$倍だから，平面(え)

は点X，G，H，Ｉを通る。よって，図３の状態からさらに平面(え)で切ると，三角すいV－GHIが切り取られることになる。ここで，点G，H，Ｉからそれぞれ辺BC，CA，ABと垂直な直線を引き，交わる点をG′，H′，I′とすると，三角形GHIと三角形G′H′I′の面積は等しく，点G′，H′，I′はそれぞれ辺BC，CA，ABの真ん中の点になるから，三角形GHIの面積は三角形ABCの面積の$\frac{1}{4}$倍とわかる。さらに，三角すいV－GHIの高さは正三角柱ABC－DEFの高さの，$1-\frac{3}{4}=\frac{1}{4}$(倍)だから，三角すいV－GHIの体積は，正三角柱ABC－DEFの体積の，$\frac{1}{4}\times\frac{1}{4}\times\frac{1}{3}=\frac{1}{48}$(倍)となり，$1\times\frac{1}{48}=\frac{1}{48}$(cm^3)である。したがって，求める立体の体積は，$\frac{7}{12}-\frac{1}{48}=\frac{9}{16}$(cm^3)となる。

図１

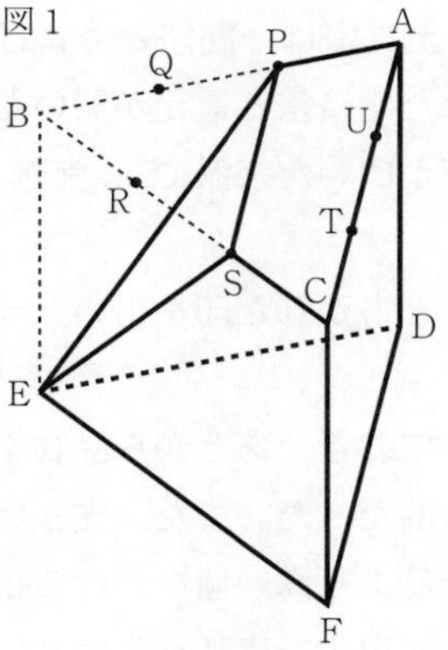

図２

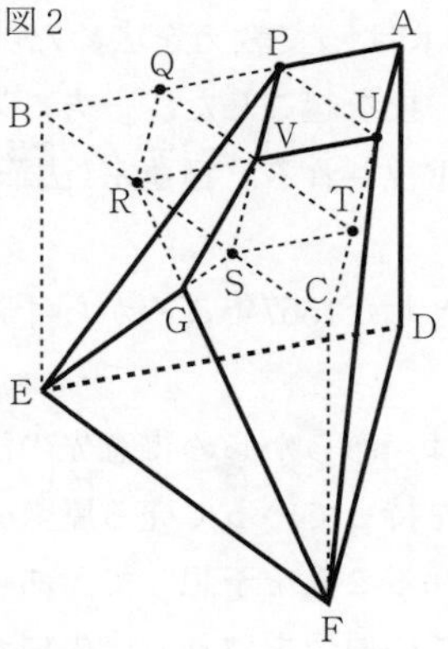

図３

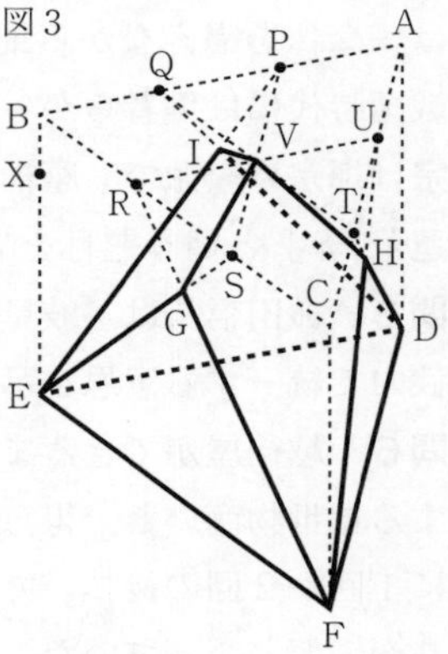

社　会　＜第１回試験＞（理科と合わせて50分）＜満点：50点＞

解　答

[1] **問１**　漢(後漢)　**問２**　2　**問３**　3，4　**問４**　5　**問５**　織田信長　**問６**　4→1　**問７**　4→1→3→2　**問８**　2　[2] **問１**　5　**問２**　3　**問３**　(1)　2　(2)　アイヌ　**問４**　4　**問５**　3　**問６**　(例)　全国に広がった。　**問７**　(1)　対馬　(2)　4　[3] **問１**　1　**問２**　1→3→4→2　**問３**　3　**問４**　3，4，5　**問５**　違憲立法審査権　**問６**　4　**問７**　3　**問８**　(例)　若者のための政策を考えてもらえなくなる。

解　説

[1] 各時代の歴史的なことがらについての問題

問１　中国の歴史書『後漢書』東夷《とうい》伝によると，１世紀なかばの57年，倭《わ》(日本)にあった小国の一つ，奴国《なこく》の王が漢(後漢，中国)に使いを送り，皇帝から金印を授《さず》けられた。江戸時代に志賀島《しかのしま》(福岡県)で「漢委奴国王《かんのわのなのこくおう》」と刻まれた金印が発見され，この金印がそのときのものと考えられている。

問２　1　聖徳太子によって定められた憲法十七条は役人の心がまえを示したもので，律令のような法令ではない。　2　律令制における政治のしくみとして正しい。　3　律令制のもと，地方は国・郡・里に分けられ，国司は都から派遣されたが，郡司と里長は地方の豪族が任命された。　4　口分田は，戸籍に登録された６歳以上の男女に与えられた。

問３　１　「天武天皇」ではなく「天智天皇」が正しい。中臣鎌足《なかとみのかまたり》は，即位《そくい》する前の中大兄《なかのおおえの》皇子のころから，天智天皇を支えた。　２　「天の原ふりさけ見れば〜」という歌をよんだのは阿倍仲麻呂である。藤原仲麻呂は孝謙《こうけん》天皇のもとで政治にたずさわり，恵美押勝《えみのおしかつ》の名を授かったが，764年に反乱を起こして滅ぼされた。　３，４　藤原氏の摂関《せっかん》政治や，藤原氏が権力をにぎった過程を正しく説明している。　５　藤原道長の子の頼通《よりみち》は，道長から譲《ゆず》り受けた宇治(京都府)の別荘を平等院という寺に改め，阿弥陀《あみだ》堂として鳳凰《ほうおう》堂を建立《こんりゅう》した。

問４　鎌倉時代に広まった新しい仏教のうち，法然《ほうねん》が開いた浄土《じょうど》宗，親鸞《しんらん》が開いた浄土真宗，一《いっ》遍《ぺん》が開いた時宗はいずれも，「南無《なむ》阿弥陀仏」と念仏を唱える点で共通している。このうち，一遍は，念仏を唱えながら踊る踊《おどり》念仏によって教えを広めた。また，浄土真宗は一向宗ともよばれ，戦国時代には信者らが各地で一向一揆《いっき》を起こした。一方，栄西が開いた臨済宗と道元が開いた曹洞《そうとう》宗は禅《ぜん》宗の一派で，座禅(坐禅)が重視される。日蓮《にちれん》宗(法華《ほっけ》宗)は日蓮が開いた宗派で，「南無妙法《みょうほう》蓮華経《れんげきょう》」という題目を唱える。

問５　織田信長は，岐阜を本拠《ほんきょ》地とした1567年ごろから「天下布武」と書かれた印を用い，天下を武力で統一する意思を示した。

問６　越後屋ができるまで，呉服《ごふく》は，あらかじめ得意先の注文を聞いておき，あとから品物を持参する見世物商いと，得意先に品物を持っていって売る屋敷《やしき》売りが一般的だった。また，支払いは年に１回か２回の後払いで，値切られることを予想して，あらかじめ定価より高い値をつける掛《か》け売りが慣習となっていた。越後屋はこの慣習を破り，店先に商品を並べ，現金で支払う代わりに定価どおりで売る「現金掛け値なし」という商法を始め，大繁盛《はんじょう》した。

問７　１は1889年，２は1910年，３は1890年，４は1885年のできごとなので，年代の古い順に４→１→３→２となる。

問８　大正デモクラシーの時期には普通選挙を求める声が高まり，1925年には満25歳以上のすべての男子に選挙権を与える普通選挙法が制定された。これによって財産制限は撤廃《てっぱい》されたが，女子には選挙権は認められなかった。その後，太平洋戦争(1941〜45年)敗戦後の民主化政策の一つとして，衆議院議員選挙法が改正され，満20歳以上のすべての男女に選挙権が与えられた。

２　日本の地形や産業，気候などについての問題

問１　1960年ごろから，食生活の洋風化にともなって米の消費量・供給量が減っていったが，一方で肉類や牛乳・乳製品の消費量・供給量は増えていった。野菜の供給量は，これらに比べると大きくは変わっていない。

問２　重量が三つのうちで最も軽いが，金額では最も大きい「う」には，ほかの二つに比べて高度な技術や精密な部品が必要になる乗用自動車があてはまる。残る二つのうち，重量の割に金額が低い「い」がセメントで，「あ」が鉄鋼である。

問３　(1)　砂州《さす》は，陸から沖へと砂や石が細長く積もり，対岸の陸や島などと接してできる地形のことである。砂州が発達して海と切り離され，湖となったものを海跡《かいせき》湖(潟湖)といい，北海道のオホーツク海沿岸には，濤沸《とうふつ》湖のような海跡湖がいくつも見られる。なお，海岸段丘は海岸線にできる階段状の地形，三角州は川の河口付近にできる地形，扇状地《せんじょうち》は川が山から平地に出るところにできる扇《おうぎ》形の地形，リアス海岸は出入りが複雑な海岸地形。　(2)　アイヌは北海道の先住民で，北海道にはアイヌ語を由来とする地名が多くある。言語だけでなく，音楽や舞踊《ぶよう》など，アイヌ独自

の文化を守ろうという取り組みが続けられている。

問４　東京都や神奈川県，愛知県など，大都市があり，働く人が多いと考えられる都県が上位にある「う」には，生産年齢人口とよばれる15～64歳があてはまる。一方，地方の山間部では過疎《かそ》化と高齢化が問題となっているので，秋田県や高知県などが上位を占《し》める「あ」が，高齢者人口とよばれる65歳以上だと判断できる。残った「い」には，年少人口とよばれる15歳未満があてはまる。

問５　350メートルの等高線が太い線になっていることから，示された地形図は等高線の細い線(主曲線)が10メートルおき，太い線(計曲線)が50メートルおきに引かれた縮尺25000分の１の地形図だとわかる。「あ」の記念碑は330～340メートルほど，「い」の城跡は420メートルほどの位置にあるので，その標高差は約80～90メートルということになる。

問６　「でんでんむし」という方言は，1960年ごろの時点でおおむね全国で使われていたといえるものの，東北地方や北陸地方ではそれほど使われていなかった。しかし，2010年ごろにはそれらの地域でも割合が増え，「でんでんむし」という方言が全国に広がっていったことがわかる。

問７　(1)　対馬《つしま》海流は日本列島にそって日本海沖合を流れる暖流で，日本海側の気候に大きな影《えい》響《きょう》を与えている。　(2)　表から，日本海側に位置する富山市では冬の雷日数が多いので，冬に積乱雲が発達しやすいのだとわかる。また，対馬海流は暖流なので，イには「あたたかい」があてはまる。あたたかい海面に冬の冷たい空気が流れこむことで，雷が発生しやすくなるのである。

3　政治のしくみや税，財政などについての問題

問１　明治時代以降，日本では太陽暦が採用されている。太陽暦は，地球が太陽の周りを回る周期をもとにしている。なお，太陽暦が採用される以前は，月の満ち欠けの周期をもとにした太陰《たいいん》暦(旧暦)が用いられていた。

問２　１～４の過程がすべて行われるのは，衆議院と参議院で議決が分かれた場合である。衆議院の過半数の賛成で可決され，参議院でも過半数の賛成が得られれば法律は成立するので，この場合，衆議院で可決された法案が参議院に送られたのち，参議院で否決されたと判断できる。そこで，両院協議会が開かれたが，意見がまとまらなかったので衆議院での再議決が行われ，そこで３分の２以上の賛成が得られたため，法律が成立したという流れになる。なお，法律案(法案)において衆参の議決が分かれた場合，両院協議会は開いても開かなくてもよい。

問３　教科書の検定は，適切な教科書によって教育が行われることを目的としており，１，２，４のように，すべての子どもにひとしく教育の機会を与え，その権利を保障しようという取り組みとは性格が異なるといえる。

問４　固定資産税と住民税は地方税，消費税と所得税，法人税は国税である。なお，消費税は，10％(８％)の税率のうち，国税である消費税が7.8％(6.24％)，地方税である地方消費税が2.2％(1.76％)とされている。※(　)は一定の飲食料品などに課される軽減税率。

問５　裁判所は，国会が制定した法律が憲法に違反していないかを，具体的な裁判を通じて判断する権限を持っている。この権限を違憲立法審査権といい，すべての裁判所に与えられている。

問６　二院制の利点として，審議が慎重《しんちょう》に行えることなどがあげられるが，そのために審議や政策決定に時間がかかってしまうこともある。

問７　１　予算案は，財務省が作成したものを内閣が国会に提出する。　２　衆議院で可決された予算案が参議院で否決されたのち，両院協議会でも意見が一致しなかった場合，あるいは衆議院

の可決後，国会の休会中を除く30日以内に参議院が議決しないときは，衆議院の議決が国会の議決となる(衆議院の優越)。つまり，参議院が予算案を可決しなくても，予算案が成立することがある。

３，４　近年の日本の財政では，少子高齢化の進行にともなって増大する社会保障関係費が，歳出で最も大きな割合を占めている。一方，これを税収だけではまかなえないため，公債金という国債を発行して借りたお金で不足分を補っているが，その割合は大きく，減少し続けてはいない。

問８　国政選挙では，60歳代まで，年齢が高いほど投票率が高くなる傾向《けいこう》がみられる。若い世代の投票率が低い一方で，高齢者の投票率が高い場合，選挙で当選するためには，高齢者から多くの票を得たほうが有利になる。そうなると，候補者は若者よりも高齢者に向けた政策を前面に打ち出すことになり，若者のための政策がおろそかになるおそれがある。なお，「あ」は60歳代，「い」は50歳代，「う」は70歳以上，「え」は40歳代，「お」は30歳代，「か」は10歳代，「き」は20歳代で，10歳代の18・19歳の人たちは2015年に公職選挙法が改正されたことで選挙権を得た。

理　科　＜第１回試験＞（社会と合わせて50分）＜満点：50点＞

解　答

1　(1)　５：３　(2)　秒速15m　(3)　25：９　(4)　0.54m　(5)　0.19m　2　(1)　５g　(2)　20g　(3)　1.5g　(4)　42g　(5)　64g　(6)　い　(7)　３g　(8)　27.5g　3　(1)　40倍　(2)　16倍　(3)　あ　(4)　あ，え　(5)　ゾウリムシ　(6)　う　(7)　あ　4　(1)　(例)　火山の噴火　(2)　西　(3)　い　(4)　い，う，お　(5)　お　(6)　不整合

解　説

1　物体の衝突《しょうとつ》についての問題

(1)　実験１で，ＡがＢに衝突する速さが秒速５mのとき，Ａのはね返る速さは秒速３mなので，その比は５：３になる。

(2)　(1)より，はね返る速さが秒速９mのときの衝突する速さは，秒速，$9\times\frac{5}{3}=15$(m)となる。

(3)　実験３で，手を放す高さを１mにしたとき，はね上がる高さは0.36mとなったので，これらの比は，１：0.36＝25：９である。

(4)　(3)より，手を放す高さが1.5mのときのはね上がる高さは，$1.5\times\frac{9}{25}=0.54$(m)と求められる。

(5)　１回目の衝突で0.54mの高さまではね上がるので，２回目の衝突は0.54mの高さから手を放したと見なして考える。よって，はね上がる高さは，$0.54\times\frac{9}{25}=0.1944$より，0.19mとわかる。

2　銅を用いた物質の変化の実験についての問題

(1)　銅を加熱して酸化銅にすると，銅と酸素が結びつく反応だけが起こる(さらに別の物質ができたり，気体が発生したりしない)。よって，酸化銅の重さは，銅の重さと，それに結びついた酸素の重さの和となる。表１より，ガラス容器の重さは10gなので，10.8－10＝0.8(g)の銅を加熱すると，11.0－10＝1.0(g)の酸化銅になり，このとき，1.0－0.8＝0.2(g)の酸素と結びついたことがわかる。したがって，酸化銅ができるときに結びつく銅と酸素の重さの比は，(銅)：(酸素)＝0.8：0.2＝４：１とわかるので，20gの銅がすべて酸化銅になるときには，$20\times\frac{1}{4}=5$(g)の酸素と結

びつく。

(2)　ガラス容器以外の重さが30gになったので，銅と結びついた酸素の重さは，30−28＝２（g）である。この酸素と結びついた銅は，$2\times\frac{4}{1}=8$（g）とわかるから，28−８＝20（g）の銅が反応せずに残っている。

(3)　20gの酸化銅は，$20\times\frac{4}{4+1}=16$（g）の銅と，20−16＝４（g）の酸素が結びついたものである。この酸化銅を図２の装置で加熱すると，４gの酸素が銅から離《はな》れ，炭素と結びついて二酸化炭素となって試験管の外に出ていく。石灰《せっかい》水が白く濁《にご》ったのは試験管から二酸化炭素が出てきたからだが，その石灰水の重さが5.5g増えたのは，二酸化炭素が5.5g発生したと考えてよい。よって，5.5gの二酸化炭素には炭素が，5.5−４＝1.5（g）含《ふく》まれていることがわかるので，20gの酸化銅と1.5gの炭素が過不足なく反応するといえる。

(4)　３gの炭素と反応する酸化銅は，$20\times\frac{3}{1.5}=40$（g）で，これは酸素が離れることで，$40\times\frac{4}{4+1}=32$（g）の銅になる。一方，反応しなかった酸化銅は，50−40＝10（g）である。よって，加熱後の試験管内の固体の重さは，32＋10＝42（g）となる。

(5)　水は水素と酸素が結びついてできている。２gの水素から18gの水ができたとき，結びついた酸素は，18−２＝16（g）である。つまり，２gの水素は酸化銅から16gの酸素をうばったといえるので，反応後にできた銅は，$16\times\frac{4}{1}=64$（g）になる。

(6)　試験管中に空気が入っていると，酸化銅からうばった酸素が炭素と反応してできた二酸化炭素だけでなく，空気中の酸素が炭素と反応してできた二酸化炭素も発生してしまう。つまり，銅と結びついていた酸素の重さを正確に求められなくなってしまう。

(7)　(3)より，炭素と酸素が結びつく重さの比は，1.5：(5.5−1.5)＝３：８で，(5)より，水素と酸素が結びつく重さの比は，２：16＝１：８である。そして，220gの酸化銅には酸素が，$220\times\frac{1}{4+1}=44$（g）含まれている。ここで，44gの酸素がすべて炭素と結びついたとすると，$44\times\frac{3}{8}=16.5$（g）の炭素が必要となるが，実際は炭素と水素が合わせて10.5g使われていて，その差は，16.5−10.5＝６（g）となる。また，酸素１gに結びつく炭素と水素の重さの差は，$\frac{3}{8}-\frac{1}{8}=\frac{1}{4}$（g）である。よって，水素と結びついた酸素の重さは，$6\div\frac{1}{4}=24$（g）とわかるので，このとき水素は，$24\times\frac{1}{8}=3$（g）反応した。

(8)　(7)より，反応した炭素の重さは，10.5−３＝7.5（g）なので，発生した二酸化炭素（増加《ぞうか》する石灰水の重さ）は，$7.5\times\frac{3+8}{3}=27.5$（g）になる。

③　顕微鏡《けんびきょう》を使った観察についての問題

(1)　顕微鏡全体の倍率は，（接眼レンズの倍率）×（対物レンズの倍率）となる。よって，全体の倍率が600倍，接眼レンズが15倍のとき，対物レンズは，600÷15＝40（倍）となる。

(2)　全体の倍率を100倍から400倍にすると，視野の中において，正方形の１辺の長さは，400÷100＝４（倍）となる。したがって，正方形の面積は，４×４＝16（倍）になる。

(3)　一般的《いっぱんてき》な顕微鏡では，上下左右が逆になって見える。そのため，問題文中の図のように視野の左上に移動した生物は，実際には右下に移動したので，これを中央にもどすにはプレパラートごと左上の方向（「あ」の方向）に移動させればよい。

(4)　全体の倍率は，小さい順に，５×４＝20（倍），10×４＝40（倍），５×10＝50（倍），15×４＝60

(倍)，10×10＝100(倍)，…となる。よって，全体の倍率が４番目に低くなるのは，15倍の接眼レンズと４倍の対物レンズを使った場合とわかる。接眼レンズは短いものほど倍率が高いので，３種類の中で最も高倍率である15倍の接眼レンズは「あ」となる。また，対物レンズは長いものほど倍率が高いので，３種類の中で最も低倍率である４倍の対物レンズは「え」となる。

⑸　問題文中の図の生物は，ぞうりのような形をしているゾウリムシである。体のまわりにはせん毛という細かい毛がたくさんあり，これを細かく動かして移動する。

⑹　⑸の図のゾウリムシの場合，下側に細胞《さいぼう》口と呼ばれるエサの取り入れ口がある。ここにエサが入るように泳ぐので，「う」の向きに泳ぐ。

⑺　体内の濃度《のうど》に最も近いのが0.2％なので，食塩水の濃度がそれより低いほど，体内と体外の濃度の差が大きくなって，より多くの水が体内に入ってくる。すると，余分な水分を体外に出すため，収縮胞《しゅうしゅくほう》の活動がさかんになる(収縮の回数が増える)。よって，食塩水の濃度が低いほど収縮の回数が多くなっている「あ」が適切である。

4　地層についての問題

⑴　川に流されてきた土砂が堆積《たいせき》してできた層の粒《つぶ》は，流される間に角が取れるため，丸みを帯びている。これに対し，火山が噴火《ふんか》したときに吹《ふ》き出された火山灰などが降り積もってできた層の場合は，流れる水のはたらきを受けていないため，粒が角ばっている。

⑵　図２で，南北に並ぶＢ，Ｃ，Ｄを比べると，どれも層アの上が層イ(れき層)，下が層ウ(砂層)となっていて同じなので，当時は南北に傾斜《けいしゃ》していなかったと考えられる。一方，東西に並ぶＡ，Ｃ，Ｅを比べると，層アの下の層が，Ａでは層イ(れき層)，Ｃでは層ウ(砂層)，Ｅでは層エ(でい層)となっており，西へ行くほど粒が大きくなっている。よって，当時は河口がＡの近くにあり，西から流れてきた川によって土砂が堆積して，それぞれの層ができたと考えられる。

⑶　層ア(火山灰層)の深さを見ると，Ａ，Ｃ，Ｄ，Ｅでは同じ深さなのに，Ｂだけはそれらよりも少し浅い。これより，ＢとＣの間には断層があると推測される。

⑷　Ｄの層ａは砂層，その上の層ｂはでい層なので，当時は水深が深くなったことがわかる。深くなる要因としては，地域全体が沈降《ちんこう》することと，海水面の高さが高くなることが考えられる。なお，地球全体が温暖化すると，陸地の氷雪《ひょうせつ》がとけて海に流れるなどして，海水面が高くなる。逆に，地球全体が寒冷化すると，陸地に氷雪がとどまって海水が減少するため，海水面が低くなる。

⑸　ホタテ貝は，比較《ひかく》的寒い地域(北日本など)の，水深がおよそ10～70ｍの海にすむ。よって，ホタテ貝の化石を含む層は，その層ができた当時，比較的寒い地域のそれほど深くない海であったと考えられる。このように，堆積した当時の環境《かんきょう》を知る手がかりとなる化石を示相化石という。

⑹　ふつう地層はそれぞれの層の堆積した時代が連続していて，このような連続した積み重なり方を整合という。ところが，隆起《りゅうき》するなどして陸地となり，風化や浸食《しんしょく》(侵食《しんしょく》)を受け，その後沈降して再び海底となって新たに層が積み重なると，層の境目がＸのように波打ったようになる。つまり，Ｘのような境目では，層の堆積した時代の連続性が途《と》切れていることになる。このような層の重なり方を不整合といい，Ｘのような境目を不整合面という。

国　語　＜第１回試験＞（50分）＜満点：100点＞

解　答

一　**問１**　下記を参照のこと。　**問２**　オ　**問３**　ウ　**問４**　ア　**問５**　**X**　アメ　**Y**　ムチ　**問６**　エ　**問７**　イ　**問８**　ア　**問９**　（例）　ある行動を引き起こして，それを持続させる源であり，行動そのものが目的となる「内からのやる気」と，行動することが目的を達成する手段である「外からのやる気」とに区別されるもの。　二　**問１**　**a**　息子　**b**　家庭教師　**問２**　ウ　**問３**　ウ　**問４**　エ　**問５**　A，C　**問６**　ア　**問７**　（例）　借りた本の話題に自分が触れてしまったことで，先生が研究内容に夢中になって絵を忘れてしまい，和也が傷つくことになったから。　**問８**　Ⅲ　イ　Ⅳ　オ　**問９**　ア，オ

●漢字の書き取り

一　**問１**　**A**　従事　**B**　就き　**C**　根底

解　説

一　**出典は外山美樹《とやまみき》の『勉強する気はなぜ起こらないのか』による**。具体例をあげながら，「やる気」とは何か，さらに，内からのやる気と外からのやる気のちがいについて説明している。

問１　**A**　ある仕事にたずさわること。　**B**　音読みは「シュウ」「ジュ」で，「就職」「成就《じょうじゅ》」などの熟語がある。　**C**　根本。ものごとのおおもとにあるもの。

問２　続く部分で説明されている。ルンバは「やる気」によってではなく電力によって動くのであり，「やる気」とは人間の内部に存在している力だと考えているためなので，オが選べる。

問３　続く部分にあるとおり，「やる気スイッチ」とは，それを押《お》すことによって押された人の行動を引き起こすものである。だれが押すのか，どこにスイッチがあるのかは特定されていない。

問４　ぼう線③の直後にある「つまり」は，前に述べた内容を“要するに”とまとめて言いかえるときに用いることばで，ぼう線③は「自分の行動の理由が好奇心《こうきしん》や興味・関心から生じている状態」にあたる。勉強の場合でいえば，勉強すること自体に面白《おもしろ》さや楽しさを感じ，勉強したいと思っている状態をさすので，アがあてはまる。

問５　**X**，**Y**　「外からのやる気」の例として，「褒《ほ》められたいから」勉強をする，「叱《しか》られるのが嫌《いや》だから」お手伝いをするという行動があげられている。褒められることを報酬《ほうしゅう》，叱られることを罰《ばつ》にあたると考えると，甘《あま》い面と厳しい面を使い分けて行動を誘導《ゆうどう》する「アメとムチ」にもとづき，勉強やお手伝いといった行動をとっていることになる。オペラント条件づけのねずみの例でも，報酬か罰のいずれかを与《あた》えることで行動をコントロールしている。

問６　やる気には「内からというイメージがある」と少し後にあるとおり，義務と命令は外から強制されるもので「やる気」とは関係がないように一般《いっぱん》的には考えられている。だが，心理学では外からのやる気も「外発的動機づけ」として行動を引き起こすものとされているのだから，エが合う。

問７　ぼう線⑤は直前の文の内容を言いかえており，行動すること自体が目的なら「内からのやる気」，行動が目的を達成するための手段なら「外からのやる気」として，「やる気」の分類について説明されている。

問８　「内からのやる気」の存在が広く認められるまでは，心理学では行動は「すべて，外からの

働きかけによると考えられていた」と本文にある。「アカゲザル」の実験は「『やる気』に関しての一般的な考え方の転換《てんかん》点となった」とあるので，アカゲザルはパズルを楽しいと感じて報酬や罰に関係なくパズルを解き出し，「内からのやる気」の存在が明らかになったものと考えられる。

問９　ぼう線②の直前の文に，「やる気」とは「ある行動を引き起こして，それを持続させる源(力)」だと定義されている。また，二番目の(中略)の直前には，行動そのものが目的となる「内からのやる気」と，行動することが目的を達成する手段である「外からのやる気」とに区別されるとある。

二　出典は瀧《たき》羽《わ》麻《あさ》子《こ》の『博士《はかせ》の長靴《ながぐつ》』による。藤巻《ふじまき》家の生活にふれた「僕《ぼく》」のようすが描《えが》かれている。

問１　**a**　本文の最初のほうに，和也《かずや》が藤巻先生に「お父さん」と呼びかける場面があるので，和也は藤巻先生の「息子《むすこ》」にあたる。　**b**　「僕」は藤巻先生の自宅で和也の勉強をみていることが，本文の最初の部分からわかる。また，本文の最後のほうで「僕」は，藤巻先生に息子の「家庭教師」を頼《たの》まれたときのことを話している。

問２　「処暑」は「暑さがやむ時期」という意味だとあるので，立秋(八月七日ころ)の後に来るウが選べる。処暑は八月二十三日ころにあたる。イには暑さが絶頂に達する「大暑」が入る。アには立春，エには立冬，オには冬至があてはまる。

問３　「眉《まゆ》を上げる」は，怒《いか》りを顔に表すしぐさ。気象の研究者である藤巻先生は，家でも熱心に空をながめ，ここでも息子に声をかけられているのに気づかない。和也が母親と目を見かわしているのは，またお父さんは家族そっちのけで研究に夢中になっているね，と同意を求めているからだろうと考えられる。

問４　昨年の台風では悲惨《ひさん》な被害《ひがい》が連日報道されていたので，どうしてこうなったのかと首をひねる院生も被害の規模の大きさについて言っているものと「僕」はかん違《ちが》いしたが，気象を研究する者なら気象そのものに関心が向くのが自然だと気づき，恥《は》ずかしく思って赤面したのである。

問５　どうして気象を研究するのかという和也の疑問に答えたＡ，さらにＢの質問を重ねる和也に再び答えるＣが藤巻先生の発言である。この後，「僕」がＤとＥで口をはさむが，納得できない和也はＦの発言をし，先生の奥《おく》さんがＧの発言でとりなすという流れになっている。

問６　「まぜ返す」は，“人の話をちゃかす”という意味。「まんざらでもない」は，“それほど悪くない，けっこうよい”という意味。研究熱心なあまり，ときに家族のことも目に入らなくなる父親が思いがけず自分の絵をほめてくれたので，照れくさく思いながらも，和也はうれしさをかくせないのである。

問７　藤巻先生が見たがった絵を取ってきた和也が声をかけても，借りた本の話題に「僕」が触《ふ》れてしまったばかりに，研究内容の話に夢中な先生は絵のことを忘れ，和也のほうを見もしなかった。和也が傷つきひきこもったのには，本の話題を出した自分にも責任があると「僕」は感じているのである。

問８　**Ⅲ**　気象は人間の力ではコントロールできないが，しくみを知りたいから研究するのだとこの前で藤巻先生は言っている。Ⅲは直前の発言を受けて，この世界にはわからないことがたくさんあるからこそおもしろく，知りたくなると言っているのだから，イが合う。　**Ⅳ**　「わからないひとだよ，きみのお父さんは」という言葉を受けている。科学者としての藤巻先生しか知らなかった「僕」は，息子の学校の成績をあまり気にしないなど先生の意外な一面を知って，先生の人間性に改めて好感を持ち，わからないからこそ「おもしろい」と感じているのだから，オがよい。

問９　「険しい目つき」などは，「ふだんの和也らしくない」一面なのだから，それを和也の性格としているイは合わない。藤巻先生は家族より研究を優先しているのではなく，研究に夢中になるとほかのことが見えなくなるだけなので，ウも正しくない。和也による「あのひと」呼ばわりは，純粋に父親を非難しているだけであって，「僕」に嫉妬《しっと》をぶつけているとはいえないので，エもふさわしくない。和也が「僕」の問いかけに答えなかった場面以降で「僕」が話している内容は，和也と先生の関係がよくなるきっかけになりそうなものであるので，カも正しくない。

2023年度 豊島岡女子学園中学校

【算　数】〈第２回試験〉（50分）〈満点：100点〉

（注意）　１．円周率は3.14とし，答えが比になる場合は，最も簡単な整数の比で答えなさい。

２．角すい・円すいの体積は，(底面積)×(高さ)÷３で求めることができます。

１　次の各問いに答えなさい。

(1)　$6.5\times\frac{9}{2}\div\left(1.5+\frac{7}{4}\right)+2.4\times\frac{5}{6}$ を計算しなさい。

(2)　$2.4\div\left(\boxed{}-\frac{2}{15}\right)\times0.125=3$ のとき，$\boxed{}$ にあてはまる数を答えなさい。

(3)　長さ154mの電車が長さ330mの鉄橋をわたり始めてからわたり終わるまでに20秒かかりました。電車の速さは時速何 km ですか。

(4)　１から400までの整数の中から，３の倍数と５の倍数を取り出して小さい順に並べると

３，５，６，９，10，12，…，400

となります。この中で，（５，６）や（９，10）のように，２つの続いた整数の組は何組ありますか。

２　次の各問いに答えなさい。

(1)　何本かのえんぴつをＡ組の生徒に１人７本ずつ配ったところ４本余りました。同じ本数のえんぴつをＢ組の生徒に１人５本ずつ配ったところ，余りも不足もありませんでした。Ａ組とＢ組の生徒の人数の合計は80人です。このとき，Ａ組の生徒の人数は何人ですか。

(2)　整数Aの各位の数の積を$[A]$と表すことにします。例えば，

$[6]=6$，$[47]=4\times7=28$，$[253]=2\times5\times3=30$

となります。次の①，②のどちらにもあてはまる３けたの整数Aを答えなさい。

①　$[A]+15=[A+1]$

②　$[A]+21=[A+10]$

(3)　右の図のように，正六角形 ABCDEF があります。点Ｐ，Ｑ，Ｒはそれぞれ辺 AF，BC，DE 上にあり，AP：PF ＝ CQ：QB ＝ ER：RD ＝ １：２となる点です。

このとき，(正六角形 ABCDEF の面積)：(三角形 PQR の面積)を答えなさい。

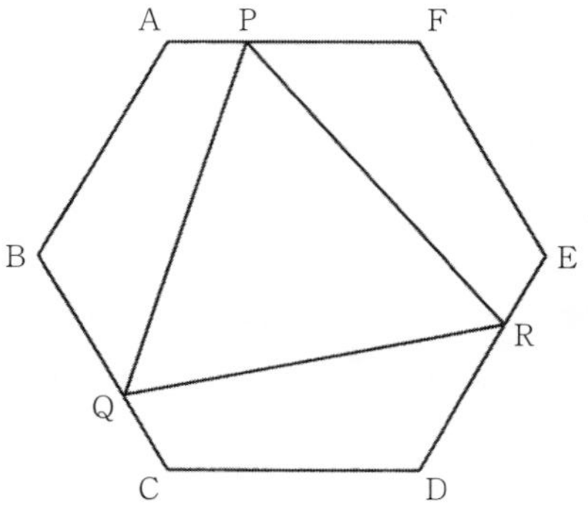

(4)　右の図のように，立方体ABCD-EFGHがあります。正方形ABCD内に4点I，J，K，Lを，四角形IJKLが1辺の長さが1cmの正方形となるようにとります。ただし，正方形IJKLと正方形ABCDの辺は重なっていません。

立方体ABCD-EFGHから正方形IJKLを1つの面とする直方体IJKL-MNOPをくり抜き，残った立体をTとします。ただし，辺JNの長さは3cmで，元の立方体の一辺の長さより短いとします。このとき，(立方体ABCD-EFGHの表面積)：(立体Tの表面積)＝8：9となりました。正方形BFGCの面積は何cm^2ですか。

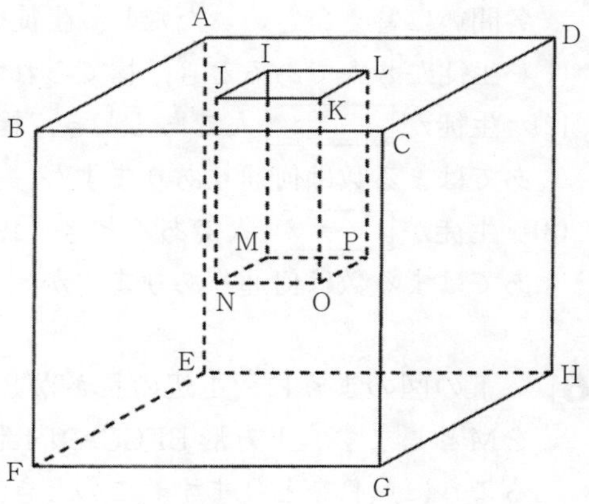

3　豊子さんと花子さんが，公園と学校の間をそれぞれ一定の速さで1往復します。ただし，花子さんの方が豊子さんより速いとします。豊子さんは公園から出発し，学校に着くとすぐに公園に向かいます。花子さんは学校から出発し，公園に着くとすぐに学校に向かいます。2人は同時に出発し，途《と》中ですれ違い，豊子さんが学校に着いたとき，花子さんは学校から750mの地点にいました。その後，学校から300mの地点で再び2人はすれ違いました。このとき，次の各問いに答えなさい。

(1)　(豊子さんの速さ)：(花子さんの速さ)を答えなさい。

(2)　公園から学校までの距離《きょり》は何mですか。

4　食塩水A，Bがたくさんあります。空《から》の容器に食塩水Aを120g入れた後，20gだけ水を蒸《じょう》発《はつ》させたものを食塩水Cとします。空の容器に食塩水Bを180g入れた後，45gだけ水を蒸発させたものを食塩水Dとします。食塩水Cと食塩水Dをすべて混ぜたところ濃度《のうど》が6％の食塩水になりました。このとき，次の各問いに答えなさい。

(1)　食塩水Aを120gと食塩水Bを180g混ぜてできる食塩水の濃度は何％ですか。

(2)　食塩水Aを200gと食塩水Bを50g混ぜたところ濃度が2.7％の食塩水になりました。このとき，食塩水Aの濃度は何％ですか。

5　1から100までの数字が1つずつ書かれた100枚のカードがあります。このカードを円形に並んだ何人かの生徒に，1が書かれたカードから順に右回りに1枚ずつ配っていきます。100枚すべてのカードを配り終えたところで，3の倍数が書かれたカードを持っている生徒はそれぞれ以下の①，②の操作を行います。

①　3の倍数が書かれたカードの中で一番小さい数が書かれたカードを捨てる。

②　①で捨てたカードに書かれた数より大きい数が書かれたカードを持っている場合は，それらをすべて捨てる。

例えば，生徒が8人いる場合，1番目の生徒には1，9，17，…，97が書かれたカードが配られ，9以上が書かれたカードがすべて捨てられます。2番目の生徒には2，10，18，…，98が書かれたカードが配られ，18以上が書かれたカードがすべて捨てられます。このとき，次の各問いに答えなさい。ただし，生徒の人数は３人以上50人以下とします。

(1) 生徒が８人であるとき，捨てられたカードは全部で何枚ですか。

(2) 生徒が□人であるとき，捨てられたカードは全部で33枚でした。このとき，□にあてはまる数は何通りありますか。

(3) 生徒が□人であるとき，19が書かれたカードは捨てられました。このとき，□にあてはまる数は何通りありますか。

6 下の図のように，１辺の長さが８cmの立方体ABCD-EFGHがあり，辺FGの真ん中の点をMとします。正方形BFGCの内部に直線MPの長さが１cm，角PMFの大きさが90度となるように点Pをとります。このとき，下の各問いに答えなさい。

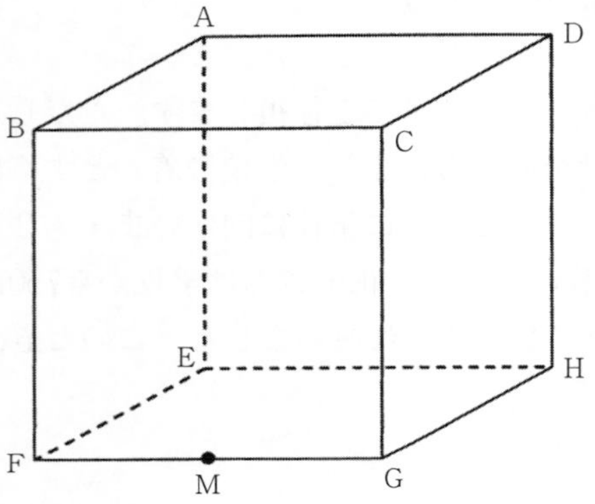

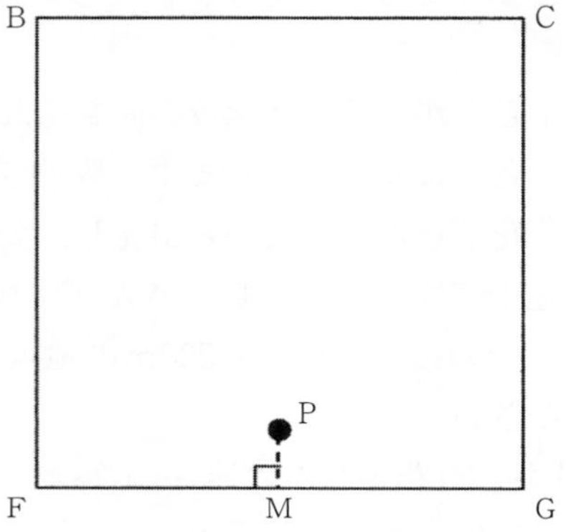

(1) 辺DH上にDQの長さが２cmとなるように点Qをとります。３点A，P，Qを通る平面と辺BFが交わる点をＩとするとき，FIの長さは何cmですか。

(2) 点Rは辺CD上の点です。３点A，P，Rを通る平面でこの立方体を切ったところ，切り口の形が五角形になりました。このとき，DRの長さは□cmより長くなります。□にあてはまる数のうち最も小さい数を答えなさい。

(3) 右の図は正方形CGHDを１辺の長さが１cmの正方形に分割したものであり，●はその正方形の頂点です。点Sは右の図の●のいずれかの点です。３点A，P，Sを通る平面でこの立方体を切ったところ，切り口の形が五角形になりました。このとき，●で示した81個の点のうち，点Sの位置としてふさわしいものは何個ありますか。

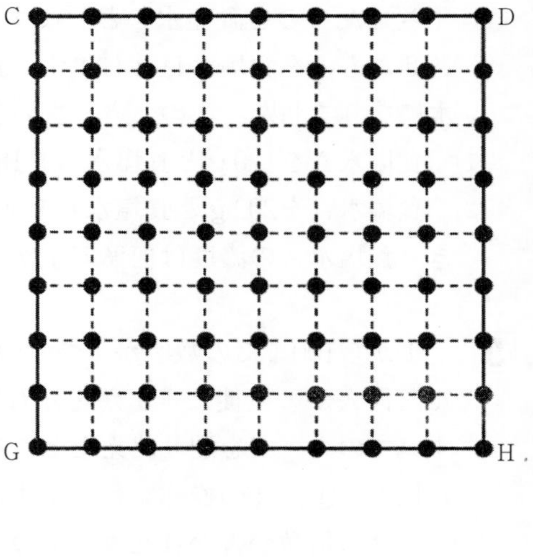

【社　会】〈第２回試験〉（理科と合わせて50分）**〈満点：50点〉**

〈編集部注：実物の入試問題では，**２問２・問６**のグラフ，**問７**の地形図はカラー印刷です。〉

１　次の文章を読んで問いに答えなさい。

文化作品は時代を表すものです。それぞれの時代でどのような文化作品が創造されたのかをみていくと，その時代がどのような時代だったのかがわかります。

(ア)都が飛鳥に置かれていたころ，中国・朝鮮半島から仏教がもたらされ，寺院が建立されて(イ)仏像や仏画などが制作されるようになりました。都が平城京に遷《うつ》ってからも，聖武天皇の時代には東大寺に大仏が造られるなど，この時代の文化作品には仏教の影響《えいきょう》が多くみられます。その一方で，東大寺正倉院に収められた様々な宝物《ほうもつ》からは，(ウ)遣唐使を通じて様々なものが大陸から伝わったこともうかがえます。

鎌倉時代になると，政権を打ち立てた武士の気風に合った，質実剛健《ごうけん》で素朴《そぼく》な文化作品が多く作られるようになりました。その一方で，争いや天災が続いた時代を受けて，この世のはかなさを記した『方丈記』など，世間と距離《きょり》をおいて生きる隠遁者《いんとんしゃ》の文学作品も注目されます。

戦国時代には，(エ)ヨーロッパの人々が来航するようになり，カルタやタバコなどが広がっていきました。江戸時代には，印刷技術の発達により絵画作品や出版物が入手しやすくなり，定めのない現世《げんせ》を意味する「（　**オ**　）」を対象とした（　**オ**　）絵や（　**オ**　）草子が庶民《しょみん》の娯楽《ごらく》にもなっていきました。(カ)日本各地への旅も庶民の間で広まっていき，観光客でにぎわう街も生まれました。

その後，(キ)明治政府による近代化が進められる中でヨーロッパの文化が持ち込《こ》まれた一方，日本古来の文化を見直す動きも起こりました。(ク)大正時代から昭和初期にはモガと呼ばれる女性たちなどの間では洋服の着用が進み，流行歌の誕生やスポーツ観戦が盛んになるなど現在の文化につながる大衆文化が生み出されていきます。

戦後間もないころに流行した「リンゴの唄《うた》」は，戦中の軍歌とは違《ちが》う新しい時代を感じさせるものでした。さらにはテレビ放送が始まり，テレビを通じて新たな映像文化が発展しました。高度経済成長期は居間のテレビを通じて，多くの人が同じものを楽しむ時代でした。しかし，近年ではテレビに代わってインターネットが若い世代の情報収集の中心になっているといわれています。そこでは個人の興味関心に基づいて情報が提供されるため，その人が望む作品には容易に触《ふ》れられる一方，関心のないものについては目に触れる可能性は低くなっています。これから先，同時代の多くの人が興味を抱《いだ》く文化作品は生みだされるのでしょうか。

問１．下線部(ア)について，都が飛鳥に置かれていたのは奈良平城京へ遷都《せんと》される前ですが，その時期の数年，都が飛鳥から他の場所に移り，また飛鳥に戻ってくるということがありました。次の出来事のうち，**都が飛鳥に置かれていなかった時に起きたもの**を一つ選び番号で答えなさい。

1．聖徳太子によって冠位十二階が制定された。
2．中大兄皇子（天智天皇）が蘇我蝦夷・蘇我入鹿を滅《ほろ》ぼした。
3．大海人皇子（天武天皇）が壬申の乱で大友皇子を破った。
4．藤原不比等らによって大宝律令が制定，施行《しこう》された。

問２．下線部(イ)に関連して，仏像や仏画となる仏にも様々な種類があります。平安時代中期以降に多くの人々からの信仰《しんこう》を集め，右のようなくじの語源ともなっている仏の名称《めいしょう》を，解答らんにある「仏」を含《ふく》めて４字で答えなさい。

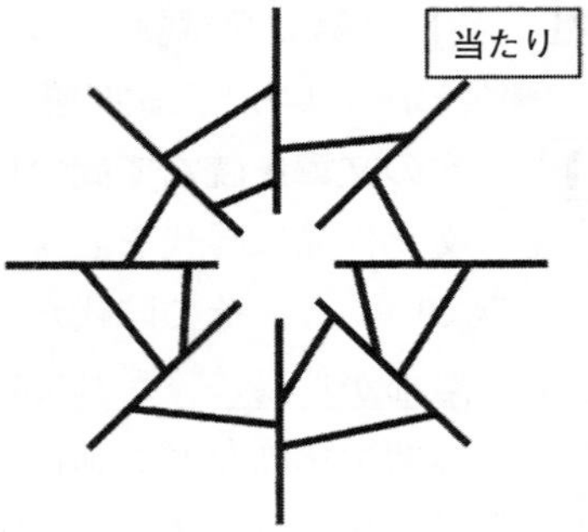

問３．下線部(ウ)に関連して，遣唐使のころは大宰府が大陸との窓口でしたが，遣唐使廃止《はいし》後に貿易港として発展し，モンゴル軍が襲来《しゅうらい》したり，日明貿易の拠点《きょてん》となった九州の都市名を答えなさい。

問４．下線部(エ)に関連する次の出来事を，時代の古い順に並べ番号で答えなさい。

　１．オランダ船の来航場所が長崎の出島に限定された。
　２．種子島に漂着《ひょうちゃく》したポルトガル人が鉄砲《てっぽう》を伝えた。
　３．フランシスコ＝ザビエルがキリスト教を伝えた。
　４．ポルトガル船の来航が禁止された。

問５．空らん（**オ**）にあてはまる語句を漢字で答えなさい。

問６．下線部(カ)について，おもに江戸時代に街道沿いの宿泊《しゅくはく》地として発達した町を一般《いっぱん》に何といいますか，漢字で答えなさい。

問７．下線部(キ)について説明した次の文のうち，**あやまっているもの**を一つ選び番号で答えなさい。

　１．官営の工場が各地で作られ，製糸業や紡績《ぼうせき》業などの産業が発展した。
　２．全国に同じ料金で手紙を届ける郵便制度が始まった。
　３．土地の所有者に地券を発行し，税を定額の金納とした地租改正が行われた。
　４．農民も含《ふく》めた満20歳《さい》以上の男女に兵役の義務を負わせる徴兵《ちょうへい》令が発せられた。

問８．下線部(ク)に起きた出来事について説明した次の文のうち，正しいものを一つ選び番号で答えなさい。

　１．第一次世界大戦が始まったことをきっかけに日本は山東半島に進出し，中国に二十一か条の要求を出した。
　２．三・一独立運動が起きたことにより米価が高騰《こうとう》したため，米騒動《そうどう》へと発展した。
　３．関東大震災《だいしんさい》の発生後の社会的混乱の中，伊藤博文が暗殺され政局はいちだんと混迷した。
　４．盧溝橋事件後，日本は国際連盟から脱退《だったい》し国際的な孤立《こりつ》を深めた。

２　**次の各問いに答えなさい。**

問１．右の図は，東京からおもな都市へ鉄道を利用した場合の所要時間を示したものです（東京を中心とする）。営業キロ（線路の長さ）で比較《ひかく》すると，遠い鹿児島の方が近い宮崎よりも東京からの所要時間が短いのはなぜですか，理由を解答らんの文頭に続くように10字程度で答えなさい。

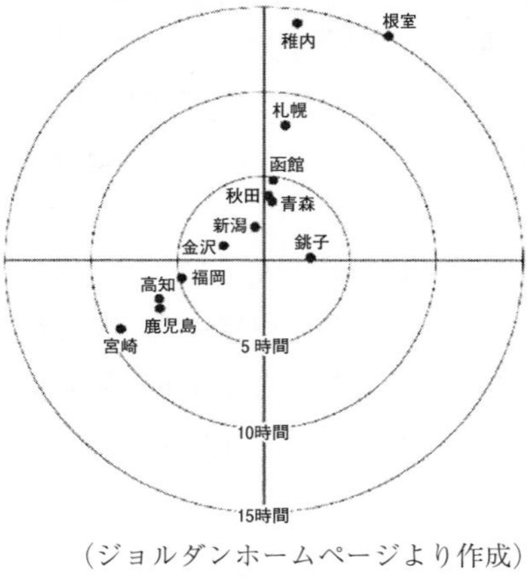

（ジョルダンホームページより作成）

問２．次の図は，日本の三つの都市と宮古市(岩手県)における1991年から2020年までの月別の日照時間の合計の平均値を表したものです。図をみて以下の問いに答えなさい。

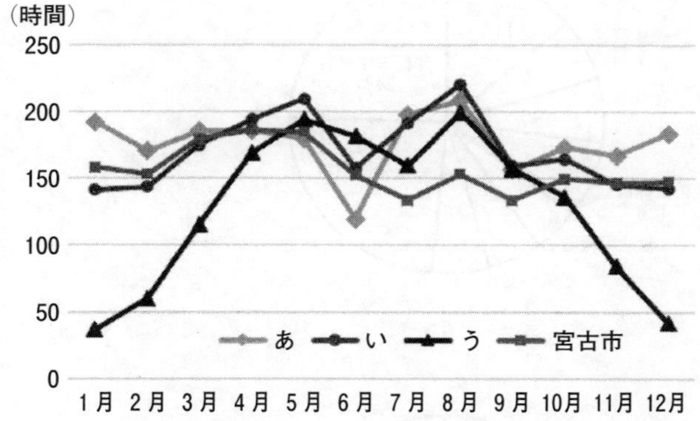

(気象庁ホームページより作成)

(1)　図の**あ**～**う**は，酒田市(山形県)，高松市(香川県)，宮崎市(宮崎県)のいずれかです。**あ**～**う**の都市名の組み合わせとして，正しいものを次の表の**1**～**6**から選び番号で答えなさい。

	1	2	3	4	5	6
あ	酒田市	酒田市	高松市	高松市	宮崎市	宮崎市
い	高松市	宮崎市	酒田市	宮崎市	酒田市	高松市
う	宮崎市	高松市	宮崎市	酒田市	高松市	酒田市

(2)　宮古市は７～９月にかけて他の都市より日照時間が短い傾向《けいこう》がみられます。この特徴《とくちょう》をもたらす気団の名前を答えなさい。

問３．次の表は，都道府県別の産業別就業者数の上位５都道府県を示したもので(2017年)，表中の**1**～**4**は，漁業，金融《きんゆう》・保険業，製造業，農林業のいずれかです。このうち，農林業にあたるものを選び番号で答えなさい。

	1	2	3	4
1位	愛知県	東京都	北海道	北海道
2位	東京都	神奈川県	長崎県	長野県
3位	大阪府	大阪府	愛媛県	千葉県
4位	神奈川県	千葉県	福岡県	茨城県
5位	埼玉県	埼玉県	青森県	愛知県

(『データでみる県勢 2022』より作成)

問４．次のページの円グラフは日本の輸出入額の品目別の割合を示したもので，**1**～**4**は1990年の輸出額と輸入額，2020年の輸出額と輸入額のいずれかです。このうち1990年の輸入額にあたるものを選び番号で答えなさい。

1

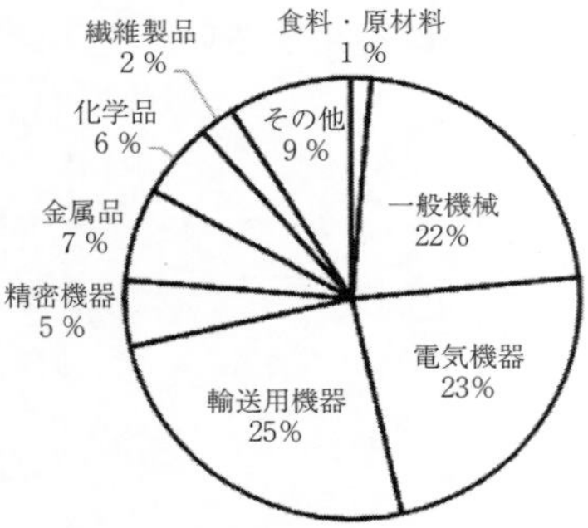

2

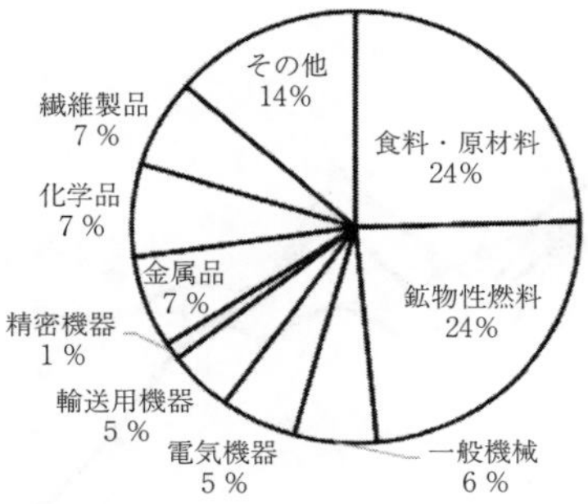

3

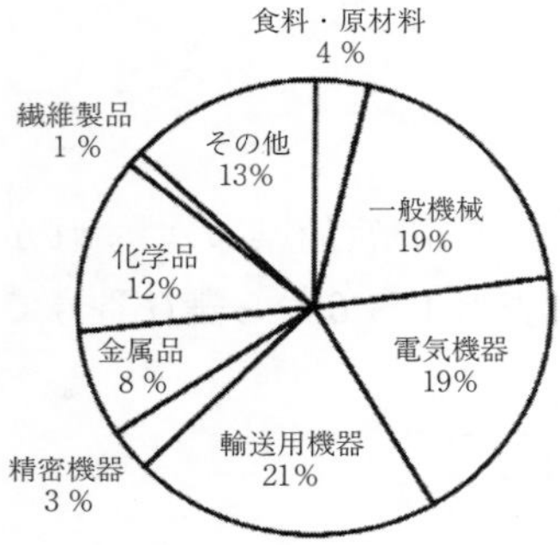

4

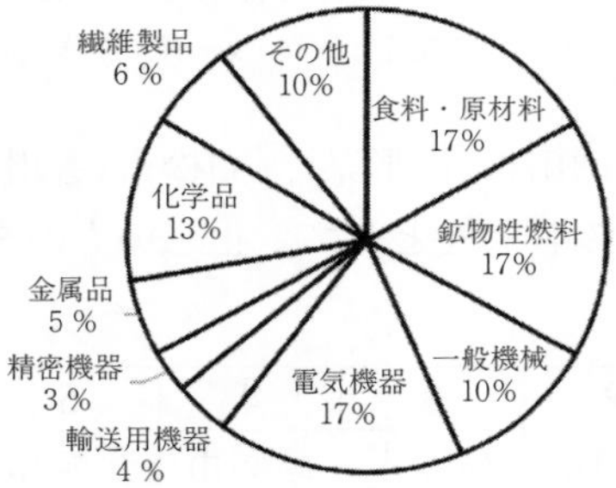

(『データブック オブ・ザ・ワールド 2022』より作成)

問５．次の図は三角グラフといい，例えば図中の●は，要素**あ**が15パーセント(％)，要素**い**が10％，要素**う**が75％を示していて，割合の合計が必ず100％になっています。図中の■□▲は，日本の1950年・1980年・2018年の三つの年における０～14歳《さい》，15～64歳，65歳以上の人口割合を表しています。**あ**～**う**の年齢《ねんれい》の組み合わせとして，適当なものを下の表の**１**～**６**から選び番号で答えなさい。

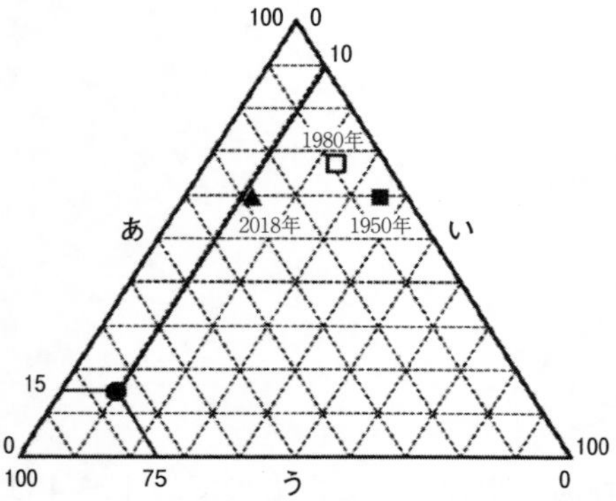

(『数字でみる日本の100年 改訂第７版』より作成)

	1	2	3	4	5	6
あ	０～14歳	０～14歳	15～64歳	15～64歳	65歳以上	65歳以上
い	15～64歳	65歳以上	０～14歳	65歳以上	０～14歳	15～64歳
う	65歳以上	15～64歳	65歳以上	０～14歳	15～64歳	０～14歳

問６．次の図は，都県別の人口増減率を表したもので，**あ～う**は沖縄県，高知県，千葉県のいずれかです。**あ～う**の組み合わせとして，正しいものを下の表の**１～６**から選び番号で答えなさい。

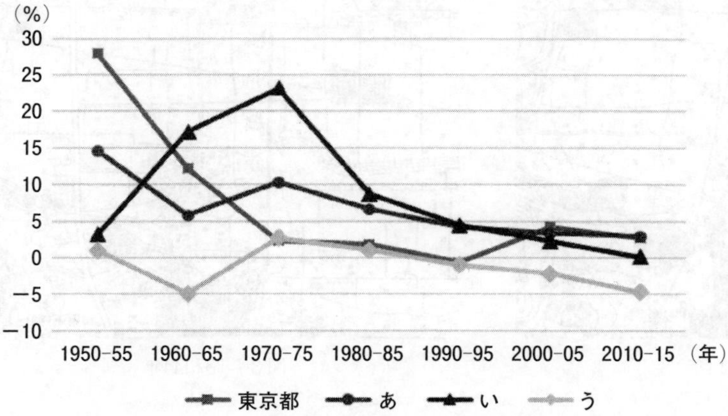

(『数字でみる日本の100年 改訂第７版』より作成)

	1	2	3	4	5	6
あ	沖縄県	沖縄県	高知県	高知県	千葉県	千葉県
い	高知県	千葉県	沖縄県	千葉県	沖縄県	高知県
う	千葉県	高知県	千葉県	沖縄県	高知県	沖縄県

問７．次の図１は２万５千分の１地形図「大和郡山」(平成19年発行)の一部を拡大したもので，図２・図３は同じ範囲《はんい》の大正14年・昭和44年発行の地形図になります。この三つの地形図を見て，図１中の**あ～う**の道路が作られた順番を記号で答えなさい。

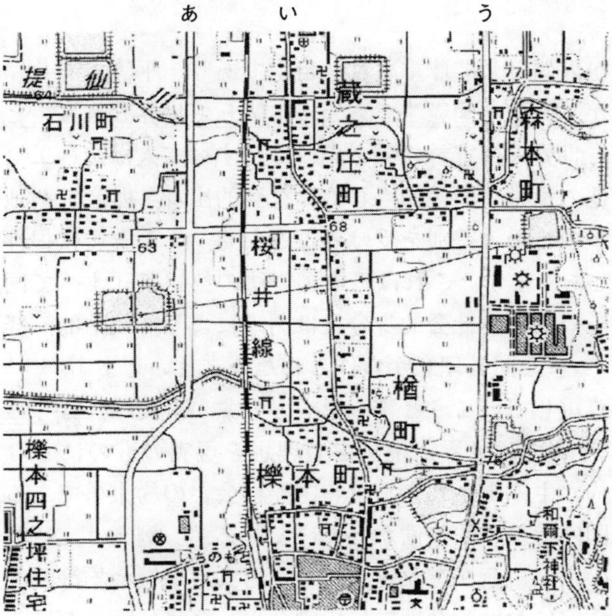

図１　平成19年

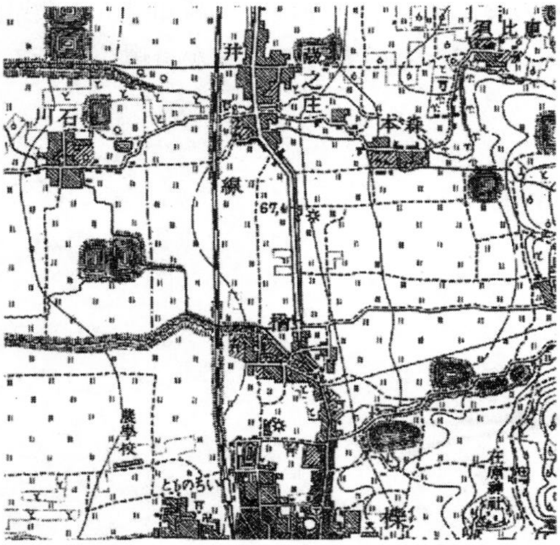

図２　大正14年

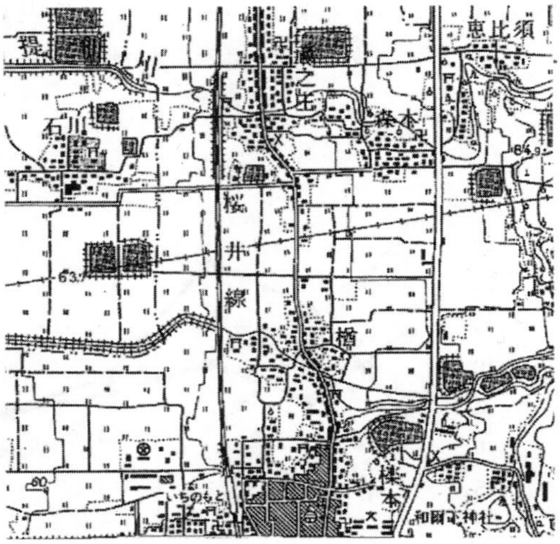

図３　昭和44年

3　**次の文章を読んで問いに答えなさい。**

「第１条【みんな仲間だ】わたしたちはみな，生まれながらにして自由です。ひとりひとりがかけがえのない人間であり，その値打ちも同じです。だからたがいによく考え，助けあわねばなりません。」

これは，1948年に(ア)国連で採択《さいたく》された世界人権宣言を，詩人の谷川俊太郎さんが意訳した条文です。20世紀には２度の世界大戦があり，特に第二次世界大戦中においては，(イ)特定の民族の迫害《はくがい》や大量虐殺《ぎゃくさつ》など，人権侵害《しんがい》と人権抑圧《よくあつ》が横行しました。この経験から，人権問題は国際社会全体にかかわる問題で，世界平和のためには人権の保障が必要であると考えられるようになり，すべての人民とすべての国とが達成すべき共通の基準として世界人権宣言が採択されました。

世界人権宣言では，すべての人間が人間として尊重され，自由であり，平等であり，差別されてはならないことを定めていますが，(ウ)日本国憲法でも人権に関して世界人権宣言とほとんど同じ内容を定めています。例えば，世界人権宣言の第２条には「すべて人は，（　**エ**　），皮膚《ひふ》の色，性，言語，宗教，政治上その他の意見，国民的もしくは社会的出身，財産，門地その他の地位またはこれに類するいかなる事由による差別を受けることなく，この宣言に掲《かか》げるすべての権利と自由とを享有《きょうゆう》できる。」とあります。これは日本国憲法の第14条「すべて国民は，法の下に平等であって，（　**エ**　），信条，性別，社会的身分又《また》は門地により，政治的，経済的又は社会的関係において，差別されない。」と同じ理念から作られた条文といえます。

世界人権宣言は国際社会が人権を尊重していこうと誓《ちか》ったものですが，実は，(オ)守らなくても罰則《ばっそく》があるわけではありません。そこで，世界人権宣言の理想を現実のものにするための様々な約束事として，多くの人権条約が生み出されました。国際社会との約束事である(カ)条約を批准《ひじゅん》した国は，約束を守るために国内での(キ)法整備が必要になります。例えば，1985年に女子差別撤廃《てっぱい》条約を批准した日本はその年に戸籍《こせき》法を改正したり，男女雇用《こよう》機会均等法を整備したりしました。それでもなお，(ク)衆議院における女性議員の割合や(ケ)経済分野における大企業《だいきぎょう》の女性役員の割合など，女性参画の低さが指摘《してき》されています。

今年の12月，世界人権宣言は採択75周年を迎《むか》えます。75年前とくらべると，わたしたちの人権は大切にされるようにはなりましたが，世界人権宣言が掲げる理想的な社会が実現しているとは言い難い状況《じょうきょう》であります。「この宣言が口先だけで終わらないような世界を作ろうとする権利もまた，わたしたちのものです」谷川俊太郎さんによる世界人権宣言の第28条には，このように書かれています。理想を理想のままに終わらせないために，みなさんも自分の身の回りや世界の人権問題に関心を寄せてみませんか。

問１．下線部(ア)について，2015年に国連サミットで採択された「持続可能な開発のための2030アジェンダ」に記載《きさい》された国際目標について説明した次の文のうち，正しいものを一つ選び番号で答えなさい。

１．17のゴールと169のターゲットから構成されている。

２．「かけがえのない地球」をスローガンとして掲げている。

３．先進国のみが目標達成を義務付けられており，先進国からは不満が出ている。

４．経済成長を優先する立場からは負担になる政策しかなく，実現は難しいといわれている。

問２．下線部(イ)について，ナチス＝ドイツによって大量虐殺された民族として，最も適当なものを次から一つ選び番号で答えなさい。

１．アラブ人　２．ギリシャ人　３．トルコ人　４．フランス人　５．ユダヤ人

問３．下線部(ウ)について，日本国憲法において保障されている人権について説明した次の文のうち，**あやまっているもの**を一つ選び番号で答えなさい。

１．集会を開くことや出版することなどを含《ふく》め，広く表現の自由が認められている。

２．いかなる奴隷的拘束《どれいてきこうそく》も受けず，犯罪による処罰《しょばつ》以外では，自分の意思に反する苦役に服させられない。

３．国民としての責務に反しない限り，住む場所や職業を自由に選択《せんたく》することができる。

４．労働者は，労働組合を組織し，労働条件の維持《いじ》や改善のため使用者と交渉《こうしょう》することができる。

問４．空らん(**エ**)にあてはまる語句を答えなさい。

問５．下線部(オ)に関連して，世界人権宣言と違《ちが》い，国内の刑法《けいほう》は守らない場合は罰則があります。そして刑法を犯した人が裁かれる裁判を刑事《けいじ》裁判といいます。刑事裁判にかかわる説明として，正しいものを次から一つ選び番号で答えなさい。

１．第一審《だいいっしん》の裁判は簡易裁判所から始まることになっている。

２．有罪となってもすぐに刑が執行《しっこう》されないことがある。

３．唯一《ゆいいつ》の証拠《しょうこ》が本人の自白である場合も有罪となる。

４．刑事裁判の第二審（控訴《こうそ》審）は裁判員裁判で行われる。

問６．下線部(カ)について，条約の批准を行うのは内閣ですが，内閣が政治方針を決める会議を一《いっ》般《ぱん》に何といいますか，漢字で答えなさい。

問７．下線部(キ)について，次の法律が制定される手続きを順に並べたとき，２番目にあたるものを選び番号で答えなさい。

１．内閣が署名する。

２．法案が議長に提出される。

３．法案が衆参両議院の本会議で可決される。

4．法案が常任委員会または特別委員会で審議《しんぎ》される。

問８．下線部(ク)について，現在の衆議院において女性議員が占《し》める割合（％）として，最も近いものを次から一つ選び番号で答えなさい。

1．３％　　2．10％　　3．25％　　4．33％　　5．40％

問９．下線部(ケ)について，次の図は，家計（消費者）・企業《きぎょう》（生産者）・政府の三者における経済活動の流れを示したものです。例えば，家計は企業に代金を支《し》払《はら》い商品を受け取ります。このように考えたときに，社会保障はどの矢印にあたりますか，図中の１～４から一つ選び番号で答えなさい。

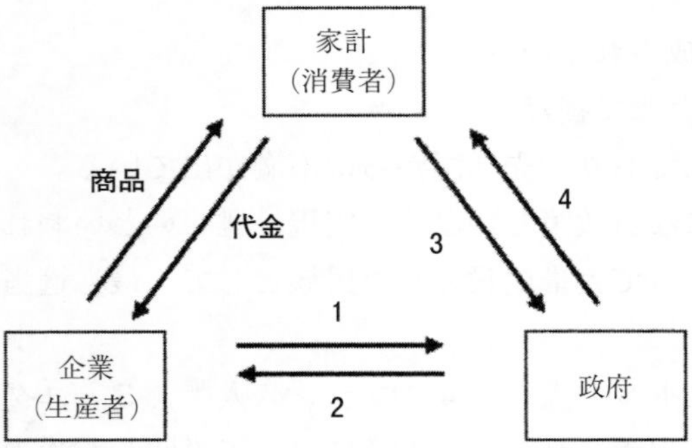

【理　科】〈第２回試験〉（社会と合わせて50分）〈満点：50点〉

1　次の文章を読み，以下の問いに答えなさい。

工作などで使用する発泡《はっぽう》スチロールカッターは，電熱線に電流を流すことで発熱させ，発泡スチロールをとかして切るしくみになっています。このとき電熱線が熱くなるほど発泡スチロールが速くとけるので，発泡スチロールをより短い時間で切ることができます。電熱線に電流を流したときの発熱のしかたを調べるために，太さ(直径)や素材の異なる様々な電熱線を用意して実験を行いました。

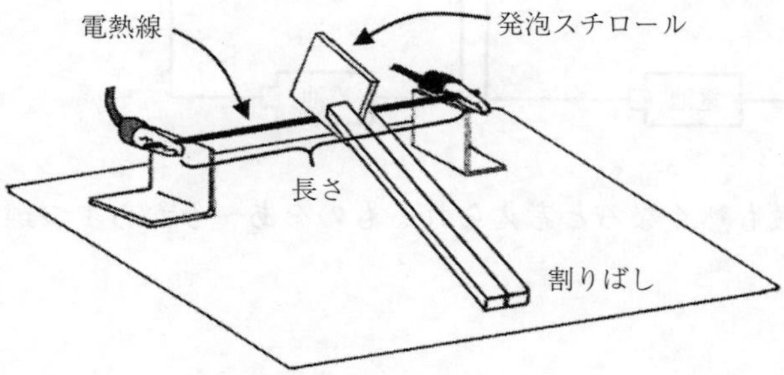

図１　電熱線で発泡スチロールを切る様子

次の表１に示した条件で実験を行いました。その結果から分かることについて考えます。

表１　実験の条件

電熱線	長さ[cm]	直径[mm]	素材
ア	5	0.1	鉄
イ	5	0.2	鉄
ウ	5	0.3	鉄
エ	10	0.1	ニクロム
オ	10	0.2	銅
カ	10	0.2	鉄
キ	10	0.3	ニクロム
ク	15	0.1	ニクロム
ケ	15	0.2	銅
コ	15	0.2	鉄
サ	15	0.3	ニクロム

(1)　電熱線の長さと発熱のしかたの関係を調べるためには，３本以上の電熱線による結果を比較《ひかく》する必要があります。どの電熱線による実験の結果を比較すればよいですか。適切なものを表１の**ア**～**サ**から**すべて**選び，記号で答えなさい。

(2)　３本の電熱線**エ**・**ク**・**サ**による実験結果を比較しました。このときに分かることとして最も適切なものを次の**あ**～**お**から１つ選び，記号で答えなさい。

あ．電熱線の長さと発熱のしかたの関係

い．電熱線の太さと発熱のしかたの関係

う．電熱線の素材と発熱のしかたの関係

え．電熱線の長さ，電熱線の太さ，発熱のしかたの３つの要素の関係

お．選択肢《せんたくし》に適切なものはない

複数の電熱線をつないだときの発熱のしかたを調べるために，電熱線Ａ，電熱線Ｂの２種類

の電熱線を使った図２のような４つの回路を用意しました。図中のＡ，Ｂはそれぞれ電熱線Ａ，電熱線Ｂを表しています。それぞれの電熱線に図１のように発泡スチロールを設置し回路に電流を流したところ，ａとｅが最も速く，同時に発泡スチロールが切れました。次にｂとｆが同時に，さらにｄ，ｃの順に発泡スチロールが切れました。

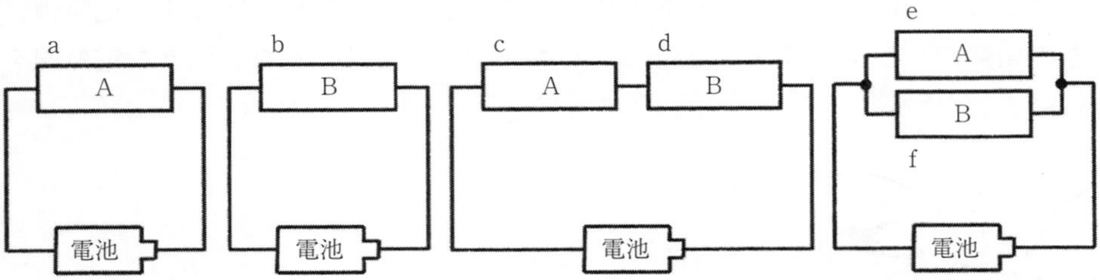

図２

(3)　図３に示す回路中の電熱線のうち，最も熱くなると考えられるものを**あ**～**う**から１つ選び，記号で答えなさい。

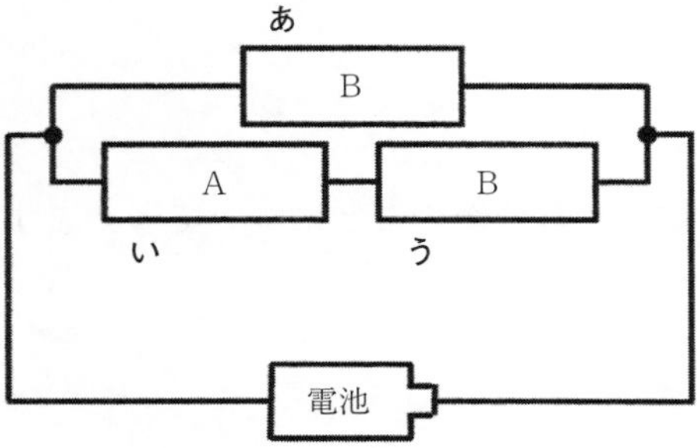

図３

電熱線に電流を流したときの発熱のしかたは，電熱線を水に入れたときの水の温まり方からも調べることができます。図４のような回路を組み立て，電熱線ＡやＢを用いて20℃の水を一定時間温める実験を行いました(実験１)。次に，先ほどより長い時間で同様の実験を行いました(実験２)。表２はその実験結果です。ただし，４つの水そう中の水の量はすべて同じであり，さらに実験中はいずれも一定で変わらないものとします。

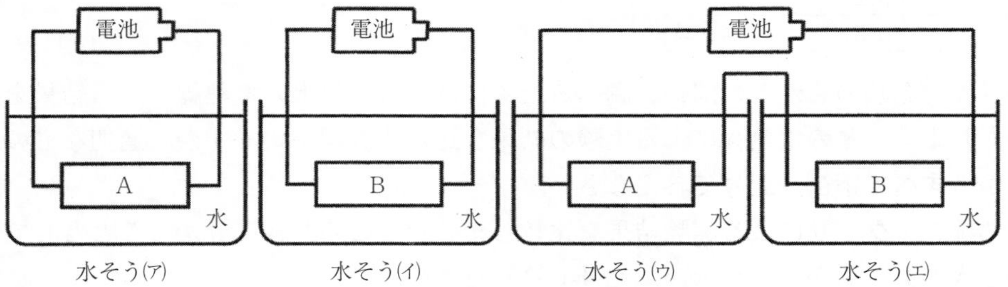

図４

表２

水そう	(ア)	(イ)	(ウ)	(エ)
温めた後の水の温度（実験１）[℃]	35	30	22.4	23.6
温めた後の水の温度（実験２）[℃]	42.5	35	23.6	25.4

(4)　図５のような回路を組み立てました。実験２から電流を流している時間だけを変えて，２本の電熱線ＡとＢの両方を同じ水に入れて20℃の水を温めたところ，温めた後の水の温度は33.5℃になりました。

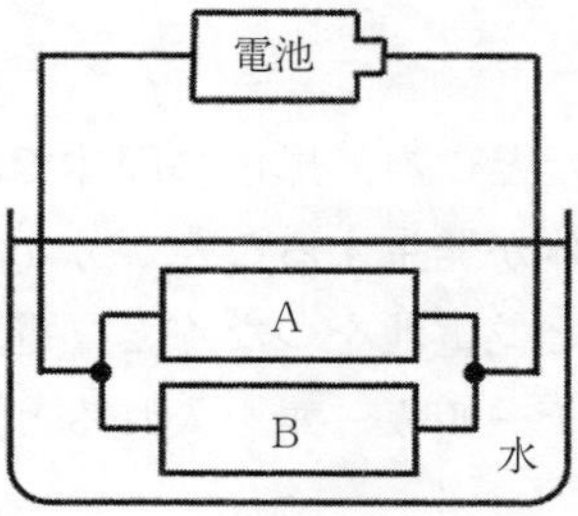

図５

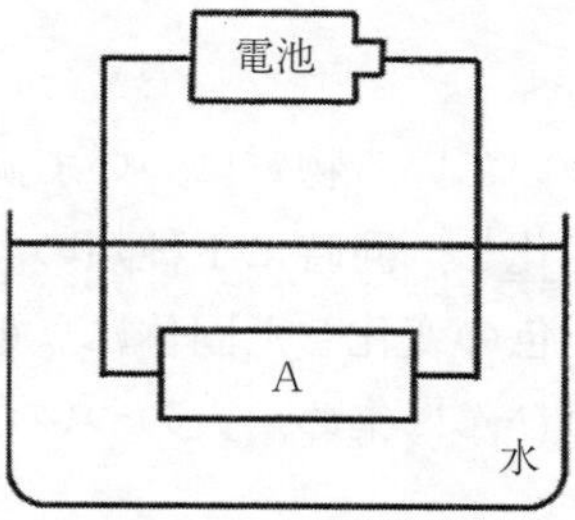

図６

図５の回路の代わりに図６の回路を用いて同じ実験を行ったとき，水の温度は何℃になるでしょうか。**四捨五入して小数第１位まで**求めなさい。

(5)　図７のような回路を組み立てました。実験２から電流を流している時間だけを変えて，電熱線Ａを水に入れて20℃の水を温めたところ，温めた後の水の温度は30℃になりました。

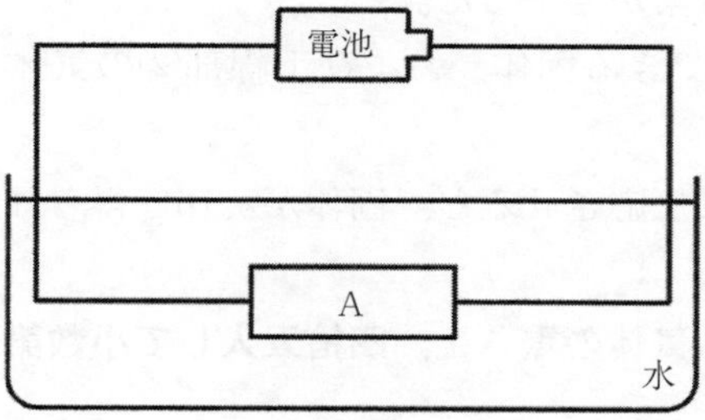

図７

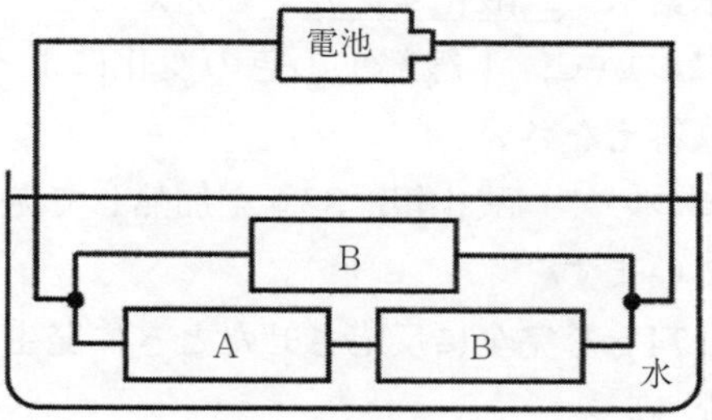

図８

図７の回路の代わりに図８の回路を用いて同じ実験を行ったとき，水の温度は何℃になるでしょうか。**四捨五入して小数第１位まで**求めなさい。

2　次の文章を読み，以下の問いに答えなさい。

【文章１】

Ａさんは，※Google Earth を使って東京湾《わん》沿岸を見ていたところ，茶色および白，黒の３色がある場所を数か所見つけました。これらの場所はすべて製鉄所であり，世界中どの製鉄所にもこれらの色があることから，Ａさんは，製鉄所ではこの３色の材料から鉄を得ているのではないかと考えました。

調べてみると，茶色は鉄の赤さびと同じ成分を含《ふく》む鉱石である赤鉄鉱，白は大理石などと似た成分である石灰石，黒は炭であり，これらを反応させて鉄を得ていることが分かりました。

またこの反応では，同時に炭が二酸化炭素へ変わることも分かりました。このとき，赤さびからは，赤さびに含《ふく》まれる酸素が失われており，このように物質が酸素を失う反応を『還元《かんげん》』とよびます。『還元』は，物質と酸素が結びつく反応である『酸化』の逆の変化であると言えます。

※ Google Earth：地球の衛星画像，地球全体の３Ｄ地形画像を見ることのできるアプリケーション

【文章２】

Ａさんは，炭を使った還元に関する実験が他にないか調べました。その結果，銅を空気中で熱するとできる酸化銅と炭を混ぜて試験管に入れ加熱すると，銅と二酸化炭素ができるという反応を見つけました。

【文章３】

Ａさんはさらに金属が酸素と結びついている物質について調べたところ，黒色の固体である酸化銀を加熱すると，①固体の色が変化し，同時に１種類の②気体が発生することが分かりました。実際に実験をしてみたところ，色の変化した固体に豆電球と乾電池《かんでんち》をつなぐと豆電球が光ること，同時に発生した気体を集気びんに集め，火のついたスチールウールを入れると激しく燃えることが確認できました。

(1)　次の選択肢《せんたくし》**あ**～**え**のうち，下線部の物質が『酸化』される反応であるものを**２つ**選び，記号で答えなさい。

あ．水酸化ナトリウム水溶液《すいようえき》と塩酸を混ぜると水溶液が中性になる。

い．水素がポンと音を立てて燃える。

う．使い捨てカイロがあたたかくなる。

え．過酸化水素水に二酸化マンガンを加えたところ酸素が発生した。

(2)　**【文章３】**について，下線部①の色の変化によってできる固体，および下線部②の気体の名《めい》称《しょう》をそれぞれ答えなさい。

(3)　**【文章３】**について，酸化銀2.32ｇを加熱して完全に反応させると，固体が2.16ｇ得られることが分かっています。

①　酸化銀1.74ｇを完全に反応させたときに発生する気体の重さを，**四捨五入して小数第２位まで**求めなさい。

②　酸化銀1.74ｇを加熱したところ，0.08ｇの気体が発生しました。このとき反応した酸化銀は，最初にあった酸化銀の何％であるかを，**四捨五入して整数で**求めなさい。

(4)　**【文章１】**より，炭は鉄よりも酸化されやすい，もしくは鉄は炭よりも還元されやすい性質をもっていると言えます。**【文章２】【文章３】**を参考に，銅，銀，炭の３種類の物質を酸化されやすい順に並べたものとして最も適切なものを次の**あ**～**か**から１つ選び，記号で答えなさい。ただし，銅がもっとも酸化されやすく，銀，炭の順に酸化されにくくなる場合には，『銅＞銀＞炭』と表すものとする。

あ．銅＞銀＞炭　　**い**．銅＞炭＞銀　　**う**．銀＞銅＞炭

え．銀＞炭＞銅　　**お**．炭＞銅＞銀　　**か**．炭＞銀＞銅

3 次の文章を読み，以下の問いに答えなさい。

女性の体には，出産前の子どもが育つためのつくりがあります。そのつくりを子宮といい，その中で育っている子どもを胎児《たいじ》と言います。胎児は，母の卵と父の精子が合体した（ ア ）の形でこの世に生を受け，その大きさは直径約［ イ ］mm程度です。その後（ ア ）は成長し，受精後約［ ウ ］週で子宮から出てきます。個人差はありますが，このときの一般的《いっぱんてき》な大きさは，身長約［ エ ］cm，体重約［ オ ］kgと言われています。

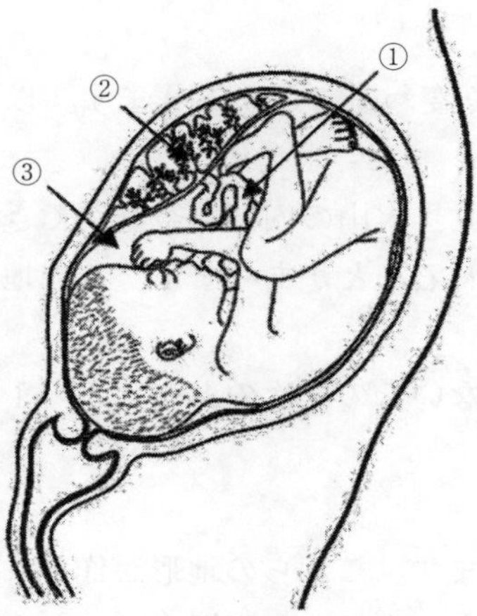

図１　子宮の中の胎児の様子を表した模式図

(1)　文章中の（ア）に適する語句を**漢字**で答えなさい。また，［イ］～［オ］に最も適する数値を次の**あ**～**と**からそれぞれ１つずつ選び，記号で答えなさい。ただし，同じ記号を何度選んでもよい。

あ．0.1	**い**．0.3	**う**．0.5	**え**．0.8
お．1	**か**．1.2	**き**．3	**く**．5
け．8	**こ**．10	**さ**．12	**し**．20
す．30	**せ**．31	**そ**．33	**た**．35
ち．38	**つ**．40	**て**．42	**と**．50

(2)　図１の①～③の名称《めいしょう》を**ひらがな**で答えなさい。また，①～③を説明した文として適当なものを次の**あ**～**く**からそれぞれ**すべて**選び，記号で答えなさい。

あ．胎児から送られたものと母から送られたものをここで交換《こうかん》する。

い．子宮を満たす液体で，胎児を保護している。

う．胎児からの血液が流れており，太さ約10cm，長さ約50cmになる。

え．母から送られてきた血液が流れており，太さ約10cm，長さ約50cmになる。

お．胎児からの血液が流れており，太さ約１cm，長さ約50cmになる。

か．母から送られてきた血液が流れており，太さ約１cm，長さ約50cmになる。

き．胎児が子宮から出るころには，ほとんど胎児の尿《にょう》でいっぱいとなっている。

く．胎児が子宮から出るころには，ほとんど胎児の尿と便でいっぱいになっている。

(3) 胎児が子宮の中にいる期間がヒトよりも長い動物を次の**あ**～**き**から**3つ**選び，記号で答えなさい。

あ．ウマ　**い**．イヌ　**う**．シロナガスクジラ　**え**．オランウータン

お．ハムスター　**か**．ライオン　**き**．ゾウ

(4) 母体の体重と比べて，子宮から出てくるときの子どもの体重の割合が最も小さい動物を次の**あ**～**お**から1つ選び，記号で答えなさい。

あ．ヒト　**い**．ゾウ　**う**．カンガルー　**え**．アザラシ　**お**．イルカ

4 火山が噴火《ふんか》すると，周囲の地形はその影響《えいきょう》を受けて大きく変わることがあります。以下の問いに答えなさい。

(1) 大規模な噴火によって，火口付近の山肌《やまはだ》が吹《ふ》き飛ばされたり，火山の内部に空洞《くうどう》ができたりすることで，噴火後に山頂付近が大きくくぼんだ地形が作られることがあります。この地形の名称《めいしょう》を**カタカナ**で答えなさい。

(2) (1)の地形に雨水などが溜《た》まってできた湖の例として**適切でない**ものを次の**あ**～**え**から1つ選び，記号で答えなさい。

あ．榛名《はるな》湖　**い**．十和田湖　**う**．洞爺《とうや》湖　**え**．浜名《はまな》湖

(3) 宮崎県南部から鹿児島県にかけて，(1)の地形が多く見られます。これらの地形が作られた際に，火山から噴《ふ》き出した軽石，火山灰などが積もることでできた台地が，鹿児島県のおよそ6割を占《し》めています。このような台地はその土の色から何とよばれているか，名称を答えなさい。

(4) 関東平野では，周辺にある火山が噴火することで作られたと考えられる地層が広く分布しています。この地層について述べた文として最も適切なものを次の**あ**～**お**から**2つ**選び，記号で答えなさい。

あ．この地層は火山灰が偏西風《へんせいふう》などによって運ばれてくることで作られていると考えられていて，白っぽい色をしている。

い．この地層は，ある1つの火山の一度の大噴火によって噴き出した火山灰が積もることによってできたと考えられている。

う．この地層は，土に含《ふく》まれる鉄分の酸化が進み，赤さびのような色をしている。

え．この地層は火山が噴火した際に噴き出したマグマが固まったことで作られていると考えられていて，土の粒子《りゅうし》が比較的《ひかくてき》大きい。

お．この地層は火山灰が偏西風などによって運ばれてくることで作られていると考えられていて，粘土《ねんど》質の地層である。

(5) 次の文の空欄《くうらん》に共通して当てはまる最も適切な語句を**漢字2字**で答えなさい。

火山は海底にも多く存在しています。2021年8月13日に噴火した海底火山の軽石は海流に運ばれて，日本各地の海岸に漂着《ひょうちゃく》しました。

図1は，この噴火によってできた軽石の漂着が確認された地点と日付を示したものです。火山から噴出された軽石は，はじめ(　　)※反流とよばれる海流によって西に運ばれ，噴火からおよそ2か月後に沖縄や奄美《あまみ》の海岸に漂着が確認されました。その後軽石は，(　　)とよばれる海流によって北東に向かって流されていき，沖縄で確認をされた1か月後には神奈川の沿岸でも漂着が確認されました。

※反流：大きな海流のそばに，その海流によって流された水が循環(じゅんかん)するような向きに流れる海流。

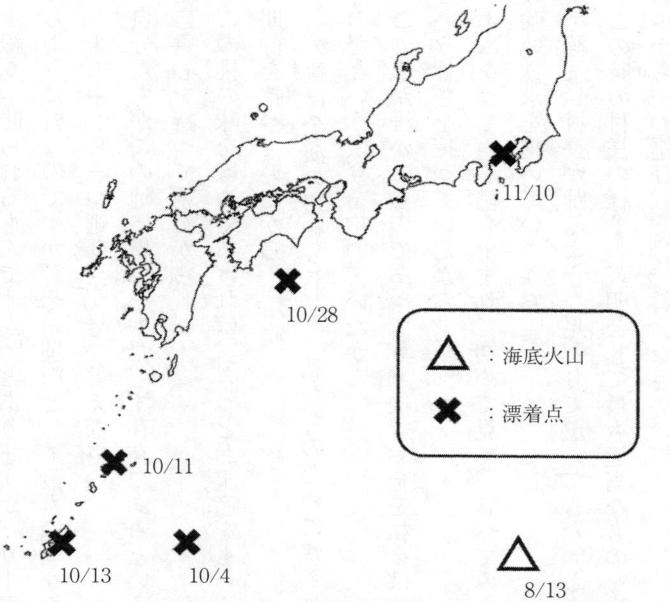

図１　2021年８月13日の噴火による軽石の漂着が確認された地点と日付

運を暗示している。

問六　――線⑥「叱《しか》られるもんですか」とありますが、リーダーはなぜこのように言うのですか。その理由として最も適当なものを次のア～オの中から一つ選び、記号で答えなさい。

ア　自分たちがこの地に恩恵《おんけい》をもたらす存在であるという、誤った自負心を持っていたから。

イ　この桃《もも》の味をほめてあげれば、きっとお土産《みやげ》をもらえるという期待を持っていたから。

ウ　この桃《もも》は公演の報酬《ほうしゅう》として、私たちのために残されていたものだという傲《おご》りを抱《いだ》いていたから。

エ　この桃《もも》が誰《だれ》かのものであっても、後でお金を払えば許されるという甘《あま》さを持っていたから。

オ　木になっている桃《もも》を生まれて初めて見て、食べてみたいという強い欲求を抱《いだ》いていたから。

問七　――線⑦「村長が踊《おど》るような足どりで戻《もど》ってきた」とありますが、この時の村長の様子の説明として最も適当なものを次のア～オの中から一つ選び、記号で答えなさい。

ア　技官が桃《もも》を見に来るという連絡《れんらく》をもらって、失礼のないように準備をしなくてはならず緊張《きんちょう》する様子。

イ　長年の夢がいよいよかなうというこれ以上ない歓喜《かんき》に浮《う》かれ、足取りさえも危うくなっている様子。

ウ　人に見せられるまでに桃《もも》が育ち、長い間陰口《かげぐち》を言っていた村人たちの驚《おどろ》く姿を想像して喜ぶ様子。

エ　長年追い求めてきた夢の実現まで、あと一歩のところまで来たという喜びで舞《ま》い上がっている様子。

オ　品種改良を重ねて時間をかけて育てた桃《もも》が公に認められ、資金援助《えんじょ》にまでこぎつけた達成感に浸《ひた》る様子。

問八　――線⑧「六人は正座し、リーダーは正座した上に蒼白《そうはく》になって震《ふる》えていた」とありますが、それはなぜですか。その理由を具体的に五十字以上八十字以内で説明しなさい。

問九　――線⑨「『桃《もも》』の向こう側がどんなかまだよくはわかりません」とありますが、この言葉が意味することとして最も適当なものを次のア～オの中から一つ選び、記号で答えなさい。

ア　桃《もも》は村にとって本当に意味のあるものだったのかどうかは、いまだに分からないということ。

イ　自分にとってはつまらない物でも、それを大切にして生きている誰《だれ》かが必ずいるだろうということ。

ウ　相手の身になって考えることには到達《とうたつ》点はなく、分かることは永遠にあり得ないだろうということ。

エ　人の気持ちを大切にして思いやりを持って生きることは、かえって誰《だれ》かを傷つけているということ。

オ　自分がかつて犯した過ちは決して許されることはなく、生《しょう》涯《がい》を神に捧《ささ》げるしかないということ。

オ　自分の行動は自己満足に過ぎないと知っているが、相手が断りにくいということにつけこんで善意を押《お》しつけること。

問二　――線②「この村にとって大した事件」とありますが、この表現から分かることとして最も適当なものを次のア～オの中から一つ選び、記号で答えなさい。

ア　この村が、集落として発展することがなく、限界を迎《むか》えた村であるということ。

イ　この村が、よそ者を受け入れることがなく、閉鎖《へいさ》的な村であるということ。

ウ　この村が、若者が訪れることなどなく、活気のない村であるということ。

エ　この村が、残っている若者がとても少なく、過疎《かそ》化に苦しむ村であるということ。

オ　この村が、都会の文化に触《ふ》れることもほとんどなく、遅《おく》れた村であるということ。

問三　――線③「いまのところは……」とありますが、この時の村長の気持ちの説明として最も適当なものを次のア～オの中から一つ選び、記号で答えなさい。

ア　もうすぐ長年の夢がかない、自慢《じまん》できるものが新たにこの村に根付くはずだという思い。

イ　やがて機械文明における開発がこの村を侵食《しんしょく》し、この星空さえなくしてしまうという思い。

ウ　ようやく自分や村人たちの長年の苦労が報われ、新しい産業が軌道《きどう》に乗ったという思い。

エ　いつかはこの村の魅力《みりょく》を見せつけ、田舎《いなか》を軽んじる都会の人々の鼻をあかしてやるという思い。

オ　近いうちに豊かな自然を強みとして、観光業を中心にした豊かな村に再生させたいという思い。

問四　――線④「プラネタリウムでしか、星の輝《かがや》きを見たことのない娘《むすめ》たち」とありますが、ここに描《えが》かれている女子学生の姿の説明として最も適当なものを次のア～オの中から一つ選び、記号で答えなさい。

ア　牧歌的な自然に触《ふ》れることで心が躍《おど》り、都会から離《はな》れた非日常的光景を心から楽しむ姿。

イ　初めて見る大自然の雄大《ゆうだい》さに感動し、その美しさにただただ圧倒《あっとう》されている従順な姿。

ウ　時に人間に大きな被害《ひがい》をもたらす自然の力を確認し、ひれ伏《ふ》し祈《いの》りを捧《ささ》げる真摯《しんし》な姿。

エ　寒村で暮らす厳しさを知らず、都会が失った美しさに見とれるだけの無邪気《むじゃき》な姿。

オ　都会では見られなくなった星空に目を奪《うば》われながらも、この村の貧困に同情する姿。

問五　――線⑤「朝の陽光を浴びて金色に輝《かがや》く実」とありますが、この表現の説明として最も適当なものを次のア～オの中から一つ選び、記号で答えなさい。

ア　耐寒性《たいかんせい》のなさが改良され、東北で育った新しい品種の桃《もも》の強さを暗示している。

イ　寒村を見下し、都会の便利な生活に価値を置く女子学生の優《ゆう》越《えつ》感を暗示している。

ウ　ここは東北の寒村で、注目すべきものが何もないという寂《さび》しさを暗示している。

エ　この桃《もも》の実が、やがて村に豊かな経済をもたらすという期待を暗示している。

オ　なかば諦《あきら》めかけていた桃栽培《ももさいばい》の事業を成功させた、村長の強技官がこう言ったもんだ。『なにを馬鹿《ばか》こく。この県で桃《もも》の実がなるわけねえでねえか』。わしはだから言い返してやった。『わしが馬鹿《ばか》かどうか、桃《もも》がなっているかどうか、あんたの目ン玉でたしかめてから決めてもらいてえ』とね」

村長は心から嬉《うれ》しそうに笑った。六人の女子学生たちはもう寝《ね》ころんではいなかった。⑧六人は正座し、リーダーは正座した上に蒼白《そうはく》になって震《ふる》えていた。

「で、きょう技官がはるばるやってくるってことになったわけで。裏の桃《もも》の木を見、あの桃《もも》の実に触《ふ》れ、桃《もも》の実を喰《く》ったら技官殿《どの》も腰《こし》を抜《ぬ》かし、補助金の申請《しんせい》を認めてくださるにちがいねえ。いつか近いうち、この村は桃源境《とうげんきょう》になるんでやんす。……はて、みんな、どうなすったかね。いやに改まっちまって」

このとき、村長の妻がばたばたと＊5土間に駆《か》け込《こ》んできた。

「ねえよ、桃《もも》の実がねえよ。あんたあ、桃《もも》の実が＊6ねくなってこったよ」

（中略）

……賢明《けんめい》なみなさまのことですから、もうわたしがなにを言いたいのか、おわかりになったはずです。村長にとって、村の人たちにとってその桃《もも》がどういう意味を持っているのか、そういうところをきちんと踏《ふ》まえていない善意などは、ものの役にも立たない。それどころかかえって邪魔《じゃま》になる……。この小説の舞台《ぶたい》となった東北の寒村へわたしも足を踏《ふ》み入れたことがありますので、しみじみそれがわかります。ええ、もうここでなにもかも白状してしまいましょう。この小説はほとんど事実です。作者の舟倉さんは人形劇研究会のメンバーのひとりで、自己批判のためにこれを書いたといっていました。そして、この生意気なリーダーはわたしです。それからのわたしは〈この桃《もも》は自分にとってはただの桃《もも》だけれど、相手にはどんな意味があるのだろう〉ということばかり考え、とうとう＊7童貞《どうてい》女になり子どもたちの世話をするところまで、深みにはまってしまいました。それでも⑨「桃《もも》」の向こう側がどんなかまだよくはわかりません。おそらく一生、わからぬだろうとおもいます。

くどいようですが、「一日母親」の件はもういちどよくお考えくださいますように。

八月二十八日

白百合《しらゆり》天使園長

テレジア小原純子

片桐枝美子様

（『十二人の手紙「桃《もも》」』井上《いのうえ》ひさし）

〔注〕＊1 老吏員《ろうりいん》＝年をとった役場の職員。

＊2 健啖《けんたん》＝盛んに食べること。多く食べること。

＊3 復員＝招集を解かれた兵士が帰郷すること。

＊4 道楽＝本職以外の趣味《しゅみ》などにふけり楽しむこと。

＊5 土間＝家の入り口で床《ゆか》を張らず土のままになっている所。

＊6 ねくなって＝なくなって。

＊7 童貞《どうてい》女＝修道女。

問一 ――線①「善意の権力」とありますが、ここでの意味として最も適当なものを次のア～オの中から一つ選び、記号で答えなさい。

ア 他者に対して善意を示す自分たちの姿に酔《よ》いしれ、自分たちを批判する言動を悪と決めつけ、必要以上に攻撃《こうげき》すること。

イ 精神的に豊かな生活を認めようともせず、物質的に豊かであることに優越《ゆうえつ》感を持ち、経済的に貧しい者を見下すこと。

ウ 善意を大上段に振《ふ》りかざし、ひとりよがりで相手の迷惑《めいわく》を考えず、相手に有無を言わせず自分の思いを押《お》し通すこと。

エ 一度相手の要望をかなえたことを恩に着せ、その後は相手の都合を考えず、自分の思いを相手に押《お》しつけていくこと。

ていたせいであろう。

あらかた準備が終《おわ》って、朝食になった。リーダーが、村長さんの姿が見えないけどもうお出かけですかと、村長の妻に訊《き》いた。

「へえ、ついさっき役場へ行きやした」

村長の妻は、六人に茶を注ぎながら答えた。

「なんでも、昨夜遅《おそ》く役場に県庁から電話があって、急に偉《えら》い技官の先生が今日の午後、この村さおいでなさることになったとかで、今朝はずっと役場さ出はって行ったきりで……」

「わたしたちの公演のことが県庁にまで伝《つた》わったのよ」

リーダーは冗談《じょうだん》を言った。

「それでわざわざ県庁から見物にやってくる……」

女子学生たちがリーダーの冗談《じょうだん》に自負心をすこし擽《くすぐ》られてにこにこしているところへ、⑦村長が踊《おど》るような足どりで戻《もど》ってきた。村長の妻が、

「おかえりやんし。朝飯《あさはん》どうしやす」

とたずねる。しかし村長はそれには答えず、炉端《ろばた》にどっかと腰《こし》を据《す》えると、煙草《たばこ》に火をつけうまそうに一服喫《す》いつけた。

「どうなさったのかね」

「とうとうくるぞ。県庁から技官がやってくるぞ」

「それはいま奥《おく》さんから伺《うかが》いましたわ。でも、村長さん、ずいぶん嬉《うれ》しそうね。技官がくるのがどうしてそんなに……」

リーダーにみなまで言わせず村長は喋《しゃべ》りはじめた。

「わしは若い頃《ころ》、兵隊にとられて中国大陸に行っとったんだが、上《しゃん》海《はい》に上陸して最初に口にしたのが桃《もも》だったんでやんす。上海水蜜《しゃんはいすいみつ》というやつでねえ。汁気《しるけ》も甘味《かんみ》もたっぷりで、世の中にこんな旨《うま》いもんはまずふたつとあるまいと思った」

どうやら長い話になりそうな気配である。六人の女子学生は、両手を後《うしろ》に身体を支えたり、寝《ね》っころがったりして、村長の話に聞き入った。

「＊3復員して帰ってきてからも、どうしてもあの桃《もも》の味が忘れられねえ。それでいっそのこと自分で桃《もも》を作ってみようということになったんでやんす。ところが、みなさんは知っとられるかどうか、桃《もも》には耐寒《たいかん》性がない。寒いところじゃ育ちにくい。日本じゃ、山形、宮城以北では無理ということになっとる。だもんで失敗の連続でなあ」

汚《よご》れた食器をまとめて小川の洗い場に運ぼうとしていた村長の妻が、ここで合《あい》の手を入れた。

「ところが桃《もも》ぐるいなどと陰口《かげぐち》を叩《たた》かれて、ずいぶん肩身《かたみ》の狭《せま》い思いをしたもんでやんす」

「けど、わしゃ挫《くじ》けなかった。寒さに強い桃《もも》の台木を探して日本国中ほっつき歩きましたわ。そりゃ何度もやめようと思った。が、これはわしひとりの＊4道楽じゃねえ。村のためにもなることだと考え直し、とうとう山形で《カネナカモモ》という寒さに強い桃《もも》の台木を見つけた。台木が見つかりゃあとは根気と丹精《たんせい》でねえ。その台木にいろんな種類の桃《もも》の芽つぎ、切りつぎをし、四年前にとうとうわしは、これならこの村ででも桃《もも》の栽培《さいばい》が出来るだろうという品種をつくることに成功しやした。裏の畑に立っているのが、その桃《もも》の木なんだが……」

村長は二本目の煙草《たばこ》に火をつけた。

「この村の生業はいまのところたいしたものはないが、ここで桃《もも》が育てば、村の暮《くら》しはすこしは楽になる、そう思いつめて辛抱《しんぼう》したのが実ったんでやんす。桃《もも》の木は一昨年三個、昨年六個、そうして今年は十個の実をつけた。今年のはまだ食っちゃいないが、昨年のも一昨年のもいい味でねえ。そりゃ、あの上海水蜜《しゃんはいすいみつ》にはとても太刀打《たちうち》できないが、商売には充分《じゅうぶん》になる味でやんした。さて、しかしでやんす。村の生業にするにはまず金がいる。そこで県に補助金の申請《しんせい》をしたら、県の

ろだべあ。おっと足許《あしもと》さ気を付けて。小川が流れておりやんす。小川を渡《わた》ればわが家でさ」

村長の家で出た夕食は、干《ほし》わらびと干《ほし》ぜんまいの味噌汁《みそしる》に、干《ほし》にしんと昆布《こんぶ》の煮付《につけ》で、村の貧しさがこの夕餉《ゆうげ》からも窺《うかが》われるようであった。

夕食後、女子学生たちは、明日の公演に使う胴使《どうづか》い人形を組み立てたり、背景幕の皺《しわ》をのばしたりしはじめたが、ふとひとりが言った。

「重い人形や道具を担いで山道を登っていたときは、どうしてあたしはこんな地の涯《はて》みたいなところへ来てしまったのかしら、と正直いって後悔《こうかい》していたのよ。こんな苦労をすると知っていたら、海の家なんかでアルバイトをしていた方がよっぽどよかった、お金が稼《かせ》げてその上遊べるし、なんてね。でも、やはり来てよかった。だってすてきな星空が見れたんだもん。ほんとうにこのへんは天が近いのね」

「明日のいまごろは、その十倍も来てよかったと思うはずよ」

人形の胴串《どぐし》の針金をまっすぐにのばしていたリーダーが言った。

「あなた、公演旅行に参加したのははじめてでしょ。だからわからないでしょうけど、わたしいまから予言してもいい。児童文化に飢《う》えた貧しい子どもたちが人形劇にわれを忘れて夢中になっている光景を自分の眼でたしかめるときの喜び——。その喜びは一生忘れられないものになるはずよ」

そのとき、まただれかが感嘆《かんたん》の声をあげた。

「流れ星だわ」

六人の女子学生たちは息をのんで光の尾を見つめ、それが消え去ったあとも、長い間、夜空から目を落《お》そうとしなかった。びっくりするほど近くで、杜鵑《ほととぎす》が一声啼《な》き、続いてどこかで、山竹の裂《さ》ける音がした。

あくる朝、六人の女子学生たちは、数十数百の小鳥たちの啼《な》き声で目を覚《さま》した。

小川の水で洗面を済ませた六人は村長の家のまわりを散歩した。村長の家の裏手は痩《や》せた畑で、畑の向《む》うが小学校になっており、畑の中央に、貧弱な桃《もも》の木が一本、⑤朝の陽光を浴びて金色に輝《かがや》く実を十個ほどつけて、立っていた。純白の地に淡紅色《たんこうしょく》のぼかしを浮《うか》びあがらせた桃《もも》の実は、六人になんとなく、この寒村にふさわしくないという印象を与《あた》えた。リーダーは手近《てぢか》の桃《もも》を掌《てのひら》で包みこむようにして触《さわ》った。

「熟しているみたいよ。とても柔《やわら》かい」

他の五人も桃《もも》の実を指で弾《はじ》いたり、つまんだりした。

「これ勝手にもいでたべちゃったら、村長さんに叱《しか》られるかしら」

だれかがそんなことをいいながら、もう桃《もも》をもいでしまっていた。

リーダーも桃《もも》をもぎ、両手の掌《てのひら》でごしごしこすった。

「⑥叱《しか》られるもんですか。去年、山形を公演旅行したとき、やっぱり宿舎の隣《となり》に洋梨《ようなし》がなっていてね、無断でたべて、あとで洋梨《ようなし》おいしかったわと言ったら、帰りに持ち切れないほど洋梨《ようなし》をくれたわよ」

もうすでに六人は六個の桃《もも》を手にしていた。一口、がぶりとやってリーダーは果汁《かじゅう》が多いのに驚《おどろ》いた。そして口尻《くちじり》を掌《てのひら》で拭《ぬぐ》いながら言った。

「おいしいわよ。とても甘《あま》い。ただ、繊維質《せんいしつ》がずいぶん多いわ。まあ、中級品てとこね」

若い娘《むすめ》たちの＊2健啖《けんたん》はたちまち桃《もも》の木を裸《はだか》にした。二個たべたものもおり、一個しかたべられなかったものもいたが、一個しかたべられなかったものは、二個たべたものの幸運を羨《うらや》んだ。

六人は、それから、学校に機材や人形を運び、教室の窓を暗幕で覆《おお》い、にわか仕立ての人形劇場をこしらえた。作業中にときどき、歯をせせる音がしたのは、桃《もも》の果肉の繊維質《せんいしつ》が、だれかの歯に引っかかっ養護施設《しせつ》「白百合天使園《しらゆり》」園長の小原純子は、ある日上流階級の婦人方で構成される社交クラブ「サロン・ド・シャリテ」の代表片桐枝美子から、クラブの活動の一環《いっかん》として、「サロン・ド・シャリテ」のメンバーが施設《しせつ》の子どもたちの一日母親となるという申し出を手紙で受け取る。園の方針に照らして、丁重にお断りしたところ、片桐からは「私たちの厚意を受け取らないのは傲慢《ごうまん》である。」との返事があった。次の文章はそれに対する小原園長の返信である。

お手紙ありがとうございます。わたしの筆の拙《つたな》さがみなさまのご立腹を招いたようで、ほんとうに申しわけございません。わたしの言いたかったのは、ことばは熟しませんが、①善意の権力というようなことで、こんども上手《じょうず》に説明できるかどうか自信がなく、便箋《びんせん》を前にだいぶ長いあいだ考え込《こ》んでしまいました。が、そのうちにふと、十二、三年前にある東京の女子大の校友会雑誌に、わたしのいまの気持ちをほとんど完璧《かんぺき》に代弁してくれる小説が載《の》っていたことを思い出し、修道院の屋根裏の物置のトランクの中から持ってまいりました。お忙《いそが》しいところを恐縮《きょうしゅく》ですが、ここにその小説の部分を切り取って同封《どうふう》いたしますので、ひと通りお読みになってください。

創立三十周年祭記念創作募集《ぼしゅう》第一席

桃《もも》

舟倉道子

東京のある女子大の児童文化研究会の一行六名が、東北でも最も遅《おく》れているといわれる寒冷地の小村の村役場に辿《たど》りついたのは七月のとある夕方のことだった。

（中略）

＊1老吏員《ろうりいん》の用意してくれた役場の名入りの提灯《ちょうちん》で道を照《てら》して先導しながら、村長は女子学生たちに言った。

「あんたがたが村へ見えられたということは、こりゃ②この村にとって大した事件でやんすよ。というと大袈裟《おおげさ》な男だとお笑いになるかも知れんがこれは誓《ちか》ってほんとうで。一年に一度か二度、県庁から巡《じゅん》回《かい》映画班がまわってくるぐらいで、村の連中にとっちゃ人形劇を見るなんぞ生《うま》れてはじめてのことなんでやんすから……」

「でも、テレビはあるでしょう」

リーダーの質問に村長は提灯《ちょうちん》を横に振《ふ》って、

「ＮＨＫは日本全土の九十八パーセントを電波で覆《おお》ったと豪語《ごうご》しとるが、この村は残り二パーセントの最難聴《なんちょう》地域のひとつなんじゃて。四方八方山ばかり、テレビ塔《とう》を三つも四つも立てないとこの村には電波は届かんという話だわ。じゃからこの村で自慢《じまん》できるのはうまい空気と小鳥の囀《さえず》りぐらいなものよ、③いまのところは……」

「まあ、きれい」

そのとき、だれかが感嘆《かんたん》の声を放った。

「ねえ、みんな空を見て。世界中の宝石をひとつ残らず集めて、それを全部、空に貼《は》りつけたみたい」

たしかにそれは美しい星空だった。④プラネタリウムでしか、星の輝《かがや》きを見たことのない娘《むすめ》たちは、しばし立ちどまって、光の洪水《こうずい》に心を奪《うば》われていた。思わず手を伸《の》ばして星を掴《つか》もうとした女子学生もいた。

「きれいな星空だことはたしかだ」

村長は提灯《ちょうちん》の火で煙草《たばこ》をつけながら苦笑した。

「だけども、わしらは星の光を吸って命をつなぐわけには行かねえんだわ。ずーっと昔からこの村は炭焼きで喰《く》ってきたが、それはもうはやらん。なんとかして新しい方途《みち》を見つけねえとどうにもならんところまで村は追い込まれとるんでやんして、村長としても頭の痛えとこ

問四　――線②「まだ誰《だれ》もみていないその先の風景を描《えが》けなかった」とありますが、「まだ誰《だれ》もみていないその先の風景」と同じ意味で使われている言葉を[I]の文章中から十二字で探し、抜《ぬ》き出しなさい。

問五　――線③「管理された組織や、日本的大企業《だいきぎょう》の典型である硬《こう》直《ちょく》した統制型マネージメント」はどのような考え方に陥《おちい》りやすいと言えますか。[I]の文章中から答えとして適当な言葉を十字以内で探し、最初の四字を抜《ぬ》き出しなさい。

問六　――線④「ぼくはいま本の森のなかで暮らしています」とありますが、その説明として最も適当なものを次のア～オの中から一つ選び、記号で答えなさい。

ア　所狭《ところせま》しと大量の本をあちらこちらに積み上げ、その中で自由に読書にふけりながら生活している。

イ　無駄《むだ》だと判断した本であっても捨てることなく、他の多くの本と同じく大切にして生活している。

ウ　大量の本を身近に置き、それらを常に十分に活用し、様々な気づきを得ながら生活している。

エ　自分にとって役立ちそうな本か否かに関係なく、様々な数多くの本に囲まれて生活している。

オ　便利さ一辺倒《いっぺんとう》の社会から距離《きょり》を取り、大量の本の中で多くの時間を読書に費やしながら生活している。

問七　――線⑤「散らかしの神様の偉大《いだい》な力」とありますが、「散らかしの神様」の意義を説いた表現を[I]の文章中から四字で探し、抜《ぬ》き出しなさい。

問八　[I]の文章の構成を説明したものとして最も適当なものを次のア～オの中から一つ選び、記号で答えなさい。

ア　日本の経済成長の停滞《ていたい》の理由を平田《ひらた》オリザ氏の指摘《してき》を交えながら筆者なりに分析《ぶんせき》し、その中で浮上《ふじょう》した日本人のなかなか遊びに馴染《なじ》むことができない国民性を紹介《しょうかい》し、歴史的に支持されてきた遊びの価値を主張している。

イ　日本が凋落《ちょうらく》したという事実をたんに紹介《しょうかい》するにとどまらず、韓国《かんこく》の詳細《しょうさい》な分析《ぶんせき》と筆者独自の考えを示すことで、「失われた三〇年」が人為的《じんいてき》に作られたものであることを指摘《してき》し、日本特有の統制型の経営を批判している。

ウ　日本の凋落《ちょうらく》の内実を平田《ひらた》オリザ氏の独自の分析《ぶんせき》を交え紹介《しょうかい》するとともに、テクノロジーだけを信奉《しんぽう》した日本人の思想的未熟さを指摘《してき》し、かつて持っていたはずの、遊びや楽しみを通じた精神的おおらかさの復活を提言している。

エ　日本の経済成長の停滞《ていたい》という事実をきっかけに、韓国《かんこく》の研究心の旺盛《おうせい》さと相対化するかたちで日本人の安易な人まねにおける器用さを紹介《しょうかい》し、それだけでは世界に通用する文化的成熟さを示し得ないことを指摘《してき》している。

オ　日本が凋落《ちょうらく》した原因を韓国《かんこく》が指摘《してき》していたことを紹介《しょうかい》しながら、そこに筆者独自の視点を加味することで問題をより詳《くわ》しく分析《ぶんせき》し、日本が失っていたものの中に今後の活路を見出し得るという可能性を示唆《しさ》している。

問九　――線①「なぜ、日本は凋落《ちょうらく》したのか？」とありますが、日本が凋落《ちょうらく》した理由を筆者はどのように考えていますか。[I]の文章全体を踏《ふ》まえて七十字以内で答えなさい。

二

次の文章を読んで、後の一から九までの各問いに答えなさい。
(ただし、字数指定のある問いはすべて句読点・記号も一字とする。)

格でもなければ、出世に役立つとか、そのような意味での有用性はありません。けれども、そのいっけん無用に思えることが、もしかすると人類の未来を救うことになるかもしれない。それほどまでに謎《なぞ》めいていて奥深《おくぶか》く、汲《く》めども尽《つ》きぬ魅力《みりょく》を秘めているのです。

（『リベラルアーツ「遊び」を極めて賢者《けんじゃ》になる』浦久俊彦《うらひさとしひこ》）

Ⅱ

僕《ぼく》の場合、小さい頃《ころ》から「散らかしの神」に支配されていた。ときどき、その神様が降りてきて、僕《ぼく》をして僕《ぼく》の周辺を散らかすのである。僕《ぼく》自身はまったくの無意識で、「おやっ」と気づいたときには、周りは散らかり放題、悲惨《ひさん》な状態になっている。身に覚えがないので、「犯人は僕《ぼく》じゃない！」と愕然《がくぜん》とするのであるが、幸い、僕《ぼく》の両親は子供に「ちょっと片づけなさいよ」などと言うことは一度もなかった。それはたぶん、＊10エントロピィ増大というか、宇宙の原則を両親が正しく理解していたためだと思われる。物理学の理解は、このように日常を豊かにする。ありがたいことである。

なにかに熱中しているからこそ、知らないうちに散らかってしまうわけである。だから、もしもその熱中の真《ま》っ直中《ただなか》で「片づけなさい」なんて叱《しか》られると、子供はその瞬間《しゅんかん》に、物理法則への素敵な予感を断ち切られ、「親の支配」という卑近《ひきん》な現実に引き戻《もど》されることになる。そして僕《ぼく》のように⑤散らかしの神様の偉大《いだい》な力を肌《はだ》で感じることもできなくなるという寸法だ。

（『工作少年の日々』森《もり》博嗣《ひろし》）

〔注〕

＊１　凋落《ちょうらく》＝おちぶれること。

＊２　それをいま、テクノロジーだけを追い求めて、リベラルアーツの精神を顧《かえり》みなかったからと書きましたが＝筆者はこの箇所《かしょ》より少し前の記述で、日本凋落《ちょうらく》の原因としてこのように指摘《してき》している。

＊３　リベラルアーツ＝「教養」とか「教育カリキュラム」のような一般的《いっぱんてき》な理解とは異なり、筆者（浦久俊彦《うらひさとしひこ》）は「人生を遊びつづけるためのわざ」と定義している。

＊４　シンクタンク＝様々な分野の研究をしたり助言を行ったりするために専門家を集めた研究機関。

＊５　冒頭《ぼうとう》のスティーブ・ジョブズの「テクノロジーとリベラルアーツの交差点に立つ」という言葉＝筆者（浦久俊彦《うらひさとしひこ》）は本書、序章の冒頭《ぼうとう》で故スティーブ・ジョブズ（＝米アップル社の創業者の一人）の言葉を紹介《しょうかい》している。

＊６　失われた三〇年＝一九九〇年代から今日までの、日本において経済の停滞《ていたい》が指摘《してき》されている期間。

＊７　ファンタスティック＝ここでは、「非常にすばらしいさま」ということ。

＊８　マネージメント＝経営などの管理をすること。

＊９　イノベーター＝イノベーションを起こす人。

＊10　エントロピィ増大＝ここでは、「ものごとは放っておくと乱雑になっていく」ということ。

問一　――線Ａ「テイメイ」・Ｂ「ヨケイ」のカタカナを正しい漢字に直しなさい。（一画一画ていねいにはっきりと書くこと。）

問二　空らん〔Ｘ〕に入る言葉として最も適当なものを次のア～オの中から一つ選び、記号で答えなさい。

ア　指して　イ　射て　ウ　見すえて
エ　絞《しぼ》って　オ　描《えが》いて

問三　――線Ｙ「奇《く》しくも」のここでの意味として最も適当なものを次のア～オの中から一つ選び、記号で答えなさい。

ア　意外にも　イ　かろうじて　ウ　偶然《ぐうぜん》にも
エ　誇《ほこ》らしいことに　オ　幸運にも

あえて「ソウゾウリョク」とカタカナで記しましたが、それにしても日本語がすばらしい言語だと感心するのは、英語では「クリエイティビティ」と「イマジネーション」という人間のあらゆる創造活動の核《かく》をなすふたつの言葉が、日本語では、Y奇《く》しくも同じ発音をもつ言葉だということです。それを外国人に話すと、たいていは驚愕《きょうがく》して称《しょう》賛《さん》されます。

彼《かれ》らには、クリエイティブとイマジネーションを同じ言葉で表現できる言語というものを想像することすらできない。そして「日本語はなんと＊7ファンタスティックな言語なんだ！」と感嘆《かんたん》するというわけです。そして、このふたつの「ソウゾウリョク」こそ、リベラルアーツによってもたらされる最大の果実なのです。

ふたつの「ソウゾウリョク」が躍動《やくどう》すれば、それが「イノベーション（＝新機軸《しんきじく》、新結合。新たなアイデアによって社会的意義のある価値を創造すること）」につながる。

現代は、イノベーションの時代といわれます。いま、世界を変えている数々のイノベーションや斬新《ざんしん》なアイデアは、③管理された組織や、日本的大企業《だいきぎょう》の典型である硬直《こうちょく》した統制型＊8マネージメントからは、けっして生まれないということは、もはや明らかです。

かつて世界を席巻《せっけん》した「メイド・イン・ジャパン」が次々と生み出されていた時代、日本はもっと「遊ぶ国」であり「楽しむ国」でした。それがいつのまにか、日本はただの窮屈《きゅうくつ》な国になり、つまらない国になったという声が聞こえるようになると、日本からふたつの「ソウゾウリョク」がどこかに消えてしまったのです。

この章の冒頭《ぼうとう》に登場したスティーブ・ジョブズもそのひとりですが、偉大《いだい》な＊9イノベーターは例外なく「ホモ・ルーデンス（遊ぶ人）」です。「無駄《むだ》なことをできる人」であり、「人生を遊ぶ人」であるともいえます。

元日本マイクロソフト社長の成毛眞《なるけまこと》はこう書いています。

　遊びや趣味《しゅみ》というのは、意外に仕事の成果につながっていたりする。日本人は真面目《まじめ》に働きすぎて、遊ばないからイノベーションを起こせないと、私は事あるごとにいっているが、実際そうなのだ。（『アフターコロナの生存戦略』成毛眞《なるけまこと》著、KADOKAWA）

あまりにも合理主義、効率主義に偏《かたよ》った社会は、無駄《むだ》なもの、Bヨケイなものを極力排除《はいじょ》しようとします。ところで「無駄《むだ》なもの」とは何でしょうか？　たとえば、④ぼくはいま本の森のなかで暮らしていますが、一万冊以上の本のなかに埋《う》もれて片隅《かたすみ》で埃《ほこり》をかぶって記憶《きおく》にもない一冊の「無駄《むだ》に思えた本」が、あるとき、なぜかすっと視界に入り、偶然《ぐうぜん》開いたページが人生のピンチを救ってくれたことが何度もあります。そのような不思議を経験してみると、人間の浅知恵《あさぢえ》だけで「無駄《むだ》」を選別しようとしたことが、何とも浅はかで傲慢《ごうまん》にすら思えてくるのです。

古代中国の賢者《けんじゃ》・老子《ろうし》に、「無用の用」を説いた有名な言葉があります。

　（故に）有の以《もっ》て利を為《な》すは、無の以《もっ》て用を為《な》せばなり。

目先の利益で有用・無用を決めつけてはならない。いまは無用にみえても、のちに必要になることもある。何の役に立っていないようにみえても、どこかで大事な役に立っていることもある、という意味です。

リベラルアーツは、いわば無用の用です。履歴書《りれきしょ》に書けるような資

2023年度

豊島岡女子学園中学校

【国　語】〈第二回試験〉（五〇分）〈満点：一〇〇点〉

一　次の[I]と[II]の文章を読んで、後の一から九までの各問いに答えなさい。（ただし、字数指定のある問いはすべて句読点・記号も一字とする。）

[I]

①なぜ、日本は＊1凋落《ちょうらく》したのか？

ここでいう「凋落《ちょうらく》」とは、何も経済力のAテイメイだけを指しているのではありません。高度成長期の日本には、活力もあれば文化発信力もあった。それがいまや、何もかもがすっかり影《かげ》を潜《ひそ》め、自信を失い、まるで坂道をただ転げ落ちているようにもみえます。

なぜ、このようなことになってしまったのか？

＊2それをいま、テクノロジーだけを追い求めて、＊3リベラルアーツの精神を顧《かえり》みなかったからと書きましたが、さらに具体的に、『街場《まちば》の日韓論《にっかんろん》』（内田樹《うちだたつる》編、晶文社《しょうぶんしゃ》）という本の中で劇作家の平田《ひらた》オリザが、その原因は「創造力の欠如《けつじょ》」であるという鋭《するど》い分析《ぶんせき》結果を紹《しょう》介《かい》しています。

それを指摘《してき》したのは、日本政府でも日本の学会でも＊4シンクタンクでもなく、お隣《となり》の韓国《かんこく》です。韓国《かんこく》は、二一世紀初頭に、テイメイする日本経済と日本社会を徹底的《てっていてき》に研究、分析《ぶんせき》してその原因を探りました。それは韓国《かんこく》が日本のようにならないためであり、「一説によると、2000年代の十年だけで、日本経済や日本社会の停滞《ていたい》に関するレポートが、様々なシンクタンクから2千本も書かれたと聞いたことがある」（前掲書《ぜんけいしょ》）というのです。

日本経済はとにかく西洋に追いつけ追い越《こ》せで、人まねもうまく勤勉で器用だったために西洋に追いつくところまでは行った。だが追いついた次の段階として、②まだ誰《だれ》もみていないその先の風景を描《えが》けなかった。そして完全に自分を見失い、失速した。なぜか？

「そのレポートに書かれている結論の一つが『クリエイティビティの欠如《けつじょ》』だった」（同書）と平田《ひらた》は言います。

（中略《ちゅうりゃく》）

ここでふたたび、＊5冒頭《ぼうとう》のスティーブ・ジョブズの「テクノロジーとリベラルアーツの交差点に立つ」という言葉を思い起こしてみます。

高度成長期の日本は、たしかにテクノロジーでは世界をリードできたものの、テクノロジーだけを信奉《しんぽう》してリベラルアーツの精神が欠落していた。そのアンバランスさこそが「＊6失われた三〇年」の正体です。その原因を、韓国《かんこく》は「クリエイティビティ（＝創造力）の欠如《けつじょ》」と分析《ぶんせき》したわけです。

その分析《ぶんせき》はたしかに的を〔　X　〕います。でもぼくはそれだけではないと思っています。「創造力」だけではない。日本語にはもうひとつの「ソウゾウリョク」もある。そのふたつともが欠けていたのではないかと思うのです。

もうひとつの「ソウゾウリョク」とは何か？

「想像力」です。

「創造力」と「想像力」というふたつの「ソウゾウリョク」。そして、未来へのグランドデザインを描《えが》くために何よりも必要なエンジンは、このふたつの「ソウゾウリョク」ではないのか？　ぼくはそう考えています。

ここまで「創造力」も「想像力」も、まったく同じ発音の語として、

2023年度

豊島岡女子学園中学校 ▶解説と解答

算　数　＜第２回試験＞（50分）＜満点：100点＞

解　答

1 (1) 11　(2) $\frac{7}{30}$　(3) 時速87.12km　(4) 54組　**2** (1) 33人　(2) 357　(3) 18：7　(4) 16cm^2　**3** (1) 2：3　(2) 1500m　**4** (1) 4.7%　(2) 1.7%　**5** (1) 91枚　(2) 16通り　(3) 7通り　**6** (1) 2cm　(2) 2　(3) 49個

解　説

1 **四則計算，逆算，通過算，倍数，周期算**

(1) $6.5\times\frac{9}{2}\div\left(1.5+\frac{7}{4}\right)+2.4\times\frac{5}{6}=\frac{13}{2}\times\frac{9}{2}\div\left(\frac{3}{2}+\frac{7}{4}\right)+\frac{12}{5}\times\frac{5}{6}=\frac{13}{2}\times\frac{9}{2}\div\left(\frac{6}{4}+\frac{7}{4}\right)+2=\frac{13}{2}\times\frac{9}{2}\div\frac{13}{4}+2=\frac{13}{2}\times\frac{9}{2}\times\frac{4}{13}+2=9+2=11$

(2) $2.4\div\left(\square-\frac{2}{15}\right)\times0.125=3$ より，$2.4\div\left(\square-\frac{2}{15}\right)=3\div0.125=3\div\frac{1}{8}=3\times8=24$，$\square-\frac{2}{15}=2.4\div24=0.1=\frac{1}{10}$　よって，$\square=\frac{1}{10}+\frac{2}{15}=\frac{3}{30}+\frac{4}{30}=\frac{7}{30}$

(3) 電車が鉄橋をわたり始めてからわたり終わるまでに進む距離《きょり》は，(鉄橋の長さ)＋(電車の長さ)＝330＋154＝484(m)なので，速さは秒速，484÷20＝24.2(m)とわかる。よって，時速に直すと，24.2×60×60÷1000＝87.12(km)となる。

(4) 3と5の最小公倍数である15まで並べると，{3，5，6，9，10，12，15}の7個となり，この中に2つの続いた整数の組は(5，6)，(9，10)の2組ある。また，15の後に並ぶ数のうち，3の倍数は15に3を加えていった数であり，5の倍数は15に5を加えていった数なので，15の後，15×2＝30までは，15にそれぞれ{3，5，6，9，10，12，15}を加えた7個の数が並ぶ。よって，その中に2つの続いた整数の組は，15までのときと同じように2組ある。この後も同様に考えると，並べた数を7個ずつ区切ったとき，それぞれの中に2つの続いた整数の組は2組ずつあることがわかる。さらに，400まで並べたとき，7個ずつの数の組は，400÷15＝26余り10より，26組でき，15×26＝390の後に並ぶ数は，390にそれぞれ，3，5，6，9，10を加えた数，つまり，393，395，396，399，400となる。したがって，2つの続いた整数の組は，390までの中に，2×26＝52(組)あり，393，395，396，399，400の中には(395，396)と(399，400)の2組あるから，全部で，52＋2＝54(組)ある。

2 **差集め算，約束記号，辺の比と面積の比，表面積**

(1) 人数の合計が80人なので，まず，A組とB組の生徒がどちらも，80÷2＝40(人)だとすると，A組の生徒に用意したえんぴつは，7×40＋4＝284(本)，B組の生徒に用意したえんぴつは，5×40＝200(本)となり，A組の方がB組よりも，284−200＝84(本)多くなってしまう。ここから，A組の人数を1人減らし，B組の生徒の人数を1人増やすと，A組の生徒に用意したえんぴつは7

本減り，Ｂ組の生徒に用意したえんぴつは５本増えるので，Ａ組とＢ組で用意したえんぴつの本数の差は，７＋５＝12(本)縮まる。よって，84÷12＝７より，Ａ組の人数を７人減らし，Ｂ組の人数を７人増やすと，用意したえんぴつの本数を同じにできるから，Ａ組の人数は，40－７＝33(人)とわかる。

(2)　Aの百の位，十の位，一の位の数をそれぞれア，イ，ウとする。まず，①について，Aの一の位が９のとき，$A+1$の一の位は０になる。このとき，$A+1$の各位の積，つまり，$[A+1]$は０になってしまうので，$[A]+15=[A+1]$とはならない。よって，Aの一の位は９ではないから，$A+1$はAと比べ，百の位と十の位は同じで，一の位は１だけ大きくなる。すると，$[A]$＝ア×イ×ウ，$[A+1]$＝ア×イ×(ウ＋１)＝ア×イ×ウ＋ア×イと表せるから，$[A]+15=[A+1]$のとき，ア×イ＝15となる。これより，アとイは(３，５)か(５，３)のいずれかとわかる。同様に，②について，Aの十の位は９ではないから，$A+10$はAと比べ，百の位と一の位は同じで，十の位は１だけ大きくなる。すると，$[A]$＝ア×イ×ウ，$[A+10]$＝ア×(イ＋１)×ウ＝ア×イ×ウ＋ア×ウと表せるから，$[A]+21=[A+10]$のとき，ア×ウ＝21となり，アとウは(３，７)か(７，３)のいずれかとわかる。したがって，ア＝３，イ＝５，ウ＝７と決まるので，Aは357である。

(3)　右の図のように，FAとCBをのばした直線が交わる点をＧとすると，三角形GABは正三角形である。また，正六角形ABCDEFは対角線AD，BE，CFを引くと，三角形GABと合同な正三角形６個に分けられるから，三角形GABの面積を$\boxed{1}$とすると，正六角形ABCDEFの面積は$\boxed{6}$，三角形GCFの面積は$\boxed{4}$と表せる。さらに，GP：GF＝(３＋１)：(３＋１＋２)＝４：６＝２：３，GQ：GC＝(３＋２)：(３＋２＋１)＝５：６となる。よって，三角形GCPの面積は三角形GCFの$\frac{2}{3}$倍で，$\boxed{4}\times\frac{2}{3}=\boxed{\frac{8}{3}}$，三角形GQPの面積は，三角形GCPの$\frac{5}{6}$倍で，$\boxed{\frac{8}{3}}\times\frac{5}{6}=\boxed{\frac{20}{9}}$だから，四角形ABQPの面積は，$\boxed{\frac{20}{9}}-\boxed{1}=\boxed{\frac{11}{9}}$とわかる。すると，四角形CDRQ，四角形EFPRは四角形ABQPと合同だから，それらの面積も$\boxed{\frac{11}{9}}$である。したがって，三角形PQRの面積は，$\boxed{6}-\boxed{\frac{11}{9}}\times3=\boxed{\frac{7}{3}}$だから，正六角形ABCDEFと三角形PQRの面積の比は，$6:\frac{7}{3}=18:7$と求められる。

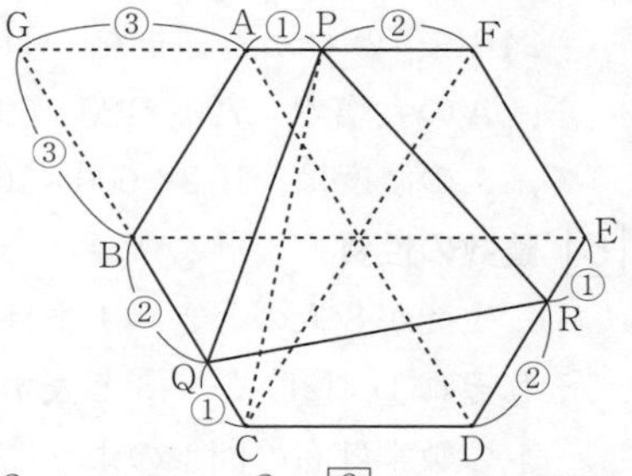

(4)　立体Ｔの表面積はもとの立方体の表面積よりも，くり抜《ぬ》いた直方体の側面４つの面積だけ大きくなる。くり抜いた直方体は，縦１cm，横１cm，高さ３cmだから，側面４つの面積は，(１×３)×４＝12(cm^2)となる。よって，もとの立方体と立体Ｔの表面積の差は12cm^2で，その比は８：９だから，比の１にあたる面積は，12÷(９－８)＝12(cm^2)となり，もとの立方体の表面積は，12×８＝96(cm^2)と求められる。したがって，正方形BFGCの面積は，96÷６＝16(cm^2)とわかる。

3　速さと比

(1)　２人が進んだようすは右の図のようなグラフに表せる。豊子さんが学校に着いたとき(図のア)から２人が２回目にすれ違《ちが》ったとき(図のイ)までの間に，豊子さんは300m進み，花子さんは，750－300＝450(m)進んだから，豊子さんと花子さんが同じ時間に進む距離の比，つまり，速さの比は，300：450＝

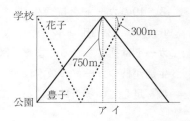

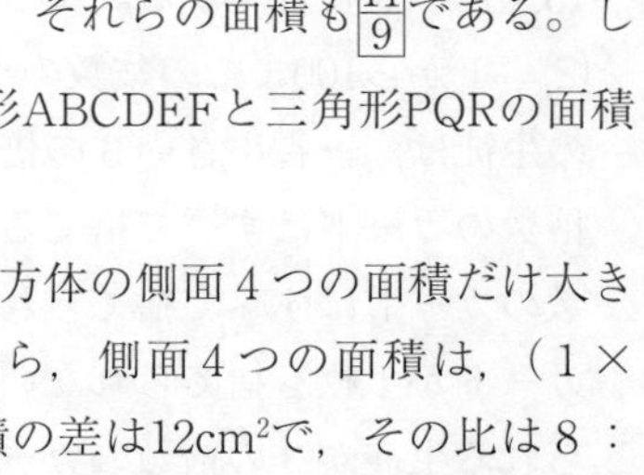

2：3とわかる。

(2)　公園から学校までの距離を$\boxed{1}$とすると，図のアのときまでに豊子さんが進んだ距離は$\boxed{1}$なので，(1)より，図のアのときまでに花子さんが進んだ距離は，$\boxed{1}\times\frac{3}{2}=\boxed{\frac{3}{2}}$となる。よって，アのとき，花子さんは公園から，$\boxed{\frac{3}{2}}-\boxed{1}=\boxed{\frac{1}{2}}$だけ進んだ地点にいたので，ちょうど学校と公園の中間地点にいたとわかる。よって，公園から学校までの距離は，750×２＝1500(m)と求められる。

4　濃度《のうど》

(1)　A120ｇから水を20ｇ蒸発させた食塩水Cの重さは，120－20＝100(ｇ)，B180ｇから水45ｇを蒸発させた食塩水Dの重さは，180－45＝135(ｇ)で，これらを混ぜると，濃度が６％になったから，C，Dに含《ふく》まれる食塩の重さの合計は，(100＋135)×0.06＝235×0.06＝14.1(ｇ)である。よって，A120ｇとB180ｇに含まれる食塩の重さの合計も14.1ｇだから，それらを混ぜてできる食塩水の濃度は，14.1÷(120＋180)×100＝14.1÷300×100＝4.7(％)と求められる。

(2)　Aを200ｇとBを50ｇ混ぜると濃度が2.7％になるので，AとBを，200：50＝４：１の割合で混ぜると濃度が2.7％になる。これより，Bを180ｇと，Aを，180×４＝720(ｇ)混ぜれば濃度は2.7％になるから，A720ｇとB180ｇに含まれる食塩の重さの合計は，(720＋180)×0.027＝900×0.027＝24.3(ｇ)とわかる。また，(1)より，A120ｇとB180ｇに含まれる食塩の重さの合計は14.1ｇだから，Aの食塩水，720－120＝600(ｇ)に含まれる食塩の重さは，24.3－14.1＝10.2(ｇ)である。よって，Aの濃度は，10.2÷600×100＝1.7(％)と求められる。

5　整数の性質

(1)　生徒が８人のとき，１番目，２番目，…，８番目の生徒をそれぞれ$\boxed{1}$，$\boxed{2}$，…，$\boxed{8}$と表すと，$\boxed{1}$～$\boxed{8}$の生徒に配られたカードの数字は右の図１のようになる。図１の○をつけた数字とその下にある数字のカードはすべて捨てられたので，捨てられなかったカードは，かげをつけた１，２，４，５，７，８，10，13，16の９枚とわかる。よって，捨てられたカードは全部で，100－９＝91(枚)となる。

図１

$\boxed{1}$	$\boxed{2}$	$\boxed{3}$	$\boxed{4}$	$\boxed{5}$	$\boxed{6}$	$\boxed{7}$	$\boxed{8}$
1	2	③	4	5	⑥	7	8
⑨	10	11	⑫	13	14	⑮	16
17	⑱	19	20	㉑	22	23	㉔
…	…	…	…	…	…	…	…

(2)　１から100までの整数のうち３の倍数は，100÷３＝33余り１より，33個ある。また，それぞれの生徒は，一番小さい３の倍数のカードと，それより大きい数のカードをすべて捨てるので，３の倍数のカードはすべて捨てることになる。つまり，生徒の人数が何人のときでも，33枚ある３の倍数のカードはすべて捨てられるから，捨てられたカードが全部で33枚となるのは，３の倍数でないカードが１枚も捨てられない場合である。そのようになるのは，３番目，６番目，９番目，…に配られる生徒が３の倍数のカードだけを持っている場合だから，生徒の人数が３の倍数のときとなる。よって，生徒の人数が３人以上50人以下のときでは，考えられる生徒の人数は，３人，６人，９人，…，48人だから，48÷３＝16(通り)ある。

(3)　19のカードを持つ生徒が，19より小さい３の倍数である３，６，９，12，15，18のうち，いずれかのカードを持つとき，19のカードは捨てられる。また，図１からわかるように，それぞれの生徒が持つカードの数字は，一番小さいカードの数字に生徒の人数を足していった数字になっている。よって，生徒の人数が，19

図２

16の約数…~~1~~，~~2~~，４，８，16
13の約数…~~1~~，13
10の約数…~~1~~，~~2~~，５，10
７の約数…~~1~~，７
４の約数…~~1~~，~~2~~，４
１の約数…~~1~~

－３＝16の約数のとき，19のカードを持つ生徒が３のカードを持つので，19のカードは捨てられる。同様に，生徒の人数が，19－６＝13，19－９＝10，19－12＝７，19－15＝４，19－18＝１の約数のときも19のカードは捨てられる。16，13，10，７，４，１の約数はそれぞれ上の図２のようになり，生徒の人数は３人以上だから，考えられる生徒の人数は，４人，５人，７人，８人，10人，13人，16人の７通りある。

6　立体図形―分割，長さ，構成

⑴　下の図１で，面AEHDと面BFGCは平行なので，３点A，P，Qを通る平面で切るとき，面AEHDにできる切り口の線(直線AQ)と面BFGCにできる切り口の線は平行になる。つまり，面BFGCにできる切り口の線は，点Pを通りAQと平行な直線になり，この直線と辺BFの交わる点がＩである。また，この直線と辺FGの交わる点をＪとすると，三角形PMJと三角形QDAは相似になり，その相似比は，PM：QD＝１：２だから，MJ＝AD×$\frac{1}{2}$＝８×$\frac{1}{2}$＝４(cm)となる。これはMGの長さと等しいので，ＪはＧと同じ点であり，面BFGCにできる切り口の線は点Ｇを通る。よって，PMとIFが平行より，三角形PMGと三角形IFGは相似になり，その相似比は，MG：FG＝１：２だから，FI＝PM×２＝１×２＝２(cm)と求められる。

⑵　点Ａ，Ｐと辺CD上の点Ｒを通る平面は辺CGと交わる。また，この平面が，下の図２のように頂点Ｆを通るときや，辺BFと交わるときは，切り口の形は四角形となり，下の図３のように辺FGと交わるときは，切り口の形は五角形となる。この平面と辺CGが交わる点をＫとすると，図２のとき，PMとKGが平行より，三角形FPMと三角形FKGは相似で，その相似比は１：２だから，KG＝１×２＝２(cm)より，CK＝８－２＝６(cm)である。また，RKはAFと平行になるので，三角形RCKと三角形ABFも相似となる。すると，三角形RCKは直角二等辺三角形だから，CR＝CK＝６cmより，DR＝８－６＝２(cm)とわかる。さらに，DRの長さが図２のときよりも長くなるとき，点Ａ，Ｐ，Ｒを通る平面と辺CGが交わる点Ｋは，図２のときよりも頂点Ｃに近づくので，点Ｋ，Ｐを通る直線は辺FGと交わる。したがって，DRの長さが２cmより長いとき，切り口の形は五角形になる。

図１
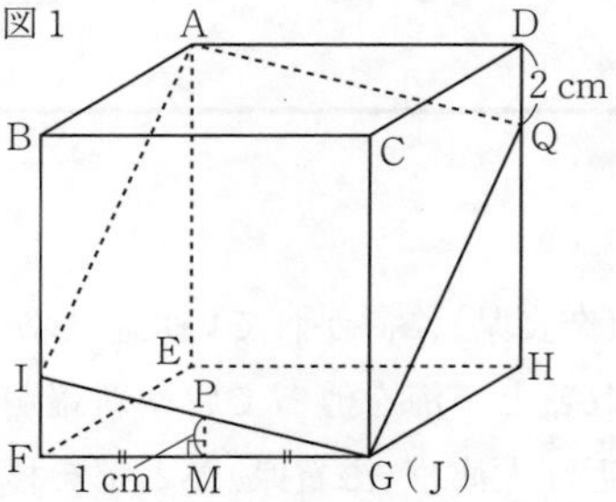

図２
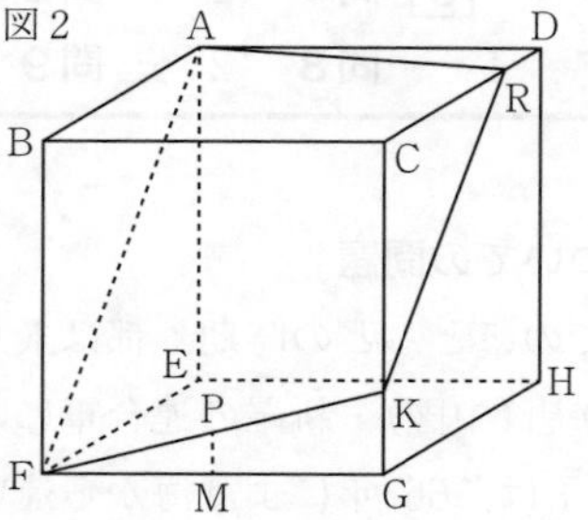

図３
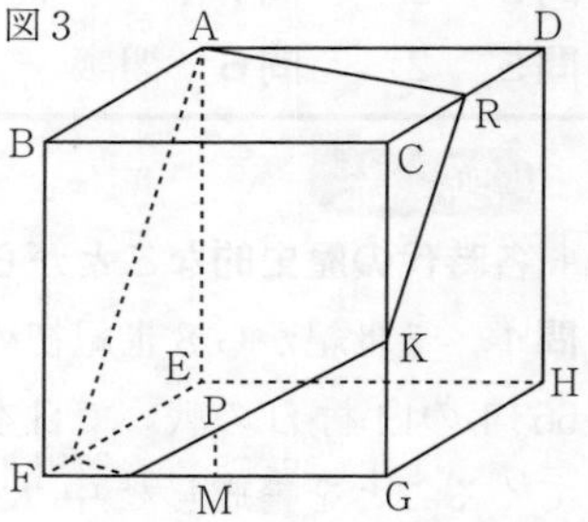

⑶　まず，３点Ａ，Ｐ，Ｓを通る平面が辺CDと交わる場合，図２の直線RK上に点Ｓをとったとき，切り口の形は図２と合同な四角形となり，直線RK上よりも点Ｃに近い位置に点Ｓをとると，切り口の形は図３と同様に五角形となる。ただし，点Ｓを点Ｃにとると，切り口は四角形になる。よって，３点Ａ，Ｐ，Ｓを通る平面が辺CDと交わる場合，切り口の形が五角形になるような点Ｓは，下の図４の○印の点で，20個ある。次に，３点Ａ，Ｐ，Ｓを通る平面が辺DHと交わる場合，この平面が，下の図５のように頂点Ｇを通るときや，辺CGと交わるときは，切り口の形は四角形となり，下の図６のように辺FGと交わるときは，切り口の形は五角形となる。この平面と辺DH，BF

が交わる点をそれぞれL，Nとすると，図5のとき，ALは点P，Gを通る直線と平行になるので，DLの長さは図1のDQと同じ2cmとなり，LH＝8－2＝6(cm)とわかる。また，LHの長さが6cmよりも短くなるとき，点Nは，図5のときよりも頂点Bに近づくので，点N，Pを通る直線は辺FGと交わり，切り口の形は五角形になる。よって，図5の直線GL上に点Sをとったとき，切り口の形は図5と合同な四角形となり，直線GL上よりも点Hに近い位置に点Sをとると，切り口の形は図6と同様に五角形となる。ただし，点Sを点Hにとると，切り口は四角形になる。したがって，3点A，P，Sを通る平面が辺DHと交わる場合，切り口の形が五角形になるような点Sは，図4の×印の点で，29個ある。以上より，点Sの位置としてふさわしい点は，20＋29＝49(個)ある。

図4

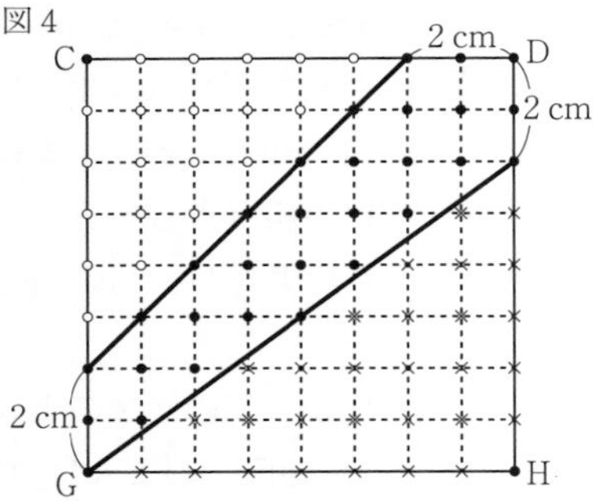

図5

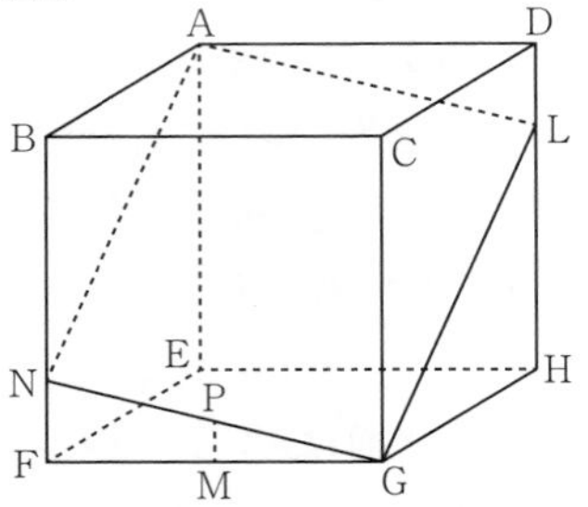

図6

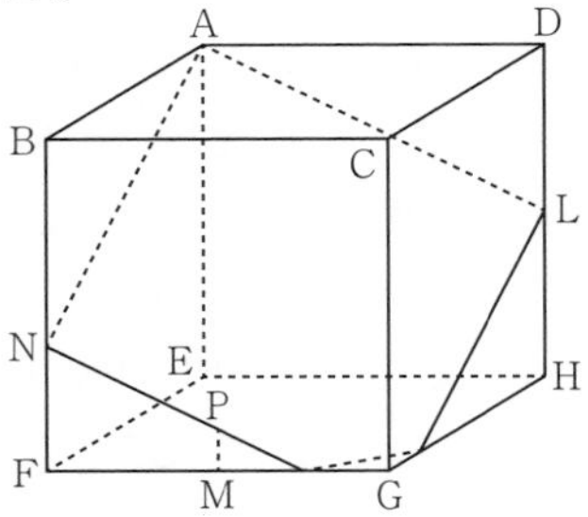

社 会 ＜第2回試験＞（理科と合わせて50分）＜満点：50点＞

解 答

1 **問1** 3　**問2** 阿弥陀(仏)　**問3** 博多　**問4** 2→3→4→1　**問5** 浮世　**問6** 宿場町　**問7** 4　**問8** 1　**2** **問1** (例) (鹿児島は)新幹線が通っているから。　**問2** (1) 6　(2) オホーツク海気団　**問3** 4　**問4** 2　**問5** 3　**問6** 2　**問7** い→う→あ　**3** **問1** 1　**問2** 5　**問3** 3　**問4** 人種　**問5** 2　**問6** 閣議　**問7** 4　**問8** 2　**問9** 4

解 説

1 **各時代の歴史的なことがらについての問題**

問1　7世紀から8世紀初めまでのほとんどの時期，都は飛鳥(奈良県)に置かれていた。しかし，663年の白村江《はくすきのえ》の戦いで日本軍が唐(中国)・新羅《しらぎ》の連合軍に敗れると，海を渡って唐や新羅が攻《せ》めてくることを警戒《けいかい》した中大兄《なかのおおえの》皇子は，667年により海から遠い近江《おうみ》大津宮(滋賀県)へと都を移し，ここで天智天皇として即位《そくい》した。天智天皇が671年に亡くなると，翌72年，天智天皇の弟の大海人《おおあまの》皇子と天智天皇の子の大友皇子の間で，皇位をめぐって壬申《じんしん》の乱が起こった。これに勝利した大海人皇子は飛鳥に戻《もど》って飛鳥浄御原《きよみはら》宮を都とし，ここで天武天皇として即位した。なお，1は603年，2は645年，4は701年のできごとで，いずれの年も都は飛鳥にあった。

問2　平安時代中期には，仏教の法が正しく行われなくなる末法の世が訪れるといわれていたため，阿弥陀《あみだ》仏にすがって極楽往生《ごくらくおうじょう》を願う浄土《じょうど》の教えが広まり，各地に阿弥陀仏をまつるための阿弥陀堂が建てられた。線をたどって当たりなどの結果にたどりつくという「あみだくじ」は，形が阿弥陀如来《にょらい》像の後光(光背《こうはい》)に似ていたことからその名がついたと考えられており，かつては図のような放射状だったが，現在ははしごのような形で描かれるのが一般的である。

問３　博多港(福岡県)は，古代から中国や朝鮮半島に向かう船の拠点《きょてん》としての役割をはたしていた。13世紀後半の1274年(文永の役)と1281年(弘安の役)にはモンゴル軍が襲来《しゅうらい》し，一帯が戦場となった。その後，15世紀になると日明貿易の貿易港として発展し，16世紀初めには博多商人が貿易を独占するようになった。なお，博多は現在，福岡市の区の一つとなっている。

問４　１は1641年，２は1543年，３は1549年，４は1639年のできごとなので，時代の古い順に２→３→４→１となる。

問５　浮世は「はかなく定めのない現世」といった意味の言葉で，江戸時代には「楽しい今の世の中」といった意味でも用いられるようになった。江戸時代には，浮世絵や浮世草子など，庶民《しょみん》の当時の生活を題材にした絵画や出版物が発展し，娯楽《ごらく》として楽しまれた。

問６　江戸時代には，人やものの往来が活発になり，各地を結ぶ街道が整備された。これにともなって街道沿いに設けられた宿場を中心として宿場町が発展した。

問７　1873年に出された徴兵《ちょうへい》令では，満20歳以上の男子に兵役の義務が課された。なお，兵役には免除規定もあり，実際には兵役につかない者もいた。

問８　１　第一次世界大戦中の日本の外交について，正しく説明している。　２　「三・一独立運動が起きたことにより」ではなく，「シベリア出兵が発表されたことにより」といった内容が正しい。米騒動《そうどう》は1918年のことで，三・一独立運動は1919年に朝鮮で起こった。　３　関東大震災は1923年，伊藤博文《ひろぶみ》の暗殺は1909年のできごとである。　４　「盧溝橋《ろこうきょう》事件」ではなく「満州事変」が正しい。盧溝橋事件は1937年に起こった事件で，日中戦争のきっかけとなった。日本は1931年の柳条湖《りゅうじょうこ》事件をきっかけとして満州事変を起こしたが，国際連盟が日本の満州からの撤退《てったい》を勧《かん》告《こく》したため，これを不服として1933年に国際連盟を脱退した。

２　日本の交通や気候，産業，貿易，人口などについての問題

問１　図から，東京からより遠い鹿児島のほうが営業キロでは宮崎よりも所要時間が短く，銚子《ちょうし》(千葉県)までと金沢(石川県)までの所要時間がほぼ同じであることなどが読み取れる。営業キロの割に所要時間が短い都市は，新幹線が通っているという点で共通している。一方，在来線(新幹線以外の路線)でしか行けない銚子や，どこかで新幹線から在来線に乗り換《か》えないと行けない宮崎，高知などは，東京からの所要時間が長めになっている。

問２　(1)　酒田市(山形県)は冬の降水量が多い日本海側の気候に属しているので，冬の日照時間が短い「う」にあてはまる。夏は降水量が多く，冬は降水量が少なくなる太平洋側の気候に属する宮崎市と，１年を通じて降水量が少ない瀬戸内の気候に属する高松市(香川県)を比べた場合，夏の日照時間は全体として高松市のほうが長くなると考えられるので，「い」が高松市で，残った「あ」が宮崎市となる。　(2)　オホーツク海気団は，夏ごろに北海道の北東付近に現れる気団で，冷たく湿っている。オホーツク海気団は，北海道や，宮古市(岩手県)がある東北地方の太平洋側の夏の気候に大きな影響《えいきょう》をおよぼし，東北地方の太平洋側で「やませ」とよばれる冷たく湿った北東の風が吹《ふ》く要因ともなる。宮古市の夏の日照時間が短いのは，やませの影響によるものと考えられる。

問３　北海道が１位となっている３と４が，漁業と農林業だとわかる。このうち，海のない内陸県である長野県が２位となっている４が農林業だと判断できる。３は漁業で，愛知県が１位の１には

製造業，1～3位が都道府県別の人口が多い順に並んでいる2には金融《きんゆう》・保険業があてはまる。

問4　食料・原材料や鉱物性燃料が上位にある2と4が輸入額，一般機械や電気機器，輸送用機器が上位にある1と3が輸出額と判断できる。2と4のうち，電気機械と化学品の割合が多い4が2020年のグラフで，これは，家庭用電化製品の生産拠点が海外に移るなどして輸入量が増えたことや，新型コロナウイルス感染症《しょう》の流行によってワクチンの輸入量が増えたことが影響していると考えられる。1は1990年の輸出額，2は1990年の輸入額，3は2020年の輸出額。

問5　現在の日本では少子高齢化が進んでいるのだから，2018年の割合が最も高い「う」に65歳以上，最も低い「い」に0～14歳があてはまるとわかる。残った「あ」が15～64歳である。

問6　1950年代後半から1970年代前半まで続いた高度経済成長期には，都市に人口が集中し，都心部では土地の値段が上がるなどの都市問題が起こった。そのため，ニュータウンが造成されるなどした郊外に住む人が増え，この地域の人口が増えた。ここから，高度経済成長期に人口が急増している「い」に千葉県があてはまるとわかる。「あ」と「う」のうち，近年，人口増減率でマイナスの状態が続いている「う」に，過疎《かそ》化の進行する地域が多い高知県があてはまる。残った「あ」が沖縄県で，人口減少が進む日本にあって，人口増減率がプラスの状態が続いている数少ない都府県の一つとなっている。

問7　三つの地図のうち，最も古い図2（大正14年発行）には「い」の道路だけが見られる。2番目に古い図3（昭和44年発行）には，「い」と「う」の道路も見られるが，「あ」の道路は見られない。よって，「い」→「う」→「あ」の順につくられたとわかる。

3　現代の国際社会や日本国憲法，政治のしくみなどについての問題

問1　1　「持続可能な開発のための2030アジェンダ」に記載《きさい》された国際目標は「持続可能な開発目標（SDGs）」とよばれ，ここには17のゴール（目標）と169のターゲット（達成基準）がもりこまれている。よって，正しい。　2　「かけがえのない地球」は，1972年にスウェーデンのストックホルムで開かれた国連人間環境《かんきょう》会議で，スローガンとして掲《かか》げられた。　3　SDGsの達成は義務ではなく，達成されなかったとしても罰則《ばっそく》はない。なお，1997年に採択《さいたく》された京都議定書では，3の文のような状況《じょうきょう》になった。　4　SDGsには経済成長も目標にふくまれており，経済成長を優先する立場からは「負担になる政策」しかないとはいえない。

問2　ヒトラーが率いたナチス＝ドイツは，反ユダヤ政策をとってユダヤ人を迫害《はくがい》し，強制収容所で大量虐殺《ぎゃくさつ》を行うなどした。

問3　3は「国民の責務に反しない限り」ではなく「公共の福祉に反しない限り」が正しい。「公共の福祉」は社会全体の利益といった意味で，日本国憲法第22条は「何人も，公共の福祉に反しない限り，居住，移転及《およ》び職業選択の自由を有する」と規定している。なお，1は日本国憲法第21条，2は同第18条，4は同第28条に規定がある。

問4　日本国憲法は第14条で法の下《もと》の平等を保障しており，「すべて国民は，法の下に平等であって，人種，信条，性別，社会的身分又《また》は門地により，政治的，経済的又は社会的関係において，差別されない」と規定している。

問5　1　刑事裁判の第一審は，罰金以下の刑などは簡易裁判所から始まるが，それ以外の一般の刑事事件は地方裁判所から始まる。　2　有罪となっても，控訴《こうそ》・上告が行われたときや，執行《しっこう》猶予《ゆうよ》が認められたときなど，すぐには刑が執行されない場合もある。よって，正しい。　3　日本国憲法第38条の規定により，唯一《ゆいいつ》の証拠が本人の自白である場合は，有罪とされない。 4 裁判員裁判は重大な刑事裁判の第一審で行われるもので，第二審(控訴審)では行われない。

問６ 内閣総理大臣が議長となり，全国務大臣が出席して行われる会議を閣議という。閣議では内閣の政治方針などが決定され，その意思決定は全会一致が原則となっている。

問７ 内閣や国会議員が作成した法案はまず議長に提出されたのち，常任委員会または特別委員会で審議・議決される。その後，衆参両議院の本会議で審議が行われ，可決されると，主任の国務大臣および内閣総理大臣が連名で署名し，天皇が公布する。よって，順に２→４→３→１となる。

問８ 日本は女性議員の比率が低く，2021年に実施された衆議院議員総選挙では，当選者に占《し》める女性の割合は9.7％だった。

問９ 社会保障は，政府が家計(消費者)に行う行政サービスにあたるので，４にあてはまる。なお，１には租税や財・サービスなど，２には補助金や財・サービスの代金など，３には租税などがあてはまる。

理　科 ＜第２回試験＞（社会と合わせて50分）＜満点：50点＞

解　答

1 (1) イ，カ，コ　(2) お　(3) あ　(4) 28.1℃　(5) 30.7℃　**2** (1) い，う　(2) ① 銀　② 酸素　(3) ① 0.12ｇ　② 67％　(4) お　**3** (1) **ア** 受精卵　**イ** あ　**ウ** ち　**エ** と　**オ** き　(2) ① **名称**…へそのお，**記号**…お　② **名称**…たいばん，**記号**…あ　③ **名称**…ようすい，**記号**…い，き　(3) あ，う，き　(4) う

4 (1) カルデラ　(2) え　(3) シラス台地　(4) う，お　(5) 黒潮

解　説

1 電熱線の発熱についての問題

(1) 電熱線の長さと発熱のしかたの関係を調べるためには，直径と素材が同じで長さだけがちがう電熱線を３本以上組み合わせて比較《ひかく》すればよい。

(2) 電熱線エと電熱線クは長さ以外の条件が同じ，電熱線クと電熱線サは直径以外の条件が同じだが，発熱のしかたとの関係を調べるためには３本以上の電熱線による結果を比べる必要があるが，この３本では１つの条件を比較することができず，適切な組み合わせとはいえない。

(3) 発泡《はっぽう》スチロールが速く切れる(とける)電熱線ほど熱くなるので，図２では，最も熱いものから，ａとｅ，ｂとｆ，ｄ，ｃの順になる。図３は，電熱線Ｂと，電熱線Ａと電熱線Ｂを直列につないだものを並列つなぎにした回路なので，「あ」の発熱のしかたは図２のｂと同じで，「い」，「う」はそれぞれ図２のｃ，ｄと同じである。よって，図３で，最も熱くなるのは「あ」とわかる。

(4) 実験１で，水そう(ア)の水の上昇《じょうしょう》温度は，35－20＝15(℃)，水そう(イ)の水の上昇温度は，30－20＝10(℃)である。また，実験２では，水そう(ア)が，42.5－20＝22.5(℃)，水そう(イ)が，35－20＝15(℃)上昇するので，電流を流している時間が同じときの水を温めるはたらきは，電池の数が同じとき，(電熱線Ａ)：(電熱線Ｂ)＝15：10＝22.5：15＝３：２とわかる。図５の水そうの水は，33.5－20＝13.5(℃)上昇し，このうち，$13.5\times\frac{3}{3+2}=8.1$(℃)が電熱線Ａによるものなので，図６の回

路で実験をすると，水温は，20＋8.1＝28.1(℃)になる。

(5)　(4)で述べたように，電池の数が同じとき，電熱線Ｂの水を温めるはたらきは，電熱線Ａの$\frac{2}{3}$倍である。また，電熱線Ａと電熱線Ｂを直列につないだものの水を温めるはたらきは，表２の水そう(ウ)と水そう(エ)の合計と考えられるので，実験１での上昇温度の和，(22.4－20)＋(23.6－20)＝6.0(℃)から，電熱線Ａの，$\frac{6.0}{15}=\frac{2}{5}$(倍)とわかる。いま，図７の回路の電熱線Ａのはたらきで，水温が，30－20＝10(℃)上昇しているので，図８の回路による水の上昇温度は，$10\times\frac{2}{3}+10\times\frac{2}{5}=$10.66…より，10.7℃となり，水そうの水の温度は，20＋10.7＝30.7(℃)である。

2　金属の酸化と還元《かんげん》についての問題

(1)　あ　アルカリ性の水酸化ナトリウム水溶液《すいようえき》と酸性の塩酸の中和反応である。　い　水素が酸素と結びついて燃えると，水ができる。　う　使い捨てカイロに含《ふく》まれる鉄粉が酸素と結びつき，発熱する。　え　過酸化水素水に含まれる過酸化水素が，酸素と水に分解する反応で，二酸化マンガンは反応をはやめるだけで変化しない。

(2)　酸化銀は酸素と銀が結びついたもので，下線部①の固体は電気を通すことから，金属の銀と考えられる。また，下線部②の気体はスチールウールを激しく燃やすはたらきがあることから，助燃性のある酸素とわかる。

(3)　①　酸化銀2.32ｇを加熱すると，2.16ｇの銀と，2.32－2.16＝0.16(ｇ)の酸素が得られる。したがって，酸化銀1.74ｇを完全に反応させたときに発生する酸素の重さは，$0.16\times\frac{1.74}{2.32}=0.12$(ｇ)となる。　②　酸素0.08ｇが発生するときに反応した酸化銀の重さは，$2.32\times\frac{0.08}{0.16}=1.16$(ｇ)である。これは，最初にあった酸化銀1.74ｇの，$\frac{1.16}{1.74}\times100=66.6$…より，67％にあたる。

(4)　文章２で，酸素と銅が結びついた酸化銅と炭を混ぜて加熱すると，酸化銅と結びついていた酸素が炭と結びついて二酸化炭素となり銅が残ることから，炭の方が銅よりも酸化されやすいとわかる。また，文章３では，酸化銀は加熱するときに炭がなくても，酸素を失って銀になることから，銀は酸素と結びつきにくいことがわかる。以上より，酸化されやすい順に並べると，炭＞銅＞銀となる。

3　ヒトの誕生についての問題

(1)　ヒトの卵の大きさ(直径)は約0.14mm，精子の大きさ(長さ)は約0.06mmである。卵管の先の方で卵と精子の核《かく》が合体してできた受精卵の大きさ(直径)も0.14mmほどで，細胞分裂《さいぼうぶんれつ》をくりかえしながら卵管を移動し，子宮に達して着床《ちゃくしょう》する。その後，胎盤《たいばん》を通して母親から養分や酸素を受け取って成長し，受精後約38週で誕生する。このときの平均身長は50cm，平均体重は３kgである。

(2)　①，②　へその緒《お》の太さ約１cm，長さ約50cmで，胎盤とつながっていて，胎児の血液が流れている。胎盤で母親の血液と養分や酸素，不要物のやりとりを行うが，へその緒に母親の血液が流れることはない。　③　子宮の中は羊水で満たされていて，胎児を衝撃《しょうげき》や振動《しんどう》から守っている。誕生が近くなると胎児は羊水に尿《にょう》を出すようになるが，消化は行っていないので便《べん》を出すことはない。

(3)　はじめは１個の細胞だった受精卵は，細胞分裂をくりかえして胎児となる。ウマ，シロナガスクジラ，ゾウは，子宮から出てくるときの大きさがヒトよりも大きいので，胎児が子宮の中にいる期間もヒトよりも長いと考えることができる。なお，胎児が子宮の中にいる期間は，ウマ，シロナガスクジラが約11～12か月，ゾウが約22か月である。

⑷　産まれたばかりのカンガルーの赤ちゃんは非常に小さく，身長は２cm，重さは約１ｇほどしかない。カンガルーは有袋《たい》類なので，子宮から出た子どもは母親のおなかにある袋《ふくろ》の中に入り，そこで母乳を飲みながら成長する。

４　火山の噴火《ふんか》についての問題

⑴　大規模な火山の噴火によってできた，大きくくぼんだ地形をカルデラという。日本には多くのカルデラがある。

⑵　カルデラの火口付近のくぼ地に水が溜《た》まり，湖になったものをカルデラ湖という。榛名《はるな》湖は群馬県，十和田《とわだ》湖は秋田県と青森県とにはさまれたところ，洞爺《とうや》湖は北海道にあり，いずれもカルデラ湖である。静岡県の浜名《はまな》湖は汽水《きすい》湖で，もともと内湾《ないわん》だったところに，天竜《てんりゅう》川によって運ばれた土砂が，沿岸《えんがん》の海の流れで動かされてできた。

⑶　シラスとは白い砂（白砂，白洲《す》）という意味で，シラス台地では，火山噴出物である軽石や火山灰が積もって厚い地層となっている。

⑷　関東平野を広くおおっている火山灰などによる粘土《ねんど》質の地層を関東ローム層といい，この層の土は含まれる鉄分が酸化し，赤さびのような色をしていることから赤土とよばれる。関東ローム層は，関東平野の西にある富士山や箱根山，浅間山などの火山から噴出した火山灰などが偏西風《へんせいふう》などによって運ばれ，たい積したと考えられている。

⑸　2021年８月13日に小笠原《おがさわら》諸島南部の海底火山が噴火し，大量の軽石が噴出した。軽石は，細かい穴がたくさんあいていて，空気を含むため水にうき，はじめ，黒潮反流とよばれる西向きの海流によって沖縄や奄美《あまみ》周辺に運ばれたあと，日本の太平洋側を北東に向かって流れる黒潮によって流され，和歌山や関東沖，伊豆《いず》諸島などにも流れてきた。

国語　＜第２回試験＞（50分）＜満点：100点＞

解答

一　**問１**　下記を参照のこと。　**問２**　イ　**問３**　ウ　**問４**　未来へのグランドデザイン　**問５**　合理主義　**問６**　エ　**問７**　無用の用　**問８**　オ　**問９**　（例）テクノロジーを追い求め，遊びという一見無駄なことをしなくなった結果，創造力と想像力を失い，社会的意義のある価値を生み出せなくなったから。　**二**　**問１**　ウ　**問２**　オ　**問３**　ア　**問４**　エ　**問５**　エ　**問６**　ア　**問７**　エ　**問８**　（例）村長の話を聞きながら，軽い気持ちで桃を食べてしまったことが，村の将来の発展や村長の長年の夢を壊すことになってしまったことに気づき，自責の念にさいなまれたから。　**問９**　ウ

●漢字の書き取り

一　**問１**　Ａ　低迷　Ｂ　余計

解説

一　**出典は浦久俊彦《うらひさとしひこ》の『リベラルアーツ　「遊び」を極めて賢者《けんじゃ》になる』，森博嗣《もりひろし》の『工作少年の日々』による。**前者では，日本の凋落《ちょうらく》は無駄《むだ》なものを排除《はいじょ》して創造力と想像力を失い，イノベー

ションが生み出せなくなったからだと述べられ，後者では，子どものころに「散らかしの神」に支配されていたことを筆者が回想している。

問１　**A**　よくない状態が続いていること。　**B**　余分であるようす。余っているようす。

問２　「的を射る」は，“要点を的確にとらえる”という意味。

問３　「奇《く》しくも」は，“不思議にも，偶然《ぐうぜん》にも”という意味。

問４　日本は西洋には追いついたものの，「まだ誰もみていないその先の風景」が描《えが》けず，失速した。失速の原因はテクノロジーを信奉《しんぽう》し，リベラルアーツの精神が欠落するアンバランスさにあり，その原因を筆者は「ソウゾウリョク」の欠如《けつじょ》だと述べている。さらに筆者は，創造力と想像力は「未来へのグランドデザインを描くために何よりも必要なエンジン」であるとしている。

問５　ぼう線③からはイノベーションや斬新なアイデアは決して生まれないのに対し，偉大《いだい》なイノベーターは「無駄なことをできる人」であり「人生を遊ぶ人」だと筆者は述べている。よって，無駄なもの，余計なものを排除しようとする「合理主義，効率主義」の考え方に，「管理された組織や～統制型マネージメント」は陥《おちい》りやすいといえる。

問６　筆者は本に囲まれて暮らしているが，なかには埃《ほこり》をかぶって忘れられている「無駄に思えた本」もあるのだから，どの本も「大切にして」いるとあるイ，どの本も「常に十分に活用し」とあるウは誤り。また，筆者は読書にふけるだけではないのだから，アとオも合わない。

問７　散らかすことは一見無用に思える。しかし，①の筆者は「目先の利益で有用・無用を決めつけてはならない」とし，今は無用にみえてものちに必要になったり，何の役に立っていないようにみえてもどこかで大事な役に立っていたりすることを「無用の用」といっている。

問８　「メイド・イン・ジャパン」が生み出されていた時代，日本はもっと「遊ぶ国」だったのだから，「遊びに馴染《なじ》むことができない国民性」とあるアは誤り。「失われた三〇年」が人為《じんい》的につくられたとは書かれていないこと，平田《ひらた》オリザ氏は分析《ぶんせき》したのではなく，分析結果を紹介《しょうかい》したことから，イとウも合わない。「日本人の安易な人まねにおける器用さ」も取り上げられていないので，エもふさわしくない。

問９　筆者は日本の凋落について，テクノロジーを追い求め，リベラルアーツの精神を顧《かえり》みなかったことに原因があると本文の初めで述べている。「メイド・イン・ジャパン」が世界を席巻していた時代の日本はもっと「遊ぶ国」だったが，遊びという一見無駄なことをしなくなった結果，創造力と想像力を失い，イノベーション(社会的意義のある価値を創造すること)が生み出せなくなったのである。

二　**出典は井上《いのうえ》ひさしの『十二人の手紙』所収の「桃《もも》」による**。養護施設《しせつ》の子どもたちの「一日母親」となるという申し出を断った施設の園長は，「善意の権力」をテーマにした小説を相手に送る。

問１　「善意の権力」を描いた小説として，小原園長は「桃」を紹介している。貧しい子どもたちに人形劇を見せるために寒村を訪れた女子大生たちは，村の発展や村長の長年の夢を壊《こわ》すことになるとも知らず，軽い気持ちで畑の桃を食べてしまうという話である。山形に公演で行ったときも無断で洋梨を食べたことからも，女子大生たちが自分たちは善意をもたらす存在だと誤った自負心を持ち，相手の迷惑《めいわく》を考えずにひとりよがりな思いを押《お》し通したことがわかるので，ウが合う。

問２　一年に一，二度映画がまわってくるだけのこの村の子どもたちにとって，人形劇を見るのは生まれて初めてだと村長は言っているので，都会の文化にふれる機会がほとんどないとあるオがよい。

問３　最後の村長の話から，村長は村の生業《なりわい》にもなると考え，長年の苦労の末，桃の栽培《さいばい》に成功したことがわかる。この年には桃が十個の実をつけたので，ぼう線③には，もうすぐ長年の夢がかない，この村にも新たに自慢《じまん》できるものができるはずだという村長の思いが感じられる。

問４　美しい星空に見とれる女子学生たちに対し，村長は「星の光を吸って命をつなぐわけには行かねえんだわ」と言っている。寒村で暮らす厳しさを知らず，ただ都会では見られない美しさに見とれるだけの無邪気《むじゃき》な女子学生の姿が描かれているといえるので，エが合う。

問５　ぼう線⑤の表現には，この桃の実が，村にやがて明るい未来をもたらすはずだという希望や期待が感じられる。「金色」は経済がうるおうイメージを持つ。

問６　叱《しか》られるはずがない，という自信に満ちたリーダーは，山形の公演でも洋梨を無断で食べたが，叱られるどころか土産《みやげ》までもらったと言っている。自分たちは寒村に文化という恩恵《おんけい》をもたらしているのだという「誤った自負心」から，桃くらい食べてもいいだろうと軽く考えていると読み取れる。

問７　「踊《おど》るような足どり」や，この後「うまそうに」煙草《たばこ》をすっていることから，村長のうれしくてたまらないようすが伝わる。長年の苦労の末，ようやく実をつけた桃を県の技官が見に来ることになり，村長は，桃の生産で村を豊かにする夢の実現までもう少しだと舞《ま》い上がっているのである。

問８　自分たちが軽い気持ちで食べてしまった桃は，実は村の将来の発展を願った村長が苦労して栽培した桃だった。村の暮らしを楽にするという長年の村長の夢を自分たちが壊してしまったことに気づいたので，女子学生たちは，寝《ね》ころんでいた姿勢を正し，「蒼白《そうはく》になって震《ふる》え」るほどに責任を感じているのである。

問９　村長が育てた桃は自分たちにとってはただの桃だったが，村長にとっては豊かな村につながる夢であった。桃にこめられた相手の思いが見えなかったことから，「『桃』の向こう側」とは，完全にはわからない相手の気持ちを表していると思われる。「桃」の一件以来，元リーダーであった園長は相手の身になって考えることを自分に課してきた。それでもなおそれは難しいと実感し，相手の身になって考えることに終わりはなく，永遠にわかることはなかろうと考えていると推測できる。

2023年度 豊島岡女子学園中学校

【算　数】〈第３回試験〉（50分）〈満点：100点〉

（注意）　1．円周率は3.14とし，答えが比になる場合は，最も簡単な整数の比で答えなさい。

2．角すい・円すいの体積は，（底面積）×（高さ）÷３で求めることができます。

1　次の各問いに答えなさい。

(1)　$1\frac{1}{6}-\left(\frac{6}{7}-\frac{5}{8}\right)\div\frac{3}{8}$ を計算しなさい。

(2)　次の28個の数の和を求めなさい。

$\frac{1}{1}$，$\frac{1}{2}$，$\frac{2}{2}$，$\frac{1}{3}$，$\frac{2}{3}$，$\frac{3}{3}$，$\frac{1}{4}$，$\frac{2}{4}$，$\frac{3}{4}$，$\frac{4}{4}$，$\frac{1}{5}$，$\frac{2}{5}$，$\frac{3}{5}$，$\frac{4}{5}$，$\frac{5}{5}$，

$\frac{1}{6}$，$\frac{2}{6}$，$\frac{3}{6}$，$\frac{4}{6}$，$\frac{5}{6}$，$\frac{6}{6}$，$\frac{1}{7}$，$\frac{2}{7}$，$\frac{3}{7}$，$\frac{4}{7}$，$\frac{5}{7}$，$\frac{6}{7}$，$\frac{7}{7}$

(3)　次の10個のデータについて，中央値と最頻《さいひん》値《ち》をそれぞれ求めなさい。

５，２，４，１，２，２，３，５，４，２

(4)　10円玉と50円玉と100円玉が合わせて14枚あり，その合計金額は640円でした。100円玉は何枚ありますか。

2　次の各問いに答えなさい。

(1)　濃度《のうど》が８％の食塩水から，200ｇの水を蒸発させたところ，濃度が12％になりました。濃度が８％の食塩水は何ｇありましたか。

(2)　ある円周上に円周を７等分する点をとり，これらの点から４つの点を選んで四角形をつくるとき，異なる形の四角形は何種類できますか。ただし，裏返したり回転させたりして重なるものは１種類と数えるものとします。

(3)　右の図の三角形ABCにおいて，辺BC上に点Dを，辺AB上に点Eをとり，直線ADと直線CEの交わる点をFとしたところ，AF：FD＝2：1，EF：FC＝1：3となりました。このとき，BD：DCを求めなさい。

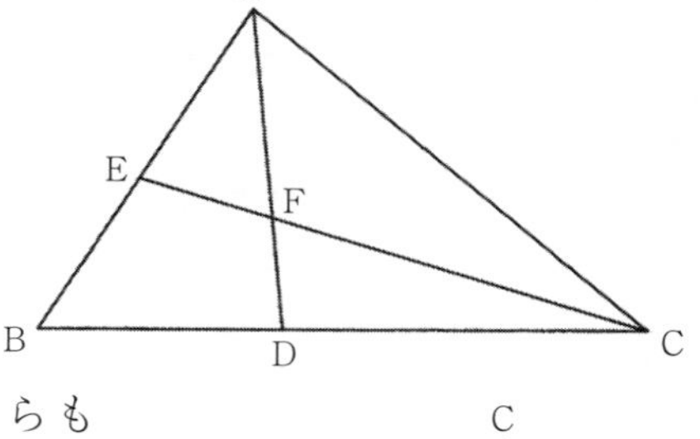

(4)　右の図において，直線ABと直線BCの長さはどちらも８cmで，角ABCの大きさは90°です。また，直線ADと直線DCの長さはどちらも12cmです。

半径２cmの円が，色のついた図形の外側を辺に沿って，転がって１周するとき，この円が通過する部分の面積は何cm^2ですか。

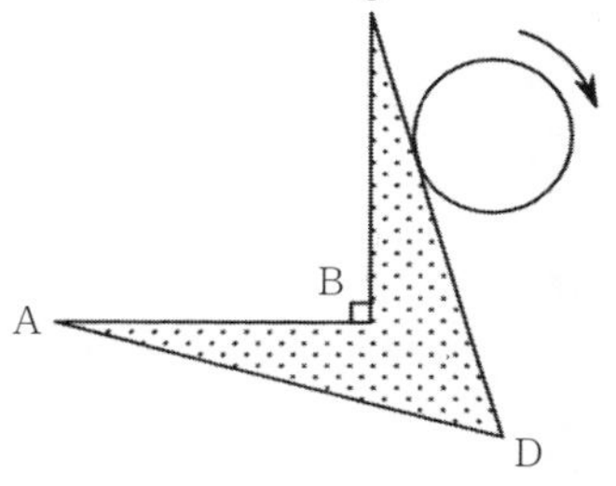

3　ある工場では，材料Ａを10ｇと材料Ｂを20ｇ使って商品(あ)を１個作り，材料Ａを15ｇと材料Ｂを15ｇ使って商品(い)を１個作っています。このとき，次の各問いに答えなさい。

(1)　材料Ａを550ｇ，材料Ｂを650ｇ用意し，商品(あ)と商品(い)を作りました。このとき，商品(あ)と商品(い)はそれぞれ何個ずつ作りましたか。ただし，材料はすべて使うものとします。

(2)　材料Ａを580ｇ，材料Ｂを650ｇ用意し，個数の合計が(1)の場合と同じになるように商品(あ)と商品(い)を作りました。このとき，商品(あ)と商品(い)の個数の組み合わせとして考えられるものは，全部で何通りありますか。ただし，材料はすべて使わなくてもよいものとします。

4　45人のクラスがあり，生徒にはそれぞれ１番，２番，…，45番と出席番号が与えられています。このクラスでは，次の方法で生徒が１人ずつ発表することになりました。

> Ａ月Ｂ日であった場合，１人目はＢ番の生徒が発表する。２人目以降は，直前に発表した生徒の出席番号の数にＡを加えた数の出席番号の生徒が発表する。
>
> ただし，その数が45を超えた場合は，その数から45を引いた数の出席番号の生徒が発表する。また，１回発表した生徒が２回目に順番が回ってきた場合は，２回目の発表はせず，その日の発表はその直前で終了となる。

例えば，９月１日であった場合，１人目は１番の生徒，２人目は10番の生徒，３人目は19番の生徒，４人目は28番の生徒，５人目は37番の生徒の順番で発表していき，次が１番の生徒となるので，この日は５人の生徒がそれぞれ１回ずつ発表し，この５人以外の生徒は１回も発表せず終了となります。このとき，次の各問いに答えなさい。

(1)　次の(ア)～(カ)から，その日に45人全員が発表することになる日をすべて選び，記号で答えなさい。

(ア)　８月30日　　(イ)　９月10日　　(ウ)　９月19日

(エ)　11月15日　　(オ)　12月１日　　(カ)　12月４日

(2)　９月１日から９月28日の28日間，生徒は毎日発表し，最も多く発表した生徒は［　ア　］回発表しました。最も多く発表した生徒の中で，出席番号が最も大きい生徒は，出席番号が［　イ　］番です。［ア］と［イ］にあてはまる数を答えなさい。

5　次の図のように，Ａ町とＢ町の間にＣ地点があり，Ａ町からＣ地点までの距離《きょり》は450mです。豊子さんはＡ町とＣ地点の間を毎分60mの速さで休まずに何度も往復し，花子さんはＡ町とＢ町の間を一定の速さで休まずに何度も往復します。豊子さんと花子さんが同時にＡ町を出発するとき，下の各問いに答えなさい。

ただし，以下の各問いにおいて，出会うとは，すれ違うことも，追いつくことも両方とも考えるものとします。

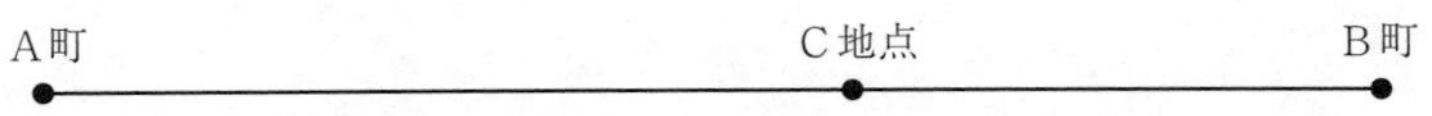

(1)　花子さんが毎分75mの速さで歩くとき，出発してから16分後に，Ａ町とＣ地点の間ではじめて２人は出会いました。Ｃ地点からＢ町までの距離は何mですか。

以下，Ｃ地点からＢ町までの距離は，⑴で求めたものとします。

⑵　花子さんの速さが毎分60ｍより速く毎分[　　　]ｍより遅いとき，豊子さんが２回目にＡ町に着くまでの間に，花子さんと２回出会いました。このとき，[　　]にあてはまる最も大きい数を答えなさい。

⑶　豊子さんが２回目にＡ町に着くまでの間に，花子さんはＢ町に一度も着いていませんでした。花子さんの速さが毎分[　ア　]ｍより速く毎分[　イ　]ｍより遅いとき，豊子さんが３回目にＡ町に着くまでの間に，花子さんと３回出会いました。このとき，[ア]にあてはまる最も小さい数と，[イ]にあてはまる最も大きい数を答えなさい。

6　次の図のように，１辺が４cmの立方体ABCD-EFGHがあります。この立方体の頂点Ａ，Ｃ，Ｆ，Ｈを結んでできる立体を立体㋐とします。また，辺AE上に点Ｐ，辺BF上に点Ｑ，辺CG上に点Ｒを，AP，BQ，CRの長さがそれぞれ１cmとなるようにとります。このとき，下の各問いに答えなさい。

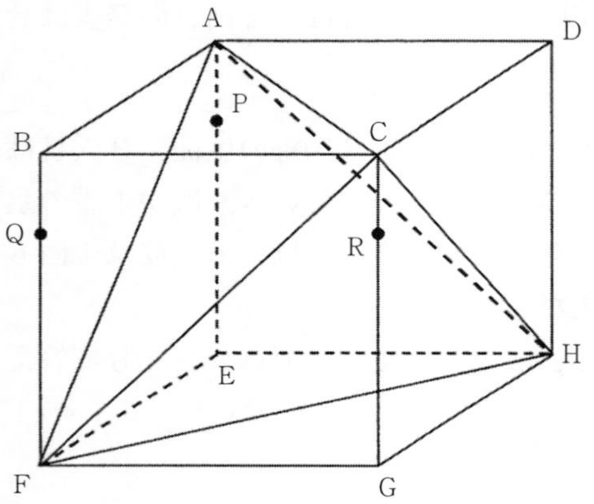

⑴　立体㋐を３点Ｐ，Ｑ，Ｒを通る平面で切ったとき，切り口の図形をＳ，点Ａを含む立体を立体㋑とします。

①　Ｓの面積は何cm^2ですか。

②　立体㋑の体積は何cm^3ですか。

⑵　立方体ABCD-EFGHを３点Ｂ，Ｐ，Ｒを通る平面で切ったとき，切り口の図形をＴとします。また，立体㋐を３点Ｂ，Ｐ，Ｒを通る平面で切ったとき，切り口の図形をＵとします。このとき，（Ｔの面積）：（Ｕの面積）を求めなさい。

【社　会】〈第３回試験〉（理科と合わせて50分）〈満点：50点〉

〈編集部注：実物の入試問題では，**２** **問３・問４**のグラフと**問８**の地形図はカラー印刷です。〉

１　**次の文章を読んで問いに答えなさい。**

(ア)日本国憲法の前文には「ここに主権が国民に存することを宣言し」とあり，国民に(イ)主権があることが明記されています。さらに憲法第１条には「主権の存する日本国民の総意に基《もとづ》く」とあり，国民の総意で政治を行うことも書かれています。そこでは，(ウ)民主主義が重視されていて，民主主義は国民の意思を反映する優れた制度として，世界の多くの国で採用されています。

民主主義の語源はギリシア語の「デモクラティア」で，民衆を意味する「デーモス」と，力や支配を意味する「クラトス」が結びついたものです。古代ギリシアの都市国家が発祥《はっしょう》の地とされ，そこではすべての市民が民会に参加できる直接民主制が行われていました。しかし，皆《みな》が正しい政治判断ができるわけではなく，(エ)言葉が巧《たく》みな人が他の人々の不安を煽《あお》ることによって政治が混乱していったともいわれています。現在の民主主義国では，選挙で代表を選ぶ間接民主制が行われていますが，政治的能力に関わらず，国民への知名度が高いことで票を集め，(オ)国会議員に当選することも見受けられます。また，日本のような議院内閣制では(カ)内閣が議会の信任の上に成り立っていますが，政府が国民の支持《しじ》を得るために，聞こえのよい政策をとることもまま見られます。(キ)このような政治をポピュリズム(大衆迎合《げいごう》主義)といいますが，民主主義はポピュリズムに陥《おちい》ってしまう危険性を併《あわ》せ持っているのです。

そうしたなか，三権のうち(ク)司法権は試験に合格した法律の専門家によって行使されるので，人々の欲求の影響《えいきょう》を受けにくいとされ，国民感情に左右されたポピュリズム的な判断を抑制《よくせい》する役割を果たすものでもあります。ただし，必ずしもそうとはいえない状況《じょうきょう》もありえます。最高裁判所が下したある判決を不服とした団体が，衆議院議員総選挙の際の最高裁判所裁判官の国民審査《しんさ》において，その判決に関わった裁判官を不適任と投票するようインターネットで呼びかけたことがあります。国民審査は国民の権利の一つですが，憲法第76条に「すべて裁判官は，その（　**ケ**　）に従い独立してその職権を行い，この（　**コ**　）及《およ》び（　**サ**　）にのみ拘束《こうそく》される」とあって裁判官はそれらに基づいて裁判を行うので，こうした運動は国民感情によって裁判に圧力をかけることにつながりかねず，裁判所もポピュリズムの影響を受ける恐《おそ》れがあるのです。

このように，民主主義には課題も存在します。そのような課題を克服《こくふく》するためにも，私たち国民が自分たちの利益ばかりを求めるのではなく，自分とは異なる他者の考えにも耳を傾《かたむ》け，何が正しいのか見直し続ける意識を持つことが大切なのです。

問１．下線部(ア)について，日本国憲法は前文に続いて全11章から成り立っており，その構成は次の通りです。空らん(**あ**)には，戦前の大日本帝国憲法には規定がなかった項目があてはまりますが，それは何ですか，漢字で答えなさい。

第１章　天皇	第７章　財政
第２章　戦争の放棄	第８章　（　**あ**　）
第３章　国民の権利及び義務	第９章　改正
第４章　国会	第10章　最高法規
第５章　内閣	第11章　補則
第６章　司法	

問２．下線部(イ)について，大日本帝国憲法において主権者とされた存在は，日本国憲法においてどのように位置づけられましたか。漢字２字で答えなさい。

問３．下線部(ウ)について，その内容をアメリカの大統領リンカーンは「人民（ **あ** ）人民（ **い** ）人民（ **う** ）政治」と表現しました。空らんにあてはまる言葉をそれぞれひらがなで答えなさい。

問４．下線部(エ)について，「民衆を導く」という言葉にその語源が由来している，現代でもたびたび広まる根拠《こんきょ》のないうわさ話を何といいますか。カタカナ２字で答えなさい。

問５．下線部(オ)について説明した次の文のうち，正しいものを一つ選び番号で答えなさい。

１．内閣総理大臣は衆議院議員から選ばれなければならない。

２．国務大臣の３分の２以上は国会議員でなければならない。

３．国会議員と都道府県知事や地方議会議員は兼任することができる。

４．国会議員は国会が開かれている間は逮捕《たいほ》を免《まぬが》れる場合がある。

問６．下線部(カ)が担当する仕事として，正しいものを次から**すべて**選び番号で答えなさい。

１．過ちを犯した裁判官の裁判　　**２**．国の政治が正しく行われているかの調査

３．最高裁判所長官の任命　　**４**．天皇の国事行為の助言と承認

５．予算案の作成

問７．下線部(キ)について，ここでいうポピュリズムに最も近いと考えられる政策を，次から一つ選び番号で答えなさい。

１．国の借金がふくらむ中，財政再建のために，個人が負担する医療《いりょう》費の割合を引き上げ，社会保障に関わる支出を削減《さくげん》する。

２．周辺諸国で戦争が発生する恐れの低い時代に，他の国の攻撃《こうげき》から国家を守るための軍隊強化をめざし，国民からの徴兵《ちょうへい》制を導入する。

３．情報社会が進展し，オンライン上の取引が盛んになる中，国民のオンライン上でのやり取りに関する情報を国家が集める。

４．不況《ふきょう》が続き失業者があふれる時代に，財源が不足していても国民の求めに応じて国家が住宅や食料などを無償《むしょう》で提供することを掲《かか》げる。

問８．下線部(ク)について説明した次の文のうち，正しいものを一つ選び番号で答えなさい。

１．基本的人権を守るため，一つの事件につき４回裁判を受ける権利を持っている。

２．刑事事件では警察が被害者に代わって裁判所に訴《うった》える。

３．司法権は最高裁判所と下級裁判所に属し，国会や内閣から独立して行使される。

４．民事裁判では，弁護士費用を払《はら》えない場合は国から弁護士をつけてもらえる。

問９．空らん(**ケ**)・(**コ**)・(**サ**)にあてはまる語句の組み合わせとして，正しいものを次から一つ選び番号で答えなさい。

1．(ケ)　民意・(コ)　法律・(サ)　世論
2．(ケ)　民意・(コ)　憲法・(サ)　良心
3．(ケ)　世論・(コ)　憲法・(サ)　民意
4．(ケ)　世論・(コ)　憲法・(サ)　法律
5．(ケ)　良心・(コ)　法律・(サ)　民意
6．(ケ)　良心・(コ)　憲法・(サ)　法律

2　**次の問いに答えなさい。**

問１．環境《かんきょう》負荷を軽くするために，トラックなどの負荷が比較的《ひかくてき》大きい手段から，鉄道や船舶《せんぱく》に積みかえて負荷が比較的小さい手段に転換《てんかん》することを何といいますか，次から一つ選び番号で答えなさい。

1．カーアイランド　　2．コールドチェーン　　3．ポートアイランド
4．モータリゼーション　　5．モーダルシフト

問２．近年はあらゆる人が生活しやすいようにしていこうという考え方のもとで，身の回りの製品や環境を整備する動きが活発です。すでに存在している障害を取り除くのではなく，建築物や都市空間などをはじめから誰《だれ》もが使いやすいように工夫して設計する考え方を何といいますか，カタカナで答えなさい。

問３．次のグラフは，日本の女性の年齢《ねんれい》階級別の労働力人口割合(労働力率：%)を示したものです。女性の労働力率は，かつていわゆるM《エム》字カーブを描《えが》くといわれてきましたが，2020年のグラフからは，それがほとんど見られなくなりました。その要因として考えられることを，15字程度で答えなさい。

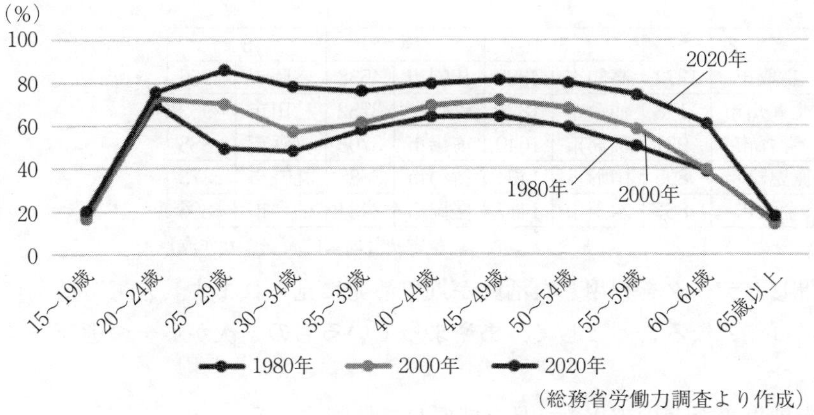

(総務省労働力調査より作成)

問４．次のページのグラフは，日本国内の産業別での働く人の数の推移を示したもので，**1**～**5**は「飲食料」「石油・石炭」「繊維《せんい》・衣服」「木材」「輸送機械」のいずれかです。このうち「繊維・衣服」にあたるものを選び番号で答えなさい。

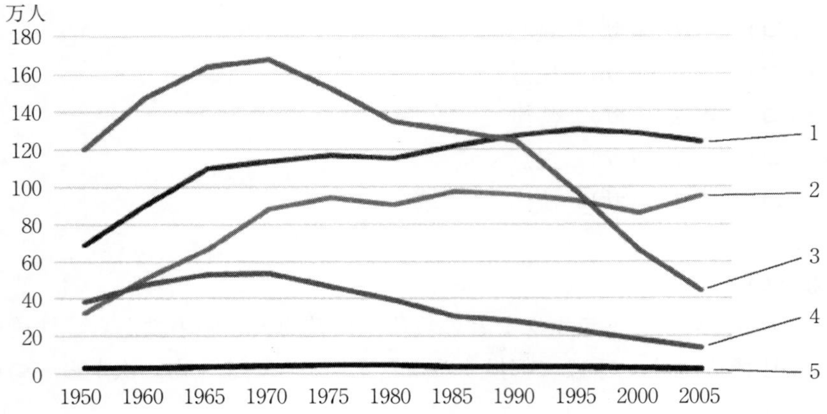

※ 「石油・石炭」の石油は，石油精製《せいせい》などで，化学に関する工程は含《ふく》まれない。

（経済産業省工業統計調査より作成）

問５．次の文のうち，**最も不適切なもの**を一つ選び番号で答えなさい。

１．愛知県では，電気を長時間点灯させて菊を他の地域より早く出荷している。

２．沖縄県では，暖《あたた》かい気候を生かしてさとうきびの栽培《さいばい》が盛んである。

３．長野県では，標高の高さを利用してレタスを他の地域より遅く出荷している。

４．広島県では，日照時間が長く降水量が少ない気候を利用してレモンの栽培が盛んである。

問６．次の表は，2019年～2021年平均の１世帯当たりの魚の購入《こうにゅう》数量(単位：グラム)について，都道府県庁所在市及《およ》び政令指定都市の上位５都市を挙げたもので，**１**～**５**はいわし・かつお・さけ・さんま・まぐろのいずれかです。このうちまぐろにあたるものを選び番号で答えなさい。

1		2		3		4		5	
静岡市	4545	鳥取市	1273	高知市	4329	札幌市	4538	盛岡市	966
宇都宮市	3395	北九州市	1148	仙台市	1824	青森市	3782	秋田市	962
前橋市	3247	青森市	921	福島市	1640	前橋市	3708	青森市	888
甲府市	3173	鹿児島市	895	山形市	1434	新潟市	3688	札幌市	873
相模原市	3098	金沢市	867	水戸市	1417	盛岡市	3434	仙台市	806

（総務省統計局家計調査より作成）

問７．人工衛星が取得したデータを利用した活動が近年活発に見られます。人工衛星から得られるデータをもとに可能となることとして，**あやまっているもの**を次から一つ選び番号で答えなさい。

１．地盤沈下《じばんちんか》や土砂災害などの被害状況《ひがいじょうきょう》を把握して地図化する。

２．商店がその店舗《てんぽ》内の商品の売上や購入客層の情報を収集して分析《ぶんせき》をする。

３．商品を運ぶトラックの位置を把握《はあく》して作業を効率的に行う。

４．日射量や降水量のデータを収集して稲作《いなさく》に適した地域を選定する。

問８．次のページの地図は，２万５千分の１地形図「朝日貯水池《ちょすいち》」の一部です。この地図中の**１**～**５**の線のうち，谷を通っているものを**すべて**選び番号で答えなさい。

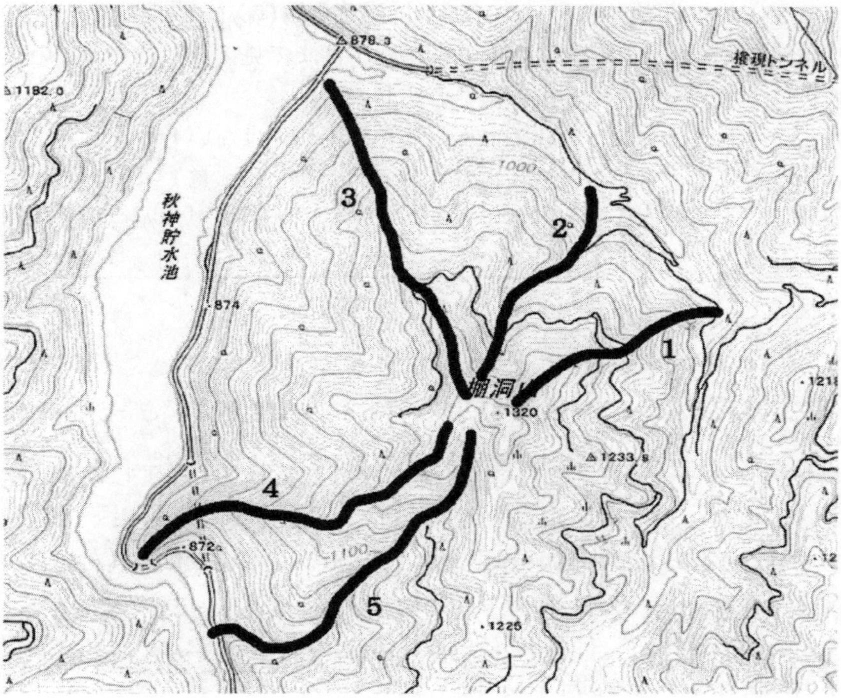

3 **次の文章を読んで問いに答えなさい。**

本校の東側にはサンシャイン60という高層ビルがあります。サンシャイン60は(ア)1978年に建てられてから，1990年に東京都庁第一本庁舎ができるまで，日本一の高さのビルでした。現在は，大阪市にあるあべのハルカスが日本一とされていますが，今年それを上回る虎ノ門・麻布台のビルが完成する予定です。このように，巨大《きょだい》な建造物はその時代を特徴《とくちょう》づけるものとして注目されますが，過去にはどのようなものがあったのか，見てみましょう。

縄文時代を代表する青森県の(イ)遺跡には，巨大な六つの柱穴が発見されており，そこにはかなり高い掘立柱《ほったてばしら》建造物があったことが推定されています。また，(ウ)5世紀頃には巨大な古墳が建造され，中でも日本一の長さの大仙古墳は高さも約36メートルもあり，突出《とっしゅつ》した規模をほこっていたと想像されます。

8世紀中頃には，都に盧舎那《るしゃな》仏を安置する巨大な東大寺大仏殿が建造されました。現存するものは江戸時代に再建されたものですが，高さは50メートル近くあります。なお，(エ)江戸時代の国学者本居宣長は，この東大寺の大仏よりも，(オ)豊臣秀吉が建造して後に再建された方広寺の大仏の方が大きかったと記しています。

20年ほど前に，巨木《きょぼく》を3本組にして一つの柱とした巨大な柱の跡《あと》が出雲大社で発見されたことで，伝承で伝えられているとおり社殿《しゃでん》の高さが約48メートルであった可能性が高いことが指《し》摘《てき》されています。(カ)金剛力士像が有名な東大寺南大門も約25メートルありましたが，高さだけでいえば，室町時代に建てられた相国《しょうこく》寺に，100メートルを超《こ》える高さの七重塔があったと伝えられています。

江戸時代の大きな建造物といえば城郭《じょうかく》があげられ，江戸城の(キ)閣は(キ)台を含《ふく》めれば約58メートルもあったと言われています。ただし，17世紀半ばの明暦の大火で焼失し，その後は再建されませんでした。明治時代には，1890年に浅草公園に(ク)凌雲閣《りょううんかく》という展望塔が建てられました。12階建てで高さは52メートルあり，房総半島まで見えたと言われていました。しかし，関東大震災で半壊《はんかい》し，間もなく取り壊《こわ》されました。

伝承だけで，本当にそれだけの高さの建物であったのか確かではないものもありますが，それだけ大きな建造物をつくることができる技術をもっていたことは，驚《おどろ》くべきことです。

問１．下線部(ア)に関して，この期間にあった出来事として正しいものを，次から一つ選び番号で答えなさい。

１．沖縄の日本復帰　　２．消費税３パーセントの導入
３．東海道新幹線開通　　４．阪神淡路大震災
５．日本の国際連合加盟

問２．空らん(**イ**)にあてはまる語句を漢字で答えなさい。

問３．下線部(ウ)の時期の日本について記した中国の歴史書の記載《きさい》として，正しいものを次から一つ選び番号で答えなさい。

１．北九州にあったと考えられる小国が中国に使いを送り，金印を授けられた。
２．女王が中国に使者を送り，それに対して銅鏡などが贈《おく》られた。
３．日本は多くの小国に分裂して，定期的に中国に使いを送っていた。
４．倭王武が中国に使者を送り，朝鮮半島南部の支配を認めてもらおうとした。

問４．下線部(エ)の産業に関する次の文のうち，最も適切なものを一つ選び番号で答えなさい。

１．交通の便の良いところに，問丸という運送業者があらわれた。
２．中国から輸入された貨幣を用いて定期市で商品が売買された。
３．菜種などから油をとったかすが肥料として用いられた。
４．西日本では米と麦の二毛作が始められるようになった。

問５．下線部(オ)に関して，方広寺の大仏の建立は，豊臣秀吉が行ったある政策において，大仏の素材を集めるという名目にもされましたが，その政策を一般《いっぱん》に何といいますか。

問６．下線部(カ)について，東大寺南大門は金剛力士像がつくられたのと同じ時期に再建されていますが，この門を再建したのは，それ以前に焼けたためです。南大門が焼けた理由を次から一つ選び番号で答えなさい。

１．奥州藤原氏が滅びる際に焼け落ちた。
２．戦国武将の弾圧により焼け落ちた。
３．南北朝の動乱で焼け落ちた。
４．平氏が敵対勢力を攻撃する際に焼け落ちた。
５．モンゴル軍の攻撃を受けて焼け落ちた。

問７．空らん(**キ**)にあてはまる語句を漢字２字で答えなさい。

問８．下線部(ク)について，凌雲閣の存在した期間の出来事として，正しいものを次から**すべて**選び番号で答えなさい。

１．新橋と横浜の間で，日本ではじめての鉄道が開通した。
２．日清戦争の賠償金を利用して設立した八幡製鉄所が操業《そうぎょう》を開始した。
３．二・二六事件が発生し，軍部の政治への影響《えいきょう》力が強まった。
４．北緯《い》50度以南の樺太を日本の領土に組み入れた。

【理　科】〈第３回試験〉（社会と合わせて50分）〈満点：50点〉

1　次の文章を読み，以下の問いに答えなさい。

日本の家庭用コンセントの電圧は100Ｖ（ボルト）です。電圧とは「電気を流そうとするはたらき」のことです。電化製品によって適切な電圧の大きさはちがうため，（　Ｘ　）によって，コンセントと電化製品の間で電圧を調整することがあります。（　Ｘ　）の内部では，主に，

①変圧器による電圧の変換《へんかん》

②ダイオードによる交流から直流への変換

が行われています。電圧によって電気が回路を流れますが，このときの「電気の流れの強さ」のことを電流といいます。電流には，その流れの向きがあり，流れの向きが交互《こうご》に入れ替《か》わる電流は交流，流れの向きが常に一定な電流は直流と呼ばれます。

(1)　空らん（Ｘ）に当てはまる名称《めいしょう》として最も適当なものを次の**あ**～**か**の中から１つ選び，記号で答えなさい。

あ．ルーター　　**い**．LAN ケーブル　　**う**．テーブルタップ

え．AC アダプター　　**お**．コンデンサー　　**か**．ブレーカー

まず，①電圧の変換について考えます。

電圧の変換は図１のような変圧器で行われます。変圧器は，鉄心と呼ばれる真ん中が空洞《くうどう》の四角い鉄の左右に電線をそれぞれ巻き付けて作ります。左側に巻き付けた電線を１次コイルといい，家庭用コンセントにつなぐ側です。右側に巻き付けた電線を２次コイルといい，電化製品につなぐ側です。

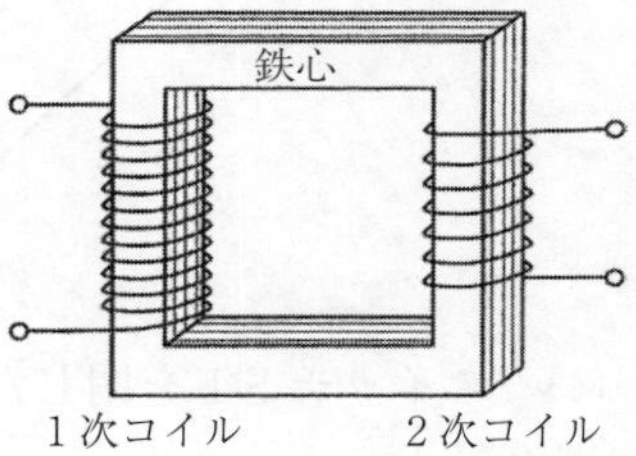

図１

日本の家庭用コンセントに変圧器をつなぎ，変圧器の１次コイル側を常に100Ｖにした場合の，１次コイルの電線の巻き数と，２次コイルの電線の巻き数を変えたときの，２次コイル側の電圧を調べたところ，表１のようになりました。

表１

１次コイルの巻き数（回）	50	40	30	20	10
２次コイルの巻き数（回）	10	20	30	40	50
２次コイル側の電圧（Ｖ）	20	50	（　Ｙ　）	200	500

(2)　表１中の空らん（Ｙ）に入る値を整数で答えなさい。

(3)　フィンランドの家庭用コンセントの電圧は220Ｖです。変圧器を使って100Ｖにしたいとき，変圧器の１次コイル側の巻き数は２次コイル側の巻き数の何倍であればよいですか。**四捨五入して小数第１位まで求めなさい。**

次に②ダイオードによる交流から直流への変換について考えます。

発光ダイオード（LED）を用いて回路の実験を行いました。発光ダイオードは図２のような記号で表され，図２の右向きには電流を通し光りますが，左向きには電流を通さず光らないという性質を持っています。実験に用いる発光ダイオードはすべて同じ性質のものであるとします。また，実際の（　Ｘ　）には光らないダイオードが入っ

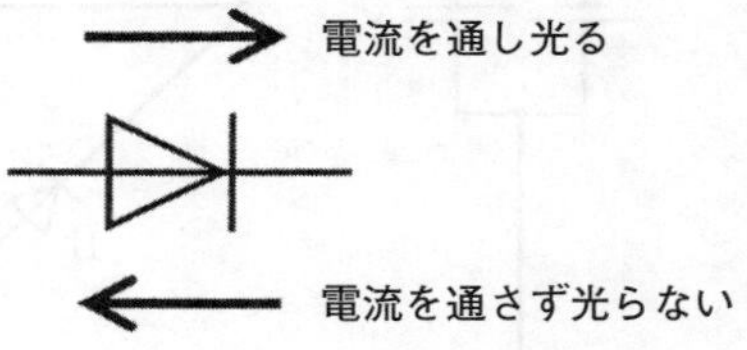

図２

ています。

発光ダイオードＡ～Ｄと電池，およびスイッチＳ１，Ｓ２，Ｓ３を用いて図３のような回路を作りました。

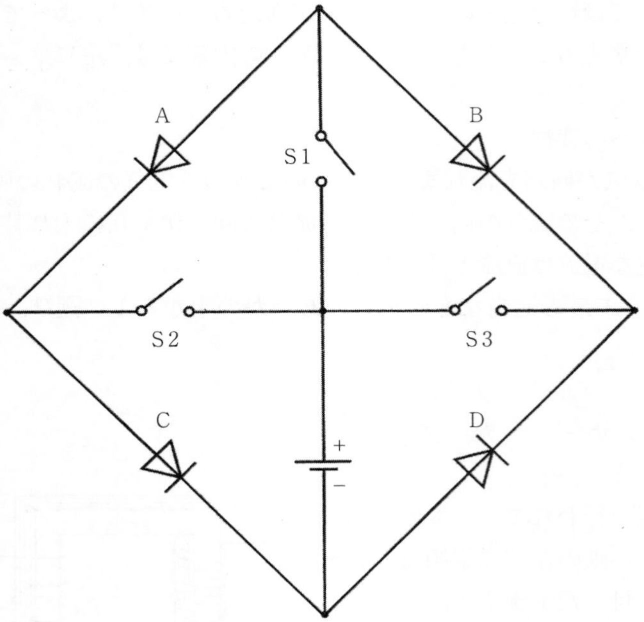

図３

(4) スイッチＳ１を閉じたときに光る発光ダイオードを，Ａ～Ｄから**すべて**選び，記号で答えなさい。

(5) スイッチＳ２とＳ３を閉じたときに光る発光ダイオードを，Ａ～Ｄから**すべて**選び，記号で答えなさい。

(6) 発光ダイオードＥ～Ｉと電池，およびａ側とｂ側に切りかえられるスイッチを用いて図４のような回路を作りました。スイッチをａ側に入れたときも，ｂ側に入れたときも光る発光ダイオードはどれでしょうか。Ｅ～Ｉから**すべて**選び，記号で答えなさい。適するものがない場合は「なし」と解答しなさい。

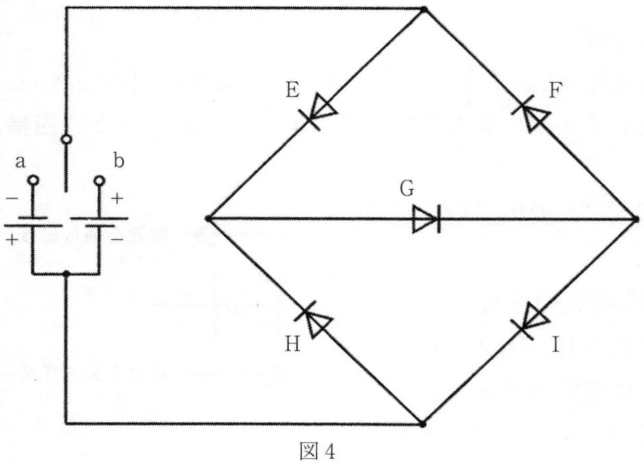

図４

2　次の文章を読み，以下の問いに答えなさい。

水素や二酸化炭素を発生させる方法を考えます。

水素は，（　Ａ　）の組み合わせによって発生させることができます。発生させた気体を水上置換《ちかん》で試験管に集めて，その中に火のついたマッチを入れるとポッと音を出して燃えます。

二酸化炭素は①炭酸カルシウムに塩酸を加えたり，②炭酸カルシウムを加熱したり，③炭酸水素ナトリウムを加熱したりすることで発生させることができます。また，④二酸化炭素は水酸化カルシウムの水溶《よう》液に溶《と》かすと炭酸カルシウムの白い沈殿《ちんでん》ができます。

①～④が完全に反応しきったときの物質の重さの関係をまとめると次のようになりました。ただし，矢印(→)の左側は反応するもの，矢印の右側は反応してできるものを示します。

炭酸カルシウム	塩化水素	①→	二酸化炭素	塩化カルシウム	水
10ｇ			4.4ｇ	11.1ｇ	1.8ｇ

炭酸カルシウム	②→	二酸化炭素	酸化カルシウム
10ｇ		4.4ｇ	5.6ｇ

炭酸水素ナトリウム	③→	炭酸ナトリウム	二酸化炭素	水
8.4ｇ		5.3ｇ	2.2ｇ	0.9ｇ

水酸化カルシウム	二酸化炭素	④→	炭酸カルシウム	水
7.4ｇ	4.4ｇ		10ｇ	

(1)　(Ａ)に入る組み合わせとして適切なものを次の**あ**～**か**から**３つ**選び，記号で答えなさい。

あ．亜鉛《あえん》に塩化水素の水溶液

い．鉄に塩化水素の水溶液

う．塩化アルミニウムに塩化水素の水溶液

え．鉄に水酸化ナトリウムの水溶液

お．アルミニウムに水酸化ナトリウムの水溶液

か．亜鉛に塩化ナトリウムの水溶液

(2)　①の反応について，炭酸カルシウム(石灰石)10ｇと反応した塩酸中の塩化水素は何ｇですか。**四捨五入して小数点以下第１位まで求めなさい。**

(3)　②と③の反応について，炭酸カルシウムと炭酸水素ナトリウムをそれぞれ加熱して，同じ重さの二酸化炭素を発生させたとします。このとき，炭酸カルシウムの重さは炭酸水素ナトリウムの重さの何倍ですか。**四捨五入して小数点以下第１位まで求めなさい。**

(4)　水酸化カルシウム7.4ｇを含む水溶液があります。二酸化炭素4.4ｇを吹《ふ》き込《こ》むと④の反応が過不足なく起こり，できた炭酸カルシウムはすべて水に溶けない沈殿になりました。この水溶液から沈殿だけを取りのぞいた水溶液の重さは，吹き込む前の水溶液の重さに比べて何ｇ減少しましたか。**四捨五入して小数点以下第１位まで求めなさい。**

(5)　酸化カルシウム28ｇを過剰《かじょう》な塩酸と反応させるとできる塩化カルシウムは何ｇですか。**四捨五入して小数点以下第１位まで求めなさい。**

(6)　次の**あ**～**う**の反応のうち，実際に反応が起こると考えられるのはどれですか。次の**あ**～**う**から1つ選び，記号で答えなさい。

あ．炭酸水素ナトリウムを加熱すると，酸化ナトリウムと二酸化炭素と水ができる。

い．塩化カルシウムの水溶液に二酸化炭素を吹き込むと，炭酸カルシウムと塩酸ができる。

う．水酸化カルシウムの水溶液に塩化水素を吹き込むと，塩化カルシウムと水ができる。

3　次の文章を読み，以下の問いに答えなさい。

豊子さんは，夏休みの自由研究で植物について調べることにしました。5年生のときにヘチマを育てた際，種子の中のようす，花のつくりや花粉のはたらきを学習し，自分でも教科書に載《の》っている実験を実際に行って確かめようと思いました。

調べた植物は，アサガオ，アブラナ，イネ，スギ，ヒマワリ，ヘチマ，ダイズ，マツです。

問1　種子には発芽するためのでんぷんがたくわえられています。

(1)　ダイズの種子の中で，でんぷんが多くたくわえられているつくりの名称《めいしょう》を答えなさい。

(2)　イネ，ダイズ，アブラナのうち，発芽前の種子にふくまれているでんぷんの割合が最も大きいものはどれか，答えなさい。

(3)　発芽させるためにまいたダイズの種子の中にあるでんぷんは，発芽前，子葉に光が当たっているとき，本葉が成長しているときでどうなりますか。次の**あ**～**く**から最も適当なものを1つ選び，記号で答えなさい。

	発芽前	子葉に光が当たっているとき	本葉が成長しているとき
あ	増加	増加	増加
い	増加	増加	減少
う	増加	減少	増加
え	増加	減少	減少
お	減少	増加	増加
か	減少	増加	減少
き	減少	減少	増加
く	減少	減少	減少

問2　アサガオの花のつくりを観察しました。花のつくりには「めしべ」「おしべ」「はなびら」「がく」があります。

(1)　花の一番外側にあるつくりはなんですか。**ひらがな**で答えなさい。

(2)　アサガオのおしべについて説明した次の**あ**～**き**の文章のうち，正しいものを**2つ**選び，記号で答えなさい。

あ．アサガオのおしべはふつう5本だが，中には10本のものもある。

い．アサガオのおしべは開花前は5本だが，つぼみの中で数が増えてゆき，開花後は10本になる。

う．アサガオのおしべはふつう5本だが，開花前と開花後では長さが変化する。

え．アサガオのおしべはふつう5本だが，開花後に虫のはたらきで10本になる。

お．アサガオのおしべはふつうめしべとほぼ同じ数である。

か．アサガオのおしべから出る花粉は虫によって運ばれる。

き．アサガオのおしべから出る花粉は風によって運ばれる。

(3)　開花したばかりのアサガオの花の一部に花粉がたくさん付着していました。花粉がたくさん付着していたのは，花のつくりのうちどこですか。**２つ**答えなさい。

問３　花粉のはたらきを調べる実験を行いました。教科書にはヘチマを用いた以下の実験方法が載《の》っていました。

（実験方法）

A．次の日にさきそうな花のつぼみを２つ選ぶ(ア，イとする)。

B．ア，イにふくろをかぶせる。

C．花がさいたらアのふくろをはずしてめしべの先に花粉をつける。つけ終わったらすぐにふくろをかぶせる。

D．実ができるころまでずっとふくろをかぶせたままにしておく。

E．ア，イにそれぞれ実ができているか確かめる。

(1)　ヘチマの花粉を描《か》いたスケッチとして最も適切なものを次の**あ**～**か**より選び，記号で答えなさい。ただし，実際の大きさや色合いとは異なり，以下のスケッチはそれぞれ「アサガオの種子」「ヒマワリの種子」「ヘチマの種子」「スギの花粉」「ヘチマの花粉」「マツの花粉」のいずれかです。

あ.

い.

う.

え.

お.
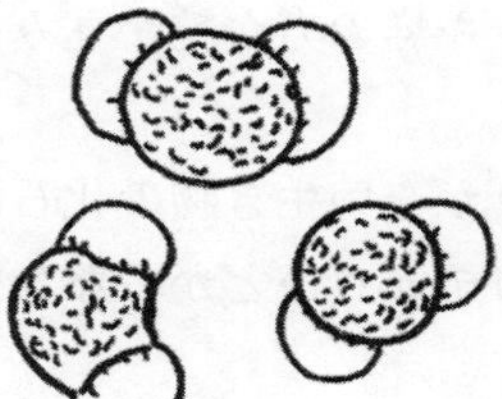

か.

(2)　この実験の結果，ア，イはどうなりますか。１つ選び，記号で答えなさい。

あ．アにもイにも実ができた。

い．アには実ができたが，イには実ができなかった。

う．アには実ができなかったが，イには実ができた。

え．アにもイにも実ができなかった。

(3)　この方法でアサガオについて実験をしたところ，(2)と同じ結果になりませんでした。(2)と同じ実験結果にするためには，どのような操作を加えればよいでしょうか。最も適切なものを次の**あ**～**く**から１つ選び，記号で答えなさい。

あ．Aでア，イのつぼみから花びらを取りのぞく。

い．Ａでア，イのつぼみからおしべを取りのぞく。

う．Ｂでア，イにガラス容器をかぶせる。

え．Ｂでア，イに段ボールをかぶせる。

お．Ｃで花がさいたらア，イともにふくろをはずしてアのめしべの先だけに花粉をつける。つけ終わったらすぐにふくろをかぶせる。

か．Ｃで花がさいたらイのふくろをはずしてめしべの先に花粉をつける。つけ終わったらすぐにふくろをかぶせる。

き．Ｄで実ができるころまでずっとふくろをはずしておく。

く．Ｄで実ができるころまでアはふくろをはずして，イはずっとふくろをかぶせたままにしておく。

4　以下の問いに答えなさい。

(1)　地層から時代を考察することについて述べた文**あ〜え**から，明らかな**誤りを含《ふく》むもの**を１つ選び，記号で答えなさい。

あ．地層はたい積したままの状態ならば，下位のものほど古く，上位のものほど新しい。

い．ある地層に含まれている化石が示準化石である場合，これと同じ化石が別の地層で産出されれば，同時代の地層と考えることができる。

う．火山灰の地層から同時代の地層を見つけるときに，同じ火山灰の地層でも厚さが違っている場合は別の時代と考えられる。

え．地層は最初にたい積するとき，ほぼ水平にたい積する。

(2)　岩石や化石から時代を考察することについて述べた文**あ〜お**から，明らかな**誤りを含むもの**を**２つ**選び，記号で答えなさい。

あ．比較的《ひかくてき》新しいたい積岩と比較的古いたい積岩を比べると，古いたい積岩の方が水分が少なく，硬《かた》いことが多い。

い．レキ岩とギョウ灰岩を比べると，レキ岩の方が粒が丸みを帯び，ギョウ灰岩は角ばっている。

う．現代の生き物のどれとでもつながりがない生き物の化石は存在しない。

え．チャートはホウサンチュウやサンゴチュウなどからなりケイ素(シリカ)が多く含まれている。

お．示準化石と示相化石を比べると，示準化石は比較的短い期間に，広い範囲《はんい》にわたって繁栄《はんえい》した生物の化石である。

(3)　不整合(面)について述べた文**あ〜お**から，最も適当なものを１つ選び，記号で答えなさい。

あ．地層や岩体が，ある面を境にしてずれてできた構造。

い．もともと平らだった地層や平らな岩体が，横から力を受けて曲がった面。

う．岩石や地層が地表に現れている(露出《ろしゅつ》している)ところ。

え．地すべりや土石流によってできた面。

お．上下に重なった地層に時代的な連続性がない重なり方。

(4)　次の①〜③の化石について，生きていた時代をＡから，その特徴《とくちょう》をＢから選び，それぞれ**あ〜き**の記号で答えなさい。

①　アンモナイト　　②　サメ　　③　サンヨウチュウ

〔A　生きていた時代〕

あ．６億年以上前の先カンブリア代に生息し，古生代では絶滅《ぜつめつ》していた。

い．中生代では絶滅していて，古生代にだけ生息していた。

う．古生代に出現し，中生代に全盛期を迎《むか》え，新生代では絶滅していた。

え．３億年以上前の古生代から，今でも生息している。

〔B　特徴《とくちょう》〕

お．節足動物で，カニやエビなどと同じように脱皮《だっぴ》をしながら成長していったようで，化石はバラバラになった状態で産出することが多い。

か．タコやイカの仲間で，殻《から》をもつ軟体《なんたい》動物である。

き．軟骨《なんこつ》魚類で，産出するのは歯がほとんど。しかし，１匹しか生息していなくてもたくさんの化石が見つかる。

と思ったが、隼人《はやと》くんとの会話を聞いているなど楓《かえで》が陽向《ひなた》のことをよく知っていることを知り、自分たちには何も言えないと考えている。

エ　自分たちは今までの陽向《ひなた》の態度を、楓《かえで》が言うような「やさしさ」ととらえるのは納得できない部分もあるが、否定するほどでもないと、今はとりあえず楓《かえで》に言い返さずにいようと思っている。

オ　ひまわりにあまえられていると勘違《かんちが》いしている陽向《ひなた》をばかにしていたことを楓《かえで》に注意され、その上陽向《ひなた》に対する考えを改めるように言われ不満を感じたが、楓《かえで》を怒《おこ》らせると怖《こわ》いため、だまっている。

問八　――線⑨「やさしくされているというより、あまやかされているってことにならないのだろうか」とありますが、悠斗《はると》がそのように考える理由として最も適当なものを次のア～オの中から一つ選び、記号で答えなさい。

ア　陽向《ひなた》を乗せることもしないのに、みんなにやさしくされ大切に扱《あつか》われているひまわりにいきどおりを感じているから。

イ　毎回サラダバーに連れて行ってもらっているのに、本来の仕事をしていないひまわりの扱《あつか》いが釈然《しゃくぜん》としないから。

ウ　マリモはなかなかサラダバーに行けないため、おいしい草をたくさん食べられるひまわりをずるいと思っているから。

エ　先生たちに要望を出せばなんでも通り、自分勝手なふるまいをすることができる陽向《ひなた》をうらやましく感じているから。

オ　レッスンを受けていないのに、楓《かえで》に認めてもらうほど陽向《ひなた》とひまわりの関係ができていることをひがんでいるから。

問九　本文を読んだ後に六人の生徒が会話をしています。本文の内容と合っているものを次のア～カの中から二つ選び、記号で答えなさい。

ア　生徒A：この作品は、たくさんの人や馬が登場していたよね。芽衣《めい》がどういう人かわからないけど、彼女《かのじょ》をぬかしたら、しいの木ファームに通ってレッスンを受けている子は全部で八人だよね。

イ　生徒B：そんなにいたかなぁ。馬も四頭出ていて、人と同じような名前の子もいたね。どの子もみんなあまえんぼうで、腕《うで》に鼻づらをこすりつけたり、にんじんを要求したりしていたね。

ウ　生徒C：陽向《ひなた》は楓《かえで》に「やさしさパワー」があるってほめられていたよ。隼人《はやと》くんに陽向《ひなた》が自分の体重が重いから馬がかわいそうって発言をしたと楓《かえで》から聞いたときには、涼太《りょうた》もびっくりしていたね。

エ　生徒D：陽向《ひなた》の「やさしさパワー」については、悠斗《はると》は納得していなかったみたい。それどころか楓《かえで》に対して、陽《ひ》向《なた》が自分勝手でわがままだと悠斗《はると》は言って、やさしくない人だと楓《かえで》に言われちゃったよ。

オ　生徒E：楓《かえで》に批判的なことを言われたことが悠斗《はると》はショックだったと思うなあ。楓《かえで》たちと別れた後も、陽向《ひなた》についてやマリモとの関係性についてなどいろいろ考えていたよね。

カ　生徒F：悠斗《はると》は、どんな性格の子だろう。楓《かえで》はシビアな人って言っていたけど、涼太《りょうた》たちと仲良いし、陽向《ひなた》のことも助けているよね。楓《かえで》もその良さを理解してくれたらいいのに。

ら一つ選び、記号で答えなさい。

ア　みんながやりたがらない仕事をすることで、先生に気に入られて自分が自由にふるまうことができるようにすること。

イ　馬にふれあうことにこだわらず、文句ひとつ言わずに様々な雑用をこなしていくため、芽衣《めい》に気に入られていること。

ウ　厩舎《きゅうしゃ》のそうじやレッスン後のかたづけといった雑用などみんなが進んで行わない仕事を、みずから進んで行うこと。

エ　クラブのみんなが雑用よりも馬にふれあいたいだろうという思いを感じ取り、みんなのために雑用を進んで行うこと。

オ　雑用を通して馬との信頼関係を築いているため、実はクラブの誰よりも乗馬がうまく、入賞する可能性もあること。

問五　――線⑤「陽向《ひなた》は、笑顔になった」とありますが、その理由として最も適当なものを次のア～オの中から一つ選び、記号で答えなさい。

ア　ひまわりがほおずりをしてくれたことで自分が一番好かれていると思い、得意に感じているから。

イ　ひまわりに木や柵《さく》のかわりにされていると気付き、いらだちながらも平常心を保とうとしているから。

ウ　ひまわりがなでてもらうために頭をさげてきた仕草をうれしく思い、かわいいと感じたから。

エ　馬具を外したことでひまわりの喜んでいる様子があまえた仕草からわかり、安心したから。

オ　自分の腕《うで》にひまわりが鼻づらをこすりつけてくる仕草から親しみを感じ、うれしく思ったから。

問六　――線⑥「うらやましさを感じた」とありますが、その理由として最も適当なものを次のア～オの中から一つ選び、記号で答えなさい。

ア　ひまわりにあまえられていると喜んでいる陽向《ひなた》を見て、自分も乗馬を始めたばかりのころは馬に鼻づらをこすりつけられた時に喜びを感じたことを思い出したから。

イ　一緒《いっしょ》に競技をしている自分にも決してあまえてこない、人が苦手なマリモとは違《ちが》い、ひまわりは陽向《ひなた》に対して心から信頼しているように感じたから。

ウ　鼻づらがかゆいだけだとはわかっているが、ひまわりの人なつっこく見える態度を、マリモにも自分に対して見せてほしいという思いがよぎったから。

エ　小太郎《こたろう》はあまえたしぐさを見せていたことを思い出し、自分にあまえてくれないマリモにもっとなついてくれてもいいのにと不満を感じているから。

オ　マリモは鼻づらがかゆい時に鼻づらを自分にこすりつけてくることがないため、ひまわりに自分も鼻づらをこすりつけてあまえられてみたいと思ったから。

問七　――線⑦「微妙《びみょう》な空気」とありますが、ここでの三人はどのような様子ですか。その説明として最も適当なものを次のア～オの中から一つ選び、記号で答えなさい。

ア　楓《かえで》が急に陽向《ひなた》のことを「やさしい」と言い始めたことにおどろきはしたが、陽向《ひなた》と仲の良い楓《かえで》が言うことなので間違《まちが》いはないのだろうと考え、自分たちが陽向《ひなた》に否定的であったことを反省している。

イ　楓《かえで》も自分たちと同じように陽向《ひなた》のわがままなふるまいに対して不満を感じていると思っていたのに、楓《かえで》が陽向《ひなた》のことをかばうような発言をしたため、裏切られたような気持ちになっている。

ウ　陽向《ひなた》のことを「やさしい」と楓《かえで》が評価したことに反論しよう

悠斗《はると》の心のなかには、ざわざわと波風が立っていた。

どうやら、陽向《ひなた》は楓《かえで》の＊9〈推しメン〉らしい。悠斗《はると》の意識のなかで、陽向《ひなた》の存在が急に大きくなってデンといすわったのを感じる。

そして、自分がどういう目でマリモを見ているのか、悠斗《はると》は今すぐにでも鏡を持ってきて、たしかめてみたくてたまらなかった。

（『馬と明日へ』ポプラ社　刊　杉本《すぎもと》りえ）

〔注〕＊1　厩務員《きゅうむいん》＝馬を飼育する小屋である厩舎《きゅうしゃ》や馬のいる部屋である馬房《ばぼう》で働く人。

＊2　サラダバー＝雑木林の中にある木々が生えていないたいらな草地のこと。馬にとってはごちそうの、芽吹《めぶ》いたばかりのやわらかい草を好きなだけ食べられる場所のためこのように呼んでいる。

＊3　すばる＝涼太《りょうた》の乗っている馬の名前。

＊4　隼人《はやと》くん＝大学生で、指導の補助や厩務員《きゅうむいん》として馬の世話をしている。文中の「菅原《すがわら》くん」と「西田《にしだ》くん」は隼人《はやと》くんの友人で、しいの木ファームの卒業生。

＊5　楓《かえで》＝中学一年生の女の子。乗馬の技術レベルも高く、過去の競技大会で入賞したこともある。

＊6　初日＝陽向《ひなた》が初めて「しいの木ファーム」に来た日のこと。

＊7　無口＝馬具の一種。

＊8　道産子《どさんこ》＝北海道産の馬の品種。

＊9　〈推しメン〉＝自分が他人にすすめたいほど良いと思っている人。

問一　――線①「マリモ、残念だったなあ」とありますが、何が「残念だった」のですか。その内容として最も適当なものを次のア～オの中から一つ選び、記号で答えなさい。

ア　洗い場へ行き、すぐに汚《よご》れを落としてもらえないこと。

イ　レッスン後にサラダバーへ行き、草を食べられないこと。

ウ　隼人《はやと》くんが待っているところへ行き、遊んでもらえないこと。

エ　レッスンの時に馬場で、ひまわりと一緒《いっしょ》に走れないこと。

オ　ひまわりが毎回サラダバーに行くことになったこと。

問二　――線②「いちおうは～身につける」とありますが、ここで「いちおうは」と表現されている理由として最も適当なものを次のア～オの中から一つ選び、記号で答えなさい。

ア　陽向《ひなた》は服装だけ見ると乗馬が得意そうだが、実際は馬に乗ることが下手だったから。

イ　陽向《ひなた》は馬そのものに興味がないのに、乗馬するための服装をしているから。

ウ　陽向《ひなた》は馬の世話しかしないのに、競技大会で入賞しそうな服装をしているから。

エ　陽向《ひなた》は乗馬のための服装をしているものの、ひまわりに乗ることはなかったから。

オ　陽向《ひなた》は乗馬に興味があり服装も整えたが、馬が怖《こわ》くて近寄ることができないから。

問三　空らん〔③〕、〔⑧〕に入る言葉として最も適当なものを後のア～オの中からそれぞれ一つずつ選び、記号で答えなさい。

〔③〕

ア　しおらしく　　イ　あどけなく　　ウ　なごやかに

エ　しなやかに　　オ　ほがらかに

〔⑧〕

ア　こまった　　イ　ふざけた　　ウ　やわらかな

エ　さわやかな　　オ　しんらつな

問四　――線④「そればかりではない側面」とありますが、どういうことですか。その説明として最も適当なものを次のア～オの中かさパワーがあるんだよ」

拓也《たくや》と涼太《りょうた》が顔を見あわせた。ふたりを見ていた悠斗《はると》とも目が合った。男子三人に、⑦微妙《びみょう》な空気が流れた。

やさしさパワーってなに？　楓《かえで》がそういうのなら、なんとなくわかるような、わからないような……。でも、きっとそうなんだよ。まあ、いいじゃん。やさしさパワーってことで……。

ことばにすると、そんな空気だ。

「あの子、どうして乗らないのかきいてる？」

と、楓《かえで》がだれにともなくたずねた。

こわいから、なんじゃないの？　と思いながら、悠斗《はると》はだまって楓《かえで》を見つめた。

「この前、いっしょに引き馬でサラダバーへいったとき、話していたのをきいたんだけど」

話していたって、隼人《はやと》くんに？　では、話すことができるようになったってことだ。悠斗《はると》はまず、そのことにおどろいた。

「ぼくは重いから、馬がかわいそうだっていうの」

「はあっ⁉」

と、涼太《りょうた》がさけんだ。拓也《たくや》が、ガクッと肩《かた》を落として見せている。

「なら、おれ、どうすればいいんだ」

「隼人《はやと》くんは、馬は力持ちで、＊8道産子《どさんこ》は小さいけど、馬力があって、昔から陽向《ひなた》くんより重いもの、いっぱい運んできたんだよ。ぜんっぜん平気だよって、一生懸命《いっしょうけんめい》説得していたけどね」

「陽向《ひなた》はなんて？」

と、悠斗《はると》がきいてみると、

「だまってた」

とのこと。

「だけど、いつまでもこんなことをつづけているわけにもいかないよね」

「どうして？」

どうしてって……どうしてとたずねる理由を、ききかえしたいくらいだ。

「だって、ここは、乗馬クラブなんだし、なんか、変だよ。あんなことしてるの。ひまわりだって、えこひいきされっぱなしだし、仕事しないと。ひまわりの仕事は人を乗せることだろ」

「悠斗《はると》くんって、意外とシビアなんだね」

楓《かえで》は、〔⑧〕口ぶりでいった。

「シビア？」

「きびしい？　まじめ？　優等生的？」

と、楓《かえで》は三つの単語を、語尾《ごび》を上げ気味にならべたてた。

ことばの意味がわからなくてききかえしたのではない。シビアでも、きびしくても、まじめでも、優等生的でも、なんといいかえられたって、悠斗《はると》は楓《かえで》に、そんな評価を下されたことが意外で、しかも批判的な意味で使われたことが、ショックでもあった。

ようするに、陽向《ひなた》とちがって、ぼくはやさしくないといいたいのだろうか。

でも、やさしくするのとあまやかすのはちがう。岡本《おかもと》先生もそういっていたではないか。ひまわりは、⑨やさしくされているというより、あまやかされているってことにならないのだろうか。

そんな思いがことばにならず、立ちつくしていると、あわてたように、拓也《たくや》が「じゃまた来週」といって厩舎《きゅうしゃ》を出ていった。涼太《りょうた》も、「またな」といいおいて、拓也《たくや》を追いかけていき、つづいて楓《かえで》も、なにごともなかったように、

「じゃあ、また来週ね」

といいながら、厩舎《きゅうしゃ》をあとにした。

いではない。とはいえ、馬と直接ふれあったり、乗っているほうがもちろんもっと楽しい。たいていの子はそうだろう。

芽衣《めい》が、「っていうか……」といって、そのあと首をかしげながらわらった。その意味が、悠斗《はると》にもうすうすわかってきた。

陽向《ひなた》は、みんながやりたくない仕事を、みずから進んでやっているのだ。

しかも、会費をはらって。

陽向《ひなた》はそうとう変わっている。

（中略《ちゅうりゃく》）

陽向《ひなた》のお気に入りのひまわりは、野島《のじま》先生のクラスに出されることもあるし、洋子《ようこ》先生のクラスに出されることもあった。陽向《ひなた》は、馬房《ばぼう》から連れてきて、馬装《ばそう》を手伝い、また、終わったあとに馬装《ばそう》をとくという、ひまわりとのかかわり方をしたのちに、引き馬でサラダバーへ連れていく。

その日、悠斗《はると》が岡本《おかもと》先生のレッスンが終わったあとに、馬房《ばぼう》へマリモをもどしていると、陽向《ひなた》もちょうど、ひまわりを連れて帰ってきたところに出くわした。

陽向《ひなた》がひまわりの＊7無口をはずし、馬房《ばぼう》を出ていこうとすると、ひまわりは鼻づらを陽向《ひなた》の二の腕《うで》あたりにこすりつけ、二、三回上下させた。

⑤陽向《ひなた》は、笑顔になった。ひまわりの頭を軽く下からかかえ、ほおずりをする。それから、「またね」と小さな声でつぶやきかけ、出ていった。

あまえたしぐさに見えるけど、ひまわりはただ鼻づらがかゆいだけで、そこにいた陽向《ひなた》を、木や柵《さく》のかわりにして、かいているだけだ。馬は、犬や猫《ねこ》のように後ろ脚《あし》を使えないから、体のどこか、歯が届かないようなところがかゆかったら、近くにあるものにこすりつけてかくしかない。

わかってはいても悠斗《はると》は一瞬《いっしゅん》、⑥うらやましさを感じた。

マリモは、あんなふうに、人との距離《きょり》をみずからちぢめるような行動はとらない。たった今も、悠斗《はると》が持ってきたにんじんを、当然の権利とばかりに前脚《まえあし》の合図でさいそくして、ボリボリ食べたところだ。

小太郎《こたろう》は、たまにやった。「ここ、かゆくってさ。ちょっとたのむよ」ということばがきこえてきそうなほどに、ごしごしと強くこすりつけてきたものだ。

マリモの馬房《ばぼう》の前で、ぼんやりとそんなことを思いめぐらせていると、その日同じレッスンに出ていた拓也《たくや》が声をかけてきた。

「ひまわりは、よくあれをやるよな」

拓也《たくや》も見ていたのだ。厩舎《きゅうしゃ》のなかには、その日のレッスン仲間の、涼太《りょうた》と楓《かえで》もいて、それぞれの馬たちの馬房《ばぼう》の前で、馬装《ばそう》の道具をかたづけていた。

「だから、見学試乗会担当なんだよ。かわいいし、なつかれた気になるもんな」

と、涼太《りょうた》がわらいながらつづけた。

「ほんとは、かゆいだけなのに」

「そうかな。わたしは、ひまわりは陽向《ひなた》くんにあまえてるんだと思う」

楓《かえで》が、きっぱりとした口調で自分の意見を主張した。

「どうしてそう思うの？」

と、悠斗《はると》がききたかったことを、涼太《りょうた》がたずねてくれた。

「見てると、そんな感じがする」

「そうかな」

と拓也《たくや》。百パーセント賛同しているわけではないといった口ぶりだ。

「陽向《ひなた》くんの、ひまわりを見る目、やさしいよ。あの子には、やさしも柔軟《じゅうなん》に渡り合えなくなるから。

イ　自分が信じていなかった新たな「正しさ」を知ることが、自分の成長にもつながるから。

ウ　自分の感情に従ってばかりいては、周囲の人々とうまくやっていくことができないから。

エ　他者との対話を通して、今までの自分の価値観を否定した先に新たな自分を見出《みいだ》せるから。

オ　他者に目もくれず自分の感情を尊重してばかりいては、結局問題の解決にはならないから。

問九　筆者は、「正しさ」はどのように作られていくと考えていますか。四十五字以内で説明しなさい。

二　次の文章を読んで、後の一から九までの各問いに答えなさい。（ただし、字数指定のある問いはすべて句読点・記号も一字とする。）

小学六年生の悠斗《はると》は地域の乗馬クラブ「しいの木ファーム」に通っている。悠斗《はると》はマリモという馬に乗り、中学二年生の拓《たく》也《や》や涼太《りょうた》というクラブの仲間と一緒《いっしょ》に競技大会に出るための練習に日々励《はげ》んでいる。そこにある日、物静かであまり話さない、小学五年生の陽向《ひなた》が入会してきた。陽向《ひなた》はひまわりという馬に乗ることになった。

次の週の土曜日は、陽向《ひなた》の要望がまたひとつ通った。

野島《のじま》先生のレッスンはうけず、したがって馬場にもはいらず、

＊1厩務員《きゅうむいん》としての仕事を手伝い、そのあとは、ひまわりを連れて、

＊2サラダバーにいきたいということ。

連れに選ばれたのは、涼太《りょうた》と＊3すばる。岡本《おかもと》先生のレッスンが終わって、洗い場にもどると、＊4隼人《はやと》くんがそれを伝えにきた。①マリモ、残念だったなあと、悠斗《はると》はマリモにそっとつぶやきかけた。

そして、それらはしだいに慣例化していった。すなわち、ひまわりを連れてのサラダバー通いと、厩務員《きゅうむいん》の手伝いだ。

陽向《ひなた》は、土日の二日ともかかさずやってきた。＊5楓《かえで》でさえも、どちらか一日だけという週があったから、皆勤賞《かいきんしょう》のペースなのは、悠斗《はると》と陽向《ひなた》だけだった。

陽向《ひなた》はクラブにくると、②いちおうは真新しいボディプロテクター、ヘルメット、乗馬靴《じょうばぐつ》などの乗馬用の道具を身につける。それから、厩《きゅう》舎《しゃ》へいき、厩務員《きゅうむいん》用のつなぎを着ている菅原《すがわら》くんと西田《にしだ》くんとともに、もくもくと仕事を手伝う。馬糞《ばふん》をつんだ一輪車を動かしたり、エサの調合をしたり……。

そのうち、厩舎《きゅうしゃ》のそうじのほか、洗い場でほかの子どものレッスンのための馬装《ばそう》や、レッスンが終わったあとには、鞍《くら》をかたづけたり頭絡《とうらく》をたたんだりというような、雑用も進んでするようになった。

それから、毎回隼人《はやと》くんがつきそって、サラダバーへいく。多少の雨天は決行だ。

隼人《はやと》くんは、平等に連れを選んでくれたので、＊6初日のあと、マリモが……したがって悠斗《はると》も……選ばれることはなかった。

ひまわりはもちろん、かならずいく。ひまわりにしてみれば「ラッキー！」とV《ブィ》サインを出して、スキップでもしたくなるようなできごとだけど、いつも変わらず首を下にむけて、陽向《ひなた》のあとをとことこと、［③］従順について歩いていく。

わがまま、といえばわがままなこと、勝手なことをしているといえば、そうともいえた。が、④そればかりではない側面があるのも事実だった。

悠斗《はると》は、馬房《ばぼう》や厩舎《きゅうしゃ》のそうじ、馬装《ばそう》用具のかたづけなどは、きら

イ　取り上げている話題自体が、人間の根本的な性質には直接関係しない表面的なものであるから。

ウ　異なる意見のそれぞれに説得力があるため、どちらかだけを正しいとすることは難しいから。

エ　どんなに価値観が異なった人同士でも、すべての話題で意見が対立することなどありえないから。

オ　人それぞれ異なる意見を持っていることは、かえって多様な文化の形成につながっていくから。

問四　――線③「そんなとき」とありますが、ここで述べられている状況《じょうきょう》と同様の具体例として最も適当なものを次のア～オの中から一つ選び、記号で答えなさい。

ア　校内緑化を目的として花を植えるべきか、校内の清潔感を保つために掃除《そうじ》を徹底《てってい》するべきか、意見が分かれたとき。

イ　周囲の人に迷惑《めいわく》をかけないように犬をしつけるべきか、家族として犬を大切にするべきか、意見が分かれたとき。

ウ　安全のために監視《かんし》カメラを増設するべきか、プライバシー保護のために撤去《てっきょ》するべきか、意見が分かれたとき。

エ　施設《しせつ》内の混雑を解消するために入場制限をかけるべきか、施《し》設《せつ》を予約制にするべきか、意見が分かれたとき。

オ　感染防止のために講演を中止にするべきか、観客のためにオンライン開催《かいさい》にするべきか、意見が分かれたとき。

問五　空らん〔④〕に入る内容として最も適当なものを次のア～オの中から一つ選び、記号で答えなさい。

ア　皆《みな》が権力者の顔色をうかがって自分の行動を決める

イ　権力など持たない大多数の人々の意見が無視される

ウ　大声で主張した人々の意見だけが簡単にまかり通る

エ　それぞれの主観的な信念が何よりも尊重される

オ　皆《みな》が自分のことだけ考え、他者の存在を否定する

問六　空らん〔⑤〕に入る言葉として最も適当なものを次のア～オの中から一つ選び、記号で答えなさい。

ア　一人前　　イ　一方的　　ウ　一大事

エ　一枚岩　　オ　一時的

問七　――線⑥「ある意味では、『科学は人それぞれ』なのです」とありますが、どういうことですか。その説明として最も適当なものを次のア～オの中から一つ選び、記号で答えなさい。

ア　定説をくつがえす新たな理論を提唱する科学者と、その理論の正当性を疑う科学者との間で、理論の是非《ぜひ》をめぐって激しい論争が起きているということ。

イ　科学者ごとに意見が異なる問題については、結局どの意見も信用できないので、政府主導で問題への対応を進めていくしかないということ。

ウ　科学が客観的で正しい答えを示すことを可能にするためには、長い時間をかけて論争して、様々な意見を統一する必要があるのだということ。

エ　未解明の問題に対する意見は科学者ごとに違《ちが》っており、結局のところ人々はそれぞれ信じたい科学者の説を信じることが合理的なのだということ。

オ　現在の問題については、皆《みな》が合意できる答えを議論を尽《つ》くして導くことができておらず、科学者ごとの見解を示している状《じょう》況《きょう》でしかないということ。

問八　――線⑦「成長するためには傷ついてナンボです」とありますが、そのように言える理由として最も適当なものを次のア～オの中から一つ選び、記号で答えなさい。

ア　他者との関わりを避《さ》けていては、異質な価値観を持つ相手と

いくものなのかを考えます。そうした考察を踏《ふ》まえて、多様な他者と理解し合うためにはどうすればよいのかについて考えます。ここであらかじめ結論だけ述べておけば、私は、「正しさは人それぞれ」でも「真実は一つ」でもなく、人間の生物学的Cトクセイを前提としながら、人間と世界の関係や人間同士の間の関係の中で、いわば共同作業によって「正しさ」というものが作られていくのだと考えています。それゆえ、多様な他者と理解し合うということは、かれらとともに「正しさ」を作っていくということです。

これは、「正しさは人それぞれ」とか「みんなちがってみんないい」といったお決まりの簡便な一言を吐《は》けば済んでしまうような安易な道ではありません。これらの言葉は、言ってみれば相手と関わらないで済ますための＊最後通牒《つうちょう》です。みなさんが意見を異にする人と話し合った結果、「結局、わかりあえないな」と思ったときに、このように言うでしょう。「まあ、人それぞれだからね」。対話はここで終《しゅう》了《りょう》です。

ともに「正しさ」を作っていくということは、そこで終了《しゅうりょう》せずに踏《ふ》みとどまり、とことん相手と付き合うという面倒《めんどう》な作業です。相手の言い分を受け入れて自分の考えを変えなければならないこともあるでしょう。それでプライドが傷つくかもしれません。しかし、傷つくことを嫌《いや》がっていては、新たな「正しさ」を知って成長していくことはできません。

最近、「正しさは人それぞれ」と並んで、「どんなことでも感じ方しだい」とか「心を傷つけてはいけない」といった感情尊重の風潮も広まっています。しかし、学び成長するとは、今の自分を否定して、今の自分でないものになるということです。これはたいへんに苦しい、ときに心の傷つく作業です。あえていえば、⑦成長するためには傷ついてナンボです。若いみなさんには、傷つくことを恐《おそ》れずに成長の道を進んでほしいと思います（などと言うのは説教くさくて気が引けますが）。

（『「みんな違《ちが》ってみんないい」のか？　相対主義と普遍《ふへん》主義の問題』山口裕之《やまぐちひろゆき》）

〔注〕＊最後通牒《つうちょう》＝ここでは、話し合いを打ちきり、交渉《こうしょう》している相手に一方的に突《つ》きつける最終的な通達のこと。

問一　――線A「ルフ」・B「キカン」・C「トクセイ」のカタカナを正しい漢字に直しなさい。（一画一画ていねいにはっきりと書くこと。）

問二　――線①「そういう善意」とはどのようなものですか。その説明として最も適当なものを次のア～オの中から一つ選び、記号で答えなさい。

ア　自分とは絶対にわかりあえないものだとしても、自分と相手の考えに優劣《ゆうれつ》をつけずに平等に扱《あつか》おうとするもの。

イ　他文化との交流が避《さ》けられない現代社会でうまく他者と交流するために、相手の考えをよく聞こうとするもの。

ウ　異なる意見を交わすときにお互《たが》いが傷つかずに済むように、相手の立場に立って考え、思いやろうとするもの。

エ　世界中の多様な他者や他文化の存在を傷つけないために、あえて異なる考えの者とは距離《きょり》をとろうとするもの。

オ　絶対的に正しいものはないと考え、自分とは異なる相手や文化を認め、その存在を重んじようとするもの。

問三　――線②「こうした場面では～よいでしょう」とありますが、そのように言える理由として最も適当なものを次のア～オの中から一つ選び、記号で答えなさい。

ア　それぞれ考えが異なっていたとしても、そのことによって深刻な問題が生じるわけではないから。

しょう。なぜなら、もしもさまざまな意見が「みんなちがってみんないい」のであれば、つまりさまざまな意見の正しさに差がないとするなら、選択《せんたく》は力任せに行うしかないからです。「絶対正しいことなんてない」とか「何が正しいかなんて誰《だれ》にも決められない」というのであればなおさらです。決定は正しさにもとづいてではなく、人それぞれの主観的な信念にもとづいて行うしかない。それに納得できない人とは話し合っても無駄《むだ》だから権力で強制するしかない。こういうことになってしまいます。

つまり、「正しさは人それぞれ」や「みんなちがってみんないい」といった主張は、多様性を尊重するどころか、異なる見解を、権力者の主観によって力任せに切り捨てることを正当化することにつながってしまうのです。これでは結局、「力こそが正義」という、困った世の中になってしまいます。それは、〔　④　〕社会です。

では、どうしたらよいのでしょうか。

よくある答えは、「科学的に判断するべきだ」ということです。科学は、「客観的に正しい答え」を教えてくれると多くの人は考えています。このように、さまざまな問題について「客観的で正しい答えがある」という考え方を、普遍《ふへん》主義といいます。探偵《たんてい》マンガの主人公風に言えば、「真実は一つ！」という考え方だといってもよいかもしれません。先ほどの相対主義と反対の意味の言葉です。「価値観が多様化している」と主張する人たちでも、科学については普遍《ふへん》主義的な考えを持っている人が多いでしょう。「科学は人それぞれ」などという言葉はほとんど聞くことがありません。

そして実際、日本を含《ふく》めてほとんどの国の政府は、政策を決めるにあたって科学者の意見を聞くためのBキカンや制度を持っています。日本であれば、各省庁の審議《しんぎ》会（専門家の委員会）や日本学術会議などです。「日本の経済発展のために原子力発電所は必要なのか」「どれぐらいの確率で事故が起こるのか、事故が起こったらどれぐらいの被害《ひがい》が出るのか」といった問題について、科学者たちは「客観的で正しい答え」を教えてくれそうに思えます。

ところが、実は科学は〔⑤〕ではないのです。科学者の中にも、さまざまな立場や説を取っている人がいます。そうした多数の科学者が論争する中で、「より正しそうな答え」を決めていくのが科学なのです。それゆえ、「科学者であればほぼ全員が賛成している答え」ができあがるには時間がかかります。みなさんが中学や高校で習うニュートン物理学は、いまから三〇〇年以上も昔の一七世紀末に提唱されたものです。アインシュタインの相対性理論や量子力学は「現代物理学」と言われますが、提唱されたのは一〇〇年前（二〇世紀初頭）です。現在の物理学では、相対性理論と量子力学を統一する理論が探求されていますが、それについては合意がなされていません。合意がなされていないからこそ、研究が進められているのです。

最先端《さいせんたん》の研究をしている科学者は、それぞれ自分が正しいと考える仮説を正当化するために、実験をしたり計算をしたりしています。つまり、科学者に「客観的で正しい答え」を聞いても、何十年も前に合意が形成されて研究が終了《しゅうりょう》したことについては教えてくれますが、まさしく今現在問題になっていることについては、「自分が正しいと考える答え」しか教えてくれないのです。⑥ある意味では、「科学は人それぞれ」なのです。

（中略《ちゅうりゃく》）

このように考えてくると、科学者であっても、現時点で問題になっているような事柄《ことがら》について、「客観的で正しい答え」を教えてくれるものではなさそうです。ではどうしたらよいのでしょうか。自分の頭で考える？　どうやって？

この本では、「正しさ」とは何か、それはどのようにして作られて

2023年度

豊島岡女子学園中学校

【国　語】〈第三回試験〉（五〇分）〈満点：一〇〇点〉

一　次の文章を読んで、後の一から九までの各問いに答えなさい。
（ただし、字数指定のある問いはすべて句読点・記号も一字とする。）

昨今、「正しさは人それぞれ」とか「みんなちがってみんないい」といった言葉や、「現代社会では価値観が多様化している」「価値観が違《ちが》う人とは結局のところわかりあえない」といった言葉がAルフしています。このような、「人や文化によって価値観が異なり、それぞれの価値観には優劣《ゆうれつ》がつけられない」という考え方を相対主義といいます。「正しさは人それぞれ」ならまだしも、「絶対正しいことなんてない」とか、「何が正しいかなんて誰《だれ》にも決められない」といったことさえ主張する人もけっこういます。

こうしたことを主張する人たちは、おそらく多様な他者や他文化を尊重しようと思っているのでしょう。①そういう善意はよいものではありますが、はたして「正しさは人それぞれ」や「みんなちがってみんないい」という主張は、本当に多様な他者を尊重することにつながるのでしょうか。そもそも、「正しさ」を各人が勝手に決めてよいものなのか。それに、人間は本当にそれほど違《ちが》っているのかも疑問です。

たしかに、価値観の異なる人と接触《せっしょく》することがなかったり、異なっていても両立できるような価値観の場合には、「正しさは人それぞれ」と言っていても大きな問題は生じません。たとえば、訪ねることも難しい国の人たちがどのような価値観によって生活していても、自分には関係がありません。またたとえば、野球が好きな人とサッカーが好きな人は、スポーツのネタでは話が合わないかもしれませんが、好きなスポーツの話さえしなければ仲良くできるでしょう。サッカーが好きなのは間違《まちが》っていて、すべての人は野球が好きでなければならない、なんていうことはありません。

②こうした場面では、「人それぞれ」「みんなちがってみんないい」でよいでしょう。しかし、世の中には、両立しない意見の中から、どうにかして一つに決めなければならない場合があります。たとえば、「日本の経済発展のためには原子力発電所が必要だ」という意見と、「事故が起こった場合の被害《ひがい》が大きすぎるので、原子力発電所は廃止《はいし》すべきだ」という意見とは、両立しません。どちらの意見にももっともな点があるかもしれませんが、日本全体の方針を決めるときには、どちらか一つを選ばなければなりません。原子力発電所を維持《いじ》するのであれば、廃止《はいし》した場合のメリットは捨てなければなりません。逆もまたしかり。「みんなちがってみんないい」というわけにはいかないのです。

③そんなときには、どうすればよいでしょうか。「価値観が違《ちが》う人とはわかりあえない」のであれば、どうすればよいのでしょうか。

そうした場合、現実の世界では権力を持つ人の考えが通ってしまいます。本来、政治とは、意見や利害が対立したときに妥協《だきょう》点や合意点を見つけだすためのはたらきなのですが、最近は、日本でもアメリカでもその他の国々でも、権力者が力任せに自分の考えを実行に移すことが増えています。批判に対してきちんと正面から答えず、単に自分の考えを何度も繰《く》り返したり、論点をずらしてはぐらかしたり、権力を振《ふ》りかざして脅《おど》したりします。

そうした態度を批判するつもりで「正しさは人それぞれだ」とか「みんなちがってみんないい」などと主張したら、権力者は大喜びで

2023年度

豊島岡女子学園中学校　▶解　答

※　編集上の都合により，第３回試験の解説は省略させていただきました。

算　数　＜第３回試験＞（50分）＜満点：100点＞

解　答

[1] (1) $\frac{23}{42}$　(2) 17.5　(3) **中央値**…2.5，**最頻値**…2　(4) 2枚　[2] (1) 600 g　(2) 4種類　(3) 3：5　(4) 205.94cm^2　[3] (1) **商品(あ)**…10個，**商品(い)**…30個　(2) 7通り　[4] (1) (ア)，(エ)　(2) **ア** 4　**イ** 37　[5] (1) 180m　(2) 84　(3) **ア** 12　**イ** 20　[6] (1) ① 6 cm^2　② $3\frac{1}{3}cm^3$　(2) 225：88

社　会　＜第３回試験＞（理科と合わせて50分）＜満点：50点＞

解　答

[1] **問1** 地方自治　**問2** 象徴　**問3** **あ** の　**い** による　**う** のための　**問4** デマ　**問5** 4　**問6** 4，5　**問7** 4　**問8** 3　**問9** 6　[2] **問1** 5　**問2** ユニバーサルデザイン　**問3** （例）結婚や出産で仕事をやめなくなった。　**問4** 3　**問5** 1　**問6** 1　**問7** 2　**問8** 2，5　[3] **問1** 2　**問2** 三内丸山　**問3** 4　**問4** 3　**問5** 刀狩　**問6** 4　**問7** 天守　**問8** 2，4

理　科　＜第３回試験＞（社会と合わせて50分）＜満点：50点＞

解　答

[1] (1) え　(2) 100　(3) 2.2倍　(4) A，C　(5) C　(6) G　[2] (1) あ，い，お　(2) 7.3 g　(3) 0.6倍　(4) 5.6 g　(5) 55.5 g　(6) う　[3] **問1** (1) 子葉　(2) イネ　(3) く　**問2** (1) がく　(2) う，か　(3) めしべ，おしべ　**問3** (1) か　(2) い　(3) い　[4] (1) う　(2) う，え　(3) お　(4) ① **A** う　**B** か　② **A** え　**B** き　③ **A** い　**B** お

国語 ＜第３回試験＞（50分）＜満点：100点＞

解答

一 問１ 下記を参照のこと。　問２ オ　問３ ア　問４ ウ　問５ イ　問６ エ　問７ オ　問８ エ　問９ （例） 傷つくことを恐れずに，意見の異なる他者とともに対話を続けることを通して作られていく。　二 問１ イ　問２ エ　問３ ③ ア ⑧ オ　問４ ウ　問５ オ　問６ ウ　問７ エ　問８ イ　問９ ウ，オ

●漢字の書き取り

一 問１ A 流布　B 機関　C 特性

Dr.福井の
入試に勝つ！ 脳とからだのウルトラ科学

右の脳は10倍以上も覚えられる！

手や足，目，耳に左右があるように，脳にも左右がある。脳の左側，つまり左脳は，文字を読み書きしたり計算したりするときに働く。つまり，みんなはおもに左脳で勉強していることになる。一方，右側の脳，つまり右脳は，音楽を聞き取ったり写真や絵を見分けたりする。

となると，受験勉強に右脳は必要なさそうだが，そんなことはない。実は，右脳は左脳の10倍以上も暗記できるんだ。これを利用しない手はない！　つまり，必要なことがらを写真や絵などで覚えてしまおうというわけだ。

この右脳を活用した勉強法は，図版が数多く登場する社会と理科の勉強のときに大いに有効だ。たとえば，歴史の史料集には写真や絵などがたくさん載っていて，しかもそれらは試験に出やすいものばかりだから，これを利用する。やり方は簡単。「ふ～ん，これが○○か…」と考えながら，載っている図版を５秒間じーっと見つめる。すると，言葉は左脳に，図版は右脳のちょうど同じ部分に，ワンセットで記憶される。もし，左脳が言葉を忘れてしまっていたとしても，右脳で覚えた図版が言葉を思い出す手がかりとなる。

また，項目を色でぬり分け，右脳に色のイメージを持たせながら覚える方法もある。たとえば江戸時代の三大改革の内容を覚えるとき，享保の改革は赤，寛政の改革は緑，天保の改革は黄色というふうに色を決め，チェックペンでぬり分けて覚える。すると，「“目安箱”は赤色でぬったから享保の改革」というように思い出すことができ，混同しにくくなる。ほかに三権分立の関係，生物の種類分け，季節と星座など，分類されたことがらを覚えるときもピッタリな方法といえるだろう。

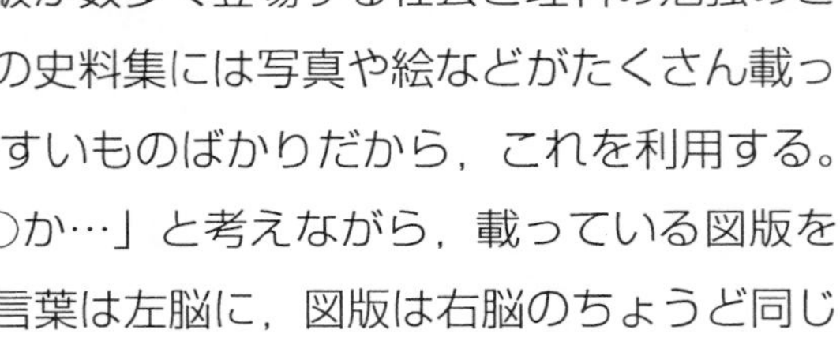

Dr.福井（福井《ふくい》一成《かずしげ》）…医学博士。開成中・高から東大・文Ⅱに入学後，再受験して翌年東大・理Ⅲに合格。同大医学部卒。さまざまな勉強法や脳科学に関する著書多数。

Memo

Memo

2022年度　豊島岡女子学園中学校

〔電　話〕 (03) 3983－８２６１
〔所在地〕 〒170-0013　東京都豊島区東池袋１－25－22
〔交　通〕 JR線・東京メトロ各線・私鉄各線－「池袋駅」より徒歩７分

【算　数】〈第１回試験〉 (50分) 〈満点：100点〉

(注意)　１．円周率は3.14とし，答えが比になる場合は，最も簡単な整数の比で答えなさい。
　　　　２．角すい・円すいの体積は，(底面積)×(高さ)÷3　で求めることができます。

1　次の各問いに答えなさい。

(1)　$4\frac{1}{6}-\left(2\frac{1}{3}-1.75\right)\times1\frac{1}{7}\div1.6$ を計算しなさい。

(2)　１以上216以下の整数のうち，216との公約数が１だけである整数は何個ありますか。

(3)　５％の食塩水60ｇと10％の食塩水60ｇと水を空《から》の容器に入れ，よくかき混ぜたところ，２％の食塩水になりました。容器に入れた水は何ｇでしたか。

(4)　２つの円Ａ，Ｂがあり，円Ｂの半径は円Ａの半径の1.4倍です。円Ａ，Ｂの円周の合計が75.36cm であるとき，円Ｂの半径は何cm ですか。

2　次の各問いに答えなさい。

(1)　コップを１個800円で何個か仕入れ，２割の利益を見込んで定価をつけて販売しました。しかし，全体の５％が売れ残ったため，利益は17920円でした。仕入れたコップは全部で何個でしたか。

(2)　ある仕事を２種類の機械ＡとＢで行います。この仕事を終わらせるのにＡを１台とＢを６台で行うと24分かかり，Ａを２台とＢを１台で行うと45分かかります。Ａを４台とＢを４台で行うとこの仕事を終わらせるのに何分かかりますか。

(3)　右の図のように，１辺の長さが４cm の正方形があり，点Ｅ，Ｆはそれぞれ辺 AD，DC の真ん中の点，点Ｇは直線 BF の真ん中の点です。また，点Ｈ，Ｉは直線 BE 上で BH：HI：IE＝2：1：1となる点，点Ｊ，Ｋは直線 EF 上で EJ：JK：KF＝2：1：1となる点です。このとき，色のついた部分の面積は何cm^2ですか。

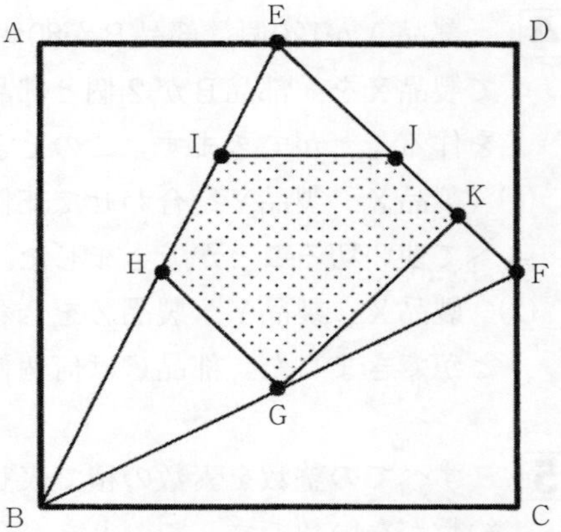

(4)　下の図のように，正三角形を６つ用いてできる立体 ABCDE があり，点Ｐ，Ｑ，Ｒはそれぞれ辺 AB，BC，CE の真ん中の点です。直線 PR と平面 BCD の交わる点をＳとするとき，点Ｄ，Ｓ，Ｑは一直線上に並びます。このとき，DS：SQ を答えなさい。

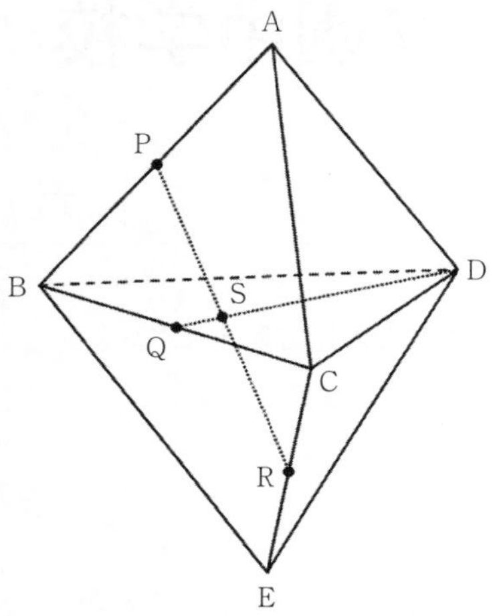

3　豊子さんは，学校から家まで下校するときはいつも，15時ちょうどに学校を出発し，一定の速さで歩いて15時30分に家に着きます。ある日，家にいた母が，15時10分に一定の速さで車で学校に向かいました。母は途《と》中で豊子さんと出会い，すぐに車に乗せ，行きと同じ速さで家に帰ったところ，家に着いた時刻は15時14分でした。このとき，次の各問いに答えなさい。

(1)　(豊子さんの歩く速さ)：(車の速さ)を答えなさい。

(2)　母が15時３分に家を出ていたとしたら，学校から342ｍの地点で２人は出会っていたそうです。このとき，家から学校までの距離《きょり》は何ｍですか。

4　部品Ａが120個，部品Ｂが80個，部品Ｃがたくさんあります。部品Ａが４個と部品Ｂが３個で製品Ｘを，部品Ｂが２個と部品Ｃが３個で製品Ｙを，部品Ａが２個と部品Ｃが４個で製品Ｚを作ることができます。このとき，次の各問いに答えなさい。

(1)　製品Ｘ，製品Ｙを合わせて35個作り，製品Ｚをいくつか作ったところ，部品Ａ，部品Ｂはすべて使い切ることができました。部品Ｃは何個使いましたか。

(2)　製品Ｘ，製品Ｙ，製品Ｚを合わせて65個作ったところ，部品Ａ，部品Ｂはすべて使い切ることができました。部品Ｃは何個使いましたか。

5　すべての整数を素数の積で表します。ただし，素数とは２以上の整数で，１とその数の他に約数がない数です。このとき，２または５のみで作られている数を以下のように小さい順に並べます。

２，４，５，８，10，16，20，25，32，…

例えば，200を素数の積で表すと $2\times2\times2\times5\times5$ となり，これは２または５のみで作られているので，200はこの数の並びの中に現れます。また，180を素数の積で表すと $2\times2\times3\times3\times5$ となり，この中には２または５以外の素数３が含まれているので，180はこの数の並びの中に現れません。このとき，次の各問いに答えなさい。

(1)　次の(ア)～(オ)の中で，この数の並びの中に現れる数をすべて選び記号で答えなさい。

(ア)　50　　(イ)　60　　(ウ)　70　　(エ)　80　　(オ)　90

(2)　この数の並びの中に300以下の数は何個ありますか。

(3)　この数の並びの中の２つの数A，Bに次のような関係があります。

$A-B=7392$

このとき，Bの値を１つ答えなさい。

6　＜図１＞のように，１辺の長さが８cmの立方体ABCD-EFGHがあり，点Mは辺ABの真ん中の点，点Pは辺BC上でBP：PC＝1：3となる点，点Qは辺DC上でDQ：QC＝1：3となる点，点Rは辺GC上でGR：RC＝1：3となる点です。＜図２＞は，立方体ABCD-EFGHから，辺PC，辺QC，辺RCを３辺とする立方体を切り取った図形です。このとき，次の各問いに答えなさい。

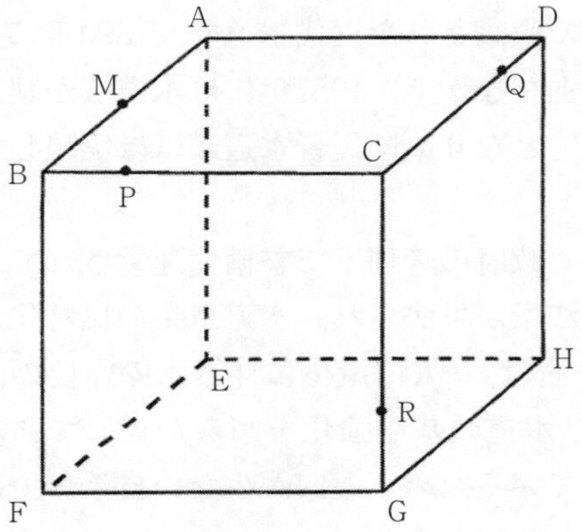

＜図１＞

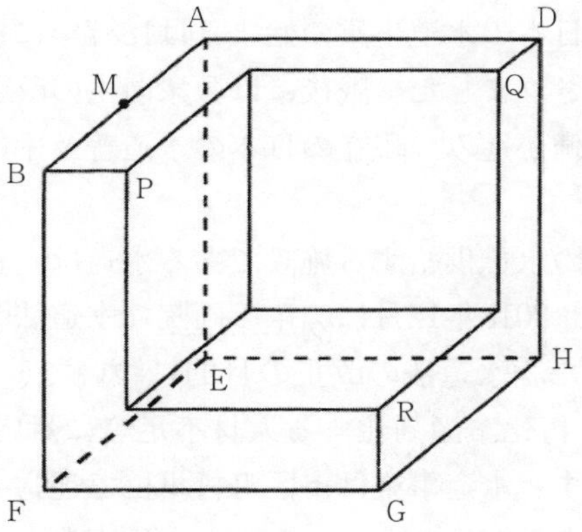

＜図２＞

(1)　＜図２＞の立体を３点A，F，Gを通る面で切断したとき，点Eを含む立体の体積は何cm^{3}ですか。

(2)　＜図２＞の立体を３点M，F，Hを通る面で切断したとき，点Eを含む立体の体積は何cm^{3}ですか。

(3)　＜図２＞の立体を３点M，D，Fを通る面で切断したとき，点Eを含む立体の体積は何cm^{3}ですか。

【社　会】〈第１回試験〉（理科と合わせて50分）〈満点：50点〉

〈編集部注：実物の入試問題では，**2**の２つのグラフと地形図はカラー印刷です。〉

1　**次の文章を読んで問いに答えなさい。**

人間の体はそのほとんどが水でできています。子どもで体重の約70パーセント(％)，成人では約65％が水分であるといわれています。しかし，地球上に存在する水のうち，97.5％を占《し》めるのが海水で，飲み水や生活用水として利用できる淡水《たんすい》はたった2.5％ほどです。しかも人間が実際に取水して利用できるのは，(ア)地中のごく浅い所にある地下水か，(イ)川，湖，沼《ぬま》など地表にあるものだけで，これは，地球全体の水の0.02％程度の量にすぎません。ですから，古来より水の確保は人類にとって最優先の事柄《ことがら》でした。

多摩の羽村から四谷までつながる玉川上水は(ウ)17世紀に築かれ，江戸市中へ飲料水を供給していました。その一部区間は，現在でも(エ)東京都水道局の現役の水道施設《しせつ》として活用されています。(オ)近代日本の水道事業の始まりは1887年に横浜で敷設《ふせつ》された近代水道で，1890年に(カ)水道条例が制定されました。戦後には公衆衛生の改善が進むなかで，1957年には水道法が制定されて水道の整備が進み，現在の日本の水道普及《ふきゅう》率は98％となり(キ)国民皆水道《こくみんかいすいどう》がほぼ実現しています。

生活のための水を供給する施設である水道は，長らく政府の管理下で整備・運営されてきました。しかし，2018年12月に(ク)衆参両院で水道法改正法案が可決され，水道事業の民営化が可能となりました。水道法の改正の目的について（　**ケ**　）省は，「人口減少に伴《ともな》う水の需要《じゅよう》の減少，水道施設の老朽《ろうきゅう》化，深刻化する人材不足等に対応し，水道の基盤《きばん》強化を図るため」であると説明しています。水道事業は市区町村単位で運営されているため，人口が少ない自治体では水道を管理する人手が足りなかったり，水道事業が大きな負担となっていたりすることも少なくありません。水道料金がとても高くなってしまった自治体もあります。そのため，もっと広い範囲《はんい》で水道事業を運営できるようにしたり，民間企業《きぎょう》による競争を取り入れたりすることで，水道事業の抱《かか》える課題に対応し，水道環境《かんきょう》を維持《いじ》していこうというわけです。

水道法の改正を受けて，水道事業の運営権を民間に売却《ばいきゃく》する議案が可決された自治体もあります。しかし，水道事業の民営化による水質の悪化や料金の大幅《おおはば》な値上げへの不安を訴《うった》える声もあり，1990年代に水道事業を民営化したフランスやドイツなどが近年になって再公営化している事例を挙げて，民営化に反対する意見もあります。そのようななかで，岩手県矢巾《やはば》町では住民参画の水道サポーター制度を発足させ，住民と職員とで意見を重ねながら水道事業にあたっています。彼らは今の水質を維持し，未来の子どもたちに安全な水道を残すためにこのような決断に至ったということです。(コ)一般《いっぱん》の人々が自治体とともに水道事業に参画するという動きは，民営化とはまた違《ちが》った選択肢《せんたくし》といえるでしょう。

(サ)水道は私たちが生きていくためになくてはならないものです。今後どのような形であっても，安全な水を安定的に供給していくことが求められています。私たちの命の水を守っていくために水道事業はどうあるべきか，皆《みな》が考え，話し合っていかなければなりません。

問１．下線部(ア)について，地下水を生活用水などに利用するために，おもに地面に垂直な穴を掘《ほ》って作る，水を得るための設備を何といいますか，漢字２字で答えなさい。

問２．下線部(イ)について，流域が一つの県のみで他県にまたがっていない河川を，次から一つ選び番号で答えなさい。

１．北上川　　２．神通川　　３．利根川　　４．長良川　　５．最上川

問３．下線部(ウ)に関連して，同じころに江戸の市街地では，広い道路や空き地が作られました。これはある災害《さいがい》に関連して作られたものですが，そのような場所が作られた目的を，20字以内で説明しなさい。

問４．下線部(エ)について述べた次の文のうち，**あやまっているもの**を一つ選び番号で答えなさい。

１．衆議院議員選挙における小選挙区の数は，47都道府県のうちで最も多い。

２．生活に便利な街なので人口が集中しているが，2021年には人口が減少した月もみられた。

３．西部は山地や丘陵《りょう》地が多く，東部は台地や低地が多い。

４．都庁がある千代田区には，行政機関，金融《きんゆう》機関や大企業《きぎょう》の本社などが集中している。

問５．下線部(オ)について，日本の近代化は江戸時代の終わりごろから始まっていましたが，そのころの状況《じょうきょう》について説明した次の文のうち，正しいものを一つ選び番号で答えなさい。

１．ペリーが来航して開国を求めたため，日本はその翌年に日米修好通商条約を締結《ていけつ》してアメリカとの貿易を開始した。

２．吉田松陰らを処罰《しょばつ》した安政の大獄《たいごく》を行った井伊直弼は，桜田門外の変によって水戸藩出身の浪人たちに暗殺された。

３．尊王攘夷《そんのうじょうい》の考えを持っていた薩摩藩は，下関海峡《かいきょう》を通る外国船を砲撃《ほうげき》してイギリスとの戦争につながった。

４．鳥羽・伏見の戦いで敗れた徳川慶喜は，薩長両藩からの批判をかわすために朝廷に対して大政奉還を行った。

問６．下線部(カ)は現在の条例とは異なり元老院でその審議《しんぎ》が行われました。これに対して，日本国憲法下における現在の条例について説明した次の文のうち，最も適切なものを一つ選び番号で答えなさい。

１．内閣の閣議決定により制定されるもので，法律の範囲《はんい》内で定めることができる。

２．特定の地方公共団体にのみ適用されるもので，衆参両院で可決した後に住民投票での賛成を経て制定される。

３．地方公共団体が各地域の抱《かか》える課題に対応するため，地方議会において制定される。

４．国家間や国家と国際機関との約束事を文書化したもので，法的拘束《こうそく》力を持つ。

問７．下線部(キ)に関連して，「国民皆《こくみんかい》○○」とは，すべての国民がその制度を利用可能となっている状態を表していますが，このような状態になっているといえる制度を，次から**二つ**選び番号で答えなさい。

１．育児休業手当　　２．健康保険　　３．国民年金

４．雇用《こよう》保険　　５．児童手当

問８．下線部(ク)について述べた次の文のうち，正しいものを一つ選び番号で答えなさい。

１．法律案について，衆参両院の議決が異なり，両院協議会でも合意が得られない場合は，衆議院の議決が国会の議決となる。

２．最高裁判所の裁判官は，任命後の衆議院議員総選挙または参議院議員選挙の際に，国民により審査《しんさ》される。

３．衆参両院の議員の定数は法律によって定められているので，定数変更の際に憲法の改正は必要ない。

４．内閣不信任の決議権は衆議院のみに付与《ふよ》されているが，参議院には法的拘束力のある内閣問責決議権がある。

問９．空らん(ケ)にあてはまる語句を漢字で答えなさい。

問10．下線部(コ)のように，一般《いっぱん》市民の意見を統治に取り入れる制度の一つに裁判員制度があります。裁判員裁判が行われる裁判所を，次から一つ選び番号で答えなさい。

１．簡易裁判所　　２．高等裁判所　　３．最高裁判所

４．地方裁判所　　５．特別裁判所

問11．下線部(サ)について，飲み水が私たちのところに来るまでに，次の１～４の過程をすべて通るとしたら一般にどのような順番になりますか，番号で答えなさい。

１．浄水《じょうすい》場　　２．水源林　　３．ダム　　４．取水施設《しせつ》(取水堰《せき》・取水塔《とう》)

2　**次の問いに答えなさい。**

問１．大雨が降った時に発生する可能性のある災害《さいがい》として，**適切でないもの**を次から**二つ**選び番号で答えなさい。

１．液状化現象　　２．がけ崩《くず》れ　　３．洪水《こうずい》　　４．津波　　５．土石流

問２．次のグラフは１年間の東京中央卸売《おろしうり》市場におけるレタスの月別入荷先(2020年)を示したものです。このグラフから推定されるレタスの栽培《さいばい》適温(℃)として，最も適切なものを下から一つ選び番号で答えなさい。

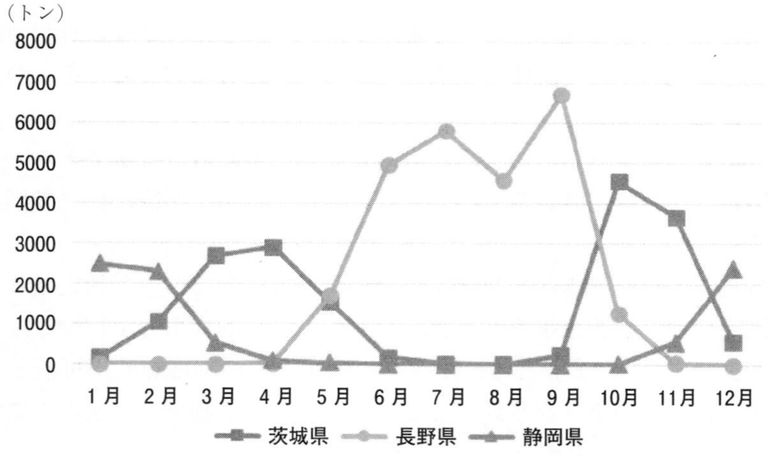

(東京都中央卸売市場「市場統計情報」より作成)

１．０℃未満　　２．５℃～10℃　　３．15℃～20℃　　４．25℃～30℃

問３．次のページの地図中の**あ**～**う**の地域は，いずれも稲作があまり行われていない地域ですが，その要因としてそれぞれの地域に特徴的《とくちょうてき》な土・岩石が分布していることがあげられます。その組み合わせとして，最も適切なものを次の表の１～６から選び番号で答えなさい。

	1	2	3	4	5	6
火山灰土	あ	あ	い	い	う	う
石灰岩	い	う	あ	う	あ	い
泥炭《でいたん》	う	い	う	あ	い	あ

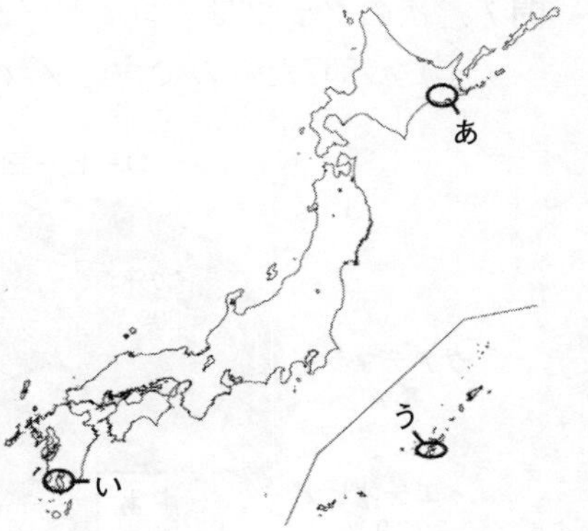

問４．次の表は都府県別の国宝の指定件数(2021年９月１日時点)です。国宝は美術工芸品と建造物に分けられ，表中の**１**～**４**は，大阪府，京都府，東京都，奈良県のいずれかです。このうち，東京都にあたるものを選び番号で答えなさい。

	1	2	3	4
美術工芸品	281	185	142	57
建造物(棟《とう》数)	2	73	71	8

(文化庁ホームページより作成)

問５．鉄鋼の主な原料は鉄鉱石，コークス，石灰石です。このうちコークスは，ある鉱産資源を加工して作られるものですが，その資源の名称を答えなさい。

問６．次の図は，国土地理院発行２万５千分の１地形図「砂川」の一部です。図中の砂川遊水地は，石狩川の洪水《こうずい》を防ぐための工事の結果，石狩川から切り離《はな》されることで生まれたある地形を利用して作られました。その地形を何といいますか，漢字で答えなさい。

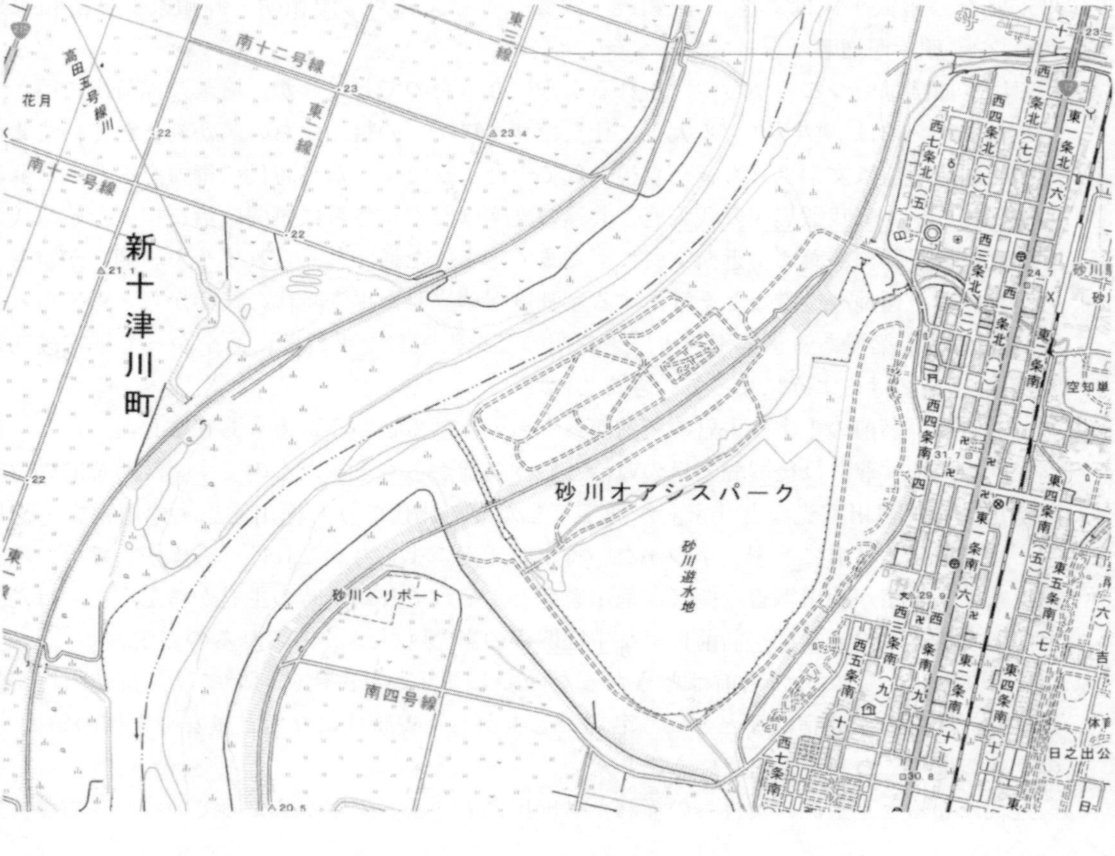

問７．次のグラフは，コーヒー豆と衣類における日本の輸入金額の貿易相手国ごとの割合(2019年)を示したものです。グラフの**あ**にあてはまる国を，下から選び番号で答えなさい。

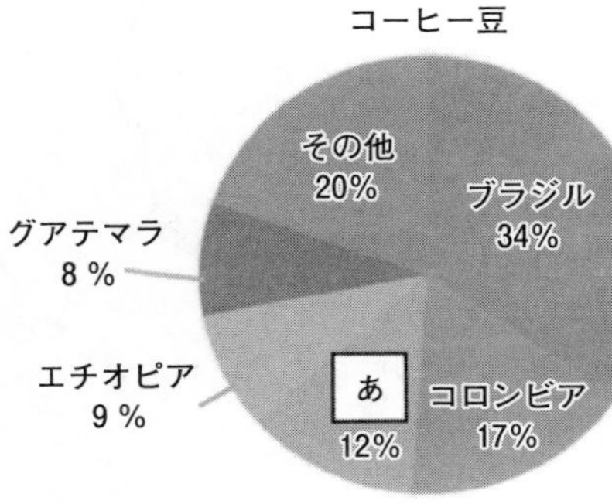

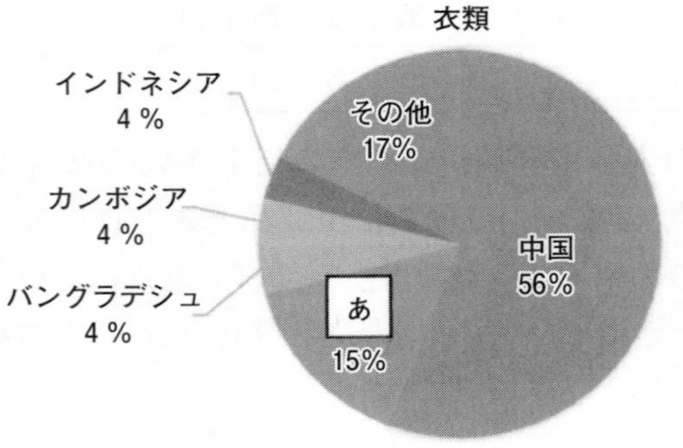

(『データブック オブ・ザ・ワールド 2021』より作成)

１．アメリカ　　２．イタリア　　３．エジプト　　４．ベトナム　　５．メキシコ

３　**次の文章を読んで問いに答えなさい。**

承久の乱で勝利したのは北条義時，御成敗式目を制定したのは北条泰時，蒙古襲来《しゅうらい》で御家人をまとめたのは北条時宗と，鎌倉時代に権力を握《にぎ》った北条氏の人物は，「時」の字が名前につけられています。このように，一族で代々名前に継承《けいしょう》していく文字を通字(とおりじ・つうじ)といいます。日本の歴史を振《ふ》り返ると，こうした例はほかにも多くみられます。平清盛・平重盛など桓武平氏は「盛」，源頼義・源義家・源義経や(ア)源頼朝・源頼家など清和源氏は「義」や「頼」が通字となっています。

では，通字はいつごろからつけられるようになったのでしょうか。埼玉県稲荷山古墳から発見された鉄剣には，ワカタケル大王に仕えた「ヲワケ」の祖先たちの名が刻まれていますが，この時期の名前は文字よりも音が重視されていたようです。飛鳥時代に権力を振《ふ》るった蘇我氏も(イ)蘇我馬子・蘇我蝦夷・蘇我入鹿と共通の文字はなく，さらに摂関政治を担った藤原氏は，その直系の子孫にあたる(ウ)近衛文麿《このえ ふみまろ》に至るまで定まった通字はみられません。通字が定着していったのは，領地や役職などを継承する家制度が確立した平安時代の後半からと考えられていて，武家の棟梁《とうりょう》である桓武平氏も，平将門の乱を鎮圧《ちんあつ》した平貞盛にあやかって平安後期から「盛」の字をつけるようになっていきました。

ところで，名前の１字は主君の名前からもらいうけるという習慣もありました。たとえば，(エ)足利尊氏の「尊」は後醍醐天皇の尊治《たかはる》という名前からもらったものです。江戸幕府の将軍家は徳川家康・徳川家光など「家」が通字でしたが，15代のうち徳川秀忠・徳川綱吉・徳川吉宗・徳川慶喜と名前に「家」がつかない将軍が４人いました。これは，秀忠が(**オ**)，綱吉が徳川家綱，吉宗が徳川綱吉，慶喜が徳川家慶と，それぞれ幼少時の主君から１字をつけたものだからです。このように，名前には(カ)主従関係の影響《えいきょう》も大きくみられるのです。

これに対し，(キ)女性の名前はどうだったのでしょうか。古代においては，持統天皇が鸕野《うのの》讃良《さらら》，光明皇后が安宿媛《あすかべひめ》などという名前でしたが，平安時代になると皇女や貴族の娘《むすめ》に「子」の字をつけることが定着していきました。

近代になると，上流の女性への憧《あこが》れから庶民《しょみん》にも「子」の字が広まっていった一方で，男性の通字はあまり目立たなくなりました。さらに現在は，男性の通字や女性の「子」は減少し，名前も多様化しています。これは，戦後になって家制度や主従関係が急激に薄《うす》まっていったことも影響《えいきょう》しているのでしょう。このように，名前は社会の状況《じょうきょう》を反映するものでもあります。将来は，どのような社会となり，どのような名前が使われているのでしょうか。

問１．下線部(ア)と同じ時に平家打倒《だとう》の兵を挙げた源義仲は，育った地にちなんで□□義仲とも呼ばれています。□□にあてはまる地名を漢字２字で答えなさい。

問２．下線部(イ)の人々が生きていた時期について説明した次の文のうち，**あやまっているもの**を一つ選び番号で答えなさい。

１．冠位十二階や憲法十七条が定められた。

２．遣唐使がはじめて派遣《はけん》された。

３．戸籍に基づいて民衆に土地を配分するようになった。

４．四天王寺や法隆寺などの寺院が建立された。

問３．下線部(ウ)は太平洋戦争の直前まで首相をつとめた人物ですが，日中戦争開戦から太平洋戦争開戦までの時期のことについて説明した次の文のうち，**あやまっているもの**を一つ選び番号で答えなさい。

１．アメリカは，ドイツと同盟を結んだ日本がインドシナ半島へ進出したことを批判し，日本へ石油などの輸出を禁止した。

２．国の方針に協力する大政翼賛会《たいせいよくさんかい》が結成され，選挙で立憲政友会などの他の政党に勝利して一党独裁となった。

３．国家総動員法を定め，議会の承認がなくても天皇の命令によって戦争に必要な物資や人を動員できるようにした。

４．日本は中国の首都であった南京を占領《せんりょう》したが，アメリカの参戦を期待する中国は抵抗《ていこう》を続けて日中戦争は長期化した。

問４．下線部(エ)について，後醍醐天皇の倒幕の呼びかけに応じた足利尊氏が攻め落とした京都の組織（役所）を何といいますか，漢字で答えなさい。

問５．空らん（**オ**）にあてはまる人物の氏名を漢字で答えなさい。

問６．下線部(カ)について説明した次の文を，時代の古い順に並べ替《か》えて番号で答えなさい。

１．家臣が主君を倒す事件が起こるなど下剋上《げこくじょう》の風潮が強まり，全国的な戦乱が長期にわたって続いた。

２．幕府と大名との主従関係を維持《いじ》するために参勤交代の制度を定めて，大名を領地と幕府所在地との間で往復させた。

３．東国を中心に将軍と主従関係を結んだ武士は御家人と呼ばれ，各地の地頭に任じられ，先祖伝来の土地を守った。

４．天皇家が分裂《ぶんれつ》して同時に二人の天皇が存在し，各地で対立していた武士がそれぞれに結びついて争った。

問７．下線部(キ)に関連して，歴史上の女性について説明した次の文のうち，正しいものを一つ選び番号で答えなさい。

１．天皇の后《きさき》となった紫式部は，現代でも高い評価を受けている仮名文学を著《あらわ》した。

２．将軍の妻であった北条政子は，朝廷との戦いで武士たちをまとめた。

3．戦国時代の出雲の阿国は，人形《にんぎょう》浄瑠璃《じょうるり》の芸能を創始した。

4．津田梅子は，雑誌『青鞜《せいとう》』を発刊して女子教育に力を注いだ。

【理　科】〈第１回試験〉（社会と合わせて50分）〈満点：50点〉

1　以下の問いに答えなさい。

図１のような側面に穴の開いた容器があります。容器には厚さの無視できる仕切りがあり，仕切りの下側には10cm のすき間があります。また，穴が開いていない側の上面からは，液体を注ぐことができるようになっています。ただし，水の密度（１cm^3あたりの重さ）を１g/cm^3，油の密度を0.8g/cm^3とします。

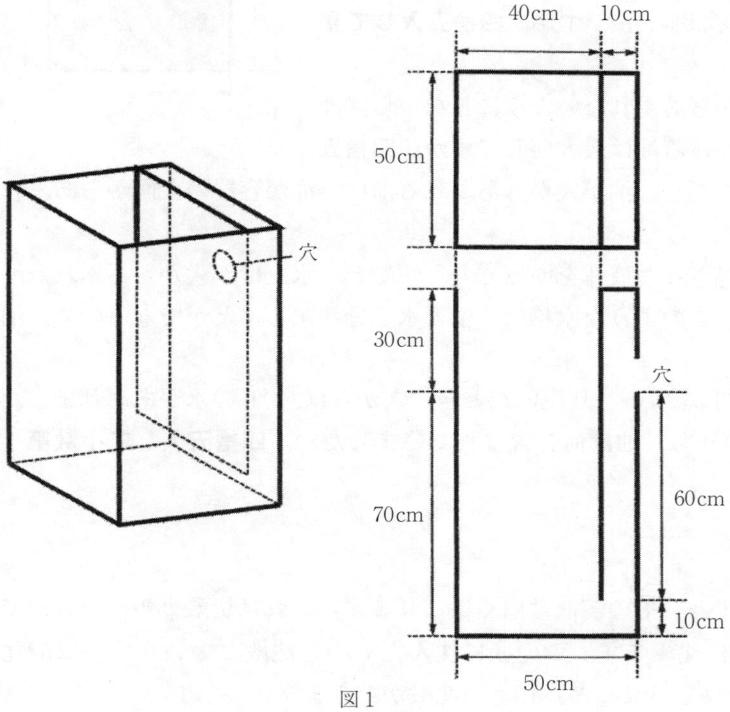

図１

(1)　水が穴からあふれないようにいっぱいに注いだとき，図２のようになりました。このとき注いだ水は何Lですか。**四捨五入して整数で求めなさい。**

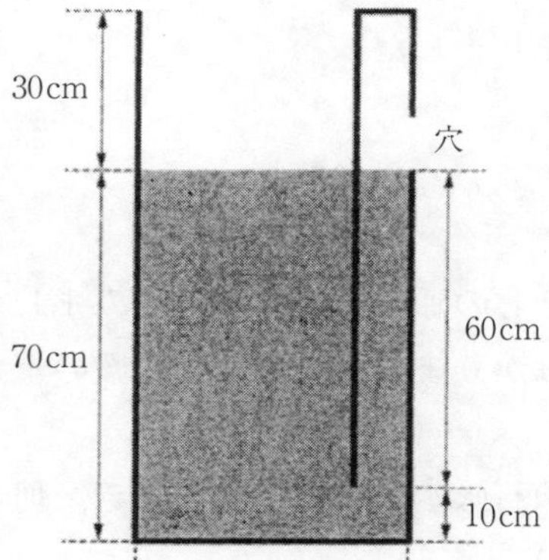

図２

図２の状態から油を容器にゆっくりと注ぐと，容器の穴から水があふれ，図３のようになりました。このとき，油には，おしのけてあふれた水の重さと同じ大きさの浮力《ふりょく》がはたらきます。

(2) ある量の油をゆっくり注いだとき，穴からは48Ｌの水があふれました。注いだ油は何Ｌですか。**四捨五入して整数で求めなさい。**

(3) (2)のとき，容器の底から測った油面の高さXは70cmよりも大きくなります。この高さXは何cmですか。**四捨五入して整数で求めなさい。**

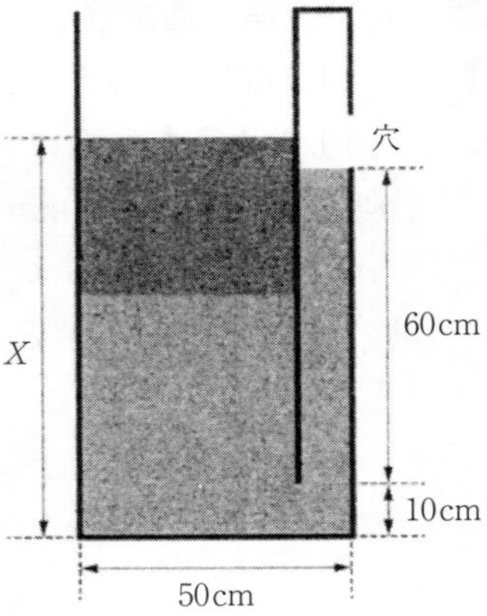

図３

(4) 図２の状態から，油が穴からあふれないようにしながら，油をゆっくりと注ぎました。注げる油は最大何Ｌですか。**四捨五入して整数で求めなさい。**ただし，油が穴からあふれる前に，油が容器の上面からあふれることはありません。

図２の状態から水と油が混ざった液体をゆっくりと注ぐと，水だけが穴からあふれ，油と水を分《ぶん》離《り》することができます。このような水槽《すいそう》は，油と水を分離することができるので，油《ゆ》水分《すいぶん》離《り》槽《そう》といいます。

(5) 油と水が混ざった液体250Ｌをゆっくり注いだとき，穴からは240Ｌの水があふれました。油と水が混ざった液体250Ｌのうち，油は何Ｌ含《ふく》まれていましたか。**四捨五入して小数第１位まで求めなさい。**

2 以下の問いに答えなさい。

二酸化炭素を石灰水に通すと，その溶液は白くにごります。これは炭酸カルシウムができたためで，しばらくすると底に沈《しず》みます。この底に沈んだものを沈殿《ちんでん》といいます。二酸化炭素2.4Ｌを十分な量の石灰水と反応させると，10ｇの沈殿ができます。

沈殿の量から呼気(ヒトが口からはく息)に含まれる二酸化炭素の割合を調べるために，次の実験をしました。

実験１：二酸化炭素を石灰水に吹《ふ》きこむと，一部が逃げましたが，残りは沈殿になりました。沈殿をろ過によって取り出し，よく乾《かわ》かして重さをはかりました。吹きこんだ二酸化炭素の体積とできた沈殿の重さの関係は，次のようになりました。

吹きこんだ 二酸化炭素の体積〔Ｌ〕	0.5	0.8	1.2	1.5	2
沈殿の重さ〔ｇ〕	1.25	2	3	3.75	5

実験２：息を１回はくと２Ｌはき出されました。石灰水に２Ｌの呼気を３回吹きこみました。沈殿をろ過によって取り出し，よく乾かして重さをはかりました。できた沈殿の重さは0.55ｇでした。

(1) 二酸化炭素１Ｌをどこにも逃げないようにして十分な量の石灰水と反応させたとき，何ｇの沈殿ができますか。**四捨五入して小数第１位まで求めなさい。**

(2) 実験１より，二酸化炭素１Ｌを石灰水に吹きこんだときに逃げる二酸化炭素は何Ｌと考えられますか。**四捨五入して小数第１位まで求めなさい。**

(3)　呼気全体の体積に対して，二酸化炭素の体積の割合は何％ですか。**四捨五入して小数第１位まで求めなさい**。ただし，呼気を石灰水に吹きこむとき，二酸化炭素の一部は逃げ，その割合は実験１と同じとします。

(4)　次の①～③のような誤った操作をした場合，(3)で求めたものはどうなりますか。以下の**あ**～**う**からそれぞれ１つずつ選び，記号で答えなさい。ただし，それぞれの誤った操作以外は正しく操作したものとします。

①　実験２で，沈殿をろ過によって取り出すとき，沈殿はよく乾いていたが，ろ紙に沈殿を残したまま重さをはかってしまった。

②　実験２で，１回で息を２Ｌはいたのに，1.6Ｌはいたと記録してしまい，その数字で計算した。

③　実験１で，石灰水の量が十分ではなく，次のようになってしまった。

吹きこんだ 二酸化炭素の体積〔L〕	0.5	0.8	1.2	1.5	2
沈殿の重さ〔g〕	1.25	2	3	3	3

実験２では，石灰水の量が十分だったので，できた沈殿の重さは0.55ｇで変わらなかった。

あ．大きくなる　　**い**．小さくなる　　**う**．変わらない

3

豊子さんは，夏になるとよく蚊《か》に刺《さ》されます。今年の夏は，蚊に刺されないよう，自由研究で蚊について調べてみました。

蚊は，いろいろな感染症《かんせんしょう》をもたらす昆虫《こんちゅう》で，その代表的な例として，日本脳炎《のうえん》，ウエストナイル熱，デング熱などがあげられます。日本脳炎はブタから蚊を介《かい》してヒトへ，ウエストナイル熱は鳥から蚊を介してヒトへ，デング熱はヒトから蚊を介してヒトへ感染します。

二酸化炭素の排出量《はいしゅつりょう》の多いヒト，体臭《たいしゅう》の強いヒト，体温の高いヒトは，蚊に刺されやすいといわれています。蚊はふだん，花のみつや果汁《かじゅう》などを食物としていますが，産卵前のメスは吸血もします。よく見かける蚊としては，アカイエカ，ヒトスジシマカがいます。その２種の生態をまとめて表にしました。

	活動期間	活動時間	活動気温〔℃〕	飛行可能距離《きょり》	冬ごし
アカイエカ	４月～11月	夜間	20～30	200ｍ～１km	成虫
ヒトスジシマカ	５月～11月	昼間 （朝・夕）	25～30	数ｍ	卵

(1)　蚊に関する特徴《とくちょう》として，最も適当なものを次の**あ**～**か**から１つ選び，記号で答えなさい。

あ．蚊は，ハエと同じで２枚のはねを持ち，さなぎはオニボウフラと呼ばれ，不完全変態をする昆虫である。

い．蚊は，アブと同じで２枚のはねを持ち，幼虫はオニボウフラと呼ばれ，不完全変態をする昆虫である。

う．蚊は，ハチと同じで４枚のはねを持ち，さなぎはオニボウフラと呼ばれ，完全変態をする昆虫である。

え．蚊は，アブと同じで２枚のはねを持ち，さなぎはボウフラと呼ばれ，完全変態をする昆虫

である。

お．蚊は，ハエと同じで２枚のはねを持ち，幼虫はボウフラと呼ばれ，完全変態をする昆虫である。

か．蚊は，ハチと同じで４枚のはねを持ち，幼虫はボウフラと呼ばれ，不完全変態をする昆虫である。

(2)　下線部の感染症以外の「蚊を介した感染症」を次の**あ**～**え**から１つ選び，記号で答えなさい。

あ．ペスト　　**い**．マラリア　　**う**．インフルエンザ　　**え**．結核《けっかく》

(3)　ヒトの活動を考えると，蚊に刺されやすいのはどのようなときですか。次の**あ**～**え**から最も適当なものを１つ選び，記号で答えなさい。

あ．起床後《きしょうご》　　**い**．食事前　　**う**．運動後　　**え**．就寝前《しゅうしんまえ》

(4)　上の表の活動期間を見ると，２種とも春から秋にかけて活動しますが，アカイエカの方が１カ月ほど早く活動を開始します。その理由として適当と考えられるものを次の**あ**～**え**から**２つ**選び，記号で答えなさい。

あ．アカイエカの活動時間が夜間だから。

い．アカイエカの活動気温の最低温度が，ヒトスジシマカより低いから。

う．アカイエカの飛行可能距離がヒトスジシマカより長いから。

え．ヒトスジシマカは卵で冬ごしをするのに対して，アカイエカは成虫で冬ごしするから。

(5)　次の**あ**～**か**のうち，**下線部が誤っている**ものを**３つ**選び，記号で答えなさい。

あ．日本には約110種の蚊が記録されている。温暖化の影響《えいきょう》により，ヒトスジシマカは分布を南へ広げている。

い．蚊の吸った血から，吸血していた動物を調べた研究がある。ある種類の蚊が吸血する動物の種類は，１種類とは限らない。

う．ヒトスジシマカは土の中に卵を産む。よって，公園や広場にある空き缶やペットボトル，古タイヤなどが放置されないように注意すると，幼虫の発生を防ぐことができる。

え．メスの蚊を解剖《かいぼう》して産卵回数を調べることができる。産卵の回数が多いほど，伝染病のヒトに伝わる危険が小さくなる。

お．殺虫剤の効き方を実験するため，蚊の飼育をしている会社がある。実験では殺虫剤の効き方が体重の差によって変わらないように均一な蚊をたくさん用意して行う。

か．蚊を飼育するために，エサとしては食塩水よりも砂糖水を与えた方がよい。

4　地球は季節によって太陽光の当たり方が異なります。そのため，季節によるさまざまな違《ちが》いが現れます。以下の問いに答えなさい。

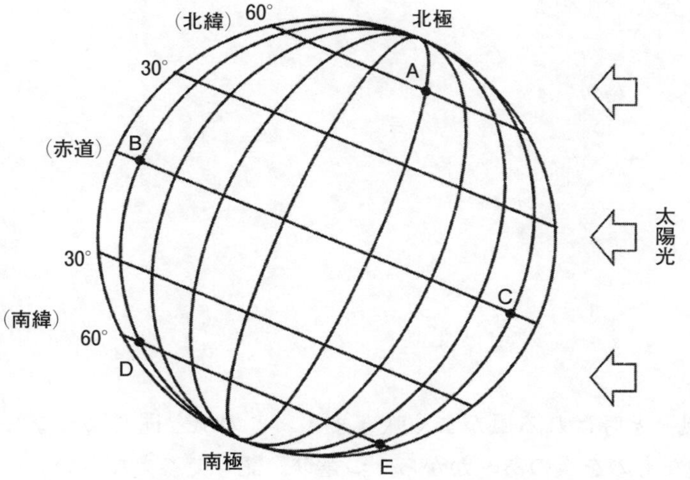

図１

(1)　図１で，Ａ～Ｅの地点の夜の長さを比べるとどうなりますか。次の**あ**～**か**から１つ選び，記号で答えなさい。ただし，Ａ＞Ｂ＝Ｃは，Ａの地点の夜の長さが最も長く，Ｂの地点とＣの地点の夜の長さは同じであることを示しています。

あ．Ａ＝Ｂ＝Ｃ＝Ｄ＝Ｅ　　**い**．Ｂ＝Ｃ＞Ａ＝Ｄ＝Ｅ

う．Ａ＝Ｄ＝Ｅ＞Ｂ＝Ｃ　　**え**．Ａ＞Ｂ＝Ｃ＞Ｄ＝Ｅ

お．Ｄ＝Ｅ＞Ｂ＝Ｃ＞Ａ　　**か**．Ｂ＝Ｄ＞Ａ＞Ｅ＞Ｃ

(2)　図１の季節から半年後，ＢとＤの地点で日の出の時刻が早いのはどちらですか。**あ**～**う**から１つ選び，記号で答えなさい。

あ．Ｂのほうが早い　　**い**．Ｄのほうが早い　　**う**．ＢとＤはほぼ同じ

(3)　赤道上のＣ地点について説明した，次の**あ**～**か**の文から**誤っている**ものを**２つ**選び，記号で答えなさい。

あ．日本における春分のとき，Ｃでは真東から太陽が昇《のぼ》る。

い．日本における夏至のとき，Ｃでは真東より北寄りから太陽が昇る。

う．日本における冬至のとき，Ｃでは真西より北寄りに太陽が沈《しず》む。

え．日本における夏至のとき，Ｃでは太陽が最も高い位置にきたときの高度は90°より低い。

お．日本における春分のとき，Ｃでは太陽が最も高い位置にきたとき，地面に垂直に立てた棒のかげができない。

か．日本における春分から夏至にかけて，Ｃでは昼の長さが長くなる。

(4)　日本の冬では「北西の季節風」と呼ばれる風がよく吹《ふ》きます。この風に関係することについて，適する文の組み合わせとして最も適当なものを以下の表の**あ**～**く**から１つ選び，記号で答えなさい。

ア　シベリア大陸の温度が太平洋の温度に比べて下がりやすい

イ　シベリア大陸の温度が太平洋の温度に比べて下がりにくい

ウ　大陸上の空気が上昇《じょうしょう》する(上昇気流になる)

エ　大陸上の空気が下降する(下降気流になる)

オ　シベリア大陸から太平洋へ空気が流れる

カ　太平洋からシベリア大陸へ空気が流れる

解答する記号	適する文		
あ	ア	ウ	オ
い	ア	ウ	カ
う	ア	エ	オ
え	ア	エ	カ
お	イ	ウ	オ
か	イ	ウ	カ
き	イ	エ	オ
く	イ	エ	カ

(5)　日本の夏では「南東の季節風」と呼ばれる風がよく吹きます。この風と同じようなしくみ(原理)で吹く風として最も適当なものを次の**あ**～**か**から１つ選び，記号で答えなさい。

あ．朝夕に吹く海風　　**い**．朝夕に吹く陸風

う．昼間に吹く海風　　**え**．昼間に吹く陸風

お．夜間に吹く海風　　**か**．夜間に吹く陸風

(6)　気温や気圧のように気象を表現するためのさまざまな要素を気象要素といいます。次の①～③の気象要素について，最も適当な単位を下の**あ**～**お**から１つずつ選び，記号で答えなさい。

〔気象要素〕

①　気圧　　②　降水量　　③　風速

〔単位〕

あ．%(パーセント)　　**い**．hPa(ヘクトパスカル)

う．mm(ミリメートル)　　**え**．m/秒(メートル毎秒)

お．単位なし

の高まりを表現している。

オ　終末部で、再び足取りを速めて「わたし」の前を歩く菊池《きくいけ》さんの描写《びょうしゃ》には、菊池《きくいけ》さんが「わたし」をほめることの照れくささや、顔を見られることの恥《は》ずかしさから話を変えようとする様子が表現されている。

問七　――線⑨「我ながら間抜《まぬ》けな返事をしてしまった」とありますが、この時の御蔵《みくら》さんについての説明として最も適当なものを次のア～オの中から一つ選び、記号で答えなさい。

ア　不器用ながらも菊池《きくいけ》さんが自分への思いを伝えてくれ、より彼女《かのじょ》と親密になれたことに驚《おどろ》いている。

イ　自分の才能に気が付けなかったことに半ば呆《あき》れつつ、菊池《きくいけ》さんが自分をよく見てくれていて、驚《おどろ》いている。

ウ　ストーリー展開や描写《びょうしゃ》の妙《みょう》を生き生きと伝える菊池《きくいけ》さんの姿に、自分と相容《あいい》れないものを感じ、驚《おどろ》いている。

エ　まさか自分が書いた物語を菊池《きくいけ》さんが読んでくれ、そのうえ評価もしてくれているとは思わず、驚《おどろ》いている。

オ　菊池《きくいけ》さんとのやりとりを通して、自分の感じていた怖《こわ》さが薄《うす》らいでいることに気づき驚《おどろ》いている。

問八　御蔵《みくら》さんの目には菊池《きくいけ》さんはどのように映っていますか。御蔵《みくら》さんから見た菊池《きくいけ》さんの人物像に触《ふ》れながら、六〇字以内で説明しなさい。

えたものとして適当なものを次のア～カの中から二つ選び、記号で答えなさい。ただし、解答の順番は問いません。

ア　生徒A　――線②の「目を細めた」は、御蔵《みくら》さんが持っている鳥への知識量に対して、菊池《きくいけ》さんが驚《おどろ》く様子を表しているね。御蔵《みくら》さんみたいな友達が近くにいたら、学校生活も楽しくなりそう。

イ　生徒B　――線③の「笑った」は、鳥が必死に自分の子を守っているときの様子をおもしろおかしく感じて笑っているわけだけど、ここはちょっとくすっと笑ってしまう場面なのかな。

ウ　生徒C　「笑い」を通して親密な関係になっていくことがうかがえるな。――線⑤「背中が温かい」のは窓から光を受けたからだけでなく、御蔵《みくら》さんの心が解きほぐされていくことも表していると思う。

エ　生徒D　――線⑥の「あはっ」は、エサを取り合う鳥たちの多様なふるまいを見て、菊池《きくいけ》さんが思わずこらえられなくなった笑いだね。生き物たちが時として意外なふるまいをすることってある気がする。

オ　生徒E　御蔵《みくら》さんは、人が見過ごしがちな鳥の生態に興味を持ってよく観察しているね。菊池《きくいけ》さんが御蔵《みくら》さんのこの独特なありようを好意的にとらえておもしろがったのが、――線⑦の「あははは」だと思う。

カ　生徒F　御蔵《みくら》さんは、初めて目にした菊池《きくいけ》さんの笑う姿を――線⑧「柔《やわ》らかくてかわいらしかった」と評しているけれど、ここで菊池《きくいけ》さんへの憧《あこが》れが恋心に切り替《か》わったことが見て取れると思う。

問五　――線④「やっぱりだね」とありますが、菊池《きくいけ》さんはなぜここでこのように述べているのですか。その説明として最も適当なものを次のア～オの中から一つ選び、記号で答えなさい。

ア　御蔵《みくら》さんの書いた『森の王国』をすでに読んでいたから。

イ　人よりも鳥に興味のある御蔵《みくら》さんの様子がうかがえたから。

ウ　御蔵《みくら》さんが中庭で餌《えさ》を取り合う鳥たちをじっとみていたから。

エ　好きなことを語る御蔵《みくら》さんは生き生きとしていて楽しそうだから。

オ　御蔵《みくら》さんが自身の祖母から聞いた話をわざわざしてくれたから。

問六　本文では、歩く描写《びょうしゃ》が多く見られます。それぞれの描写《びょうしゃ》の効果の説明として最も適当なものを次のア～オの中から一つ選び、記号で答えなさい。

ア　先を歩く菊池《きくいけ》さんを「わたし」が追《お》いかける冒頭《ぼうとう》の描写《びょうしゃ》では、他者の目線を気にせず、大人びたように見える菊池《きくいけ》さんの背中を追《お》いかける「わたし」の菊池《きくいけ》さんへの感情の高まりが表現されている。

イ　「わたし」が菊池《きくいけ》さんに追《お》いついて、横に並んで歩きながら、鳥について語る描写《びょうしゃ》では、二人の心的距離《きょり》が近づき、実際の位置関係と心的な距離《きょり》感を関連づけるような表現がなされている。

ウ　菊池《きくいけ》さんがグラウンドを歩く際、「わたし」との歩調がそろい、同じような行動をする部分は、「わたし」が菊池《きくいけ》さんの話にしっかり耳を傾《かたむ》けようとしていることが効果的に伝わるように表現されている。

エ　菊池《きくいけ》さんが「わたし」に「おもしろいよ」と言った後、二人が足を止める場面では、歩くことをやめて会話に集中しようとしていることや思いを打ち明けるときの緊張《きんちょう》感や物語として凛々《りり》しくて、でもドジなところもあって個性的ですごいなって感じたの」

「あ、はい」

⑨我ながら間抜《まぬ》けな返事をしてしまった。でも、恥《は》ずかしいとは少しも感じない。驚《おどろ》きの方が何倍も勝っていた。

（『ハリネズミは月を見上げる』あさのあつこ）

〔注〕＊1　フォルム＝形。

＊2　指導室にいたとき＝「わたし」と菊池《きくいけ》さんは、指導室で今朝遅刻《ちこく》した理由を先生に話し終わって、帰宅しようとしている。

＊3　名郷《なごう》先生＝菊池《きくいけ》さんの担任の先生。

＊4　オーラ＝ある人や物が発する、一種独特な雰囲気《ふんいき》。

＊5　さっき＝指導室に向《む》かう階段の踊《おど》り場で居合わせたときのこと。

＊6　『森の王国』＝「わたし」が国語の課題で書いた物語。小冊子に載《の》せる作品の一つとして選ばれて、学年全体に配られていた。

問一　二重線A「白《しら》けない」B「ちゃっかりした」とありますが、「白《しら》ける」「ちゃっかり」のここでの意味として最も適当なものを後のア～オの中からそれぞれ一つ選び、記号で答えなさい。

A「白《しら》ける」

ア　間がのびる　　イ　冷たく接する

ウ　気まずくなる　　エ　場を盛り上げる

オ　気がぬける

B「ちゃっかり」

ア　抜《ぬ》け目ないさま　　イ　おどけたさま

ウ　冷静なさま　　エ　落ち着かないさま

オ　物怖《ものお》じしないさま

問二　空らん［あ］～［う］に入る言葉の組み合わせとして最も適当なものを次のア～オの中から一つ選び、記号で答えなさい。

ア　あ＝しゃん　い＝ぽつぽつ　う＝ぷちぷち

イ　あ＝しゃん　い＝さらさら　う＝ぷちぷち

ウ　あ＝しゃん　い＝ぽつぽつ　う＝そわそわ

エ　あ＝ゆらり　い＝さらさら　う＝そわそわ

オ　あ＝ゆらり　い＝ぽつぽつ　う＝そわそわ

問三　――線①「怖《こわ》い。やっぱり怖《こわ》い。」とありますが、御蔵《みくら》さんは何を「怖《こわ》い」と感じているのですか。その説明として最も適当なものを次のア～オの中から一つ選び、記号で答えなさい。

ア　クラスの輪から離《はな》れて一人で過ごさざるを得ない状況《じょうきょう》になると、学校という集団生活を学ぶ場で、昼食を一緒《いっしょ》にとったり、楽しく会話したりすることができなくなるということ。

イ　出る杭《くい》は打たれるというように、突出《とっしゅつ》して優れていることによってねたみや反感を買うことになり、クラスメイトから嫌《きら》われたり、仲間外れにされたりするということ。

ウ　均質な集団になりがちな学校という場において、みんなと違《ちが》う行動をすることによって、周囲から変わっていると思われて、嫌《きら》われたり孤立《こりつ》したりしてしまうこと。

エ　学校生活の中で、友達を積極的に作らないでいると、クラスメイトから一人でいることを好む者として見られてしまい、仲間にいれてもらえないということ。

オ　限りなく単一に近い学校という場では、周囲に合わせなかったり、変わった性質を持っていたりすると、それが原因となってみんなから協調性がないと思われてしまうということ。

問四　以下は本文を読んだ六人の生徒の発言です。文章の内容を踏《ふ》ま確信できた。

グラウンドの端《はし》をなぞるように歩きながら、わたしはおしゃべりを続けた。

「じっと見てると、鳥ってすごく個性的なんだってわかるの。気が強くて挑戦的《ちょうせんてき》というか、生意気で意地悪なやつもいるし、臆病《おくびょう》で用心深いのもいるの。要領のいいやつも、のんびりしたのもいる。餌《えさ》を置いといてやると、気の強いのが真っ先に飛んできてばくばく食べちゃうのね。その後、臆病《おくびょう》なのが様子見ながら地面に落ちたリンゴのクズなんかを、すっごくびくつきながらつっついてるの。けど強いのが気が付くと、ぴいぴい怒《おこ》っちゃって、弱いのを追《お》い払《はら》うんだ。で、その隙《すき》に要領のいいのが横から残りのリンゴを持って行っちゃったりするの」

⑥あはっ。

不意に、菊池《きくいけ》さんが噴《ふ》き出した。

少し前屈《まえかが》みになって、口元にこぶしを当て、くすくすと笑う。

「いるよね。人間にも、そういう、Bちゃっかりしたやつ……」

笑いに言葉を途切《とぎ》らせながら、言う。

「あ、そうかな」

〝ちゃっかりしたやつ〟を思い起こそうとしたけれど、誰《だれ》の顔も浮《う》かばなかった。

⑦あははは。

菊池《きくいけ》さんの笑い声が震《ふる》えながら響《ひび》く。

こんな風に笑う人なんだ。

初めて耳にした菊池《きくいけ》さんの笑い声は、思いの外、⑧柔《やわ》らかくてかわいらしかった。

「おもしろいね、御蔵《みくら》さんは」

「えっ！」

「何？　なんでそんなに驚《おどろ》くの」

「あたし、おもしろいって言われたこと、今まで一度もなかった気がして……。ううん、間違《まちが》いなく一度もなかった」

一度もなかった。初めてだ。

おとなしいねとか、静かだねとはよく言われてきた。でも、〝おもしろい〟は、なかった。わたし自身もわたしを知っている他人も、わたしをおもしろいなんて思わない。

「おもしろいよ」

菊池《きくいけ》さんは前を向《む》いたまま、口を軽く開けた。風を吸《す》い込《こ》もうとしているみたいだ。

「御蔵《みくら》さんはおもしろいよ。それに鳥が好きだ。だから、＊6『森の王国』みたいな物語が書ける。でしょ」

足が止まった。

菊池《きくいけ》さんも立ち止まる。でも、それはほんの二、三秒に過ぎなかった。瞬《まばた》きをして、前を向《む》き、菊池《きくいけ》さんはすぐにまた歩き出した。

「あ、あの……、待って、あの」

心持《こころもち》、足取りを速めた菊池《きくいけ》さんから、半歩遅《おく》れて歩いた。風が真正面から吹き付けてくる。強くはないけれど、埃《ほこり》っぽい。でも、清々とした葉っぱの匂《にお》いがした。

「あの、菊池《きくいけ》さん」

「おもしろかったよ」

歩きながら、菊池《きくいけ》さんが言った。わたしの方は見ていない。前だけを見ている。

「ストーリーはファンタジーなのに、鳥たちの生態がすごくリアルで、ヒヨドリの兵士が酔《よ》っぱらって暴れるところとか、卵を鴉《からす》に奪《うば》われそうになった小鳥たちが力を合わせて追《お》い払《はら》うところなんて、迫力《はくりょく》があって、読んでてどきどきした。何より、鷹《たか》の王がかっこよくて、わたしは言った。

菊池《きくいけ》さんが振《ふ》り向《む》き、首を傾《かし》げる。この仕草《しぐさ》も幼い。

「今の、ヒヨドリの声」

「ヒヨドリ？　ああ、さっき＊3名郷《なごう》先生も言ってたね」

「うん。灰色っぽい、これくらいの」

わたしは両手を二十センチほど開いてみせた。

「大きさ。鳴き声がうるさいの。中庭にピラカンサの木があるでしょ。その枝によく止まってる」

「ピラカンサって、秋にきれいな実を付けるやつ？」

「そう、それ。冬まで実がなってるから、ヒヨドリのやつが餌《えさ》にしてるの。取り合いの喧嘩《けんか》なんかもしょっちゅうやってる」

菊池《きくいけ》さんが僅《わず》かに②目を細めた。知らなかったと呟《つぶや》く。

「うん、誰《だれ》も知らないと思う。中庭の鳥なんかに興味もたないもんね。でもね、すごかったの」

「すごい？」

「すごいの。一度だけなんだけど鷹《たか》が来たことがあったんだ。小鳥を狙《ねら》って現れたらしいんだけど、その＊4オーラがすごくて、ヒヨドリなんか完全にびびっちゃってた」

　菊池《きくいけ》さんが③笑った。

　声は立てない。唇《くちびる》がすっと横に広がって、歯がのぞいた。口元も眼もちゃんと笑っている。本物の笑みだ。

とても美しかった。

「④やっぱりだね、御蔵《みくら》さん」

「え？　やっぱりって？」

「鳥、好きなんだ」

　わたしは顎《あご》を引いた。手すりに軽く手を置いて、菊池《きくいけ》さんを見下ろす。今はわたしが踊《おど》り場に立っている。⑤背中が温かい。窓からの光を受けているからだ。＊5さっきとは逆に、わたしが明かりを背負い、黒い影《かげ》になっているはずだ。

　鳥は好きだ。

　鶏《にわとり》でも鴉《からす》でもヒヨドリでも、燕《つばめ》も雁《かり》も雀《すずめ》も好きだ。羽のある生き物は見ていて飽《あ》きない。祖母は自分の家の庭木に、半分に切ったリンゴやミカンを突《つ》き刺《さ》していた。いろんな鳥がやってきて、さかんにつつき、リンゴもミカンも皮だけを薄《うす》く残してきれいにたいらげていた。

「ほら、今、飛んできた緑の鳥はメジロ、頭と喉《のど》が黒いのはシジュウカラ、あっちの大きな灰色の鳥がヒヨだよ。おや、根本にいるのはツグミだね」

　祖母が教えてくれた。

　枝から枝に軽やかに飛び回るメジロが愛らしくて、シジュウカラのピッピッと鳴き交わす声がかわいくて、小鳥たちを追《お》い払《はら》ってリンゴやミカンを独《ひと》り占《じ》めするヒヨドリが腹立たしくて、でも、憎《にく》めなくて、わたしはいつまでも鳥たちを眺《なが》めていた。

「うん、好き。昔、お祖母《ばあ》ちゃんの家でね……」

　わたしは階段を降りて菊池《きくいけ》さんと並んだ。そして、同じ歩調で歩き出した。間をもたすためではなく、話したくて、聞いてもらいたくて、わたしはしゃべった。自分さえも忘れていた鳥たちとの記憶《きおく》を思い出すままに、〔い〕としゃべった。

　この人は鳥になんか興味を持つだろうかとか、こんな話をしてA白《しら》けないだろうかとか、あたしのこと変人だと決めつけないだろうかとか、いつもは頭の中で〔う〕音を立てる危惧《きぐ》を、ほとんど感じないまま話し続けた。話しながら校舎を出た。

　菊池《きくいけ》さんは相槌《あいづち》を打つことも首を傾《かし》げることもしなかった。でも、歩く速度はゆっくりになる。

　聞いてくれているんだ。

わけです。

エ　貯蓄《ちょちく》して次の生産に備えるためには、生産性を高める必要があるわけです。

オ　費用だけがかさみ、不確実性が高まってしまうわけです。

問七　本文の内容に合っているものを次のア～オの中から一つ選び、記号で答えなさい。

ア　貯蓄《ちょちく》を切り崩《くず》し費用を支払《しはら》うしか生産者に取り得る方法はない。

イ　ある程度の損失は、全体の利益のためには避《さ》けられない。

ウ　価格には先々の生産にかかる費用は含《ふく》まれていない。

エ　最も悩《なや》ましいのは、何をするにも費用がかかることである。

オ　消費者が生産者の不確実性を高めてしまうところがある。

問八　二重線「商品を供給する～どう判断しているか」とありますが、「商品を供給する生産者」はどのようなことを考え「値段」を判断していますか。四十五字以内で答えなさい。

問九　――線X「フタン」・Y「テントウ」・Z「ホショウ」のカタカナを正しい漢字に直しなさい。（一画一画ていねいにはっきりと書くこと。）

二

次の文章は、あさのあつこの小説『ハリネズミは月を見上げる』の一節である。御蔵《みくら》さんと菊池《きくいけ》さんは同じ高校に通う同学年の生徒である。これを読んで、後の一から八までの各問いに答えなさい。（ただし、**字数指定のある問いはすべて句読点・記号も一字とする。**）

菊池《きくいけ》さんは待ってくれなかった。

とんとんとリズムよく階段を降りていく。

菊池《きくいけ》さんを見ていると、揺《ゆ》らぐ。独りでもいいんだと、ふっと思ってしまう。独りになることを怖《こわ》がらなくていいんじゃないかと、考えてしまう。

怖《こわ》がらなくていい？　ほんとに？

わたしは怖《こわ》かった。今でも、怖《こわ》い。

集団の場で独りになることを恐《おそ》れている。一緒《いっしょ》にお昼を食べる友だちがいない。おしゃべりをする相手がいない。ラインの仲間に入れない。クラスメイトから距離《きょり》を置かれ、「あの子は独りだ」と烙印《らくいん》を押《お》される。

①怖《こわ》い。やっぱり怖《こわ》い。

学校という場は限りなく単一に近い。異物を嫌《きら》う。突出《とっしゅつ》したものを、独特のものを、規格外のものを厭《いと》う。わたしは誰《だれ》にも嫌《きら》われたくないし、厭《いと》われたくない。

独りになりたくない。

菊池《きくいけ》さんは平気なんだろうか。独りでいることにも、他人に嫌《きら》われることにも耐《た》えられるんだろうか。

制服の背中を目で追《お》いながら、考える。

わからない。

菊池《きくいけ》さんは謎《なぞ》だ。菊池《きくいけ》さんの背筋は［　あ　］と伸《の》びて、背中の＊1フォルムは強くてきれいだ。でも、内側はどうなのか。恐《おそ》れや怯《おび》えを抱《かか》え込《こ》んで震《ふる》えたりしていないのか。

菊池《きくいけ》さんには「？」がたくさん付きまとう。

ピイーッ。

甲高《かんだか》い鳥の声が響《ひび》いた。

菊池《きくいけ》さんが階段を降り切ったところで、顔を上げた。辺りに視線を巡《めぐ》らせる。＊2指導室にいたときより心持《こころもち》、幼く見えた。

「ヒヨドリだよ」

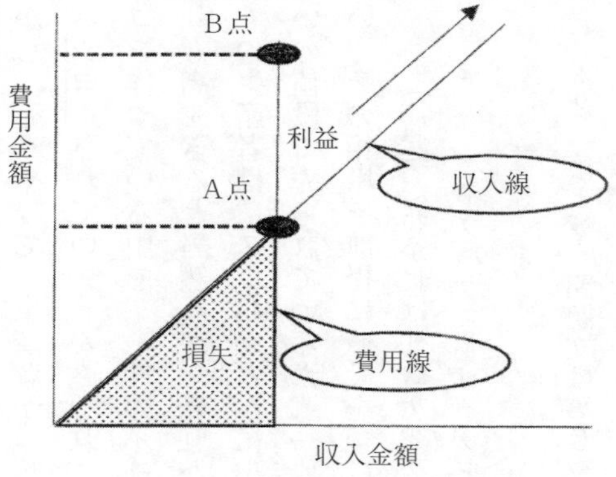

【図エ】　収入と費用，利益の関係

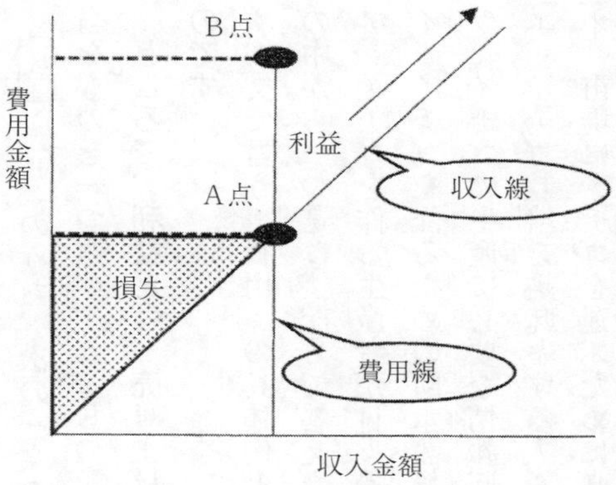

【図ア】　収入と費用，利益の関係

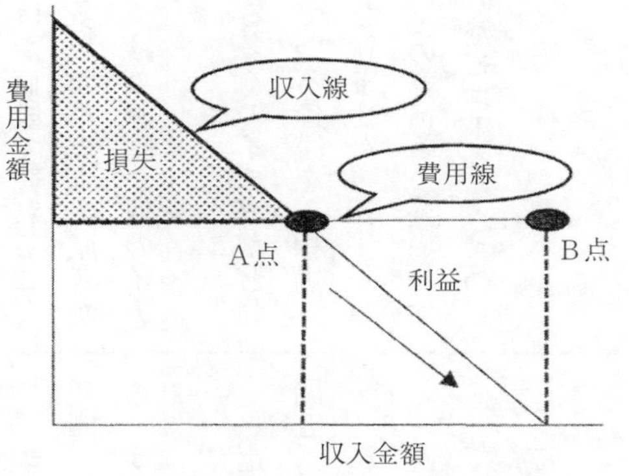

【図オ】　収入と費用，利益の関係

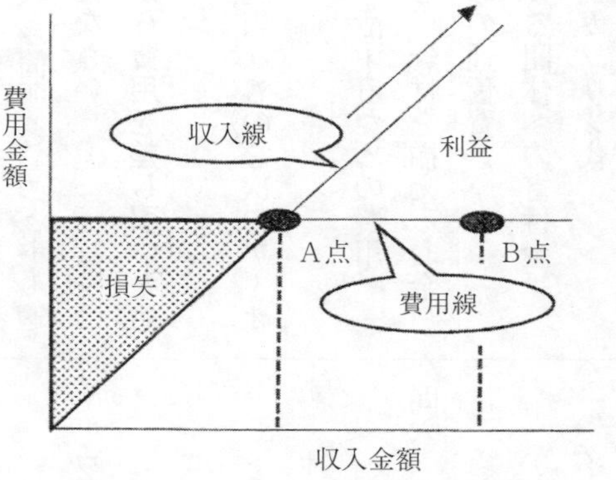

【図イ】　収入と費用，利益の関係

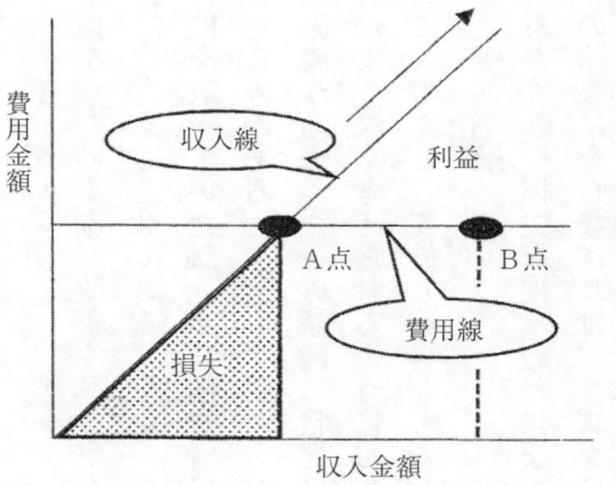

【図ウ】　収入と費用，利益の関係

費用に期待する利益を上乗せして、値段を決めます。

[E]

しかし、そうやって、生産者が「勝手に」つけた値段で売れることはZホショウされていません。それこそ無数、多数のイチゴ生産者がイチゴを作っている中で、一件のイチゴ農家がつけた値段が他のイチゴよりも高すぎると当然ながら売れなくなります。

個々の生産者は、スーパーとかに出回っている多くのイチゴがどれくらいの値段で売られているか、一般《いっぱん》に売られている値段を「相場」といい、その相場を前提に値段をつけなければなりません。

（『値段がわかれば社会がわかる　はじめての経済学』徳田賢二《とくだけんじ》）

〔注〕＊1　パイプハウス＝パイプを骨組みとしたビニールハウスのこと。

＊2　第1章＝問題文は第3章である。

＊3　勘案《かんあん》＝あれこれ考え合わせること。

問一　[A]～[E]のうち、次の一文を入れるべき箇所《かしょ》として最も適当なものを一つ選び、A～Eの記号で答えなさい。

ところで、利益とは、売り上げた収入から費用を差し引いたものです。

問二　本文で言う「費用」の具体例として不適当なものを次のア～オの中から一つ選び、記号で答えなさい。

ア　イチゴを作る生産者が日々過ごし、生活するための費用。

イ　イチゴを作るための防水設備や棚《たな》など、資材を揃《そろ》えるお金。

ウ　イチゴの生産に必要な情報収集のための通信費。

エ　イチゴ栽培《さいばい》を趣味《しゅみ》とする人たちが集まる団体への寄付金。

オ　市場にイチゴを運ぶために必要な車とガソリン代。

問三　空らん〔あ〕～〔う〕に入る数字として最も適当なものを次のア～カの中からそれぞれ一つずつ選び、記号で答えなさい。（同じ記号を何度用いてもかまいません。）

ア　２００　イ　４００　ウ　５００

エ　６００　オ　７００　カ　８００

問四　波線「この収入と費用、利益の関係をグラフで確認してみましょう」とありますが、収入と費用、利益の関係を示したグラフとして最も適当なものを次のページの【図ア】～【図オ】の中から一つ選び、図の記号で答えなさい。

問五　本文後半では「不確実性」と「リスク」についての論点が出されていますが、それによってどのような効果がありますか。その説明として最も適当なものを次のア～オの中から一つ選び、記号で答えなさい。

ア　消費者がどれくらいの費用を原価に上積みしているのかを、生産者の事情を出しつつ効果的に示している。

イ　生産者がより良い商品を作るために考えるべき点を、客観的に示すのに一役買っている。

ウ　生産者が損をしないよう、改善すべき点を挙げて値段をつける必要性に説得力をもたせている。

エ　生産者に的を絞《しぼ》っていた議論から消費者についても読者に注目させるはたらきがある。

オ　売る前の議論から売った後の議論に自然と筆を進め、値段について読者がより深く考えられるようにしている。

問六　空らん〔a〕に入る文として最も適当なものを次のア～オの中から一つ選び、記号で答えなさい。

ア　利益どころか大きな損失を被《こうむ》ることになるわけです。

イ　期待通りの結果にならなければ、リスクに耐《た》えられなくなるわけです。

ウ　消費者の求めに応じなければ、そもそも売ることもできないまだ不透明《ふとうめい》です。

D

＊2第1章では、このように将来がどうなるかわからないことを「不確実性」、また将来、損をするかもしれない危険性を「リスク」と呼びましたが、生産者は日々、その不確実性とリスクをどう克服《こくふく》していくかという難しい仕事をしているのです。

ところが、生産者にとって、やっかいな不確実性とリスクを生み出しているのは、他ならぬ私たち消費者なのです。

私たちの何げない消費行動がどのような不確実性とリスクを生み出しているのでしょうか。そもそも、イチゴであれば、一年間栽培《さいばい》し、出荷して、テントウに並ぶのはちょうど完熟するころの二、三日前に過ぎません。そもそも「不確実な」将来に向けて生産をしているのです。そして、その短期間に売り切れるかどうかもわかりません。困ったことに、私たちはそのイチゴについて、買うか、買わないかまたはどちらとも決めないという三つの異なる態度を取っています。

第一の「買う」場合。問題ないように思われますが必ずしもそうとは言えません。全部を買わないで、結果として売れ残りが出る場合、十分な販売《はんばい》収入を得られない「リスク」があります。また売れたとしても、想定していた値段で売れない「リスク」もあります。

売れ残りが出る場合、それだけ無駄《むだ》な生産をしたこと、また逆に売り切れて足りなくなった場合には、せっかくの収入を増やす機会をみすみす失ってしまうことにもなります。

第二の「買わない」場合。当然ながら、必要な収入を得られない大きな「リスク」につながります。その一年間に、消費者の好み、嗜好《しこう》が変わったり、経済環境《かんきょう》が変わり、不況《ふきょう》になったりすることで、売れなくなるリスクは常に存在しています。

第三の「買うか、買わないか、よくわからない」という曖昧《あいまい》な態度も、生産者には困りものです。例えば、出始めのまだ需要《じゅよう》が小さいときには、市場に出していいかどうかも、迷わせる「不確実」な話になります。しかし、生産者は、不確実な先行きでも生産を止めるわけにはいかないのです。

このように消費者に関わるリスク以外にも、他の生産者、他店との競争や、栽培《さいばい》途中《とちゅう》で台風とか自然災害に遭《あ》うリスクもつきものです。生産者は、多種多様なリスクと不確実性に囲まれています。

それと言うのも、イチゴを売って収入が得られるのが生産を始めてから一年後という点にあります。その一年間に何が起こるか、事前には把握《はあく》しきれません。

特に問題なのは、イチゴの生産、栽培《さいばい》過程では、苗代《なえだい》、肥料代、電気・水道代、資材費、人件費等々《などなど》、様々な費用が掛《か》かっており、おまけにそれらは、既《すで》に支払《しはら》い済《ず》みになっていることです。イチゴの販売《はんばい》価格の大体四割ぐらいが、その生産に掛《か》かった費用、「原価」になると言われています。

それらの費用を先払《さきばら》いしているのは、もちろん、売れた後に入ってくる収入をあてにしているからです。したがって、見込《みこ》み通りの収入を得るためにも、売る場合の値段は決定的に重要であることがわかります。次の式のとおり、販売《はんばい》数量が多くても、一パックあたりの値段が安ければ十分な販売《はんばい》収入は得られません。逆に一パックの値段が高くても、販売《はんばい》数量が少なければ、十分な販売《はんばい》収入を得られません。

一パックの値段×販売《はんばい》数量＝販売《はんばい》収入

単純に掛《か》かった費用を支払《しはら》い、十分な利益が出るように値段をつければいいかというと、そうとも言えません。仮に、台風被害《ひがい》で大損害が出た場合など、予期しがたい生産できなくなるリスクも＊3勘案《かんあん》して、損害が大きくならないようにも値段を決めておきます。通常は、の費用が同じく２００円とすると、どれくらいの値段で売らなければならないでしょうか。

①５００円
②６００円
③８００円

答えは③の８００円です。計算式は次のとおりになります。

今年度の支払《しはら》い費用＝栽培《さいばい》費用２００円＋くらしの費用２００円

来年度に必要な費用＝栽培《さいばい》費用２００円＋くらしの費用２００円

来年度の費用を利益で賄《まかな》うとすると、利益は〔　あ　〕円必要になります。

来年度以降もイチゴを生産し続けるためには、今年度の収入で利益を出し、その利益で来年度の生産費用を賄《まかな》えるようにしなければなりません。したがって、今年度の利益は来年度の費用を超《こ》える金額にならなければなりません。

したがって、（今年度に必要な）収入は、

利益〔　あ　〕円＋費用〔　い　〕円＝〔　う　〕円

ここから、イチゴは一パック８００円としなければならないことがわかります。これが目標とする販売《はんばい》金額になります。

この収入と費用、利益の関係をグラフで確認してみましょう。ところで、このようなグラフは、これからよく出てくるので、読み方を説明しておきましょう。わかっている人は、とばしてもかまいません。

縦軸《たてじく》は「費用金額」となっていますが、これは、上に行けば行くほど、金額が大きくなることを示しています。一方、横軸《よこじく》は「収入金額」となっていますが、これは右に行けば行くほど収入金額が大きくなることを表しています。また、収入線上のある点は、その左側に延ばした線が縦軸《たてじく》にぶつかるところにある「費用金額」と、下方に延ばした線が横軸《よこじく》にぶつかるところにある「収入金額」の組み合わせになります。

このグラフでは、A点の費用は４００円、収入が４００円と等しくなっています。費用と収入が等しくなっていることがわかります。

ここでは仮に費用は収入金額とは関係なく、同じ金額だけ掛《か》かる、つまり金額が固定されているとします（厳密に言えば、収入金額が増えるのに連れて増える費用もあります）。また収入金額は、供給量を増やすことで、右側に行けば行くほど収入額は増えていきます。

このグラフのポイントは、A点４００円よりも左側では、固定された費用に対して収入金額がまだ小さいので、利益が出ない、損失が出ている状況《じょうきょう》であること、逆にA点より右側では、費用より収入が大きくなって、利益が出ている状況《じょうきょう》を表している、ということにあります。

さらに、翌年にかかる費用のことを考えて、それを賄《まかな》える十分な利益を出すためには、B点８００円以上の収入金額が必要になることがわかります。

こうして見ると、売れない、期待より売れないことが最も生産者にとって困ることであることがわかります。売れなければ、十分な収入が入らず、事前に掛《か》かった費用を払《はら》えなくなります。〔　a　〕

しかも、イチゴであれば、最初の親株《おやかぶ》（最初の苗《なえ》）を植えるのは、収穫《しゅうかく》の一年前です。Yテントウに出るまで一年間掛《か》けて、最終的に売れるかどうかはまだわかりません。栽培《さいばい》したイチゴの先行きはまだ

二〇二二年度
豊島岡女子学園中学校

【国　語】〈**第一回試験**〉（五〇分）〈満点：一〇〇点〉

一　次の文章を読んで、後の一から九までの各問いに答えなさい。

（ただし、字数指定のある問いはすべて句読点・記号も一字とする。）

　この章では、商品を供給する生産者が、どのように生産するか、生産量と値段をどう判断しているかを学びます。

　まず、そもそもものを作るとは何でしょう。イチゴを例にとると、次の手順で進められます。まず、土地の上にイチゴを栽培《さいばい》するハウスを作ります。イチゴの苗《なえ》を植えて、肥料を与《あた》え、病害虫を防ぐために農薬を使い、生育していく。途中《とちゅう》では、日々、順調に生育しているかどうか、人手を使って確認します。収穫《しゅうかく》の時期を迎《むか》えると、一粒《ひとつぶ》一《ひと》粒《つぶ》でき具合を見て、収穫《しゅうかく》し、検査して、出荷のための包装をしていきます。

　　A　

　このように、ものを作るとは、最初は土地や＊1パイプハウスなどの設備を用意し、栽培《さいばい》の段階では、苗《なえ》、水、肥料などの原材料を、人手や機械を使って生育し、最終的に出荷できる商品に作り上げていくことです。

　しかし、問題は何をするにもお金が掛《か》かるという点にあります。土地がなければ、土地を買う、パイプハウスも作る。その設備が出来たら、今度は苗《なえ》や肥料、農薬を買ってくる。栽培《さいばい》中の生育の管理とか収穫《しゅうかく》時など人手や機械の手を借りるところでは、お願いした人たちへの賃金の支払《しはら》い、機械が必要であれば、その購入《こうにゅう》費用や借りる費用も用意しなければなりません。水や電気代の支払《しはら》いも必ずついてきます。これらの栽培《さいばい》、供給に掛《か》かるお金を「費用」と呼んでいます。

　もう一つの問題は、この費用をどう支払《しはら》うかにあります。その支払《しはら》いのためのお金をどう用意するか。①これまでに蓄《たくわ》えた貯蓄《ちょちく》を崩《くず》すか、②その商品を売った収入の中から支払《しはら》うか、または③借金して払《はら》うなど、いろいろ考えられます。しかし、②の収入はまだ入っていない段階であり、③の借金も後々のXフタンになるので避《さ》けたい。とすれば、①の自分の貯蓄《ちょちく》から支払《しはら》うのがいいことになります。

　　B　

　それでは、この貯蓄《ちょちく》とは何でしょうか。貯蓄《ちょちく》は、それまで何年にもわたって栽培《さいばい》、出荷してきたことで得られた利益が積み重なったものです。例えば、昨年度５００万円の利益が出れば、それを貯蓄《ちょちく》として蓄《たくわ》えて、今年度の費用の支払《しはら》いに使うということになります。

　イチゴの栽培《さいばい》にせよ、商品を供給することは、これからもずっと続けていく計画のもとで、行っているのは間違《まちが》いありません。とすれば、続けていくためには、どうしても利益を出さなければならないことになります。さらに農家であれば、くらしを支えるための費用も入ってきます。したがって、翌年のそれらの費用の支払《しはら》いができるように収益を出す必要があります。

　　C　

　このことからわかるのは、費用を上回る収入がないと、利益が出ないということです。費用は栽培《さいばい》の始めから出荷までに掛《か》かるものですから、あらかじめ、その費用総額はわかります。したがって、その明らかになっている費用総額を超《こ》えて必要な利益を出すためには、どれだけの収入が必要かはこの段階で明らかになっています。

　仮に、イチゴの栽培《さいばい》費用が一パックあたり２００円、必要なくらし

2022年度

豊島岡女子学園中学校 ▶解説と解答

算　数　＜第１回試験＞（50分）＜満点：100点＞

解　答

$\boxed{1}$ (1) $3\frac{3}{4}$　(2) 72個　(3) 330 g　(4) 7 cm　$\boxed{2}$ (1) 160個　(2) 18分　(3) 3 cm^2　(4) 5 ： 1　$\boxed{3}$ (1) 1 ： 9　(2) 1800m　$\boxed{4}$ (1) 235個　(2) 185個　$\boxed{5}$ (1) (ア), (エ)　(2) 20個　(3) 800　$\boxed{6}$ (1) 208cm^3　(2) $140\frac{1}{3}$$cm^3$　(3) $214\frac{2}{3}$$cm^3$

解　説

$\boxed{1}$ 四則計算，整数の性質，濃度《のうど》，長さ

(1)　$4\frac{1}{6}-\left(2\frac{1}{3}-1.75\right)\times1\frac{1}{7}\div1.6=\frac{25}{6}-\left(\frac{7}{3}-\frac{7}{4}\right)\times\frac{8}{7}\div\frac{8}{5}=\frac{25}{6}-\left(\frac{28}{12}-\frac{21}{12}\right)\times\frac{8}{7}\times\frac{5}{8}=\frac{25}{6}-\frac{7}{12}\times\frac{8}{7}\times\frac{5}{8}=\frac{25}{6}-\frac{5}{12}=\frac{50}{12}-\frac{5}{12}=\frac{45}{12}=\frac{15}{4}=3\frac{3}{4}$

(2)　216＝６×６×６＝(２×３)×(２×３)×(２×３)＝２×２×２×３×３×３だから，216との公約数が１だけである整数は，２の倍数でも３の倍数でもない数とわかる。１以上216以下の整数のうち，２の倍数は，216÷２＝108(個)，３の倍数は，216÷３＝72(個)あり，２の倍数でも３の倍数でもある数，つまり，２と３の最小公倍数の６の倍数は，216÷６＝36(個)あるから，２または３の倍数は，108＋72－36＝144(個)ある。よって，１以上216以下の整数のうち，２の倍数でも３の倍数でもない数は，216－144＝72(個)ある。

(3)　５％の食塩水60ｇには食塩が，60×0.05＝３(ｇ)，10％の食塩水60ｇには食塩が，60×0.1＝６(ｇ)含《ふく》まれるので，これらの食塩水と水を混ぜてできた食塩水には，食塩が，３＋６＝９(ｇ)含まれる。このとき，食塩水の濃度は２％になったから，できた食塩水の重さを□ｇとすると，□×0.02＝９(ｇ)となる。よって，□＝９÷0.02＝450(ｇ)だから，入れた水の重さは，450－(60＋60)＝330(ｇ)と求められる。

(4)　円周の長さは円の半径に比例するから，円Ｂの半径が円Ａの半径の1.4倍のとき，円Ｂの円周は円Ａの円周の1.4倍になる。すると，円Ａ，Ｂの円周の合計は，円Ａの円周の，１＋1.4＝2.4(倍)となる。これが75.36cmなので，円Ａの円周は，75.36÷2.4＝31.4(cm)とわかる。よって，円Ａの半径は，31.4÷3.14÷２＝５(cm)だから，円Ｂの半径は，５×1.4＝７(cm)である。

$\boxed{2}$ 売買損益，仕事算，面積，辺の比と面積の比

(1)　仕入れ値の合計を$\boxed{1}$とすると，２割の利益を見込《こ》んで定価をつけたので，全部売った場合の売り上げは，$\boxed{1}$＋$\boxed{0.2}$＝$\boxed{1.2}$と表せる。しかし，売れたのは全体の，100－５＝95(％)なので，実際の売り上げは，$\boxed{1.2}$×0.95＝$\boxed{1.14}$となる。よって，利益は，$\boxed{1.14}$－$\boxed{1}$＝$\boxed{0.14}$で，これが17920円だから，$\boxed{1}$にあたる金額，つまり，仕入れ値の合計は，17920÷0.14＝128000(円)と求められる。したがって，仕入れたコップは全部で，128000÷800＝160(個)とわかる。

⑵　全体の仕事量を，24と45の最小公倍数より，360とすると，Ａ１台とＢ６台では１分間に，360÷24＝15，Ａ２台とＢ１台では１分間に，360÷45＝８の仕事ができるから，１分間にＡ１台で行う仕事量をⒶ，Ｂ１台で行う仕事量をⒷとすると，右の図１のア，イのように表せる。

図１

Ⓐ×１＋Ⓑ×６＝15…ア
Ⓐ×２＋Ⓑ×１＝８…イ
Ⓐ×２＋Ⓑ×12＝30…ウ

アの２倍を考えると，Ａ２台とＢ12台では１分間に，15×２＝30の仕事ができるので，ウのように表せる。さらに，イとウの差を考えると，Ｂが，12－１＝11(台)で１分間に，30－８＝22の仕事ができるから，Ⓑ＝22÷11＝２となる。よって，イより，Ａ２台で１分間に，８－２＝６の仕事ができるから，Ⓐ＝６÷２＝３である。したがって，Ａ４台とＢ４台では１分間に，３×４＋２×４＝20の仕事ができるので，仕事を終わらせるのに，360÷20＝18(分)かかる。

⑶　下の図２で，AE，ED，DF，FCの長さは，４÷２＝２(cm)だから，三角形ABEと三角形BCFの面積はそれぞれ，４×２÷２＝４(cm^2)，三角形DEFの面積は，２×２÷２＝２(cm^2)となり，三角形BEFの面積は，４×４－(４＋４＋２)＝６(cm^2)とわかる。次に，IEの長さはBEの長さの，$\frac{1}{2+1+1}=\frac{1}{4}$(倍)となり，EJの長さはEFの長さの，$\frac{2}{2+1+1}=\frac{1}{2}$(倍)なので，三角形EIJの面積は三角形BEFの面積の，$\frac{1}{4}\times\frac{1}{2}=\frac{1}{8}$(倍)とわかる。同じように考えると，三角形BHGの面積は三角形BEFの面積の，$\frac{1}{2}\times\frac{1}{2}=\frac{1}{4}$(倍)となり，三角形KGFの面積は三角形BEFの面積の，$\frac{1}{4}\times\frac{1}{2}=\frac{1}{8}$(倍)となる。したがって，色のついた部分の面積は，三角形BEFの面積の，$1-\left(\frac{1}{8}+\frac{1}{4}+\frac{1}{8}\right)=\frac{1}{2}$(倍)だから，$6\times\frac{1}{2}=3$($cm^2$)と求められる。

図２

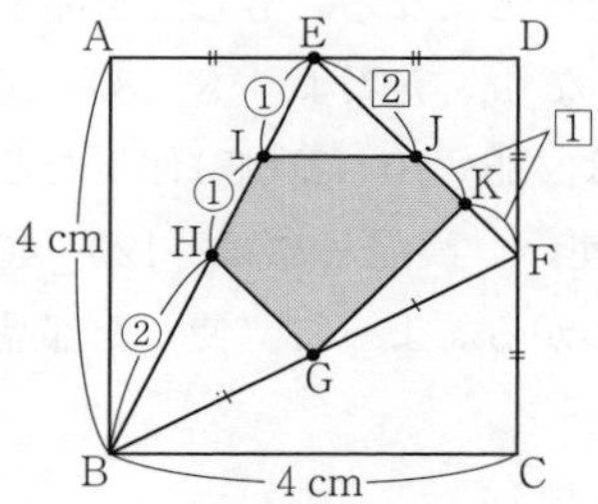

図３

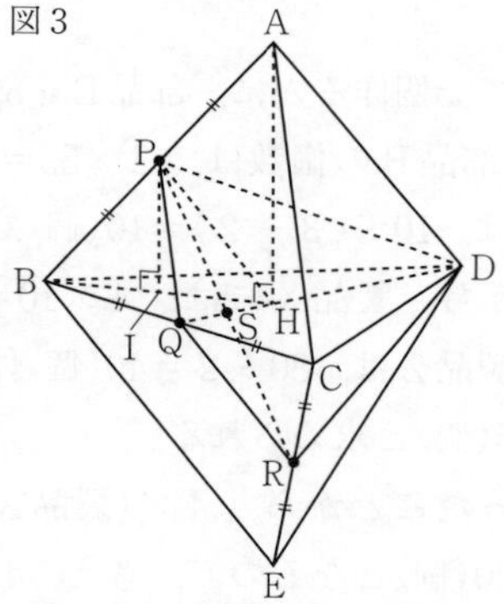

図４

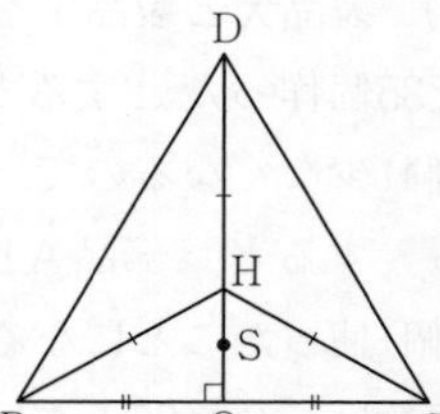

⑷　上の図３のように，点Ａから面BCDに垂直な直線AHを引くと，AB，AC，ADの長さが等しく，三角形BCDは正三角形なので，点Ｈは，点Ｂ，Ｃ，Ｄからの長さが等しくなり，直線DQ上にくる。また，点ＰからBHに垂直な直線PIを引くと，PIとAHが平行より，三角形PBIと三角形ABHは相似で，点ＰはABの真ん中の点だから，点ＩはBHの真ん中の点となる。すると，三角形PBIと三角形PHIは合同な直角三角形になるので，PB＝PHとなる。また，角PBQは60度，PB＝BQより，三角形PBQは正三角形で，PB＝PQだから，三角形PQHは，PQ＝PHの二等辺三角形とわかる。さらに，三角形APDと三角形CRD，三角形PBQと三角形RCQがそれぞれ合同なので，PD＝RD，PQ＝RQより，四角形PQRDはQDを対称《たいしょう》の軸《じく》として線対称な図形だから，QHとPSは垂直に交わる。よって，三角形PQSと三角形PHSが合同となり，SQ＝SHとわかる。次に，上の図４の三角形BHQで，角BQHは90度，角HBQは，60÷２＝30(度)だから，角BHQは，180－(90＋30)＝60(度)となる。これより，三角形BHQは正三角形を２等分した直角三角形だから，BH：QH＝２：１であり，

BH＝DHなので，DH：QH＝２：１となる。したがって，SQの長さを１とすると，QH＝１＋１＝２，DH＝２×２＝４，DS＝４＋１＝５となるから，DS：SQ＝５：１である。

3 速さと比，旅人算

⑴ 右の図のように，豊子さんと車が出会った地点をA地点とすると，車は，家とA地点を往復するのに，15時14分－15時10分＝４分かかったので，車はA地点から家まで進むのに，４÷２＝２(分)かかる。また，豊子さんが車と出会った時刻は，15時10分＋２分＝15時12分で，豊子さんが車に乗らずに歩き続けたとすると，家には15時30分に着くから，豊子さんはA地点から家まで歩くのに，15時30分－15時12分＝18分かかる。よって，豊子さんが18分かけて歩く距離《きょり》を車は２分で進むから，豊子さんの歩く速さと車の速さの比は，(１÷18)：(１÷２)＝$\frac{1}{18}$：$\frac{1}{2}$＝１：９とわかる。

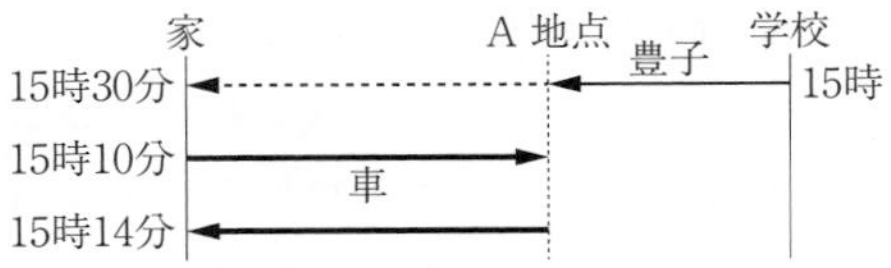

⑵ 豊子さんの分速(１分間に歩く距離)を$\boxed{1}$とすると，車の分速は$\boxed{9}$と表せる。また，豊子さんは学校から家まで30分かかるので，学校から家までの距離は，$\boxed{1}$×30＝$\boxed{30}$と表せる。よって，母が15時３分に家を出たとき，２人は，$\boxed{30}$－$\boxed{1}$×３＝$\boxed{27}$離《はな》れている。その後，２人の間の距離は１分間に，$\boxed{1}$＋$\boxed{9}$＝$\boxed{10}$の割合で縮まるので，２人が出会うのは，母が家を出てから，27÷10＝2.7(分後)となり，豊子さんが学校を出てから，３＋2.7＝5.7(分後)である。したがって，豊子さんは5.7分で342m進むから，豊子さんの速さは分速，342÷5.7＝60(m)とわかり，家から学校までの距離は，60×30＝1800(m)と求められる。

4 つるかめ算

⑴ 製品Xと製品Yを合わせて35個作るのに，部品Bを80個使ったことになる。もし，製品Yだけを35個作ったとすると，使う部品Bの個数は，２×35＝70(個)となり，実際よりも，80－70＝10(個)少なくなるので，製品Xは，10÷(３－２)＝10(個)，製品Yは，35－10＝25(個)作ったとわかる。すると，部品A120個のうち，製品Xには，４×10＝40(個)使い，製品Zには，120－40＝80(個)使ったことになるから，製品Zは，80÷２＝40(個)作ったとわかる。よって，使った部品Cの個数は，３×25＋４×40＝235(個)と求められる。

⑵ まず，部品Aを120個使ったことから，４×(製品Xの個数)＋２×(製品Zの個数)＝120(個)となるので，考えられる製品Xと製品Zの個数の組み合わせは右の図１のようになる。また，部品Bを80個使ったことから，３×(製品Xの個数)＋２×(製品Yの個数)＝80(個)となるので，考えられる製品Xと製品Yの個数の組み合わせは右上の図２のようになる。図１，２より，製品Xを０個とすると，製品Yは40個，製品Zは60個だから，合計個数は，０＋40＋60＝100(個)になり，実際の合計個数よりも，100－65＝35(個)多い。図２では製品Xを２個増やすごとに製品Yは３個ずつ減り，図１では製品Xを２個増やすごとに製品Zは４個ずつ減るから，製品Xを２個増やすごとに，合計個数は，(３＋４)－２＝５(個)ずつ減ることになる。よって，合計個数を35個減らすには，35÷５＝７より，製品Xを，２×７＝14(個)増やし，製品Yを，３×７＝21(個)減らし，製品Zを，４×７＝28(個)減らせばよいので，実際に作った製品の個数は，製品Xが14個，製品Yが，40－21＝19(個)，製品Zが，60－28＝32(個)とわかる。したがって，使った部品Cの個数は，３×19＋４×32＝185(個)

図１

X(個)	0	1	2	3	4	…	30
Z(個)	60	58	56	54	52	…	0

図２

X(個)	0	2	4	6	8	…	26
Y(個)	40	37	34	31	28	…	1

と求められる。

5 整数の性質

⑴　それぞれの数を素数の積で表すと，㋐は，50＝２×５×５，㋑は，60＝２×２×３×５，㋒は，70＝２×５×７，㋓は，80＝２×２×２×２×５，㋔は，90＝２×３×３×５となる。よって，２または５のみの積で作られているのは，㋐，㋓である。

⑵　この並びの中に現れる数は，①「２のみをかけ合わせた数」，②「５のみをかけ合わせた数」，③「２と５をどちらも１つ以上かけ合わせた数」のいずれかとなる。まず，①にあてはまる300以下の数は，２，４，８，16，32，64，128，256の８個あり，②にあてはまる300以下の数は，５，25，125の３個ある。また，③にあてはまる数は，２×５＝10より，10の倍数である。すると，③にあてはまる300以下の数を10で割った商は，30以下の整数になり，その数は２または５のみをかけ合わせた数か１になる。つまり，このときの商は，{2，４，５，８，10，16，20，25}と１のいずれかになるので，③にあてはまる300以下の数は，10，20，40，50，80，100，160，200，250の９個ある。よって，全部で，８＋３＋９＝20(個)ある。

⑶　⑵において，②の数は一の位が５なので，AとBがどちらも②の数とすると，$A-B$は一の位が０となり，7392にならない。また，①の数と③の数はどちらも偶数《ぐうすう》なので，AとBのどちらか一方だけが②の数とすると，$A-B$は奇数《きすう》となり，7392にならない。さらに，③の数は一の位が０だから，AとBがどちらも③の数だとすると，$A-B$の一の位は０となり，7392にならない。したがって，AとBの少なくとも一方は①の数とわかる。①の数は，256の後，小さい順に512，1024，2048，4096，8192，…と続くので，7392より大きい数のうち，最も小さいものは8192である。これをAにあてはめると，8192－B＝7392より，B＝8192－7392＝800となる。800は，数の並びの中に現れるから，$A-B$＝7392となるときのBの値の１つは800とわかる。

6 立体図形―分割，体積，相似

⑴　下の図①で，BP，DQ，RGの長さは，$8\times\frac{1}{1+3}=2$(cm)，切り取った立方体の１辺の長さは，８－２＝６(cm)である。また，３点A，F，Gを通る平面は点Dを通る。２つの平行な面にできる切り口の線は平行になることを利用すると，面IJKQは面AEHDと平行なので，面IJKQにできる切り口の線TSは，面AEHDにできる切り口の線ADと平行になる。同様に，面PLJIにできる切り口の線TUは，面ABFEにできる切り口の線AFと平行になり，面JLRKにできる切り口の線UVは，

図①

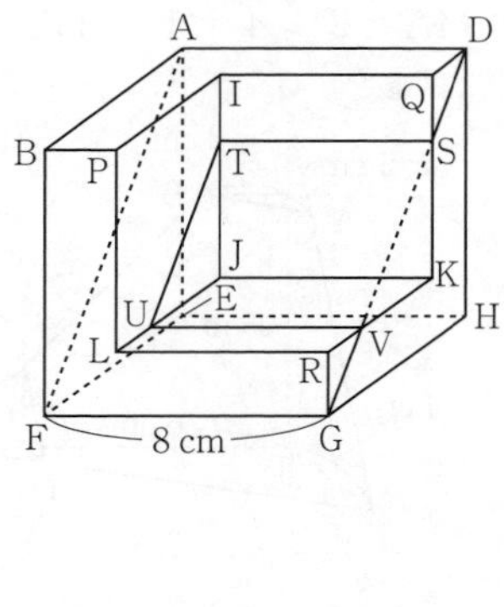

図②

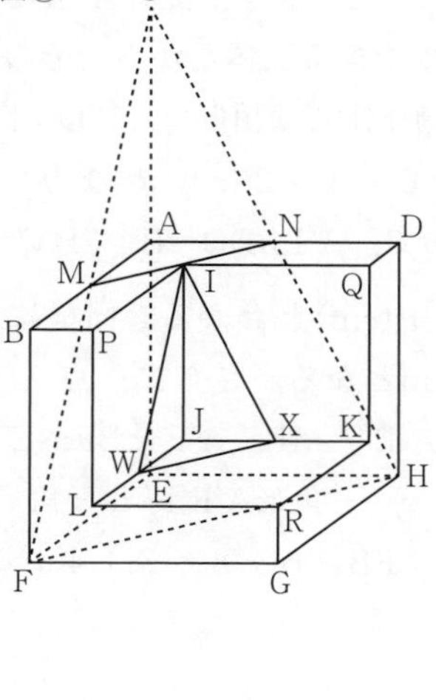

図③

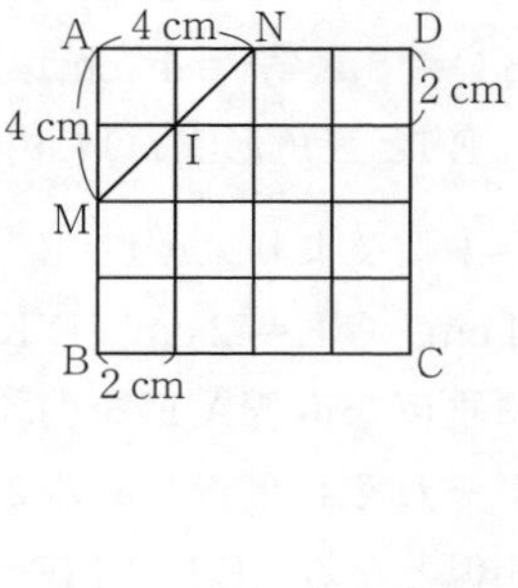

面EFGHにできる切り口の線FGと平行になる。よって，点Ｅを含む立体は，三角柱AFE－DGHから三角柱TUJ－SVKを切り取った立体とわかる。ここで，DSとVGがAFと平行であることから，三角形DQS，三角形VRGはともに三角形ABFと相似になるので，直角二等辺三角形である。したがって，QS＝RV＝２cmより，SK＝VK＝６－２＝４(cm)だから，三角柱TUJ－SVKの体積は，(４×４÷２)×６＝48(cm^3)となる。さらに，三角柱AFE－DGHの体積は，(８×８÷２)×８＝256(cm^3)だから，点Ｅを含む立体の体積は，256－48＝208(cm^3)と求められる。

(2)　上の図②のように，３点M，F，Hを通る平面は，ADの真ん中の点Ｎを通る。また，点Ｉと直線MNの位置関係は，もとの立方体の面ABCDを１辺２cmの正方形16個に分けた図で考えると，上の図③のようになるので，直線MNは点Ｉを通ることがわかる。すると，面IJKQにできる切り口の線は，点Ｉを通りNHと平行な線IXになり，面PLJIにできる切り口の線は，点Ｉを通りMFに平行な線IWになり，面JLRKにできる切り口の線は，点Ｗと点Ｘを結んだ線WXになる。よって，点Ｅを含む立体は，立体AMN－EFHから三角すいI－JWXを切り取った立体とわかる。ここで，IXとNH，IJとDH，JXとNDがそれぞれ平行であることから，三角形IJXと三角形HDNは相似となり，JX：DN＝IJ：HD＝６：８＝３：４なので，JX＝$4\times\frac{3}{4}$＝３(cm)とわかる。同様に，JWの長さも３cmとなるから，三角すいI－JWXの体積は，(３×３÷２)×６÷３＝９(cm^3)である。さらに，立体AMN－EFHは，三角すいO－EFHから三角すいO－AMNを切り取った立体であり，AMとEFが平行より，三角形OAMと三角形OEFが相似なので，OA：OE＝AM：EF＝１：２だから，OA＝AE＝８cmとなる。したがって，立体AMN－EFHの体積は，$(8\times8\div2)\times(8+8)\div3-(4\times4\div2)\times8\div3=\frac{512}{3}-\frac{64}{3}=\frac{448}{3}=149\frac{1}{3}$($cm^3$)だから，点Ｅを含む立体の体積は，$149\frac{1}{3}-9=140\frac{1}{3}$($cm^3$)と求められる。

(3)　右の図④のように，３点M，D，Fを通る平面は，GHの真ん中の点Ｙを通る。MDがIP，IQと交わる点をそれぞれA′，B′とし，DYがQK，RKと交わる点をそれぞれC′，D′とすると，面IJKQにできる切り口の線は直線B′C′になり，面PLJIにできる切り口の線は，点A′を通りMFと平行な直線A′E′になり，面JLRKにできる切り口の線は直線E′D′になる。よって，点Ｅを含む立体は，立体AMD－EFYHから，点Ｉ，Ｊ，Ｋ，A′，B′，C′，D′，E′を頂点とする立体を切り取った立体となる。まず，立体AMD－EFYHは，もとの立方体を，点M，F，Y，Dを通る平面で２等分してできる立体だから，その体積は，$8\times8\times8\times\frac{1}{2}$＝256($cm^3$)である。また，三角形DB′Qと三角形MDAは相似で，B′Q：DA＝DQ：MA＝２：４＝１：２だから，B′Q＝$8\times\frac{1}{2}$＝４(cm)，B′I＝６－４＝２(cm)となり，三角形A′B′Iと三角形DB′Qも相似なので，A′I：DQ＝B′I：B′Q＝２：４＝１：２より，A′I＝$2\times\frac{1}{2}$＝１(cm)とわかる。同様に，C′Q＝４cm，C′K＝２cm，D′K＝１cmとなる。さらに，点A′からE′Jに垂直な直線A′F′を引くと，A′E′とMF，A′F′とBF，E′F′とBMがそれぞれ平行であることから，三角形A′E′F′と三角形FMBは相似となる。E′F′：MB＝A′F′：FB＝６：８＝３：４より，E′F′

図④
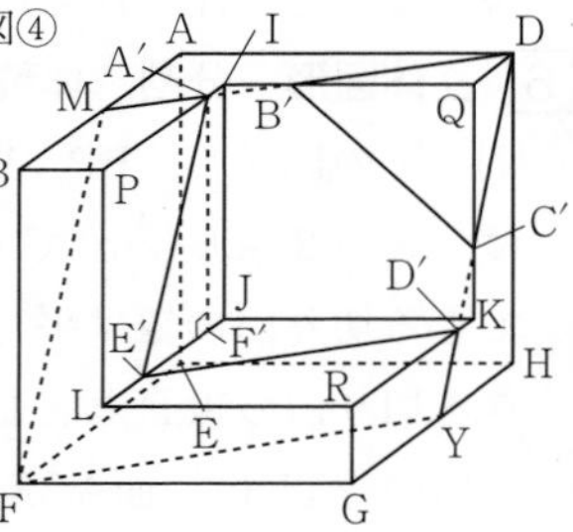

図⑤
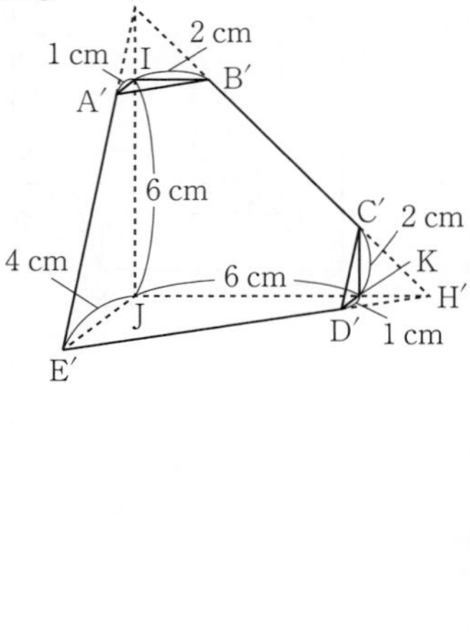

$=4\times\frac{3}{4}=3$(cm)なので，E′J＝３＋１＝４(cm)である。以上より，点Ｉ，Ｊ，Ｋ，A′，B′，C′，D′，E′を頂点とする立体は上の図⑤のようになる。図⑤で，三角形G′A′Iと三角形G′E′Jの相似より，G′I：G′J＝A′I：E′J＝１：４だから，G′I：IJ＝１：(４－１)＝１：３となり，G′I＝$6\times\frac{1}{3}=2$(cm)である。同様に，H′Kも２cmとなるので，図⑤の立体の体積は，$\{4\times(6+2)\div2\}\times(6+2)\div3-(1\times2\div2)\times2\div3\times2=\frac{128}{3}-\frac{4}{3}=\frac{124}{3}=41\frac{1}{3}$(cm^3)となる。したがって，点Ｅを含む立体の体積は，$256-41\frac{1}{3}=214\frac{2}{3}$(cm^3)と求められる。

社　会　＜第１回試験＞（理科と合わせて50分）＜満点：50点＞

解　答

1 **問１**　井戸　**問２**　５　**問３**　(例)　火災が燃え広がることを防ぐため。　**問４**　４　**問５**　２　**問６**　３　**問７**　２，３　**問８**　３　**問９**　厚生労働　**問10**　４　**問11**　２→３→４→１　**2** **問１**　１，４　**問２**　３　**問３**　４　**問４**　１　**問５**　石炭　**問６**　三日月湖　**問７**　４　**3** **問１**　木曽　**問２**　３　**問３**　２　**問４**　六波羅探題　**問５**　豊臣秀吉　**問６**　３→４→１→２　**問７**　２

解　説

1 **水を題材とした問題**

問１　地下水を得るため，地面に掘《ほ》られた穴を井戸という。多くは地面に垂直に掘られ，かつてはつるべという桶《おけ》や手押し式のポンプで水をくみ上げて使った。

問２　最上川は，山形県と福島県の県境に位置する吾妻連峰《あずまれんぽう》を水源として，山形県内の米沢盆地・山形盆地・新庄盆地を流れ，庄内平野の酒田市で日本海に注ぐ。一つの都道府県のみを流れる川の中では，本州で最も長い。なお，北上川は岩手県・宮城県を，神通《じんずう》川は岐阜県・富山県を，利根川は群馬県・埼玉県・千葉県・茨城県を，長良《ながら》川は岐阜県・愛知県・三重県を流れる。

問３　江戸時代前半の1657年，明暦の大火とよばれる大火事が発生し，江戸の市街地は大きな被害を受けた。このあと，幕府は，建物から建物へ火が燃え広がるのを防ぐため，寺社や大きな武家屋《や》敷《しき》を市街地の周辺部に移動させ，火除《ひよけ》地とよばれる広場・空き地や，広小路《ひろこうじ》という大通りをつくった。

問４　東京都庁は1991年に千代田区から新宿区へと移され，現在にいたる。なお，東京都では人口増加が続いていたが，2021年６月以降減少が続き，2022年１月１日時点の推計人口が26年ぶりに前年同時期から減少した。

問５　１　1853年，アメリカ使節のペリーが来航して開国を求めると，江戸幕府は翌54年，日米和親条約を結んでこれに応じた。日米修好通商条約は1858年に結ばれ，アメリカとの貿易が開始された。　２　1858～59年に行われた安政の大獄《たいごく》と，1860年に起こった桜田門外の変について，正しく説明している。　３　1862年，薩摩藩(鹿児島県)の武士が，大名行列を横切ったイギリス人を殺傷するという生麦事件を起こすと，その報復として翌63年，イギリス艦《かん》が鹿児島を砲撃《ほうげき》するという薩英戦争が起こった。下関海峡を通る外国船を砲撃したのは長州藩(山口県)で，その翌年の1864

年にはイギリス・アメリカ・オランダ・フランスの連合艦隊が下関の砲台を砲撃し，占領した。

4　1867年，江戸幕府の第15代将軍徳川慶喜《よしのぶ》は大政奉還を行い，政権を朝廷に返した。しかし，その後の徳川家のあつかいを不服とした旧幕府側が挙兵し，1868年の鳥羽《とば》・伏見《ふしみ》の戦いから，戊辰《ぼしん》戦争が始まった。

問６　地方公共団体の議会は，憲法と法律の範囲《はんい》内で，その地域だけに適用されるきまりとして条例を制定できる。なお，１は政令，２は特定の地方公共団体のみに適用される特別法，４は条約についての説明。

問７　国民の生存権を保障するため，国は社会保障制度を整備している。その一つとして，高額な医療《いりょう》費の負担を軽くするため，すべての国民が公的な医療保険(健康保険)に加入することになっており，これを国民皆《かい》保険という。また，日本では，満20歳以上のすべての人を公的年金制度の対象とする国民皆年金のしくみをとっており，保険料を納めることで，老後に負担した分を年金として受け取れる。なお，育児休業手当や児童手当は制度として整備されてはいるが，出産した家庭や子どものいる家庭などに条件が限られる。雇用《こよう》保険は，ある一定の条件を満たした労働者が対象となる。

問８　１　法律の議決において衆参両院の議決が異なったとき，衆議院で出席議員の３分の２以上の賛成が得られれば，それが国会の議決となる。この場合，両院協議会の開催は義務ではない。

２　最高裁判所の裁判官は，任命後初めて行われる衆議院議員総選挙のときと，その後10年たって初めて行われる衆議院議員総選挙のときに，国民審査《しんさ》を受ける。　３　衆参両院の議員の定数は公職選挙法で定められており，定数変更《へんこう》のさいには公職選挙法の改正が必要となるが，憲法の改正は必要ない。　４　参議院が内閣に対して行う問責決議案には，法的拘束《こうそく》力はない。

問９　厚生労働省は，社会福祉，社会保障や公衆衛生，労働者についての仕事を担当する。上下水道の整備は公衆衛生にあたり，厚生労働省が法律の運用などを行うが，実際の事業は市区町村が行う。なお，人口減少などによって水道事業の維持・継続が難しくなっている一部の市区町村では，水道事業を民間に委託する動きもみられる。

問10　裁判員制度のもと，裁判員は，殺人などの重大な刑事事件について，地方裁判所で行われる第一審に参加する。６人の裁判員は３人の裁判官と話し合いながら審理を行い，有罪か無罪かの判断だけでなく，有罪の場合は刑の種類や程度についても決定する。

問11　水源林に降った雨は地下水などとなって河川に流れこむ。河川にダムがあった場合はそこにたくわえられ，必要に応じて放流される。その後，取水堰《せき》や取水塔《とう》のような取水施設で取水され，浄水《じょうすい》場で飲み水として安全な状態になるまで水質が改善される。こうしてきれいになった水は，上水道管を通って家庭などへと送られる。

2　日本の地形や産業などについての問題

問１　液状化現象は，地震の揺《ゆ》れによって砂をふくむ地盤《じばん》が液体のように流動する現象で，地面が沈《しず》んだり建物がかたむいたりする。液状化現象は，河口の周辺や埋《う》め立て地で発生しやすい。また，津波は，海底で発生する地震や海底火山の噴火などによって引き起こされる。

問２　各月の入荷先で最も多いのは，１・２月が静岡県，３・４月が茨城県，５～９月が長野県，10・11月が茨城県，12月が静岡県となっている。このうち，静岡県は沖合を暖流の黒潮(日本海流)が流れ，冬でも比較《ひかく》的温暖なことや，長野県では夏でもすずしい高原の気候を利用した抑制《よくせい》栽培によってレタスが生産されていること，3・4月，10・11月の茨城県の平均気温などから，15℃～20℃がレタスの栽培適温だと判断できる。

問3　あ　北海道では，気温が低いため，植物が完全に分解されずにできた泥炭《でいたん》という土壌《どじょう》が多く分布している。北海道東部にある根釧《こんせん》台地は，火山灰土や泥炭地が広がっていること，濃霧《のうむ》で気温があまり上がらないことから稲作には適さず，酪農《らくのう》がさかんに行われている。　い　鹿児島県には，シラスとよばれる火山灰土が積もってできたシラス台地が広がっている。シラスは水持ちが悪いため稲作には適さず，農業は畑作と畜産を中心に行われている。　う　沖縄県では，サンゴ礁《しょう》の堆積《たいせき》によって形成された石灰岩がみられる。石灰岩も水持ちが悪いため，稲作には適さない。

問4　国宝に指定される建造物はおおむね歴史の古いもので，京都府や奈良県に多い。一方で，美術工芸品は博物館や美術館で保存されることが多いので，博物館や美術館がいくつもある東京都に多い。なお，2は京都府，3は奈良県，4は大阪府。

問5　コークスは石炭を蒸《む》し焼きにしてつくられるもので，製鉄のさい，鉄鉱石や石灰石を溶《と》かす熱源となり，鉄鉱石と反応することで鉄を取り出す役割をはたす。

問6　曲がりくねっていた川の流路が洪水《こうずい》や浸食《しんしょく》作用などでまっすぐになり，新しい流路から切り離されて湖になったものを，三日月湖という。北海道を流れる石狩川の流域では，たくさんの三日月湖がみられる。

問7　コーヒー豆は気温の高い地域で栽培され，南アメリカのブラジルやコロンビアのほか，東南アジアのベトナムやインドネシア，アフリカのエチオピアなどの生産量が多い。日本も，これらの国から多くのコーヒー豆を輸入している。また，日本はアジア諸国から多くの衣類を輸入しており，ベトナムからの輸入額は中国についで2番目に多い。統計資料は『データブック　オブ・ザ・ワールド』2021年版による。

3　各時代の歴史的なことがらについての問題

問1　源義仲は木曽地方(長野県)で育ったことから，木曽義仲ともよばれた。1183年の倶利伽羅《くりから》峠《とうげ》の戦いで平家の軍を破るなど活躍したが，京都に入ったあと，後白河法皇，源頼朝と対立し，源義経らによって討《う》たれた。

問2　645年，中大兄《なかのおおえの》皇子と中臣鎌足《なかとみのかまたり》は，皇室をしのぐほどの勢力をふるっていた蘇我蝦夷《そがのえみし》・入《いる》鹿《か》父子を倒《たお》し，大化の改新とよばれる一連の政治改革に取り組んだ。大化の改新では天皇中心の政治が目指され，その一つとして戸籍を作成し，これにもとづいて田を分け与える班田収授の原則が示された。なお，四天王寺が建てられたのは593年，冠位十二階が定められたのは603年，憲法十七条が示されたのは604年，法隆寺が建てられたのは607年のことで，このときは推古天皇，聖徳太子，蘇我馬子が協力して政治を行っていた。また，遣唐使は630年にはじめて派遣された。

問3　1940年，すべての政党が解散し，近衛文麿《このえふみまろ》首相を総裁とする大政翼賛会《たいせいよくさんかい》に合流した。1942年には「翼賛選挙」とよばれる衆議院議員総選挙が行われ，大政翼賛会の推薦《すいせん》候補とそれ以外の候補者が争ったが，政党どうしの争いはなかった。

問4　六波羅《ろくはら》探題は，承久の乱(1221年)のあと，鎌倉幕府が京都に置いた出先機関で，西国の武士や朝廷の監視にあたった。足利尊氏は鎌倉幕府の御家人だったが，1333年，後醍醐《ごだいご》天皇の倒幕のよびかけに応じて六波羅探題を攻め落とした。

問5　「秀忠」の名が「幼少時の主君から1字をつけたもの」であり，秀忠の父の家康が豊臣秀吉に仕えていたことから，「秀」は豊臣秀吉からとった字だと推測できる。

問６　１は室町時代中ごろ(戦国時代の始まり)，２は江戸時代，３は鎌倉時代，４は室町時代初め(南北朝時代)について述べた文なので，時代の古い順に３→４→１→２となる。

問７　１『源氏物語』の作者として知られる紫式部は，一条天皇の后・彰子に仕えた宮廷女官である。　２　北条政子について正しく説明している。なお，北条政子の夫は源頼朝，「朝廷との戦い」とは1221年の承久の乱をさす。　３　出雲《いずも》の阿国《おくに》は阿国かぶきとよばれる踊《おど》りを始め，これが江戸時代に歌舞伎《かぶき》として大成された。　４　津田梅子は女子英学塾(現在の津田塾大学)を設立するなど女子教育に力を注いだが，雑誌『青鞜《せいとう》』を発刊したのは平塚らいてうである。

理　科　＜第１回試験＞（社会と合わせて50分）＜満点：50点＞

解　答

1　(1)　175Ｌ　(2)　60Ｌ　(3)　76cm　(4)　150Ｌ　(5)　50Ｌ

2　(1)　4.2ｇ　(2)　0.4Ｌ　(3)　3.7％　(4)　①　い　②　あ　③　う

3　(1)　お　(2)　い　(3)　う　(4)　い，え　(5)　あ，う，え

4　(1)　お　(2)　い　(3)　う，か　(4)　う　(5)　う　(6)　①　い　②　う　③　え

解　説

1　油が水から受ける浮力《ふりょく》についての問題

(1)　問題文中の図２で，容器の底面積は，50×50＝2500(cm^2)であり，水は70cmの高さまで入っているので，水の体積は，2500×70＝175000(cm^3)である。これは，1000cm^3＝１Ｌより，175000÷1000＝175(Ｌ)になる。

(2)　油を１Ｌ注いだ場合を考える。油１Ｌの重さは，0.8×１×1000＝800(ｇ)なので，油にはたらく浮力も800ｇである。このとき，あふれる水の重さは800ｇで，この水の体積は，800cm^3＝0.8Ｌとなる。よって，あふれた水が48Ｌのときに注いだ油は，48÷0.8＝60(Ｌ)である。

(3)　油を１Ｌ注いだ場合，油は底面積が，50×40＝2000(cm^2)の直方体になるので，その高さは，１×1000÷2000＝0.5(cm)となる。また，このとき水は800cm^3(0.8Ｌ)あふれるので，油を入れる前の水面の位置(底面から70cmの高さ)と比べて，水の上面(水と油の境界面)は，800÷2000＝0.4(cm)下がり，油の上面は，0.5－0.4＝0.1(cm)上がる。したがって，注いだ油が60Ｌのとき，油の上面は，0.1×60＝６(cm)上がるので，底面からの高さが，70＋６＝76(cm)になる。

(4)　注げる油が最大量になるのは，水の上面が仕切りの下端《かたん》まできたときである(油をこれ以上注ぐと，油が仕切りをこえて水の中を上昇《じょうしょう》し，穴からあふれるようになる)。つまり，水の上面が60cm下がったときなので，60÷0.4＝150(Ｌ)の油を注いだときとわかる。

(5)　もし注いだ液体250Ｌが油の混ざっていない水だけの場合，あふれる水は250Ｌとなるが，これは実際よりも，250－240＝10(Ｌ)多い。また，注いだ液体に混ざる油が１Ｌ増《ふ》えるごとに，あふれる水の体積は，１－0.8＝0.2(Ｌ)ずつ減る。したがって，注いだ液体250Ｌに混ざっている油は，10÷0.2＝50(Ｌ)と求められる。

2　呼気に含《ふく》まれる二酸化炭素の割合を調べる実験についての問題

⑴　二酸化炭素2.4Ｌを十分な量の石灰水と反応させると，10ｇの沈殿《ちんでん》ができることから，二酸化炭素１Ｌをすべて石灰水と反応させると，10×１÷2.4＝4.16…より，4.2ｇの沈殿ができる。

⑵　問題文中の実験１の表より，吹《ふ》きこんだ二酸化炭素の体積が2.4Ｌのときは，３×2.4÷1.2＝６（ｇ）の沈殿ができるが，この量は二酸化炭素2.4Ｌをすべて反応させたときにできる沈殿の重さの，６÷10＝0.6（倍）にしかなっていない。よって，吹きこんだ二酸化炭素の，１－0.6＝0.4（倍）の量の二酸化炭素は逃《に》げてしまったことがわかるから，二酸化炭素１Ｌを吹きこんだときは，１×0.4＝0.4（Ｌ）の二酸化炭素が逃げる。

⑶　実験２でできた沈殿は0.55ｇだったので，実験１から，２×３＝６（Ｌ）の呼気中に含まれる二酸化炭素の量は，1.2×0.55÷３＝0.22（Ｌ）と求められる。したがって，求める割合は，0.22÷６×100＝3.66…より，3.7％である。

⑷　①　実験２で，ろ紙に沈殿を残したまま重さをはかると，沈殿の重さが0.55ｇより小さくなるので，それをもとに計算すると，呼気中に含まれる二酸化炭素の量も0.22Ｌより小さくなる。よって，求める割合は3.7％よりも小さい値となる。　②　1.6×３＝4.8（Ｌ）の呼気中に含まれる二酸化炭素の量が0.22Ｌとなるため，求める割合は，0.22÷4.8×100＝4.58…（％）となって，3.7％よりも大きい値になる。　③　問題文中の誤《あやま》った操作をした場合の表からでも，十分な量の石灰水に二酸化炭素を吹きこんだときにできる沈殿の重さは求められる。したがって，求める割合は変わらない。

3　蚊《か》についての問題

⑴　蚊は，卵→幼虫→さなぎ→成虫の順にすがたを変えながら成長する完全変態をし，幼虫はボウフラ，さなぎはオニボウフラと呼ばれる。成虫はハエやアブと同じく２枚のはねしか持たない。

⑵　あ　ペストはペスト菌《きん》による感染症《かんせんしょう》で，1894年に北里柴三郎《しばさぶろう》（2024年発行予定の新千円札の肖像《しょうぞう》となる人物）がこの菌を発見した。主に，ネズミやイヌなどからノミを介《かい》してヒトへ感染する。い　マラリアは熱帯や亜《あ》熱帯の地域で発生し，マラリア原虫を持ったハマダラカに刺《さ》されることによって感染する。　う　インフルエンザは，日本では冬の時期に流行するインフルエンザウイルス感染症であり，主にせきやくしゃみで発せられた飛沫《ひまつ》により，ヒトからヒトへうつる。　え　結核《けっかく》は結核菌が引き起こす。ヒトからヒトへ飛沫などでうつるのが主だが，ウシやシカなどから感染する場合もある。

⑶　「二酸化炭素の排出《はいしゅつ》量の多いヒト，体臭《たいしゅう》の強いヒト，体温の高いヒトは，蚊に刺されやすい」とあるので，呼吸が早くなり，体温が上がっている運動後に最も刺されやすいと考えられる。

⑷　アカイエカのほうがヒトスジシマカよりも活動気温の最低温度が低いので，日を追うごとに暖かくなっていく春先において，アカイエカの方が先に活動できるといえる。また，成虫で冬ごしするアカイエカはすぐに活動できるのに対し，ヒトスジシマカは卵で冬ごしするため，暖くなってからも，成虫となって活動するまでには時間がかかる。

⑸　「あ」について，地球温暖化の影響《えいきょう》によって気温が上昇しているため，ヒトスジシマカの生息地域は北に広がりつつある。「う」について，ヒトスジシマカは水ぎわや水面に産卵する。「え」について，産卵の回数が増えるほど，蚊の数が増え，それだけ蚊に刺される可能性が高くなるため，伝染病が広がる危険は大きくなる。

4　季節と気象についての問題

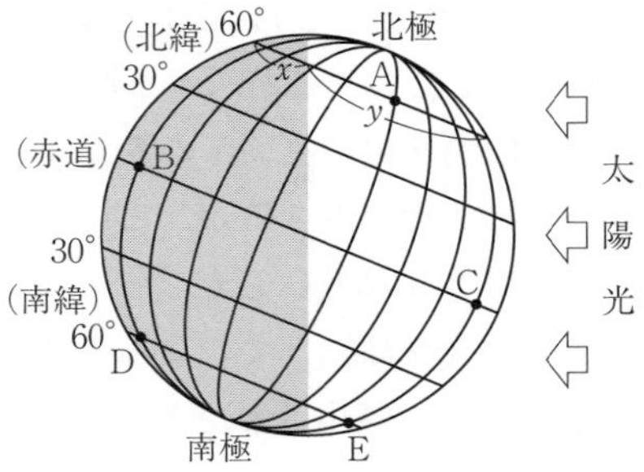

⑴　右の図で，地球が１回自転すると，Ａの地点は北緯《ほくい》60度の線上をなぞるように移動する。このとき夜の部分にいる時間のほうが昼の部分にいる時間よりも短くなる(xの部分のほうがyの部分よりも短い)。つまり，夜の長さは12時間より短い。赤道上のＢの地点とＣの地点では，夜の部分にいる時間と昼の部分にいる時間が同じになり，夜の長さは12時間となる。Ｄの地点とＥの地点では，夜の部分にいる時間のほうが昼の部分にいる時間よりも長くなって，夜の長さは12時間より長くなる。以上より，図１のとき，南に行くほど夜の長さが長くなるといえる。

⑵　問題文中の図１のような太陽光の当たり方をしているのは日本における夏至《げし》のころなので，その半年後は冬至《とうじ》のころである。このころは地軸《じく》の南極側が太陽側に向くため，南に行くほど昼の長さが長くなり，日の出の時刻は早くなる。

⑶　赤道上でも日本と同様に，冬至のときの太陽は真東より南寄りから昇《のぼ》り，真西より南寄りに沈《しず》む。また，地軸がどのようにかたむいたときでも，赤道上では夜の部分にいる時間と昼の部分にいる時間が同じになる。つまり，季節が変化しても昼の長さはほぼ変化しない。

⑷　海水と地面では，地面のほうが温まりやすく冷めやすい。冬になると，シベリア大陸上の空気は強く冷やされて下降し，冷めにくい太平洋上の空気は上昇するため，シベリア大陸から太平洋へ向かう空気の大きな流れができる。これが冷たい北西の季節風となる。

⑸　夏は冬とは反対に，シベリア大陸上の空気は温められて上昇し，温まりにくい太平洋上の空気は下降するため，太平洋からシベリア大陸へ向かって暖かい南東の季節風が吹く。このようすは，昼間，陸上の空気が温められて上昇するのにともなって海から陸に向かって吹く海風と同様である。

⑹　気圧を表すときに用いる単位はhPa(ヘクトパスカル)，降水量を表すときに用いる単位はmm(ミリメートル)，風速を表すときに用いる単位はm/秒(メートル毎秒)である。

国　語　＜第１回試験＞（50分）＜満点：100点＞

解　答

一　**問１**　Ｃ　**問２**　エ　**問３**　**あ**　イ　**い**　イ　**う**　カ　**問４**　図…イ　**問５**　エ　**問６**　ア　**問７**　オ　**問８**　(例)　生産にかかった費用を支払い，利益が出るよう，リスクと相場を考え合わせ値段を判断する。　**問９**　下記を参照のこと。　**二**　**問１**　**Ａ**　ウ　**Ｂ**　ア　**問２**　ア　**問３**　ウ　**問４**　ウ，オ　**問５**　ア　**問６**　イ　**問７**　エ　**問８**　(例)　ほかの人とは違って独りを恐れていないように見え，わたしの書いた物語を理解し，ありのままのわたしを受けいれてくれる存在。

●漢字の書き取り

一　**問９**　**Ｘ**　負担　**Ｙ**　店頭　**Ｚ**　保証

解　説

一　**出典は徳田賢二《とくだけんじ》の『値段がわかれば社会がわかる　はじめての経済学』による。**イチゴを例にとり，生産者がどう生産するか，生産量と値段をどう判断しているかを説明している。

問１　もどす文の最初には，それまで述べてきたことをいったん打ち切り，話題を変えるときに用いる「ところで」がある。よって，前では収益を出さないといけない理由について，後では目標とする収入額の出し方について述べ，また，直後の「このこと」がもどす文の内容を指しているＣに入れるのがよい。

問２　空らんＡからＣの間に，「費用」とはイチゴの栽培《さいばい》，供給にかかるお金や，農家のくらしをささえるためのお金をいうと書かれている。よって，農家のくらしをささえるためのお金にあたるア，イチゴの栽培にかかる経費であるイ，ウ，イチゴの供給にかかるお金であるオは適当といえる。

問３　**あ**　「来年度の費用を利益で賄《まかな》う」ことを前提にしている。来年度に必要な費用は栽培費用200円＋くらしの費用200円＝400円となるので，イがよい。　**い**　今年度支払《しはら》う費用は，栽培費用200円＋くらしの費用200円＝400円なので，イが合う。　**う**　「あ」400円＋「い」400円＝800円となるので，カが入る。

問４　四つ後の段落に，このグラフでは「金額が固定されている」とある。また，収入金額は右側に行くほど増えているとも書かれている。この二つの条件にあてはまるのは図イと図ウである。さらに，収入金額が増えるほど損失は減るはずなので，図イが選べる。

問５　空らんＤの後に，生産者は「不確実性とリスク」を克服《こくふく》しようと日々努めているが，その「不確実性とリスクを生み出している」のは消費者だとある。これまでは生産者側に関して議論してきたが，消費者がかかわっていると述べることで読者の注目をひいているので，エがよい。

問６　少し前に「こうして見ると」とあるとおり，この段落では収入と費用，利益の関係を表したグラフをもとに，期待より売れないと生産者が困る理由が説明されている。収入から費用を引いたものが利益だが，売れないと利益が出なくなり，深刻な場合は損失を被《こうむ》るのだから，アが合う。

問７　空らんＤの後に注目する。消費者が「買うか，買わないか，よくわからない」曖昧《あいまい》な態度を取ると，生産者は市場に商品を出すべきか迷い，先行きの「不確実性」になやまされるとあるので，オが選べる。

問８　空らんＥの前後の内容からまとめる。生産にかかった費用を支払い，利益が出るように値段をつけるのが大前提になる。さらに，台風被害《ひがい》などによる大損害などのために生産できなくなるリスクや，一般《いっぱん》に売られている値段である「相場」も考え合わせて値段を判断するのである。

問９　**Ｘ**　重荷。重すぎる義務や責任。　**Ｙ**　店先。　**Ｚ**　そのものごとや人物が確かであると認め，責任をもつこと。

二　**出典はあさのあつこの『ハリネズミは月を見上げる』による。**独《ひと》りになるのを恐《おそ》れていた御蔵《みくら》さんは，同級生の菊池《きくいけ》さんに対して，鳥が好きな変わり種の自分をありのままに見せることができるようになる。

問１　**Ａ**　「白ける」は，興ざめして気まずくなること。　**Ｂ**　「ちゃっかり」は，ぬけ目のないようす。

問２　空らん「あ」には背筋が伸《の》びているようすを表す言葉が入るので，体を起こして姿勢をよくするさまの「しゃん」がよい。空らん「い」には，記憶《きおく》を思い出しながら話すようすを表す言葉が入るので，切れ切れに話すさまの「ぽつぽつ」が合う。空らん「う」には，不安が頭のなかで音を立てるようすを表す言葉が入るので，小さなものが連続してはじける音を表す「ぷちぷち」がふさわしい。「そわそわ」は落ち着かないようすを表すが，音を表す言葉ではない。よって，アが選べる。

問３　前後から，御蔵さんは集団の場で独りになり，変わっているからと嫌《きら》われたり，厭《いと》われたりすることを怖《こわ》がっていることがわかるので，ウがよい。

問４　ウで生徒Ｃが取り上げているぼう線⑤は，「鳥，好きなんだ」と菊池さんに言われた直後の描写《びょうしゃ》である。異質だからと嫌われたり，厭われたりするのを御蔵さんは恐れていたが，鳥に興味を持つ変わり種の自分を菊池さんが受けいれてくれているのを知り，安心できたと考えられるので，合う。また，オで生徒Ｅが着目しているぼう線⑦の前では，鳥のふるまいをよく観察している御蔵さんの話を菊池さんが興味深く聞き，それを好意的にとらえて「おもしろい」と言う描写があるので，合う。

問５　ぼう線④は，“御蔵さんはやはり鳥が好きなんだね”という意味。本文の最後の部分で，御蔵さんは鳥が好きだから『森の王国』のような物語が書けるのだろうと菊池さんは言い，その物語を読んだ感想も述べている。よって，アが合う。

問６　鳥が好きなんだね，と菊池さんに言われた御蔵さんは，同じ歩調で歩きながら，祖母に鳥の名前を教わり，鳥を眺《なが》めた記憶を思い出しては話し続けている。変わっていると思われないかという不安を忘れて菊池さんに心を許し，話したい気持ちを素直《すなお》に出しているので，イが選べる。

問７　ふだんから観察している鳥の生態がいきいきと描かれた，御蔵さんの書いた物語を菊池さんは読みこみ，どの場面をいいと感じたかなどくわしい感想を伝えてくれた。鳥に興味がある自分は変人だと思われないかと恐れていた御蔵さんは，思いがけない言葉に驚《おどろ》いたのだから，エがよい。

問８　最初の場面からは，集団の場で独りになるのが怖い自分たちとはちがい，菊池さんは独りを恐れていないようだと御蔵さんが感じていることがわかる。また，御蔵さんが書いた物語を，鳥をよく観察しているからこそ書けた作品だと菊池さんは好意的に評価してくれたため，鳥が好きだという自分を理解し，受けいれてくれる存在だとも感じていると読み取れる。

2022年度　豊島岡女子学園中学校

〔電　話〕（03）3983－８２６１
〔所在地〕〒170-0013　東京都豊島区東池袋１－25－22
〔交　通〕JR線・東京メトロ各線・私鉄各線－「池袋駅」より徒歩７分

【算　数】〈第２回試験〉（50分）〈満点：100点〉

（注意）　１．円周率は3.14とし，答えが比になる場合は，最も簡単な整数の比で答えなさい。
　　　　　２．角すい・円すいの体積は，（底面積）×（高さ）÷３　で求めることができます。

１　次の各問いに答えなさい。

(1)　$2.5-4\div\left(1\frac{2}{3}+1.25\right)$を計算しなさい。

(2)　体積0.01m^3の金属Ａの重さは18kgです。4000cm^3の金属Ａと360cm^3の金属Ｂは同じ重さです。このとき，金属Ｂの1cm^3あたりの重さは何ｇですか。

(3)　３で割って２余り，５で割って３余り，７で割って１余る整数のうち，2022に一番近い数はいくつですか。

(4)　２つの整数AとBについて記号「△」を次のように約束します。

　$A\triangle B=A\times B-A+B$

このとき，次の□に当てはまる数を答えなさい。

$(5\triangle\square)\triangle 3=17$

２　次の各問いに答えなさい。

(1)　１周2.4kmの池の周りのＡ地点から，兄は歩いて，弟は走ってそれぞれ一定の速さで時計回りに進みました。兄は分速60mで進み，弟は兄より８分遅れて出発したところ，兄が１周する前に弟は兄に追いつきました。弟は兄に追いつくとすぐに逆方向に進み，Ａ地点に戻ってきたときに兄と出会いました。弟の速さは毎分何mでしたか。

(2)　同じ濃度《のうど》の食塩水が容器Ａに100ｇ，容器Ｂに200ｇ入っています。それぞれの容器の食塩水から同じ量の水を蒸発させたところ，容器Ａの食塩水の濃度は容器Ｂの食塩水の濃度の1.5倍になりました。容器Ａから何ｇの水を蒸発させましたか。

(3)　ある時刻に，長針と短針がぴったりと重なっていました。この時刻から100時間後までに，長針と短針がぴったり重なることは何回ありますか。ただし，初めにぴったりと重なっているときは，数えないものとします。

(4)　右の図のように，同じ大きさの正方形が縦に３個，横に５個ぴったりとくっついて並んでいます。２つの点ＡとＣ，ＢとＤを結んだとき，図の角アの大きさは何度ですか。

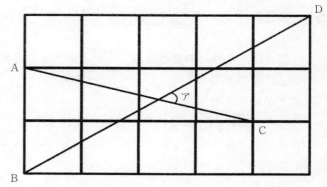

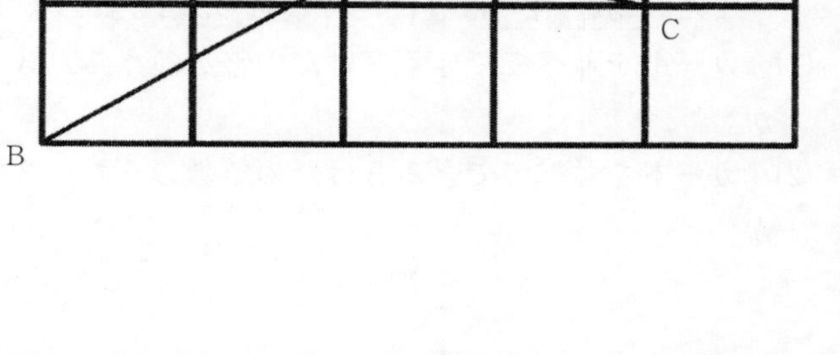

3　１個２ｇの赤球と１個３ｇの白球がそれぞれ何個かあり，赤球と白球の重さの合計は120ｇです。このとき，次の各問いに答えなさい。

(1)　赤球の個数と白球の個数を合わせると52個であるとき，白球の個数は何個ですか。

(2)　赤球の個数が白球の個数の２倍より10個少ないとき，白球の個数は何個ですか。

(3)　赤球の個数が白球の個数の３倍より多く，４倍よりは少ないとき，白球の個数は何個ですか。

4　次の各問いに答えなさい。

(1)　下の＜図１＞の四角形ABCDは正方形，三角形AEB，DCFは直角二等辺三角形です。直線EFの長さが20cmのとき，色のついた部分の面積は何cm^{2}ですか。

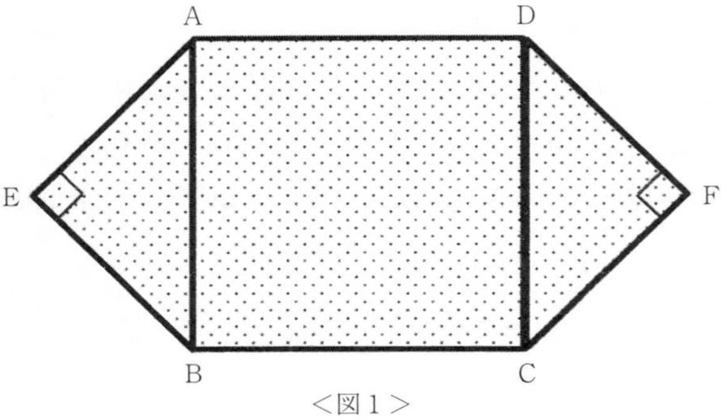

＜図１＞

(2)　下の＜図２＞の四角形GHIJは正方形，三角形GKH，JILは正三角形です。直線KLの長さが20cmのとき，色のついた部分の面積は何cm^{2}ですか。

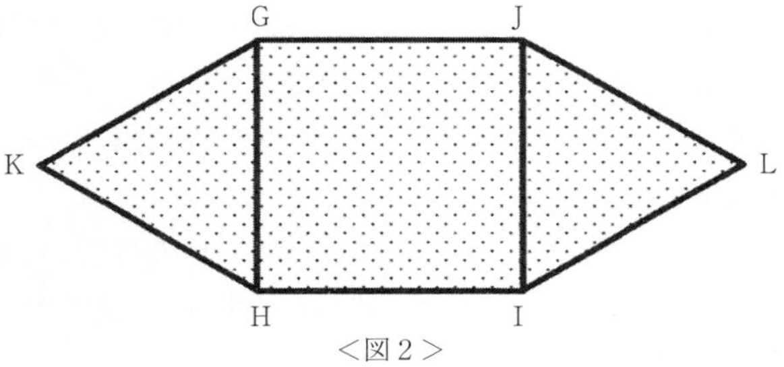

＜図２＞

5　３種類のカード［1］，［3］，［12］がたくさんあります。これらのカードを並べて整数を作ります。

例えば，１けたの整数は［1］，［3］で１，３の２個作ることができます。

２けたの整数は［1］［1］，［1］［3］，［3］［1］，［3］［3］，［12］で11，13，31，33，12の５個作ることができます。

また，［3］［12］は３けたの整数の312を表します。このとき，次の各問いに答えなさい。

(1)　カードを並べてできる３けたの整数のうち，３で割って余りが１となる整数は何個ありますか。

(2)　カードを並べてできる５けたの整数のうち，３で割って余りが１となる整数は何個ありますか。

6　右の図のような直方体 ABCD-EFGH があり，直線 DG の長さは $6\frac{1}{4}$ cm です。このとき，次の各問いに答えなさい。

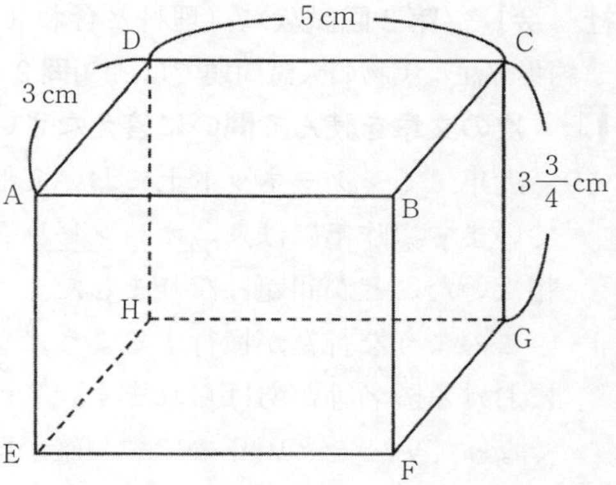

(1)　面 ABCD を辺 BC の周りに１回転させるとき，面 ABCD が通る部分の体積は何 cm^3 ですか。

(2)　直方体を３点 A，D，F を通る平面で切った切り口を辺 BC の周りに１回転させるとき，切り口が通る部分の体積は何 cm^3 ですか。

(3)　直方体を３点 A，C，F を通る平面で切った切り口を辺 BC の周りに１回転させるとき，切り口が通る部分の体積は何 cm^3 ですか。

【社　会】〈第２回試験〉（理科と合わせて50分）〈満点：50点〉

〈編集部注：実物の入試問題では，**2** 問２の図あ・図い，問３～問６の図はカラー印刷です。〉

1　次の文章を読んで問いに答えなさい。

近年，インターネット上において他人をことさらに非難して傷つける誹謗《ひぼう》中傷が顕著《けんちょ》になっています。昨年には，(ア)オリンピックに参加した選手に対してＳＮＳ《エスエヌエス》などを通じた誹謗中傷が相次いだことが問題になりました。

このような行為が横行するようになったのはなぜでしょうか。一般的《いっぱんてき》には，インターネットにおける匿名性《とくめいせい》があげられます。名前を明かさないために，自らの発信に対する責任意識が薄《うす》くなっていったというのです。確かに，個人のうっぷんを晴らすために他人に過激な発言をしてしまうことは今までもありましたが，その発言は私的なその場限りの狭《せま》い範囲《はんい》にとどまるものでした。しかし，インターネットは公共性があるもので，自分がいくら内輪での発信のつもりでも，拡散されて公《おおやけ》のものとなります。そして，自分にそれほどの意図はなかったとしても，誹謗中傷した相手の人格を否定し(イ)個人の尊厳を貶《おとし》めることにもなりかねません。また，行き過ぎた正義感も指摘《してき》されています。自分は正しいことをしている，間違《まちが》っている者を懲《こ》らしめなければならない，という意識を強く持ち，発信や行動がどんどんエスカレートしていくというものです。しかしこれも，自分の一方的な価値観から他人を断罪するものであり，相手にいわれのない不利益を及《およ》ぼす可能性があります。

この問題について，行政や情報通信を扱《あつか》う総務省が有識者会議を設置して審議《しんぎ》を重ね，それにもとづいて誹謗中傷を行った人物を特定しやすくするための，いわゆるプロバイダ責任制限法の改正案が，昨年１月に(ウ)閣議で決定されました。その後，(エ)国会での可決を経て昨年４月に(オ)公布され，遅《おそ》くとも今年の９月までには施行《しこう》される予定です。この改正プロバイダ責任制限法により，今までは誹謗中傷を行った人物の情報開示を(カ)裁判所に請求《せいきゅう》しても開示されるまで１年以上かかったものが，半年から数か月で特定できる見込《みこ》みとなりました。一方で，これは(キ)表現の自由を奪《うば》うことにつながるおそれがあるという意見もあり，インターネット上での誹謗中傷対策においては，被害《ひがい》者の保護だけでなく表現の自由とのバランスが十分に考慮《こうりょ》される必要があります。

インターネットは便利な通信手段であり，もはやそれなしの生活は考えられないでしょう。しかし，以前から(ク)情報社会の問題点は指摘されているところであり，インターネットによる危険性も例外ではありません。皆《みな》さんも，インターネットにおける発信にはくれぐれも気をつけ，正しく有効に使うことを心がけていってほしいです。

問１．下線部(ア)について，昨年開かれた東京オリンピック閉会後に国内の政権が倒《たお》れた影響《えいきょう》で，パラリンピックの開会式には選手団が参加することができなかった国があります。その国はどこですか，国名を答えなさい。

問２．下線部(イ)は，日本国憲法で定める基本的人権にかかわることですが，そこで保障される自由や権利はみだりに使ってはならず，社会に役立つように利用しなければならないとされています。人権と人権との衝突《しょうとつ》を調整するための原理であり，社会全体の幸福や利益のことを日本国憲法では何といいますか，答えなさい。

問３．下線部(ウ)について説明した次の**あ**・**い**の文が，正しい（○）かあやまっている（×）かの組み合わせとして，正しいものを下から一つ選び番号で答えなさい。

あ．閣議とは内閣における会議であり，総理大臣と国務大臣で構成される。
い．閣議は原則として非公開で，全会一致《いっち》制がとられている。

１．あ．○　い．○　　２．あ．○　い．×
３．あ．×　い．○　　４．あ．×　い．×

問４．下線部(エ)について，内閣が召集《しょうしゅう》を決定することができ，また衆議院・参議院のいずれかの総議員の４分の１以上の要求があれば召集しなければならないと日本国憲法に規定されている国会を何といいますか，漢字で答えなさい。

問５．下線部(オ)について，法律を公布することは内閣の助言と承認によって行われる天皇の仕事の一つですが，憲法に規定された天皇の仕事として，正しいものを次から**すべて**選び番号で答えなさい。

１．国会を召集する　　２．衆議院を解散する　　３．条約を締結《ていけつ》する
４．内閣総理大臣を指名する　　５．予算案を提出する

問６．下線部(カ)について説明した次の文のうち，正しいものを一つ選び番号で答えなさい。

１．最高裁判所は終審《しゅうしん》裁判所であるため，たとえ新たな証拠《しょうこ》が見つかったとしても最高裁判所での有罪判決が覆《くつがえ》ることはない。
２．地方裁判所や高等裁判所などは，最高裁判所に対して下級裁判所と呼ばれている。
３．裁判官をやめさせるかどうかを裁判する弾劾《だんがい》裁判所は，各都道府県に置かれている。
４．簡易裁判所は，家庭内のもめごとの調停や少年犯罪の審判《しんぱん》のほか，交通違反《いはん》や軽犯罪などの審判も行う。

問７．下線部(キ)について，表現の自由は日本国憲法の条文に明記された自由権の一つです。同様に，日本国憲法の条文に明記された自由権として，**適切でないもの**を次から一つ選び番号で答えなさい。

１．学問の自由　　２．居住・移転の自由　　３．自己決定の自由
４．職業選択《せんたく》の自由　　５．信教の自由

問８．下線部(ク)について説明した次の文のうち，正しいものを一つ選び番号で答えなさい。

１．あやまった情報が伝わらなくなったかわりに，多量の情報のなかで必要な情報が埋《う》もれてしまうおそれがある。
２．完全に情報を管理できるようになったので，もれなく監視《かんし》され個人の自由が失われる危険性がある。
３．情報を簡単にコピー(複製)することが難しくなるので，著作権や知的所有権が軽視されるおそれがある。
４．情報を素早く処理することができるようになったが，システムの故障によって多大な不便・不利益が生じる可能性がある。

2 次の各問いに答えなさい。

問１．次の**表あ**は，J R《ジェイアール》東日本の五つの駅における１日平均の乗車人員(人)と2020年度の前年比を示したもので，表中の**ア**～**オ**は，大宮，渋谷，立川，平塚，舞浜のいずれかです。また，**図い**は関東地方南部の鉄道路線の一部を示したもので，**図い**中の**1**～**5**は，**表あ**中の**ア**～**オ**のいずれかの位置です。**表あ**中の**エ**の駅にあたるものを，**図い**中の**1**～**5**から選び番号で答えなさい。

図い

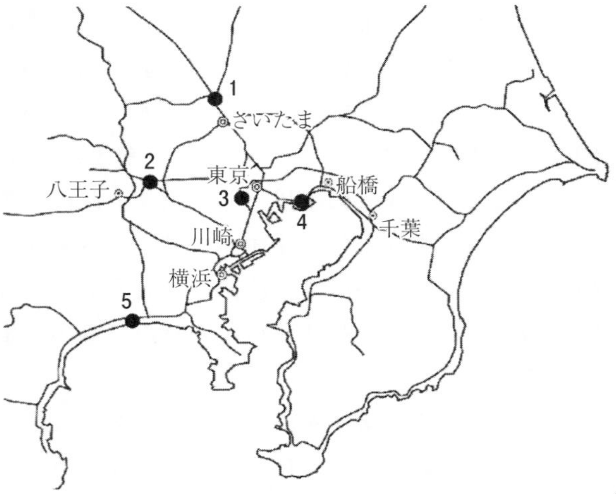

表あ

	2019年度	2020年度	2020年度の前年比 (2020年度÷2019年度)
ア	366128	222150	60.7%
イ	257344	188576	73.3%
ウ	166636	122033	73.2%
エ	78811	38395	48.7%
オ	60941	45546	74.7%

(JR東日本「各駅の乗車人員」より作成)

問２．右の**図あ**は，潮岬《しおのみさき》・高松・敦賀《つるが》・松本の場所，**図い**はその４都市における年降水量の平均値(1991～2020年)，**図う**はその４都市における１月と８月の平均気温(1991～2020年)を示したものです。**図い**と**図う**の**1**～**4**の番号は，同じ数字が同一の地点を表しています。このうち，高松にあたるものを選び番号で答えなさい。

図あ

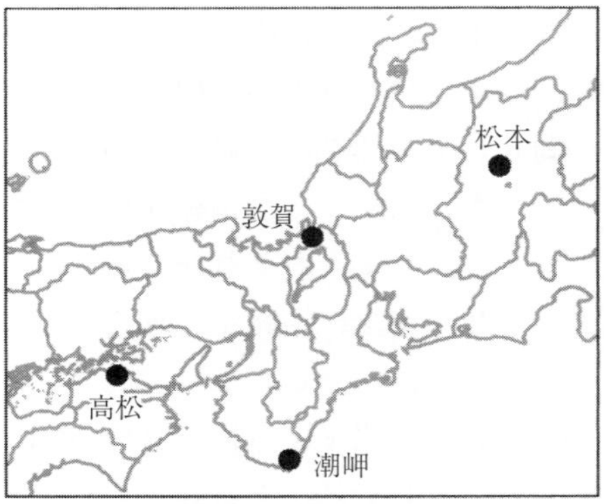

図い

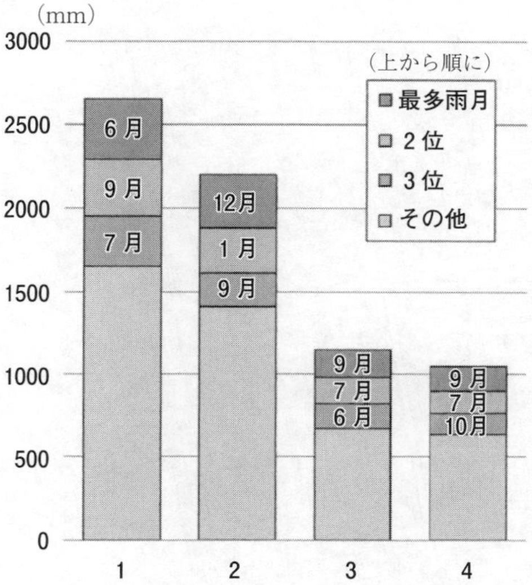

図う

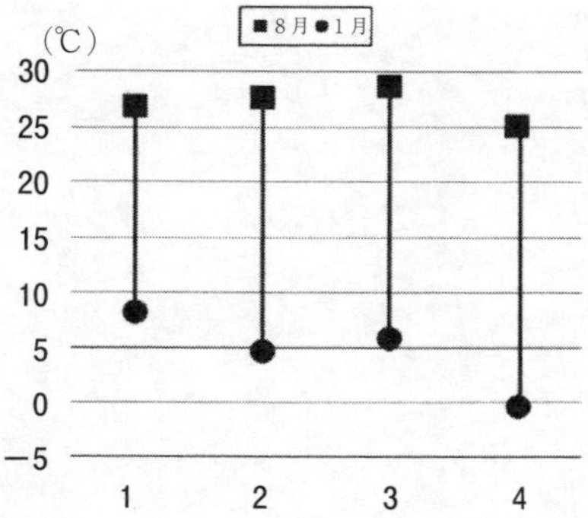

（**図い**・**図う**は「気象庁ホームページ　過去の気象データ検索」より作成）

問３．次のグラフは，東京都中央卸売《おろしうり》市場における魚類の取扱《とりあつかい》量の月別数量（2020年）を示したもので，**１**～**５**は，うなぎ・かつお・さんま・たら類・まいわしのいずれかです。このうち，たら類にあたるものを選び番号で答えなさい。

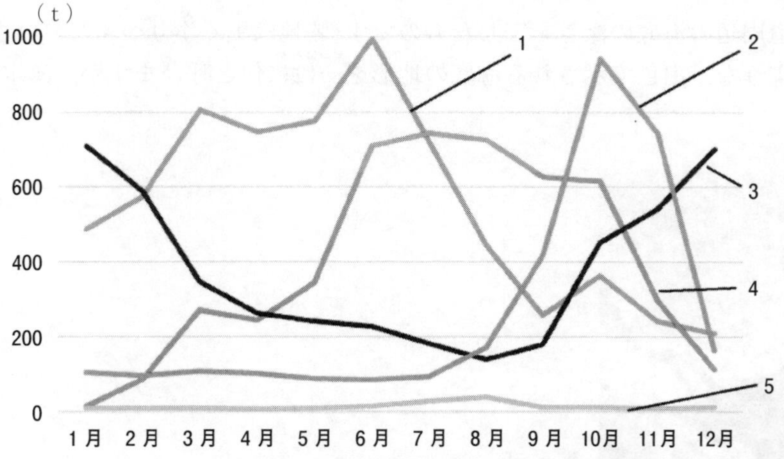

（東京都中央卸売市場「市場統計情報」より作成）

問４．次の図は，国土地理院発行のある地域の２万５千分の１地形図の一部です(図《ず》幅名《ふくめい》は作問の都合により伏《ふ》せてあります)。図に示されている市はどこですか，その市名を答えなさい。

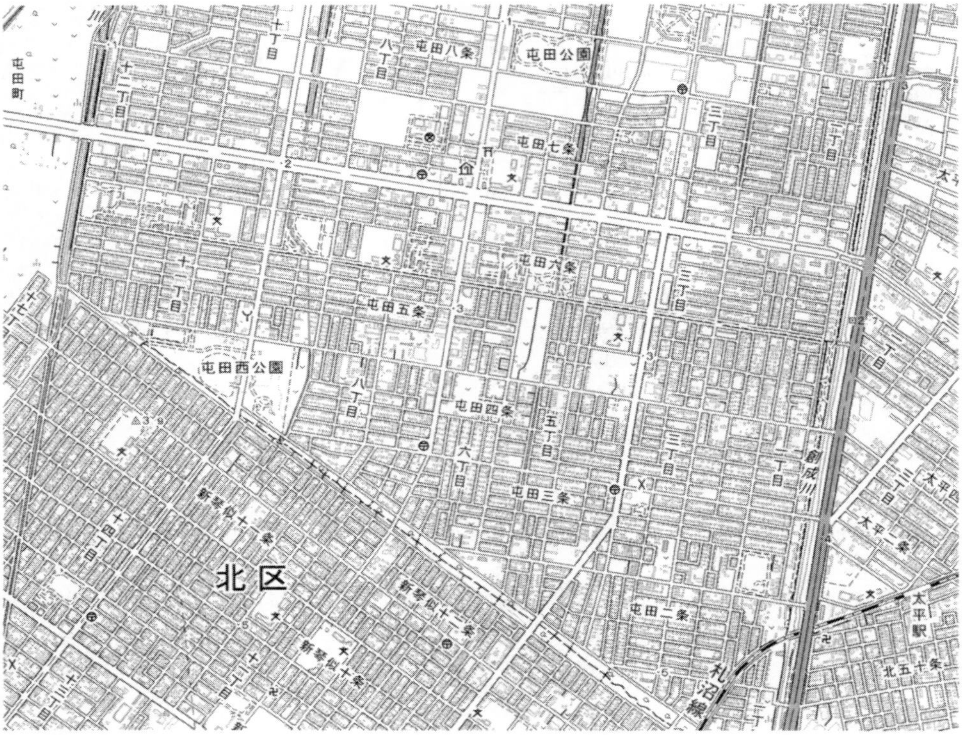

問５．次の図は，北海道周辺の海底の深さを表したものです(陸地は黒く塗《ぬ》りつぶしています)。図中の**ア**の部分のような，白色で示される海底の地形を一般《いっぱん》に何と呼びますか，漢字で答えなさい。

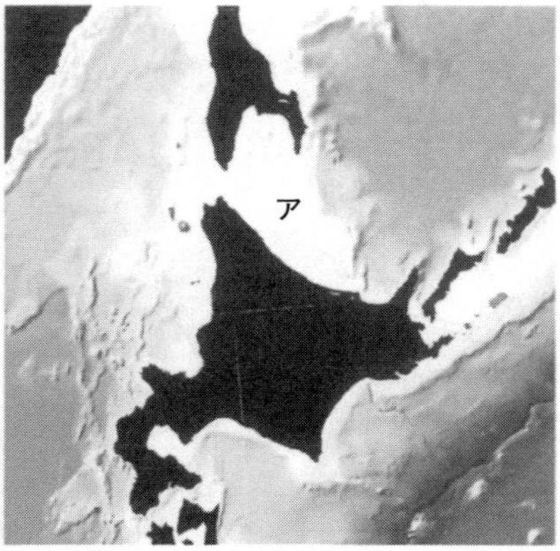

(アメリカ海洋大気庁のデータより作成)

問６．次の地図は，国土地理院発行５万分の１地形図「丸亀」の一部です。自分がいる地点の近くには神社があり，飯野山(讃岐富士)の山頂が南東の方位に見えているとき，自分の現在地はどこですか。地図上から判断して最も可能性の高い地点を，**１**～**６**から選び番号で答えなさい。

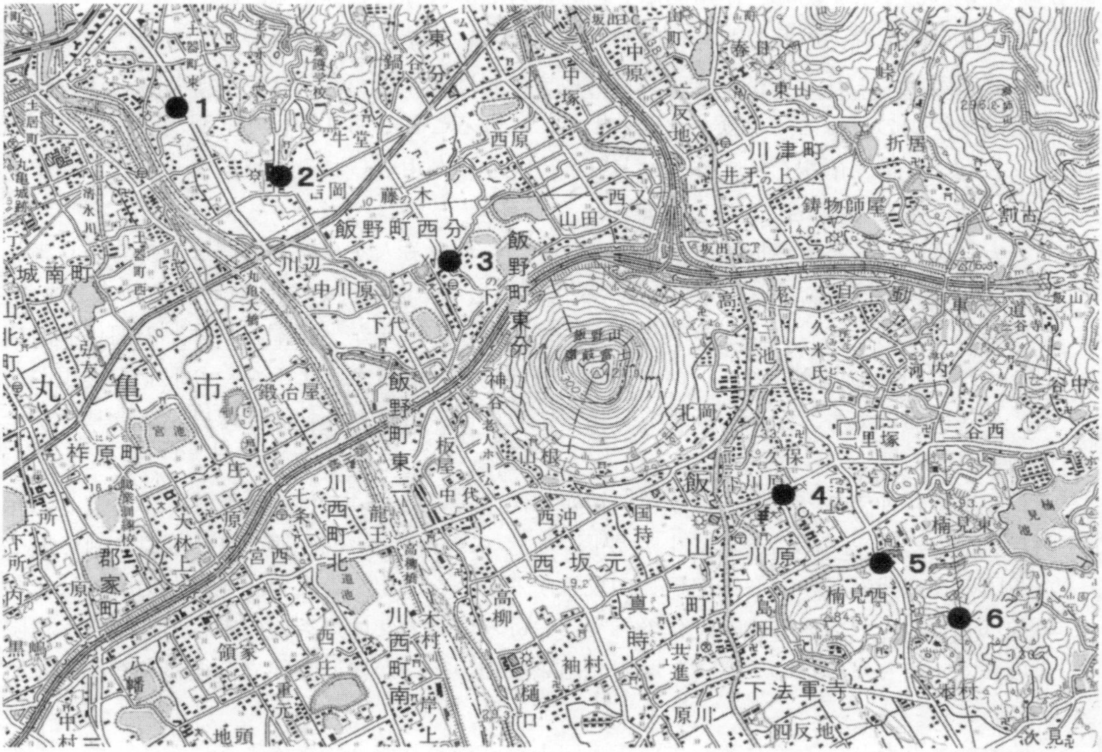

問７．伝統的な音楽，舞踊《ぶよう》，演劇，工芸技術などの無形の文化を保護するために，ユネスコでは無形文化遺産の登録が行われています。その中で，日本の無形文化遺産として登録されているものを，次から一つ選び番号で答えなさい。

１．阿波踊《あわおど》り　**２**．茶道　**３**．相撲《すもう》　**４**．花火　５．和食

問８．日本と近隣《きんりん》諸国との領土をめぐる情勢について述べた次の文のうち，日本政府の見解と合《がっ》致《ち》するものを一つ選び番号で答えなさい。

１．北方四島は，第二次世界大戦後，ソ連(現在はロシア)による不法占拠《せんきょ》が続いている。

２．竹島は，国際法上明らかに日本固有の領土だが，中華人民共和国が不法占拠している。

３．尖閣諸島は，日本最西端《せいたん》にある固有の領土である。

４．尖閣諸島は，韓国が不法占拠しており，領有権の問題を解決する必要がある。

問９．右の表は，野菜の収《しゅう》穫《かく》量(2019年)を示したもので，表中の**１**～**５**は，しゅんぎく，だいこん，たまねぎ，トマト，ほうれん草のいずれかです。このうち，ほうれん草にあたるものを選び番号で答えなさい。

品目	1	2	3	4	5
収穫量(千ｔ)	1334.0	1300.0	720.6	217.8	26.9

(『日本国勢図会 2021/22』より作成)

3　**次の文章を読んで問いに答えなさい。**

新型コロナウイルス感染症《かんせんしょう》の拡大を受け，社会ではオンライン上でつながる機会が増えてきました。直接会わずに仕事に取り組んだり，友人と交流したりと，遠く離《はな》れている人ともインターネットを通じて時間を共有するようになりました。では，遠く離れた人とどのようにつながりを築いてきたのか，歴史の中で振《ふ》り返《かえ》っていこうと思います。

遠く離れた人とのやり取りの手段の一つは，手紙です。(ア)古代律令国家においては(イ)主要道路に駅制が設けられ，文書を迅速《じんそく》に目的地まで届ける体制が作られていました。江戸時代には，宿場町の役割の一つに，手紙を次の宿場町に届けることもありました。明治時代になると，手紙よりもより早く情報を伝える手段として，（　**ウ**　）が用いられるようになります。現代でも，（　**ウ**　）柱は各地で見ることができます。

一方，遠くの人とやり取りをする際に，仲立ちとなる人が存在することも多くありました。(エ)中世の荘園の支配において，都にいる荘園領主から派遣《はけん》された使者が地方で大きな影響《えいきょう》力を持つこともありました。江戸時代には，（　**オ**　）藩の宗氏が(カ)日本と朝鮮との関係を回復させるために，国書の偽造《ぎぞう》なども行いながら，日朝両国が満足するようなやり取りを実現させました。近代においても，(キ)条約改正を目指して欧米に派遣された使節団では，岩倉具視が全権大使とされました。

このように仲立ちとなる人は，単に情報を伝えていたわけではありませんでした。例えば，明智光秀が(ク)本能寺の変を起こした要因の一つには，光秀が交渉《こうしょう》の仲立ちの役割を担っていた四国の長宗我部氏に対し織田信長が攻撃することを決定したため，光秀がそれに反発したという点も指摘《してき》されています。近代の外交における全権大使は，条約の内容を交渉する権限が与《あた》えられていました。このように，歴史の出来事のいくつかには，仲立ち役の存在が確認できます。

情報社会となり，遠くに離れている人同士が直接やり取りできるようになる中で，このような仲立ちの存在は消えていってしまうのでしょうか。はたまた，その存在に価値が認められ，形を変えて残り続けるのでしょうか。

問１．下線部(ア)について説明した次の文のうち，正しいものを一つ選び番号で答えなさい。

1．上級貴族の子どもが高い位につきやすいという，貴族を優遇《ゆうぐう》する制度があった。

2．都の道路は碁盤《ごばん》の目のようになっており，内裏は都の南部の中央におかれた。

3．土地に対する税として租が課せられたが，女性には納める義務がなかった。

4．朝廷の支配は，九州から現在の北海道にまで及《およ》んでいた。

問２．下線部(イ)について，当時の駅制のもとでは，文書を運ぶ人は，駅で食料を得る他にも，少しでも早く文書を届けるために，駅でどのようなことをしたでしょうか，10字程度で答えなさい。

問３．空らん(**ウ**)にあてはまる語句を，漢字２字で答えなさい。

問４．下線部(エ)について，中世の荘園の支配と，江戸時代の農村の支配とを比較《ひかく》したときに，両方に共通してあてはまる説明として，最も適切なものを次から一つ選び番号で答えなさい。

1．税は，貨幣《かへい》で納められることはなかった。

2．村落独自の決まりが作られていた。

3．土地の所有者が誰《だれ》なのかが，戸籍に記載《きさい》されていた。

４．武士は農村に住んでいなかった。

問５．空らん(**オ**)にあてはまる語句を，漢字で答えなさい。

問６．下線部(カ)について，日本と朝鮮半島の歴史的な関係について説明した次の文のうち，正しいものを一つ選び番号で答えなさい。

１．倭の五王は，朝鮮半島の国々に対して優位な立場になるために，中国の魏にたびたび使いを送った。

２．室町幕府は，倭寇の取り締《し》まりの要求を受けて朝鮮との貿易を開始し，多くの木綿を輸入した。

３．日本の進出に対して朝鮮半島で三・一運動が起こると，これを鎮圧《ちんあつ》した日本は，韓国併《へい》合《ごう》を行った。

４．日本は，中華人民共和国との国交を正常化させた後に，日韓基本条約で大韓民国との国交も正常化させた。

問７．下線部(キ)について，この使節団が派遣《はけん》されていた期間に日本国内で起こった出来事として，**あやまっているもの**を次から**二つ**選び番号で答えなさい。

１．学制の公布　　２．新橋・横浜間の鉄道開通　　３．西南戦争

４．富岡製糸場の操業開始　　５．民選議院設立建白書の提出

問８．下線部(ク)について，次にあげた寺院または神社のうち，当時の本能寺から最も近くに位置するものを一つ選び番号で答えなさい。

１．出雲大社　　２．伊勢神宮　　３．中尊寺　　４．鶴岡八幡宮　　５．平等院

【理　科】〈第２回試験〉（社会と合わせて50分）〈満点：50点〉

1　鏡と像について，以下の問いに答えなさい。

光が鏡に入射《にゅうしゃ》し，はね返ることを反射といいます。図１のように反射面が球の一部となっている鏡を球面鏡といい，その外側を凸面鏡《とつめんきょう》，内側を凹《おう》面鏡《めんきょう》といいます。光は入射角と反射角が等しくなるように反射します。球面鏡の場合は，図１の点線のように球の中心Ｏと反射点を通る直線と，光との間の角度が入射角と反射角になり，これらが等しくなるように反射します。

物体から出た光が反射や屈折《くっせつ》をすると「**像**《ぞう》」が見えることがあります。図２のように物体から出た光が屈折し，１点に集まってから再び広がると，集まった点に物体があるように見えます。このときに見える像を「**実像**」といいます。図３のように屈折した光が集まらないとき，光を逆向きに延長すると１点で交わり，そこに物体があるように見えます。このときに見える像を「**虚像**《きょぞう》」といいます。また，物体に対して上下がそのままの像を「**正立像**」，上下が逆の像を「**倒立像**《とうりつぞう》」といいます。鏡での反射の場合も同様に，光の作図によって「**像**」の見え方が分かります。

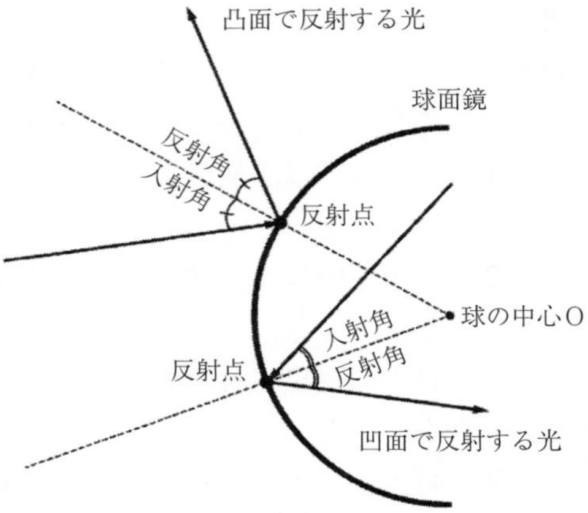

図１

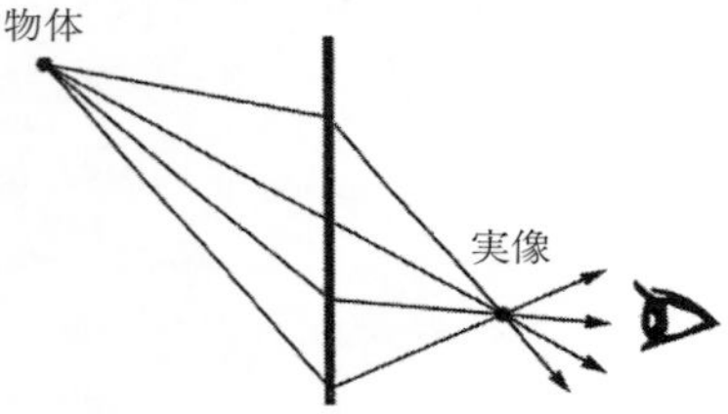

図２

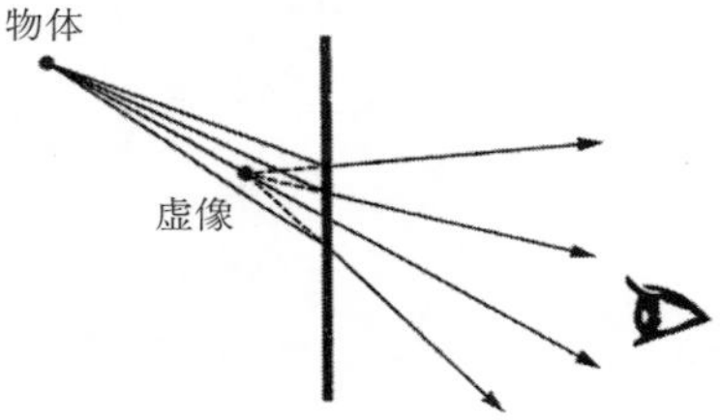

図３

図４のように凸面鏡の前に矢印の形をした物体を置きました。物体の上端《じょうたん》と下端《かたん》から出る光のうち，凸面鏡に入射する光を２本ずつ描《か》いてあります。点線は作図用の補助線です。

(1)　以下の文の空欄《くうらん》①，②に入るものの組み合わせとして適当なものを表中の**あ**～**え**より１つ選び，記号で答えなさい。

図４で凸面鏡のつくる像は，物体の位置から見て鏡より（ ① ）の位置にでき，この像は実像と虚像のうち（ ② ）である。

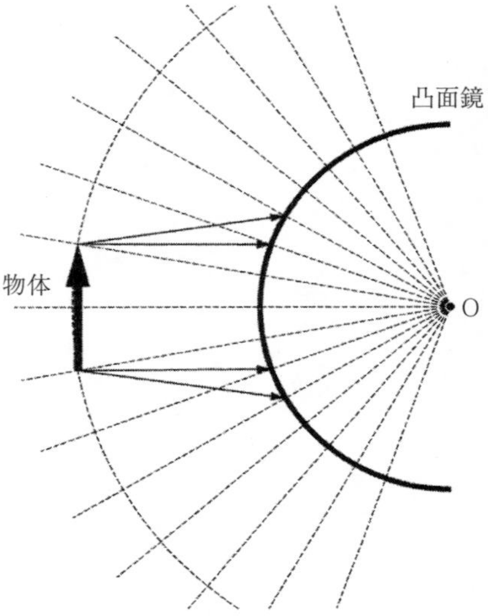

図４

	①	②
あ	手前	実像
い	手前	虚像
う	奥《おく》	実像
え	奥	虚像

(2)　以下の文の空欄①，②に入るものの組み合わせとして適当なものを表中の**あ**～**え**より１つ選び，記号で答えなさい。

図４で凸面鏡のつくる像は，物体の大きさと比べて（ ① ）像であり，この像は正立像と倒立像のうち（ ② ）である。

	①	②
あ	大きい	正立像
い	大きい	倒立像
う	小さい	正立像
え	小さい	倒立像

図５のように凹面鏡の前に矢印の形をした物体を置きました。物体の上端と下端から出る光のうち，凹面鏡に入射する光を２本ずつ描《か》いてあります。点線は作図用の補助線です。

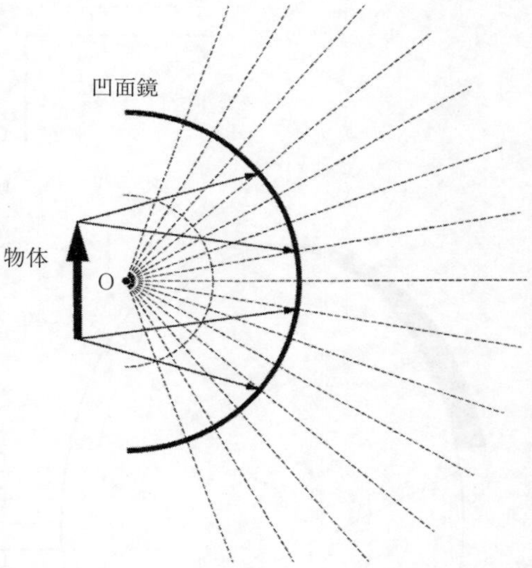

図５

(3)　以下の文の空欄①，②に入るものの組み合わせとして適当なものを表中の**あ**～**え**より１つ選び，記号で答えなさい。

図５で凹面鏡のつくる像は，物体の位置から見て鏡より（ ① ）の位置にでき，この像は実像と虚像のうち（ ② ）である。

	①	②
あ	手前	実像
い	手前	虚像
う	奥《おく》	実像
え	奥	虚像

(4)　以下の文の空欄①，②に入るものの組み合わせとして適当なものを表中の**あ**～**え**より１つ選び，記号で答えなさい。

図５で凹面鏡のつくる像は，物体の大きさと比べて（ ① ）像であり，この像は正立像と倒立像のうち（ ② ）である。

	①	②
あ	大きい	正立像
い	大きい	倒立像
う	小さい	正立像
え	小さい	倒立像

(5)　道路上に設置されている一般的《いっぱんてき》なカーブミラー（道路反射鏡）に使われているのは平面鏡・凸

面鏡・凹面鏡のどれですか。最も適当なものを**あ**～**う**より１つ選び，記号で答えなさい。

あ．平面鏡　**い**．凸面鏡　**う**．凹面鏡

(6)　(5)の答えの鏡が使われている理由として適当なものを**あ**～**え**より**２つ**選び，記号で答えなさい。

あ．広範《こうはん》囲《い》のものの像を見ることができるから。

い．像が正立像となるから。

う．像が物体よりも大きくなるから。

え．像が鏡よりも手前に映るから。

(7)　図６のような丁字路にカーブミラーが置かれています。矢印の向きからカーブミラーを見ると，図７のように人が映っていました。この人は図６のどの位置にいるでしょうか。最も適当なものを図６の**あ**～**え**より１つ選び，記号で答えなさい。

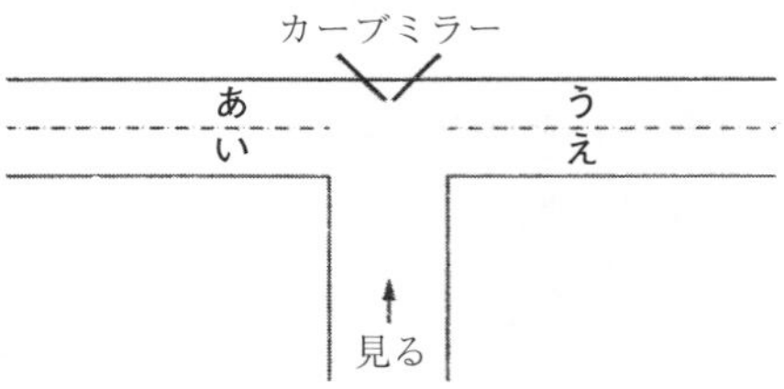

図６

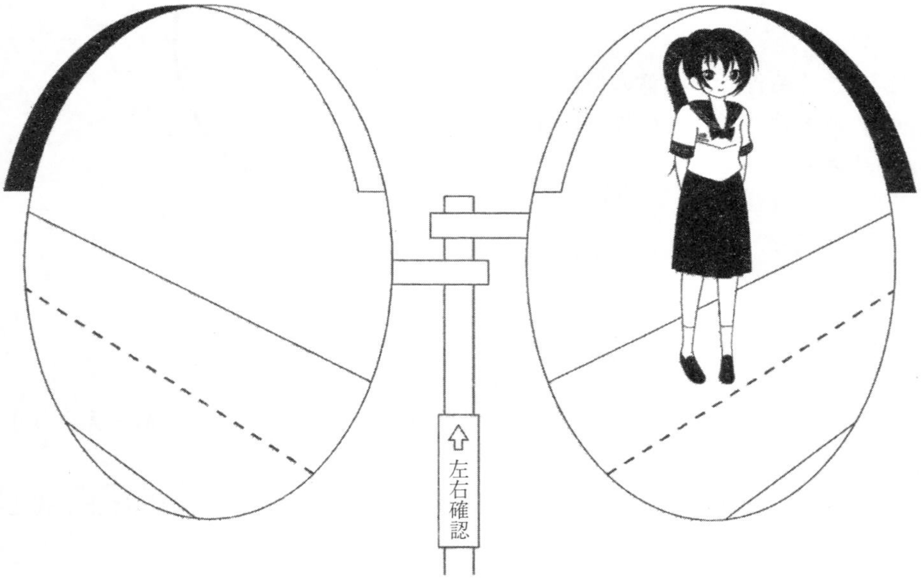

図７

2 空気に関する実験について，以下の問いに答えなさい。

空気は，何種類かの気体が混ざりあったものです。それらの気体はとても小さな粒の集まりであると考えることができます。

かわいた空気中に最も多く存在する気体は（ A ）で体積の割合が全体の約80％，次に多く存在するのは（ B ）で約20％です。また，全体の約１％程度存在する（ C ）や，地球温暖化で問題になっている二酸化炭素も全体の約（ D ）％含《ふく》まれています。

空気中に含まれている気体１粒の重さは以下のような簡単な整数比で表されます。

水素：A：B：C：二酸化炭素＝1：14：16：20：22

これらの気体24Ｌの重さは右の表のとおりです。

水素	2ｇ
A	28ｇ
B	32ｇ
C	40ｇ
二酸化炭素	44ｇ

また，これ以降は，空気の重さは，（ A ）が80％と（ B ）が20％の気体の重さと同じと考えることにします。よって，１Ｌの空気の重さは（ E ）ｇです。

【実験１】

図１のように，最大で体積がちょうど２Ｌまでふくらむ，厚さの無視できるビニール袋(これ以降はビニール袋とする。)を，中に何も入っていない状態になるまでつぶしてから重さをはかると１ｇでした。

次にビニール袋の口を開けてしばらく置き，袋の中の空気がちょうど１Ｌになったところで袋の口を閉じました。図２のように，その重さをはかると（ F ）ｇでした。さらに図２のビニール袋の口を開けしばらく置き，袋の中の空気がちょうど２Ｌになったところで袋の口を閉じました。その重さをはかると１Ｌのときと同じ（ F ）ｇでした。

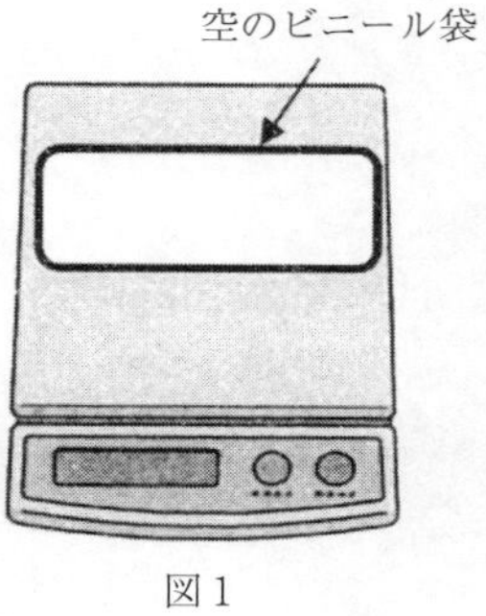

図１

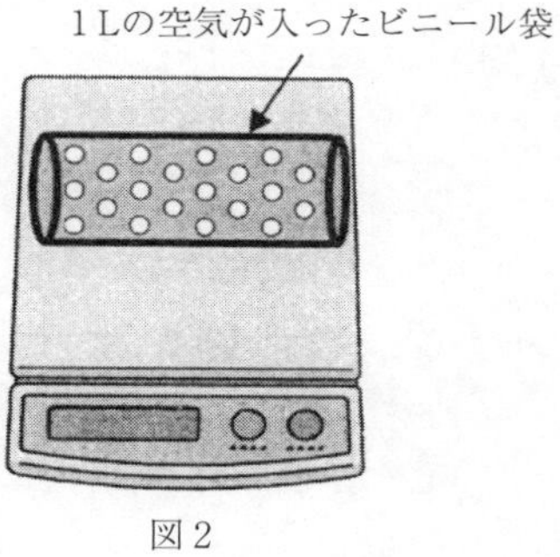

図２

(1) （A）～（C）に入る気体の名称《めいしょう》をそれぞれ**ひらがなで**答えなさい。また，（D）は以下の中から最も適当なものを**あ**～**え**より１つ選び，記号で答えなさい。

あ．4　**い**．0.4　**う**．0.04　**え**．0.004

(2) 80％が（A），20％が（B）である空気24Ｌの重さは何ｇでしょうか。**四捨五入して小数第１位まで求めなさい**。

(3) （E），（F）に当てはまる数値として最も適当なものをそれぞれ**あ**～**こ**より１つずつ選び，記号で答えなさい。

あ．0.8　**い**．1.0　**う**．1.2　**え**．1.4　**お**．1.6

か．1.8　**き**．2.0　**く**．2.2　**け**．2.4　**こ**．2.6

【実験２】

図３のような厚さの無視できる，体積がちょうど１Ｌの密閉することができる頑丈《がんじょう》な金属の空き缶《かん》を用意しました。缶の中に入っていた空気をすべて取り除き，中に何も入っていない状態で重さをはかると20ｇでした。

図４の缶は，図３の缶を一度開けて，しばらく置いてから閉じたものです。その重さをはかると（　Ｇ　）ｇでした。

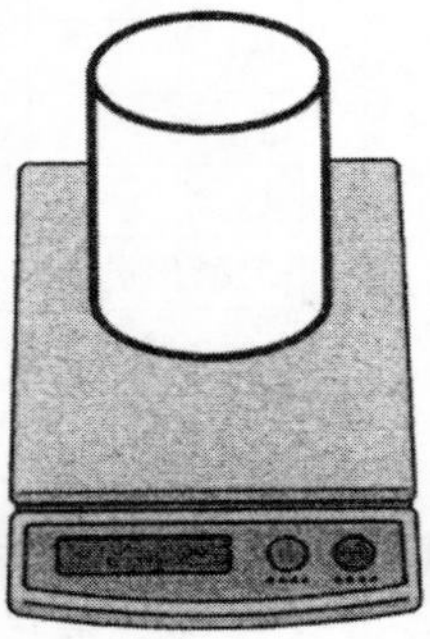

図３

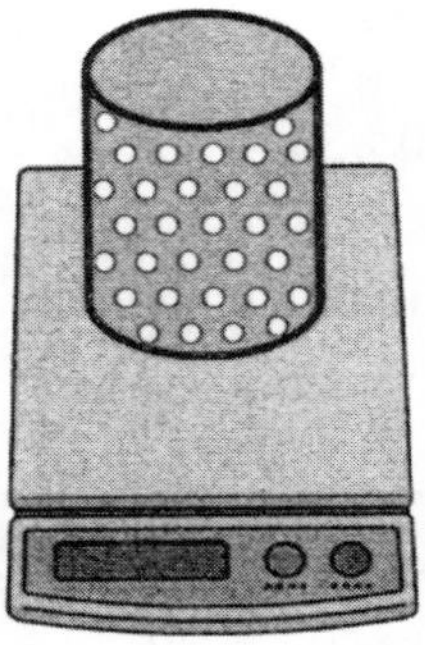

図４

(4)　（Ｇ）の値を**四捨五入して小数第１位まで求めなさい**。

(5)　図５は図４の缶にさらに空気を押し込んだものです。その重さをはかると26ｇでした。缶の中に入っている空気を缶の外に取り出し，空気中で体積をはかると何Ｌになるでしょうか。**四捨五入して整数で求めなさい**。

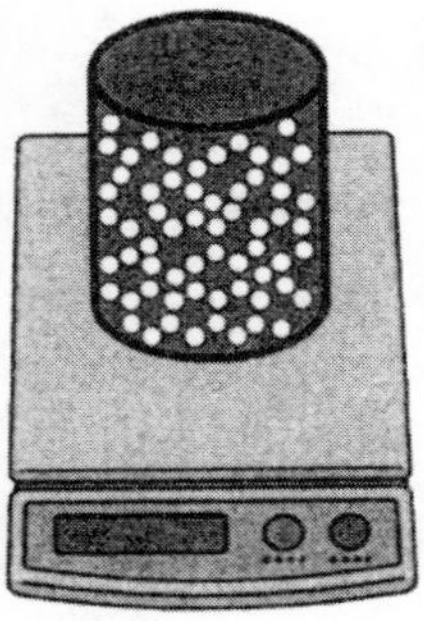

図５

3 光合成や呼吸について，以下の問いに答えなさい。

【実験１】

下図のように，まず，水の入った４本の試験管Ａ～Ｄを用意し，試験管ＡとＢにオオカナダモを入れました。次に，試験管Ａ～Ｄに同じ色のBTB溶液《ようえき》を数滴《すうてき》ずつ入れ，緑色になるまで息を吹《ふ》き込《こ》んだ後，ゴム栓《せん》で密閉しました。そして，試験管ＢとＤはアルミはくで包みました。

それぞれを日当たりのよい窓際にならべて日光を当てました。

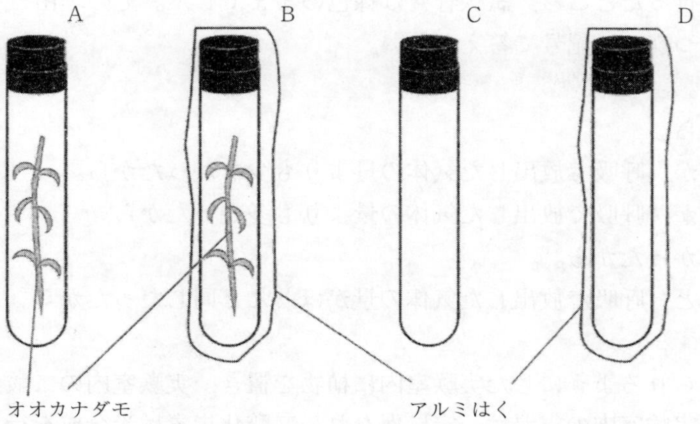

(1) 日光を６時間当て続けた直後に観察すると，試験管Ａ，ＢのBTB液の色が変化しました。それぞれの色の変化を表した組み合わせとして最も適当なものを表中の**あ～け**から１つ選び，記号で答えなさい。

	A	B
あ	無色	無色
い	無色	青色
う	無色	黄色
え	青色	無色
お	青色	青色
か	青色	黄色
き	黄色	無色
く	黄色	青色
け	黄色	黄色

(2) 試験管Ａでは，オオカナダモの表面から小さな気泡《きほう》がたくさん出ていました。この気泡に含《ふく》まれる主な気体の名称《めいしょう》を**ひらがなで**答えなさい。

(3) 試験管Ｂの色の変化がオオカナダモによるものであると判断するためには，他のどの試験管の実験結果が必要ですか。最も適当なものを**あ～う**から１つ選び，記号で答えなさい。

あ．試験管Ａの実験結果

い．試験管Ｃの実験結果

う．試験管Ｄの実験結果

(4) 試験管ＡとＢのオオカナダモについて述べた文として正しいものをそれぞれ**あ～か**から１つずつ選び，記号で答えなさい。

あ．呼吸のみを行っていた。

い．光合成のみを行っていた。

う．光合成で吸収した気体の量が，呼吸で放出した気体の量よりも少なかった。

え．光合成で吸収した気体の量が，呼吸で放出した気体の量よりも多かった。

お．光合成も呼吸も行っていなかった。

か．光合成で吸収した気体の量と，呼吸で放出した気体の量が同じだった。

(5)　同じ実験を曇《くも》りの日の日中に行ったところ，試験管Ａは緑色のままでした。その理由として最も適当なものを**あ**～**か**から１つ選び，記号で答えなさい。

あ．呼吸のみを行っていたから。

い．光合成のみを行っていたから。

う．光合成で吸収した気体の量が，呼吸で放出した気体の量よりも少なかったから。

え．光合成で吸収した気体の量が，呼吸で放出した気体の量よりも多かったから。

お．光合成も呼吸も行っていなかったから。

か．光合成で吸収した気体の量と，呼吸で放出した気体の量がほとんど同じだったから。

【実験２】

照明を使って，明るさを変えられるようにした実験室内に植物を置き，実験室内の二酸化炭素の量の変化を測定しました。実験室内の気温は一定に保たれ，二酸化炭素は光合成を行うのに十分にある状態でした。また，この植物が呼吸する量は一定であるとします。

(6)　実験室内を一定の明るさにしている状態か，真っ暗にしている状態かのどちらかの状態にして，合計で24時間実験をしました。この24時間の実験の前後では，光合成と呼吸による二酸化炭素の増減はありませんでした。このとき，実験室内をある一定の明るさにした場合，60分間で0.8ｇの二酸化炭素が減少しました。また，真っ暗にした場合，60分間で0.4ｇの二酸化炭素が増加しました。一定の明るさにしていたのは何分間でしょうか。**四捨五入して整数で求めなさい**。

4　川のはたらきや地層について，以下の問いに答えなさい。

(1)　流水のはたらきに関する説明として適当なものを**あ**～**え**から**すべて**選び，記号で答えなさい。

あ．川の同じ場所で，水の量が増えると流れは速くなる。

い．川の同じ場所で，水の量が増えると流れは遅くなる。

う．川の同じ場所で，川の流れが速くなると，けずったり押し流したりするはたらきは大きくなる。

え．川の同じ場所で，川の流れが速くなると，けずったり押し流したりするはたらきは小さくなる。

(2)　**あ**～**え**の地形を川の上流のものから順にならべ，記号で答えなさい。

あ．Ｖ字谷　　**い**．三角州　　**う**．三日月湖　　**え**．扇状地《せんじょうち》

(3)　たい積作用で川底が変化し川が氾濫《はんらん》することを防ぐために，てい防を高くすることを繰り返した結果，川底が人家よりも高くなった川を特に何というか**漢字で**答えなさい。

図のように上流から下流に向かって川に水が流れています。

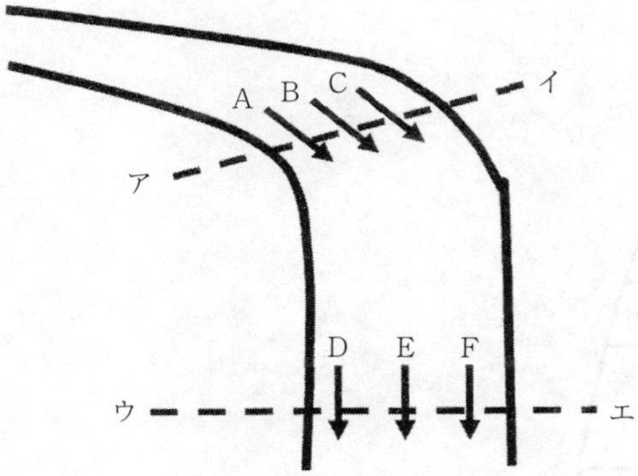

(4)　アーイ，ウーエの直線で切った，下流側から見た川底の断面の様子として最も適当なものを**あ**～**か**からそれぞれ１つずつ選び，記号で答えなさい。また，最も流速が速いと推測できるものを，アーイの断面はＡ～Ｃから，ウーエの断面はＤ～Ｆからそれぞれ１つずつ選び，記号で答えなさい。

あ.

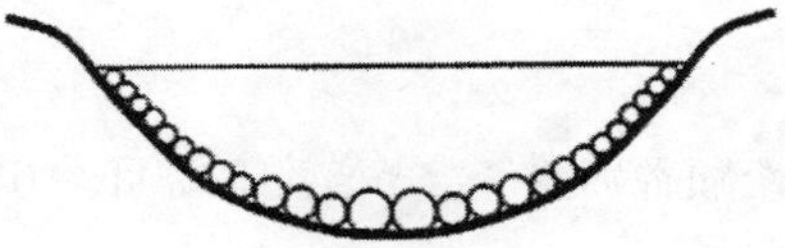

い.

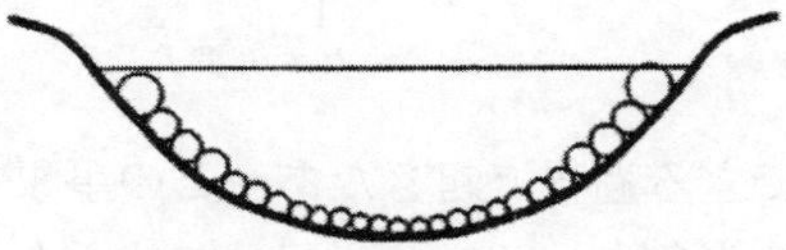

う.

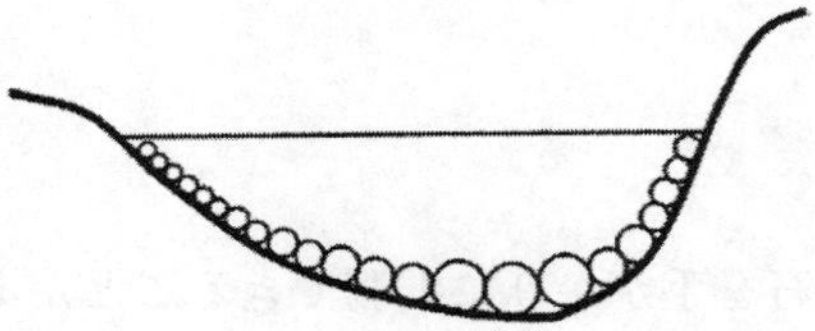

え.

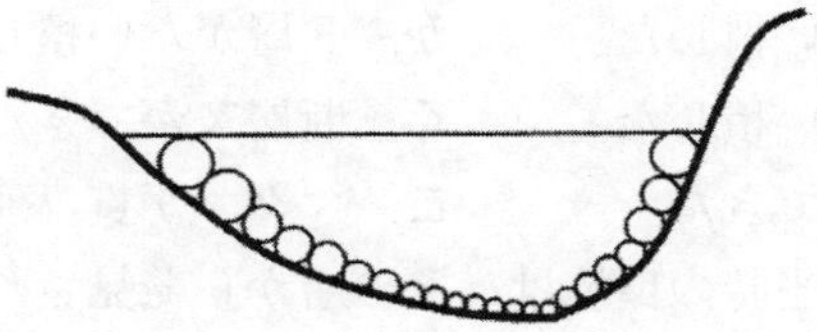

お.

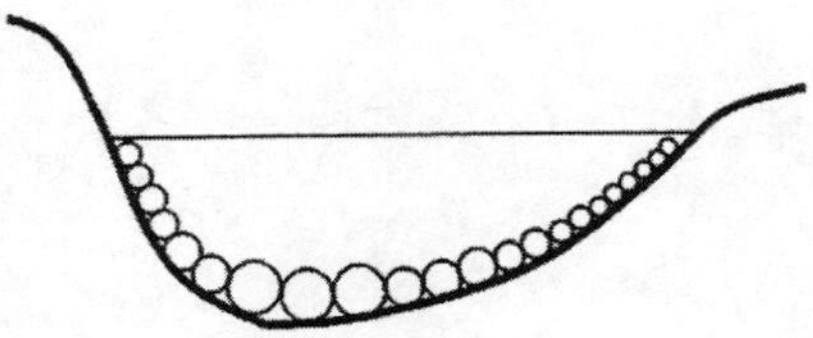

か.

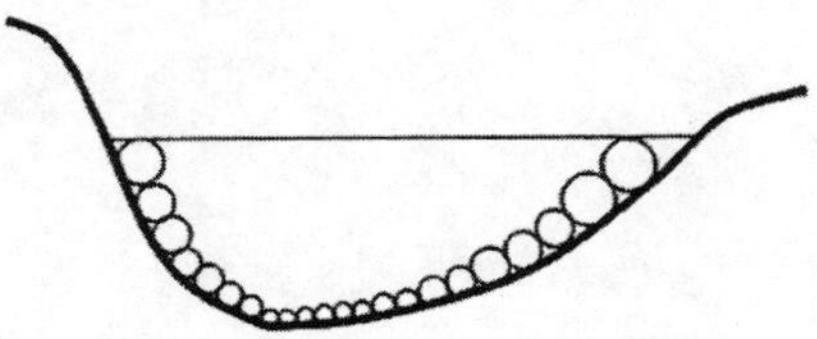

下図は，川原を歩いているときに見られた地層を模式的に表した図です。

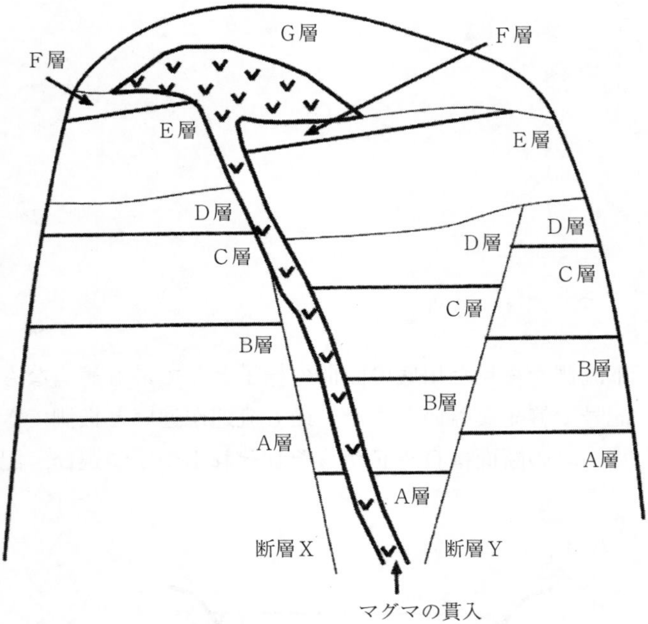

(5)　この地層ができる過程で起きた**あ**～**こ**の事象を，起きた順番に並べたとき，５番目，６番目，８番目に起こる事象を，それぞれ記号で答えなさい。

あ．A層がたい積した。　　**い**．B層がたい積した。
う．C層がたい積した。　　**え**．D層がたい積した。
お．E層がたい積した。　　**か**．F層がたい積した。
き．G層がたい積した。　　**く**．断層Xができた。
け．断層Yができた。　　**こ**．マグマが貫入《かんにゅう》した。

(6)　層ができた当時の環境は，その層から発見された化石を手がかりに推測できることがあります。ある層が浅い海でたい積したと推測するための手がかりとなる化石として**適当でない**ものを，**あ**～**お**より１つ選び，記号で答えなさい。

あ．サンゴ　　**い**．シジミ　　**う**．ハマグリ　　**え**．カキ　　**お**．アサリ

ア　遊びに夢中になりすぎて単位を取れなくなりそうだったことが恥《は》ずかしく、またその危機を友人の助けなしには乗《の》り越《こ》えられなかった自分がふがいなく、悔《くや》しさを抑《おさ》えきれなかったから。

イ　大学の友人たちは、頼《たの》まれなくても「私」の危機を救いに来てくれる優しい人たちなのに、「私」からはどうしても心を開けずにいることが申し訳なく、どうしようもなく辛《つら》い気持ちになったから。

ウ　「私」は大学の友人たちに対して心を許しきれていなかったにもかかわらず、彼《かれ》らが「私」の危機に自ら駆《か》けつけ救ってくれたことで、真の友情があったことに気が付き、嬉《うれ》しく思うとともに深く感謝したから。

エ　大学の友人たちも自分と同じように遊んでいたのに、自分だけが単位を取れなくなりそうだったことに傷つき、課題の提出後すぐにボーリングに連れ出されてしまったため次の課題のことが不安で仕方なかったから。

オ　教授から課題を出されたときは留年を覚悟《かくご》したが友人たちの助けを得てどうにか期限内に課題を提出し、ボーリング場のトイレで一人になったとたんに緊張《きんちょう》が解け、これで友人たちと一緒《いっしょ》に卒業できると急に安心したから。

問七　――線⑦「『あめ玉ひとつで～甘《あま》くないよ』」とありますが、老《ろう》婆《ば》のこの言動を最後に書くことで、作品にはどのような変化が生じますか。その説明として最も適当なものを次のア～オの中から一つ選び、記号で答えなさい。

ア　老婆《ろうば》の誘《さそ》いに乗って店の菓子《かし》を口にした客に、後になって金《きん》銭《せん》を要求する老婆《ろうば》の欲深さを描《か》くことで、作品全体に緊張感《きんちょうかん》が生まれる。

イ　飴《あめ》を味わった私に、甘《あま》い思いも必要だと言いながら「世の中甘《あま》くないよ」と金銭《きんせん》を要求する老婆《ろうば》の言葉遊びが、軽やかさとおかしみを加える。

ウ　それまで不愛想だった老婆《ろうば》が金銭《きんせん》を要求するときだけ笑顔を見せることで、すべて商売のための作り話だったという意外な結末を導く。

エ　最後にからかわれることで、「私」は大人になっていても老《ろう》婆《ば》から見たら未熟だということが描《えが》かれ、今後の「私」の成熟を期待させる。

オ　深刻に悩《なや》んでいても、たった三十円で気持ちが晴れるという事実を示すことで、人生において悩《なや》むことは実は価値のないことだと気付かせる。

問八　本文中における、現在の「私」の人物像の説明として最も適当なものを次のア～オの中から一つ選び、記号で答えなさい。

ア　辛《つら》い目にあっても文句ひとつ言わずに、思い出を支えに乗《の》り越《こ》えている人物。

イ　現実の問題を直視できず、子供のころの体験にとらわれている人物。

ウ　苦しい時でも人に頼《たよ》ろうとせず、一人で孤独《こどく》に頑張《がんば》っている人物。

エ　孤独《こどく》でいることに耐《た》えられず、人とのつながりを自ら求めている人物。

オ　周囲に頼《たよ》れない環境に疲《つか》れ、甘《あま》い菓子を食べて現実逃避《げんじつとうひ》ばかりしている人物。

問九　＝＝線「店を出る子供は皆《みな》、なんとも晴れやかな顔をしている」とありますが、最終的に「私」はその理由をどのようなものだと考えましたか。本文全体をふまえて六十字以内で説明しなさい。

エ　知り合いでもない大人が自分たちに何の用があるのかわからず不思議に思ったから。

オ　子供達のための駄菓子屋《だがしや》の前で声をかけてくる見知らぬ大人を警戒《けいかい》しているから。

問二　空らん〔②〕に入れるのに最も適当な表現を次のア～オの中から一つ選び、記号で答えなさい。

ア　子供が聞きたくない言葉

イ　子供がおもしろがる言葉

ウ　子供が思いもしない言葉

エ　子供に都合の良い言葉

オ　子供には不相応な言葉

問三　――線③「『想《おも》い玉』」とありますが、この商品名である理由として最も適当だと考えられるものを次のア～オの中から一つ選び、記号で答えなさい。

ア　口にすると、いつの間にか忘れつつあった大切な「想《おも》い出」を思い出させる「あめ玉」だから。

イ　口にすると、それまで知らずにいた身近な人たちの「想《おも》い」に気づかされる「あめ玉」だから。

ウ　口にすると、周囲の人々に対して自分が抱《いだ》いていた本当の「想《おも》い」に気づく「あめ玉」だから。

エ　口にすると、強い「想《おも》い」を残している相手との「想《おも》い出」を追体験できる「あめ玉」だから。

オ　口にすると、苦しいものだった「想《おも》い出」を温かいものに塗《ぬ》り替《か》えてくれる「あめ玉」だから。

問四　――線④「対象年齢《たいしょうねんれい》は十五歳《さい》以上」とありますが、これは「十五歳《さい》」という年齢《ねんれい》がどのような年齢《ねんれい》だと考えられるからですか。「～するようになる年齢《ねんれい》。」につながる形で二十五字で探し、最初と最後の三字をそれぞれ抜《ぬ》き出しなさい。

問五　――線⑤「情けない気持ちと安心感がないまぜになった」とありますが、その説明として最も適当なものを次のア～オの中から一つ選び、記号で答えなさい。

ア　ほとんどのことは自分一人でできるつもりになっていたが、実際には父に助けてもらわないと何もできないことを悔《くや》しく思い、同時に、複数人相手にひるまず戦える父親の強さにあこがれた。

イ　父親のことは誰《だれ》よりもよく知っているつもりでいたが、温和で優しいが頼《たよ》りない人だと誤解していた自分を恥《は》ずかしく思い、同時に、自分も父のように頼《たの》もしい人間になれるかもしれないと希望を持った。

ウ　大人の助けがなくても一人で何でもできると思っていたが、本当に困ったときには大人の力を借りないといけない現実にがっかりし、同時に、困っている子供にすぐに助けを出せる父親を心強く感じた。

エ　自分は誰《だれ》から見ても一人前だと思っていたが、不良たちからはおとなしく言うことを聞きそうな子供だと思われてしまったことに傷つき、同時に、不良が逃《に》げるほど父親は強いのだとわかって嬉《うれ》しかった。

オ　自分では、もう大人なので親に守られる必要はないと思っていたが、父に危機を救われたことで、自分が未だに無力な子供であることを痛感し、同時に、自分を守ってくれる父親に対する頼《たの》もしさを感じた。

問六　――線⑥「私はボーリング場のトイレで一人、声を殺して泣いたのだ」とありますが、その理由として最も適当なものを次のア～オの中から一つ選び、記号で答えなさい。

日が暮れて、次々と他の学生が帰っていく中、私たちはコンビニで買って来たおにぎりやスナック菓子《がし》をかじりながらレポートを作った。そしてようやくできあがったレポートを提出し私は留年をまぬがれたのだった。

手伝ってくれた友人たちになんと言ったらいいか分からない私に、彼《かれ》らは「ボーリング行くぞー」と言って肩《かた》を組み、尻《しり》を蹴《け》った。

大学入学と共に親元を離《はな》れ、新しい土地でできたこの友人たちに私は、それまでの地元の友人たちと比べてある種のよそよそしさのようなものを感じていた。

しかしそんな私に彼《かれ》らは手を差《さ》し伸《の》べてくれた。

⑥私はボーリング場のトイレで一人、声を殺して泣いたのだ。

はっと気がつくと、今の私も涙《なみだ》を流していた。目の前にいる老婆《ろうば》の姿がぼやけている。

「気にせず泣くといい。それを舐《な》めると、どうせみんな泣くからね」

老婆《ろうば》はティッシュ箱を差し出しながら言った。

「あたしは不思議だよ。あんたたち大人はそういう想《おも》い出《で》をなぜか忘れようとする。親の愛を疎《うと》ましく思ったり、友情をないがしろにしたりね。そういうものに頼《たよ》るのは、甘《あま》ったれていると決めつけるのさ。昔は大好きだったくせにね。子供の頃《ころ》より、今の方がずっと大変なんだろ？　だったら、たまには甘《あま》い思いもしなさい。周りに頼《たよ》って、自分を甘《あま》やかしたってあたしはいいと思うがね」

ティッシュを一枚引き出し、涙《なみだ》と鼻水をふく。一枚では足りず二枚、三枚とティッシュを引《ひ》き抜《ぬ》くと老婆《ろうば》がティッシュ箱ごと渡《わた》して寄越《よこ》した。

私はいつから他人に頼《たよ》る甘《あま》さが悪だと決めつけたのか。苦しい事も黙《だま》って、一人で耐《た》えなければならないと自分に強いたのだろうか。

苦しい事や辛《つら》い事は、放っておいてもやってくる。しかし、世の中には自分を救ってくれる甘《あま》さもあるという事は、誰《だれ》かに教わるものだ。

この駄菓子屋《だがしや》は、甘《あま》さに餓《う》えた子供たちの拠《よ》り所《どころ》なのかもしれない。魅力的《みりょくてき》な駄菓子《だがし》と、優しいお婆《ばあ》ちゃん。こんな場所が、あってもいいのかもしれないな……。

「また来てもいいですか」

私が尋《たず》ねると老婆《ろうば》は、

「店を閉めた後ならね。話を聞くぐらいならしてやるさ。ただし、菓《か》子《し》はやらないよ。やたらと食べるもんじゃないからね」

と言って背を向けて店の奥《おく》へと引《ひ》っ込《こ》んだ。

誰《だれ》かが話を聞いてくれる。それだけで、十分だ。

礼を言ってから、店を出る事にしてドアへ向かう。そんな私を老婆《ろうば》が「ちょっと待ちな」と呼び止めた。

⑦「あめ玉ひとつで三十円。ただでやると思ったかい。世の中、そんなに甘《あま》くないよ」

いたずらっぽく笑いながら、老婆《ろうば》が手の平をこちらに差し出していた。

（『ふしぎな駄菓子屋《だがしや》』小狐《こぎつね》裕介《ゆうすけ》）

問一　――線①「一瞬《いっしゅん》にして不安げな表情に変わる」とありますが、その理由として最も適当なものを次のア～オの中から一つ選び、記号で答えなさい。

ア　子供だけの秘密の店に入店しようとしている大人に対して敵対心を持ったから。

イ　駄菓子屋《だがしや》の秘密が大人にばれたらもう来店できなくなるのではないかと心配になったから。

ウ　晴れ晴れとした気分になっていたのに知らない大人に台無しにされて不満に感じたから。

と言ってこちらに籠《かご》を差し出してくる。

「結構です」

「いいから、選びな。ただし一つだけ。これは大人用の駄菓子《だがし》だよ」

駄菓子《だがし》に大人用と子供用があるなんて聞いた事もない。しかし確かに、籠《かご》いっぱいの駄菓子《だがし》は店に並んでいるものと少しパッケージが違《ちが》っているようだ。

老婆《ろうば》が一向に籠《かご》を引《ひ》っ込《こ》める様子がないので仕方なく飴《あめ》を一つ取った。パッケージには③「想《おも》い玉《だま》」と書いてある。④対象年齢《たいしょうねんれい》は十五歳《さい》以上。

包み紙を開けると透明《とうめい》で水晶《すいしょう》のようなあめ玉が出てきた。もしおかしな味がしたら吐《は》き出《だ》してやろうと思いながら口にふくむと、ほんのりとした甘《あま》さが口いっぱいに広がった。そしてそれと共に、頭の中に、あるイメージがゆっくりと浮《う》かび上《あ》がってきた。

私は布団《ふとん》に横たわっているようで、目の前には天井《てんじょう》がある。この見覚えのある天井《てんじょう》は、実家のものだ。布団の脇《わき》には水の張ってある洗面器と子供の頃《ころ》何度も読み返した漫画本《まんがぼん》が数冊置いてある。

母親が布団《ふとん》の側に腰《こし》をおろし、テレビを観《み》ながら私の頭をなでていた。

昔、私が熱を出すとよく母親がこうして看病してくれた。じっと見つめられながらだと迷惑《めいわく》をかけている気がして落ち着かなかったが、こうして何かをしている最中の母親に頭をなでられるのが、私は大好きだった。

母の手の温《ぬく》もりを感じていると、段々とそのイメージは薄《うす》れていき、今度はいつのまにかファミリーレストランのレジに立っていた。目の前で父親が会計を済ませている。父は今よりも随分《ずいぶん》と若い。店員の差し出すレシートを手振《てぶ》りで断った父親は、私に声をかけた。

「行くぞ。自転車で来ているんだろう。後ろから車でついていってやる」

父の言葉を聞いて、ようやくここがどこなのか思いだした。

ここは、家から自転車で二十分程の距離《きょり》にあるファミリーレストランで、当時中学生だった私はここの隅《すみ》の席で勉強をしていた。すると、高校生らしき男数人が私のテーブルに腰掛《こしか》け、

「何してんの？　勉強？　えらいねー」

等《など》と言いながら金を要求したのだった。

なんとか逃《に》げ込《こ》んだトイレで、扉《とびら》の前に男たちの気配を感じながら私は携帯電話《けいたいでんわ》で父に助けを求めた。

間もなく、店にやって来た父は普段《ふだん》の温厚な性格からは想像もできないような大声をあげて不良たちを一喝《いっかつ》し、会計を済ませて私の前を歩いた。父の背中を見つめ、私はいまだ大きなものに守られている存在なのだと思い知って、⑤情けない気持ちと安心感がないまぜになったのをよく覚えている。

父の背中が段々と薄《うす》れていくと、今度は目の前に大量のレポート用紙とコンビニのおにぎりが現れた。あぁ、このおにぎりは……。

当時大学生だった私は、勉強以外の遊びに夢中になりすぎて進級の危機に立たされていた。「今日中にレポートを出せなければ留年とする」そう担当教授から言《い》い渡《わた》された私は目の前が真っ暗になった。とてもその日中に仕上げられる量のレポートではなかった。

私が構内にある休憩《きゅうけい》スペースで頭を抱《かか》えていると、話を聞きつけた友人たちが次々に集まって来た。

「間に合うだろ。やるぞ」

そう言って友人たちは「汚《きた》ねぇ字だなぁ」等《など》と文句を言いながら私の字を真似《まね》てレポートを書き始めた。パソコンが得意な奴《やつ》はデータをまとめ、資料をプリントアウトした。

「駄菓子屋《だがしや》」

と答えた。彼《かれ》の手には、昔私も好んでよく食べていたチョコ菓子《がし》が握《にぎ》られている。私がそれを指さして、

「それ、おいしそうだね」

と言うと、少年はチョコ菓子《がし》を背中の方へと隠《かく》してしまった。

「一つ食べてみたいなー」

できるだけ怖《こわ》がらせないよう、笑顔を作りながらお願いしてみたが、少年は、

「これ、大人は食べちゃだめだから」

と言って走り去ってしまった。他の子供たちがばたばたと彼《かれ》に続く。すると、一番背の低い女の子のポケットからあめ玉が一つ、コロリと落ちた。女の子は気づかずに行ってしまう。拾い上げてみると、これも昔ながらのあめ玉だった。パッケージに懐《なつ》かしいキャラクターが印刷されている。包み紙を開けると、琥珀色《こはくいろ》のおいしそうなあめ玉が出てきた。やはり、普通《ふつう》のあめ玉だ。

私は店の方を窺《うかが》い、誰《だれ》も見ていない事を確認するとあめ玉を口に入れた。

すると、頭の中に、

「たまには、よふかしもたのしいよ！」

という声が響《ひび》いた。驚《おどろ》いて辺りを確認したが、周りには誰《だれ》もいない。

しばらくすると、今度は、

「まんがだって、たいせつなべんきょう！」

と、甲高《かんだか》い声が頭の中に響《ひび》いた。昔なにかのテレビ番組で聞いたことのあるような声だ。

一体これはどうなっているのだ。その後も、

「おとうさんもおかあさんも、じつはなきむし！」

「あそびはだいいち！　べんきょうはそのつぎ！」

等《など》といった、（　②　）が頭に鳴《な》り響《ひび》いた。

あめ玉が小さくなるにつれて、頭の中に響《ひび》く声も小さくなっていき、最後には完全に消えた。

なんだったのだ、今のは……。

私はこのあめ玉の正体がどうしても気になり、『大人入店禁止』の貼《は》り紙《がみ》を横目に店の中に足を踏《ふ》み入《い》れた。

そこには、昔懐《なつ》かしい光景が広がっていた。

あめ玉、ガム、チョコ菓子《がし》、子供が喜びそうな駄菓子《だがし》が所せましと並んでいる。どの菓子《かし》も私が子供の頃《ころ》見た事のあるような、懐《なつ》かしいものだった。

ガムを手に取ってみると、おかしな点が一つあった。各種成分表や賞味期限の下に「対象年齢《たいしょうねんれい》」の表記がある。駄菓子《だがし》の対象年齢《たいしょうねんれい》……？

「いらっしゃい」

唐突《とうとつ》に声をかけられ、私は手に持っていたガムを取り落とした。慌《あわ》てて拾いながら声のした方を見ると、店の奥《おく》、恐《おそ》らく店の主が生活をしているのであろうスペースから、老婆《ろうば》が顔を出していた。

「表の貼《は》り紙《がみ》は見えなかったかね」

『大人入店禁止』という貼《は》り紙《がみ》の事を言っているのだろう。私はガムを棚《たな》に戻《もど》しながら答えた。

「すみません、どうしても気になったもので」

「まぁ、いいけどね」

（中略）

老婆《ろうば》は店の奥《おく》に引《ひ》っ込《こ》み、籠《かご》いっぱいの菓子《かし》を持って戻《もど》って来た。

そして、

「選びな」

ウ　同意する　　信頼する　　落ち着く
エ　納得する　　打ち明ける　激怒《げきど》する
オ　納得する　　打ち明ける　落ち着く
カ　納得する　　信頼する　　激怒《げきど》する

問七　――線⑦「慣れの問題」とありますが、なぜ「慣れの問題」となってしまうのですか。その説明として最も適当なものを次のア～オの中から一つ選び、記号で答えなさい。

ア　自分の感情の正体がつかめないので、自身の行動の基準が定められず、周りに合わせるしかできなくなるから。
イ　辛《つら》く苦しい環境《かんきょう》に置かれた場合は、自分が変わるだけでは意味がなく、周りが変わるのを待つことも必要だから。
ウ　現代人として社会全体の生産性を向上するためには、感情を抑《おさ》えるべきだという合理的な体感が求められるから。
エ　息苦しく感じる集団の中で、感情は自然と湧《わ》き上《あ》がるものであり、周囲の状況によって左右されるものではないから。
オ　周りの空気がどれほど重苦しいとしても、自分の感覚は他人の感覚と共有されず、個人的なものでしかないから。

問八　筆者は怒《いか》りの感情を説明するにあたり、「腹が立つ」という表現を使っていますが、「腹が立つ」という言葉によって「怒《いか》り」がどのようなものであると言っているのですか。本文全体の内容をふまえて六十字以内で答えなさい。

問九　――線A「キョクメン」・B「ヨチ」・C「シシン」のカタカナを正しい漢字に直しなさい。（一画一画ていねいにはっきりと書くこと。）

二

次の文章を読んで、後の一から九までの各問いに答えなさい。（ただし、字数指定のある問いはすべて句読点・記号も一字とする。）

我が家の近所には、不思議な店がある。
その店は、今ではあまり見る事のできなくなった昔ながらの駄菓子《だがし》屋《や》なのだが、店の入り口にでかでかと、
『大人入店禁止』
と書かれた貼《は》り紙《がみ》がしてある。普通《ふつう》の駄菓子屋《だがしや》にこんなものはないだろう。
そしてもう一つのおかしな点。それは、店を出る時の子供たちの表情だ。
店を出る子供は皆《みな》、なんとも晴れやかな顔をしている。最初は「駄《だ》菓子《がし》を買ったのだから当たり前か」と思っていたのだが、店に入る前、この世の終わりかという風に落《お》ち込《こ》んでいるように見えた子供さえも、店から出てくる時には不自然なくらい晴れ晴れとした表情をしているのだ。
一体、店の中はどうなっていて、どんなものが売られているのだろう。
ついに我慢《がまん》ができなくなった私は、店を出てきた子供たちに声をかける事にした。
「ねぇ、君たち」
晴れやかだった子供たちの顔が、①一瞬《いっしゅん》にして不安げな表情に変わる。
「ここのお店、何屋さんなの？」
私がそう聞くと、一番背の高いガキ大将風の少年が、

オ　心理的な負担が痛みなどの身体的な症状《しょうじょう》として現れるところ。

問二　——線②「クラウド化している傾向《けいこう》」とありますが、「クラウド化」とはどういうことですか。その説明として最も適当なものを次のア～オの中から一つ選び、記号で答えなさい。

ア　本来自分の意思で制御《せいぎょ》できるはずの感情が、他人の感情によって支配されてしまうようになるということ。

イ　感情が自己の身体から離《はな》れ他者と共有されることで、自分の感情の実感が弱まってしまうようになるということ。

ウ　個人の経験した感情が社会で共有され、他者の感情も自分の感情として実感が得られるようになるということ。

エ　自分だけのものであるはずの実感が全《すべ》て他者に共有されてしまうので、個人的な秘密を誰《だれ》も持てなくなるということ。

オ　抑《おさ》えきれない激しい感情でも、自身と距離《きょり》を置くことで、客観的な視点で自己分析《ぶんせき》ができるようになるということ。

問三　——線③「他者の経験を社会的に価値付けられるようにしている」とありますが、「社会的に価値付ける」とはどういうことですか。その説明として最も適当なものを次のア～オの中から一つ選び、記号で答えなさい。

ア　一部の人にしか評価されていない個人の感情を、多くの人と共有して社会の中から価値がわかる人を探し出すこと。

イ　誰《だれ》にも分かるはずのない主観的な感情を、共通の言語を通して伝えることで客観的な理解を得ようとすること。

ウ　ある個人の感情を、受け手がそれぞれの価値基準に照らして判断することによって感覚的に受け入れていくこと。

エ　輪郭《りんかく》の曖昧《あいまい》な個人の感情を、周囲の人々が明確な言葉にして共有可能とすることで、社会的意義が与えられること。

オ　個人的な感情を否定するのではなく、言語化することによって他者からの客観的な肯定《こうてい》を得ようとすること。

問四　空らん［④］に当てはまる語として最も適当なものを次のア～オの中から一つ選び、記号で答えなさい。

ア　そして　　イ　なぜなら　　ウ　しかし

エ　だから　　オ　つまり

問五　——線⑤「いま私たちが～なっています」とありますが、「装置めいたもの」という表現を使うことで筆者はどのようなことを言いたいのですか。その説明として最も適当なものを次のア～オの中から一つ選び、記号で答えなさい。

ア　かつて感情は制御《せいぎょ》できなかったが、現代社会の発展に伴《ともな》って理性や言葉によって自由に表現できるようになった。

イ　現代人は、情報化社会において必要がなくなった感情を刺激《しげき》することのないように、自ら身体感覚を手放した。

ウ　衝動的《しょうどうてき》で単純な感情の爆発《ばくはつ》が、理性的な思考を働かせることによってその場に応じた振《ふ》る舞《ま》いへと改善された。

エ　理性的言動が求められる現代人は、本来制御《せいぎょ》不可能であるはずの感情を、制御《せいぎょ》することが正しいと思い込《こ》んでいる。

オ　感情は、本来どうにも表せない根が深いものだったのに、言葉で説明できるような手軽なものに成り下がっている。

問六　——線⑥「『腹に落ちる』『腹を割る』『腹が据《す》わる』といった慣用句」とありますが、この三つの慣用句それぞれの意味の組み合わせとして最も適当なものを次のア～カの中から一つ選び、記号で答えなさい。

	「腹に落ちる」	「腹を割る」	「腹が据《す》わる」
ア	同意する	打ち明ける	落ち着く
イ	同意する	信頼する	激怒《げきど》する

明は「いま・ここ」にいる私の身体に根ざしています。しかし、身体のないイメージの感情なら私の怒《いか》りは表していいかもわからない、常に曖昧《あいまい》なものにならざるをえないでしょう。

他人からの理不尽《りふじん》な攻撃《こうげき》や不快な言動を受けてすら、怒《おこ》っていいかどうかわからなくなるのは「怒《おこ》ると相手に嫌《きら》われる」とか「場所をわきまえないといけないのではないか」といった社会性を優位に置こうとする意識が瞬時《しゅんじ》に介入《かいにゅう》するからでしょう。私だけの怒《いか》りを味わいもせず、体験もしない。それは冷静さとは呼べず、*8ネグレクトに近いかもしれません。

私の基盤《きばん》が身体になく、怒《いか》りの輪郭《りんかく》が明らかでないのであれば、何が自身の行動のCシシンになるかと言えば空気との同調でしょう。そのとき「どういう空気であるか」を問わなくていいのは、何より空気であることだけが大事だからです。

「本当は嫌《いや》だけど周囲に合わせた」といったことで自分の行動を説明することがあるかと思います。この言い分が示すのは、雰囲気《ふんいき》が息苦しくても本質的には構わないということです。「居心地《いごこち》が良い」とはそこに馴染《なじ》めるかどうかの⑦慣れの問題であって、体感として心地良いとは限らないかもしれません。そうでもなければ嫌《いや》なことをし続けられないはずだからです。

ここまで話を進めると次第に明らかになってくることがあります。

*9パワハラに見られるような、些細《ささい》なミスであっても暴言を吐《は》く機会と捉《とら》えるような*10執拗《しつよう》さで怒《いか》りが表明されるとしたら、これは本当に身体に根を持った怒《いか》りなのか？　ということです。衝《つ》き動《うご》かされるとは、そのときその場でしか起こらない一回性の出来事のはずです。だから「抑制《よくせい》できず、つい衝動《しょうどう》で言ってしまう」が執拗《しつよう》に繰《く》り返《かえ》されるとしたら、それは慣習化された反応にほかなりません。いわば「レモンを思い浮《う》かべたら唾《つば》が出る」といった条件反射であって、怒《いか》りとは別の企《くわだ》てがあることになります。そのことに気づかないからこそ、私たちは無闇《むやみ》に怒《いか》りを避《さ》けたがるのかもしれません。

（『モヤモヤの正体――迷惑《めいわく》とワガママの呪《のろ》いを解く』尹《ゆん》　雄大《うんで》）

〔注〕
*1　炎上騒《えんじょうさわ》ぎ＝ある出来事や、それにかかわった人物・団体などに対して、主にインターネット上で、激しい批判や中傷が広がり収拾がつかなくなってしまった状態のこと。
*2　サーバー＝ここでは、主に、インターネット上で情報を集積する倉庫のような役割を果たすところ。
*3　ダウンロード＝サーバーから個々の情報を受け取ること。
*4　逸脱《いつだつ》＝本来の意味や目的からはずれること。決められた範《はん》囲《い》からはみ出すこと。
*5　不文律＝互《たが》いが、暗黙《あんもく》のうちに了解し合っているきまり。
*6　激昂《げっこう》＝はげしく怒《おこ》ること。
*7　悲憤慷慨《ひふんこうがい》＝世の有様や、自己の運命などについていきどおり、嘆《なげ》き悲《かな》しむこと。
*8　ネグレクト＝無視すること。
*9　パワハラ＝組織において、地位や職権を利用して部下に嫌《いや》がらせを行い、心身に苦痛を与《あた》える「パワーハラスメント」の略語。
*10　執拗《しつよう》＝しつこいこと。

問一　――線①「古人の感じていた腹」とありますが、これを筆者はどのようにとらえていますか。その説明として最も適当なものを次のア～オの中から一つ選び、記号で答えなさい。

ア　ときに激しく発露《はつろ》される感情が根ざしているところ。

イ　自らの思考の支えとなり、怒《いか》りをこらえるためのところ。

ウ　東洋の古い医学で説明される生命全体の重要なところ。

エ　感情を他人に見せないように隠《かく》しておくためのところ。

感情を意識的に抑制《よくせい》していけば、いつしか感じていることに価値を置けなくなり、体感を抑圧《よくあつ》することになっていくでしょう。ただでさえ空気を読むことが＊5不文律の掟《おきて》になっているのであれば、なおさらみんなとの和合のために自分の感情を封殺《ふうさつ》するほうに向かうでしょう。「みんながそう言っている」「みんなのため」「普通《ふつう》は〜でしょう？」と様々な言い方はされても、「あなたはどう思う、どう感じる？」と大事なAキョクメンであればあるほど聞かれることはありませんでした。そうして間接的に、体感を否定することが社会を生きる上で大事だと教えられてきたのです。

感情が確実に身体を伴《ともな》わなくなっており、⑤いま私たちが「感情」と呼んでいるものは、もはや意識でコントロールできる装置めいたものになっています。セクシャリティや人種など属性を差別するような言動であっても、それがビジネスパートナーや友人の発言であれば、関係にヒビを入れたくないからという理由で甘受《かんじゅ》すべきでしょうか。「ここは怒《いか》りを抑《おさ》えるべきだ」と自分に下す命令で感情を抑《おさ》え込《こ》むことができるとしたら、それは冷静というよりは意識的に操作できるものになっているはずです。そうなると＊6激昂《げっこう》や＊7悲憤慷慨《ひふんこうがい》は野蛮《やばん》の証《あかし》と受け取る感性が常識となっていくのも当然です。感情は庭師が手入れした木のようにきれいに切り揃《そろ》えられ、荒々《あらあら》しさは趣向《しゅこう》としてはよくても、本当に自然そのままの発露《はつろ》であってはならないのです。けれども本来ならば感情は表れるものであって、封《ふう》じたり我慢《がまん》するものではありません。意識的にコントロールするため表出にならず、突然《とつぜん》キレたりといった逸脱《いつだつ》や暴走になってしまうのではないでしょうか。

身体が必要なだけ訴《うった》えている感情の輪郭《りんかく》を把握《はあく》する術を私たちは失いつつあります。そこでみなさんに試みて欲しいことがあります。先ほど「身体を伴《ともな》う感情表現の場所はどんどん上昇《じょうしょう》しています」と記しました。逆にこれを下降させていくとどうなるでしょう。想像してみてください。クラウド化された空間上の怒《いか》りから頭、胸、腹へと感覚を徐々《じょじょ》に降ろしていったとします。どこまで実感が持てるでしょうか。先人と現代人では腹が感覚的に同じ場所かわからないと言いましたが、⑥「腹に落ちる」「腹を割る」「腹が据《す》わる」といった慣用句から連想されるのは、腹による体感は意識が介入《かいにゅう》し、コントロールしてはあれこれと迷うといったBヨチが生じにくいらしいということです。

そうなると「腹が立つ」には「なんだかモヤモヤする」といった不《ふ》透明《とうめい》さはなく、明確に「立つ」感覚が伴《ともな》うということがわかります。立っているのだからどうしようもない。意識的に「冷静になれ」などと言ったところで紛《まぎ》らわしようがない。だから腹いせに何をするかといったら暴飲暴食とか路傍《ろぼう》の石を蹴《け》り上げるとかの八つ当たりです。言葉による沈静《ちんせい》ではなく、必ず行為《こうい》が生じることで腹立ちも紛《まぎ》れるわけです。

何かものごとが起きたことを受けて感情が生じます。そういう意味では受け身かもしれませんが、確固とした身体から発した感情には能動性があります。だから、「自分が怒《おこ》ると周りの迷惑《めいわく》になるだろうか」といった社会性が登場するヨチはあまりありません。なぜなら立腹は至って個人的な出来事であり、だからこそ本人にとって大事な感情だからです。

いつでも感情の抑制《よくせい》を利かすことができるとしたら、それは他人に受け入れられる「あるべき姿」として仕付けられ、選ばれた「意識的感情」とでもいうべきものです。発火するような、ものごとに直接応じるような感情表現ではありません。想定された感情なので拠点《きょてん》となる主体がなく、つまりは身体がない。「腹が立つ」といった怒《いか》りの表

二〇二二年度　豊島岡女子学園中学校

【国　語】〈第二回試験〉（五〇分）〈満点：一〇〇点〉

一　次の文章を読んで、後の一から九までの各問いに答えなさい。（ただし、字数指定のある問いはすべて句読点・記号も一字とする。）

怒《いか》りは身体から発します。「腹が立つ」という言葉を聞けば、怒《いか》りの感情表現だとすぐにわかると思います。とはいえ、頭では意味を理解できたとしても、本当に腹が「立つ」という感覚が怒《いか》りそのものであると体験し、納得している人はどれくらいいるでしょうか。

『平家物語』で「ふくりふ(腹立《ふくりゅう》)」と表記されていることからわかる通り、「腹が立つ」という身体を伴《ともな》った表現はこの島で暮らす住民にはおおむね馴染《なじ》みがあるかと思います。

長らく親しまれた慣用句のためつい見逃《みのが》してしまいますが、ここで言う「腹」は西洋の解剖《かいぼう》学の知見が輸入される以前から人々が口にしていたことなので、腹腔《ふくこう》だとか腹筋だとかが指す部位ではありません。では、①古人の感じていた腹はいったいどこを指しているのでしょう。腹と言えば力を込《こ》められる腹筋を想像しがちな現代人とは感覚的に隔《へだ》たりがあるかもしれません。さらにはその腹が「立つ」に至ってはどうでしょうか。私たちは「立つ」という尖《とが》りをまざまざと感じられるでしょうか。

「立つ」の実感が難しいのであれば、「腸《はらわた》が煮《に》え繰《く》り返《かえ》る」など体感するにはなかなかハードルが高いと言えるでしょう。どちらかと言えば「腹が立つ」よりは「ムカつく」や「キレる」「頭に来る」のほうがわかりやすい。ムカつくのは胸であり、「キレる」は脳の血管、「頭に来る」は文字通り頭部です。

ここからわかる通り、身体を伴《ともな》う感情表現の場所はどんどん上昇《じょうしょう》しています。そして、いまでは怒《いか》りは頭を通《とお》り越《こ》して空間に漂《ただよ》っており、②クラウド化している傾向《けいこう》が多分にあるようです。＊1炎上騒《えんじょうさわ》ぎがいい例ですが、自分の身に起きたことではない出来事に対して多くの人が怒《いか》りを募《つの》らせるのは、あたかも＊2サーバーに上げられたデータを＊3ダウンロードしているのにも近いように思えます。

このように身体を離《はな》れ、実感を伴《ともな》わない一方で、怒《いか》りはなだめるべきものだし、中和させていくのが望ましいという見解が広まりつつあるのは興味深い現象です。

怒《いか》りをなだめる人たちは怒《いか》りの感覚を本当に味わい、体験しているでしょうか。怒《いか》りの発露《はつろ》にあるべき姿からの＊4逸脱《いつだつ》のサインを読み取り、それをともかく正そうとする人は、冷静さや平和、穏《おだ》やかさを愛するからではなく、激した姿や怒《おこ》らざるをえない生々しい現実を受け止めきれないだけかもしれません。

また「まあまあ、言いたいことはわかるけど」と怒《いか》りに理解を示し、あたかも翻訳《ほんやく》するかのように、言い分を説明してみせる人もいます。③他者の経験を社会的に価値付けられるようにしているとしても、その人の怒《いか》りと向き合っていると言えるでしょうか。

常に冷静で穏《おだ》やかであるのは、生物としては極めて不自然でも社会的には望ましい姿です。職場環境《かんきょう》も一定の調子に揃《そろ》えることができますし、感情に煩《わずら》わされない分、生産性もよくなるというわけです。

〔④〕、人間は工作機械や人工知能ではないし、常に効率を考えたり職場の人間関係に受け入れられるために生きているわけではありません。

感情的になっても有意義なことはないし、生産性がない。そうして

2022年度

豊島岡女子学園中学校 ▶解説と解答

算 数 ＜第２回試験＞（50分）＜満点：100点＞

解 答

1 (1) $1\frac{9}{70}$ (2) 20ｇ (3) 2003 (4) 2 2 (1) 毎分90m (2) 50ｇ (3) 91回 (4) 45度 3 (1) 16個 (2) 20個 (3) 12個 4 (1) $150cm^2$ (2) $100cm^2$ 5 (1) ５個 (2) 25個 6 (1) $235.5cm^3$ (2) $150.72cm^3$ (3) $50.24cm^3$

解 説

1 四則計算，正比例，単位の計算，整数の性質，約束記号

(1) $2.5-4\div\left(1\frac{2}{3}+1.25\right)=\frac{5}{2}-4\div\left(\frac{5}{3}+\frac{5}{4}\right)=\frac{5}{2}-4\div\left(\frac{20}{12}+\frac{15}{12}\right)=\frac{5}{2}-4\div\frac{35}{12}=\frac{5}{2}-4\times\frac{12}{35}=\frac{5}{2}-\frac{48}{35}=\frac{175}{70}-\frac{96}{70}=\frac{79}{70}=1\frac{9}{70}$

(2) $1m^3$は，100×100×100＝1000000(cm^3)なので，$0.01m^3$は，1000000×0.01＝10000(cm^3)である。よって，$10000cm^3$の金属Ａの重さが18kgだから，$4000cm^3$の金属Ａの重さは，18÷10000×4000＝7.2(kg)，つまり，7.2×1000＝7200(ｇ)となる。これが$360cm^3$の金属Ｂの重さと同じだから，金属Ｂの$1cm^3$あたりの重さは，7200÷360＝20(ｇ)とわかる。

(3) ３で割って２余る整数，５で割って３余る整数，７で割って１余る整数を，それぞれ小さい順に並べると，右の図の㋐，㋑，㋒のようになる。よって，３つに共通する整数のうち，最も小さいものは８とわかる。また，㋐の数は３ずつ，㋑の数は５ずつ，㋒の数は７ずつ増えていき，３と５と７の最小公倍数は，３×５×７＝105なので，３つに共通する整数は，８に105を足していった数となる。したがって，(2022－８)÷105＝19余り19より，2022に一番近い数は，８＋105×19＝2003である。

㋐ 2，5，⑧，…
㋑ 3，⑧，13，…
㋒ 1，⑧，15，…

(4) (５△□)をCと表すことにすると，C△３＝17なので，C×３－C＋３＝17となる。よって，C×３－C＝17－３＝14，C×(３－１)＝14，C×２＝14より，C＝14÷２＝７だから，５△□＝７となる。したがって，５×□－５＋□＝７となるので，５×□＋□＝７＋５＝12，(５＋１)×□＝12，６×□＝12より，□＝12÷６＝２と求められる。

2 速さ，濃度《のうど》，時計算，角度

図１
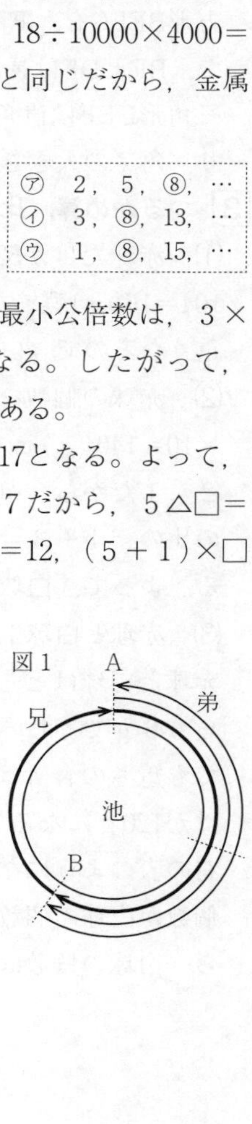

(1) 右の図１のように，弟が兄に追いついた地点をＢ地点とする。兄は１周するのに，2.4×1000÷60＝40(分)かかり，弟は兄より８分遅《おく》れて出発し，兄と同時にＡ地点に戻《もど》ったから，弟が進んだ時間の合計は，40－８＝32(分)とわかる。よって，弟がＡ地点からＢ地点までかかった時間は，32÷２＝16(分)となる。また，兄は弟より８分早く出発し，弟と同時にＢ地点にきたので，兄がＡ地点からＢ地点までかかった時間は，８＋16＝24

(分)である。したがって，毎分60ｍで進むと24分かかる道のりを弟は16分で進んだから，弟の速さは毎分，60×24÷16＝90(ｍ)と求められる。

(2)　はじめ，容器Ａと容器Ｂの食塩水の重さの比は，100：200＝１：２で，濃度は同じだから，含《ふく》まれる食塩の重さの比は１：２である。よって，同じ重さの水を蒸発させた後も，含まれる食塩の重さの比は１：２である。水を蒸発させた後の濃度の比は，1.5：１＝３：２であり，(食塩水の重さ)＝(食塩の重さ)÷(濃度)だから，蒸発させた後の食塩水の重さの比は，(１÷３)：(２÷２)＝$\frac{1}{3}$：１＝１：３とわかる。また，蒸発させた後の食塩水の重さの差は，はじめと同じで，200−100＝100(ｇ)だから，比の，３−１＝２にあたる重さが100ｇとなる。したがって，蒸発させた後のＡの食塩水の重さは，100÷２＝50(ｇ)だから，蒸発させた水の重さは，100−50＝50(ｇ)と求められる。

(3)　長針が短針よりも360度多く進むごとに，長針と短針はぴったり重なる。また，１分間に長針は，360÷60＝６(度)，短針は，360÷12÷60＝0.5(度)それぞれ進むので，１分間に長針は短針よりも，６−0.5＝5.5(度)多く進む。よって，長針と短針は，360÷5.5＝$\frac{720}{11}$(分)ごとにぴったり重なるので，ぴったり重なってから100時間後，つまり，60×100＝6000(分後)までに，ぴったり重なる回数は，はじめを除くと，6000÷$\frac{720}{11}$＝$91\frac{2}{3}$より，91回となる。

(4)　右の図２のように正方形を増やして考える。ACとBFは平行だから，角アと角イは同位角になり，大きさは同じである。また，長方形BEFGを，Ｆを中心に90度回転させると長方形DHFIになるので，BFとDFは長さが同じであり，角BFDは90度となる。よって，三角形DBFは直角二等辺三角形だから，角イの大きさは45度となり，角アの大きさも45度とわかる。

図２

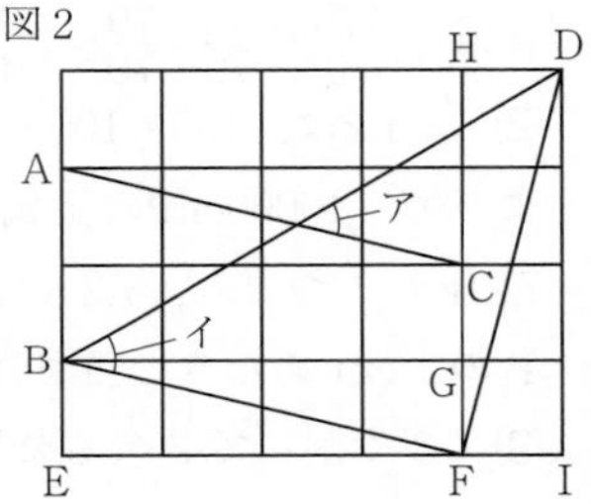

３　つるかめ算，比の性質，調べ

(1)　赤球だけが52個あるとすると，重さの合計は，２×52＝104(ｇ)となり，実際よりも，120−104＝16(ｇ)軽くなる。赤球を白球と１個入れかえるごとに，重さの合計は，３−２＝１(ｇ)ずつ重くなるので，白球の個数は，16÷１＝16(個)とわかる。

(2)　赤球の個数を10個増やすと，赤球の個数は白球の個数の２倍になり，重さの合計は，120＋２×10＝140(ｇ)となる。このとき，赤球と白球の１個あたりの重さの比は２：３で，個数の比は２：１だから，赤球全部の重さと白球全部の重さの比は，(２×２)：(３×１)＝４：３である。この比の，４＋３＝７にあたる重さが140ｇだから，白球全部の重さは，140÷７×３＝60(ｇ)とわかる。よって，白球の個数は，60÷３＝20(個)と求められる。

(3)　赤球と白球１個ずつの重さの和は，２＋３＝５(ｇ)なので，赤球と白球が同じ個数だとすると，赤球と白球はどちらも，120÷５＝24(個)になる。また，赤球３個の重さと白球２個の重さはどちらも６ｇで等しいので，赤球24個と白球24個から，赤球を３個ずつ増やし，白球を２個ずつ減らしても重さの合計は120ｇのままで変わらない。よって，赤球の方が白球より多い場合で，重さの合計が120ｇになるような個数の組み合わせを調べていくと，右の表のようになる。これらの組み合わせのうち，赤球の個数が白球の個数の３倍より多く，４倍より少ないものは，(赤球，白球)＝(42個，12個)だけだから，白球の個数は12個とわかる。

赤球(個)	27	30	33	36	39	42	45	…
白球(個)	22	20	18	16	14	12	10	…

4 平面図形—面積

⑴　下の図①で，三角形AEP，BEP，DFQ，CFQは合同な直角二等辺三角形になるから，ABやDCの長さはアの長さの２倍となる。また，イの長さはABの長さと等しいので，アとイの長さの比は１：２とわかる。よって，EFの長さが20cmのとき，アの長さは，$20\times\frac{1}{1+2+1}=5$ (cm)，イの長さ（正方形の１辺の長さ）は，５×２＝10(cm)だから，三角形AEB，DFCの面積はそれぞれ，10×５÷２＝25(cm²)，正方形ABCDの面積は，10×10＝100(cm²)となり，色のついた部分の面積は，25×２＋100＝150(cm²)と求められる。

図①

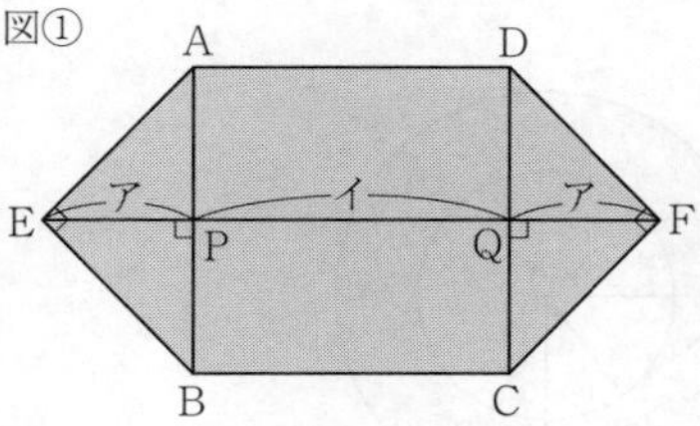

図②

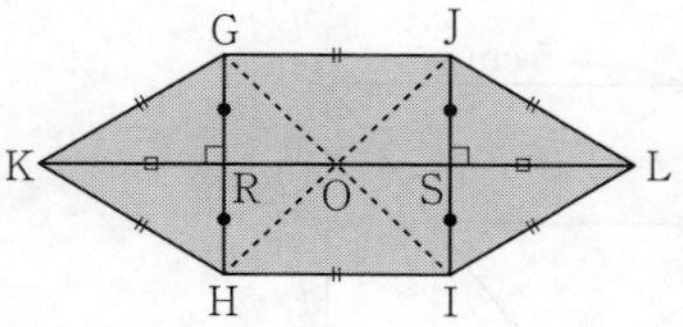

図③

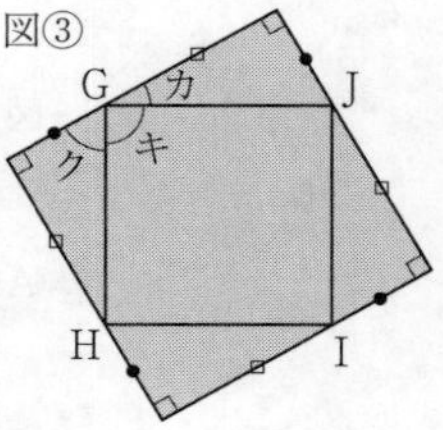

⑵　上の図②で，三角形GKR，HKR，JLS，ILSは，正三角形を２等分した形の合同な直角三角形である。これらを正方形GHIJの周りに，等しい長さの辺どうしが重なるようにして合わせると，上の図③のような図形ができる（図②と図③で同じ印をつけた辺の長さは等しい）。図③で，カは30度，キは90度，クは60度だから，カ＋キ＋ク＝30＋90＋60＝180（度）より，頂点Ｇから出ている印のついた２本の辺は一直線になっている。頂点Ｈ，Ｉ，Ｊについても同様だから，図③の図形は１つの大きな正方形になっている。また，図②で，KLの長さが20cmのとき，KOの長さは，20÷２＝10(cm)であり，ROとRGの長さは等しいから，KRとRGの長さの和は10cmとなる。よって，図③で，□印と●印の辺の長さの和は10cmだから，図③の正方形の１辺の長さは10cmとわかる。したがって，図③の正方形の面積，つまり，図②の色のついた部分の面積は，10×10＝100(cm²)である。

5 整数の性質，場合の数

⑴　[3]のカードを一の位に並べると３，十の位に並べると30，百の位に並べると300になり，すべて３で割り切れる。また，[12]のカードを一の位と十の位に並べると12，十の位と百の位に並べると120になり，いずれも３で割り切れる。よって，[3]と[12]のカードだけを並べてできる整数はすべて３で割り切れることがわかる。次に，[1]のカードを一の位に並べると１，十の位に並べると10，百の位に並べると100になり，すべて３で割ると余りが１となる。したがって，求める３けたの整数は，[1]のカードを１枚だけ使えばよいとわかり，カードの数の組み合わせは，（１，３，３）と（１，12）が考えられる。（１，３，３）の数の並べ方は３通り，（１，12）の数の並べ方は２通りあるから，全部で，３＋２＝５（個）と求められる。

⑵　⑴と同様に考えると，[1]のカードを１枚だけ使ってできる５けたの整数は，すべて３で割ると余りが１となる。このとき，カードの数の組み合わせは右の図のア～ウの３通りが考えられる。また，11÷３＝３余り２，111÷３＝37，1111÷３＝370余り１，11111÷３＝3703余り２のように，[1]のカードを１枚増やすたびに３で割った余りは１増えて，余りが３になると割り切れるので，[1]のカードを４枚だけ使ってできる整数も，３で割ると余りが１となる。このとき，

ア…（１，３，３，３，３）
イ…（１，３，３，12）
ウ…（１，12，12）
エ…（１，１，１，１，３）

カードの数の組み合わせは，図のエのようになる。次に，数の並べ方を考えると，アは５通り，ウは３通り，エは５通りある。また，イの場合は，1のカードの位置が４通り，12のカードの位置が残りの３通りで，２枚の3のカードは残った位置に並べればよいから，４×３＝12(通り)である。したがって，全部で，５＋12＋３＋５＝25(個)と求められる。

6 立体図形―体積

(1)　下の図１で，面ABCDを辺BCの周りに１回転させるとき，面ABCDが通る部分は，底面の半径がCDで，高さがADの円柱になる。よって，その体積は，(５×５×3.14)×３＝235.5(cm^3)である。

図１

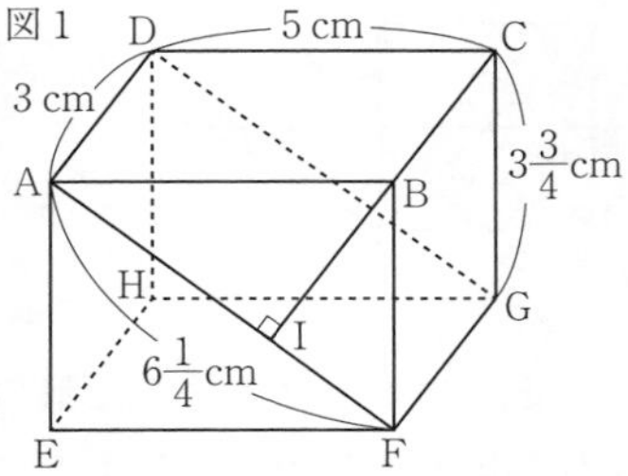

図２

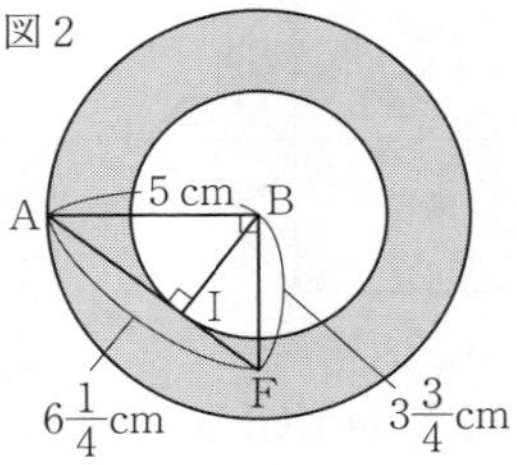

(2)　３点A，D，Fを通る平面で切った切り口は長方形AFGDになる。長方形AFGDを辺BCの周りに１回転させるとき，長方形AFGDが通る部分は，辺AFが通る部分を底面とし，高さがADの柱体となる。ここで，点Bから辺AFに垂直な直線BIを引くと，辺AF上の点のうち，点Bから最も近いのは点I，最も遠いのは点Aである。よって，辺AFが通る部分は，上の図２のように，点Iが通ってできる円と，点Aが通ってできる円にはさまれた部分とわかる。BIの長さを□cmとして，三角形ABFの面積から，$6\frac{1}{4}$×□÷２＝５×$3\frac{3}{4}$÷２となるから，□＝５×$3\frac{3}{4}$÷$6\frac{1}{4}$＝３(cm)と求められる。したがって，辺AFが通る部分の面積は，５×５×3.14－３×３×3.14＝(５×５－３×３)×3.14＝16×3.14(cm^2)なので，切り口が通る部分の体積は，16×3.14×３＝150.72(cm^3)である。

(3)　３点A，C，Fを通る平面で切った切り口は三角形ACFになり，三角形ACFは，点Cと，辺AF上のいろいろな点を結んだ直線がたくさん集まったものと見ることができる。それらの直線のうち，例えば，下の図３の直線CPを辺BCの周りに１回転させると，CPが通る部分は，直角三角形PBCを１回転させてできる円すいの側面となる。よって，三角形ACFを辺BCの周りに１回転させるとき，三角形ACFが通る部分は，下の図４のような，直線CIが通ってできる円すいの側面と，直線CAが通ってできる円すいの側面にはさまれた部分となる。したがって，その体積は，底面の半径が，AB＝５cm，高さが，BC＝３cmの円すいの体積から，底面の半径が，BI＝３cm，高さが，BC＝３cmの円すいの体積をひいたものになるので，(５×５×3.14)×３÷３－(３×３×3.14)×

図３

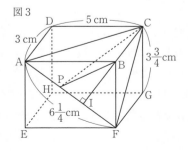

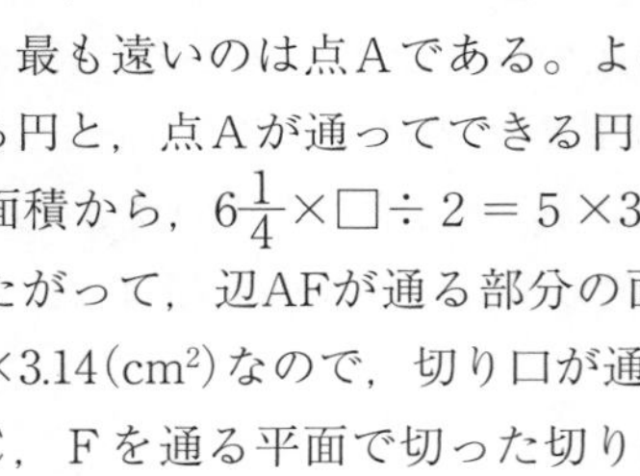

図４

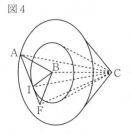

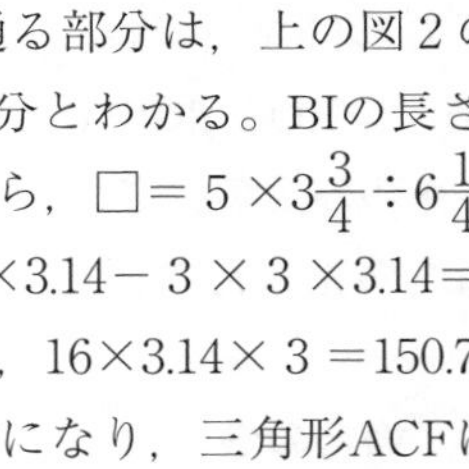

3÷3＝25×3.14－9×3.14＝16×3.14＝50.24(cm^3)と求められる。

社　会　＜第２回試験＞（理科と合わせて50分）＜満点：50点＞

解　答

1　**問１**　アフガニスタン　**問２**　公共の福祉　**問３**　1　**問４**　臨時会(臨時国会)　**問５**　1，2　**問６**　2　**問７**　3　**問８**　4

2　**問１**　4　**問２**　3　**問３**　3　**問４**　札幌(市)　**問５**　大陸棚　**問６**　2　**問７**　5　**問８**　1　**問９**　4

3　**問１**　1　**問２**　(例)　駅で馬を乗りかえていた。　**問３**　電信　**問４**　2　**問５**　対馬　**問６**　2　**問７**　3，5　**問８**　5

解　説

1　日本国憲法，政治のしくみと現代の社会についての問題

問１　アフガニスタンは西アジアに位置する内陸国で，政情が不安定な状態が長く続いている。2020年，アメリカが治安維持のためアフガニスタンに置いていた軍の撤退《てったい》を表明し，翌21年春から撤退を開始すると，イスラム教過激派組織タリバーンが勢いを強め，東京オリンピック閉会後の８月15日に首都カブールを制圧して政権をにぎった。この影響《えいきょう》でパラリンピックのアフガニスタン選手団は来日が遅れ，８月24日の開会式に参加できなかった。

問２　日本国憲法は国民の基本的人権を保障しているが，それぞれが主張する人権が衝突《しょうとつ》することがあり，こうしたときには，社会全体の幸福や利益という観点から人権の調整が行われることがある。この社会全体の幸福や利益のことを，日本国憲法第12・13条では「公共の福祉」と表現している。

問３　閣議は，内閣総理大臣が議長になり，政治の方針を決めるために国務大臣の全員が出席して開かれる。閣議は原則として非公開で行われ，全会一致制で意思決定がなされる。

問４　日本国憲法第53条の規定により，内閣が必要と認めたときと，衆議院・参議院のいずれかの議院の総議員の４分の１以上の要求があったときには，臨時会(臨時国会)が召集《しょうしゅう》される。臨時会は，政策の実施に必要な法律案を成立させるため，常会(通常国会)閉会後の秋に開かれることが多い。

問５　日本国憲法では，天皇は日本国と日本国民統合の象徴《しょうちょう》とされ，内閣の助言と承認にもとづいて儀礼《ぎれい》的な国事行為を行うと定められている。天皇の国事行為は第６条と第７条に規定されており，国会を召集すること，衆議院を解散することはこれにふくまれる。なお，条約を締結《ていけつ》することと，予算案を国会に提出するのは内閣，内閣総理大臣を指名するのは国会の仕事。

問６　1　最高裁判所で有罪判決が下されて判決が確定したあとでも，新たな証拠《しょうこ》が見つかるなどした場合には，再審《さいしん》(裁判のやり直し)を求めることができる。再審の結果，有罪判決が覆《くつがえ》ったこともある。　2　日本国憲法は，裁判所を最高裁判所とその他の下級裁判所に分けており，下級裁判所には高等・地方・簡易・家庭の４つの裁判所がある。よって，正しい。　3　弾劾《だんがい》裁判所は，国会議員が裁判官となり，国会内に設置される。　4　家庭内のもめごとの調停や少年犯罪の審判は，家庭裁判所が行う。

問７　自己決定とは，自分の生き方のような個人的なことがらを自分で決めることで，新しい人権の一つとして自己決定権が主張されるようになっている。新しい人権は，社会の変化などによって主張されるようになった人権のことで，日本国憲法には直接は規定がないものの，自己決定権のほか，プライバシーの権利や知る権利，環境権などが認められている。なお，学問の自由は日本国憲法第23条，居住・移転の自由と職業選択《せんたく》の自由は第22条，信教の自由は第20条に規定されている。

問８　１　情報社会ではだれもが情報の発信源となれるため，あやまった情報が伝わることも多い。　２　情報の完全な管理は難しく，外部に個人情報がもれてしまったり，違法に利用されてしまったりすることもある。　３　インターネットの情報は簡単にコピー(複製)できてしまうので，著作権や知的所有権の保護が難しくなっている。　４　情報社会の問題点の一つを，正しく説明している。

２　日本の地形や気候，産業などについての問題

問１　「表あ」より，エの駅は2019年度に比べて2020年度の利用者が半分以下になっており，新型コロナウイルス感染症《しょう》の影響を最も大きく受けたことがわかる。また，「図い」より，１は大宮駅，２は立川駅，３は渋谷駅，４は舞浜《まいはま》駅，５は平塚駅である。2020年度，全国各地の娯楽《ごらく》施設は休園や入場制限を行った。東京ディズニーリゾートでも同様の措置《そち》がとられ，来場者が大きく減ったため，最寄り駅である４の舞浜駅の乗車人数も大きく減ったと考えられる。なお，アには渋谷駅，イには大宮駅，ウには立川駅，オには平塚駅があてはまる。

問２　高松(香川県)は，年間降水量が少なく，比較《ひかく》的温暖な瀬戸内の気候に属している。「図い」のうち，年間降水量が少ないのは３と４で，このうち「図う」より，８月，１月とも平均気温が高い３が高松となる。なお，１は太平洋側の気候に属する潮岬《しおのみさき》(和歌山県)，２は日本海側の気候に属する敦賀《つるが》(福井県)，４は中央高地の気候に属する松本(長野県)。

問３　たら類は低い水温を好み，日本では北海道で多く漁獲《ぎょかく》される。産卵のため浅い海に現れる秋から冬の漁獲量が多く，冬の鍋《なべ》の食材として人気がある。ここから，冬に取扱《とりあつかい》量が急増する３だと判断できる。なお，１はまいわし，２はさんま，４はかつお，５はうなぎ。

問４　北海道の道庁所在地である札幌市は，明治時代になって政府が北海道を開拓するさい，計画的に造成された。そのため，地形図からわかるように，市街地が直線的に区画されている。開拓の中心になったのは，北方の警備と北海道の開拓のために集められた屯田兵《とんでんへい》で，「屯田」という地名が残っていることが地形図から読み取れる。また，札幌市は政令指定都市で，地形図中に見られる「北区」はその行政区の一つである。

問５　大陸から続く，傾斜《けいしゃ》のゆるやかな海底を大陸棚《だな》という。沿岸部から水深約200mまで続く浅い場所を指し，好漁場，あるいは海底資源の採掘《さいくつ》場となっているところもある。

問６　この地形図には方位記号が示されていないので，上が北，右が東，下が南，左が西にあたる。飯野山(讃岐《さぬき》富士)の山頂が南東(右下)の方位に見えているのだから，「自分がいる地点」は飯野山(讃岐富士)の北西(左上)になる。この位置にある１・２・３のうち，北側のすぐ近くに神社(⛩)がある２が，「自分の現在地」と判断できる。

問７　和食は，自然の美しさや季節の移り変わりを表現していることや，健康的であること，年中行事と密接に結びついていることなどが評価され，2013年に「和食―日本人の伝統的な食文化」としてユネスコ(国連教育科学文化機関)の無形文化遺産に登録された。

問８　１　北方領土問題について正しく説明している。　２「中華人民共和国」ではなく「大韓民国」が正しい。　３　日本の最西端は，沖縄県の与那国《よなぐに》島である。　４　尖閣《せんかく》諸島の島々は現在は無人島で，行政上は沖縄県石垣市に属しているが，中華人民共和国(中国)や台湾が領有権を主張している。

問９　だいこん，たまねぎ，トマトは，野菜の中でも収穫量が多い。これは，さまざまな料理で用いられて需要《じゅよう》が多いことや，葉もの(葉菜類)である，ほうれん草やしゅんぎくに比べて野菜そのものが重いことも影響していると考えられる。一方，しゅんぎくはほかの４つに比べると需要が少なく，収穫量も少ない。ここから，４がほうれん草だと推測できる。なお，１はたまねぎ，２はだいこん，３はトマト，５はしゅんぎくとなる。

3　各時代の歴史的なことがらについての問題

問１　１　律令制度のもと，上級貴族の子どもは一定の年齢になると，父か祖父の位に応じて位を与えられた。これを蔭位《おんい》の制といい，このほかにも，貴族は調・庸《よう》・雑徭《ぞうよう》などの税が免除される等の優遇《ゆうぐう》を受けた。　２　天皇の住まいや役所が置かれた内裏《だいり》は，碁盤《ごばん》目状に整備された都の北部の中央に置かれた。　３　律令制度では，戸籍にもとづいて６歳以上の男女に口分田が支給され，収穫した稲の約３％を納める租という税が課された。　４　朝廷の支配は，平安時代の初めに九州から東北地方北部まで及《およ》んだが，北海道までは及ばなかった。北海道は江戸時代まで蝦夷《えぞ》地とよばれ，明治時代に北海道とされてから，日本の行政に組みこまれた。

問２　律令制度の駅制のもと，都と各地を結ぶために道が整備され，30里(約16km)ごとに駅がつくられた。駅では馬が飼育され，文書を運ぶ人は駅で食料を得たり馬を乗りかえたりした。

問３　明治時代初めの1869年，東京—横浜(神奈川県)間に電信柱が建てられ，翌70年に電信が開業した。電信は文字などを電気的な符号《ふごう》や信号に変換《へんかん》して送受信するしくみで，19世紀末には全国に普及《ふきゅう》した。

問４　１　税は江戸時代まで，基本的に米を中心とする現物で納められたが，鎌倉時代以降，貨幣《かへい》経済が広まっていくと，一部の税では貨幣で納められることもあった。　２　室町時代の農村では，惣《そう》とよばれる自治組織がつくられ，寄合で村のおきてが定められた。また，江戸時代の農村でも，有力な本百姓らが村役人となって自治を行い，村のおきてが定められた。　３　豊臣秀吉の行った太閤検地以降，検地帳に年貢の負担義務者や実際の耕作者が記されたが，戸籍に土地所有者が記されたわけではない。　４　鎌倉時代の武士は農村に住み，ふだんは農業の指導などを行っていることが多かった。

問５　宗《そう》氏は鎌倉時代から対馬《つしま》(長崎県)を治め，朝鮮とも交流した。豊臣秀吉の朝鮮出兵によって日本と朝鮮の国交がとだえたときには，徳川家康の意向を受けた宗氏が国交回復に力をつくし，これをなしとげた。江戸時代には対馬藩とされ，朝鮮との窓口として両国関係を維持した。

問６　１「魏《ぎ》」ではなく「宋」が正しい。　２　室町幕府が行った日朝貿易について，正しく説明している。　３　三・一(独立)運動は1919年，韓国併合は1910年のできごとである。　４　日本は1965年に日韓基本条約を結んで大韓民国との国交を正常化し，1972年には日中共同声明を結んで中華人民共和国との国交を回復した。

問７　岩倉具視《ともみ》を全権大使とする使節団は，条約改正の予備交渉《こうしょう》を行うため，1871年にアメリカに向かって出発し，欧米諸国を視察して1873年に帰国した。１・２・４は1872年，３は1877年，５

は1874年のできごとである。

問８　本能寺は室町時代に京都に創建され，たび重なる焼失と再建をくり返したが，現在も京都市内にある。鳳凰《ほうおう》堂で知られる平等院は宇治市(京都府)にあり，宇治市は北で京都市と接している。なお，出雲《いずも》大社は島根県，伊勢神宮は三重県，中尊寺は岩手県，鶴岡八幡宮《つるがおかはちまんぐう》は神奈川県にある。

理　科　＜第２回試験＞（社会と合わせて50分）＜満点：50点＞

解　答

[1] (1)　え　(2)　う　(3)　あ　(4)　え　(5)　い　(6)　あ，い　(7)　え　[2] (1) **A**　ちっそ　**B**　さんそ　**C**　あるごん　**D**　う　(2)　28.8 g　(3)　**E**　う　**F**　い　(4)　21.2 g　(5)　5 L　[3] (1)　か　(2)　さんそ　(3)　う　(4)　**A**　え　**B**　あ　(5)　か　(6)　480分　[4] (1)　あ，う　(2)　あ，え，う，い　(3)　天井川　(4)　**アーイ**…う，C　**ウーエ**…あ，E　(5)　**５番目**…け　**６番目**…お　**８番目**…く　(6)　い

解　説

[1]　鏡によってできる像についての問題

(1)，(2)　下の図①のように，図４の物体(矢印)の上端《じょうたん》Ａから出る２本の光は凸《とつ》面鏡で反射し，反射した２本の光を逆向きに延長したときの交点ａの位置に矢印の上端の虚像《きょぞう》ができる。同様に，物体(矢印)の下端Ｂから出る２本の光は凸面鏡で反射し，反射した２本の光を逆向きに延長したときの交点ｂの位置に矢印の下端の虚像ができることになる。したがって，物体の位置から見て鏡より奥《おく》に，物体よりも小さい正立の虚像ができることがわかる。

(3)，(4)　下の図②のように，図５の物体(矢印)の上端Ｃから出る２本の光は凹《おう》面鏡で反射し，その２本の光の交点ｃの位置に矢印の上端の実像ができる。同様に，物体(矢印)の下端Ｄから出る２本の光は凹面鏡で反射し，その２本の光の交点ｄの位置に矢印の下端の実像ができる。したがって，

図①

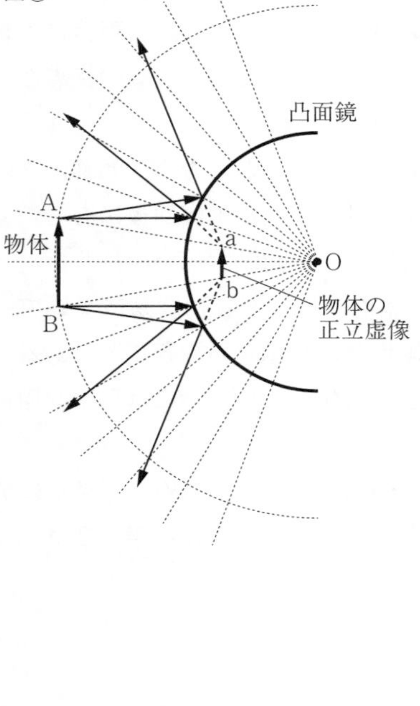

図②

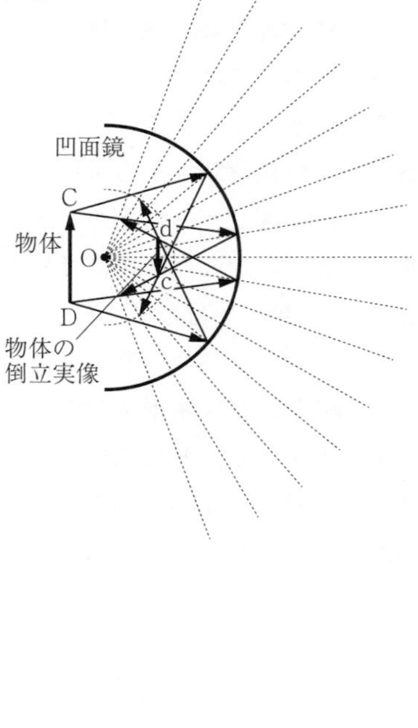

物体の位置から見て鏡より手前に，物体よりも小さい倒立《とうりつ》の実像ができることになる。

⑸，⑹　凸面鏡によってできる像の大きさは実際の物体より小さくなり，広範囲《こうはんい》のものの像を見ることができる。また，凸面鏡によってできる像は正立像なので，安全確認がしやすい。そのため，カーブミラーには凸面鏡が使われている。

⑺　右の図③のように，カーブミラーから見て左側の道路の車線「う」の位置から出た光は，およそ実線の矢印のように進むので，Xの位置から見ると右側に見える。また，カーブミラーから見て右側の道路の車線「え」の位置から出た光は，およそ破線の矢印のように進むので，Xの位置から見ると左側に見える。図７で，カーブミラーの中にうつる人の像は左側の車線に見えるので，カーブミラーから見たときに右側になる「え」の位置にいるとわかる。

図③

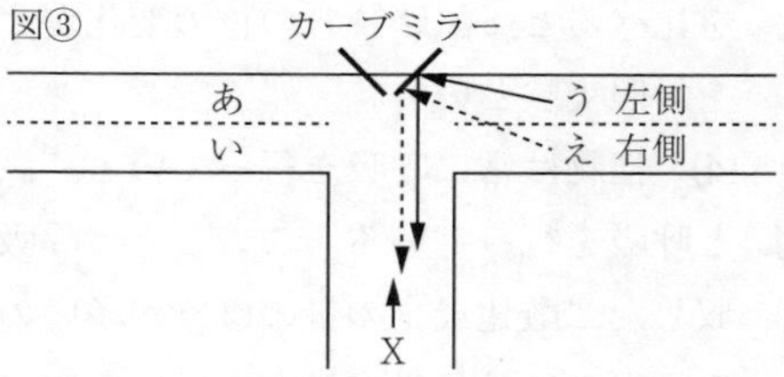

[2] 空気についての問題

⑴　空気中に最も多く存在する気体はちっ素で約80％，次に多く存在する気体は酸素で約20％である。そのほかに，空気中には約１％のアルゴンと約0.04％の二酸化炭素なども含《ふく》まれている。

⑵　24ＬのＡ(ちっ素)の重さは28ｇなので，空気24Ｌに80％含まれているＡの重さは，28×0.8＝22.4(ｇ)となる。また，24ＬのＢ(酸素)の重さは32ｇなので，空気24Ｌに20％含まれているＢの重さは，32×0.2＝6.4(ｇ)とわかる。よって，空気24Ｌの重さは，22.4＋6.4＝28.8(ｇ)と求められる。

⑶　**Ｅ**　⑵より，空気24Ｌの重さが28.8ｇなので，空気１Ｌの重さは，28.8÷24＝1.2(ｇ)となる。

Ｆ　ビニール袋《ふくろ》に空気を１Ｌ入れても２Ｌ入れても，その重さをはかると同じになったことから，ビニール袋に空気を入れていない状態で重さをはかっても同じ重さになると考えられる。その重さは，ビニール袋を中に何も入っていない状態になるまでつぶしたときと等しく，1.0ｇである。これは，ビニール袋に空気を入れても，ビニール袋がまわりの空気を押《お》しのけ，その空気の重さの分だけ浮力《ふりょく》を受けるためである。たとえば，１ｇのビニール袋に空気１Ｌを入れたとき，袋全体の重さは空気１Ｌの重さ(1.2ｇ)の分だけ重くなるが，ビニール袋によって押しのけられた空気１Ｌの重さ(1.2ｇ)の分だけ浮力がはたらくので，はかりが示す値は，１＋1.2－1.2＝１(ｇ)となる。

⑷　図３の缶《かん》の中には何も入っていないので，缶の重さは20ｇとわかる。缶を一度開けると缶の中に１Ｌの空気が入り，その状態で閉じると，缶全体の重さは空気１Ｌの重さ(1.2ｇ)の分だけ重くなる。よって，閉じた缶の重さは，20＋1.2＝21.2(ｇ)と求められる。

⑸　空気を押し込《こ》んだ缶の重さが26ｇなので，缶の中の空気の重さは，26－20＝６(ｇ)とわかる。空気１Ｌの重さは1.2ｇなので，空気６ｇの体積は，６÷1.2＝５(Ｌ)となる。

[3] オオカナダモの光合成や呼吸についての問題

⑴　BTB溶液《ようえき》は酸性のときに黄色，中性のときに緑色，アルカリ性のときに青色になる。また，二酸化炭素が水にとけると酸性の炭酸水になる。息の中には二酸化炭素が含まれているので，息を吹《ふ》き込む前は青色(アルカリ性)で，息を吹き込むと二酸化炭素がとけて中和して緑色(中性)になったと考えられる。試験管Ａに日光を当てると，オオカナダモが光合成を行い，二酸化炭素を吸収するので，水にとけている二酸化炭素の量が減り，緑色(中性)から青色(アルカリ性)になる。また，試験管Ｂに日光を当てても，オオカナダモには日光が当たらないので，光合成を行わず呼吸のみを

行うから，呼吸で放出した二酸化炭素が水にとけて，緑色(中性)から黄色(酸性)になる。

⑵　試験管Aのオオカナダモに日光が当たると光合成を行い，二酸化炭素を吸収して酸素をつくり出し，酸素を多く含む小さな気泡《きほう》が出てくる。

⑶　オオカナダモが入っているかどうか以外の条件がすべて同じになっている試験管Bと試験管Dを比べると，試験管Bの色の変化がオオカナダモによるものであると判断できる。このような実験を対照実験という。

⑷　植物は常に呼吸を行っている。試験管Aのオオカナダモには日光が当たっているので，光合成と呼吸を行っている。このとき，呼吸によって放出した二酸化炭素の量よりも，光合成によって吸収した二酸化炭素の量のほうが多いので，液体中の二酸化炭素は減少する。また，試験管Bのオオカナダモには日光が当たっていないので，呼吸のみを行っている。

⑸　曇《くも》りの日には，試験管Aのオオカナダモに当たる日光の強さが弱くなるので，あまり光合成を行わなくなる。試験管Aが緑色(中性)のままだったことより，光合成によって吸収した二酸化炭素の量と，呼吸によって放出した二酸化炭素の量がほとんど同じだったと考えられる。

⑹　一定の明るさにして0.8gの二酸化炭素が減少するのにかかる時間は60分間，真っ暗にして0.8gの二酸化炭素が増加するのにかかる時間は，$60\times\frac{0.8}{0.4}=120$(分間)である。これより，一定の明るさにした時間と真っ暗にした時間の比が，60：120＝1：2のとき，二酸化炭素の増減はなくなることがわかる。したがって，24時間＝1440分間の実験で，一定の明るさにした時間は，$1440\times\frac{1}{1+2}=480$(分間)と求められる。

4　流水のはたらきと地層のでき方についての問題

⑴　川の同じ場所で，水の量が増えると流れは速くなり，しん食作用と運ぱん作用が大きくなる。なお，川の同じ場所で，水の量が減ると流れはおそくなり，たい積作用が大きくなる。

⑵　V字谷は，かたむきが急な山間にでき，扇状地《せんじょうち》は，川が山から平地に出たところにできる。三日月湖は，平地を流れる川が蛇行《だこう》しているところにでき，三角州《す》は河口付近にできる。

⑶　川底に土砂がたい積し，川底が高くなると，川が氾濫《はんらん》するのを防ぐためにてい防を高くする。これを繰《く》り返した結果，川底が周辺の土地よりも高くなった川を天井《てんじょう》川という。

⑷　川の曲がっている部分アーイでは，曲がりの外側(C)のほうが内側よりも流速が速いので，外側の川底がしん食されて深くなる。また，外側には内側よりも，大きな石が運ばれてきて川底にたい積するため，「う」のようになる。一方，川の真っすぐな部分ウーエでは，中央(E)のほうがその両側よりも流速が速いので，中央の川底がしん食されて深くなる。中央の川底にはまわりよりも大きな石がたい積し，「あ」のようになる。

⑸　ふつう，下にある地層ほど古いので，A層→B層→C層→…の順にたい積したと考えられる。断層YによってA～D層がずれているので，D層がたい積したあとに断層Yができたと考えられる。次に，断層XによってA～F層がずれているので，F層がたい積したあとに断層Xができたことになる。そして，マグマが断層Xを貫《つらぬ》いているので，断層Xができてからマグマが貫入《かんにゅう》したと考えられる。さらに，マグマの上にG層がたい積しているので，マグマが貫入してからG層ができたことがわかる。よって，起きた順番に並べると，あ→い→う→え→け(5番目)→お(6番目)→か→く(8番目)→こ→きとなる。

⑹　シジミは湖や，海水と淡水《たんすい》が混ざる河口付近などに生息するので，シジミの化石を含む地層が

たい積した当時の環境《かんきょう》は，湖や河口付近などであったと推測される。

国語 ＜第２回試験＞（50分）＜満点：100点＞

解答

一 **問１** ア　**問２** イ　**問３** エ　**問４** ウ　**問５** エ　**問６** オ　**問７** ア　**問８** （例）　確固とした身体を基盤とした明確かつ個人的な感情だからこそ，意思や言語などではコントロールすべきではないもの。　**問９** 下記を参照のこと。　二 **問１** オ　**問２** エ　**問３** ア　**問４** 親の愛～したり（するようになる年齢。）　**問５** オ　**問６** ウ　**問７** イ　**問８** ウ　**問９** （例）　苦しいことや辛いことがあっても，この店で甘い駄菓子を食べ，老婆に話を聞いてもらって甘やかされることで，救われるから。

●漢字の書き取り

一 **問９** A　局面　B　余地　C　指針

解説

一 **出典は尹雄大《ゆんうんで》の『モヤモヤの正体―迷惑《めいわく》とワガママの呪《のろ》いを解く』による。** 身体を伴《ともな》わなくなった感情が，意識的にコントロールされるようになった現代社会のあり方を論じている。

問１　平家物語にも「腹立《ふくりゅう》」という言葉があるとおり，怒《いか》りは身体から発し，なかでも「腹」は昔から感情の根ざす場とされた。現在は身体を伴う感情表現の場所は胸や頭部などへ上昇《じょうしょう》し，実感を伴わなくなってきたが，古人の言う「腹」は激しい感情と結びついていたのだから，アがよい。

問２　自分の身に起きたこと以外のできごとに大勢の人が怒《おこ》る状態を，怒りが「クラウド化している」と筆者は表現し，怒りをサーバーからダウンロードするかのようだと述べている。次の段落で，この状態を指して「身体を離《はな》れ，実感を伴わない」ともしているので，イがよい。

問３　直前の文に注意する。怒るのはもっともだと理解を示したうえで，翻訳《ほんやく》するかのようにその怒りの理由を説明する，ということの意味を，ぼう線③は表現している。「他者の経験」とはその人の怒りを指し，その怒りを本人に代わって明確に説明し，ほかの人にも共有できるようにして社会的価値を持たせるということなので，エが合う。

問４　「常に冷静で穏《おだ》やかであるのは」，「社会的には望ましい姿」だと前にある。後には，人間は「常に効率を考えたり職場の人間関係に受け入れられるために生きている」のではないと続く。よって，前のことがらを受けて，それに反する内容を述べるときに用いる「しかし」が入る。

問５　円滑《えんかつ》な人間関係を保つために理性で感情を抑《おさ》えこめるなら，感情は「意識的に操作できるものになっているはず」だと二文後にある。そのため，筆者は感情を装置に近いとしているが，次の段落にあるとおり，本来なら感情はコントロールするものではないと筆者は考えているので，エがよい。

問６　「腹に落ちる」は，“納得《なっとく》する”という意味。「腹を割る」は，“思っていることをすっかり打ち明ける”という意味。「腹が据《す》わる」は，“落ち着く”という意味である。

問７　身体に「私の基盤《きばん》」がなく怒りの輪郭《りんかく》が明確でない場合には，周囲の空気との同調が行動の指針になると少し前にある。つまり，嫌《いや》だと思いながらも周囲に合わせられるのは，自分の感情がはっきりとつかめず，どうすべきかわからずに周囲に合わせるしかないからだと考えられる。その状況《じょうきょう》を「居心地が良い」といえるかどうかは，自分が好んでその状況を選んだのではない以上，「慣れの問題」だといえるので，アが選べる。

問８　今では怒りを表現する場所は胸や頭部へと上昇し，さらには空間に漂《ただよ》うようになった。怒りが身体を離れ，実感を伴わない曖昧《あいまい》なものになるにつれ，意識的にコントロールすることが可能になりつつある。逆に，「腹が立つ」という確固とした身体を基盤とした感情には不透明《ふとうめい》さがなく明確で，周囲への影響《えいきょう》を考える社会性にはなじまない個人的なものであり，「冷静になれ」という意思や言葉では紛《まぎ》らわしようもなく，コントロールすべきものではないと述べている。

問９　**A**　ものごとの状況，なりゆき。　**B**　さらにものごとを考えたり，したりするゆとり。　**C**　ものごとを進める方向を示すもの。

二　**出典は小狐裕介《こぎつねゆうすけ》の「ふしぎな駄菓子屋《だがしや》」による。**「大人入店禁止」の駄菓子屋に入った「私」はあめ玉をなめ，なつかしい想《おも》い出に涙《なみだ》し，たまには甘《あま》い思いもしていいと老婆《ろうば》に言われる。

問１　「大人入店禁止」と貼《は》り紙のある駄菓子屋の前で，見知らぬ大人が声をかけてきたのだから，子供たちはいったいなにごとかと警戒《けいかい》して不安そうな表情になったと考えられる。よって，オがよい。

問２　夜更《よふ》かしや漫画《まんが》を肯定《こうてい》したり，勉強は二の次だとしたり，大人の権威《けんい》を失わせたりするような言葉は，「子供に都合の良い言葉」といえる。単に子供がおもしろがるだけではなく，子供にとっては現実にそうあってほしいような内容なので，エが選べる。

問３　あめ玉を口にふくんだ「私」の脳裏には，熱を出したときに優《やさ》しく看病してくれた母や，不良たちから自分を守ってくれた父，留年の危機を救ってくれた友人たちの想い出が次々とよみがえっている。老婆は，大人はそういった大切な想い出を忘れようとすると指摘《してき》しているので，アがあてはまる。

問４　子供のころより「ずっと大変」な状況に置かれるにもかかわらず，大人が「親の愛を疎《うと》ましく思ったり，友情をないがしろにしたり」するようになることを，老婆は不思議に思っている。つまり，「他人に頼《たよ》る甘さ」が必要になる年代でありながら，すがるべき「想い出をなぜか忘れようとする」大人のために，「想い玉」の対象年齢《ねんれい》は「十五歳《さい》以上」とされているのである。

問５　不良たちにからまれた中学生当時の「私」が，父に連絡《れんらく》を取って助けてもらった後の気持ちである。もう一人前のようなつもりでいたが，父に救われたことでいまだに守られる子供にすぎないことを思い知って情けなく思う一方，頼《たの》もしい父に安心感をいだいたのだから，オがよい。

問６　親元を離れて大学に入った「私」は大学の友人によそよそしさを感じていたが，留年の危機にひんした「私」に，彼《かれ》らは進んで手を差し伸《の》べ，救ってくれた。彼らに心を許しきれていなかったにもかかわらず，「私」を救ってくれた彼らの真の友情をうれしく思い，感謝したのだから，ウが合う。

問７　老婆は「世の中，そんなに甘くないよ」と言いながらいたずらっぽく笑っている。「想い玉」をなめた「私」に甘い思いも必要だと老婆は言ったが，その後で世の中は甘くないと金銭を要求しているのである。この言葉遊びがおかしみや軽さを演出しているので，イが選べる。

問８　「想い玉」をなめた後，周りに頼り，自分を甘やかしてもいいと老婆に言われた「私」は，苦しいことにも一人で耐《た》えなければいけないと思うようになったのはいつからだったか，と考えている。よって，ウがあてはまる。

問９　自分もこの駄菓子屋に入り，「想い玉」をなめた「私」はなつかしい想い出に涙し，たまには甘い思いもしていいと老婆に言われる。苦しいことや辛《つら》いことを一人で耐える必要はないのだと実感した「私」は，店から出てきた子供たちの顔がみな晴れやかなのも，甘い駄菓子を食べ，老婆に話を聞いてもらうことで甘やかされ，救われるからではないかと考えたものと推測できる。

2022年度　豊島岡女子学園中学校

〔電　話〕(03) 3983－８２６１
〔所在地〕〒170-0013　東京都豊島区東池袋１―25―22
〔交　通〕JR線・東京メトロ各線・私鉄各線―「池袋駅」より徒歩７分

【算　数】〈第３回試験〉（50分）〈満点：100点〉

（注意）１．円周率は3.14とし，答えが比になる場合は，最も簡単な整数の比で答えなさい。
　　　　２．角すい・円すいの体積は，(底面積)×(高さ)÷3　で求めることができます。

1　次の各問いに答えなさい。

(1)　$\left(4\frac{2}{3}+\frac{11}{3}\div 4.4\right)\div 3-\frac{7}{4}$ を計算しなさい。

(2)　1440m離《はな》れた家と駅の間を往復します。行きに分速60mで進んだところ，往復の平均の速さが分速72mとなりました。帰りの速さは毎分何mですか。

(3)　４と６と［　　　］の最小公倍数は60です。［　　］に当てはまる整数として考えられるものは何通りありますか。

(4)　次のような三角柱の展開図があります。この三角柱の表面積は何cm^2ですか。

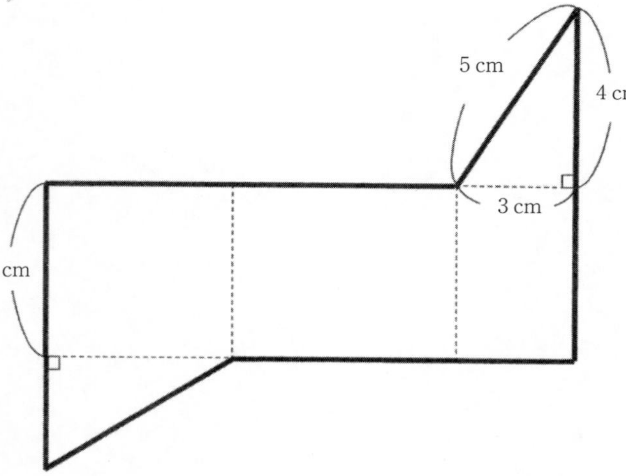

2　次の各問いに答えなさい。

(1)　$x\times 5-10$ の式で表すことができるものは次のどれですか。(あ)〜(え)の記号で答えなさい。ただし，[　]内の単位で考えるものとします。

(あ)　１個 x gの消しゴム５個を0.01kgの箱に入れた。このとき，箱を含《ふく》めたすべての重さ[g]

(い)　１本のひもから x cm ずつ５本切り取ると0.1m残った。このとき，もとのひもの長さ[cm]

(う)　空《から》のバケツに１回に x dL ずつ５回水を入れたあと１Ｌくみ出した。このとき，バケツに残っている水の量[dL]

(え)　１個 x 円のパンを５個買うと１個あたり10円引きになった。このとき，支《し》払《はら》った代金[円]

(2)　食塩水Ａ，Ｂ，Ｃがあります。ＡとＣを１：３の割合で混ぜると，４％の食塩水になります。

ＡとＢとＣを２：５：６の割合で混ぜると，5.5％の食塩水になります。食塩水Ｂの濃度《のうど》は何％ですか。

(3)　2022年２月４日からちょうど34000日後は，西暦《せいれき》何年の何月何日ですか。ただし，現在の暦《こよみ》では，うるう年（２月が29日までの年）を次の①，②のように定めています。

①　西暦が４で割り切れる年をうるう年とする。

②　①の例外として，西暦が100で割り切れて400で割り切れない年はうるう年ではないとする。

(4)　右の図のような台形ABCDにおいて，辺BC上に点Ｅをとり，辺CDの真ん中の点をＦとし，直線AEとBFが交わる点をＧとします。三角形ABEの面積が$8\,\mathrm{cm}^2$，台形AECDの面積が$6\,\mathrm{cm}^2$であるとき，BG：GFを答えなさい。

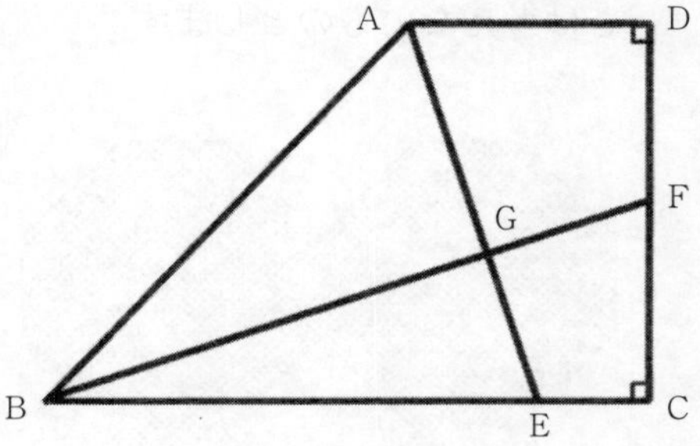

3　花子さんと豊子さんは，それぞれのボートで，一定の速さで流れる川の12km離《はな》れた下流のＡ地点と上流のＢ地点の間を移動します。花子さんはＡ地点を出発して40分後にＢ地点に到着し，Ｂ地点に25分間とまった後，Ａ地点に向かい，30分後にＡ地点に到着します。そして，Ａ地点に25分間とまった後，またＢ地点に向かって出発します。

豊子さんは，Ａ地点を出発してＢ地点に着くとすぐにＡ地点に向かいます。花子さんが最初にＡ地点を出発した35分後に，豊子さんがＡ地点を出発したところ，豊子さんがＢ地点に初めて着くのと同時に，花子さんはＡ地点に初めて着きました。静水での２せきのボートの速さはそれぞれ一定であるとき，次の各問いに答えなさい。

(1)　豊子さんのボートの静水での速さは毎分何ｍですか。

(2)　２人のボートが２回目にすれ違うのはＡ地点から何ｍのところですか。

4　右の図のように，はじめに何Ｌかの水が入っている水そうがあり，毎分10Ｌずつ水が入る蛇《じゃ》口と何本かの排《はい》水管がついています。排水管６本と蛇口を同時に開いたときは，280分で水そうが空《から》になります。排水管７本と蛇口を同時に開いたときは，224分で水そうが空になります。どの排水管も排水する水の量は同じであるとき，次の各問いに答えなさい。

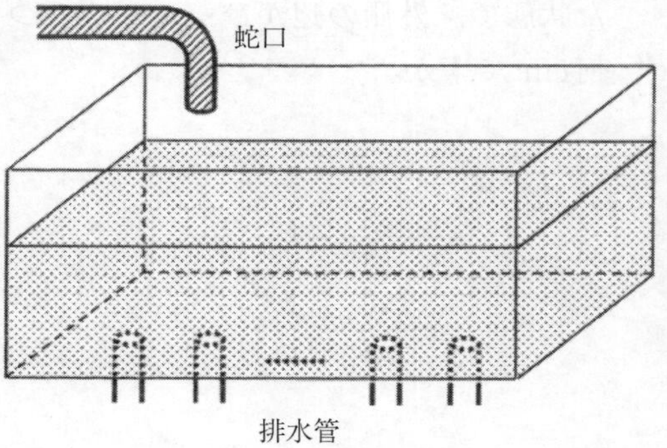

(1)　１本の排水管は１分間あたり何Ｌの水を排水することができますか。

(2)　次の□に当てはまる数でもっとも小さい整数を答えなさい。

排水管□本と蛇口を同時に開いたときは，１時間以内に水そうが空になります。

(3)　次の□に当てはまる数を答えなさい。

排水管６本と蛇口を同時に開き，□分後にさらに４本排水管を開いたときは，210分で水そうが空になります。

5　右の＜図１＞は，１辺の長さが１cmの正方形を５個並べ，頂点を結んでできた図形です。これを図形Aと呼ぶことにします。４個の図形Aを１cmの辺どうしがくっつくように，縦と横にそれぞれ２個ずつ並べた状態を＜図２＞とします。＜図２＞の外側を木の板で囲い，辺がぴったりくっつくように作った木わくが＜図３＞です。ただし，木わくの厚さは考えないものとします。

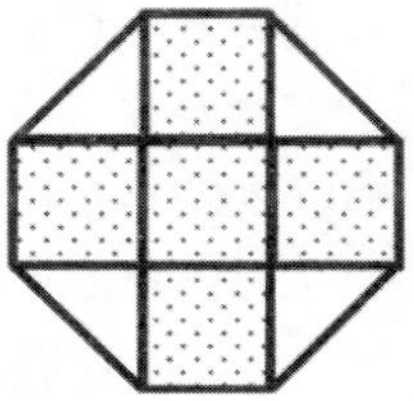

図形A
＜図１＞

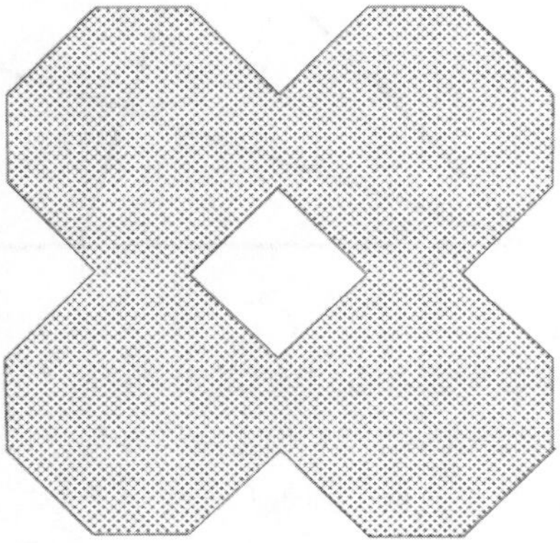

図形Aを４個くっつけた状態
＜図２＞

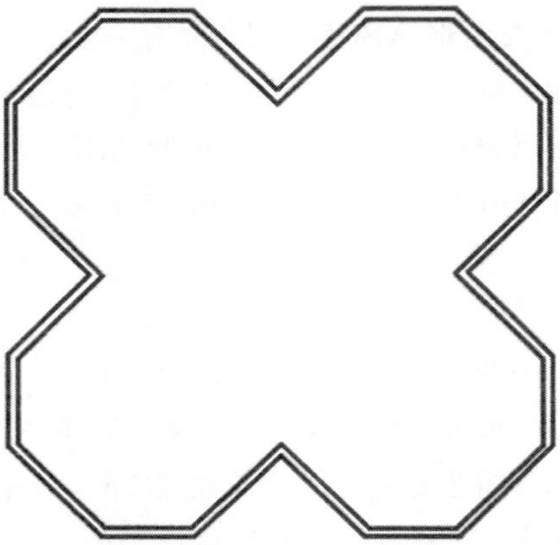

＜図２＞がちょうど収まる木わく
＜図３＞

このとき，次の各問いに答えなさい。

(1)　＜図３＞の木わくの内部の面積は何cm^2ですか。

(2)　100個の図形Aを１cmの辺どうしがくっつくように，縦に２個，横に50個並べた状態で，外側の辺がぴったりくっつくような木わくを準備します。木わくの内部の面積は何cm^2ですか。

(3)　100個の図形Aを１cmでないほうの辺どうしがくっつくように，縦に10個，横に10個並べた状態で，外側の辺がぴったりくっつくような木わくを準備します。木わくの内部の面積は何cm^2ですか。

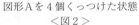

6　下の図のように，１辺が２cmの立方体を，上から，正面から，横からの３つの方向から見た図を考えます。

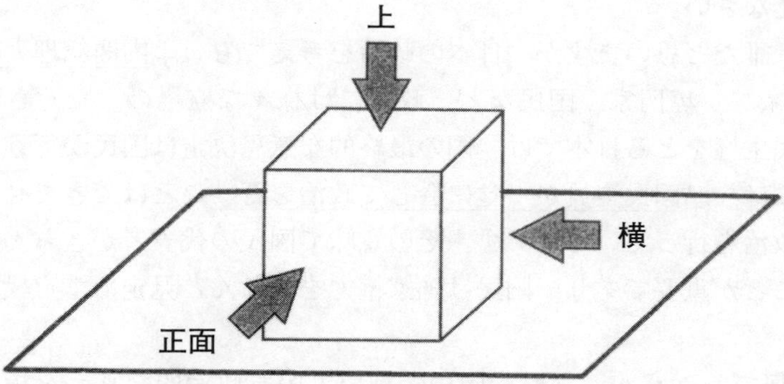

この立方体をある平面で切り，体積が小さいほうの立体を取りのぞきます。残った立体の，上から，正面から，横からの３つの方向から見た図をマス目が１cmの正方形の方眼紙にかきます。

このとき，次の各問いに答えなさい。

(1)　立方体をいくつかの平面で切った立体の，上から，正面から，横からの３つの方向から見た図は，次のようになりました。この立体の体積は何cm^3ですか。

上から見た図

正面から見た図

横から見た図

(2)　立方体をいくつかの平面で切った立体の，上から，正面から，横からの３つの方向から見た図は，次のようになりました。この立体の体積は何cm^3ですか。

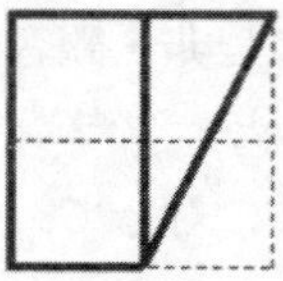
上から見た図

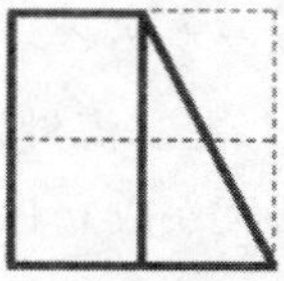
正面から見た図

横から見た図

【社　会】〈第３回試験〉（理科と合わせて50分）〈満点：50点〉

〈編集部注：実物の入試問題では，**2** **問３**の地形図・写真と**問４**・**問５**のグラフはカラー印刷です。〉

1　**次の文章を読んで問いに答えなさい。**

国の政治を動かしているのは誰《だれ》だと思いますか。日本の政治を考えても，(ア)内閣総理大臣，国務大臣，官僚《かんりょう》，マス・メディア，専門家，国民など，政治には様々な立場の，たくさんの人々がかかわっています。国民主権をとる日本では，国の最終的な意思決定は国民が行うことになっています。しかし実際には，(イ)国民全員が一堂に会して政治を行うことはできませんから，国民が代表者を選出し，政治を行っているのです。その意味で国民の代表者がきちんと国民の意思に沿った政治を行うことが重要であり，国民は国家権力をきちんと見定めて点検する必要があります。

それでは，国民の意思とは何でしょうか。一般《いっぱん》に国民が抱《いだ》いている政治的な考えを指して「世論」という言葉が用いられます。その世論を直接表現できるのが(ウ)選挙です。自らの意思を票として投じて議員を選び，国民が求めていることに応じて，その実現に適した政府が形成されます。ほかにも，デモによって自分たちの主張を表現することもあります。もっとも，デモによる主張は常に政府に受け入れられるわけではありません。その国の政治体制や状況《じょうきょう》によっては弾圧《だんあつ》の対象となることもあります。最近でも，（　**エ**　）では，実質的な最高指導者だったアウンサンスーチー氏から実権を奪《うば》った軍のクーデタに対抗して(オ)市民によるデモが行われ，参加者が拘束《こうそく》される様子が報道されていました。

このようにして表現される国民の意思ですが，もちろん一つには定まりません。国民がどのように考えているのかを知るために，政府やマス・メディアによって世論調査が行われているのです。また，地方自治ではより直接的に，行政への苦情や要望を住民から受け付けて，その解決を図る（　**カ**　）制度なども取り入れられています。国政においても，地方自治においても，その時々で人々が何を考えているのか，どんな意見が多数派なのか，どの意思を重視しなくてはならないかなどを判断することは重要なことです。しかし，近年は世論の「分断」を目にする機会が多くなりました。たとえば，昨年については，緊急事態《きんきゅうじたい》宣言をめぐって感染拡大防止のためにその発出を求める声がある一方，度重なる休業要請に経営が立ち行かない企業《きぎょう》や経営者からは不満の声があがりました。東京オリンピックをめぐっては，開催《かいさい》の是非《ぜひ》・観客の有無など，開幕間際まで世論が大きく分かれた状態でした。海外に目を向けると，フランスで(キ)新型コロナウイルスのワクチン接種を義務化する法案が成立しました。これに対して，権利の制限であるとの反発が巻き起こる一方，感染拡大を防ぐために仕方のないことであると理解を示す世論もあります。

このように世論が分かれた状態であっても，最終的に国会や内閣が政治決定を下します。たとえ自分の意思が実現しなかったとしても，皆《みな》さんが考え，表現することに意味があります。現代の民主主義は，(ク)身分・財産にかかわらず政治に参加できる大衆民主主義であると言われます。参政権をもつことが当たり前となっている現代であるからこそ，無関心になるのではなく，当たり前に政治的課題に向き合い，政治参加することが大切なのではないでしょうか。

問１．下線部(ア)について，日本の内閣総理大臣や国務大臣に関して述べた次の文のうち，正しいものを一つ選び番号で答えなさい。

１．内閣総理大臣は，衆議院の多数派政党から選出することが憲法により定められている。

２．国務大臣は１府12省庁に各一人ずつの合計13名である。

３．国務大臣はすべて文民で，国会議員から選出しなければならない。

４．内閣総理大臣は，国務大臣の任免権《にんめんけん》や自衛隊の最高指揮監督権《しきかんとくけん》をもつ。

問２．下線部(イ)のような民主制を特に何といいますか，漢字で答えなさい。

問３．下線部(ウ)について，次にあげた発言は国会議員を選ぶ選挙の投票に行った時のものです。このうち，その選挙が衆議院議員総選挙であると限定できる発言として，適切なものを**二つ**選び番号で答えなさい。ただし，無効票はなかったものとします。

１．「ぼくが投票した時には，比例代表選挙の投票用紙に候補者の名前を記入したよ。」

２．「わたしの投票した選挙区の選挙では，自分が投票した候補者のほかにもう一人同じ選挙区から当選者が出たわ。」

３．「わたしが投票した候補者の年齢《ねんれい》は27歳《さい》なんですって！」

４．「前回この選挙が行われたのは２年前のことだったな。」

５．「ぼくは今回の投票日に都合がつかなかったので，期日前投票をしておいたよ。」

問４．空らん（**エ**）にあてはまる国名を，次から選び番号で答えなさい。

１．ミャンマー　　２．フィリピン　　３．インド

４．ベトナム　　５．インドネシア

問５．下線部(オ)に関連して，日本における表現の自由や身体の自由について述べた次の文のうち，**適切でないもの**を一つ選び番号で答えなさい。

１．出版物を発行する際，事前に公権力が出版物を調べることは禁止されている。

２．表現の自由は基本的人権の中でも民主主義の根底となる権利であるため，制限するには厳格な判断が必要であると考えられている。

３．人身の自由を保護するため，警察が犯罪者を逮捕《たいほ》する際は，いかなる場合であっても令状が必要である。

４．刑事事件において，証拠《しょうこ》が本人の自白のみである場合有罪とされることはない。

問６．空らん（**カ**）にあてはまる語句を，カタカナで答えなさい。

問７．下線部(キ)に関連して，日本では新型コロナウイルスワクチンの供給は社会保障の一環《いっかん》として行われています。社会保障には四つの分野がありますが，このワクチン供給はそのうちのどれにあたりますか，最も適切なものを次から一つ選び番号で答えなさい。

１．社会保険　　２．公的扶助《ふじょ》　　３．社会福祉《ふくし》　　４．公衆衛生

問８．下線部(ク)に関連して，平等権や財産権について述べた次の文のうち，正しいものを一つ選び番号で答えなさい。

１．個人の財産は最大限尊重されるべきとの観点から，いかなる場合も財産権は制限されない。

２．拷問《ごうもん》や残虐《ざんぎゃく》な刑罰《けいばつ》は，国家の安全を守るために緊急《きんきゅう》に必要な場合を除き禁止されている。

３．日本において，貴族の制度を置くことは憲法上可能である。

４．男女の社会的性差が世界的に問題視されており，ＳＤＧｓ《エスディージーズ》でも目標の一つとして取り上げられている。

2 次の問いに答えなさい。

問１．右の表は，県別の魚種別漁獲《ぎょかく》量(トン)を示したもので(2015年)，表中の１～４は，高知県，新潟県，北海道，宮城県のいずれかです。このうち，宮城県にあたるものを選び番号で答えなさい。

	まぐろ類	さけ・ます類	さんま	かに類	貝類
1	20531	4152	15641	608	726
2	19415	—	81	5	61
3	4726	910	0	2658	794
4	1073	120937	52093	6457	246464

(農林水産省「海面漁業生産統計調査」より作成)

問２．下の図１～４は，※日本列島の地形断面図を示したもので，次の**地図㋐**中のA—A′，B—B′，C—C′，D—D′のいずれかです。このうち，A—A′の地形断面図にあたるのはどれですか，１～４から選び番号で答えなさい。

地図㋐

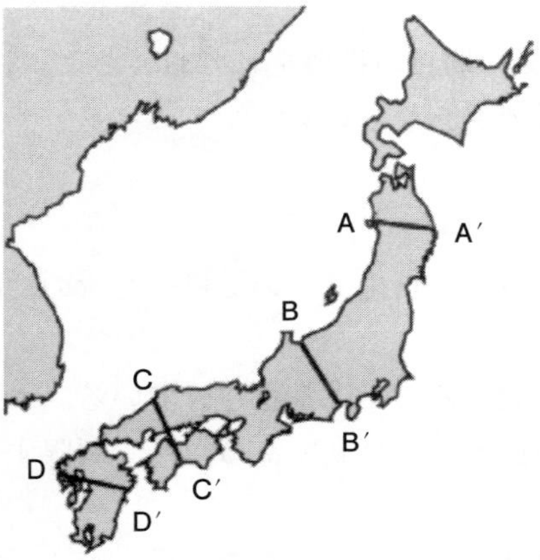

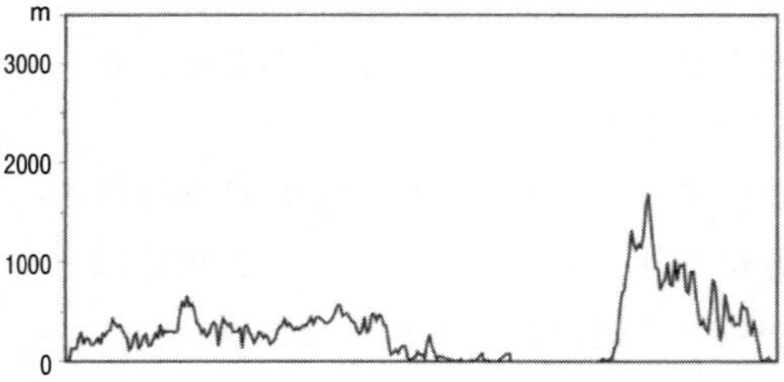

1

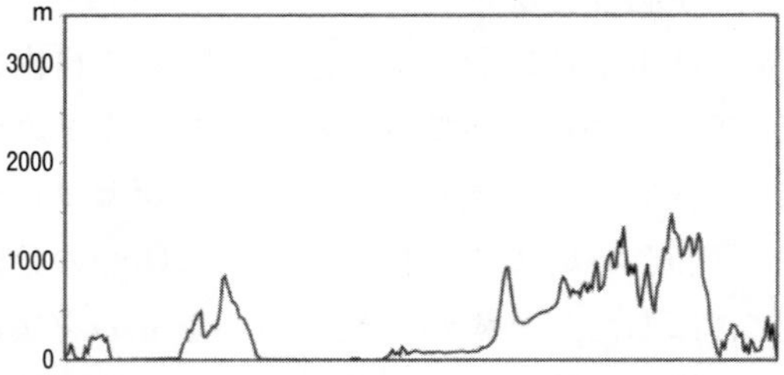

2

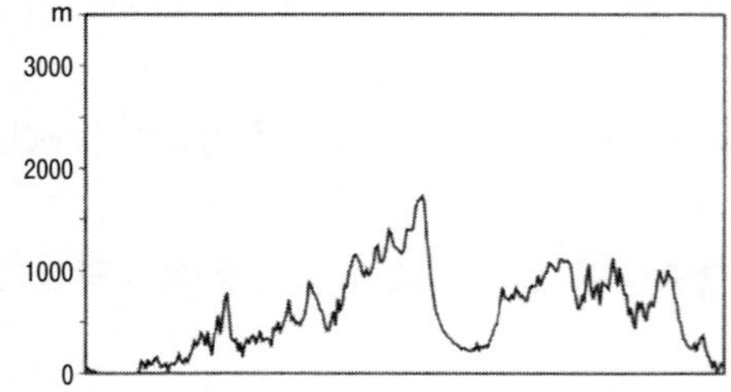

3

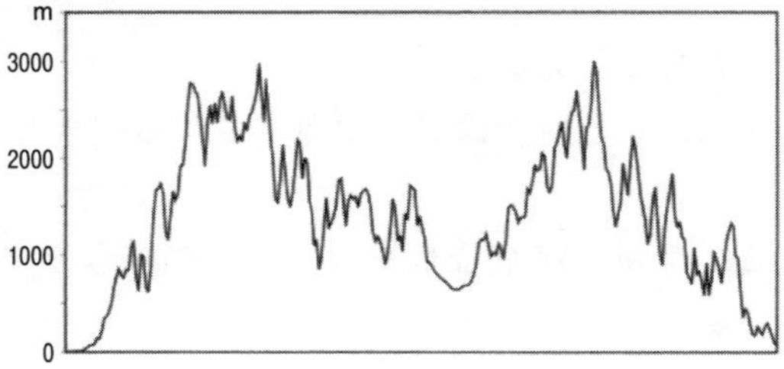

4

※　地形断面図の左端《ひだりはし》は日本海(東シナ海)，右端は太平洋に面している。縮尺は水平距離《きょり》に対して垂直距離を30倍に拡大しており，各断面の水平距離の縮尺は共通している。

(地理院地図より作成)

問３．次の地形図は，「電子地形図25000」（国土地理院）の一部を示したものです。これをみて，以下の問いに答えなさい。

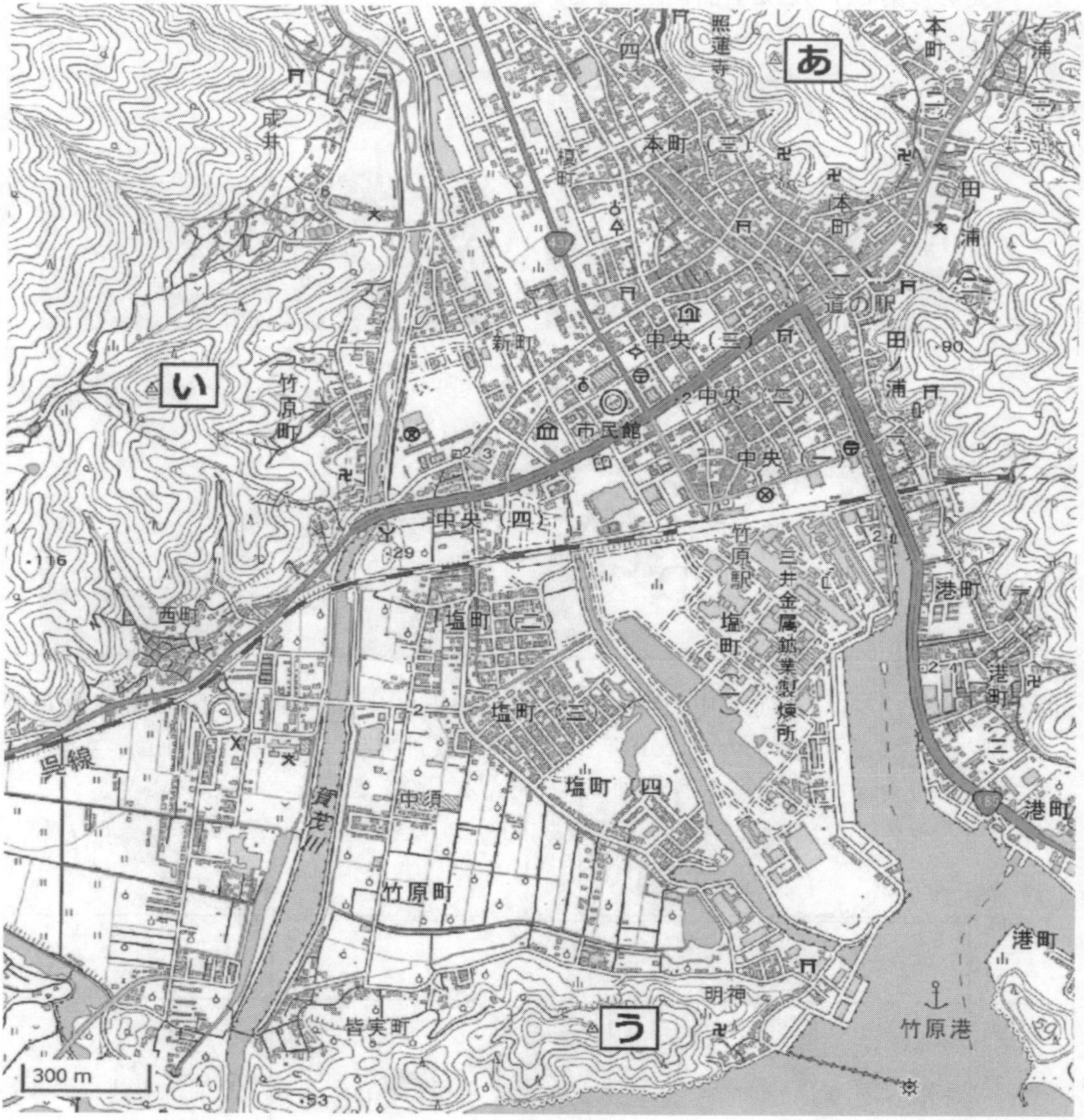

⑴　この地形図中の[あ]～[う]の三角点のうち，２番目に高い地点の標高は何メートル(m)ですか，正しいものを次から一つ選び番号で答えなさい。

１．83.3m　　２．96.5m　　３．111.9m　　４．136.4m　　５．154.4m

⑵　次にあげたこの地形図中の施設《しせつ》のうち，市役所から直線距離《きょり》で最も遠い位置にあるものを一つ選び番号で答えなさい。

１．裁判所　　２．消防署　　３．博物館　　４．老人ホーム　　５．図書館

(3)　この地形図中の地名からは，ある産業がかつてこの地域で盛んであったことが読み取れます。その産業を示す写真として，正しいものを次から一つ選び番号で答えなさい。また，その産業で作られる製品を答えなさい。

1．

2．

3．

4．

問４．次のグラフは，東京都中央卸売《おろしうり》市場におけるトマトの平均価格と産地別取扱《とりあつかい》量の※月別割合の推移を示したもので(2018年)，**１～４**は，沖縄県，栃木県，北海道，ニュージーランドのいずれかです。このうち，沖縄県にあたるものを選び番号で答えなさい。

※　棒グラフは産地ごとに年間入荷量を100%としたときの月別の割合

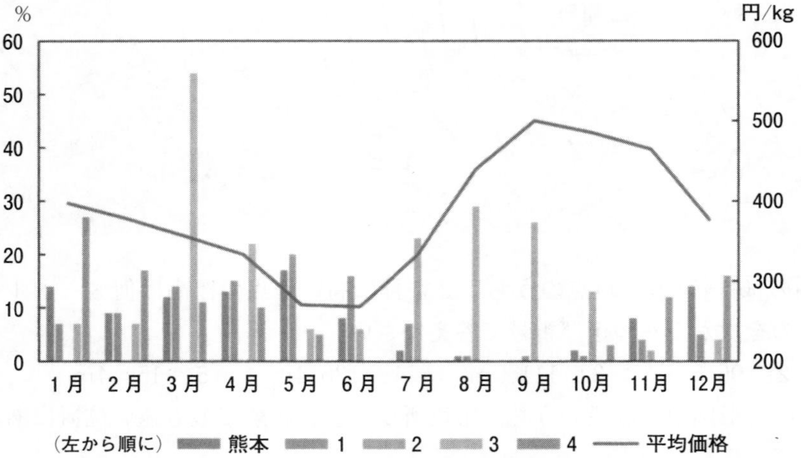

（東京都中央卸売市場「市場統計情報」より作成）

問５．次のグラフは，日本の家庭におけるエネルギーの消費構成の変化を示したもので，**１**～**４**は，石炭，電気，灯油，都市ガスのいずれかです。このうち，石炭にあたるものを選び番号で答えなさい。なお，ＬＰ《エルピー》ガスは液化石油ガスのことです。

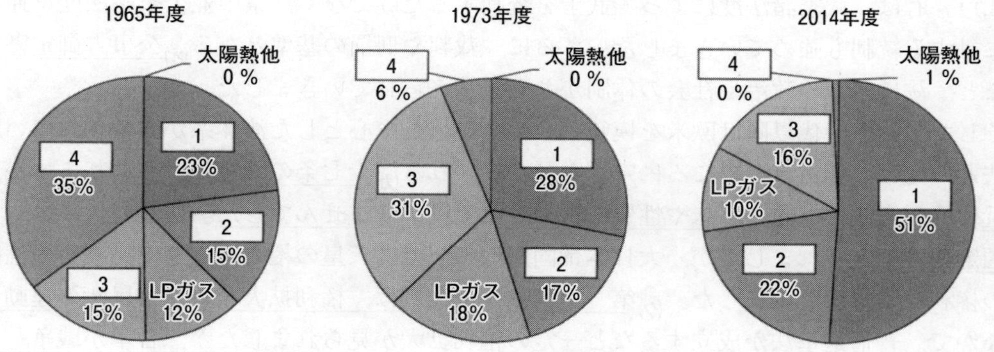

(経済産業省資源エネルギー庁ウェブサイトより作成)

問６．次の表は，日本における1960年以降の主要工業原料の輸入額を示したもので(億円)，**あ**～**う**は，液化天然ガス，原油，綿花のいずれかです。それぞれ何にあたるのかを考えたうえで，下の**１**～**４**の文のうち，表から読み取れることとして正しいものを一つ選び番号で答えなさい。

	1960年	1970年	1980年	1990年	2000年	2010年	2018年
あ	1674	8048	120114	44695	48189	94059	89063
い	1512	1661	3110	1764	403	156	177
う	0.00004	83	10152	9600	14055	34718	47389

(『数字でみる日本の100年』より作成)

１．1960年に最も輸入額が少なかったのは綿花である。
２．1980年では，液化天然ガスの輸入額は原油の約12分の１である。
３．原油の輸入額は1980年から2018年までの間に４倍以上に拡大した。
４．液化天然ガスの輸入額は一時拡大傾向にあったが，1990年ごろから減少した。

３　**次の文章を読んで問いに答えなさい。**

どのような集団や社会においても，その集団を維持《いじ》するためのルールが存在し，国家によって制定されるルールが憲法や法律です。法律によって人々を治めるというのは，(ア)今から4000年ほど前に制定されたハンムラビ法典など，古い時代から見られました。

日本では，中国にならって７世紀以降に律令の編纂《へんさん》が進められ，大宝律令が制定されました。その後，(イ)社会の変化に応じて，新たな律令が補足されたり改正されたりしましたが，律令に基づく体制は10世紀ころには崩《くず》れていきます。

武士が成長し，鎌倉幕府が成立すると，(ウ)御成敗式目が制定されました。これは武士が作った初めての法律で，幕府の勢力が及ぶ範囲《はんい》のみが対象とされました。御成敗式目は長く武家社会における法律の模範《もはん》となりました。後醍醐天皇に協力し，のちに対立した足利尊氏も（ **エ** ）式目を定めましたが，基本法典としては御成敗式目を用い，必要に応じて法令を追加しました。御成敗式目を継承《けいしょう》したうえで新たな法を追加したという点では，各地の戦国大名が制定した分国法も共通しています。一方で，相次ぐ争乱から地域の秩序を守るために各地で形成された惣村では，独自に村の掟《おきて》を定めて，有力な農民によって開かれる寄合を中心として自治も行われました。

江戸幕府は，武家諸法度によって武士を統制するだけでなく，禁中並公家諸法度を通じて朝廷に対する統制も強めていきました。さらに，裁判や刑罰《けいばつ》の基準となる(オ)公事方御定書を定めるなど，法に基づく政治や社会の体制がさらに整えられていきました。

そして，明治時代以降は欧米を模範として，憲法を中心とした法体系が整備されていきます。憲法といえば，推古天皇のころに定められたとされる(カ)十七条の「憲法」がありますが，これは近代的な憲法とは同じ意味や性質を持つものではありませんでした。明治時代には(キ)大日本帝国憲法が制定されましたが，大日本帝国憲法の下では天皇の権力が大きく，議会の権限や国民の権利は限られていました。(ク)第一次世界大戦後には，権利拡大をめざす民衆の運動が高まるなかで，普通選挙法が成立するなど一定の権利拡大が見られましたが，日本が戦争への道を歩むと，国民の生活は大きな制限を受けました。太平洋戦争の敗戦後，Ｇ Ｈ Ｑ《ジーエイチキュー》の占領《せんりょう》の下で日本国憲法が制定され，それまで国民に保障されていなかった様々な権利が法的に確立されました。そして現在は，この日本国憲法の下で，様々な法制度が整備されています。

このように，日本の歴史上様々な法制度が整えられてきましたが，ルールや法は，ある特定の人々に負担を強いたり，自由を制限したりする側面があるため，不満を持つ人がルールを破ったり，(ケ)ルールの抜《ぬ》け道をついたりするというような事例も見られました。コロナ禍《か》の状《じょう》況《きょう》が続く現在，緊急事態《きんきゅうじたい》宣言などで人々の生活に制限が加えられるなかで，人々の間では，政府が定めたルールの線引きなどに不満が高まっている様子も見受けられます。万人を納得させるルールを定めることは簡単ではありませんが，人々にできるだけ不満を抱《いだ》かせないような対応をとることが政府には求められています。

問１．下線部(ア)が日本の時代区分において何時代にあたるかを考え，その時代の特徴《とくちょう》を述べた文として，最も適切なものを次から一つ選び番号で答えなさい。

1．大陸と地続きで，ナウマンゾウなどが生息していた。

2．石器の材料として，各地で黒曜石の交易が行われていた。

3．銅鐸や銅剣，銅矛《どうほこ》などの青銅器が，祭りの道具として使われていた。

4．約30の小国が，邪馬台国を中心として連合していた。

問２．下線部(イ)に関連して，律令制の下での社会の変化への対応について説明した次の文のうち，正しいものを一つ選び番号で答えなさい。

1．聖武天皇の時代に，墾田永年私財法が成立し，土地の私有が認められた。

2．桓武天皇は，荘園に対して，税を納めなくてよい不輸の権を与えた。

3．朝廷は，五人組のしくみによって連帯責任を負わせることで，確実に税を集めようとした。

4．朝廷は，農民を救うために永仁の徳政令を出し，農民の借金を帳消しにした。

問３．下線部(ウ)で定められた内容として，正しいものを次から一つ選び番号で答えなさい。

1．喧嘩《けんか》については，どちらがよいか悪いかに関わらず，両方を処罰《しょばつ》する。

2．守護の仕事は，謀反《むほん》や殺人などの犯罪者の取りしまりである。

3．城を修理する際は幕府に届け出る。新たに城を築くことは禁止する。

４．元号を改める時は，中国の元号の中からめでたいものを選んで定めるようにする。

問４．空らん(**エ**)にあてはまる元号を，漢字で答えなさい。

問５．下線部(**オ**)について，公事方御定書を定めた将軍の時の出来事として，正しいものを次から**二つ**選び番号で答えなさい。

１．上げ米の制の制定　　２．異国船打払令の制定　　３．株仲間の解散

４．天明の飢饉《ききん》　　５．目安箱の設置　　６．ラクスマンの来航

問６．下線部(**カ**)について，憲法十七条は役人の心がまえを説いたものといわれますが，同じ時期に豪族を国家の役人とするために定められた制度を何といいますか，漢字で答えなさい。

問７．下線部(**キ**)について，大日本帝国憲法の制定と発布よりも前に起こった出来事を，次から**二つ**選び番号で答えなさい。

１．日英同盟の締結《ていけつ》　　２．日清戦争の開始　　３．帝国議会の開設

４．内閣制度の創設　　５．立憲改進党の結成　　６．関税自主権の回復

問８．下線部(**ク**)において，第一次世界大戦後から太平洋戦争終結までの民衆の権利をめぐる動きについて説明した次の文のうち，正しいものを一つ選び番号で答えなさい。

１．四民平等の後も差別を受けていた人々が，差別の撤廃《てっぱい》をめざして全国水平社を結成した。

２．世界恐慌の影響《えいきょう》で不況《ふきょう》が深刻化し労働運動が活発になると，治安維持法が制定された。

３．平塚らいてうらの活動により，それまで認められていなかった女子師範《しはん》学校などの女学校の設立が認められた。

４．太平洋戦争が始まると国家総動員法が制定され，総力戦で戦争を続ける体制が整えられたため，個人の権利は制限された。

問９．下線部(**ケ**)について，こうしたことは現代に限らず，歴史上いろいろな場面で起こっていました。次の史料は10世紀初めに作られた戸籍の一部を抜《ぬ》き出したものです(一部の表記をわかりやすく改めています)。この史料では，一番上に名前，続いてその人の年齢《ねんれい》，一番下には性別が示されています。ここに示されている「丁女《ていじょ》」とは21歳《さい》～60歳までの女性，「老女」とは61歳～65歳までの女性，「耆女《きじょ》」とは66歳以上の女性のことです。

阿波国板野郡田上郷戸籍
「延喜二年阿波戸籍」
服部今安売、年四十五歳　丁女
服部貞売、年四十一歳　丁女
服部貞売、年三十九歳　丁女
矢田部吉友売、年六十二歳　老女
矢田部吉主売、年五十八歳　丁女
矢田部継刀自売、年四十八歳　丁女
矢田部縄売、年五十八歳　丁女
矢田部継福売、年四十五歳　丁女
矢田部玉売、年四十二歳　丁女
矢田部広刀自売、年三十五歳　丁女
建部国安売、年七十二歳　耆女
建部国守売、年四十九歳　丁女
建部持安売、年四十一歳　丁女
建部特売、年三十九歳　丁女
姪建部特益売、年四十一歳　丁女

この史料全体を見ていくと，女性の数が極端《きょくたん》なまでに多いことがわかります。この戸籍がそのように記載されている理由を，農民たちの目的がわかるように25字程度で説明しなさい。

【理　科】〈第３回試験〉（社会と合わせて50分）〈満点：50点〉

1　次の文章を読み，以下の問いに答えなさい。

同じ形，同じ重さのおもりを３つ用意し，糸の長さが同じになるようにして３つのふりこＡ，Ｂ，Ｃを作り，同時に振《ふ》る実験を行いました。

ふりこＡは図１のように左端からそっと手をはなしてふりこを振らせました。このとき，同じ位置に戻るまで４秒かかりました。

ＢとＣもＡと同じ高さからそれぞれ矢印の向きに勢いをつけて振らせたところ，それぞれ図１と同じ位置を同じ向きではじめて通過するまで４秒かかりました。

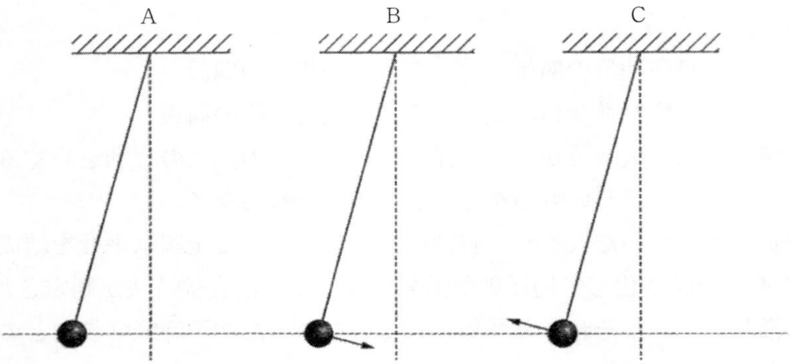

図１

(1)　ふりこを振りはじめてから２秒たったとき，ＢとＣはどのような状態ですか。最も適するものを次の**あ**～**う**からそれぞれ１つずつ選び，記号で答えなさい。

あ．ふりこの運動の右側のはしにある
い．右向きに動いている
う．左向きに動いている

(2)　３つのふりこが同じ位置になるのはどこですか。適するものを次の**あ**～**お**から**すべて**選び，記号で答えなさい。ただし，ＢとＣは同じ振れはばであったとします。また，**あ**と**お**はＢとＣのふりこの最高点の高さを表し，**い**と**え**はＡのふりこの最高点を表しています。

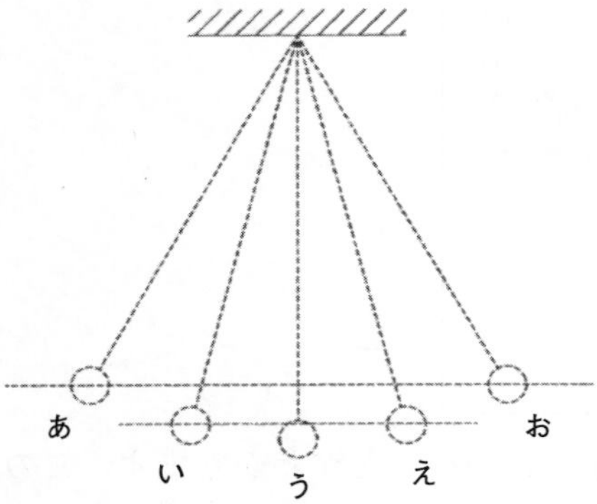

今度は同じ形，同じ重さのおもりを３つ用意し，糸の長さだけを変えて，３つのふりこＤ，Ｅ，Ｆを作り，図２のようなわくに取りつけました。ただし，図中の糸の長さは実際の長さであるとは限りません。

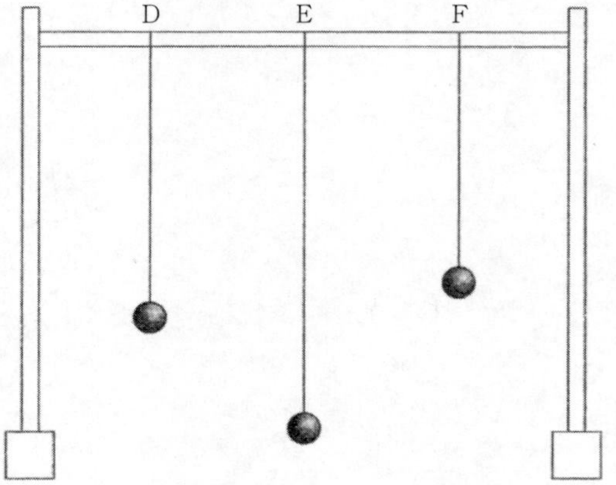

図２

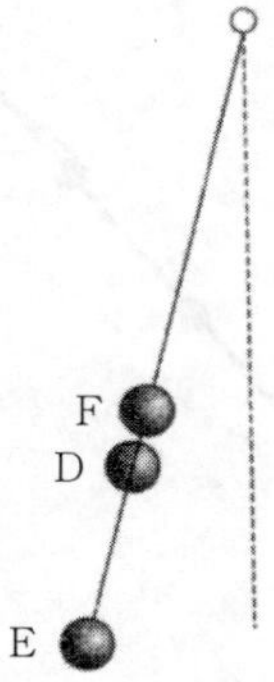

図３

図３は，図２の３つのふりこを持ち上げたようすを真横からみたものです。このとき，３つとも支柱と糸のなす角が同じでした。これらを同時にそっと手を放して振らせました。

すると５秒間で，Ｄはちょうど１往復し，Ｅははじめて最高点に到達し，Ｆは最下点を３回目に通過するところでした。

(3)　Ｅが１往復するのにかかる時間は何秒ですか。**四捨五入して整数で答えなさい。**

(4)　Ｆが１往復するのにかかる時間は何秒ですか。**四捨五入して整数で答えなさい。**

(5)　手をはなしてから，３つのふりこＤ，Ｅ，Ｆが手をはなした位置に初めて同時に着くのは何秒後ですか。**四捨五入して整数で答えなさい。**

2　次の文章を読み，以下の問いに答えなさい。

塩酸《えんさん》(塩化水素という気体を水に溶《と》かしたもの)に水酸化ナトリウム水溶液《すいようえき》を加えると，次のような変化(反応)が起こります。

塩化水素＋水酸化ナトリウム→塩化ナトリウム＋水

固体の水酸化ナトリウム１ｇがすべて塩化水素と反応すると，水が0.45ｇ生成することがわかっています。

ある塩酸100ｇに，濃度《のうど》のわからない水酸化ナトリウム水溶液を加えたのち，水溶液を十分加熱し，ビーカー内に残った固体の重さを測定する実験を行いました。下のグラフと表は，実験の結果をまとめたものです。

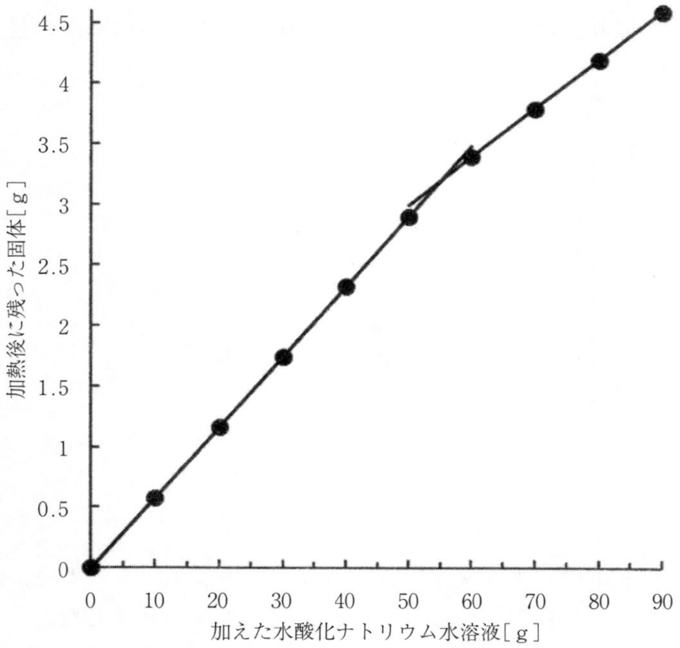

加えた水酸化ナトリウム水溶液[g]	0	10	20	30	40	50	60	70	80	90
加熱後に残った固体[g]	0	0.58	1.16	1.74	X	2.90	3.39	3.79	4.19	Y

(1)　表中のX，Yの値を，**四捨五入して小数第２位まで答えなさい。**

(2)　塩酸100gに水酸化ナトリウム水溶液を加え，加熱せずにBTB溶液を加える実験を行ったとき，水溶液の色が青色に変化するのは，水酸化ナトリウム水溶液を何g加えたときですか。適するものを次の**あ**～**け**から**すべて**選び，記号で答えなさい。

あ．10g　　**い**．20g　　**う**．30g　　**え**．40g　　**お**．50g
か．60g　　**き**．70g　　**く**．80g　　**け**．90g

(3)　水酸化ナトリウム水溶液の濃度[%]を，**四捨五入して整数で答えなさい。**

(4)　塩酸と水酸化ナトリウム水溶液を反応させたときに生成する塩化ナトリウムと水の重さの比を，**最も簡単な整数の比**で答えなさい。

(5)　塩酸の濃度[%]を，**四捨五入して小数第２位まで答えなさい。**

3　次の文章を読み，以下の問いに答えなさい。

ヒトの体を動かすためのつくりは，筋肉や骨などがあります。図１は，うでを曲げたときのようすを表しています。ただし，筋肉と骨のつなぎ目は省略してあります。曲がる部分は骨と骨のつなぎ目で，関節といいます。筋肉と骨はけんでつながっています。筋肉，骨，けん，関節がはたらいて，体を動かします。うでを曲げたとき，ａの筋肉はちぢみ，ｂの筋肉は(　ア　)ます。図１の状態からうでを伸《の》ばすと，ｂの筋肉は(　イ　)ます。

足の動きも同じように考えることができます。図２は，足を曲げているようすを表しています。ただし，図１と同じように筋肉と骨のつなぎ目は省略してあります。図２の状態から足を伸ばすと，ｄの筋肉は(　ウ　)ます。このように，関節を曲げるときと伸ばすときで，基本的には２つの筋肉がはたらいています。

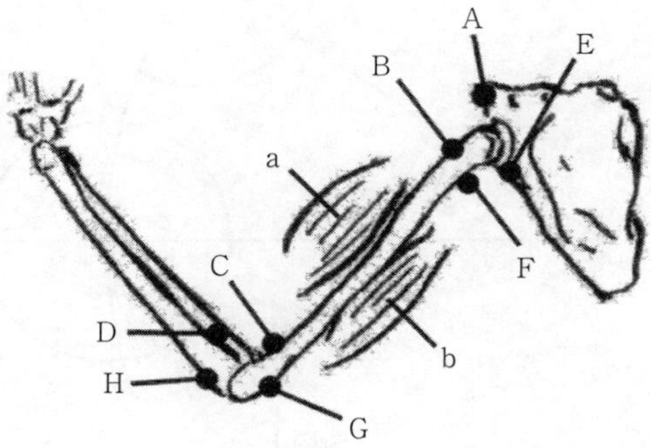

図１

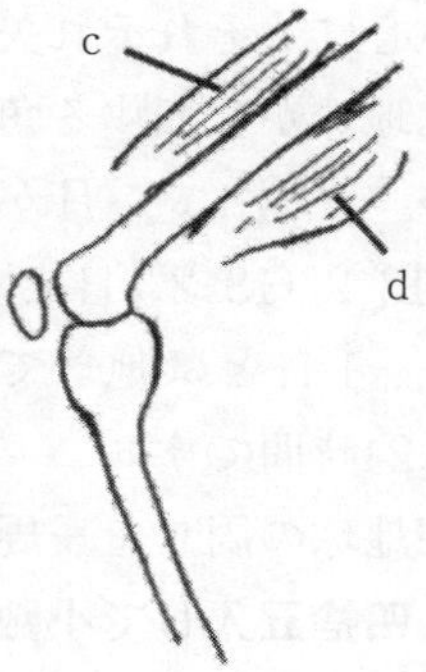

図２

(1)　空らん(ア)～(ウ)に当てはまる言葉を次の**あ**，**い**からそれぞれ１つずつ選び，記号で答えなさい。

あ．ちぢみ　　**い**．伸び

(2)　体の動かし方の違《ちが》いによって，使う筋肉は違っています。図３のように，けんすいで体を持ち上げるときと，図４のように，うで立てふせで体を持ち上げるときとでは，それぞれ図１のａ，ｂどちらの筋肉がおもにちぢむか，記号で答えなさい。ただし，同じ記号を用いてもかまいません。

図３

図４

(3)　ひじを曲げたり伸ばしたりするａ，ｂの筋肉につながっているけんは，それぞれ骨のどの部分についているか，最も適するものを以下の選択肢《せんたくし》からそれぞれ１つずつ選び，記号で答えなさい。

①　筋肉ａにつながっているけん

あ．ＡとＣ　　**い**．ＡとＤ　　**う**．ＢとＣ　　**え**．ＢとＤ

②　筋肉ｂにつながっているけん

お．ＥとＧ　　**か**．ＥとＨ　　**き**．ＦとＧ　　**く**．ＦとＨ

4　次の文章を読み，以下の問いに答えなさい。

ある天体が別の天体を中心に回転することを公転といいます。図１のように，地球は太陽を中心に，月は地球を中心に，それぞれ矢印の方向に公転しています。地球が公転する角度は１日あたり1°(1°/日とあらわす)で，月が公転する角度は１日あたり13.2°(13.2°/日とあらわす)とします。ただし，１日とは地球での１日を意味し，その長さは24時間です。

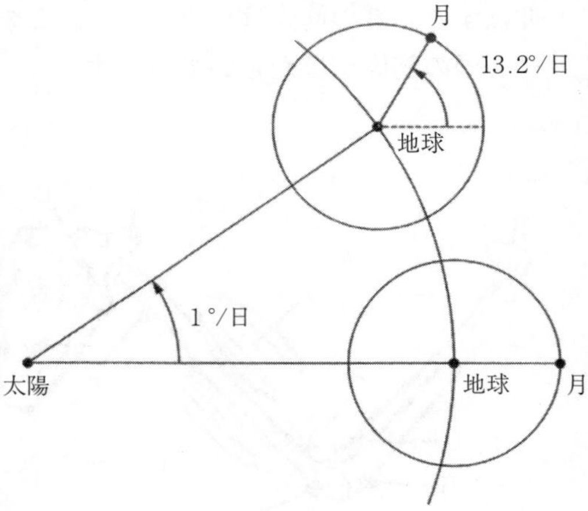

図１

(1)　図２のように，月が地球の周りを一周するには何日かかりますか。**四捨五入して小数第１位まで答えなさい。**

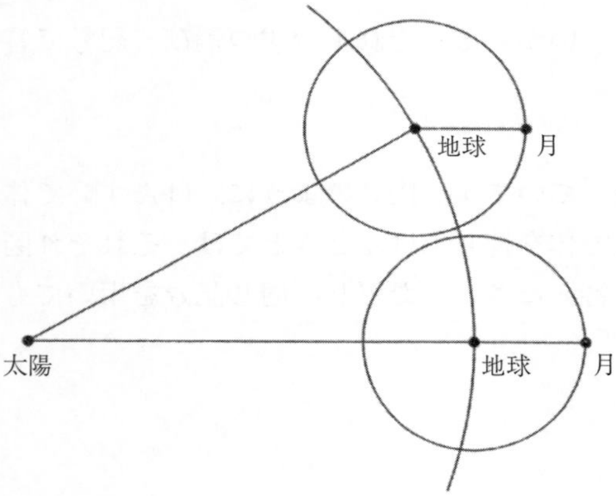

図２

(2)　図３のように，太陽と地球と月が一直線上に並《なら》んでから，再び一直線上に並ぶまでには最短で何日かかりますか。**四捨五入して小数第１位まで答えなさい。**

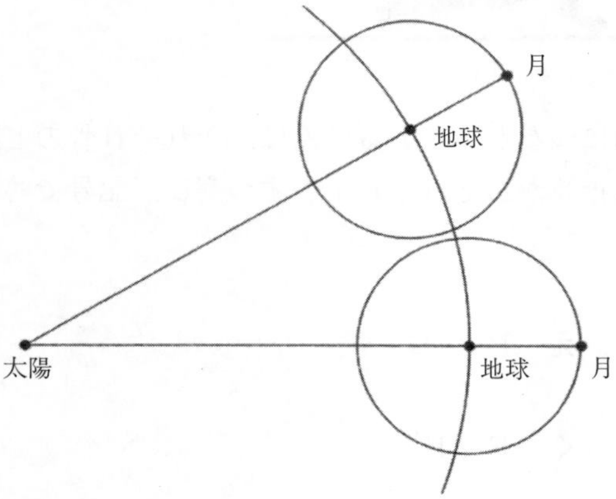

図３

図4のように，木星は太陽を中心に，イオは木星を中心に，それぞれ矢印の方向に公転しています。木星が公転する角度は1日あたり0.083°で，イオが公転する角度は1日あたり203.5°とします。

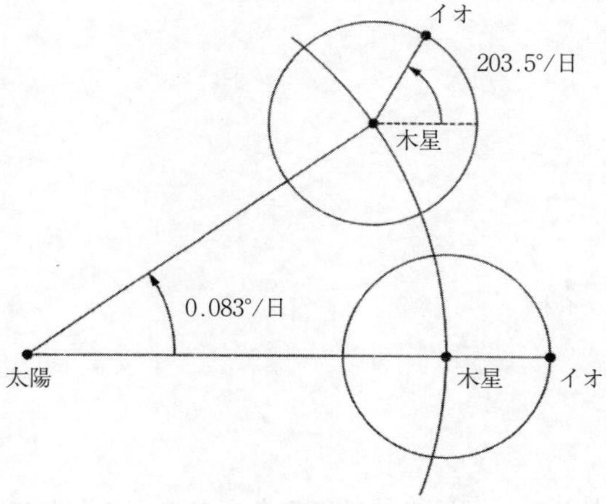

図4

(3)　図5のように，太陽と木星とイオが一直線上に並んでから，再び一直線上に並ぶまでには最短で何日かかりますか。**四捨五入して小数第2位まで答えなさい。**

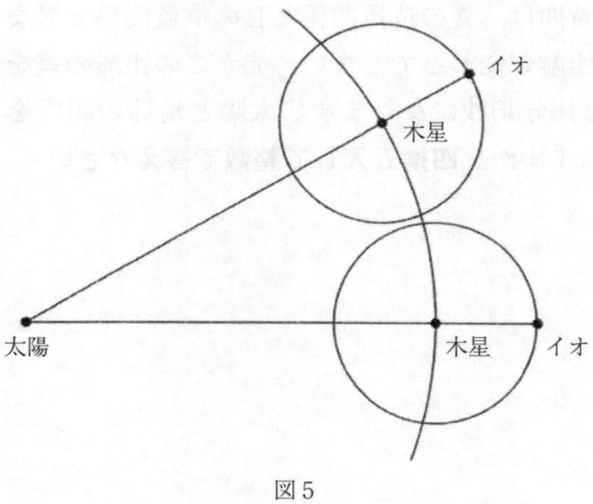

図5

太陽，地球，木星，イオの位置関係は図6のように変化します。Aでは太陽―地球―木星―イオが一直線上に並び，Bで地球―太陽―木星―イオが一直線上に並び，再びCで太陽―地球―木星―イオが一直線上に並びます。

A，B，Cのいずれの位置関係でも，イオは木星に隠《かく》れて地球からは見えなくなっています。このような現象を「イオの蝕《しょく》」とよぶことにします。AからBへ地球が移動する間も，「イオの蝕」は何度も起きています。

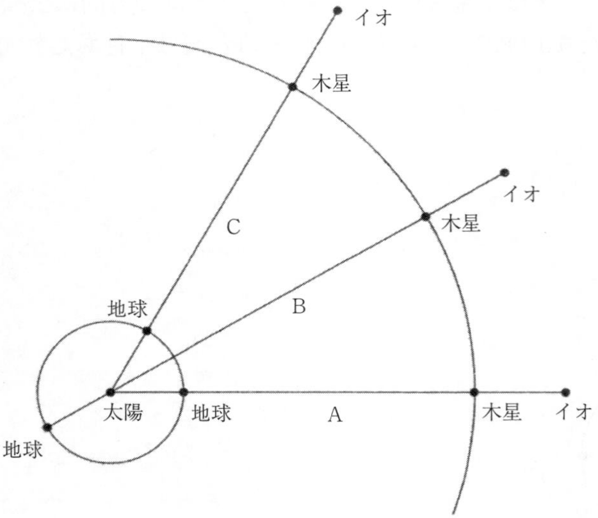

図６

(4)　AからBになるまでの日数(　X　)を計算しなさい。(X)の値は次の**あ～か**のうちどれに含まれますか。最も適するものを１つ選び，記号で答えなさい。

あ．150日以上160日未満　　**い**．160日以上170日未満

う．170日以上180日未満　　**え**．180日以上190日未満

お．190日以上200日未満　　**か**．200日以上210日未満

(5)　イオの位置から地球に光が届くのにかかる時間は，Aの位置関係とBの位置関係で異なります。これは，AとBでは地球からイオまでの距離《きょり》が変わってしまい，光がこの距離の差を進むのに時間がかかったからで，その時間の差は16分40秒になります。太陽と地球の距離を１億5000万kmとして，光は１秒間に何万km進みますか。**四捨五入して整数で答えなさい**。

場から逃《に》げているようだとがっかりしている。

オ　母が謝罪して先を越《こ》されたと思いつつも自分の気持ちも代弁してくれているのでありがたいと思っている。

問七　――線⑦「夜空へと吸《す》い込《こ》まれていった向日葵《ひまわり》の歌が聴《き》こえるような気がした」とありますが、どういうことですか。その説明として最も適当なものを次のア〜オの中から一つ選び、記号で答えなさい。

ア　天の星になっている弟に向かって本当の向日葵《ひまわり》の歌を届けたことで、適当な歌でごまかしていたということを自白したことになるので、弟にやっと謝れたような気がした。

イ　弟に向日葵《ひまわり》の歌を歌ってあげられなかったということがずっと呪《のろ》いとしてのしかかってきていたが、天にいる弟に届いて、ようやくその呪《のろ》いから解放されたような気がした。

ウ　どんなに観客から温かい拍手《はくしゅ》をもらえなくてもそれに耐《た》え、根気よく路上で向日葵《ひまわり》の歌を歌い続けることで、弟への本当の愛情を伝えることができたような気がした。

エ　向日葵《ひまわり》の歌を歌ってほしいと言っていた弟に対して、いい加減に対応してきたことへの後悔《こうかい》がずっとあったが、今になって、天にいる弟にその歌が届いたような気がした。

オ　以前は弟を恨《うら》んでいたが、弟の方がよほど苦しかっただろうということがわかってきて、寒さに耐《た》えて歌った向日葵《ひまわり》の歌を通じて苦しみを分かち合えたような気がした。

問八　本文の表現の特徴《とくちょう》として最も適当なものを次のア〜オの中から一つ選び、記号で答えなさい。

ア　現在と過去の時間が入り混じった形で描《えが》くことで、現在の僕《ぼく》の心境に至るまでの経緯《けいい》を暗示している。

イ　色を表す言葉を多く用いることで、弟の生前と死後における僕《ぼく》の心の微妙《びみょう》な変化を暗示している。

ウ　寒さを強調する表現を点在させることで、弟に対して次第に強まる僕《ぼく》の心の冷たさを暗示している。

エ　ひとり寂《さみ》しく路上で演奏する様子を描《えが》くことで、僕《ぼく》がむなしい日々を送っていることを暗示している。

オ　会話の形ではなくあえて一人語りの形で表現することで、弟を失ってしまった僕《ぼく》の孤独《こどく》感を暗示している。

問九　僕《ぼく》自身が考えている、僕《ぼく》がギターを弾《ひ》き始めるようになった理由と、本文全体から読み取れる、路上演奏をし続ける理由を九十字以内で説明しなさい。

ウ　聴覚《ちょうかく》障害者が障害者として快適に日常生活を送り徐々《じょじょ》に自立していけるよう、支援者《しえんしゃ》がそろっている場所。

エ　聴覚《ちょうかく》障害者が特別扱いされず他の子と一緒に過ごせたり、少しでも聴覚を回復できたりする場所。

オ　聴覚《ちょうかく》障害者が少しでも心の痛みを和らげられるよう、障害者同士がコミュニケーションをとれる場所。

問四　――線④「残酷《ざんこく》に笑ってみせる」とありますが、母にとってどういう意味で残酷《ざんこく》だと僕《ぼく》は感じているのですか。その説明として最も適当なものを次のア～オの中から一つ選び、記号で答えなさい。

ア　何も気づいていない弟の笑顔は、弟のために冷静に対処《たいしょ》する母にとって、少しも成果が出ないことを皮肉に責められているようなものとなっている。

イ　自分のために必死になってくれている母を励《はげ》まそうと笑顔を作る弟の姿は、時に苛立《いらだ》たしさを感じてしまう母にとって、心を締《し》め付けられるものとなっている。

ウ　状況《じょうきょう》を分かりつつも自分ではどうすることもできず笑顔を作るしかない弟の姿は、何もしてあげられない母にとって、いっそうむなしさを感じさせるものとなっている。

エ　何も事情が分かっていない弟の純粋《じゅんすい》な笑顔は、高ぶった感情を弟に直接ぶつけてしまう母にとって、余計にその感情を刺《し》激《げき》するものとなっている。

オ　母の笑顔をその通りに受け止めて、優しく接してくれていると思っている弟の笑顔は、母にとって弟の聴覚《ちょうかく》障害という現実を突《つ》きつけられているようなものとなっている。

問五　――線⑤「それをトラウマだとか、～僕《ぼく》は信じたい」とありますが、この時の僕《ぼく》の気持ちの説明として最も適当なものを次のア～オの中から一つ選び、記号で答えなさい。

ア　向日葵《ひまわり》の歌を歌ってあげられなかったことを思い出すと、弟に責められている気がして胸が苦しくなるが、乗《の》り越《こ》えて気にしないことが弟への償《つぐな》いだと思いたい。

イ　向日葵《ひまわり》の歌を歌ってあげられなかったのは忘れられないことだが、そのことに縛《しば》られているからではなく今は自分の意思で歌っているのだと思いたい。

ウ　向日葵《ひまわり》の歌だと信じて喜んでいた弟の姿は強烈《きょうれつ》な印象として残っているが、それを忘れることなく生きていくことが自分の人生の戒《いまし》めになるのだと思いたい。

エ　向日葵《ひまわり》の歌を歌ってほしいという弟の望みは大したことのない日常的なものであったが、そんな日常の小さなことも自分は決して忘れてはいないと思いたい。

オ　向日葵《ひまわり》の歌と信じて手をたたく弟の姿が鮮明《せんめい》に残っているのは気重ではあるが、自分のかつての行動を導いてくれていた大切なものであったと思いたい。

問六　――線⑥「それはずるいよ。僕《ぼく》は喉元《のどもと》まででかかった言葉をぐっと飲み込《こ》み、母親の震《ふる》える背中をさすった」とありますが、この時の僕《ぼく》の様子の説明として最も適当なものを次のア～オの中から一つ選び、記号で答えなさい。

ア　「ごめんね」の一言だけでは済まされないような、今までの弟に対する母の冷たい態度をひどいと思っている。

イ　一生懸命《いっしょうけんめい》弟のために駆《か》け回っていたのだから、謝罪する母を責めたらいっそう苦しめることになると思っている。

ウ　今ここで謝罪する姿に違和感《いわかん》を覚えながらも、苦労を知っているので、自らを責めている母を慰《なぐさ》めようとしている。

エ　弟の人生のはかなさを謝るだけで片づける母は、簡単にそのその通りですね。僕《ぼく》は可笑《おか》しくなって、笑いを漏《も》らす。マイクスタンドを折りたたみ、地面に脱《ぬ》ぎ捨てた上着を拾い上げる。ギターケースを開け、使い古され、所々穴の開いたクッションの上に自分のギターを横たえる。

「でも、一人くらい……一人くらいは、こういう町の隅《すみ》っこで、季節外れの歌を歌ってる人がいても良いと思いますよ」

僕《ぼく》は自分だけに聞こえる声で、そうつぶやいた。女性客は背を向け、そのまま立ち去っていく。僕《ぼく》は彼女《かのじょ》の背中を見送りながら上着を羽織《はお》り、その上からギターケースを背負った。ポケットに入れていた手袋《てぶくろ》を両手にはめ、無地のマフラーを首に巻く。身体《からだ》を揺《ゆ》り動かし、疲労《ひろう》のせいで重たく感じる背中のギターケースの位置をずらす。イヤホンを耳にはめ、昔から聞いているお気に入りのミュージシャンのアルバムを再生する。きっとまた来週のこの時間、同じ場所で、僕《ぼく》は歌うだろう。それがいつまで、そして何のためなのかはわからないまま。ふと上を見上げると、水銀灯の一つが明滅《めいめつ》し、切れかかっているのに気がつく。夜空の色は濃《こ》さをまし、星の瞬《またた》きが少しだけ良く見えるようになっていた。そして耳を澄《す》ませばかすかに、⑦夜空へと吸《す》い込《こ》まれていった向日葵《ひまわり》の歌が聴《き》こえるような気がした。

（『余命３０００文字』より「向日葵《ひまわり》が聴《き》こえる」村崎羯諦《むらさきぎゃてい》）

〔注〕
＊１　ペグ＝弦《げん》を調節する部分。
＊２　チューニング＝音の高さを調整すること。
＊３　ネック＝ギターを弾《ひ》く時に手で握《にぎ》る部分。
＊４　コード＝和音。
＊５　一瞥《いちべつ》＝ちらりと見ること。
＊６　シャープな＝鮮明《せんめい》な。
＊７　トラウマ＝ショックなどによる精神的な傷。
＊８　ギターストラップ＝ギターを持つ時に使う肩《かた》ひも。

問一　――線①「ただ黙《だま》って見守ることしかできなかった」とありますが、この時の僕《ぼく》の気持ちの説明として最も適当なものを次のア～オの中から一つ選び、記号で答えなさい。

ア　弟の聴覚《ちょうかく》障害にショックを受けている母の取り乱した姿を見て、気の毒でならないと思っている。
イ　母を慰《なぐさ》めたところで弟の聴覚《ちょうかく》障害が治るわけではないので、どうすることもできないと思っている。
ウ　母の荒《あ》れた感情を無理に抑《おさ》えさせると弟が危ないので、気が済むまでぶつけさせようと思っている。
エ　母の奇声《きせい》は弟には聞こえていないのだから、自分が止めても止めなくてもあまり関係ないと思っている。
オ　なぜそれほどまでに荒《あ》れてしまっているのか事情がわからず、どうしたらよいものかと思っている。

問二　――線②「幸せものだな。僕《ぼく》は弟の表情を見てそう思っていた」とありますが、このような状況を表すことわざとして、最も適当なものを次のア～オの中から一つ選び、記号で答えなさい。

ア　寝耳《ねみみ》に水　　イ　七転び八起き
ウ　災い転じて福となる　　エ　知らぬが仏
オ　渡《わた》りに船

問三　――線③「どこから聞いたのかわからない場所へと飛んでいく」とありますが、その向かった場所としてどのような場所が想定されますか。最も適当なものを次のア～オの中から一つ選び、記号で答えなさい。

ア　聴覚《ちょうかく》障害者が障害を乗《の》り越《こ》えて独り立ちできるように訓練し、最終的に社会に貢献《こうけん》できるようになる場所。
イ　聴覚《ちょうかく》障害者が完治を目指して治療《ちりょう》に専念し、一般《いっぱん》の人々以上に社会で活躍《かつやく》できるようになる場所。

冬の風が商店街を吹《ふ》き抜《ぬ》けていき、誰《だれ》かが捨てたビニール袋《ぶくろ》が飛ばされていく。夜がふけるにつれ、人通りは少なくなっていく。ぐっと足に力を入れないと、この街の冷えきった底へと引きずりこまれそうになる気がした。僕《ぼく》はズボンの上から太ももの肉をつねる。自分がここにいることを確かめるため。自分を痛めつけるため。

誰《だれ》にも言うことはできなかったけれど、僕《ぼく》は弟のことが大嫌《だいきら》いだった。弟の聴覚《ちょうかく》障害が発覚してから家庭の雰囲気《ふんいき》は明らかに悪くなったし、母親の苛立《いらだ》ちが自分に向けられることもあった。だけど、ひどいことを言われても、ひどい仕打ちを受けても、いつもへらへらと笑ってみせる弟を見る度《たび》に、そんな自分の苦しみがとても小さくてくだらないもののような気がしてならなかった。僕《ぼく》がギターを始めたのは、決して晴れないもやもやをごまかすためだったのかもしれない。

僕《ぼく》が部屋で一人ギターを弾《ひ》いていると、不思議と弟はそのことを察知して、僕《ぼく》の部屋に勝手に入ってくる。弟はそのまま目の前に腰掛《こしか》け、目を輝《かがや》かせながら僕《ぼく》の指先をじっと見つめてくる。一曲弾《ひ》き終えたタイミングで僕《ぼく》が、なにか弾《ひ》いてほしい曲があるかと手話で尋《たず》ねると、弟は決まって、向日葵《ひまわり》の歌を歌ってほしいとリクエストしてきた。向日葵《ひまわり》をテーマにした歌なんて知らなかったから、僕《ぼく》はいつも適当に自分の好きな曲を演奏した。それでも弟は嬉《うれ》しそうに目を細め、一《いっ》生懸命《しょうけんめい》両手で手拍子《てびょうし》をした。そのテンポのずれた、めちゃくちゃな手拍子《てびょうし》が、今も僕《ぼく》の耳の奥《おく》にこびりついて離《はな》れない。

二曲目を歌い終え、三曲目を歌い始める。ビデオの早送りをしているように時間が流れ、最後の曲を残すだけとなる。身体《からだ》が熱くなってきたので、ガウンを脱《ぬ》ぎ捨てる。ちょうどそのタイミングで北風が吹《ふ》きすさび、ぞくりと快感に似た震《ふる》えが身体《からだ》を駆《か》け上がった。大丈夫。両腕《りょううで》を手で擦《さす》りながら、自分ではない誰《だれ》かに語りかけるようにつぶやいた。後悔《こうかい》があるとすれば、心残りがあるとすれば、それは多分、弟に向日葵《ひまわり》の歌を歌ってあげられなかったこと。⑤それを＊7トラウマだとか、呪《のろ》いだとかって思えれば楽になれるのかもしれない。でも、それは違《ちが》う。たとえそれが事実だとしても、それは違《ちが》うと僕《ぼく》は信じたい。左手でギターの弦《げん》を押《お》さえる。視界の端《はし》っこで、一人の女性が立ち止まるのが見えた。僕《ぼく》は息を深く吸《す》い込《こ》み、最後の曲を弾《ひ》き始める。

弟は去年の夏に肺炎《はいえん》で亡くなった。葬式《そうしき》会場で母親は、弟の聴覚《ちょうかく》障害が発覚したあの日と同じくらいに乱れに乱れた。髪《かみ》をかきむしり、親戚《しんせき》に後ろから身体《からだ》を押《お》さえられながら、獣《けもの》のように泣き叫《さけ》んでいた。やがて疲《つか》れ果《は》て、よろけるように遺体が納められた棺《ひつぎ》へ寄りかかると、「馬鹿《ばか》なお母さんでごめんなさい」とかすれるような声でつぶやいた。

⑥それはずるいよ。僕《ぼく》は喉元《のどもと》まででかかった言葉をぐっと飲み込《こ》み、母親の震《ふる》える背中をさすった。僕《ぼく》は顔をあげる。満面の笑みを浮《う》かべた弟の写真の周りを、弟の大好きな向日葵《ひまわり》の花が囲んでいた。

静まり返った商店街に乾《かわ》いた拍手《はくしゅ》が響《ひび》く。僕《ぼく》はたった一人の観客に頭を下げ、＊8ギターストラップを肩《かた》から外した。どうでした。世間話のつもりで何気なく彼女《かのじょ》に尋《たず》ねてみる。彼女《かのじょ》は戸惑《とまど》いながらも、酔《よ》いで少しだけ火照《ほて》った頬《ほお》をほころばせながら言う。

「もちろん悪くはなかったですけど……正直、あなたよりも歌が上手《うま》い人は他にも沢山《たくさん》いるって感じだし、それになによりも」

少しだけ間を空けた後、彼女《かのじょ》は少しだけ呆《あき》れたような口調で言葉を続けた。

「こんな真冬に向日葵《ひまわり》の歌って、季節外れも良いところじゃないですか？」

スティックギターを取り出し、＊1ペグを締《し》めて＊2チューニングする。顔を上げると、水銀灯の淡《あわ》い青の光の向こうに、藍《あい》がかった夜空が広がっていた。帰路を急ぐ人々が寒さに背中を丸め、足早に僕《ぼく》の目の前を横切っていく。目をつぶって、まぶたの裏に浮《う》かぶ光の名残《なごり》を一つ一つ数えてみる。全部で三つあった光は、数えているうちに少しずつ小さくなり、姿を消す。僕《ぼく》は深く息を吸い込《こ》んだ。冷たい空気が肺の中に満ち、身体《からだ》がかすかに震《ふる》える。ギターの＊3ネックを握《にぎ》りしめる力を強める。ゆっくりと息を吐《は》き出し、僕《ぼく》は最初の＊4コードをかき鳴らした。

弟の聴覚《ちょうかく》障害が発覚したのは、庭の向日葵《ひまわり》が咲《さ》きほこったある夏の日だった。病院から帰ってきた母親と父親の表情は暗く、父親に抱《だ》きかかえられた三歳《さんさい》の弟だけが嬉《うれ》しそうに顔をほころばせていた。お帰りなさい。僕《ぼく》がそう言おうとしたその時、母親は右手に持っていたカバンを壁《かべ》に投げつけ、大声で奇声《きせい》をあげた。そのままテーブルに置いてあった写真立てをなぎ払《はら》い、タンスの引き出しを片っ端《ぱし》から引きずり出してはそれらを床《ゆか》に叩《たた》きつけていく。

僕《ぼく》と父親は母親を止めることもできず、①ただ黙《だま》って見守ることしかできなかった。母親はひとしきり暴れた後、手で顔を覆《おお》いながらその場に崩《くず》れ落ちる。外から聞こえてくる蝉《せみ》の鳴き声に混じって、しゃっくりのような母親のすすり泣きが部屋にこだましていた。それから母親はぽつりと、「産まなきゃよかった」とつぶやく。胸がざわつき、僕《ぼく》は弟へと目を向けた。目が合った弟がにこりと笑ってみせる。弟は母親のそんな言葉でさえ聞くことができないという事実を知ったのは、それから数時間経《た》ってからだった。

かじかむ手でギターの弦《げん》をかき鳴らす。お世辞にも上手《うま》いとは言えない歌声が夜の街に溶《と》けていき形を失っていく。歌声に混じる白い息が夜空に吸い込《こ》まれていく。寒さで手の感覚がなくなっていく。指がもつれて、一瞬《いっしゅん》だけコードを間違《まちが》えてしまう。それでも、手の動きは止まらなかった。何度も何度も繰《く》り返《かえ》し弾《ひ》いた曲は身体《からだ》と指先に刻《きざ》み込《こ》まれていた。いつもと同じように、立ち止まって歌を聞いてくれる人は一人もいない。ちらりと＊5一瞥《いちべつ》したかと思えば、不愉快《ふゆかい》そうに眉《まゆ》をひそめるだけ。やりきれない気持ちをごまかすために、少しだけ声のボリュームを上げる。喉《のど》に刺《さ》すような痛みが走る。声帯をすり減らすように叫《さけ》ぶ歌の上に、アコースティックギターの繊細《せんさい》で＊6シャープな音色が覆《おお》いかぶさっていく。

なんでそんなこともできないの。母親は弟によくそう言っていた。その時の母親は決まってニコリと微笑《ほほえ》んでいた。自分の底知れぬ苛立《いらだ》ちを隠《かく》そうとしていたからなのか、歪《ゆが》んだ悪意がそうさせていたからなのか、それはもうわからない。耳が聞こえない弟は母親の優しい表情だけを見て、優しい微笑《ほほえ》みを返していた。

②幸せものだな。僕《ぼく》は弟の表情を見てそう思っていた。可哀想《かわいそう》だからという理由で、母親は弟を耳が聞こえる子と同じように育てようと必死に動き回っていた。色んな学校を回って、色んな病院を回って、結局何の成果も得られずに帰宅する。それでも母親は諦《あきら》められなかった。自分の部屋で声を押《お》し殺《ころ》して泣いていたかと思えば、次の日にはまた③どこから聞いたのかわからない場所へと飛んでいく。自傷行為《こうい》とも思える母親の行動を見ていたからこそ、僕《ぼく》は一層悲しかった。母親がそのような言葉をこぼしてしまうことが。弟が、その母親の真意を知ることができず、④残酷《ざんこく》に笑ってみせることが。

一曲目が終わり、少しだけ手を休める。右手を見てみると、指先が寒さで赤くなっているのがわかった。遠くから若い男女のはしゃぎ声が聞こえる。居酒屋帰りのサラリーマンのふざけた喋《しゃべ》り声が聞こえる。

で、説明が上手になるということ。

エ　誰《だれ》もが知っている物として対象を提示できるので、説明内容に現実味が生まれるということ。

オ　リアリティをもって大勢に説明できるので、より具体的な説明が可能になったということ。

問六　――線⑤「十分に意味のあることです」とありますが、どのような点において意味があるのですか。その説明として最も適当なものを次のア～オの中から一つ選び、記号で答えなさい。

ア　日常生活を送っている空間とは別に、自分たちの視点に左右されない空間の存在を発見したという点。

イ　多くの人が話し合いに参加しやすい環境《かんきょう》を整えることにつながり、近代科学の成立を助けたという点。

ウ　わたしたちが認識している世界は、主観的な世界と客観的な世界から成立していることを示したという点。

エ　対象となるものが発信している意味に関して、近代以前よりもいっそう解明しやすくなったという点。

オ　すべての人が同じ条件のもとで対象を語ることができ、そのことが科学の発展につながったという点。

問七　――線⑥「前者は、わたしたちの～位置づけられました」とありますが、「前者」及《およ》び「後者」はリンゴの場合どのようなことがあてはまりますか。その説明として最も適当なものを次のア～オの中からそれぞれ一つずつ選び、記号で答えなさい。

ア　リンゴには味覚を刺激《しげき》する物質が含《ふく》まれているということ。

イ　リンゴを見ると食べたくなってしまうということ。

ウ　リンゴは誰《だれ》にとってもおいしく感じられるということ。

エ　リンゴを食べておいしいと感じるということ。

オ　リンゴに含《ふく》まれる成分を分析《ぶんせき》するということ。

問八　本文の内容を説明したものとして最も適当なものを次のア～オの中から一つ選び、記号で答えなさい。

ア　科学は無視点的な三次元空間を想定したが、現実の世界との間で混乱が生じた。

イ　科学的な考え方のもとでは、わたしたちのその時々の主観は徹底的《てっていてき》に排除《はいじょ》される。

ウ　科学的に説明されたリンゴは、誰《だれ》が食べても同じおいしさのものとして認識される。

エ　科学は人類にとっての真実を追究することで、人々のよりよい人生に貢献《こうけん》している。

オ　科学と我々の生の経験は相いれないものだが、共通の土俵を作ることで両者を融合《ゆうごう》できる。

問九　＝＝線「自然科学的な～分けてしまいました」について、筆者は「自然科学的なものの見方」が「わたしたちの世界を二つに分けてしま」ったことの問題点をどのようなことだととらえていますか。五十字以内で説明しなさい。

二

次の文章を読んで、後の一から九までの各問いに答えなさい。（ただし、字数指定のある問いはすべて句読点・記号も一字とする。）

弟は生まれつき耳が聞こえなかった。だけど、そのことと、僕《ぼく》がこの場所で歌い続けていることとの間に、一体どういう関係があるのか。僕《ぼく》は未《いま》だにその答えを見つけられずにいる。

いつもと同じ時間、いつもと同じ店のシャッターの前で、僕《ぼく》は黙々《もくもく》と路上ライブの準備を進める。吐息《といき》は白く、手袋越《てぶくろご》しにマイクスタンドの金属の冷たさが伝わってくる。ボディに細かい傷がついたアコーして、ピアノの響《ひび》きを空気の振動《しんどう》に還元《かんげん》し、その振動《しんどう》が聴覚《ちょうかく》を通して脳に伝わってわたしたちはピアノの音をピアノの音として認識しているのだと言うと同時に、その調べの美しさは雲散霧消《うんさんむしょう》してしまいます。わたしの経験のなかにあった＊2リアリティがまったく失われてしまうのです。

　わたしたちはまさにこのリアリティのなかで生きています。それがわたしたちの生を作りあげています。それがわたしたちの生活をいきいきとして張りのあるものに、また豊かなものにしてくれているのです。そこでこそわたしたちは生きる意欲を喚起《かんき》されます。わたしたちが生きる意味を感じ、生きがいを見いだすのも、そのような世界においてのことです。

　そのような私たちの生の営み、そしてそこで感じられる生の充実《じゅうじつ》は、たしかに移ろい、変化するものです。変わることなく、ありつづけるものではありません。また、人によっても受けとり方が異なります。しかし、そうだからといって、それはあいまいなものとして真理の領域から排除《はいじょ》されるべきでしょうか。むしろ、自然科学が明らかにしてくれるさまざまな知見も、そのような私たちの生の営みに関係づけられて、はじめて意味をもってくるのではないでしょうか。

（『はじめての哲学《てつがく》』藤田正勝《ふじたまさかつ》）

（注）＊1　三次元＝縦・横の平面に奥行《おくゆき》がプラスされた空間など。

＊2　リアリティ＝現実味・現実性。

問一　――線A「シャクド」・B「ヒョウショウ」のカタカナを正しい漢字に直しなさい。（一画一画ていねいにはっきりと書くこと。）

問二　――線①「厳密な科学」とありますが、これはどのような学問だと考えられますか。その説明として最も適当なものを次のア～オの中から一つ選び、記号で答えなさい。

ア　その時々の条件や環境《かんきょう》によって現れる情報をできる限り平均化していく学問。

イ　研究者の期待や希望を一切取り除いたところに現れる真実のみを追っていく学問。

ウ　誰《だれ》に対しても分かりやすく理解を得られるような答えを示していく学問。

エ　過去に判明した事実を現代の発達した科学力で更《さら》に塗《ぬ》り替《か》えていく学問。

オ　何物にも左右されることのない絶対的な事実をどこまでも追究していく学問。

問三　――線②「考えたわけです」とありますが、この部分に対する主部として最も適当なものを次のア～オの中から一つ選び、記号で答えなさい。

ア　わたしたちの日常の経験　　イ　観察者

ウ　近代の自然科学的なものの見方　　エ　他の人

オ　ものの真の姿

問四　――線③「わたしたちが見たり、聞いたりするもの」とは何ですか。これを端的《たんてき》に表現している本文中の一単語を探し、抜《ぬ》き出しなさい。

問五　――線④「うまく説明することができます」とありますが、どういうことですか。その説明として最も適当なものを次のア～オの中から一つ選び、記号で答えなさい。

ア　一度に多くの人が同じ物を観察することができるので、説明にかかる時間を短縮させられるということ。

イ　対象を見ている人全員が同じ物を見ていると認識できるので、説明をする上で都合がいいということ。

ウ　観察者全員に様々な角度から同一の物を示すことができるの

「もの」それ自体の世界と、わたしたちが見たり聞いたりするところに成立する現象の世界です。

すでに述べましたように、わたしたちはわたしたちの視点からものを見、それをさまざまな仕方で受けとっています。その背後に共通の根拠《こんきょ》があると考えることは、⑤十分に意味のあることです。しかし問題なのは、一方が「もの」そのものの世界として、わたしたちの外にある客観的な世界として位置づけられ、他方が、それをそのときどきの仕方で受けとった主観的な世界として位置づけられた点です。

前者は、わたしたちとは関わりなく存在している「外部世界」として、そして後者は、それをＢヒョウショウする「意識」の世界として、二つの性格を異にした世界だと考えられるようになりました。そして⑥前者は、わたしたちの知覚を可能にしている共通の根拠《こんきょ》ですから、それこそが第一次的な存在であり、それに対して後者は、それをそれぞれの視点から「主観的」に、あるいは「私的」に受けとったにすぎないものとして、第二次的な存在として位置づけられました。

（中略）

自然科学的なものの見方は、そういう「私的」であやふやなものを取り除いていけば、誰《だれ》からも同じように観察できる「ものの本体」だけがそこに残されると考えます。そうすれば、わたしたちのそのときどきの視点から見えるものの見え姿に惑《まど》わされることなく、ものを「客観的」に把握《はあく》することができると考えるのです。

しかしわたしたちの、何かを見て美しいと感じたり、何かを食べておいしいと感じたりするといった具体的な経験について見てみますと、そこでは客観的な「ものの本体」と、それの一時的な現れというように、二つのものが別々のものになっているでしょうか。

たとえばリンゴを食べておいしいと感じたときのことを考えてみましょう。無視点的な三次元空間のなかに置き直されたリンゴそれ自体には「おいしさ」はありません。わたしたちがそれを実際に食べ、味覚が刺激《しげき》されてはじめて「おいしさ」が生まれます。そのため、自然科学的な見方は、わたしたちはわたしたちの「私的」な世界のなかで、つまり意識のなかだけで「おいしさ」を感じていると言います。しかし、わたしたちはほんとうに外の世界から隔《へだ》たった意識の内側で、そのなかだけでおいしいと感じているのでしょうか。

リンゴのおいしさの原因になるのは、リンゴのなかに含《ふく》まれるペクチンやポリフェノールやリンゴ酸などだと考えられます。そうした物質や、それらが味覚を刺激《しげき》するということが一方に考えられます。そしてその刺激《しげき》を受けとめて、わたしたちは「おいしさ」を感じます。この二つのことはまったく別の世界に属することとして考えられるべきでしょうか。わたしたちが「おいしい」と感じるのは、外的な世界から隔《へだ》てられた意識の内側だけで起こる出来事でしょうか。むしろリンゴを食べることが、そのまま「おいしい」という出来事なのではないでしょうか。つまり、リンゴのなかに含《ふく》まれるペクチンやポリフェノールがおいしいのではないでしょうか。簡単に言えば、リンゴがおいしいのではないでしょうか。

（中略）

ものは単なるものとしてではなく、最初からたとえばわたしたちにおいしさを覚えさせるものとして、あるいはわれわれに恐怖《きょうふ》を与《あた》えるものとして現れてきています。そこに二つの世界の隔《へだ》たりはないのです。わたしたちの世界を、「もの」それ自体の世界と現象の世界に分けてしまうと、このわたしたちが具体的に経験していることがとらえそこなわれてしまうのではないでしょうか。

たとえばわたしがいま、われを忘れてピアノの美しい調べに聞きほれているような場合のことを考えてみましょう。その場合、そこにまさにその調べの美しさが出現しています。その美しさを説明しようと

二〇二二年度
豊島岡女子学園中学校

【国語】〈第三回試験〉（五〇分）〈満点：一〇〇点〉

一 次の文章を読んで、後の一から九までの各問いに答えなさい。
（ただし、字数指定のある問いはすべて句読点・記号も一字とする。）

わたしたちの日常の経験のなかでは、ものは、観察者がどの位置に立つかによって、あるいは明るさとか光の当たり具合によって、またその人がそのときどういう気分であるかによって、それぞれ違《ちが》ったように見えます。近代の自然科学的なものの見方は、①厳密な科学を打ちたてるために、そのように視点や状況《じょうきょう》によって変化する一時的なものを真理の領域から排除《はいじょ》しました。ものが、見る視点によって円形になったり楕円形《だえんけい》になったり長方形になったりすれば、他の人といっしょにこのものについて語ることができなくなってしまいます。ものの真の姿は、そういう視点や気分に左右される一時的な現れのなかにではなく、それらをすべて取り除いたところにあると②考えたわけです。

わたしたちがものを見る場合には、視点が決定的な意味をもっています。たとえば同じ長さのひもでも、近くに置いてあるものは長く見えますし、遠くに置いてあるものは短く見えます。科学という学問が成立するためには、その二つのひもが同じ長さであるとされなければなりません。そのために科学は、特定の視点にはまったく左右されない、どの方向からもものが均一に観察されるような、言わば無視点的な空間、均等に無限に広がる＊1三次元空間を想定したのです。そしてすべてのものをそのなかに置き直すということをしたのです。もちろん、わたしたちはこの無視点的な三次元空間のなかに置き直されたコインやひもを実際に見たり、触《さわ》ったりすることはできません。しかし、科学はそのようなものを想定することによって、ものを見たり、観察したりする主体（主観）の影響《えいきょう》をまったく受けない、もの本来のあり方を把握《はあく》しようとしたのです。

このように自然科学的なものの見方は、③わたしたちが見たり、聞いたりするものの背後に、そのときどきの視点や気分に影響《えいきょう》されない「ものそのもの」、「ものの本体」とでも言うべきものを想定しました。（中略）そうすることによって、わたしたちは実際、わたしたちの経験を④うまく説明することができます。たとえば、わたしが移動し視点をずらすことによって、同じコインが楕円《だえん》に見えたり、円形に見えたり、長方形に見えたりするわけですが、それにもかかわらず、わたしが、あるいは周りにいる人も含《ふく》めた全員が眺《なが》めているコインが同一のものであるということを、この「ものの本体」を想定することによってうまく説明できます。

しかもこの無視点的な三次元空間のなかに置き直されたものは、そのときどきの見え方（近くにあるものは大きく見えるが、遠くにあるものは小さく見えるといったこと）には関係なく、誰《だれ》が測っても同じ長さ、同じ重さになります。つまり、それについては共通のＡシャクドで計ることができます。すべての人がそれについて共通の土俵の上で語ることができるのです。したがって対象となるものが何であるかを、多くの人と一緒《いっしょ》になって解明していくことができます。近代の自然科学が大きく発展したのは、そのように「ものの本体」について共通の土俵の上で語ることができたからです。

しかし、自然科学的なものの見方には問題点もあります。それはわたしたちの世界を二つに分けてしまいました。現象の背後にある、

2022年度

豊島岡女子学園中学校　▶解　答

※　編集上の都合により，第３回試験の解説は省略させていただきました。

算　数　＜第３回試験＞（50分）＜満点：100点＞

解　答

[1] (1) $\frac{1}{12}$　(2) 毎分90m　(3) 6通り　(4) 60cm^2　[2] (1) (う)　(2) 7.9%　(3) 2115年３月９日　(4) 8 : 3　[3] (1) 毎分250m　(2) 2250m　[4] (1) 5 L　(2) 21　(3) 140　[5] (1) 30cm^2　(2) 798cm^2　(3) 781cm^2　[6] (1) 2cm^3　(2) $5\frac{1}{3}cm^3$

社　会　＜第３回試験＞（理科と合わせて50分）＜満点：50点＞

解　答

[1] **問１**　4　**問２**　直接民主制　**問３**　3，4　**問４**　1　**問５**　3　**問６**　オンブズマン(オンブズパーソン)　**問７**　4　**問８**　4　[2] **問１**　1　**問２**　3　**問３**　(1) 2　(2) 2　(3) **番号**　4　**製品**　塩　**問４**　3　**問５**　4　**問６**　2　[3] **問１**　2　**問２**　1　**問３**　2　**問４**　建武　**問５**　1，5　**問６**　冠位十二階　**問７**　4，5　**問８**　1　**問９**　(例)　税の負担を軽くしようとして男性を女性とごまかしたから。

理　科　＜第３回試験＞（社会と合わせて50分）＜満点：50点＞

解　答

[1] (1) **B**　う　**C**　い　(2) い，え　(3) 10秒　(4) 4秒　(5) 20秒　[2] (1) **X**　2.32　**Y**　4.59　(2) か，き，く，け　(3) 4％　(4) 29 : 9　(5) 1.98％　[3] (1) **ア**　い　**イ**　あ　**ウ**　い　(2) **図３**…a　**図４**…b　(3) ①　い　②　か　[4] (1) 27.3日　(2) 29.5日　(3) 1.77日　(4) お　(5) 1秒間に30万km進む

国　語　＜第３回試験＞（50分）＜満点：100点＞

解　答

一　**問１**　下記を参照のこと。　**問２**　オ　**問３**　ウ　**問４**　現象　**問５**　イ　**問６**　オ　**問７**　前者…ア　後者…エ　**問８**　イ　**問９**　（例）　私たちが日々の生活の中で経験することの現実性を失わせ，生の張りや豊かさを損ねてしまうという点。　二　**問１**　オ　**問２**　エ　**問３**　エ　**問４**　オ　**問５**　イ　**問６**　ウ　**問７**　エ　**問８**　ア　**問９**　（例）　ギターを弾き始めたのは，弟と自分の苦しみを比べることで生じる晴れない気持ちを紛らわすためで，路上演奏し続けるのは，生前向日葵の歌を聞かせられなかったことへの後悔があるから。

●漢字の書き取り

一　**問１**　Ａ　尺度　Ｂ　表象

Dr.福井の

入試に勝つ！脳とからだのウルトラ科学

入試当日の朝食で，脳力をアップ！

朝食を食べない学生は，朝食をきちんと食べる学生に比べて成績が悪かった――という研究発表がある。まあ，ちょっと考えればわかると思うけど，朝食を食べないということは，車にガソリンを入れないで走らせようとするようなものだ。体がガス欠になった状態では，頭が十分に働くわけがない。入試当日の朝食はちゃんと食べよう！　朝食を食べた効果があらわれるように，試験開始の２時間以上前に食べるようにするとよい。

では，入試当日の朝食にふさわしいものは何か？

まず，脳の直接のエネルギー源はブドウ糖だけであるから，それを補給するためのご飯やパン，これは絶対に必要だ。また，砂糖や果物の糖分は吸収されやすく，効果が速くあらわれやすいので，パンにジャムをぬったり果物を食べたりするのもよいだろう。

次に，タンパク質。これは脳の温度を上げる作用がある。温度が低いままでは十分に働かないからね。タンパク質を多くふくむのは肉や魚，牛乳，卵，大豆などだが，ここでは大豆でできたとうふのみそ汁や納豆をオススメする。そして，記憶力がアップするDHAを多くふくんでいる青魚，つまりサバやイワシなども食べておきたい。

生野菜も忘れてはならない。その中にふくまれるビタミンBは，ブドウ糖を脳に吸収しやすくする働きを持つので，結果的に脳力アップにつながるんだ。

コーヒーや紅茶，緑茶は，カフェインという成分の作用で目覚めをうながすが，トイレが近くなってしまうので，飲みすぎに注意！　試験当日はひかえたほうがよいだろう。眠気を覚ましたいときはガムをかむといい。脳が刺《し》激《げき》されて活性化し，目が覚めるんだ。

Dr.福井（福《ふく》井《い》一成《かずしげ》）…医学博士。開成中・高から東大・文Ⅱに入学後，再受験して翌年東大・理Ⅲに合格。同大医学部卒。さまざまな勉強法や脳科学に関する著書多数。

2021年度　豊島岡女子学園中学校

〔電　話〕 (03) 3983－８２６１
〔所在地〕 〒170-0013　東京都豊島区東池袋１－25－22
〔交　通〕 JR線・東京メトロ各線・私鉄各線－「池袋駅」より徒歩７分

【算　数】〈第１回試験〉 (50分) 〈満点：100点〉

(注意)　1．円周率は3.14とし，答えが比になる場合は，最も簡単な整数の比で答えなさい。
　　　　2．角すいの体積は，(底面積)×(高さ)÷3　で求めることができます。

1　次の各問いに答えなさい。

(1)　$6.2-\left(2.7\div\frac{3}{5}-\frac{9}{8}\times2.4\right)$を計算しなさい。

(2)　$\left(\boxed{}\times4\frac{1}{6}-\frac{3}{4}\right)\div\frac{5}{6}-6=\frac{1}{10}$ のとき，$\boxed{}$に当てはまる数を求めなさい。

(3)　７で割ると２余り，９で割ると３余る整数のうち，2021に最も近いものを求めなさい。

(4)　５種類のカード$\boxed{0}$，$\boxed{1}$，$\boxed{2}$，$\boxed{5}$，$\boxed{6}$がそれぞれ１枚ずつあります。この中から３枚を選んで並べ，３けたの整数を作ります。このとき，３の倍数は全部で何通りできますか。

2　次の各問いに答えなさい。

(1)　４つの整数A，B，C，Dがあります。AとBとCの和は210，AとBとDの和は195，AとCとDの和は223，BとCとDの和は206です。このとき，Aはいくつですか。

(2)　豊子さんと花子さんは，同時にＡ地点を出発し，Ａ地点とＢ地点の間をそれぞれ一定の速さで１往復します。２人はＢ地点から140mの場所で出会い，豊子さんがＡ地点に戻ったとき，花子さんはＢ地点を折り返しており，Ａ地点まで480mの場所にいました。このとき，(豊子さんの速さ)：(花子さんの速さ)を求めなさい。

(3)　右の図のように，円周を12等分した点をとり，点Ａと点Ｂ，点Ｃと点Ｄをそれぞれまっすぐ結びました。直線 AB の長さが６cm であるとき，色のついている部分の面積は何cm^2ですか。

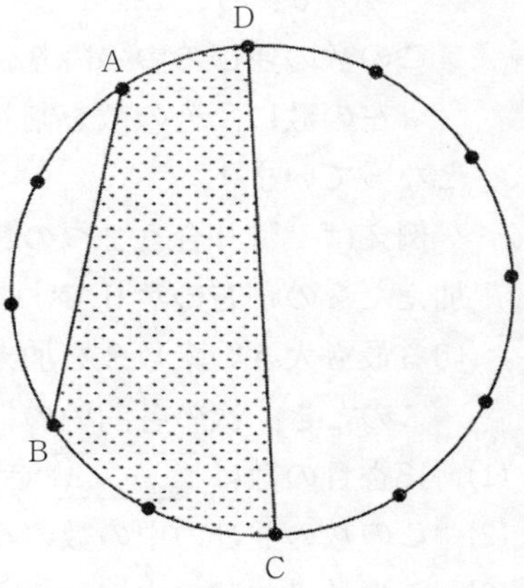

(4)　下の図の三角形 ABC において，AD＝9cm，DB＝6cm，AF＝8cm，FC＝2cm で，(三角形 BDE の面積)：(三角形 DEF の面積)＝2：3です。このとき，(三角形 CEF の面積)：(三角形 ABC の面積)を求めなさい。

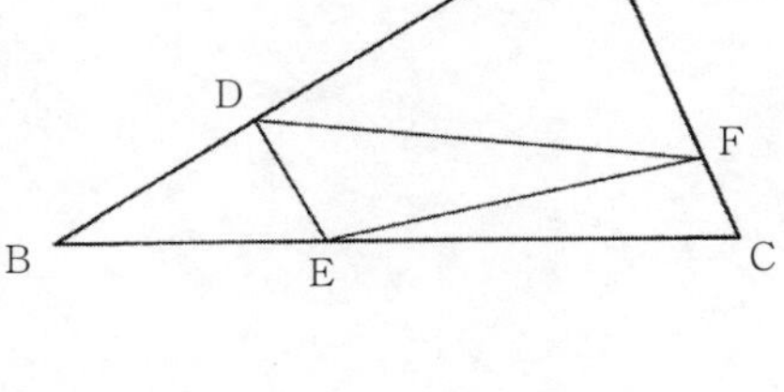

3　ある店では，同じ品物を360個仕入れ，５割の利益を見込《こ》んで定価をつけ，売り始めました。１日目が終わって一部が売れ残ったため，２日目は定価の２割引きで売ったところ，全て売り切れました。このとき，１日目と２日目を合わせて，４割の利益が出ました。次の各問いに答えなさい。

⑴　１日目に売れた品物は何個ですか。

⑵　３日目に同じ品物をさらに140個仕入れ，２日目と同じ，定価の２割引きで売り始めました。３日目が終わって一部が売れ残ったため，４日目は定価の２割引きからさらに30円引きで売ったところ，全て売り切れました。このとき，３日目と４日目を合わせて，48600円の売り上げになりました。もし，同じ値段のつけ方で３日目と４日目に売れた個数が逆であったら，48000円の売り上げになります。このとき，この品物は１個当たりいくらで仕入れましたか。

4　右の図のように，１辺の長さが70cmの正三角形ABCと正三角形DCBがあります。点Ｐは正三角形ABCの辺の上を，点Ａを出発して反時計回りに毎秒２cmの速さで進み，点Ｑは正三角形DCBの辺の上を，点Ｄを出発して反時計回りに毎秒５cmの速さで進みます。点Ｐと点Ｑが同時に出発するとき，次の各問いに答えなさい。

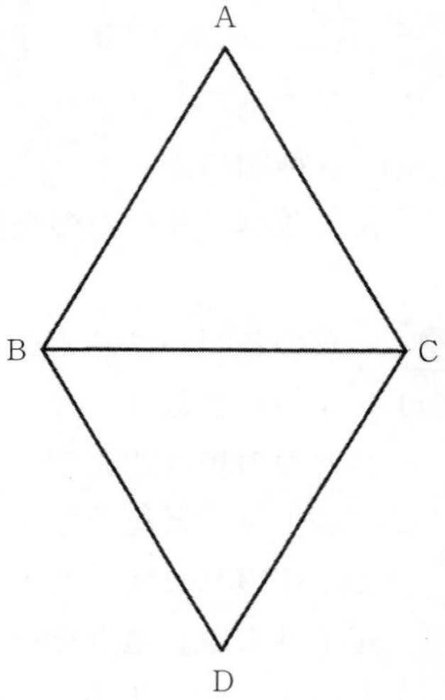

⑴　点Ｐと点Ｑが初めて重なるのは，この２点が出発してから何秒後ですか。

⑵　点Ｐと点Ｑが10回目に重なるのは，この２点が出発してから何秒後ですか。

5　次のように整数が並んでいます。

　４，６，９，12，15，20，……

この数の並びの中の隣《とな》り合う２つの数について，

　左の数に，その数を割り切る最も大きい素数を加えたものが右の数

となっています。

例えば，隣り合う２つの数４と６について，左の数４に，４を割り切る最も大きい素数２を加えたものが右の数６です。また，隣り合う２つの数６と９について，左の数６に，６を割り切る最も大きい素数３を加えたものが右の数９です。

このとき，次の各問いの□に当てはまる数をそれぞれ答えなさい。

⑴　15番目の数は□です。

⑵　この数の並びの中の数のうち，最も小さい47の倍数は□です。

⑶　この数の並びの中の数のうち，3500に最も近い数は□です。

6 右の図のように，1辺の長さが6cmの立方体ABCD-EFGHがあります。辺BC，FGの上に，BI＝FJ＝2cmとなるような点I，Jをとります。辺AD，BC，FG，EHの真ん中の点をそれぞれK，L，M，Nとするとき，次の各問いに答えなさい。

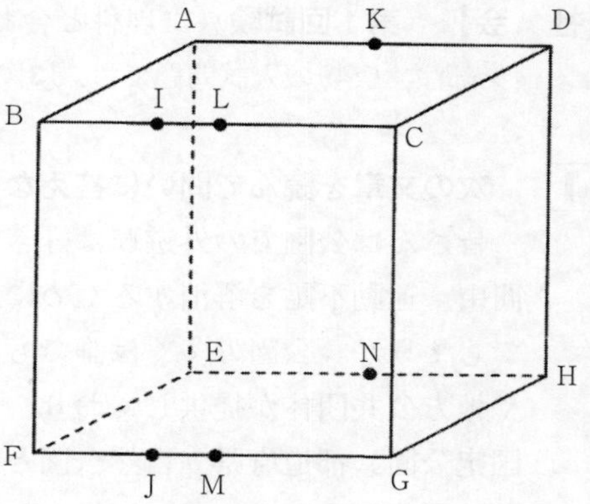

(1) 直方体ABLK-EFMNと三角柱ICD-JGHが重なった部分の体積は何cm^3ですか。

(2) 四角柱BFGL-AEHKと三角柱ICD-JGHが重なった部分の体積は何cm^3ですか。

(3) 四角柱BFGL-AEHKと三角すいD-JGHが重なった部分の体積は何cm^3ですか。

【社　会】〈第1回試験〉(理科と合わせて50分)〈満点：50点〉

〈編集部注：実物の入試問題では，**3**の地形図と円グラフ，セメント工場所在地の地図はカラー印刷です。〉

1　**次の文章を読んで問いに答えなさい。**

皆《みな》さんは公園での外遊びは好きですか。(ア)新型コロナウイルス感染拡大防止のための休校期間中，運動不足を解消するために，近所の公園でジョギングや体操をした人もいたのではないでしょうか。公園の多くは誰《だれ》でも無料で自由に利用することができる社会的共通資本で，(イ)国や地方公共団体が提供しており，日本では，公園は(ウ)法律的に自然公園法にもとづく国立公園，国定公園，都道府県立自然公園と，都市公園法にもとづく都市公園とに分けられています。また，現代の公園は，憩《いこ》いの場としてだけではなく，(エ)防災機能を有し災害時の避難《ひなん》場所などとしても重要な役割を担っています。

一昨年の秋ごろ，東京都内の小学6年生が公園でのボール遊びを求めて区議会に(オ)陳情書《ちんじょう》を提出したことが話題となりました。少子高齢《こうれい》化にともなって公園が高齢者向けの健康器具を備えるようになるとともに，公園での禁止事項《じこう》が増加し，昨今の公園には「ボール遊び禁止」「木登り禁止」「大声禁止」などの注意書きの看板が多く見られるようになっています。こうした状況《じょうきょう》に対し，遊ぶことや大声を出すことは子どもの権利であるとする声もあります。東京都は，環境《かんきょう》確保条例で子どもの声はもちろん，足音，遊具音，楽器音などについても規制の対象から除外しました。また，1989年に国連総会で，すべての子どもに人権を保障する法的拘《こう》束《そく》力のある国際条約『(　**カ**　)』が採択《さいたく》されましたが，その第31条には，休んだり遊んだりする権利というのが記載《きさい》されていて，子どもたちが元気に遊ぶことは健やかな発達のための当然の権利と認識されています。

小学生たちの陳情は区議会で審査《しんさ》され，彼らの要望の一部が認められてボール遊びのできる場所や時間帯が拡大したようです。その小学生らは，もうすぐ中学校に進学するので，自分たちがボール遊びをする機会は減るかもしれないけれども，少しでも後輩《こうはい》たちのためになったのならやってよかったと言っています。時代の変化によって遊び場を奪《うば》われた子どもたちが，自らの手で遊ぶ権利を取り戻《もど》したと言っても良いでしょう。日本国憲法第12条には，国民は不断の努力によって(キ)基本的人権を保持しなければならない，と規定されています。憲法に記されている基本的人権を絵に描《か》いた餅《もち》とせず，実現していくのは私たち自身なのです。

問1．下線部(ア)について，このような活動は各自治体で設置している保健所が中心となって行っています。保健所や保健センターの行っている業務について述べた次の文のうち，**適切でないもの**を一つ選び番号で答えなさい。

1．飲食店が設置基準を満たしているか確認して営業許可を出している。

2．水質汚濁《おだく》の検査などの環境《かんきょう》衛生，大気汚染《おせん》などの環境保健対策を行っている。

3．乳幼児の発育状況や健康状態を定期的に検査している。

4．年金受給者の問い合わせに応じて受給資格の確認を行っている。

問2．下線部(イ)に関連して，国会と内閣について述べた次の文のうち，**あやまっているもの**を一つ選び番号で答えなさい。

1．内閣が国会に提出する予算の原案は，省庁が作成に関わっている。

2．衆参両院で可決して成立した法案は，内閣総理大臣によって公布される。

３．内閣総理大臣は，国会の指名にもとづいて天皇が任命する。

４．内閣は，不信任案が可決されなくても，衆議院の解散を決めることができる。

問３．下線部(ウ)にもとづいて，刑事事件では検察官が容疑者を裁判所に訴《うった》えることになっていますが，そのことを何といいますか，漢字２字で答えなさい。

問４．下線部(エ)に関連して述べた次の文のうち，最も適切なものを一つ選び番号で答えなさい。

１．大雨などで自治体から警戒レベル３と発表されたら，高齢者《こうれいしゃ》などは避難《ひなん》を開始する。

２．大雨や台風接近時には，川や用水路を直接見に行き様子を確認するほうが良い。

３．大きな揺《ゆ》れの地震《じしん》が発生した際にガスコンロを使用していた時は，いち早くその火を消す。

４．小学校・中学校では，防災の日に避難場所まで避難する訓練が義務づけられている。

問５．下線部(オ)に関連して，国や地方公共団体に対して国民が請願《せいがん》する権利は憲法第16条で保障されています。このように，憲法の条文によって保障されている権利について述べた次の文のうち，**あやまっているもの**を一つ選び番号で答えなさい。

１．私有財産を公共のために収用されたときは，正当な補償《ほしょう》を求めることができる。

２．政府の過失によって損害を受けたときは，賠償《ばいしょう》を求めることができる。

３．刑事被告人は，裁判所での裁判を非公開にすることを求めることができる。

４．無実の罪で抑留《よくりゅう》・拘禁《こうきん》されていた場合は，補償を求めることができる。

問６．空らん(**カ**)にあてはまる条約名を答えなさい。

問７．下線部(キ)に関連して，基本的人権の尊重のほか，国民主権と平和主義が日本国憲法の三大基本原理とされています。このうち，憲法第９条で定められている平和主義の要素は，戦争の放棄《ほうき》(武力の不行使)，交戦権の否認と，あと一つを何といいますか，５字または６字で答えなさい。

2　次の文章を読んで問いに答えなさい。

昨年は，(　**ア**　)が完成してから1300年でした。(　**ア**　)は中国にならって編纂《へんさん》された正式な歴史書で，天地の始まりから持統天皇の治世までが記されています。しかし，神話の時代のことが書かれ，初代の神武天皇が即位したのが現在の時代区分では(イ)縄文時代にあたる紀元前660年のこととされるなど，実際の出来事とは思えないことも多く記されています。それは，過去の事実を単に記すのではなく，天皇や朝廷《ちょうてい》の正当性を示すという意図があって作られたものだからです。(　**ア**　)に続いて朝廷では五つの歴史書が作成されましたが，887年の記事を最後に正式な歴史書は途絶《とだ》えます。

武家政権の時代になると，幕府でも歴史書が編纂されるようになります。鎌倉時代の『吾妻《あずま》鏡《かがみ》』は，源頼朝の挙兵から(ウ)北条政村が７代執権に就いていた1266年に将軍宗尊《むねたか》親王が京都に送り還《かえ》されるまでが記されていますが，幕府の事情によって事実が改められて記述されたところもあります。また，(エ)江戸幕府のお抱《かか》えの学者である林家によって『本朝通鑑《ほんちょうつがん》』が作成され，神武天皇から江戸幕府が成立した時の後陽成《ごようぜい》天皇まで，儒教《じゅきょう》の考えにもとづいて書かれているとされています。

このほか，個人の手による歴史書にも有名なものがあります。摂関家《せっかんけ》に生まれながら延暦寺の僧の長である(オ)天台座主《ざす》となった慈円《じえん》が著した『愚管抄《ぐかんしょう》』は，鎌倉時代の初めに書かれ，道理によって歴史の変化をとらえています。南北朝時代の北畠親房《きたばたけちかふさ》が著わした『神皇正統《じんのうしょうとう》記《き》』は，(カ)南朝の正統性を歴史的に説き明かそうとしたといいます。さらに，江戸時代の学者で政治にも携《たずさ》わった新井白石は，『読史余論《とくしよろん》』において江戸幕府の成立に至る歴史を叙述《じょじゅつ》し，独自の時代区分を示しています。これらはいずれも，すぐれた歴史観によって書かれたものとして高く評価されています。

明治時代になると，(キ)欧米から多くの学者や技術者が招かれ，近代的な学問・技術がもたらされました。歴史学においても，(ク)文字で書かれた史料にもとづいて実証《じっしょう》的に研究する手法が採り入れられ，これによって，歴史の叙述も飛躍的《ひやくてき》に発展しました。その一方で，天皇制が強調されることにより，天皇の絶対性とその統治する日本の世界に対する優位性を説く皇国史観という歴史観も生まれ，それが(ケ)近代日本の海外進出を正当化する根拠《こんきょ》として利用されました。

歴史書における叙述は，過去の事実を客観的に記すのではなく，特定の意図をもって書かれることもしばしばです。現在の歴史学では，史料を利用するだけでなく，考古学・歴史地理学・文化人類学・民俗学《みんぞくがく》など関係諸学の成果を採り入れた研究が進展しています。これに対し，自分の思い描《えが》く歴史を都合よく語っている書物やインターネット情報が多くみられるのも事実です。何が正しいのか，歴史を批判的に読み解く姿勢が大切です。

問１．空らん（**ア**）にあてはまる歴史書を，漢字で答えなさい。

問２．下線部(イ)の特徴《とくちょう》を説明した文として，最も適切なものを次から一つ選び番号で答えなさい。

１．石を磨《みが》いて作った磨製《ませい》石器や，動物の骨や角で作った骨角器が使われた。

２．牛馬を利用した耕作が行われ，草や木を灰にしたものが肥料とされた。

３．日本列島は大陸と地続きで，ナウマン象やマンモスが渡《わた》ってきた。

４．当時の生活の様子が描かれた銅鐸が作られ，祭りに使われた。

問３．下線部(ウ)よりも後に起こった出来事を，次から**すべて**選び**年代の古い順**に番号で答えなさい。

１．永仁の徳政令の発布　　２．御成敗式目の制定

３．源実朝の暗殺　　４．モンゴルの襲来《しゅうらい》

５．六波羅探題の設置

問４．下線部(エ)に関連して，江戸時代の学問について説明した次の文のうち，**あやまっているもの**を一つ選び番号で答えなさい。

１．外国の影響《えいきょう》を受けていない日本古来の考え方を明らかにしようとする国学が発展した。

２．鎖国体制をとっていたため，西洋の学問は採り入れられなかった。

３．諸藩は家臣を育成する藩校を創設したり，庶民《しょみん》は寺子屋で読み書きを習ったりした。

４．身分の区別を説く儒学《じゅがく》が重視され，そのうちの朱子学が正学とされた。

問５．下線部(オ)について，天台宗と同じころに日本にもたらされた宗派として真言宗がありますが，その教えの内容を説明した文として，正しいものを次から一つ選び番号で答えなさい。

１．阿弥陀仏にすがることにより極楽浄土《じょうど》に往生《おうじょう》することができる。

２．座禅《ざぜん》に集中することにより悟《さと》りに至る。

３．三密の修行をすることにより仏と一体化することができる。

４．南無妙法蓮華経と唱えることにより救われる。

問６．下線部(カ)に関連して，天皇の正統性を示す宝物と，戦後の高度経済成長期に人々の豊かさを象徴《しょうちょう》した家電製品は，同じ用語で総称《そうしょう》されましたが，それを何といいますか，答えなさい。

問７．下線部(キ)の一人で，大日本帝国憲法発布の様子を日記にも記しているドイツ人医学者を，次から一人選び番号で答えなさい。

１．クラーク　　２．コンドル　　３．ビゴー　　４．ベルツ　　５．モース

問８．下線部(ク)について，次の史料は江戸時代のある事件に関するものです（現代語訳したものを一部省略）。この史料中の下線部について，その原因として最も適切なものを，下から一つ選び番号で答えなさい。

> <u>この頃《ごろ》は米価はますます高騰《こうとう》しているが</u>，大坂（阪）の町奉行や役人たちは，好き勝手の政治をしている。彼らは江戸に米を回しているが，天皇のいらっしゃる京都には米を回さない。……その上勝手なお触《ふれ》書《が》きなどを出し，大坂市内の大商人ばかりを大切に考えている。……隠居《いんきょ》している自分だが，もはや我慢《がまん》できず，……やむをえず天下のためと考え，……まず，民衆を苦しめてきた役人たちを討ち，さらにおごり高ぶってきた大坂の金持ちの町人たちも討つ。そして，彼らが持っている金銀銭や，蔵屋敷に隠《かく》している俵米を人々に配る。……

１．上げ米の制　　２．浅間山の噴火《ふんか》　　３．天保の飢饉《ききん》
４．日米修好通商条約の調印　　５．明暦の大火

問９．下線部(ケ)について説明した次の文のうち，正しいものを一つ選び番号で答えなさい。

１．日清戦争に勝利した日本は，遼東半島と台湾を得てそれらを植民地とした。
２．日露戦争直前に日本は欧米諸国との不平等条約をすべて改正し，日英同盟を締結《ていけつ》した。
３．第一次世界大戦を機に日本は中国における利権を拡大させ，中国で反対運動が起きた。
４．国際連盟を脱退《だったい》した日本は，日独伊三国同盟や日ソ中立条約を結んで日中戦争を始めた。

３　次の問いに答えなさい。

問１．右の地図は，国土地理院発行２万５千分の１地形図「武蔵日原《にっぱら》」の一部です。図中の●１～４の地点のうち，降った雨が**◆のところを流れない**と読み取れる地点を一つ選び番号で答えなさい。

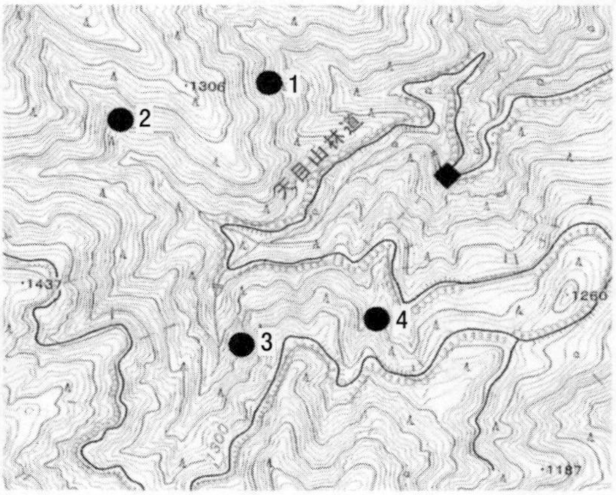

※弊社ホームページにて，カラー印刷のものを掲載しています。
必要な方はアクセスしてください。
なお，右のQRコードからもアクセスできます。

問２．豊田市のように，ある特定の大きな会社を中心に地域の経済が発展した自治体のことを何と呼びますか，漢字５字で答えなさい。

問３．春先に日本海で低気圧が発達し，南風が吹くことによって北陸地方で季節外れに気温が高くなることがあります。この時に起こっている現象を何といいますか，答えなさい。

問４．下のグラフは，都道府県別の海岸線の長さを割合で示したものです(2017年)。図中の**あ**にあてはまる都県を次から一つ選び番号で答えなさい。

１．岩手　　**２**．高知　　**３**．東京　　**４**．長崎　　**５**．三重

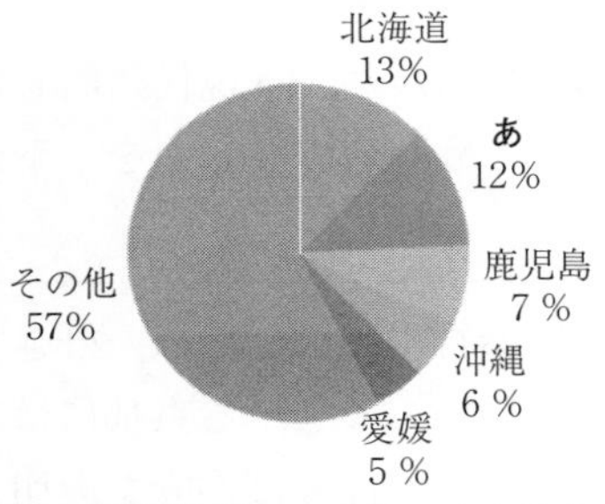

『日本国勢図会 2020/21』より作成

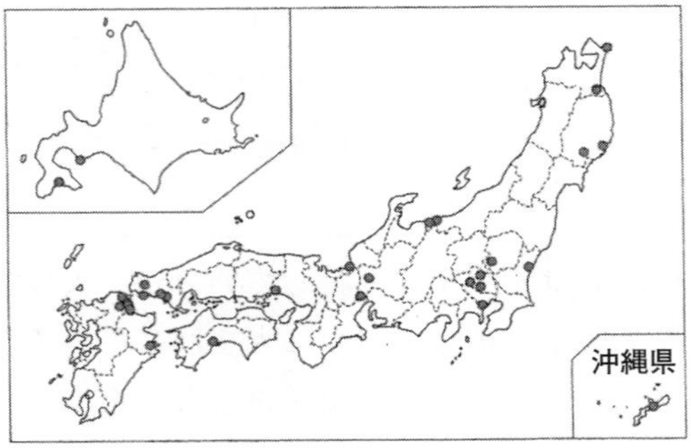

問５．上の図中の点は，セメント工場所在地を示したものです(『日本国勢図会 2020/21』より作成)。この図から読み取れるセメント工場が分布する条件として，最も適切なものを次から一つ選び番号で答えなさい。

１．人口が多い大都市圏《けん》に分布する。

２．降雪量が多い地域に分布する。

３．石灰岩が採れるところに分布する。

４．大きな空港のそばに分布する。

問６．右の表は，沖縄県，神奈川県，広島県における旅客輸送量(2017年)を示したもので，表中の**１**～**４**は，海上(千人)，航空(千人)，営業用自動車(百万人：路線バス・観光バス・タクシーを含《ふく》む)，鉄道(百万人)のいずれかの旅客輸送手段です。このうち，海上輸送にあたるものを選び番号で答えなさい。

	1	2	3	4
沖縄県	10464	4885	66	18
神奈川県	—	598	806	2916
広島県	1221	9551	144	208

『データでみる県勢 2020』より作成

問７．都道府県別の食料自給率が100パーセントを超《こ》える道県は北海道，秋田県，山形県，青森県，新潟県，岩手県の６道県です(2017年度，『データでみる県勢 2020』以下出典同じ)。これらの道県の共通点として，最も適切なものを次から一つ選び番号で答えなさい。

１．米の収穫量《しゅうかくりょう》上位15位(2017年)までにすべて含まれる。

２．人口下位15位(2018年)までにすべて含まれる。

３．肉用牛の飼養頭数上位15位(2018年)までにすべて含まれる。

４．農業産出額上位15位(2017年)までにすべて含まれる。

問８．右のグラフ中の**あ**～**う**は，長野市，新潟市，宮崎市の三都市における，気温の年較差《ねんかくさ》(最寒月と最暖月の平均気温の差)と，冬季(12～２月)の日照時間を示したものです(どちらも1981～2010年平均)。**あ**～**う**の都市名の組み合わせとして，正しいものを下の表の**１**～**６**から選び番号で答えなさい。

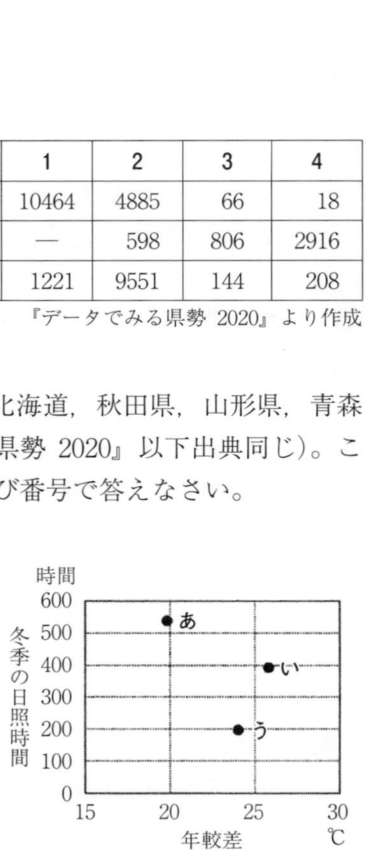

気象庁のデータより作成

	1	2	3	4	5	6
あ	長野	長野	新潟	新潟	宮崎	宮崎
い	新潟	宮崎	長野	宮崎	長野	新潟
う	宮崎	新潟	宮崎	長野	新潟	長野

問９．近年，漁師が森に木を植える活動が各地でみられますが，それは林業だけでなく漁業にとっても大きな利点があるからです。漁業にとって植樹をする利点を30字以内で説明しなさい。その際，次の用語を必ず使用しなさい。

「河川」　　**「好漁場」**

【理　科】〈第１回試験〉（社会と合わせて50分）〈満点：50点〉

1　電源装置や乾電池《かんでんち》が，電流を流そうとするはたらきを電圧といい，電流の単位はA（アンペア），電圧の単位はV（ボルト）で表します。図１のように，電源装置と豆電球またはLED（発光ダイオード）をつなぎ，豆電球またはLEDにかかる電圧を0.05Vずつ変化させたときの電流の強さをそれぞれ調べたところ，図２のようになりました。この結果をもとに，以下の問いに答えなさい。

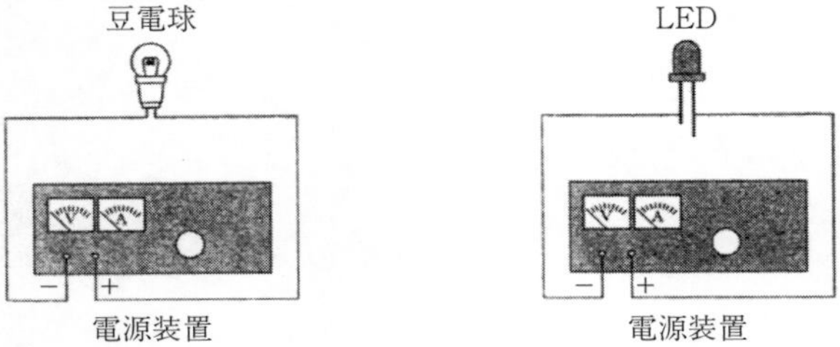

図１

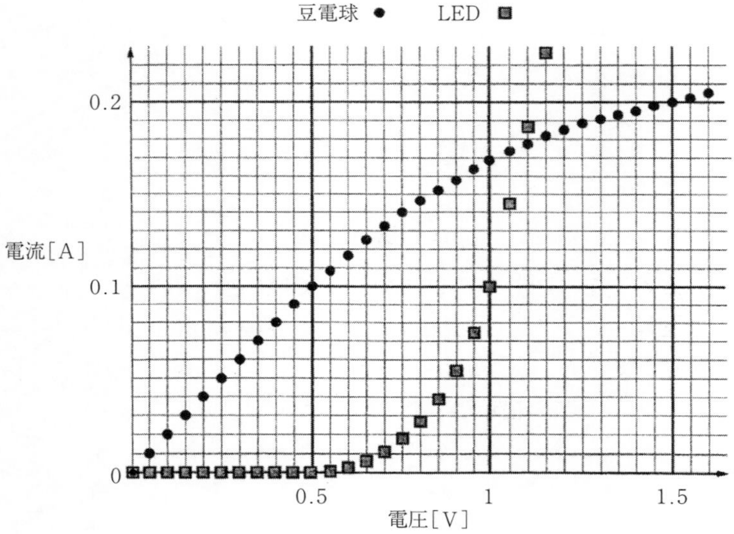

図２

(1)　電圧（単位V）を電流の強さ（単位A）で割った値を抵抗《ていこう》といい，その値が大きいほど電流は流れにくくなります。抵抗の単位はΩ（オーム）で表します。豆電球に0.5Vと1.5Vの電圧をかけたときの豆電球の抵抗は，それぞれ何Ωになりますか。**割り切れない場合は四捨五入して小数第１位まで答えなさい**。

(2)　豆電球もLEDも，流れる電流が強くなるほど発熱して温度が上がります。**温度が上がると**それぞれの抵抗はどうなりますか。最も適当なものを，次の**あ**～**え**から１つ選び，記号で答えなさい。

あ．豆電球もLEDも抵抗が大きくなる。
い．豆電球は抵抗が大きくなり，LEDは抵抗が小さくなる。
う．豆電球は抵抗が小さくなり，LEDは抵抗が大きくなる。
え．豆電球もLEDも抵抗が小さくなる。

(3)　図３−A，図３−Bのように1.5Ｖの乾電池・同じ豆電球・電流計をつないだとき，すべての豆電球は同じ明るさで光りました。このとき，電流計の値は何Ａになりますか。ただし，電流計にかかる電圧は無視できるものとします。

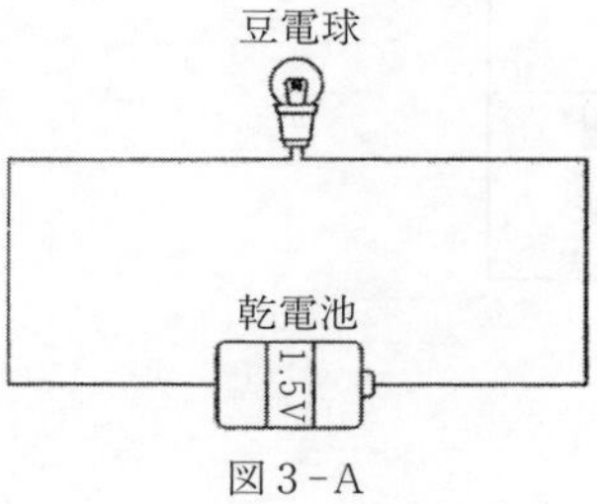

図３−A

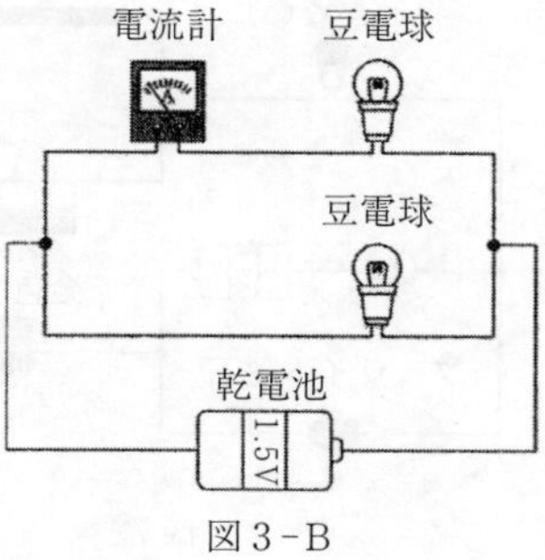

図３−B

(4)　図４のように1.5Ｖの乾電池・同じ豆電球・電流計・電圧計をつないだとき，２つの豆電球に同じ強さの電流が流れ，２つの電圧計の値を足すと1.5Ｖになりました。このとき，電流計の値は何Ａになりますか。ただし，電流計にかかる電圧と，電圧計に流れる電流は無視できるものとします。

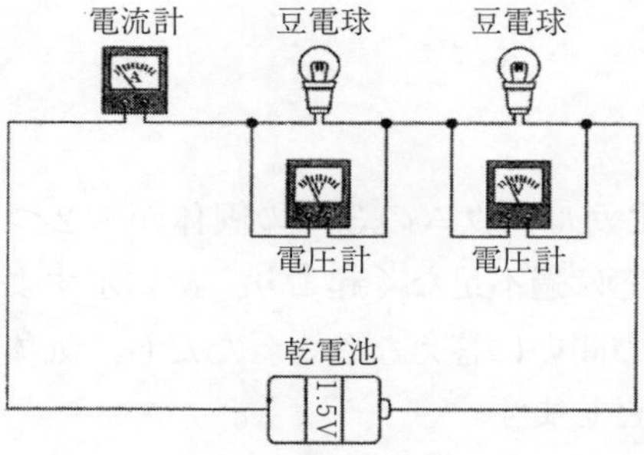

図４

(5)　図５のように1.5Ｖの乾電池・豆電球・LED・電流計・電圧計をつないだとき，豆電球とLEDに同じ強さの電流が流れ，２つの電圧計の値を足すと1.5Ｖになりました。このとき，電流計の値は何Ａになりますか。ただし，電流計にかかる電圧と，電圧計に流れる電流は無視できるものとします。

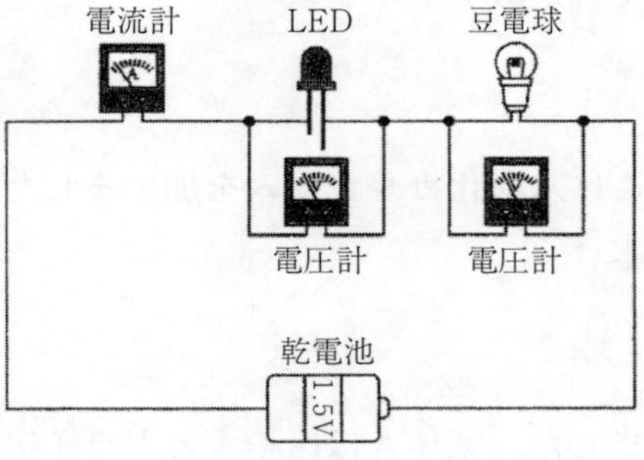

図５

(6)　２個の乾電池・金色の折紙・鉛筆《えんぴつ》の芯《しん》・水銀・フェライト磁石・５円玉を組み合わせて，図のような回路をつくると，豆電球がつくとき(図６)とつかないとき(図７)がありました。

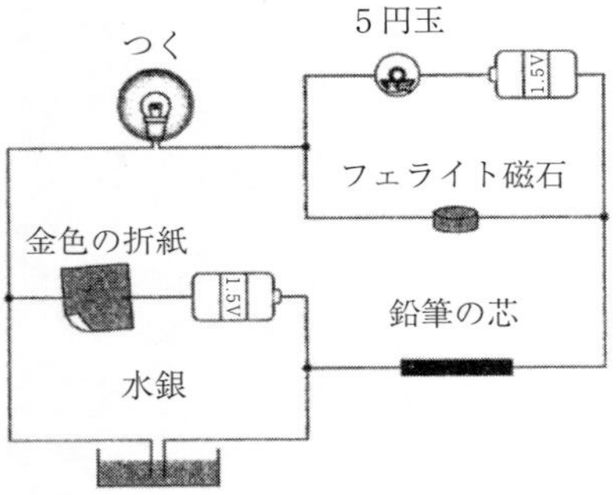

図６

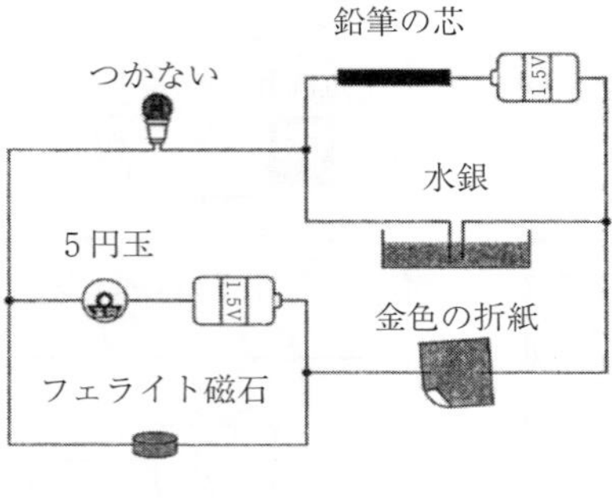

図７

　この結果から，乾電池と豆電球からなる回路の間にはさんだときに，豆電球をつけることができると判断できるものを，次の**あ**～**お**から**３つ**選び，記号で答えなさい。

あ．金色の折紙

い．鉛筆の芯

う．水銀

え．フェライト磁石

お．５円玉

2　クエン酸と重曹《じゅうそう》(炭酸水素《たんさんすいそ》ナトリウム)および水酸化カルシウムの３つの固体から２つを選んで【反応①】～【反応③】を行いました。それぞれの反応は過不足なく起こり，次に示すような量的な関係がわかりました。この結果をもとに，以下の問いに答えなさい。ただし，気体の体積を測定する場合は，同じ条件下で測定しているものとします。

【反応①】　**クエン酸と重曹の反応**

　クエン酸を水に加えてクエン酸水溶液《すいようえき》をつくり，ここに重曹を加えました。

クエン酸	＋	重曹	→	気体Ａ	＋	クエン酸ナトリウム	＋	水
10.5 g		12.6 g		6.6 g				

【反応②】　**水酸化カルシウムと重曹の反応**

　水酸化カルシウムを水に加えて水酸化カルシウム水溶液をつくり，ここに重曹を加えました。

水酸化カルシウム	＋	重曹	→	沈殿《ちんでん》Ｂ	＋	水	＋	炭酸ナトリウム
5.55 g		12.6 g		7.5 g				

【反応③】　**クエン酸と水酸化カルシウムの反応**

　クエン酸を水に加えてクエン酸水溶液をつくり，ここに水酸化カルシウムを加えました。

クエン酸	＋	水酸化カルシウム	→	物質Ｘ	＋	水
10.5 g		5.55 g				

【気体Ａの性質】

　気体Ａを石灰水に通じたところ石灰水は白くにごりました。気体Ａは冷やすとドライアイスになります。

気体Aのみを250mL集め重さを測ったところ，0.44gでした。また，22gの気体Aを冷やしてドライアイスにしたところ体積は，13.75cm^{3}でした。

【物質Xの性質】

物質Xは重曹とは反応しません。

(1) 気体Aの1Lあたりの重さは何gですか。**四捨五入して小数第2位まで答えなさい。**

(2) ドライアイスが気体になると，体積は何倍になりますか。**四捨五入して整数で答えなさい。**

(3) レモン汁《じる》の中にはクエン酸が含《ふく》まれています。レモン汁の中で重曹と反応するのはクエン酸のみで，レモン汁15mLを十分な量の重曹と反応させ，発生した気体Aを集めると275mLでした。レモン汁15mL中にあるクエン酸の重さは何gですか。**四捨五入して小数第2位まで答えなさい。**

(4) クエン酸12.6gを水に加えてクエン酸水溶液をつくり，ここに水酸化カルシウム8.88gを加えて十分に反応させました。この反応後の水溶液に，重曹10gを入れたとき，生じた気体Aと沈殿Bの重さはそれぞれ何gですか。**四捨五入して整数で答えなさい。生じなかった場合には0を記入しなさい。**

3 豊子さんは，「メダカの卵のふ化」を夏休みの自由研究のテーマにしました。そこで，メダカのオスとメスを購入《こうにゅう》し，a屋内の水槽《すいそう》に入れて飼育し始めました。

ある日の夕方，水槽を見てみると卵が産みつけられていました。そこで卵を取り，別の容器に移して日付を書きb卵の変化を観察することにしました。次の日の昼頃《ひるごろ》には，c卵が付いているメスを見つけました。その後，毎日メダカの観察をしていると卵を産む前に必ずdオスとメスの間で「ある行動」が見られることがわかりました。以下の問いに答えなさい。

(1) 下線部aに関して，メダカの飼い方を説明した次の**あ**～**き**の文章のうち，良好なメダカの飼育環境《かんきょう》づくりとして**誤っている**ものを**2つ**選び，記号で答えなさい。

あ．よく洗った小石や砂を水槽の底にしく。

い．くみ置いた水道水を入れる。

う．水槽は直射日光の当たるところに置く。

え．水草を植える。

お．えさは，毎日2回，食べ残しが出るくらいの量を入れる。

か．水が汚《よご》れたら，くみ置いた水道水か，きれいな池の水と半分くらい入れかえる。

き．タニシやモノアラガイを入れる。

(2) 下線部bの卵の変化に関して，次の**あ**～**お**は卵の変化をスケッチしたものです。卵を取った日からふ化する直前までの順番に並べかえ，記号で答えなさい。

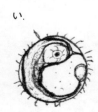

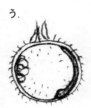

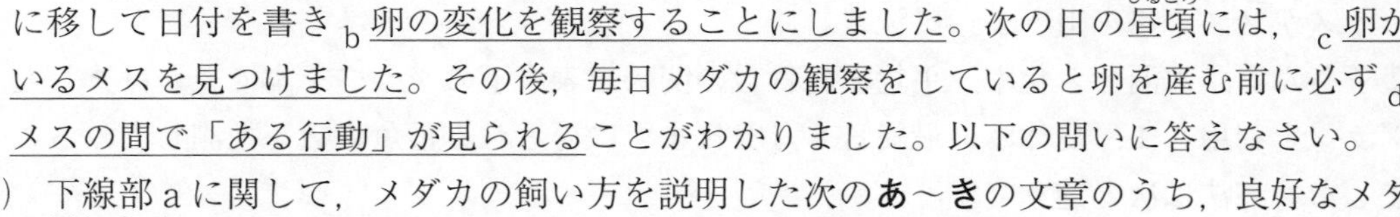

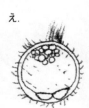

(3)　下線部ｃの卵が付いているメスのスケッチとして正しいものを次の**あ**～**か**から１つ選び，記号で答えなさい。

あ.

い.

う.

え.

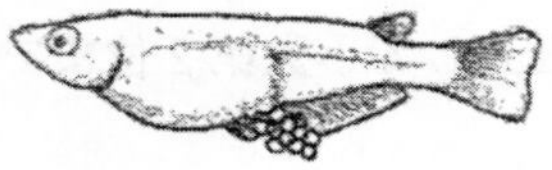

お.

か.

(4)　下線部ｄのオスとメスの間で見られる「ある行動」を次の**あ**～**か**から**３つ**選び，見られる順番に並べかえ，記号で答えなさい。

あ．メスがオスの腹部を口でつつく。

い．メスがオスの周りを円を描《えが》くように泳ぐ。

う．メスとオスが並んで泳ぐ。

え．オスがメスを産卵場所へと誘導《ゆうどう》する。

お．オスが背びれと尻《しり》びれでメスをかかえて体をすりあわせる。

か．オスがメスの後を追うように泳ぐ。

(5)　豊子さんは，水温とふ化率，平均ふ化日数の関係を表す下のグラフを本で見つけました。このグラフを利用して，夏休みの最終日８月31日までに得られる稚魚《ちぎょ》の数を推測《すいそく》してみることにしました。方法は次の通りです。

【方法】

①　卵の採取は８月11日から８月17日までの毎日行う。

②　卵はすべて採取し，直ちに14℃，18℃，22℃，26℃，30℃の各水温の容器に10個ずつ入れ日付を記入する。

③　８月31日までの各水温での稚魚の総数を数える。

８月31日に最も稚魚数が多くなると予想される水温と，この水温で得られる稚魚の総数を答えなさい。

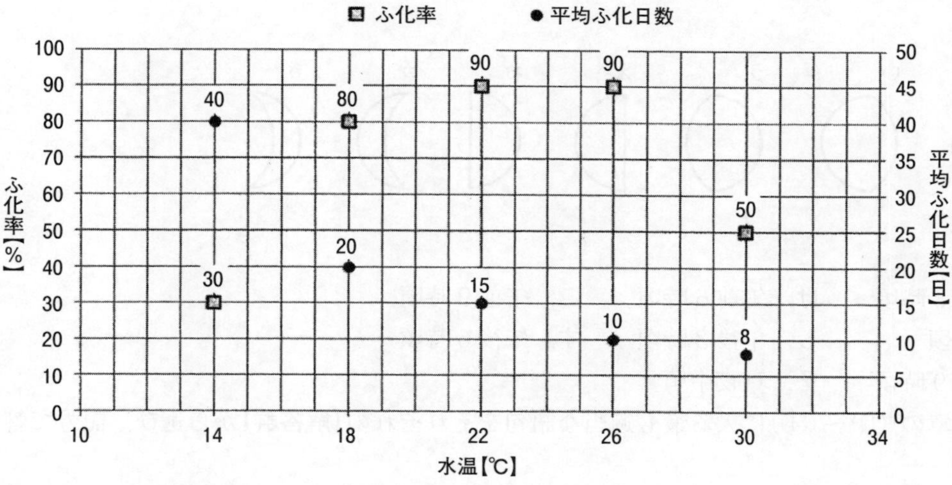

ふ化率：各水温のすべての卵の数に対するふ化した卵の数の割合。
平均ふ化日数：産卵してからふ化するまでの平均日数で，産卵した日の次の日にふ化した場合には，ふ化日数１日とする。

4 下の図は，地球の北極上空から見た太陽・地球・月の位置関係を模式的に表したものです。以下の問いに答えなさい。

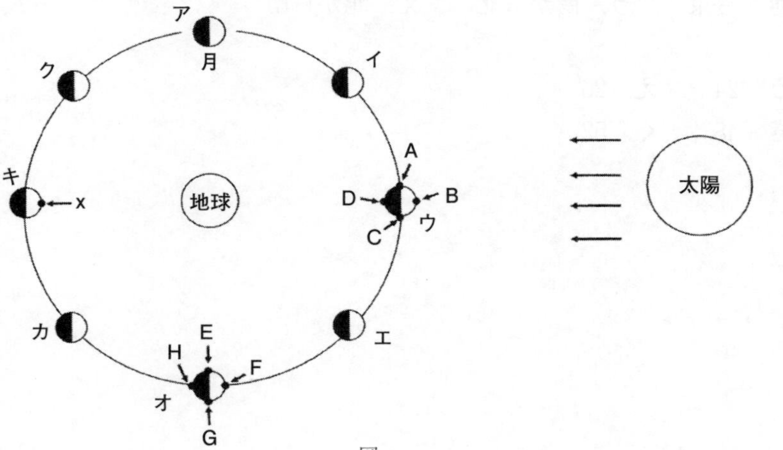

図

(1) 月が図の**キ**の位置のときの月面上の点**x**は，月が**ウ**，**オ**の位置のときでは，**A**～**D**，**E**～**H**のどの点にありますか。それぞれ選び，記号で答えなさい。

(2) 東京の真南の空に，上弦《じょうげん》の月が見えました。この日から15日後の**【月の形】**を**あ**～**き**から，15日後の月が地平線からのぼってくる**【時刻】**を**く**～**そ**から，最も適当なものをそれぞれ選び，記号で答えなさい。

【月の形】

あ.　い.　う.　え.　お.　か.　き.

【時刻】

く．午前３時頃《ごろ》　け．午前６時頃　こ．午前９時頃

さ．正午頃　し．午後３時頃　す．午後６時頃

せ．午後９時頃　そ．真夜中頃

(3)　次の文章の(①)～(④)に入る最も適当な語句をそれぞれの**【解答群】**から選び，記号で答えなさい。

月は27.3日で地球の周りを１周します。東京で翌日の同時刻に月を見ると，前日の位置より約(①)度，(　②　)へ移動して見えます。

また，月が南中する時刻は，翌日には約(③)分(④)なります。

【①の解答群】

あ．1　い．10　う．11　え．12

お．13　か．14　き．15

【②の解答群】

あ．東から西　い．西から東　う．南から北　え．北から南

【③の解答群】

あ．12　い．13　う．24　え．26

お．36　か．39　き．48　く．52

け．60　こ．65

【④の解答群】

あ．早く　い．遅《おそ》く

エ　中村と話している友達を見て、うらやましく思うと同時に妬《ねた》ましく思っている。

オ　中村を好きになって以来、感情が制御《せいぎょ》できなくなり心がかき乱されている。

問五　――線③「どうして～わからない」とはどのような心情ですか。次の説明文の空らんに入る最も適当な言葉を本文中よりそれぞれ二字で探し、抜《ぬ》き出しなさい。

好きになるというのは思いが（Ａ）深まり告白するという（Ｂ）をとると思っていたのに、中村を（Ｃ）好きになってしまった自分自身がいて、落ち着けないでいる。

問六　本文中には「ぼく」とその友だちとのかけあいが挿《はさ》まれています。その効果の説明として最も適当なものを次のア～オの中から一つ選び、記号で答えなさい。

ア　友だちとの会話や遊びに集中できない様子を書くことで、恋《こい》する自分に酔《よ》う「ぼく」の内面を暗に示そうとしている。

イ　眼鏡《めがね》を外したり遊びの輪から外《はず》れる様子が、中村に夢中になる「ぼく」の様子を連想させる関係になっている。

ウ　友達に無愛想に応じる「ぼく」と対照させることで、中村の虜《とりこ》となっている「ぼく」を浮《う》き彫《ぼ》りにしようとしている。

エ　眼鏡《めがね》を外してもなお中村がはっきり見えてしまう「ぼく」の様子を描《えが》く呼び水のような役割を果たしている。

オ　落ちつかない言動を繰《く》り返す「ぼく」を描《えが》くことで、中村のことで地に足がつかない「ぼく」の様子を印象づけている。

問七　――線④「校門で中村に声をかけた」意図の説明として最も適当なものを次のア～オの中から一つ選び、記号で答えなさい。

ア　どうしようもなく続く息苦しさをやりすごそうとした。

イ　自分が苦しむ状況《じょうきょう》にこれ以上逃《に》げずに向き合おうとした。

ウ　何をしてもうまくいかない辛《つら》い現状を共有しようとした。

エ　現状を打開すべく自分の思いを打ち明けようとした。

オ　好意を寄せている相手の気持ちを確認しようとした。

問八　――線⑤「そんな答え」とありますが、この部分についての説明として最も適当なものを次のア～オの中から一つ選び、記号で答えなさい。

ア　自分のもやもやした気持ちを晴らそうととりあえず言葉をかけたが、表情をあまり見せない相手に戸惑《とまど》い、苦し紛《まぎ》れでぶしつけな言い方をしてしまった。その結果得られた、好きな人が心に抱《いだ》く悩《なや》みが伺《うかが》える応答。

イ　ようやく辛《つら》い内面を理解してくれる友達と出会えてうれしかったが、はっきりうれしさを伝えるのも無粋《ぶすい》に思われた。そこでその場の雰囲気《ふんいき》を壊《こわ》さないよう、聞かれたことに対し簡潔に答えている応答。

ウ　自分が置かれた状況《じょうきょう》に耐《た》え切れず意を決して言葉をかけたが、親密な関係が築けていないのに内面に触《ふ》れるようなことを聞いてしまった。にもかかわらず素直に答えてくれている応答。

エ　クラスが同じだとはいえ、ほとんど話したこともない相手から突然《とつぜん》理不尽《りふじん》な言葉を投げかけられた。怒《いか》るべき部分は多々あるが、好意を不器用な形で表現してくる相手をかわいらしく思って出た応答。

オ　とにかく息苦しい状況《じょうきょう》から解放されるために言葉をかけたが、思いがけずある種の秘密を共有することができた。結果、お互《たが》いの息苦しさが解き放たれていくことに小気味よさがそこはかとなく感じられる応答。

問九　＝＝線Ｘ・Ｙの表現の効果について、心情の変化に触《ふ》れながら四十五字以内で説明しなさい。

え？

⑤そんな答えが返ってくるなんて思ってもみなかった。って、ぼくはどんな答えを期待していたんだろう。

「中村、勉強がきらいなの？」

「好きなのも嫌《きら》いなのもあるよ。算数は好き。国語は嫌《きら》い」

「そっか。ぼくも算数は割と好きだな。成績は悪いけど。国語は、漢字を覚えるのがたるいな。中村、勉強が嫌《きら》いってわけじゃないんだ」

「そう。学校が嫌《きら》いなだけ」

「え～と。じゃあ、学校の外では、ギャハハとか笑うの？」

だめだ。ぼくは何を言っているんだろう。ああ、もう、早くこの場から立ち去りたい。

でも、ぼくは中村から目をそらさなかった。ってか、やっぱり見ていたかった。

「ギャハハはないよね、西山」と中村はぼくをにらみつけた。

「ないか。ごめん」

「ハハハだったらあるかも」

「そっか。それ、見てみたい」

「なんだ、それ。西山、大丈夫《だいじょうぶ》？」

どうなんだろう。ぼくは答えた。

「大丈夫《だいじょうぶ》じゃないかも」

（ひこ・田中《たなか》「好きって、きつい。」）

問一　「ぼく」の氏名を五字で答えなさい。表記は本文中のものに従うこと。

問二　――線A「目新しい」、B「ぼそっと」の本文中の意味として最も適当なものを後のア～オの中から一つ選び、それぞれ記号で答えなさい。

A「目新しい」

ア　もの慣れない感じである
イ　いまの世にあった風である
ウ　清らかでけがれのない
エ　本当にまったく新しい
オ　いままで見たことがない

B「ぼそっと」

ア　小声でつぶやくように言うさま
イ　暗い表情でひとり過ごしているさま
ウ　何もしないでぼんやりしているさま
エ　穴があいたかのように空白の部分ができるさま
オ　事情がのみこめず目を見開いているさま

問三　――線①「どうして～のかな」の答えとして最も適当なものを次のア～オの中から一つ選び、記号で答えなさい。

ア　表情豊かに人と接することがそもそも得意ではないから。
イ　学校には遠足と運動会という避《さ》けたい行事があるから。
ウ　授業では漢字を覚えなければならず乗り気がしないから。
エ　人間関係を築いていくのがわずらわしく嫌《いや》になるから。
オ　学校自体好きではなくのびのびとふるまえないから。

問四　――線②「中村を見ていると～腹が立ったりした」の説明として最も適当なものを次のア～オの中から一つ選び、記号で答えなさい。

ア　なぜだかわからないが中村を好きになってしまい、思いを伝えられずに辛《つら》い。
イ　中村の気をひいても反応がとぼしく、どうすればいいのか途《と》方《ほう》に暮れている。
ウ　親しい友達とは距離《きょり》が生まれたが、中村に好意を寄せることをやめられない。

「言われてない」

「なんだよそれ」とタクト。

「ぼくが考えた」

「なんだよ、それ。で、どうよ」とまたタクト。

ぼくは二人の間から教室のみんなを見た。輪郭《りんかく》がぼんやりしていて、誰《だれ》が誰《だれ》かはあんまりわからない。だけど、そのぼんやりとした輪郭《りんかく》の中のどれが中村かはわかった。いつも上野の席に座っているからかなと思ったけど、上野と高木はどっちがどっちかよくわからない。

「イオリ、聞いてる？」

ルイがぼくの顔を覗《のぞ》き込んでいた。

「あ、ごめん。やっぱり思いつきだったわ」

「あっさり、自分の仮説を引っ込《こ》めるのな」とタクトが笑った。

「間違《まちが》いはすぐにあらためるのが、ぼくの良いところ」

と言いながらぼくは、眼鏡《めがね》をかけた。

昼休み、校庭でぼくたちはいつものようにパス回しをして遊んだ。

桜の木の下に、中村と上野と高木が集まって話をしているのが見える。

ぼくの視線はまた中村に貼《は》り付いてしまった。

だめだ。

「イオリ、パス」

タクトの声がして、ぼくの横をサッカーボールが転がっていった。

「まじめに遊ぼうな」とルイが言って、「まじめに遊ぶのは変だろ」とタクトが笑った。

「あ、悪いけど、ぼく、疲《つか》れたから休憩《きゅうけい》」とぼくが言うと、「体力なさすぎだろ」とタクトが言いながら手を振《ふ》った。

ぼくはベンチに移動して座った。やっぱりぼくは中村から目を離《はな》せない。

ぼくはまた、眼鏡《めがね》を外してみた。そして中村たちのいる方を見た。上野と高木は、どっちがどっちか全然わからないけど、こんなに離《はな》れていても中村はわかった。中村だけにピントがあっているわけじゃない。中村もボーッとしか見えないけれど、あれが中村だってことはわかった。

そんなの、理屈《りくつ》に合わないって、ぼくの中のぼくが主張する。そして、ぼくも、そっちの意見の方が正しいと思う。だけど、ぼくの裸眼《らがん》は中村を他の人と区別できている。

一体ぼくはどうなってしまったんだ。好きになるって、変な能力をアップさせてしまうのだろうか？

五、六時間目の授業をなんとかクリアしたぼくだったけど、遠くから眺《なが》めていたり、背中を見ないように下を向いたり、このままの状態が続いていくのはなんだか耐《た》えられなくなってきた。

Y好きって、きついよ。

決心をしたぼくは、④校門で中村に声をかけた。

「中村、え～と」

「何？」

中村の無表情に、逃《に》げ出したくなったぼくは、何を言ったらいいかわからなくなった。

そしてぼくの口から出た言葉は、「なんで、いつも思い切り笑わないの？　なんでいつもほほえんでいるの？」だった。

最低だ、ぼく。失礼だ、ぼく。好きになるって、きつすぎる。

中村はぼくを見つめて、ほほえみを浮《う》かべ、答えた。

「だって、学校、嫌《きら》いだから。嫌《きら》いな場所で心から笑うなんてできないよ、西山」

好きになったとしても、ぼくは中村と付き合いたいとか、そんなことを全然思っていない。ただ、中村が気になって、中村を探して、中村を見ていたいだけだ。

だいたい、ぼくは中村のことをどれだけ知っているだろうか？

クラスの一員。大声で笑わない。話すときは小さな声。授業の時に自分から手を挙げたことはないような気がする。ぼくはこれまで中村を気にとめていなかったから、もしかしたら自分から手を挙げるのをぼくが知らないだけかもしれないけど。髪《かみ》はツインテール。これだって今まではどうだったか、ぼくは知らない。記憶《きおく》にない。

ぼくが持っている中村の情報はそれくらいだ。それなのにぼくは、中村を好きになっている。

十一年も生きてきたのにぼくは、好きになるってことを、全く誤解していたのだろうか？

家に帰ってからのぼくは、アルバムを広げて、遠足や運動会でのクラス写真を眺《なが》めるようになった。写真の中の中村を眺《なが》めていたかった。

五年生の遠足で行った科学館の前での集合写真の中村は右端《みぎはし》二列目に立っていて、無表情だ。小さな写真なのでぼくは、虫眼鏡《めがね》を出してきて拡大したけど、間違《まちが》いなく無表情だった。五年生の運動会クラス対抗《たいこう》で勝ったときの写真ではみんながはしゃいでいろんなポーズを決めて笑っているけど、中村はＢぼそっと立って無表情。実はぼくもそうなんだけど、ぼくの場合は運動会が苦手だからだ。中村もそうなんだろうか？　中村は遠足も運動会も嫌《きら》いなんだろうか？

写真を見てわかったのは、中村は遠足でも、運動会でもツインテールだったってこと。それだったら今までも、ずっとツインテールなのかもしれない。

無表情で無愛想でも、ぼくは写真の中の中村も好きだった。

中休み、タクトとルイの隙間《すきま》から中村を眺《なが》め始めて一週間が過ぎた。ぼくはなるべく見ないように、見てしまってもすぐに目をそらすように努力したけど、それでも、すぐに見たくなった。ツインテールの左側に時々触《ふ》れるのとか、長いまつげがパチパチ動くのとか、ちょこっとだけ肩《かた》をすくめるのとか、そして薄《うす》いほほえみとか、それら全部が好きだった。

授業中、中村のツインテールも、首も、肩《かた》も、みんな見たいし、でも見たくないし、見るのが怖《こわ》いし、ぼくは下を向いたり、黒板に集中したりして、時間を過ごしていた。

ぼくは、誰《だれ》かを好きになると、浮《う》き浮《う》きして、楽しくなって、幸せになって、飛び回りたくなる、そんな想像をしていたけど、これってそういうのとは全然違《ちが》った。

いつも、落ち着きがなくて、友だちとの会話にも乗れなくて、息苦しい。

Ｘ好きって、きつい。

十日も過ぎた頃《ころ》、いつも目で追ったり、写真を眺《なが》めたりする自分ってストーカーみたいだって思った。

やっぱり、本当に好きになるって、段々気になり始めて、好きって告白するっていう順番に進むことで、ぼくのはおかしいんじゃないかって不安になり始めた。

中村ばかり見ている自分がいやで、ぼくは中休みに眼鏡《めがね》を外した。みんなの顔がボーッとしか見えない。

「イオリ、なんで眼鏡《めがね》を外しているの？」とルイ。

「こうしていたら、目ががんばって見ようとするから近視がよくなる」

「眼科で、そう言われたの？」とルイ。

だけで価値が生まれ、そこに学びがあるかどうかは問題ではないから。

オ　師弟関係において先生という存在は絶対的であり、どんな些《さ》細《さい》なことからも教えを汲《く》み取ろうと努めることは弟子として当然だから。

問八　筆者は「学び」をどのようなものと考えていますか。五十字以内で説明しなさい。

二　次の文章を読んで、後の一から九までの各問いに答えなさい。（ただし、字数指定のある問いはすべて句読点・記号も一字とする。）

授業が終わってぼくは、逃《に》げるように家に帰った。リュックをダイニングのフローリングに投げ出して、コップに水を入れて一気に飲んだ。それから自分の部屋に入ってベッドに仰向《あおむ》けにひっくり返った。

「どう考えても、これは好きってことだよな」とぼくは口にだして言ってみた。それだけでまたぼくの心臓はトクトクと勢いよく血を流し始めた。

目を閉じると中村のほほえみが浮《う》かんでくる。まずいと思ったぼくは目を開けた。

ぼくは、中村が好きだ……。

今日の中休み、ほほえみかけられるまでぼくは、中村を好きとか嫌《きら》いとか思ったことはなかったと思う。①どうしていつも大声で笑わないで、ほほえむのかなって気になっていたけど、それは好きとは関係ないだろう。違《ちが》うのかな？

なんだかよくわからなくてぼくは不安だった。

この日から、ぼくは自分がすっかり別の人間になってしまったような気がした。

ぼくの頭の中は中村のことで一杯《いっぱい》になり、気づくとすぐに中村を見ていた。教室でも廊下《ろうか》でも運動場でも、中村を探していた。

②中村を見ているとドキドキするけど、ホッとして、ちょっと泣きたくなって、そんな自分に腹が立ったりした。

タクトたちとは、今まで通り、話をしているつもりだけど、すぐに会話から離《はな》れてしまう。「イオリ、集中力をどこに置き忘れてしまったんだよ」とタクトにあきれられ、「調子の波は誰《だれ》にもあるし、イオリは今テンションが低い時期なんだよ」とルイになぐさめられた。ルイにはそう言われたけど、ぼくのテンションはきっと高い。だって、中村のことで頭がいっぱいで、いつも熱いのだから。仲の良いタクトやルイより、中村のことの方が気になる。ぼくは友だちに冷たくなってしまった。

誰《だれ》かを好きになるっていうのは、少しずつ、ああ、いいなと思っていくのから始まるって考えていた。それから、付き合ってくださいって告白して、ＯＫなら、休みの日に一緒《いっしょ》に遊びに行ったりする。そんな風に考えていた。

まさか、ちょっとほほえまれただけで、突然《とつぜん》好きになってしまうとは思っていなかった。

アイドルをテレビやネットで見て、可愛《かわい》いなと思ってすぐに好きになるっていうのはあるかもしれない。でも、中村とは五年生から一緒《いっしょ》で、どんな女子かは詳《くわ》しく知らなくても、クラスのメンバーとして、見慣れた女子の一人だった。中村はぼくにとって、そしてぼくは中村にとって、別にＡ目新しい存在ではない。ぼくが六年二組のクラスの一員っていうのと同じように、中村もクラスの一員。それだけだった。

それが、③どうして、こんな気持ちになるか、ぼくにはわからない。

適当な言葉を本文中より七字で探し、抜《ぬ》き出しなさい。ただし、空らんには同じ言葉が入ります。

愛の告白は、相手の（　　　　）を伝える言葉であるとともに、
相手に対する自分の（　　　　）を確認するものである。

問四　空らん ③ に入る言葉として最も適当なものを次のア～オの中から一つ選び、記号で答えなさい。

ア　人生の意義を教えられている
イ　師への否定的評価を覆《くつがえ》している
ウ　師への感謝を表している
エ　教育の真の意味を理解している
オ　自分の存在を根拠《こんきょ》づけている

問五　――線④「先生というのは、『みんなと同じになりたい人間』の前には決して姿を現さない」とありますが、これについて以下の問いに答えなさい。

Ⅰ　「みんなと同じになりたい人間」の前に現れる人とはどのような人ですか。その説明として最も適当なものを次のア～オの中から一つ選び、記号で答えなさい。

ア　誰《だれ》もが教えられるようなある種の情報や技術を提示できる人。
イ　検定試験の合格や免状《めんじょう》の取得にも学びの価値を見出せる人。
ウ　学びの副次的な事柄《ことがら》と本質的なものとを正しく区別できる人。
エ　他の誰《だれ》によっても代替《だいたい》できないような仕事を追い求める人。
オ　先生の人格を通して生きる上での現実的な知恵《ちえ》を学ぼうとする人。

Ⅱ　「先生」とはどのような人間の前に現れるのですか。次の説明文の空らんに入る最も適当な言葉を本文中より五字で探し、抜《ぬ》き出しなさい。

自己の（　　　　）を求める人間。

問六　――線⑤「日本の高校生の前でソクラテスがギリシャ語で哲学《てつがく》を語っても」とありますが、ここでの「日本の高校生」とはどのような人間ですか。その説明として最も適当なものを次のア～オの中から一つ選び、記号で答えなさい。

ア　集中力が持続せず居眠《いねむ》りをする人間。
イ　ギリシャ語を理解できない人間。
ウ　人生における哲学《てつがく》の意義を理解できない人間。
エ　様々な学説に耳を傾《かたむ》けない人間。
オ　高尚《こうしょう》な哲学《てつがく》を学びたいと思っていない人間。

問七　――線⑥「『教え』として受信されるのであれば、極端《きょくたん》な話、そのメッセージは『あくび』や『しゃっくり』であったってかまわないのです」とありますが、なぜこのように言えるのですか。その理由として最も適当なものを次のア～オの中から一つ選び、記号で答えなさい。

ア　相手からのメッセージを「教え」として盲信《もうしん》している以上、どのような情報であれ何らかの価値を認めないわけにはいかないから。
イ　相手を真に理解しているのは自分だけだと思い込《こ》んでいれば、情報伝達の形態を問わず自ら学び、必ず何らかの価値を発見できるから。
ウ　相手がどのような形態で情報を伝達してきても、師弟関係の基盤《きばん》を整えていく上で特に問題にしなければならないことではないから。
エ　一見意味のないように見えても先生からのメッセージという

トカ検定試験に受かるとか、免状《めんじょう》を手に入れるとか、そういうことは、「学び」の目的ではありません。「学び」にともなう＊2副次的な現象ではありますけれど、それを目的にする限り、そのような場では、決して先生に出会うことはできません。

④先生というのは、「みんなと同じになりたい人間」の前には決して姿を現さないからです。

だって、そういう人たちにとって、先生は不要どころか邪魔《じゃま》なものだからです。

先生は「私がこの世に生まれたのは、私にしかできない仕事、私以外の誰《だれ》によっても代替《だいたい》できないような責務を果たすためではないか……」と思った人の前だけに姿を現します。この人のことばの本当の意味を理解し、このひとの本当の深みを知っているのは私だけではないか、という幸福な誤解が成り立つなら、どんな形態における情報伝達でも師弟関係の基盤《きばん》となりえます。

書物をＢケイユして師弟関係というのはもちろん可能ですし、ＴＶ画面を見て、「この人を先生と呼ぼう」と思うことだって、あって当然です。

要するに、先方が私のことを知っていようが知っていまいが、私の方に「このひとの真の価値を知っているのは私だけだ」という思い込《こ》みさえあれば、もう先生は先生であり、「学び」は起動するのです。

「学びの主体性」ということばを私はいま使いましたが、このことばが意味するのは、生徒が＊3カリキュラムを決定するとか、生徒の人気投票で校長先生を選ぶとか、授業中に出入り自由であるとか、そういうことではありません。まさかね。

生徒自身を教育の主体にするというのは、そういう制度的な話ではありません。「学びの主体性」ということで私が言っているのは、人間は自分が学ぶことのできることしか学ぶことができない、学ぶことを欲望するものしか学ぶことができないというＣジメイの事実です。当たり前ですよね。

どんなにえらい先生が教壇《きょうだん》に立って、どれほど高尚《こうしょう》なる学説を説き聞かせても、生徒が居眠《いねむ》りをしていては「学ぶ」という行為《こうい》は成就しません。⑤日本の高校生の前で＊4ソクラテスがギリシャ語で哲学《てつがく》を語っても、それこそIt's Greek to me《ちんぷんかんぷん》です。

学びには二人の参加者が必要です。送信するものと受信するものです。そして、このドラマの主人公はあくまでも「受信者」です。

先生の発信するメッセージを弟子が、「教え」であると思い込《こ》んで受信してしまうというときに学びは成立します。⑥「教え」として受信されるのであれば、極端《きょくたん》な話、そのメッセージは「あくび」や「しゃっくり」であったってかまわないのです。「嘘《うそ》」だってかまわないのです。

（『先生はえらい』内田《うちだ》 樹《たつる》）

〔注〕＊1 ロジック＝論理。
＊2 副次的＝二次的なさま。
＊3 カリキュラム＝教育内容の計画。
＊4 ソクラテス＝古代ギリシャの哲学《てつがく》者。

問一 ――線Ａ「チケン」・Ｂ「ケイユ」・Ｃ「ジメイ」のカタカナを正しい漢字に直しなさい。（一画一画ていねいにはっきりと書くこと。）

問二 ――線①「この先生の真の価値を理解しているのは、私しかいない」とありますが、このようなとらえ方を筆者はどのように表現していますか。最も適当な言葉をこれより後の本文中より五字で探し、抜《ぬ》き出しなさい。

問三 ――線②「愛の告白」を説明した以下の文の空らんに入る最も

二〇二一年度 豊島岡女子学園中学校

【国　語】〈第一回試験〉（五〇分）〈満点：一〇〇点〉

一　次の文章を読んで、後の一から八までの各問いに答えなさい。
（ただし、字数指定のある問いはすべて句読点・記号も一字とする。）

学ぶというのは創造的な仕事です。

それが創造的であるのは、同じ先生から同じことを学ぶ生徒は二人といないからです。

だからこそ私たちは学ぶのです。

私たちが学ぶのは、万人向けの有用な知識や技術を習得するためではありません。自分がこの世界でただひとりのかけがえのない存在であるという事実を確認するために私たちは学ぶのです。

私たちが先生を敬愛するのは、先生が私の唯一《ゆいいつ》無二性の保証人であるからです。

もし、弟子たちがその先生から「同じこと」を学んだとしたら、それがどれほどすぐれた技法であっても、どれほど洞察《どうさつ》に富んだAチケンであっても、学んだものの唯一《ゆいいつ》無二性は損なわれます。だって、自分がいなくても、他の誰《だれ》かが先生の教えを伝えることができるからです。

だから、弟子たちは先生から決して同じことを学びません。ひとりひとりがその器に合わせて、それぞれ違《ちが》うことを学び取ってゆくこと。それが学びの創造性、学びの主体性ということです。

「この先生のこのすばらしさを知っているのは、あまたある弟子の中で私ひとりだ」という思いこみが弟子には絶対に必要です。それを私は「誤解」というふうに申し上げたわけです。

それは恋愛《れんあい》において、恋人《こいびと》たちのかけがえのなさを伝えることばが「あなたの真の価値を理解しているのは、世界で私しかいない」であるのと同じことです。①この先生の真の価値を理解しているのは、私しかいない。

でも、「あなたの真価を理解しているのは、世界で私しかいない」という言い方は、よく考えると変ですよね。

それは、「あなたの真価」というのは、たいへんに「理解されにくいもの」であるということですから。つまり、あなたは、誰《だれ》もが認める美人や誰《だれ》にも敬愛される人格者ではないということですから。

不思議な話ですけれど、②愛の告白も、恩師への感謝のことばも、どちらも「あなたの真価は(私以外の)誰《だれ》にも認められないだろう」という「世間」からの否定的評価を前提にしているのです。

でも、その前提がなければ、じつは恋愛《れんあい》も師弟関係も始まらないのです。「自分がいなければ、あなたの真価を理解する人はいなくなる」という前提から導かれるのは、次のことばです。

だから私は生きなければならない。

そのような＊1ロジックによって、私たちは［　③　］のです。

私たちが「学ぶ」ということを止《や》めないのは、ある種の情報や技術の習得を社会が要求しているからとか、そういうものがないと食っていけないからとか、そういうシビアな理由によるのではありません。

もちろん、そういう理由だけで学校や教育機関に通う人もいますけれど、そういう人たちは決して「先生」に出会うことができません。だって、その人たちは「他の人ができることを、自分もできるようになるため」にものを習いにゆくわけですから。資格を取るとか、ナン

2021年度

豊島岡女子学園中学校　▶解説と解答

算　数　＜第１回試験＞（50分）＜満点：100点＞

解　答

[1] (1) 4.4　(2) $1\frac{2}{5}$　(3) 2046　(4) 20通り　[2] (1) 72　(2) 7：5　(3) 23.13cm²　(4) 3：25　[3] (1) 240個　(2) 300円　[4] (1) 60秒後　(2) 990秒後　[5] (1) 77　(2) 2021　(3) 3481　[6] (1) $4\frac{1}{2}$cm³　(2) $31\frac{1}{2}$cm³　(3) $13\frac{5}{7}$cm³

解　説

[1] 四則計算，逆算，整数の性質，場合の数

(1) $6.2-\left(2.7\div\frac{3}{5}-\frac{9}{8}\times2.4\right)=6.2-\left(\frac{27}{10}\times\frac{5}{3}-\frac{9}{8}\times\frac{12}{5}\right)=6.2-\left(\frac{9}{2}-\frac{27}{10}\right)=6.2-(4.5-2.7)=6.2-1.8=4.4$

(2) $\left(\square\times4\frac{1}{6}-\frac{3}{4}\right)\div\frac{5}{6}-6=\frac{1}{10}$より，$\left(\square\times4\frac{1}{6}-\frac{3}{4}\right)\div\frac{5}{6}=\frac{1}{10}+6=6\frac{1}{10}$，$\square\times4\frac{1}{6}-\frac{3}{4}=6\frac{1}{10}\times\frac{5}{6}=\frac{61}{10}\times\frac{5}{6}=\frac{61}{12}$，$\square\times4\frac{1}{6}=\frac{61}{12}+\frac{3}{4}=\frac{61}{12}+\frac{9}{12}=\frac{70}{12}=\frac{35}{6}$　よって，$\square=\frac{35}{6}\div4\frac{1}{6}=\frac{35}{6}\div\frac{25}{6}=\frac{35}{6}\times\frac{6}{25}=\frac{7}{5}=1\frac{2}{5}$

(3) 7で割ると2余る最も小さい数は2であり，その後は7ごとにあらわれるから，小さい順に，{2，9，16，23，30，…}となる。同様に，9で割ると3余る最も小さい数は3であり，その後は9ごとにあらわれるので，小さい順に，{3，12，21，30，…}となる。よって，両方に共通する最も小さい数は30とわかる。また，両方に共通する数は7と9の最小公倍数である，7×9＝63ごとにあらわれるから，63で割ると30余る数である。2021÷63＝32余り5より，考えられる数は，63×32＋30＝2046(←2021との差は25)，または，63×31＋30＝1983(←2021との差は38)となるので，2021に最も近い数は2046とわかる。

(4) 3の倍数は，各位の数字の和が3の倍数になる。{0，1，2，5，6}の中の3枚の和が3の倍数になる組み合わせは，(0，1，2)，(0，1，5)，(1，2，6)，(1，5，6)の4通りある。これらを並べて3けたの整数を作るとき，0を含《ふく》む場合は，2×2×1＝4(通り)，0を含まない場合は，3×2×1＝6(通り)の整数ができるから，全部で，4×2＋6×2＝20(通り)とわかる。

[2] 消去算，速さと比，面積，辺の比と面積の比

(1) 式に表すと，右の図1のようになる。4つの式をすべて加えると，A，B，C，Dの3つずつの和が，210＋195＋223＋206＝834となる。よって，$A+B+C+D=834\div3=278$だから，ここから，$B+C+D=206$をひくと，$A=278-206=72$と求められる。

図1

$A+B+C=210$
$A+B+D=195$
$A+C+D=223$
$B+C+D=206$

(2) 豊子さんが1往復してA地点に戻《もど》るまでの間に，2人が歩いた距離《きょり》の差が480mなので，豊子さんがＢ地点に着くまでの間に２人が歩いた距離の差はその半分の，480÷２＝240（m）となる。よって，豊子さんがＢ地点に着いたときに花子さんがいた地点をＣ，２人が出会った地点をＤとすると，右の図２のようになる。図２で，豊子さんがBD間を歩く間に花子さんはCD間を歩くから，２人の速さの比はBD間とCD間の距離の比に等しく，140：(240－140)＝７：５とわかる。

図２

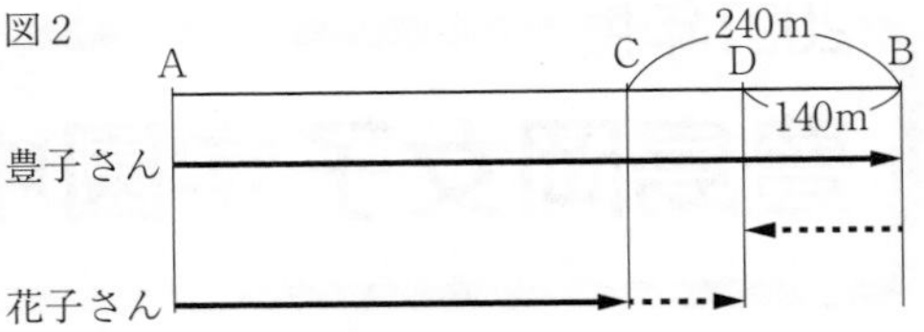

⑶　下の図３のように，円の中心をＯとして，点Ｏと点Ａ，点Ｏと点Ｂをそれぞれ結ぶ。角AOBの大きさは，360÷12×３＝90（度）なので，三角形OABは直角二等辺三角形である。よって，OEの長さは，６÷２＝３（cm）だから，三角形OABの面積は，６×３÷２＝９（cm^2）とわかる。そこで，円の半径を□cmとすると，□×□÷２＝９となるので，□×□＝９×２＝18とわかる。また，おうぎ形ODAとおうぎ形OBCの中心角の合計は，180－90＝90（度）だから，この２つのおうぎ形の面積の合計は，□×□×3.14×$\frac{90}{360}$＝18×3.14×$\frac{1}{4}$＝14.13（cm^2）と求められる。したがって，色のついている部分の面積は，９＋14.13＝23.13（cm^2）である。

図３

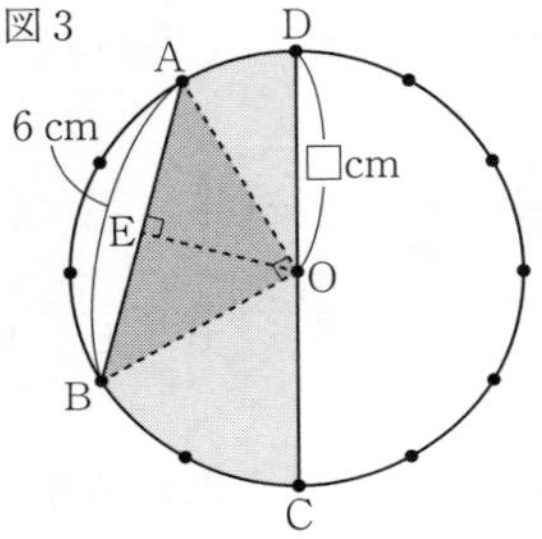

図４

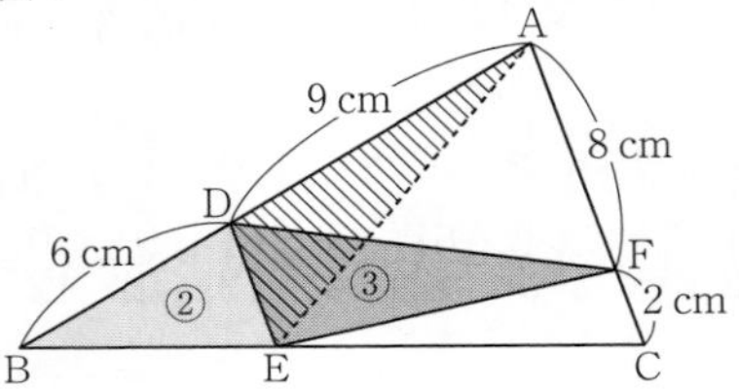

⑷　上の図４のように，三角形BDEの面積を②とすると，三角形DEFの面積は③となる。三角形DBEと三角形ADEは高さが等しい三角形なので，面積の比は底辺の比に等しく，６：９＝２：３となる。すると，三角形ADEの面積は③になるから，三角形ADEと三角形FDEの面積は等しくなる。このことから，辺ACと辺DEは平行とわかるので，三角形BDEと三角形BACが相似で，BE：EC＝BD：DA＝２：３となる。よって，EC：BC＝３：（２＋３）＝３：５，FC：AC＝２：（８＋２）＝１：５だから，三角形CEFと三角形ABCの面積の比は，（３×１）：（５×５）＝３：25と求められる。

3　売買損益，つるかめ算，差集め算

⑴　１個の仕入れ値を１とすると，定価（１日目の売り値）は，１×（１＋0.5）＝1.5だから，２日目の売り値は，1.5×（１－0.2）＝1.2となる。また，仕入れ値の合計は，１×360＝360なので，２日間の売り上げは，360×（１＋0.4）＝504となり，下の図１のようにまとめることができる。２日目だ

図１

１日目（１個1.5）｝合わせて
２日目（１個1.2）｝360個で504

図２

（実際）
３日目　□円，…，□円　□円，…，□円
４日目　△円，…，△円　ア
｝140個で48600円

（仮定）
３日目　□円，…，□円
４日目　△円，…，△円　△円，…，△円
イ
｝140個で48000円

けで360個売れたとすると，２日間の売り上げは，1.2×360＝432となり，実際よりも，504－432＝72少なくなる。２日目のかわりに１日目に売れると，売り上げは１個当たり，1.5－1.2＝0.3増えるから，１日目に売れた個数は，72÷0.3＝240(個)と求められる。

⑵　３日目と４日目の個数を逆にすると売り上げが少なくなるので，実際に売れた個数は，３日目よりも４日目の方が少ないことがわかる。よって，３日目の売り値を□円，４日目の売り値を△円として図に表すと，上の図２のようになる。図２で，かげの部分の売り上げは同じだから，アとイの部分の売り上げの差が，48600－48000＝600(円)になる。また，□と△の差は30円なので，ア(およびイ)の部分の個数は，600÷30＝20(個)となり，実際に４日目に売れた個数は，(140－20)÷２＝60(個)と求められる。したがって，４日目に値引きをしなかったとすると，２日間の売り上げは，30×60＝1800(円)増えて，48600＋1800＝50400(円)になるので，３日目の売り値(□)は，50400÷140＝360(円)とわかる。これは仕入れ値の1.2倍だから，１個当たりの仕入れ値は，360÷1.2＝300(円)と求められる。

4　図形上の点の移動，旅人算，周期算

⑴　点Ｐと点Ｑが重なるのは辺BC上である。ただし，点Ｐと点Ｑの速さの比は２：５だから，点Ｐが初めて点Ｂにきたとき，点Ｑは点Ｂを通過している。よって，点Ｐと点Ｑが初めて重なるのは，下の図１のように，点Ｑが１周して辺BC上を通過するときである。このときまでに点Ｐと点Ｑが動いた長さの合計は，70×６＝420(cm)なので，初めて重なるのは出発してから，420÷(２＋５)＝60(秒後)とわかる。

図１

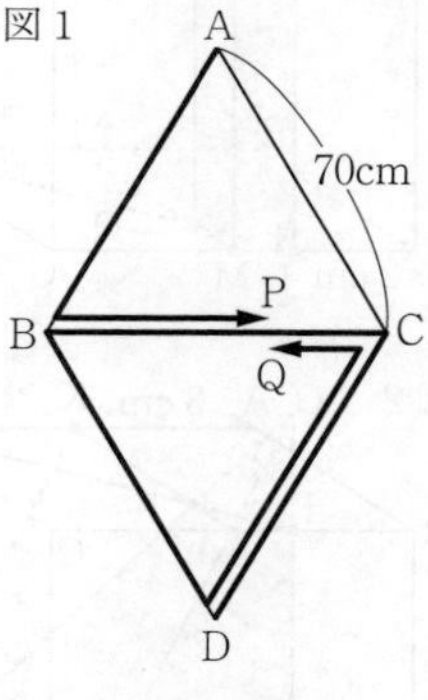

図２

	１周目	２周目	３周目	４周目	５周目
点Ｐ(秒後)	35〜70	140〜175			
点Ｑ(秒後)	14〜28	56〜70	98〜112	140〜154	182〜196

⑵　正三角形のまわりの長さは，70×３＝210(cm)だから，点Ｐは，210÷２＝105(秒)，点Ｑは，210÷５＝42(秒)で１周する。よって，105と42の最小公倍数である210秒を周期として，同じ動き方をくり返す(この間に，点Ｐは２周，点Ｑは５周する)。そこで，出発してから210秒後までについて，点Ｐと点Ｑが辺BC上を通過する時間を調べると，上の図２のようになる。すると，１回目に重なるのは，点Ｐが１周目，点Ｑが２周目に辺BC上を通過するときであり，その時間は⑴より60秒後とわかる。また，２回目に重なるのは，点Ｐが２周目，点Ｑが４周目に通過するときである。ここで，140秒後には点Ｐは点Ｂ，点Ｑは点Ｃにいるので，重なるのは140秒後の，70÷(２＋５)＝10(秒後)であり，出発してから，140＋10＝150(秒後)とわかる。つまり，１つの周期の中で60秒後と150秒後の２回重なることになる。10÷２＝５より，10回目に重なるのは５つ目の周期の２回目とわかるから，出発してから，210×４＋150＝990(秒後)と求められる。

5　数列

(1)　下のように($A \times B$)の形で表すと，Aには素数が小さい順に並ぶ。また，Bには，Aの直前の素数からAの直後の素数までが順に並ぶ(①だけは例外)。よって，15番目の数は77とわかる。

①	②	③	④	⑤	⑥	⑦	⑧	⑨	⑩	⑪	⑫	⑬	⑭	⑮	⑯
4,	6,	9,	12,	15,	20,	25,	30,	35,	42,	49,	56,	63,	70,	77,	88, …
2×2	2×3														
	3×2	3×3	3×4	3×5											
				5×3	5×4	5×5	5×6	5×7							
								7×5	7×6	7×7	7×8	7×9	7×10	7×11	
														11×7	11×8

(2)　47は素数であり，47の直前の素数は43なので，最も小さい47の倍数は，Aが43，Bが47の場合であり，43×47＝2021とわかる。

(3)　はじめに，□×□が3500に最も近くなるような□の値を求めると，59×59＝3481となる(60×60＝3600をもとにすると見つけやすい)。ここで，59は素数だから，3481はこの数の並びにあらわれることがわかる。また，この数の並びにあらわれる数で3481の次に大きい数は，59×60＝3540である。3500との差を求めると，3500－3481＝19，3540－3500＝40となるので，3500に最も近い数は3481とわかる。

6　立体図形―分割，体積

(1)　右の図１のように，辺KLと辺DIの交点をＰ，辺NMと辺HJの交点をＱとすると，面KLMNと面DIJHは直線PQで交わり，２つの立体が重なった部分は三角柱PIL－QJMになる。ここで，三角形PILと三角形PDKは相似であり，相似比は，IL：DK＝(３－２)：３＝１：３だから，PL＝$6 \times \frac{1}{1+3} = \frac{3}{2}$(cm)とわかる。よって，三角形PILの面積は，$(3-2) \times \frac{3}{2} \div 2 = \frac{3}{4}$(cm²)なので，重なった部分の体積は，$\frac{3}{4} \times 6 = \frac{9}{2} = 4\frac{1}{2}$(cm³)と求められる。

図１

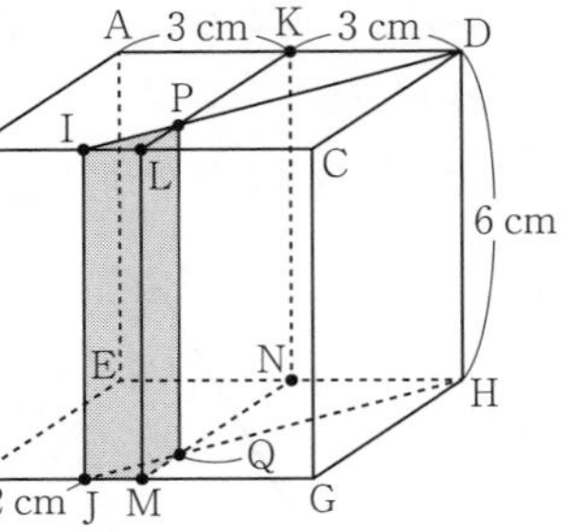

(2)　右の図２で，面KLGHと面DIJHは直線PHで交わり，２つの立体が重なった部分はかげをつけた立体になる。これは，辺JI，GL，HPを延長して交わる点をＯとすると，三角すいO－HJGから三角すいO－PILを切り取った形の立体である。この２つの三角すいは相似であり，相似比は，JG：IL＝(６－２)：(３－２)＝４：１だから，体積の比は，(４×４×４)：(１×１×１)＝64：１となる。つまり，かげをつけた立体の体積は三角すいO－PILの体積の，(64－１)÷１＝63(倍)になる。また，OI：IJ＝１：(４－１)＝１：３より，OI＝$6 \times \frac{1}{3} = 2$(cm)となるので，三角すいO－PILの体積は，$\frac{3}{4} \times 2 \div 3 = \frac{1}{2}$(cm³)とわかる。よって，重なった部分の体積は，$\frac{1}{2} \times 63 = \frac{63}{2} = 31\frac{1}{2}$(cm³)である。

図２

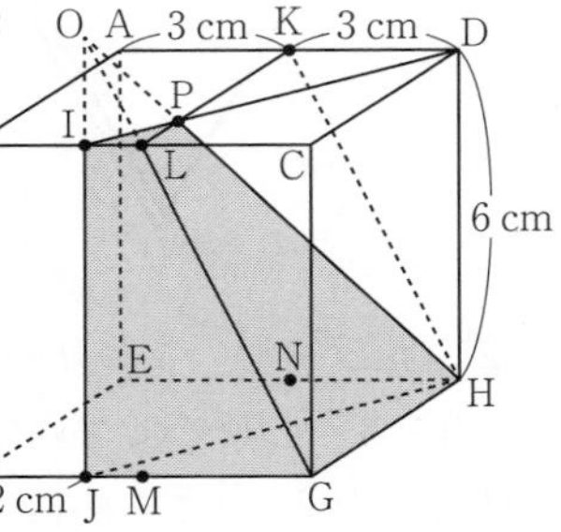

図３

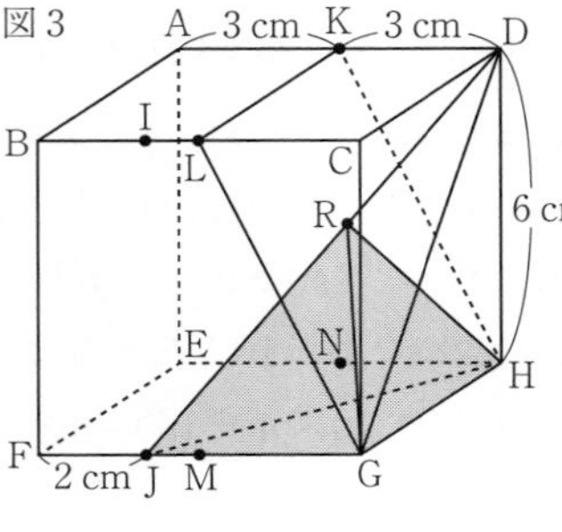

図４

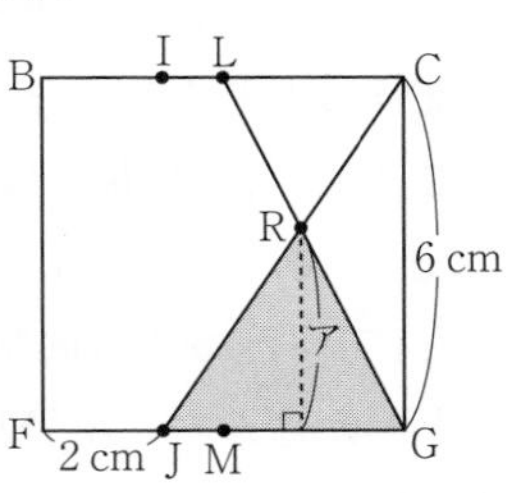

⑶　上の図３のように，面KLGHと直線DJが交わる点をＲとすると，２つの立体が重なった部分は三角すいR－HJGになる。また，図３を正面から見ると上の図４のようになる。図４で，三角形LRCと三角形GRJは相似であり，相似比は，LC：GJ＝３：（６－２）＝３：４だから，三角すいR－HJGの高さ(ア)は，$6 \times \frac{4}{3+4} = \frac{24}{7}$(cm)とわかる。よって，重なった部分の体積は，$(6-2) \times 6 \div 2 \times \frac{24}{7} \div 3 = \frac{96}{7} = 13\frac{5}{7}$(cm^3)と求められる。

社　会　＜第１回試験＞（理科と合わせて50分）＜満点：50点＞

解　答

1　**問１**　４　**問２**　２　**問３**　起訴　**問４**　１　**問５**　３　**問６**　子どもの権利条約　**問７**　戦力(の)不保持　**2**　**問１**　日本書紀　**問２**　１　**問３**　４，１　**問４**　２　**問５**　３　**問６**　三種の神器　**問７**　４　**問８**　３　**問９**　３　**3**　**問１**　１　**問２**　企業城下町　**問３**　フェーン現象　**問４**　４　**問５**　３　**問６**　２　**問７**　１　**問８**　５　**問９**　（例）　森林で生まれた養分が河川を通して海に流れ，好漁場となるから。

解　説

1　**日本の政治や日本国憲法についての問題**

問１　年金に関する業務は，全国各地に設置された日本年金機構の年金事務所や年金相談センターが担当している。日本年金機構は2010年に設立された機関で，厚生労働省の監督のもと，受給資格の確認や支給といった年金に関する業務を行っている。よって，４が適切でない。

問２　法案(法律案)が衆参両院で可決され，法律として成立すると，天皇が国事行為としてこれを公布する。したがって，２があやまっている。

問３　検察官は，罪をおかした疑いのある人について裁く刑事裁判において，被疑者を取り調べたり証拠を集めたりして裁判所に訴《うった》えるかどうかを決める。裁判所での裁判が妥当と判断した場合に，これを裁判所に求めることを起訴といい，検察官は裁判所に証拠を提出し，裁判で被告人が有罪であることを証明し，事実や刑罰についての意見を述べる。

問４　１　警戒レベルとその対応について正しく説明している。　２　大雨や台風接近時に川や用水路を見に行くことは，非常に危険である。　３　現在のガスコンロのほとんどは，大きな揺れを感知すると自動的に火が消える。あわてて火を消そうとするとかえって事故になるので，まずは自分の身の安全を確保し，揺れが収まってから栓を閉める。　４　消防法で，小学校・中学校や，たくさんの人が働く施設の管理者などには，避難訓練を行うことが義務づけられているが，必ずしも防災の日に実施する必要はない。

問５　日本国憲法第82条１項で，裁判は公開の法廷で行われるとされ，続く第２項では，公の秩序《ちつじょ》を乱すような場合などに，裁判官全員の意見が一致すれば裁判を非公開にできると規定されている。しかし，刑事被告人が非公開にすることを求めることはできないので，３があやまっている。

問６　1989年に国連総会で採択された子どもの権利条約(児童の権利に関する条約)は，子どもの基本的人権を国際的に保障するもので，条約を結んだ国には法的な義務が課される。この条約では，18歳未満のすべての者を子どもと定義し，子どもの自由権や教育を受ける権利などについて定めている。

問７　日本国憲法は，三大原則の一つとして前文で平和主義をかかげ，この理念を具体化するために，第９条１項で戦争の放棄《ほうき》(武力の不行使)，２項で陸海空軍その他の戦力の不保持と国の交戦権の否認を定めている。

2　各時代の歴史的なことがらについての問題

問１　『日本書紀』は，神代から持統天皇までの歴史がまとめられた全30巻の歴史書で，できごとが年代順に漢文で記され，天皇の命令を受けた舎人《とねり》親王らが中心となって編纂《へんさん》し，720年に完成した。なお，朝廷では続いて，『続《しょく》日本紀《ぎ》』『日本後紀』『続日本後紀』『日本文徳《もんとく》天皇実録』『日本三代実録』という五つの歴史書が作成された。

問２　縄文時代の人々は竪穴住居に住み，磨製石器を弓矢のやじりや斧《おの》の先，魚をとるための網のおもりなどとして使い，骨角器をつり針やもりとして用いた。なお，２は鎌倉時代以降，３は旧石器時代，４は弥生時代の特徴。

問３　１は1297年，２は1232年，３は1219年，４は1274年(文永の役)と1281年(弘安の役)，５は1221年のできごとなので，1266年よりもあとのできごとを年代の古い順に並べると，４，１となる。

問４　江戸時代には鎖国政策がとられていたが，第８代将軍徳川吉宗は享保の改革(1716～45年)の一つとして漢訳洋書の輸入制限をゆるめ，キリスト教に関係のない洋書の輸入を認めた。これにより，オランダ語によって西洋の学術や文化を研究する学問である蘭学が広まった。

問５　平安時代初めの804年，学問僧として最澄とともに遣唐使船で唐(中国)に渡った空海は，真言密教を学んで帰国すると，高野山(和歌山県)に金剛峰寺《こんごうぶじ》を開いて日本における真言宗の開祖となった。真言宗は，「身密・口密・意密(仏の身体と言葉と心によって行われる三つの働き)」の三密を重視し，加持祈祷《かじきとう》という特別な儀式によって，生きたまま大日如来《だいにちにょらい》と一体化する即身成仏《そくしんじょうぶつ》がかなうと説いた。なお，１は浄土《じょうど》教，２は禅《ぜん》宗，４は法華《ほっけ》宗にあてはまる説明。

問６　高度経済成長期前半の1950年代後半以降，日本では家電製品が普及《ふきゅう》し，電気冷蔵庫・電気洗濯機・白黒テレビの三つは特に人気を集めた。この三つは，なくてはならない三つの品ということで，天皇が皇位のしるしとして代々引き継《つ》いでいる八咫鏡《やたのかがみ》・草薙剣《くさなぎのつるぎ》・八尺瓊勾玉《やさかにのまがたま》の三つの宝にちなんで「三種の神器《じんぎ》」とよばれた。

問７　ベルツはお雇《やと》い外国人の一人として来日したドイツ人医師で，東京医学校や東京大学で講義を行った。日本滞在《たいざい》中に書いた日記を長男が編集した『ベルツの日記』は明治時代の貴重な史料で，憲法が何だかわからないまま，大日本帝国憲法発布(1889年２月11日)を祝う市民のようすなどがつづられている。

問８　1830年代，洪水や冷害などが原因となって全国的に飢饉《ききん》が広がった。このときの飢饉は天保の飢饉とよばれ，各地で百姓一揆《ひゃくしょういっき》や打ちこわしが多発した。大坂(大阪)では，町奉行所の元役人で陽明学者であった大塩平八郎が，大坂町奉行所の無策にいきどおり，1837年に同志や弟子たちと反乱を起こした。この大塩(平八郎)の乱は半日でしずめられたが，元役人が起こした反乱は幕府に大きな衝撃《しょうげき》をあたえた。

問９　１　日清戦争に勝利した日本は，1895年に結ばれた下関条約で遼東半島と台湾を清(中国)からゆずり受けたが，遼東半島はロシア・フランス・ドイツの三国干渉を受け，やむなく清に返還した。　２　江戸時代末に結ばれた不平等条約の内容のうち，領事裁判権は日清戦争開戦直前の1894年に撤廃，関税自主権は日露戦争後の1911年に回復し，改正が達成された。日英同盟が結ばれたのは，1902年のことである。　３　日英同盟を理由として第一次世界大戦に参戦した日本は，中国にあったドイツ領を占領し，その権益の引き継ぎなどをふくむ二十一か条の要求を中国政府につきつけた。第一次世界大戦後に行われたパリ講和会議でこれが国際的に承認されたことから，中国では1919年５月４日，五・四運動とよばれる反日運動が起こった。よって，正しい。　４　日本は1933年に国際連盟を脱退した。その後，1937年に日中戦争が始まり，1940年に日独伊三国同盟，1941年に日ソ中立条約を結んだ。

3　日本の産業や都道府県の特徴についての問題

問１　雨水は尾根(山頂からふもとに向かって等高線が張り出すところ)から谷(ふもとから山頂に向かって等高線が張り出すところ)に向かって流れる。等高線に従って●１に降った雨の流れをたどると，◆のところは通らず，さらに北(地形図中では上)のほうを流れていくことがわかる。

問２　ある一つの大きな企業を中心として地域の経済や社会の基盤が成り立っている都市は，企業城下町とよばれ，愛知県豊田市や茨城県日立市がよく知られる。一つの企業に雇用や地域サービスの財源の多くを依存しているため，その企業の衰退によって地域全体が影響を受けるという問題がある。

問３　水蒸気をふくんだ風が山にぶつかって上昇するさい，温度が下がって雨を降らせ，山を越えて下るときに乾燥した高温の風となって吹き下ろす現象をフェーン現象という。フェーン現象が起こると風下では気温が上昇するため，春先に太平洋側から南風が吹き，これが本州の中央部に連なる山地や山脈を越えて吹き下ろすと，風下にあたる日本海側の北陸地方などでは，季節外れに気温が高くなることがある。

問４　長崎県は，壱岐《いき》・対馬《つしま》など多くの島々や半島からなり，沿岸部を形成する大村湾などでは，海岸線の入り組んだリアス海岸が見られる。長崎県に属する島の数は全国第１位で，こうしたことから，海岸線の長さは北海道についで２番目に長い。

問５　セメントのおもな原料は石灰石で，カルスト地形とよばれる石灰岩地形が広がる福岡県の平尾台や山口県の秋吉台のほか，埼玉県秩父地方などでも多く産出する。そのため，この地域の周辺ではセメント工業が発達し，セメント工場が多く立地している。

問６　瀬戸内海の島々との往来が多い広島県や，県が多くの島で構成されている沖縄県の旅客輸送量の多い２が，海上輸送にあてはまる。なお，１は航空輸送で，県内に民間の飛行場がない神奈川県がデータなしとなっている一方，どの県とも陸続きになっていない沖縄県の旅客輸送量は多い。３は営業用自動車輸送，４は鉄道輸送で，神奈川県は都市部に多くの鉄道路線が走っているが，沖縄県にはモノレールが一路線走っているだけで，旅客輸送量が少ない。

問７　2017年度の米の都道府県別収穫量は，新潟県が第１位，北海道が第２位，秋田県が第３位，山形県が第４位，岩手県が第10位，青森県が第11位である。なお，この６道県のうち，２にふくまれるのは秋田県(少ないほうから数えて第10位)，山形県(少ないほうから数えて第13位)のみ，３にふくまれるのは北海道(第１位)，青森県(第11位)，岩手県(第５位)のみ。４は，北海道が第１位，山形県が第14位，青森県が第８位，新潟県が第12位，岩手県が第10位だが，秋田県は第20位である。

統計資料は『データでみる県勢』2020年版による。

問８　「あ」は冬季の日照時間が最も長いことから，太平洋側に位置し，冬に晴天の日が多い宮崎市があてはまる。気温の年較差《ねんかくさ》が最も大きい「い」には，内陸部に位置するため，冬は寒く夏は暑い長野市があてはまる。「う」は冬季の日照時間が最も短いことから，日本海側に位置し，冬に雪や雨の日が多い新潟市と判断できる。

問９　豊かな森林から河川を通じて海へ流れこむ水には多くの栄養分がふくまれており，魚のえさとなるプランクトンが増えるため，魚が集まる好漁場がつくられる。こうしたことから，漁師たちによる植樹が各地で行われている。

理　科　＜第１回試験＞（社会と合わせて50分）＜満点：50点＞

解　答

1　(1)　**0.5Ｖの電圧**…５Ω，**1.5Ｖの電圧**…7.5Ω　(2)　い　(3)　0.2Ａ　(4)　0.14Ａ　(5)　0.1Ａ　(6)　い，う，お　**2**　(1)　1.76ｇ　(2)　909倍　(3)　0.77ｇ　(4)　**気体Ａ**…０ｇ，**沈殿Ｂ**…３ｇ　**3**　(1)　う，お　(2)　え→あ→う→い→お　(3)　え　(4)　か→う→お　(5)　**温度**…26℃，**稚魚数**…63ひき　**4**　(1)　**月がウの位置**…Ｄ，**月がオの位置**…Ｅ　(2)　**形**…お，**時刻**…そ　(3)　①　え　②　い　③　き　④　い

解　説

1　電流の流れ方についての問題

(1)　図２を見ると，豆電球に0.5Ｖの電圧をかけたとき，回路に流れる電流は0.1Ａになることがわかる。よって，このときの豆電球の抵抗《ていこう》は，0.5÷0.1＝５（Ω）である。同様に，1.5Ｖの電圧をかけたときに流れる電流の強さは0.2Ａだから，このときの抵抗は，1.5÷0.2＝7.5（Ω）となる。

(2)　(1)より，豆電球に流れる電流を0.1Ａから0.2Ａへと強くして温度を上げると，抵抗は５Ωから7.5Ωに増えることがわかる。一方，LEDの場合は，電圧を少し高くするだけで流れる電流が急激に強くなるため，流れる電流を強くして温度を上げると，（電圧）÷（電流）の値，つまり，抵抗は小さくなると考えられる。

(3)　図３－Ａと図３－Ｂのすべての豆電球は，同じ明るさで光ったので，同じ強さの電流が流れている。したがって，図３－Ｂの電流計が示す値は，図３－Ａの豆電球を流れる電流の強さと等しく，図２より電圧が1.5Ｖかかるときの値を読み取ると0.2Ａとわかる。

(4)　直列につながれた２つの豆電球には同じ強さの電流が流れたことから，２つの豆電球にかかる電圧は等しく，1.5÷２＝0.75（Ｖ）とわかる。図２で，豆電球に0.75Ｖの電圧がかかるときの電流の強さは0.14Ａと読み取れる。

(5)　図２で，LEDと豆電球のどちらも電流の強さが同じで，かかる電圧の合計が1.5Ｖとなるような場合を探すと，流れる電流の強さが0.1Ａの場合に，豆電球にかかる電圧が0.5Ｖ，LEDにかかる電圧が１Ｖとなって，合計が1.5Ｖとなる。

(6)　図６の回路で豆電球を光らせるためには，乾《かん》電池と直列につながれている５円玉または金色の折紙のどちらかが電流を通し，また，鉛筆《えんぴつ》の芯《しん》が電流を通す必要がある。したがって，鉛筆の芯は

電流を通すといえる。そして，図７の豆電球が光らなかったことから，金色の折紙は電流を通さないと考えられる。すると，図６の回路には，上側の乾電池→５円玉→豆電球→水銀→鉛筆の芯→上側の乾電池の順に電流が流れていることになるので，５円玉と水銀も電流を通すといえる。

２ 物質どうしの反応についての問題

(1) 気体Ａ(二酸化炭素)250mLの重さは0.44ｇであるから，１Ｌ(＝1000mL)の重さは，0.44÷250×1000＝1.76(ｇ)になる。

(2) 22ｇのドライアイスの体積は13.75cm^3で，これが気体Ａになったときには体積が，250÷0.44×22＝12500(mL)，つまり，12500cm^3になるから，12500÷13.75＝909.0…より，約909倍になる。

(3) 10.5ｇのクエン酸が十分な量の重曹《じゅうそう》と反応すると6.6ｇ，つまり，250÷0.44×6.6＝3750(mL)の気体Ａが発生する。したがって，レモン汁《じる》15mL中にあるクエン酸の重さは，275mLの気体Ａを発生させたので，10.5÷3750×275＝0.77(ｇ)と求められる。

(4) 12.6ｇのクエン酸と反応する水酸化カルシウムは，5.55÷10.5×12.6＝6.66(ｇ)なので，8.88ｇの水酸化カルシウムを加えたときには，8.88－6.66＝2.22(ｇ)だけあまった状態になる。このあまった水酸化カルシウムは，12.6÷5.55×2.22＝5.04(ｇ)の重曹と反応し，7.5÷5.55×2.22＝３(ｇ)の沈殿《ちんでん》Ｂを生じさせる。一方，はじめにクエン酸はすべて反応しているため，ここであまった重曹はクエン酸と反応することはなく，気体Ａは発生しない。

３ メダカの成長についての問題

(1) メダカを飼う水槽《すいそう》を直射日光の当たるところに置くと，水温が上がりすぎてメダカが死んでしまうおそれがある。また，食べ残しが出るくらいの量のえさを入れてしまうと，食べ残しのえさがくさって水がよごれてしまう。

(2) 産み出されたばかりの卵には，油のつぶの集まりの反対側にはいがあり，これが分裂《ぶんれつ》をくり返して体のもとがつくられていく。そして，各器官が発達しながら体が大きくなっていき，体が卵の中いっぱいになるぐらいまで大きくなると，からをやぶってふ化する。

(3) メスは，背びれに切れこみがなく，尻《しり》びれが三角形に近い形をしていて小さい。また，オスに比べて腹がふくらんでいる。卵を産み出す位置は，腹びれと尻びれの間である。

(4) まず，オスがメスの後を追うように泳ぎ，メスが相手として受け入れると，メスとオスが並ぶ。そして，オスが背びれと尻びれでメスをかかえ，体をふるわせて産卵をうながすと，メスが卵を産み出す。それと同時にオスは卵に精子をかける。

(5) どの温度の場合でも卵の数は同じ，10×(17－11＋１)＝70(個)なので，ふ化率が高いほど稚魚《ちぎょ》数が多くなる。そこで，ふ化率90％の22℃と26℃の場合を比べると，26℃の場合は，最後に採取した８月17日から見ても８月31日は平均ふ化日数の10日より後なので，稚魚数は，70×0.9＝63(ひき)となる。しかし，22℃の場合は，平均ふ化日数が15日なので，８月17日に採取した卵が８月31日にはまだ一部がふ化せず，稚魚数は26℃の場合を下回ると考えられる。

４ 月の満ち欠けと動きについての問題

(1) 月の自転と公転が向きも周期も同じであるため，月はつねに同じ面を地球に向けている。よって，キの位置の点ｘは地球の側を向いているので，ウの位置では点Ｄ，オの位置では点Ｅにくる。

(2) 月の満ち欠けは約１週間ごとに新月→上弦《じょうげん》の月→満月→下弦の月→新月の順に移り変わっていくので，上弦の月から15日後(約２週間後)には，「お」のような下弦の月が見られる。下弦の月は真夜中頃《ごろ》に東からのぼり，午前６時頃に南中する。

⑶　月は１日に，360÷27.3＝13.1…より，約13度だけ西から東へ公転しているが，その間に地球も同じ方向に，360÷365＝0.98…より，約１度公転するため，翌日の同時刻に月を見ると，およそ，13－１＝12(度)だけ西から東へずれた位置に移動して見える。よって，地球は１時間に約，360÷24＝15(度)自転しているので，月の南中時刻は１日あたりおよそ，60÷15×12＝48(分)遅《おそ》くなる。

国　語　＜第１回試験＞（50分）＜満点：100点＞

解　答

一　**問１**　下記を参照のこと。　**問２**　幸福な誤解　**問３**　かけがえのなさ　**問４**　オ　**問５**　Ⅰ　ア　Ⅱ　唯一無二性　**問６**　オ　**問７**　イ　**問８**　（例）　学びたいものを主体的に学ぶことを通して，自分がかけがえのない唯一無二の存在であると確認していくもの。

二　**問１**　西山イオリ　**問２**　**Ａ**　オ　**Ｂ**　ウ　**問３**　オ　**問４**　オ　**問５**　**Ａ**　段々　**Ｂ**　順番　**Ｃ**　突然　**問６**　オ　**問７**　エ　**問８**　ウ　**問９**　（例）　中村への突然の恋心をもて余し，その苦しさが耐えきれないまでに募ってきたことを示す効果。

●漢字の書き取り

一　**問１**　**Ａ**　知見　**Ｂ**　経由　**Ｃ**　自明

解　説

一　**出典は内田《うちだ》 樹《たつる》の『先生はえらい』による。**「学び」とは，“この先生の真価を理解しているのは私だけだ”という思いこみのもとに主体的に行い，自分の唯一《ゆいいつ》無二性を確認《かくにん》することだと述べられている。

問１　**Ａ**　見たり聞いたりして得た知識。　**Ｂ**　ある場所を通って目的地に行くこと。　**Ｃ**　わかりきっているようす。

問２　弟子にとって「この先生の真の価値を理解しているのは，私しかいない」という「誤解」が，絶対に必要だと述べられていることをおさえる。後の部分で，筆者は「学び」につながるこのとらえ方を「幸福な誤解」と表現しているので，ここがぬき出せる。

問３　続く部分で，「あなたの真価は(私以外の)誰《だれ》にも認められない」，「自分がいなければ，あなたの真価を理解する人はいなくなる」という考えが前提にあると述べられている。つまり，自分の代わりになる存在はいないというのだから，「愛の告白」は「相手のかけがえのなさを伝える言葉であるとともに，相手に対する自分のかけがえのなさを確認するもの」だといえる。

問４　直前にある「そのようなロジック」とは，「自分がいなければ，あなたの真価を理解する人はいなくなる」のだから，「私は生きなければならない」という理屈《りくつ》を指す。相手の真価を理解する唯一無二の存在であることに，「私」は自分の存在意義を見出《みいだ》しているので，オがあてはまる。

問５　Ⅰ　直前の段落から，「みんなと同じになりたい人間」とは，資格や免状《めんじょう》を取ったり，検定試験に受かったりすることをめざす人を指すものとわかる。このような人の前に現れるのは，その目標に到達《とうたつ》するための技術や情報を持ち，提供できる人なので，アが選べる。　Ⅱ　続く部分で，「私」にしかできない，代わりのきかない責務のために自分は生まれた，と思う人の前にだけ先生は姿を現すと述べられていることをおさえる。よって，最初のほうにある「唯一無二性」という言葉がぬき出せる。

問６　ここでは，二つ前の段落で述べられた，「人間は自分が学ぶことのできることしか学ぶことができない，学ぶことを欲望するものしか学ぶことができない」という内容についての具体例があげられている。「居眠《いねむ》り」をする「日本の高校生」，つまり「学びの主体性」を持たない存在にソクラテスが哲学《てつがく》を語ったところで，まったく意味をなさないというのだから，オがふさわしい。

問７　少し前で，「このひとの真の価値を知っているのは私だけだ」という思いこみさえあれば，「どんな形態」の「情報伝達」でも「学び」は起動すると述べられているとおり，相手からの働きかけを自身が「教え」として受信できるのならば，どのような形であっても必ず何らかの価値を見出せるのだから，イが選べる。

問８　相手の「真の価値を知っているのは私だけだ」という思いこみから，各人は「学び」を起動させ，何らかの価値を発見したいという欲望のもと，相手からの働きかけに対し何一つ「同じこと」のない「教え」として受信していく。その「創造的」で「主体性」のあるプロセスを積み重ねることで，各人は相手にとってかけがえのない，唯一無二の存在として自身の生きる意義を見出していくことができる。このような意味で，筆者は「学び」をとらえている。

二　**出典はひこ・田中《たなか》の『好きって，きつい。』による。**急に中村のことが気になり始めた「ぼく」は，自分の気持ちをもて余し，苦しさに耐《た》えきれずに中村に声をかける。

問１　「ぼく」はタクトやルイには「イオリ」と呼ばれ，中村からは「西山」と呼ばれているので，「西山イオリ」が氏名だとわかる。

問２　**Ａ**　見たことがなく，めずらしいこと。　　**Ｂ**　直後の「立って」にかかっているので，ここでは「何もしないでぼんやりしているさま」を意味しているものと考えられる。

問３　ぼう線⑤の前で，どうしていつも大声で笑わないで，ほほえむのかとたずねた「ぼく」に対し，中村は「だって，学校，嫌《きら》いだから。嫌いな場所で心から笑うなんてできないよ」と答えているので，オが選べる。

問４　「頭の中」が「中村のことで一杯《いっぱい》」になった「ぼく」は，彼女《かのじょ》を見るたびドキドキしたり，ホッと安心したり，感傷的に泣きたい気分になったりしている。「自分がすっかり別の人間になってしまったよう」に感情がかき乱されてとまどい，腹さえ立ったのだから，オがふさわしい。

問５　**Ａ～Ｃ**　二つ前の段落に，これまでの「ぼく」は，「誰《だれ》かを好きになるっていうのは，少しずつ，ああ，いいなと思っ」た後，「告白」するという流れがふつうで，まさか自分が中村から「ちょっとほほえまれただけで，突然《とつぜん》好きになってしまうとは思っていなかった」と書かれている。二重ぼう線Ｘの少し後でも，「やっぱり，本当に好きになるって，段々気になり始めて，好きって告白するっていう順番に進むことで，ぼくのはおかしいんじゃないか」と，自分が急に中村を好きになってしまったことについてあらためて考え，不安に感じている。

問６　「ぼく」は話をしていても，パス回しをして遊んでいても，中村のことが気になって落ち着かず，友だちからいつもとちがう自分のようすを指摘《してき》されているので，オがよい。なお，「ぼく」は急に中村のことが気になり始めたことにとまどっており，自分に酔《よ》ってはいないこと，「眼鏡《めがね》を外した」のは「中村ばかり見ている自分がいや」だったからであること，友だちに対し「無愛想《ぶあいそう》」とまではいえないこと，眼鏡を外した「ぼく」の目には，中村は「ボーッとしか見えな」かったことから，ア～エは合わない。

問７　少し前で，「ぼく」が中村を「遠くから眺《なが》めていたり，背中を見ないように下を向いたり，このままの状態が続いていくのはなんだか耐えられなくなってきた」と思っていることをおさえる。好意を寄せる中村を前に，何もしないまま感情がかき乱される「きつい」現状を変えるため，「ぼく」は思い切って中村に声をかけ，気持ちを打ち明けようと「決心」したのである。

問８　「ぼく」は自分の思いを打ち明けようと，思い切って中村に声をかけたが，無表情な彼女に対して何を言ったらいいのかわからなくなり，内面にふれるような質問をしてしまった。ふみこんだ質問をしたことを後悔《こうかい》したものの，思いがけず中村は素直《すなお》に応じてくれたため，「ぼく」は「え？」と意外に思ったのだから，ウが合う。

問９　二重ぼう線Ｘでは，中村を突然好きになってから感情がかき乱されてしまい，落ち着きもなく，友だちとの会話にも調子を合わせられずに息苦しくなったことを「きつい」と表現している。一方，二重ぼう線Ｙでは，突然好きになったことを不安に思ったり，中村をどうしても目で追ってしまう自分にいやけがさしたりする中で，この状態が続くのは耐えられないと感じたことを「きつい」と表現している。

2021年度　豊島岡女子学園中学校

〔電　話〕 (03) 3983－８２６１
〔所在地〕 〒170-0013　東京都豊島区東池袋１―25―22
〔交　通〕 JR線・東京メトロ各線・私鉄各線―「池袋駅」より徒歩７分

【算　数】〈第２回試験〉（50分）〈満点：100点〉

（注意）　１．円周率は3.14とし，答えが比になる場合は，最も簡単な整数の比で答えなさい。
　　　　　２．角すい・円すいの体積は，(底面積)×(高さ)÷3　で求めることができます。

1　次の各問いに答えなさい。

(1)　$\left(2.5+\frac{2}{3}\right)\times\frac{5}{38}\div\left(\frac{3}{8}-0.25\right)+4\frac{2}{3}$ を計算しなさい。

(2)　５円玉と50円玉が合わせて30枚あり，合計金額は330円です。このとき，５円玉は何枚ありますか。

(3)　素数を小さい方から順に並べたとき，和が90となる隣《とな》り合う２つの素数があります。この２つの素数の積はいくつですか。

(4)　２つの整数AとBについて，記号「◎」を次のように約束します。

A◎$B=A\times B+B\div A$

このとき，次の□にあてはまる整数を答えなさい。

□◎(2◎6)＝226

2　次の各問いに答えなさい。

(1)　はじめ，ＡさんとＢさんの所持金の比は５：４でした。２人は買い物に出かけてＡさんは200円，Ｂさんは500円使ったところ，ＡさんとＢさんの所持金の比は５：３になりました。Ａさんのはじめの所持金はいくらでしたか。

(2)　容器Ａには７％，容器Ｂには４％の食塩水がそれぞれ300ｇずつ入っています。容器Ａには水を毎分25ｇずつ，容器Ｂには□％の食塩水を毎分25ｇずつ同時に入れ始めます。□分後に容器Ａと容器Ｂの食塩水の濃度《のうど》が同じになったとき，□にあてはまる数を答えなさい。ただし，□には同じ数が入ります。

(3)　貫(かん)，kg(キログラム)，斤(きん)，両(りょう)，匁(もんめ)はすべて重さの単位です。これらの間には次のような関係があります。

「１貫は3.75kgと同じ，３kgは５斤と同じ，１斤は16両と同じ，１両は10匁と同じ」

このとき，次の□にあてはまる数を答えなさい。

『１貫は□匁と同じ』

(4)　半径が10cmの円の周上に，円周の長さを８等分する点があり，それらを下の図のように直線で結びます。このとき，色のついている部分の面積は何cm^2ですか。

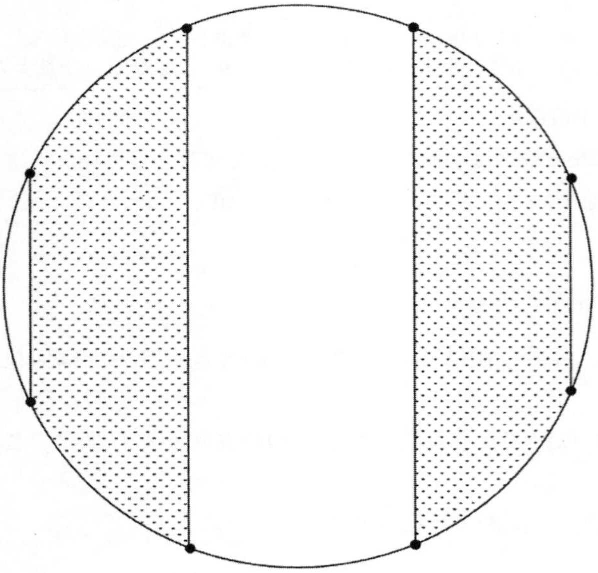

3　次の各問いに答えなさい。

(1)　下の<図１>の正方形ABCDと正方形DEFGは合同です。三角形BDFが正三角形となるとき，角EBCは何度ですか。

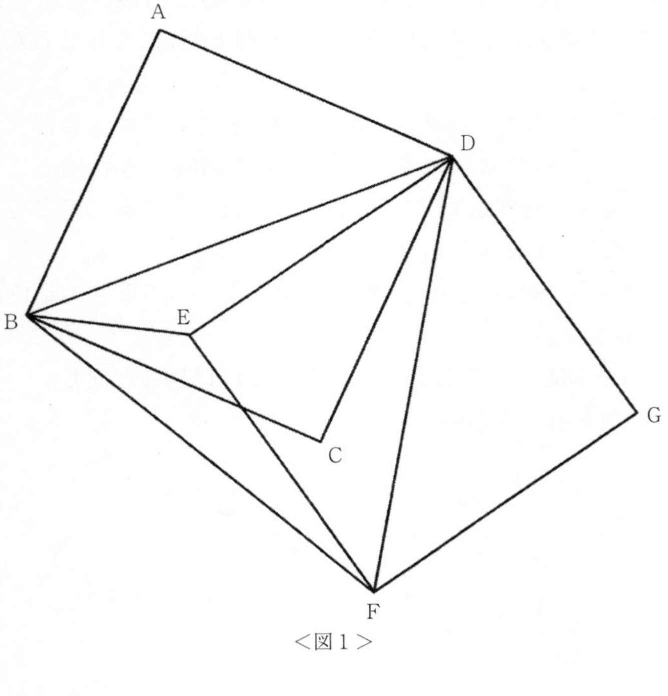

<図１>

(2)　下の＜図２＞の正八角形 ABCDEFGH と正八角形 HIJKLMNO は合同です。三角形 DHL が正三角形となるとき，角 JDE は何度ですか。

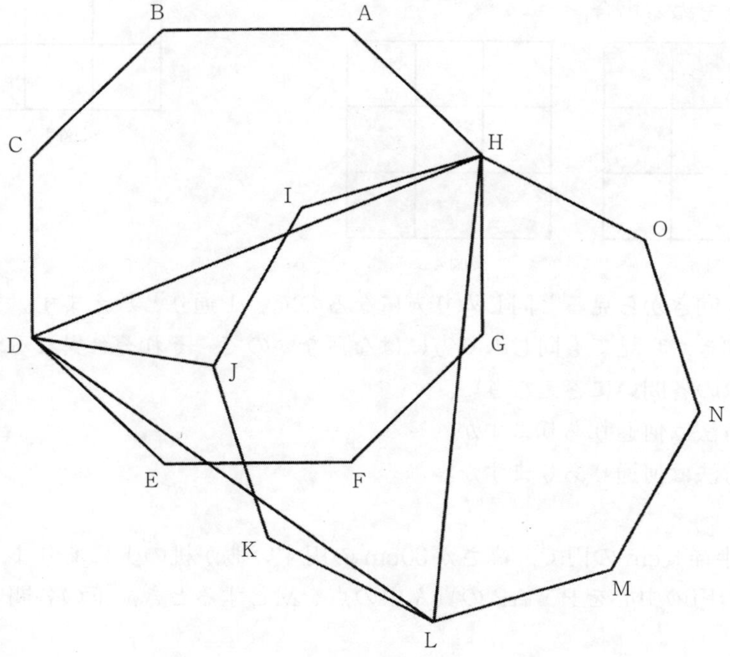

＜図２＞

4　次の図のように，１辺の長さが20cm の正方形と正三角形を組み合わせた図形があり，点Ｐと点Ｑは点Ａから同時に出発します。点Ｐは秒速４cm の速さでＡ→Ｅ→Ｂ→Ａ→…の順に，正三角形 AEB の辺の上を進みます。また，点Ｑは秒速５cm の速さでＡ→Ｂ→Ｃ→Ｄ→Ｅ→Ａ→…の順に，五角形 ABCDE の辺の上を進みます。このとき，下の各問いに答えなさい。

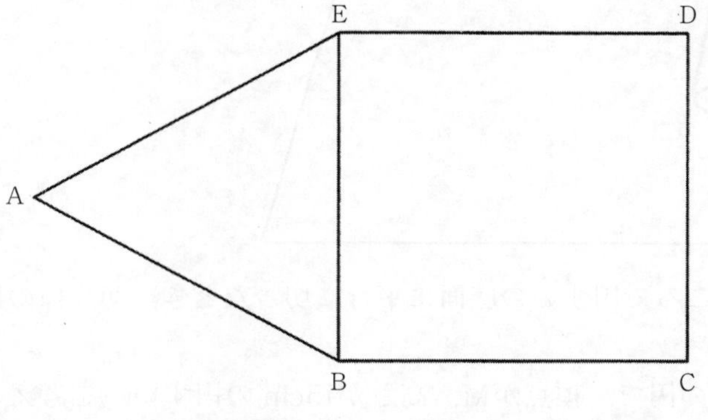

(1)　点Ｐと点Ｑが初めて重なるのは，出発してから何秒後ですか。

(2)　点Ｐと点Ｑが２回目に重なるのは，出発してから何秒後ですか。

(3)　点Ｐと点Ｑが50回目に重なるのは，出発してから何秒後ですか。

5　右の＜図１＞のように，同じ大きさの正方形のタイルが９枚並んでいます。これらのタイルに色をぬる方法が何通りあるかを考えます。

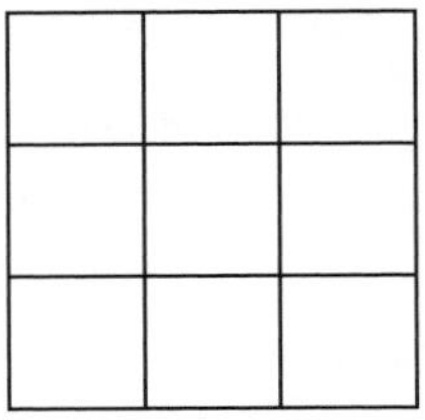

＜図１＞

例えば，４枚のタイルに色をぬる場合，

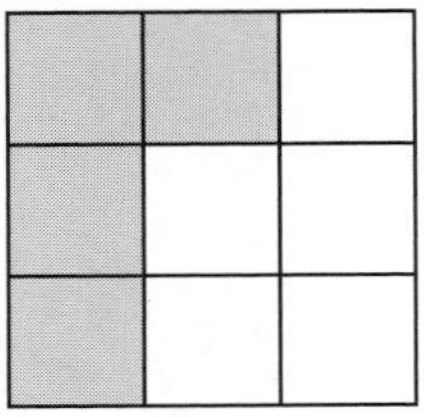

＜図２＞

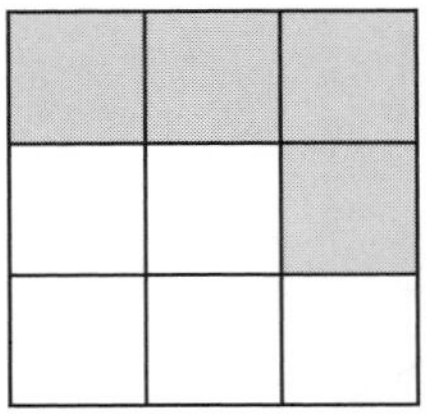

＜図３＞

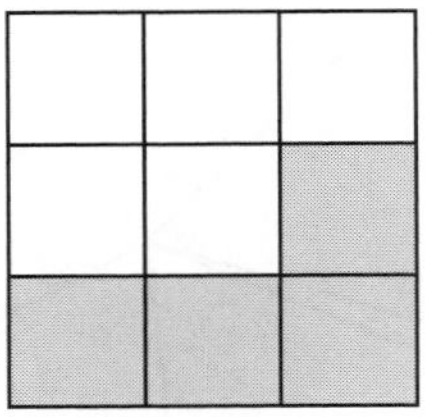

＜図４＞

＜図２＞と＜図３＞は違う向きから見ると同じぬり方になるので，１通りと数えます。また，＜図２＞と＜図４＞は違う向きから見ても同じぬり方にはならないので，それぞれ異なるぬり方と考えます。このとき，次の各問いに答えなさい。

(1)　２枚のタイルに色をぬる方法は何通りありますか。

(2)　３枚のタイルに色をぬる方法は何通りありますか。

6　次の図のように，底面が半径５cmの円で，高さが30cmの円すい(あ)が机の上にあります。円すい(あ)の頂点をＡ，底面の円の中心をＰ，APの真ん中の点をＭとするとき，下の各問いに答えなさい。

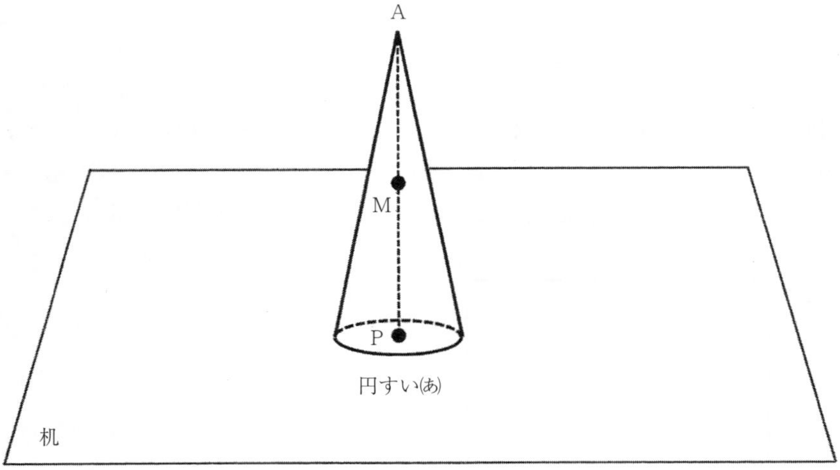

(1)　円すい(あ)を机から６cmの高さのところで円すいの底面に平行に切ったとき，切り口の面積は何cm^2ですか。

底面が点Ｐを中心とする半径15cmの円で，頂点がＭ，高さが15cmの円すい(い)を考えます。このとき，円すい(あ)と円すい(い)が重なった部分を立体(う)とします。

(2)　立体(う)の体積は何cm^3ですか。

(3)　立体(う)を，点Ｐが机の上から離《はな》れないように40cmまっすぐに動かしたとき，立体(う)が通った部分の体積は何cm^3ですか。

【社　会】〈第２回試験〉（理科と合わせて50分）〈満点：50点〉

〈編集部注：実物の入試問題では，**2** **問４**の地図，**問７**のイメージ図，**問８**の地形図はカラー印刷です。〉

1　**次の文章を読んで問いに答えなさい。**

歴史はどのような色で彩《いろど》られていたのでしょうか。

(ア)推古天皇の時代に冠位十二階が定められ，役人の序列は冠《かんむり》の色で示されるようになりました。その後，冠の色でその序列を識別することはなくなりましたが，一方で今でも特定の地位の人のみが用いることのできる色が存在します。例えば，一昨年の即位礼正殿の儀で天皇が着用していた黄櫨染《こうろぜん》は，天皇しか用いることのできない色とされてきたものです。

現存する文化財には元来，様々な色が施《ほどこ》されていましたが，長い時代が経つと多くの色はあせて失われてしまいます。しかし，長い年月その色を保ってきたものもあります。(イ)藤原京の時代に造られた高松塚古墳の壁画《へきが》や，聖武天皇の死後，光明皇后によって収められた正倉院宝物がその代表例です。

建造物も様々に彩られてきました。平泉の中尊寺金色堂や足利義満の建てた金閣の舎利殿は文字通り金色に彩られ，一昨年に焼失した(ウ)沖縄の首里城は，鮮《あざ》やかな朱色の柱や壁《かべ》が特徴《とくちょう》的《てき》でした。

戦いの際にも彩りがみられます。例えば，色が敵と味方を識別する手段ともなり，(エ)源平の合戦で源氏が白い色の旗を用いたことが有名です。また，戦場では母衣《ほろ》の色が目立ちました。母衣とは，体と同じくらいの大きさの袋のようなもので，弓矢による攻撃《こうげき》を防ぐために鎌倉時代ごろに生まれましたが，その後武器が変化する中で，実用性よりも装飾品《そうしょくひん》としての意味合いが強くなっていきました。

江戸時代になると，庶民《しょみん》の間で多くの色が広まっていきました。理由の一つは，染色が容易な（　**オ**　）が衣類の素材として用いられるようになったことです。また，(カ)浮世絵においても色《しき》彩《さい》豊かな多色刷り版画が生まれ，多くの人の手元に渡りました。

その後，1856年に(キ)イギリスの化学者が合成染料を生み出すと，自然由来の染料は徐々《じょじょ》に用いられなくなります。合成染料は，はじめはヨーロッパからの輸入に頼っていましたが，(ク)1910年代後半から日本国内の染料工業が発達していきます。しかし，合成染料の原料は火薬の原料としても重要だったため，第二次世界大戦中には火薬製造が優先され，染料工業の規模は縮小しました。

現代においても，色は様々な場面で登場します。入学式やお祭りなどのおめでたい場面では紅白幕が張られ，葬儀《そうぎ》には黒の服を着ます。環境《かんきょう》保護を訴《うった》える際に，緑色の羽根をつけている姿を目にすることもあるでしょう。歴史は無色だったのではなく，人々の生活は様々に彩られていました。過去に思いをはせる際には，ぜひその色も想像してみてください。

問１．下線部(ア)について，そのなかで最も高位とされた人物に与えられた冠は何色とされていましたか，漢字１字で答えなさい。

問２．下線部(イ)について，高松塚古墳壁画が描《えが》かれてから，正倉院に宝物が収められるようになるまでの間に起こった出来事を，次から**すべて**選び番号で答えなさい。

１．墾田永年私財法が制定された。

２．坂上田村麻呂がアテルイを降伏《こうふく》させた。

３．白村江の戦いが起こった。

４．藤原不比等の四人の息子が天然痘《てんねんとう》で亡くなった。

５．比叡山に延暦寺が建てられた。

問３．下線部(ウ)の歴史について説明した次の文のうち，正しいものを一つ選び番号で答えなさい。

１．モンゴル軍は，琉球王国の兵を引き連れて博多に襲来《しゅうらい》した。

２．江戸時代に琉球王国は，国王が代わる際に江戸幕府に使節を送った。

３．琉球王国の領有をめぐって，日本と清の間で江華島事件が起こった。

４．日米安全保障条約の調印と同時に，沖縄も日本に返還《へんかん》された。

問４．下線部(エ)について，その最後の戦いとなった場所はある海峡《かいきょう》の一部ですが，両岸の地名の一部が用いられているその海峡を何といいますか，漢字で答えなさい。

問５．空らん（**オ**）にあてはまる語句を漢字で答えなさい。

問６．下線部(カ)について，「見返り美人図」を描《か》いた人物の氏名を漢字で答えなさい。

問７．下線部(キ)について，日本とイギリスとの関わりを説明した次の文のうち，正しいものを一つ選び番号で答えなさい。

１．豊臣秀吉はバテレン追放令を出して，イギリスとの貿易を禁止した。

２．イギリスのラクスマンが来航し日本との通商を求めたが，幕府は通商を拒否《きょひ》した。

３．生麦事件が原因となって，薩摩藩はイギリスから砲撃《ほうげき》を受けた。

４．皇帝の権力が強いイギリスの憲法を模範《もはん》として，大日本帝国憲法が制定された。

問８．下線部(ク)について，日本国内の染料工業がこの時期に発達した主たる要因はどのようなことですか，30字程度で説明しなさい。

２　次の各問いに答えなさい。

問１．現在，活火山がある山脈や山地として，適当なものを次から一つ選び番号で答えなさい。

１．赤石山脈　２．奥羽山脈　３．関東山地　４．紀伊山地　５．四国山地

問２．次の表**あ**～**う**は，アメリカ，韓国，ロシアの空港別入国外国人数の上位３空港（2018年）を示したものです。**あ**～**う**の組み合わせとして，正しいものを下の表の**１**～**６**から選び番号で答えなさい。

あ

関西国際空港	2,163,370
福岡空港	1,456,622
成田空港	1,081,572

い

成田空港	833,682
羽田空港	392,000
関西国際空港	176,850

う

成田空港	77,433
新千歳空港	6,312
羽田空港	5,655

（単位：人）

「出入国管理統計　港別入国外国人の国籍・地域（2018年）」より作成

	1	2	3	4	5	6
あ	アメリカ	アメリカ	韓国	韓国	ロシア	ロシア
い	韓国	ロシア	アメリカ	ロシア	アメリカ	韓国
う	ロシア	韓国	ロシア	アメリカ	韓国	アメリカ

問３．次の表は，各供給区域別の７月と２月の最大需要《じゅよう》電力（一定期間に電力が最も多く使用された数値：万kW：2018年度）を示したもので，**あ**～**う**は北海道，中国，四国のいずれかです。**あ**～**う**の組み合わせとして，正しいものを下の表の**１**～**６**から選び番号で答えなさい。

	７月	２月
あ	1106	964
い	536	426
う	442	542

供給区域の区分は以下の通り
「北海道」…北海道
「中国」 …鳥取県・島根県・岡山県・広島県・山口県・兵庫県の一部・香川県の一部・愛媛県の一部
「四国」 …徳島県・香川県(一部除く)・愛媛県(一部除く)・高知県

電力広域的運営推進機関「年次報告書」(2019年度)より作成

	1	2	3	4	5	6
あ	北海道	北海道	中国	中国	四国	四国
い	中国	四国	北海道	四国	北海道	中国
う	四国	中国	四国	北海道	中国	北海道

問４．次の図**あ**～**う**は，印刷業，食料品，繊維《せんい》工業の都道府県別の製造品出荷額(億円：2017年)を，円の大きさで示したものです。**あ**～**う**の組み合わせとして，正しいものを下の表の**１**～**６**から選び番号で答えなさい。

あ

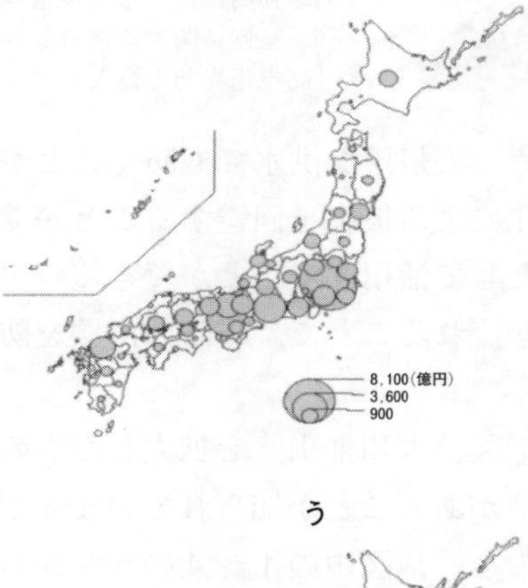

い

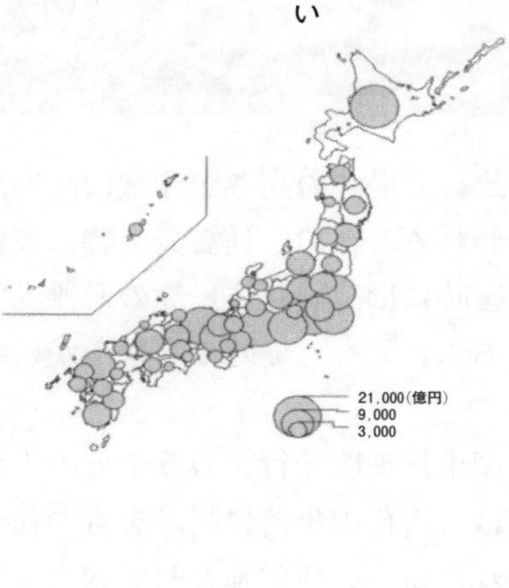

う

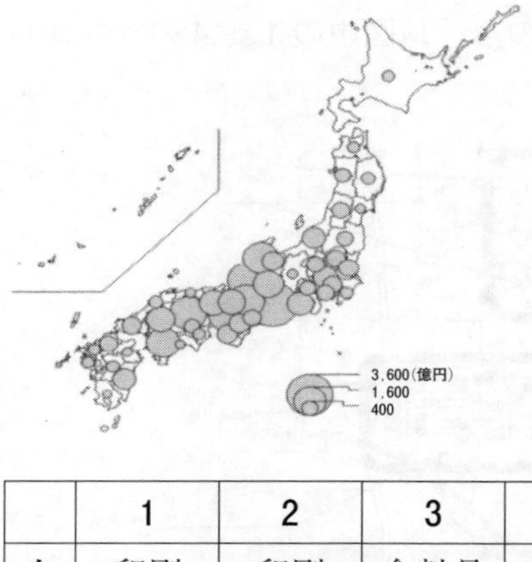

『データでみる県勢 2020』より作成

	1	2	3	4	5	6
あ	印刷	印刷	食料品	食料品	繊維	繊維
い	食料品	繊維	印刷	繊維	印刷	食料品
う	繊維	食料品	繊維	印刷	食料品	印刷

問５．右の表は，都道府県庁の所在地における１世帯当たりの食料品等の年間購入額《こうにゅうがく》の上位３位(2016～18年平均)までを挙げたもので，**１**～**４**は，カステラ，かつお節・削《けず》り節，ヨーグルト，緑茶

1	沖縄・高知・京都
2	岩手・千葉・山形
3	静岡・鹿児島・長崎
4	長崎・石川・高知

『データでみる県勢 2020』より作成

のいずれかです。このうち，かつお節・削り節にあたるものを選び番号で答えなさい。

問６．右の地形図は，２万分の１地形図「高須」(明治26年発行)を縮小したものの一部です。図中の「松山中嶋村」は，集落を水害から守るために築かれた堤防《ていぼう》に囲まれていますが，このようにして形成された場所を何と呼びますか，漢字２字で答えなさい。

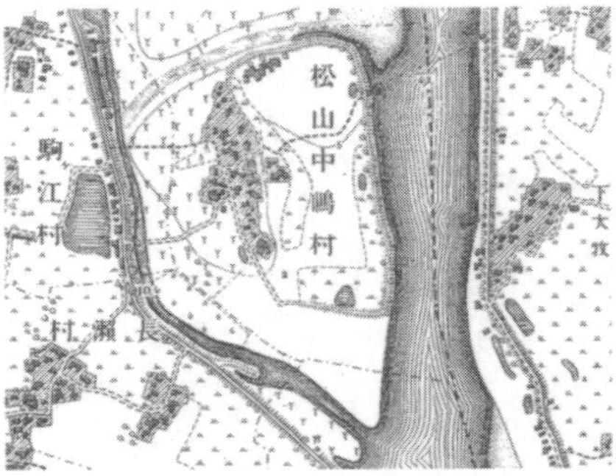

問７．近年，災害対策の一つとして高規格堤防(スーパー堤防)の整備が進んでいます。次の図は，高規格堤防が整備された後の堤防周辺のイメージ図です。高規格堤防を整備することで期待される点について説明した下の文のうち，**最も適当でないもの**を一つ選び番号で答えなさい。

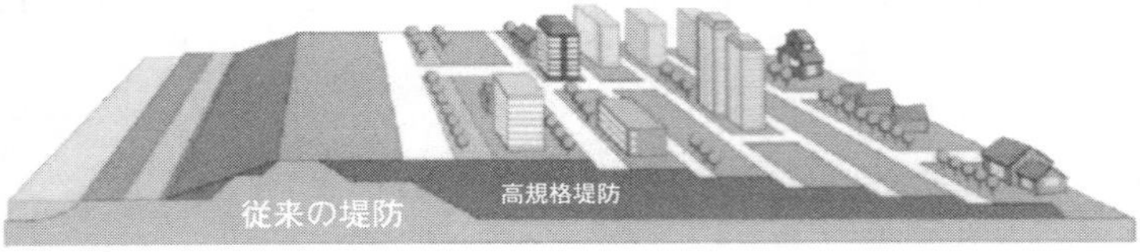

国土交通省関東地方整備局
「宅地利用に供する高規格堤防の
整備に関する検討会」資料
『高規格堤防の概要』より作成

１．普通の堤防と比べて堤防の高さが非常に高いため，大規模な洪水《こうずい》でも防ぐことができる。
２．地盤《じばん》改良も行われることで，地震《じしん》発生時に液状化による被害《ひがい》を回避《かいひ》することができる。
３．火災などの災害時には，周辺住民等の避難《ひなん》場所として活用することができる。
４．洪水時に水があふれても，堤防上を緩《ゆる》やかに水が流れることで，堤防の決壊《けっかい》を防ぐことができる。

問８．次の地形図は，国土地理院発行２万５千分の１地形図「大和郡山」を拡大したものの一部です。このあたりは，古代の集落に起源をもつ住宅地があることが知られていますが，この中で，戦後整備された新しい住宅地として適当なものを，地図中の**１**～**４**のうちから一つ選び番号で答えなさい。

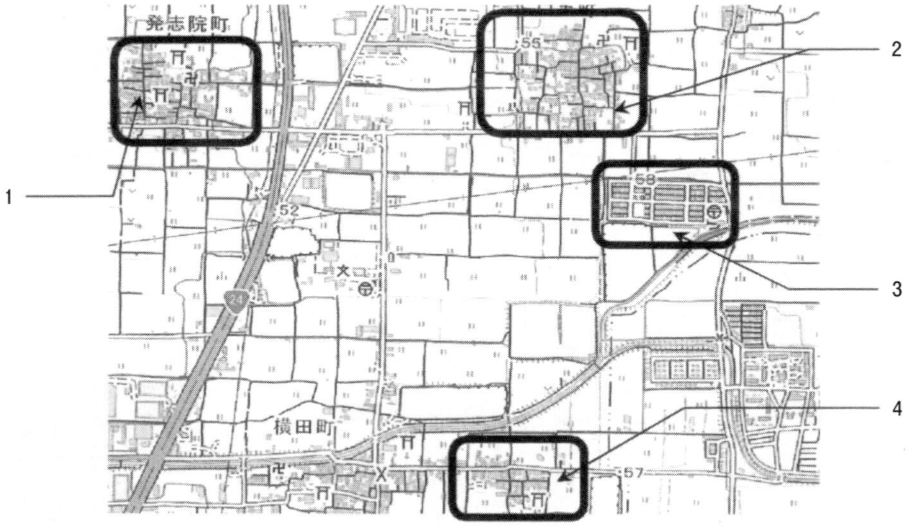

3 **次の文章を読んで問いに答えなさい。**

様々な技術が開発され，私たちの生活は便利になっています。新型コロナウイルス感染症《かんせんしょう》の流行をきっかけとして(**ア**)を行う(イ)企業が増え，学校ではオンラインでの授業が行われるなど，自宅にいながら(ウ)労働や学習ができるような社会になってきています。

このような世の中になったからこそ，「あえてしない」ということが重要になってくるのではないでしょうか。例えば，歩くと15分かかる駅へ行くことを考えてみましょう。皆《みな》さんは歩いて駅に向かいますか，それとも自転車で向かいますか。家に車を運転できる家族がいれば車で送ってもらうということを考える人もいるでしょう。しかし，地球環境《かんきょう》に配慮《はいりょ》するのであれば，車に頼らず自転車や徒歩を選択《せんたく》するほうがよいかもしれません。便利なものを知ると，便利なほうを選択したい気持ちにもなりますが，(エ)持続可能な開発が求められる近年，私たちの生活を高め持続させていくためには，「することができる」けれども「あえてしない」ことが必要になっていくでしょう。

資本主義経済の移り変わりや国際政治を見ても，「あえてしない」選択が行われてきたことがわかります。世界恐慌《きょうこう》以降，ニューディール政策に代表されるように，(オ)政府は経済政策を積極的に行ってきました。しかし，石油危機によって政府の経済政策は限界を迎《むか》えます。そこで，(カ)政府は経済に介入《かいにゅう》することができるけれども，それを最小限にとどめるという選択をし，これ以降，政府がどこまで経済に介入するのかということは議論が続けられています。他にも(キ)国際連盟は武力制裁ができませんでしたが，その反省を生かして(ク)国際連合は武力制裁を加えることができるようになりました。しかし，国連憲章にもとづいた国連軍がこれまでに編制されたことがないように，国連では武力制裁をせず，(ケ)平和維持《いじ》活動(ＰＫＯ《ピーケーオー》)などの非軍事的措置《そち》で解決をめざしています。

このように，「あえてしない」という選択は社会を前進させてきました。オンラインでの授業などは非常に便利な技術ですが，それができるようになった今だからこそ，直接のコミュニケーションや授業の大切さを見つめなおしてみてもよいかもしれません。

問１．空らん(**ア**)にあてはまる語句は，ＩＣＴ《アイシーティー》(情報通信技術)を利用し，自宅など職場から離《はな》れた所で働く働き方を意味する言葉です。それを何といいますか，カタカナ５字で答えなさい。

問２．下線部(イ)について，企業は利潤《りじゅん》を最大化させることが目的ですが，それだけにとらわれない社会の一員としての経営が求められています。そのような企業の経営の例として，**最も適当でないもの**を次から一つ選び番号で答えなさい。

1．コンサートや美術展を主催《しゅさい》するなど，文化や芸術活動を支援《しえん》する。

2．災害に見舞《みま》われた地域に寄付をしたり，その地域でボランティアをしたりする。

3．生産過程で発生してしまった有害物質を，その企業の負担で処理する。

4．企業同士の行き過ぎた競争を防ぐため，企業で価格や流通量などについて協定を結ぶ。

問３．下線部(ウ)について，日本における労働者の権利について説明した次の**あ**・**い**の文が，正しい(○)かあやまっている(×)かの組み合わせとして，正しいものをあとから選び番号で答えなさい。

あ．日本国憲法では，勤労は権利であると同時に義務であるとされている。

い．労働者の権利を守るために，日本国憲法には労働時間や賃金などの基準が記されている。

1．**あ**．○　**い**．○　　**2**．**あ**．○　**い**．×

3．**あ**．×　**い**．○　　**4**．**あ**．×　**い**．×

問４．下線部(エ)について，これを進めるために1992年に地球サミットが開かれましたが，その開《かい》催《さい》地《ち》となった国の説明として，**あやまっているもの**を次から**二つ**選び番号で答えなさい。

1．2016年に夏季オリンピックが開かれた。

2．BRICS《ブリックス》の一つに数えられる。

3．世界で一番流域面積が広い川が流れている。

4．国際連合の安全保障理事会の常任理事国である。

5．国内ではイスラーム教徒の人口が最も多い。

問５．下線部(オ)について，政府を構成する内閣とその下の行政機関について説明した次の文のうち，**あやまっているもの**を一つ選び番号で答えなさい。

1．総理大臣が辞任した場合は，内閣は総辞職しなければならない。

2．内閣は，臨時国会の召集《しょうしゅう》を決定することができる。

3．各省庁に勤務する公務員は労働者であり，国民全体の奉仕者ではない。

4．各省庁は，国会の議決を経ずに行政上の命令を定めることができる。

問６．下線部(カ)について，石油危機以降，政府や日本銀行が行った経済政策について説明した次の**あ**～**え**の文のうち，正しいものの組み合わせを下の**1**～**6**から選び番号で答えなさい。

あ．バブル経済崩壊《ほうかい》後の不況《ふきょう》から回復するため，消費税を５％から３％に引き下げた。

い．1980年代の円高不況に対して，日本銀行は金利を引き下げた。

う．政府の支出を減らすため，行政改革の一環《いっかん》として郵便事業を民営化した。

え．インフレーションによる不況から回復するため，第２次安倍政権は物価の引き下げをめざした。

1．**あ・い**　　**2**．**あ・う**　　**3**．**あ・え**

4．**い・う**　　**5**．**い・え**　　**6**．**う・え**

問７．下線部(キ)について，日本が国際連盟を脱退《だったい》した時期として，正しいものを右の年表中の**1**～**5**から一つ選び番号で答えなさい。

	1
1918	米騒動の発生
	2
1925	治安維持法の制定
	3
1931	柳条湖事件の発生
	4
1936	二・二六事件の発生
	5

問８．下線部(ク)について，国際連合で採択《さいたく》されたものとして，正しいものを次から**すべて**選び番号で答えなさい。

1．環《かん》太平洋経済連携《れんけい》協定　　**2**．人種差別撤廃《てっぱい》条約

3．世界人権宣言　　**4**．非核《ひかく》三原則

5．包括的《ほうかつてき》核実験禁止条約

問９．下線部(ケ)について，日本は平和維持活動に自衛隊を派遣《はけん》していますが，自衛隊の最高指揮監督《かんとく》権は，「□□統制」という考え方にもとづいて内閣総理大臣がもっています。□□にあてはまる語句を，漢字２字で答えなさい。

【理　科】〈第2回試験〉（社会と合わせて50分）〈満点：50点〉

1 　次の文章を読み，以下の問いに答えなさい。

図のように，三角フラスコと断面積が$10cm^2$のシリンジを管で繋《つな》いだ装置を作りました。シリンジの中のピストンは，なめらかに動かすことができます。図のように，ピストンの位置はシリンジの左端《ひだりはし》からピストンの先端《せんたん》までの距《きょ》離《り》(以下，「ピストンまでの距離」と呼ぶことにします)で表すことにします。「ピストンまでの距離」が0cmのとき，装置内の空気の体積は$50cm^3$でした。装置内の空気の温度は自由に設定し，一定に保つことができるように作られています。

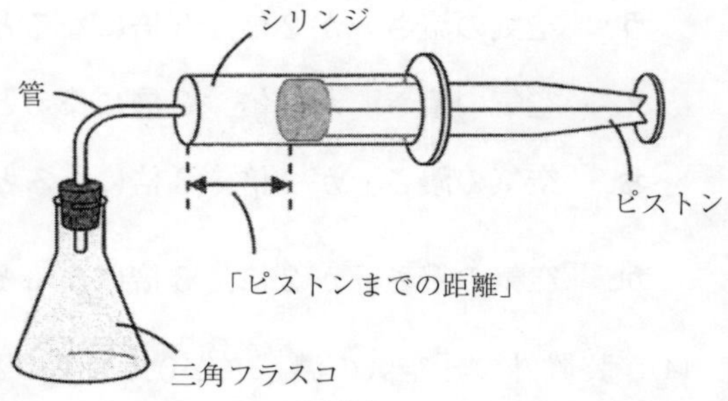

図

【実験1】

装置内の空気の温度を27℃にしたとき，「ピストンまでの距離」は7cmでした。この状態から装置内の空気の温度を変化させたところ，「ピストンまでの距離」は表1のようになりました。

表1

装置内の空気の温度[℃]	27	42	72	87
「ピストンまでの距離」[cm]	7	7.6	8.8	9.4

(1)　装置内の空気の温度を57℃にすると，「ピストンまでの距離」は何cmになるでしょうか。**四捨五入して小数第1位まで答えなさい。**

(2)　装置内の空気の温度を変えたところ，装置内の空気の体積は$127.2cm^3$になりました。このときの装置内の空気の温度は何℃でしょうか。**四捨五入して整数で答えなさい。**

気体の入ったビニール袋《ぶくろ》を密閉し山に登ると，高度が上がるにつれ袋がふくらむ様子を観察することができます。これは，袋のまわりにある空気が薄《うす》くなることで，袋の中の気体の体積が大きくなるためです。このように，気体の体積を変化させる要因には気体の温度のほかにも，気体のまわりにある「空気の濃《こ》さ」があります。

「空気の濃さ」は「気圧」という単位を用いて表すことができます。例えば海抜《かいばつ》0mの地点の「空気の濃さ」はおよそ1気圧であるのに対して，富士山の山頂付近ではおよそ0.63気圧となります。

【実験2】

上の図の，装置内の空気の温度を27℃に保ち，装置外の「空気の濃さ」を変化させたところ，「ピストンまでの距離」は表2のようになりました。

表2

装置外の「空気の濃さ」[気圧]	0.5	0.8	1	1.25	1.5
「ピストンまでの距離」[cm]	19	10	7	4.6	3

(3)　【実験2】から分かることとして最も適切なものを，次の**あ**～**か**から1つ選び，記号で答えなさい。

あ.「空気の濃さ」が2倍，3倍になると，「ピストンまでの距離」も2倍，3倍になる。

い．「空気の濃さ」が２倍，３倍になると，「ピストンまでの距離」は$\frac{1}{2}$倍，$\frac{1}{3}$倍になる。

う．「空気の濃さ」が２倍，３倍になると，「ピストンまでの距離」は$\frac{1}{4}$倍，$\frac{1}{6}$倍になる。

え．「空気の濃さ」が２倍，３倍になると，装置内の空気の体積も２倍，３倍になる。

お．「空気の濃さ」が２倍，３倍になると，装置内の空気の体積は$\frac{1}{2}$倍，$\frac{1}{3}$倍になる。

か．「空気の濃さ」が２倍，３倍になると，装置内の空気の体積は$\frac{1}{4}$倍，$\frac{1}{6}$倍になる。

(4)　装置外の「空気の濃さ」が0.6気圧のとき，「ピストンまでの距離」は何cmになるでしょうか。**四捨五入して整数で答えなさい**。

(5)　装置外の「空気の濃さ」を0.8気圧，装置内の空気の温度を87℃にすると，「ピストンまでの距離」は何cmになるでしょうか。**四捨五入して整数で答えなさい**。ただし，【実験１】は装置外の「空気の濃さ」を１気圧にして行ったものとします。

2　次の文章を読み，以下の問いに答えなさい。

何種類かの物質が混ざっているとき，その中の特定の物質が全体に対してどの程度の量を占めているのかを考えます。

全体の重さに対する，着目した物質の重さの割合を百分率で表したものを「質量パーセント濃度《のうど》」といいます。質量パーセント濃度は，次のようにして計算し，単位は「%」で表します。

$$\text{質量パーセント濃度}=\frac{\text{着目した物質の重さ}}{\text{全体の重さ}}\times 100$$

何種類かの気体が混ざっている混合気体の中のある気体に着目して，その割合を表すときには，「体積パーセント濃度」を用いることもあります。

体積パーセント濃度とは，混合する前の気体の合計の体積に対する，混合前の着目した気体の体積の割合を百分率で表したもので，次のようにして計算し，単位は「%」で表します。ただし，気体の体積は同じ条件で測定したものを用います。

$$\text{体積パーセント濃度}=\frac{\text{混合前の着目した気体の体積}}{\text{混合前の気体の合計の体積}}\times 100$$

たとえば，窒素《ちっそ》４Ｌと酸素１Ｌを混合してできた混合気体があるとき，窒素の体積パーセント濃度は80%となります。

(1)　50ｇの水に食塩を溶《と》かして，質量パーセント濃度が20%の食塩水を作るためには，食塩を何ｇ溶かせばよいですか。**四捨五入して小数第１位まで答えなさい**。

(2)　水素と酸素を体積パーセント濃度がそれぞれ50%になるように混合します。気体の酸素の重さは，同じ体積の気体の水素の重さの16倍です。このときの，酸素の質量パーセント濃度は何%ですか。**四捨五入して小数第１位まで答えなさい**。

(3)　(2)の条件で水素を燃焼させると水素のすべてと酸素の半分が反応して水18ｇだけができました。残っている酸素は何ｇですか。**四捨五入して整数で答えなさい**。

窒素と酸素からなる混合気体①が125mL あります。次の手順で混合気体①に含まれる窒素や酸素の量を調べました。

【手順１】

混合気体①に炭素を入れて燃やしたあとに残った気体は125mL でした。この気体は窒素と酸素と二酸化炭素からなる混合気体であり，この気体を混合気体②とします。このとき，炭素はすべてなくなり，反応した酸素の体積とできた二酸化炭素の体積は同じでした。

【手順２】

続いて混合気体②を石灰水に通し，石灰水を白くにごらせる気体のみをすべて取り除きました。その後，残った気体を集めると，気体の体積は80mL になりました。この気体を混合気体③とします。ただし，混合気体③には水蒸気は含まれていないものとします。

【手順３】

さらに続けて混合気体③の中でマグネシウムを入れて燃やすと，酸素は完全に反応し，酸化マグネシウムという固体になりました。残った気体の体積は65mL でした。ただし，窒素とマグネシウムは反応しないものとします。

(4)　混合気体①の酸素の体積パーセント濃度は何％ですか。**四捨五入して整数で答えなさい。**

(5)　混合気体②の酸素の体積パーセント濃度は何％ですか。**四捨五入して整数で答えなさい。**

3　次の文章を読み，以下の問いに答えなさい。

植物は根から水を吸収しています。根から取り入れた水は，植物の体のすみずみまで行きわたります。葉まで届いた水は<u>水蒸気となって植物の体から出ていきます</u>。

(1)　切り花用の染色液で色を付けた水に，ホウセンカの根の先を入れました。しばらくしてから，茎《くき》を横や縦に切って，切り口の様子を観察しました。茎を横に切ったときの様子が**あ～え**で，茎の中心を通るように縦に切った様子が**か**，**き**です。それぞれの切り口の様子として最も適切なものを，それぞれの選択肢《せんたくし》から１つずつ選び，記号で答えなさい。ただし，色が付いていた部分を灰色にぬって表しています。

【横の切り口】

あ.　　い.　　う.　　え.

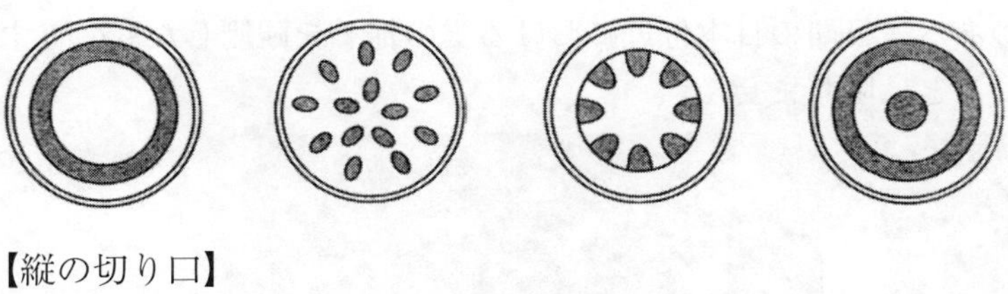

【縦の切り口】

か.　　き.

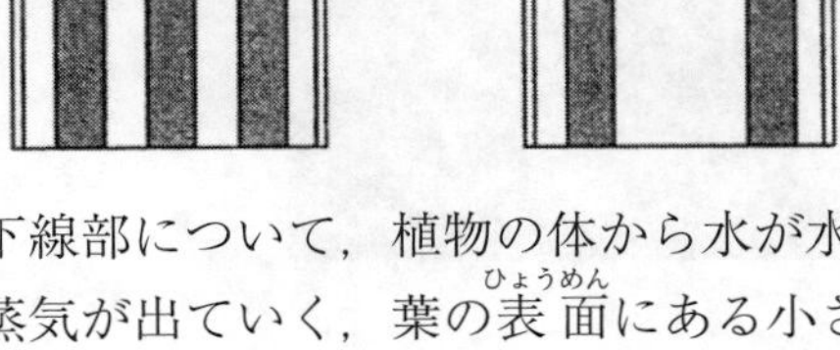

(2)　下線部について，植物の体から水が水蒸気となって出ていく現象を何といいますか。また，水蒸気が出ていく，葉の表面《ひょうめん》にある小さなあなを何といいますか。

同じ植物の枝を３本用意しました。これらの枝には，同じ大きさの葉が同数ついており，茎の太さと長さも同じでした。以下，それぞれの枝をＡ，Ｂ，Ｃと呼ぶこととします。Ａ，Ｂ，Ｃに下表に示した操作を行った後，それぞれを右図のように水が入っている３本の試験管に１本ずつさし，油を液面に少し浮《う》かべました。これらの試験管を明るい場所に置き，５時間後の水の減少量を測定しました。

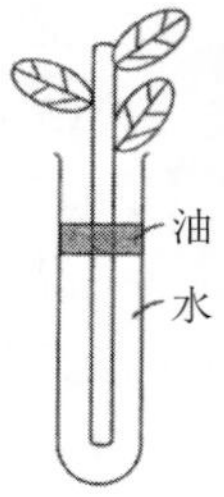

表

枝	操作
Ａ	葉の表側にワセリンをぬる。
Ｂ	葉の裏側にワセリンをぬる。
Ｃ	葉にワセリンはぬらず，そのままにする。

(3)　試験管の液面に油を少し浮かべた理由として最も適切なものを，次の**あ**～**え**から１つ選び，記号で答えなさい。

あ．液面の高さの変化を観察しやすくするため。

い．枝に栄養を与《あた》え，活動を活発にするため。

う．液面からの水の蒸発を防ぐため。

え．水が空気と接して，水に酸素が溶《と》け込むのを防ぐため。

(4)　Ａ，Ｂ，Ｃが入っている試験管の水の減少量をそれぞれ a，b，c としたとき，葉の表側から出た水の量を表す式を，次の**あ**～**え**から１つ選び，記号で答えなさい。

あ．$a-b$　　**い**．$c-a$　　**う**．$b-c$　　**え**．$c-b$

(5)　Ａ，Ｂ，Ｃが入っている試験管の水の減少量をそれぞれ a，b，c としたとき，茎から出た水の量を表す式を，次の**あ**～**え**から１つ選び，記号で答えなさい。

あ．$(c-a-b)\div 2$　　**い**．$(a+b-c)\div 2$　　**う**．$c-a-b$　　**え**．$a+b-c$

4　以下の問いに答えなさい。

(1)　気象庁は，日本全国の気象状況を細かく監視《かんし》するために，降水量，風向・風速，気温，日照時間などの観測を全国にある観測所で自動的に行っています。このシステムを何といいますか。**カタカナで答えなさい**。

(2)　次の①～④の図は，３月のある４日間の日本付近における雲の様子を観測したものです。ただし，日付の順番に並んでいるとは限りません。

①

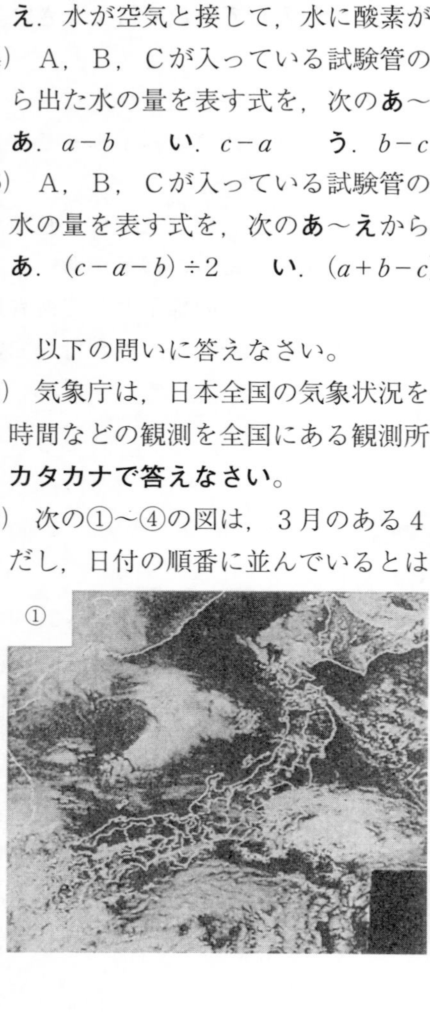

②

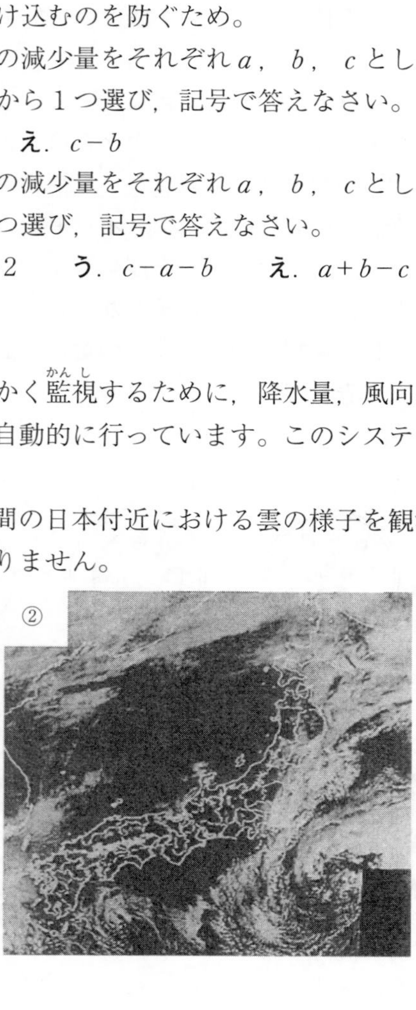

③

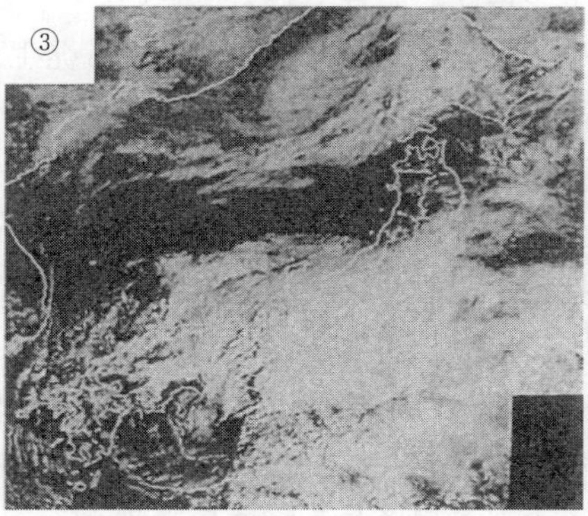

④

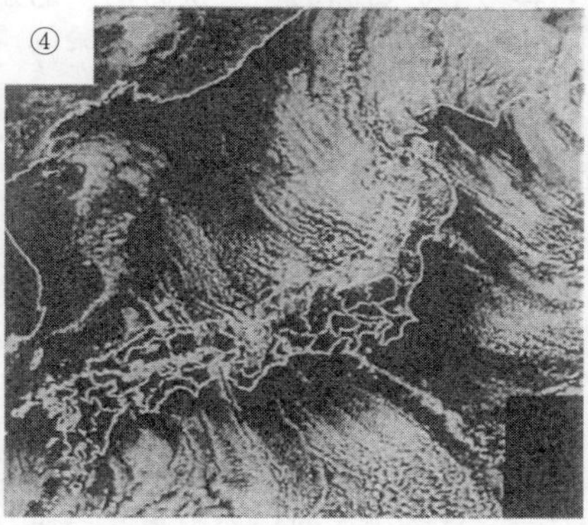

図１に示したA，B，Cの３つの観測所で，この４日間の天気の変化を記録したところ，次の表のようになりました。雲の様子を日付の順番に並べ替《か》えたものとして最も適切なものを，下の**あ**～**え**から１つ選び，記号で答えなさい。

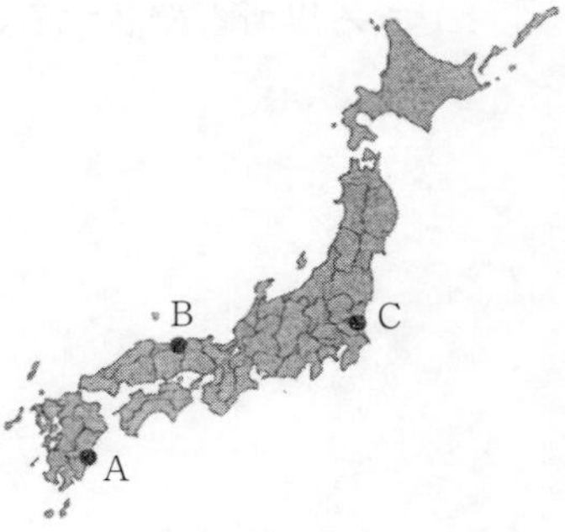

図１

表

観測所	１日目	２日目	３日目	４日目
A	晴れ	雨	晴れ	くもり
B	くもり	晴れ	雨	晴れ
C	晴れ	くもり	くもり	くもり

あ．③⇒①⇒④⇒②
い．③⇒②⇒①⇒④
う．④⇒①⇒③⇒②
え．④⇒②⇒①⇒③

(3)　降水量とは，「降った雨や雪がどこにも流れ去らずにそのまま溜《た》まった場合の水の深さ」と決められており，単位は「mm」で表します。降水量を測定するための雨量計は図２のように，貯水ビンと漏斗《ろうと》が組み合わさった構造をしており，貯水ビンに溜まった水の量から降水量を計測しています。ある雨の日の１時間に降った雨の量を測定したところ，貯水ビンには底から1.5cmの深さまで水が溜まっていました。図３のように，漏斗の直径が15cm，貯水ビンの直径が10cmであったとすると，この１時間の降水量は何mmでしたか。**四捨五入して小数第１位まで答えなさい**。

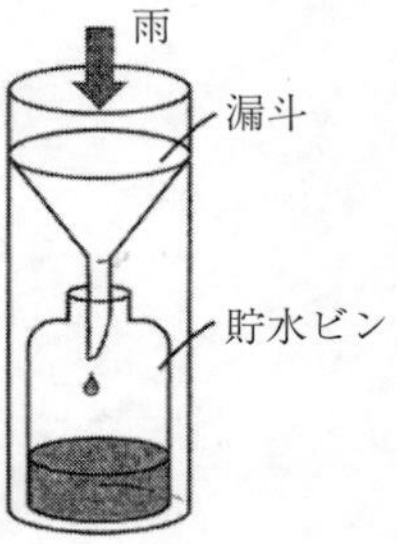

図２

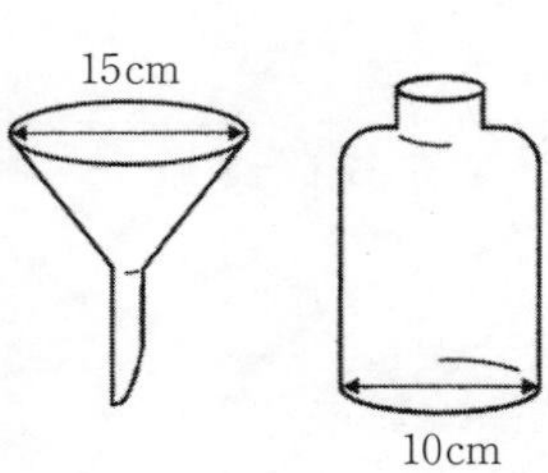

図３

(4)　次の文章のうち**誤っているもの**を，次の**あ**～**お**から１つ選び，記号で答えなさい。

あ．大雨が降ると，河川の増水や家屋の浸水だけでなく，山くずれなどの土砂災害も発生することがある。

い．河川の上流で大雨が降ると，雨の降っていない下流でも水位が急激に上昇《じょうしょう》することがある。

う．大規模な災害が予想される地域に発令される避難《ひなん》指示・避難準備情報・避難勧告《かんこく》のうち，最も緊急度《きんきゅうど》が高いのは避難指示である。

え．自分が住んでいる地域に避難指示が発令された場合には，自宅の付近にある河川が氾濫《はんらん》していたとしても，最寄りの避難所に避難しなくてはならない。

お．洪水《こうずい》ハザードマップでは，河川が氾濫した場合に浸水が予想される区域や避難することができる場所を確認することができる。

問七　——線⑦「この大鏡の辺りを頂点としていることがわかった」とありますが、これはどのようなことを意味していますか。その説明として最も適当なものを次のア～オの中から一つ選び、記号で答えなさい。

ア　誰《だれ》もいない空間の中で、大鏡の辺りだけが異質であり、厳《げん》粛《しゅく》で近寄りがたい印象を抱《いだ》いているということ。

イ　屋敷《やしき》の持ち主が、確かに生活していたことを感じさせ、不思議な魅力《みりょく》に目が離《はな》せなくなっているということ。

ウ　空っぽな部屋の中で、大鏡の辺りだけ怪《あや》しい気配が特に強く、「何か」がいそうな予感がするということ。

エ　ただでさえ不思議な空間の中で、特に異様な雰囲気《ふんいき》を放っており、思わず引き寄せられてしまうということ。

オ　長い時間をかけて強まってきた不思議な魅力《みりょく》が、大鏡から発せられているように感じられるということ。

問八　——線⑧「思いがけない展開に戸惑《とまど》い」とありますが、「思いがけない展開」とはどのような展開ですか。照美《てるみ》の「戸惑《とまど》い」の内容を明らかにしながら四十五字以内で説明しなさい。

問九　——線⑨「恐《おそ》る恐《おそ》る霧《きり》の中へ踏《ふ》み出した」とありますが、この時の照美《てるみ》の様子の説明として最も適当なものを次のア～オの中から一つ選び、記号で答えなさい。

ア　幼い頃《ころ》のおじいちゃんに会うために、せいいっぱいの勇気を出して過去の世界に入ろうとする様子。

イ　現実離《ばな》れした状況《じょうきょう》に緊張《きんちょう》してはいるものの、不思議な存在に引き付けられ、進んでいこうとする様子。

ウ　霧《きり》が逃《に》げ道《みち》をふさぐように立ちこめ、恐怖《きょうふ》におびえているが、もう後には引けないので覚悟《かくご》して進む様子。

エ　屋敷《やしき》に充満《じゅうまん》している不思議な力に操られ、何も考えることなく足だけがぎこちなく動いている様子。

オ　鏡の中の女の子に照美《てるみ》自身のことを教えてあげるために、少し怖《こわ》いが未知の世界へ挑《いど》もうとする様子。

れたので、ほっとしている。

ウ　照美《てるみ》のために必死で働いている両親を激しい口調で批判したことについておじいちゃんに怒《おこ》られるはずが、予想外に肯定《こうてい》されたために気が抜《ぬ》けている。

エ　理想をもたない両親への不満を一生懸命《いっしょうけんめい》訴《うった》えたはずなのに、おじいちゃんが真剣《しんけん》に話したことは的外れでしかなかったため、張り合いを失っている。

オ　憤慨《ふんがい》する照美《てるみ》に対して、おじいちゃんはまじめな態度で答えてくれたが、おじいちゃんの答えは照美《てるみ》にとって理解できないものだったため当惑《とうわく》している。

問四　――線④「それでもなんだか心地よかった」とありますが、この部分の照美《てるみ》の様子を説明したものとして最も適当なものを次のア〜オの中から一つ選び、記号で答えなさい。

ア　初めておじいちゃんが苦労話を聞かせてくれたことで、おじいちゃんが自分を信頼《しんらい》してくれたのだと誇《ほこ》らしく思う様子。

イ　おじいちゃんが、なんとかして照美《てるみ》を慰《なぐさ》めようとしてくれていることが分かって、その思いやりに感謝している様子。

ウ　両親と同じように、おじいちゃんも苦労したのだと知り、やはりおじいちゃんはすごい人だと改めて実感している様子。

エ　おじいちゃんから、こだわりのある生活の苦労がとつとつと語られるうちに、やりきれなさがうすらいできている様子。

オ　おじいちゃんの話を聞いて、やはり両親の生き方は間違《まちが》っているのだと自分の意見が認められたように感じている様子。

問五　――線⑤「池の方は見ないようにして」とありますが、照美《てるみ》が池を見ない理由として考えられる最も適当なものを次のア〜オの中から一つ選び、記号で答えなさい。

ア　辛《つら》い記憶《きおく》が残る池を見ると、おじいちゃんも死んでしまうのだという実感がわき、恐怖《きょうふ》と焦《あせ》りに支配されてしまうから。

イ　池を見て弟を思い出すことによって、病院に運ばれたおじいちゃんの死が現実のものになってしまうと確信されたから。

ウ　おじいちゃんが死んでしまうかもしれないという今の胸が詰《つ》まる状況《じょうきょう》が、池を見ると弟の死と重なってしまうから。

エ　倒《たお》れたおじいちゃんのことを思って池を見ると、この場所で弟と遊んだ思い出までもが嫌《いや》なものに思えてきてしまうから。

オ　かつて弟と一緒《いっしょ》に遊んだ池を見ると、弟がもう死んでしまったことが嫌《いや》でも思い出され、悲しくてしかたがないから。

問六　――線⑥「ドアの取っ手に手をかけた」とありますが、この部分の照美《てるみ》の心情の説明として最も適当なものを次のア〜オの中から一つ選び、記号で答えなさい。

ア　以前は近寄りにくいものだった屋敷《やしき》が、おじいちゃんの思い出話を聞かせてもらった今は、不思議と近い存在に感じ、屋敷《やしき》の中に入ろうと思っている。

イ　おじいちゃんと同じように私もこの屋敷《やしき》に歓迎《かんげい》されていると実感し、今まで屋敷《やしき》に抱《いだ》いていた抵抗《ていこう》感が無くなり、屋敷《やしき》に入ろうと意気込《いきご》んでいる。

ウ　ひとけのない古い屋敷《やしき》はかつては恐怖《きょうふ》の対象でしかなかったが、成長した今では、屋敷《やしき》の中で何が起きても私は平気だという勇気が湧《わ》いている。

エ　庭に忍《しの》び込《こ》んで勝手に遊ぶのとは違《ちが》って、幼い頃《ころ》のおじいちゃんと同じように、私も屋敷《やしき》の中で遊ぶことを許されているという自信を持っている。

オ　昔のおじいちゃんのように、私もレベッカやレイチェルと遊ぶために来たのだから、このドアを開けて中に入らなければならないと直感している。

的に大声で、

「テ・ル・ミィ」

と応じた。

鏡の向こうで、一瞬《いっしゅん》静まる気配があり、それからまたあのこだまのような声が響《ひび》いた。

「アイル・テル・ユウ」

そして、鏡の表面に霧《きり》のようなものが急に集まったかと思うと、それはふわーっと外まで湧《わ》き出してあっというまに照美《てるみ》を包み込《こ》んでしまった。

――えっと、それって、話してあげようとか、教えてあげようっていうこと?……

照美《てるみ》は⑧思いがけない展開に戸惑《とまど》いながらも、英会話教室の生徒らしく、一生懸命《いっしょうけんめい》その奇妙《きみょう》な声の意味を判読しようとした。

最近、英会話教室でLとRの発音を繰《く》り返し練習させられていたので、日本語のてるみ、という名前までこんがらかって英語っぽく発音したのかもしれない。英語できかれるのと、日本語できかれるのとでは、応《こた》えるときに顎《あご》の力の入れ具合《ぐあ》いが微妙《びみょう》に違《ちが》うものだ。テル・ミィ、つまり、私に教えて、という意味にとられたのかもしれない。

霧《きり》のようなものは盛んに前方から後方へ流れてくる。まるで通路でも作ろうとしているかのようだ。それにしても、この石灰のような、変な匂《にお》いは何だろう。

そのとき、その霧《きり》の前方を、おかっぱ頭を揺《ゆ》らして女の子が歩いて行くのが見えた。

――あれ、あの子さっきの……

照美《てるみ》はその子に誘《さそ》われるように、鏡の木枠《きわく》を握《にぎ》ったまま、一歩、二歩と⑨恐《おそ》る恐《おそ》る霧《きり》の中へ踏《ふ》み出した。

(『裏庭』梨木香歩《なしきかほ》)

〔注〕＊1 マジックミラー＝対象が歪《ゆが》んで映るように特別な加工がされた鏡。

＊2 レリーフ＝浮《う》き彫《ぼ》り。

問一 ――線①「おじいちゃんの若かった頃《ころ》の、理想に燃える生き方」とありますが、おじいちゃんの理想の具体的な説明をしている部分を含《ふく》む一文を探し、最初の五字を抜《ぬ》き出しなさい。

問二 ――線②「少し涙《なみだ》が出てきた」とありますが、その理由として最も適当なものを次のア～オの中から一つ選び、記号で答えなさい。

ア 両親への不満を思ったよりも激しい口調で言ってしまったため、おじいちゃんに怒《おこ》られると思って怖《こわ》くなったから。

イ 両親の生活が全く充実《じゅうじつ》していないということをおじいちゃんに指摘《してき》されたのに、何も言い返せなくて悔《くや》しかったから。

ウ おじいちゃんの理想を聞いて、自分の両親にも誇《ほこ》りを持ってほしいと思うけれど、その方法が分からず絶望したから。

エ おじいちゃんの元気だった頃《ころ》の姿を思い出し、入院したおじいちゃんのことが心配でたまらなくなってしまったから。

オ おじいちゃんの話を聞いて自分の両親の現状を考えると、やり場のない思いがわきおこり、もどかしさを感じたから。

問三 ――線③「かくんと何かが外された気になった」とありますが、この時の照美《てるみ》の心情として最も適当なものを次のア～オの中から一つ選び、記号で答えなさい。

ア おじいちゃんも他の大人と同じように叱《しか》るのだと思って緊《きん》張《ちょう》したが、思ってもみなかったことをおだやかに言われたので、拍子抜《ひょうしぬ》けしている。

イ 両親を見下したことをおじいちゃんに怒《おこ》られると思って身構えていたが、おじいちゃんは照美《てるみ》と同じ目線の高さで考えてくそれで生活することはとても難しかった……」

おじいちゃんのいっていることは、照美《てるみ》にはよくわからないこともあったが、④それでもなんだか心地よかった。

おじいちゃんは死んでしまうのだろうか。

もう二度と会えなくなるのだろうか。

——純《じゅん》のように？

照美《てるみ》はもう、自分を消してしまいたいようなやりきれない気持ちになっていた。そのまままっすぐにバーンズ屋敷《やしき》へ向《む》かい、昨日動かした門をくぐった。⑤池の方は見ないようにしてドアの前に立った。

照美《てるみ》はもともと、それほど冒険心《ぼうけんしん》に富んでいる子でもなければ、好《こう》奇心《きしん》にあふれているわけでもなく、勇気に満ちているというタイプでもなかった。けれど今はたった一人で、おばけ屋敷《やしき》ともささやかれている人気のない屋敷《やしき》の中へ入ろうとしている。

昔はとてもいかめしく恐《おそ》ろしいものに見えたドアが、今はおじいちゃんからしょっちゅうきいていたせいで、なんとなく懐《なつ》かしいもののように感じられた。おじいちゃんも、このドアを通って、レイチェルやレベッカのところへ遊びに行ったのだ。

そのとき照美《てるみ》の心に、何故《なぜ》だか、ドアがすっと開くという、確信のようなものが突然《とつぜん》閃《ひらめ》いて、⑥ドアの取っ手に手をかけた。

門のときと同様、ドアはいくらかきしんだ音をたてたが、すぐに動く意志を見せ、向こう側に向かって開いた。

中は真っ暗だった。けれど、入ってしまうと眼が慣れてきて、窓からの外光だけで、何とか中の様子がつかめた。

年代物のほこりっぽさと、鎮《しず》まっていた空気の粒子《りゅうし》が一斉《いっせい》にこちらを振《ふ》り向《む》いたような気配があった。歩くと、ぎーぎーと、床《ゆか》がきしんだ音をたてた。

その音が人気のないホールにこだまして、何かがこぞってこちらに注目している感じがした。誰《だれ》もいないはずなのに、何かがぎっしり詰《つ》まっている、濃密《のうみつ》な気配を感じる。

照美《てるみ》は、自分の一挙手一投足が、息を凝《こ》らしている何かに見つめられているような気がした。

——おじいちゃんも、ここへ来たんだ……。

照美《てるみ》は子どもの頃《ころ》のおじいちゃんが、まだそのあたりを歩いてでもいるかのように、無意識に目で探そうとしていた。

そのとき、屋敷《やしき》の奥《おく》からふっと、女の子の影《かげ》が動いているのを見たように思った。どきんとして、目をこらすと誰《だれ》もいない。気のせいだったのか、とほっとすると、その奥《おく》の方で不思議な存在感を放っている、大鏡を見つけた。

その瞬間《しゅんかん》、この屋敷《やしき》の中の不思議な気配は、⑦この大鏡の辺りを頂点としていることがわかった。

——あれが、おじいちゃんの言ってた鏡に違《ちが》いない……。

鏡に近づくと、それがまるで遊園地の＊1マジックミラーのように、歪《ゆが》んだ形に映った。もう何年も人を映していないので、まるでちゃんとした映し方を忘れてしまったとでもいうようだった。

周りの木枠《きわく》には、凝《こ》った＊2レリーフが施《ほどこ》されている。一重《ひとえ》の花をあちこちにつけた蔓薔薇《つるばら》と竜《りゅう》が見え隠れしながら鏡の周りを巡《めぐ》っていた。その、一枚一枚の鱗《うろこ》や花びらの微妙《びみょう》な凹凸《おうとつ》まできちんと彫《ほ》ってある精巧《せいこう》さに見とれ、照美《てるみ》は思わず手でぐるりと鏡の周りを触って確かめてみた。

その途端《とたん》、何かのうなり声とも、遠いどこからか響《ひび》くこだまともきこえる声が照美《てるみ》の耳に響《ひび》いた。

「フーアーユー？」

それが英語の、あなたはだれ？　という意味の言葉にきこえたのは、昨日英会話教室をさぼったからかしら、と、一瞬《いっしゅん》照美《てるみ》は思い、反射

二　次の文章を読んで、後の一から九までの各問いに答えなさい。（ただし、字数指定のある問いはすべて句読点・記号も一字とする。）

照美《てるみ》の住む町の丘《おか》のふもとには、かつてレイチェル、レベッカという姉妹がいる英国人のバーンズ一家の別荘《べっそう》だった、古い屋敷《やしき》がある。子どもたちのあいだでは不思議な洋館として有名なその屋敷《やしき》の庭には池があり、照美《てるみ》も幼い頃《ころ》は弟の純《じゅん》と一緒《いっしょ》に忍《しの》び込《こ》んで池の周りで遊んでいたが、純《じゅん》を亡くしてからは足が遠のいていた。その後、照美《てるみ》はクラスメイトのおじいちゃんから、彼《かれ》が幼い頃《ころ》に、まだバーンズ一家が滞在《たいざい》していたその屋敷《やしき》へ遊びに行ったときの思い出話をよく聞いていた。ある日、照《てる》美《み》はそのおじいちゃんが倒《たお》れて病院に運ばれたこと、そしてバーンズ屋敷《やしき》が取り壊《こわ》されることに決まったということを聞かされる。

次の日の朝、ママは照美《てるみ》が少し元気がないことに気づいた。

――夕べの食事もほとんど手つかずだった……。

ママは一瞬《いっしゅん》上から下まで照美《てるみ》を鋭《するど》く見つめた。いつにもまして口数が少ない。ちょっと気になったが、今日はあいにくずっと忙《いそが》しい。学校に行ってくれたほうが安心なので、そのまま送りだした。

照美《てるみ》の足は、学校へは向かなかった。おじいちゃんの部屋の前で照《てる》美《み》はしばらくぼんやりしていた。

この庭の前で、おじいちゃんが倒《たお》れる二、三日前に照美《てるみ》は久しぶりでおじいちゃんと話をした。おじいちゃんは庭を見ながら、昔自然農法の仕事をしたかったことを話してくれた。

①おじいちゃんの若かった頃《ころ》の、理想に燃える生き方をききながら、照美《てるみ》は自分の両親のことを思わずにいられなかった。

パパとママは真面目《まじめ》に生きてるけど、誇《ほこ》りをもって生きてない。楽しんでもいない。光に向かうまっすぐさがない。それは子どもにとってはどうにもならないやりきれなさだ。

「レストランやるんだったら、もっとこだわればいいのに。無農薬の野菜しか使わないとか、環境《かんきょう》問題とか。自分のこだわりってもんがないんだ。生活するだけなんだ」

照美《てるみ》はそのとき、珍《めずら》しく激しくそう言い切ると、②少し涙《なみだ》が出てきた。

「照《てる》ちゃんはそういうがな」

と、おじいちゃんが照美《てるみ》をたしなめたとき、照美《てるみ》は当然のように、（この場合たいていの大人がこのパターンで反応するものだが）誰《だれ》のためにパパやママが必死で働いているのか、と叱責《しっせき》されるものと予想していた。だが、おじいちゃんはおっとりと、

「真剣《しんけん》につくられた無農薬野菜は、商業ベースにのるほどの安定した収穫《しゅうかく》量は期待できないんだよ。だから、そういうレストランは経営がとても難しい」

と真顔でいったので、③かくんと何かが外された気になった。

「たい肥をどんどんやって、栄養過多にすれば、なるほど野菜はよく育つ。しかし、畜糞《ちくふん》を多く与《あた》えられた野菜は窒素《ちっそ》分が多くなって、収《しゅう》穫《かく》後、あまりのアクの多さを自分で持て余してすぐにしなびてしまう。そういう野菜は緑色が異様に濃《こ》くて、食べるとポクポクする。窒素《ちっそ》分が多いせいだ。やがて、亜《あ》しょう酸となって、害になる。アクをとればまだいいんだが……。だが、このアクの部分に発ガンを抑制《よくせい》する成分があるという説もあるから、まあ、何事もほどほどってことかな。畜糞《ちくふん》を使わない、雑草のようにさわやかな、生命力にあふれた野菜をつくることが、おじいちゃんの夢だった。ある程度はそれもできたが、

イ　嘘《うそ》は持っている情報量の最も多い人がうまくつくことができるものである。

ウ　事をうまく運ぶためには、一つの手段として時には嘘《うそ》が必要なこともある。

エ　嘘《うそ》をつき続けているといつの間にか嘘《うそ》が嘘《うそ》でなくなってしまうこともある。

オ　嘘《うそ》であっても、相手のことを心から思いやったものであるならば許される。

問六　――線⑥「グレースおばさんは～拭《ふ》いていました」とありますが、その理由として最も適当なものを次のア～オの中から一つ選び、記号で答えなさい。

ア　揺《ゆ》るぎない「自分の宇宙」を持っていることで、自分が抱《いだ》いているコンプレックスを隠《かく》せているから。

イ　自分の仕事は決して誰《だれ》にも負けることはないという、自己への誇《ほこ》りに満ちあふれているから。

ウ　窓拭《ふ》きをすることで多くの人に感謝され、心から幸せな気持ちを味わうことができるから。

エ　誰《だれ》かと比較《ひかく》することなく、自己との会話を通して得られた確固たる自分を持っているから。

オ　自分を認めてくれる家族の存在のおかげで、誰《だれ》にも負けない自己肯定《こうてい》感を持てているから。

問七　――線⑦「憧《あこが》れや羨望《せんぼう》はコンプレックスと表裏一体」とありますが、どういうことですか。その説明として最も適当なものを次のア～オの中から一つ選び、記号で答えなさい。

ア　相手へのあこがれは自分の持っていないものを相手が持っていることに対して抱《いだ》くものであり、それはそのまま自分が相手より劣《おと》っているという自覚につながっているということ。

イ　相手へのあこがれは相手の人生と自分の人生を重ね合わせて見ることから出発しており、その結果として自分の人生よりも相手の人生の方が輝《かがや》いて見えてしまうということ。

ウ　自分のあこがれに向かって上を目指そうと思っても、自分への自信がなければ目標には到達《とうたつ》することができず、最終的には自分への失望という結果にいたってしまうということ。

エ　相手と自分を比べて相手にあこがれを抱《いだ》くのと同じように、相手も自分にあこがれを抱《いだ》くものであり、そのことがきっかけとなって両者とも自分自身のいたらなさに気づくということ。

オ　自分に自信が持てていないために、相手が自分にあこがれを抱《いだ》いてくれてもそのことが自分への負い目となって、次第に自分で自分を否定しないではいられなくなってしまうということ。

問八　日本とヨーロッパやアメリカのビジネスに対するそれぞれの姿勢を四十五字以内で説明しなさい。

問九　――線Ａ「ゼッタイ」・Ｂ「カイホウ」を正しい漢字に直しなさい。（一画一画《いっかくいっかく》ていねいにはっきりと書くこと。）

つけて研究する学問。

＊4　エア・リキード＝フランスにある産業ガス・医療《いりょう》ガスの世界大手のメーカー。

＊5　エクセレント・カンパニー＝超優良企業《ちょうゆうりょうきぎょう》。

＊6　ヘアリキッド＝男性用整髪《せいはつ》料。

＊7　フェース・トゥ・フェース＝直接会うこと。

＊8　オックスフォード＝イギリスにある総合大学。筆者はここに勤務していたことがある。

＊9　コンプレックス＝劣等感《れっとうかん》。

＊10　奈落《ならく》の底＝地獄《じごく》の底。抜《ぬ》け出すことのできない、どうにもならない状態。

問一　――線①「自分で身につけ、自分で高めていくもの」とありますが、自分力について説明した次の文の空らん（A）・（B）に本文中からAは十五字、Bは九字で探し、抜《ぬ》き出しなさい。

筆者は自分自身の経験から、自分力とは、（A　十五字）に身を置き（B　九字）に気づくことで身についていくものだと考えている。

問二　――線②「私は、いつしか、～なりました」とありますが、筆者はどのようなことを感じたというのですか。その説明として最も適当なものを次のア～オの中から一つ選び、記号で答えなさい。

ア　大切なのはこれまでの自分なのではなく、未来の自分がどうなのかだと感じた。

イ　自分が学歴やブランドを鼻にかけていることを相手に見透《みす》かされているのだと感じた。

ウ　自分は運命的に今自分が力をつけなければならないことを知る経験をしているのだと感じた。

エ　自分が体験していることは、今後の自分の成長にプラスになることだと感じた。

オ　自分はこの会社で力を発揮してこそ成功することが可能であるのだと感じた。

問三　――線③「携帯《けいたい》メールのやりとり」について、筆者はどのような点を否定的に見ているのですか。その説明として最も適当なものを次のア～オの中から一つ選び、記号で答えなさい。

ア　絶えず人とつながっていることや周囲との関係に気を取られ、自分一人になって自分を見つめることができなくなること。

イ　相手に気に入られるために本心とは違《ちが》うことを述べてしまい、自分の本当の気持ちと向き合うことができなくなること。

ウ　機械に支配され携帯《けいたい》の画面ばかりに目がいくようになり、自立した一人の人間という感覚がなくなってしまうこと。

エ　自分がするべきことよりも相手への返信を送ることを優先してしまい、結果的に仕事が後手後手に回ってしまうこと。

オ　メールによって毎日の自分のスケジュールが管理され、人生の主体が自分からメールに取って代わられてしまうこと。

問四　空らん〔④〕・〔⑧〕に入る語の組み合わせとして最も適当なものを次のア～オの中から一つ選び、記号で答えなさい。

ア　④孤立《こりつ》感　⑧恐怖《きょうふ》感

イ　④劣等《れっとう》感　⑧喪失《そうしつ》感

ウ　④罪悪感　⑧虚無《きょむ》感

エ　④疎外《そがい》感　⑧焦燥《しょうそう》感

オ　④孤独《こどく》感　⑧挫折《ざせつ》感

問五　――線⑤「嘘《うそ》も方便」の意味として最も適当なものを次のア～オの中から一つ選び、記号で答えなさい。

ア　嘘《うそ》も使い方によって、人を幸福にすることもあれば不幸にすることもある。

一人きりで自分と向き合う時空間には、友達と話したりメールしたりしている時とはまったく違《ちが》う、独特の感覚があるはずです。

学校の成績や友達関係以外のことで、自分の興味はどんなことに向いているのか。あるいは、どんなことに自信をなくしているのか。成績に自信がないのか、生き方に張りがないのか、家族との毎日のやりとりがぎくしゃくしているのか、人とのコミュニケーションがうっとうしくなっているのか。そういうことをじっくり考えられるのも、一人で自分と向き合っている時です。

そういう時空間を、どうか大切にしていってください。

＊8オックスフォード時代に「名誉《めいよ》ある失業」の危機に見舞《みま》われた頃《ころ》、私が住んでいた教官用の共同住宅には、グレースという中年の女性が、週末ごとに掃除《そうじ》に来ていました。

⑥グレースおばさんは、いつも楽しそうに鼻歌を歌いながら窓を拭《ふ》いていました。きっと、家族や友人に恵《めぐ》まれていたのでしょう。そうでなければ、こんなはつらつとした表情はできないと感じるほど、彼《かの》女《じょ》は輝《かがや》いていました。

その姿を横目で見ながら、次の仕事が見つからない私は、「いつも楽しそうでいいな。この人のほうが僕《ぼく》よりはるかに幸せだ」と、うらやましさを感じたものです。

どうしてグレースの方が僕《ぼく》より幸せなのだろう。何が違《ちが》うのだろう――。一人でずっと考えたすえに得た答えは、「人生で大切なのは、学歴でも、社会的ステイタスでも、お金でもない。『自分の宇宙』を持っている人が幸せなんだ」という、ごく当たり前のことでした。

当時の私は、まだ自分力というものを何も確立していませんでした。そんな状態で次の仕事を見つけようともがいていたのだから、毎日がつらくて当然でした。

その点、グレースにはしっかりとした自分力があり、自分の仕事に対する誇《ほこ》りもあった。だから、いつも楽しげに掃除《そうじ》をしていたのだと思います。幸せな人達はみんな、そういう雰囲気《ふんいき》を持っていて、隠《かく》そうとしても隠《かく》せないのです。

「有名校や有名企業《きぎょう》のブランドなんて、幻《まぼろし》みたいなものだ。本当は自分以外に何もない。僕《ぼく》が今の自分の存在意義をちゃんと自覚できれば、毎日楽しみを見出《みいだ》すことができる。こうした小さな発見を積み重ねていけば、今までの後ろ向きのサイクルは前向きのサイクルに変わるはずだ」

私は、このことにようやく気付きました。そして、これが私の出発点となりました。

今思えば、私がグレースに感じたうらやましさは、いつまでたっても自分力を確立できないことへの、＊9コンプレックスの裏返しだったかもしれません。

⑦憧《あこが》れや羨望《せんぼう》はコンプレックスと表裏一体なので、「あの人の人生と私の人生を取り替《か》えたい」といった感情におちいるのは、とても危険です。なぜなら、その憧《あこが》れが実現不可能な幻想《げんそう》だと気づいた時、＊10奈落《ならく》の底に突《つ》き落とされたようなものすごい〔 ⑧ 〕を味わい、取り返しのつかない結果になってしまうこともあるからです。

「うちは金持ちじゃないし、自分は学校でトップの成績でもない。でも、誰《だれ》かの人生と取り替《か》えたいなんて思わない」

このような感覚を持っている人こそ、実は打たれ強く、また「自分の宇宙」を形作る潜在能力《せんざいのうりょく》に恵《めぐ》まれているのです。

（『自分力を高める』今北純一《いまきたじゅんいち》）

〔注〕＊1　F1レース＝高性能のレーシングカーによるスピードを競うレース。

＊2　バッテル研究所＝アメリカの理工学系研究所。

＊3　テクノ・エコノミクス＝科学技術と経済の両方の面を結び

ごとくに扱《あつか》われて、これまでの仕事の実績などについて細々《こまごま》と何も訊《き》かれません。

一方、ヨーロッパやアメリカでは、ビジネスも日常生活も、個人対個人の勝負です。特にヨーロッパでは、名刺《めいし》の肩書《かたがき》など何の役にも立たない。そのかわり、自分が訴《うった》えたいことを信念をもって相手に思いきりぶつければ、その思いが通じる可能性が開けてくる。

表面的な装飾《そうしょく》で人の中身を判断しがちになってきている日本と、個人の資質という中身で勝負のヨーロッパ。後者の世界で実力を試してみたい、そんな誘惑《ゆうわく》に駆《か》られませんか？

自分力を身につけ、高めよう——。こう言うと、何かとても大変なことをやらなければならないように感じるかもしれませんが、あまり難しく考える必要はありません。

まずは身近なことから見直していきましょう。たとえば、③携帯《けいたい》メールのやりとりです。

日本に来ると、電車の中はいうにおよばず、道を歩いている時でさえ携帯《けいたい》メールのやりとりをしている人を見かけます。こういうシーンを、私はできるだけ見たくない。なぜなら、携帯《けいたい》メールを四六時中やっている人の姿が、携帯《けいたい》電話に振《ふ》り回されて他のことを何も考えられなくなっている「機械の奴隷《どれい》」に見えてしまうからです。

携帯《けいたい》電話は確かに便利な道具です。ＩＴが便利なのはいいけれど、＊7フェース・トゥ・フェースのコミュニケーションの重要さが、どんどん忘れられているような気がします。

ここで一つ、みなさんに質問をします。

「携帯《けいたい》メールのやりとりって、Ａゼッタイに必要なの？」

もしもあなたの答えが「イエス」だとしたら、それは〔④〕あるいは淋《さび》しさの現れかもしれません。本当に緊急《きんきゅう》の用事があるわけではなく、「仲間とつながっている」という感覚をキープしたいために、携帯《けいたい》メールのやりとりをしているのではありませんか？

自分力を高めようと思うなら、まずそこから見直すべきだと思います。

もちろん私は、友達とのつながりを否定しているのではありません。携帯《けいたい》電話を持つなとか、メールをすべてやめろ、などと言っているのでもありません。緊急《きんきゅう》連絡が必要ということだってあるでしょう。

ただ、「自分一人きりになる」ということの重要さを知ってほしいのです。

携帯《けいたい》メールに振《ふ》り回され、他のことを考える余力もなくなって、「メールが来ないと淋《さび》しい」「携帯《けいたい》がなかったら生きていけない」「メールが来ないのはみんなに嫌《きら》われているからだ」といった強迫観念《きょうはくかんねん》に追い込《こ》まれてはいませんか？

もし思い当たる点があるなら、しばらくの間、携帯《けいたい》電話なしで生活してみたらどうでしょう。⑤嘘《うそ》も方便で「壊《こわ》れちゃった」ということにして、何日間か、携帯《けいたい》メールから自分をＢカイホウしてみるのです。

そうすれば、自分一人だけの時空間を持ち、思索《しさく》することの大切さがわかると思います。

読書が好きな人もいるでしょう。日記を書くことに意味を見出《みいだ》している人もいるでしょう。あるいは公園のベンチに腰掛《こしか》けて考えることがリフレッシュにつながるという人もいるでしょう。それぞれにあった趣味《しゅみ》というものは、人間にとって大事なことです。しかし、どれも、誰《だれ》かにメールを打ちながらやるものではありません。

朝の洗面の時だってそうです。一人きりでしょう？　鏡の中の自分の顔を見て、「昨日、友達と喧嘩《けんか》した。今日は普通《ふつう》に話せるかな」とか、「宿題やってない。当てられたらどうしよう」などといろんなことを思いながら、自分自身と会話をしているわけです。その時に携帯《けいたい》メールが気になるようなら、かなり問題です。

二〇二一年度
豊島岡女子学園中学校

【国　語】〈第二回試験〉(五〇分)〈満点：一〇〇点〉

一　次の文章を読んで、後の一から九までの各問いに答えなさい。
(ただし、字数指定のある問いはすべて句読点・記号も一字とする。)

今、日本では、「社会に出れば個人の能力が問われる」「個性を持たなきゃいけない」「組織に頼《たよ》らず個の自立をめざせ」などと、さかんに言われています。

この本のキーワードである自分力は、「自立」「個性」「能力」などを総合したものですが、誰《だれ》かから「持たなきゃいけない」と強制されるようなものではありません。自分力とは、その名の通り、①自分で身につけ、自分で高めていくものです。

ただ、今までバスしか乗ったことのない人に、いきなり*1F1レースのドライバーになれといっても無理なように、自分力は大人になって急に身につくものではありません。

みなさんくらいの年齢《ねんれい》から、意識して自分力を高めていくのが一番確実な方法です。

(中略《ちゅうりゃく》)

「世界にはパワフルな天才や秀才《しゅうさい》がごろごろしているから、物理や数学のように何か一つの専門領域でトップになるのは無理だろう。でも、専門領域と専門領域が接する境界領域なら、世界的に見ても人材が手薄《てうす》だから勝負できるかもしれない。境界領域を自分の専門にしてしまえば、その第一人者になれるはずだ」

若い頃《ころ》の私はこう思い立ち、自分の専門分野として自信と誇《ほこ》りを持てる世界を見つけるための旅をはじめました。その過程で、学歴や職歴に寄りかかっていてはダメだということを思い知らされ、やがて*2バッテル研究所の研究員となって*3テクノ・エコノミクスという分野に到達《とうたつ》したわけです。

このバッテル研究所は欧米《おうべい》ではとても有名なのですが、日本では知っている人のほうが少数派です。私が在籍《ざいせき》していた頃《ころ》は、日本ではほぼ「無名」といっていいほどでした。研究員だった私が日本に出張し、ある企業《きぎょう》の人に自己紹介《じこしょうかい》をしたら、「ばってら寿司《ずし》とどういう関係のビジネスですか」と、お寿司《すし》のセールスマンだと思われてしまったくらいです。

そのあと入った*4エア・リキードも、ヨーロッパではそれこそ*5エクセレント・カンパニーとして知名度がありますが、アメリカに赴任《ふにん》した時、子会社(社名：リキッド・エアー)の名前を名乗ったとたん、「航空会社に用はない」と言われたり、日本では、*6ヘアリキッドの会社と間違《まちが》われたりしました。

(中略《ちゅうりゃく》)

職場を変わるたびにいつもこのように、ブランド的に無名なことによるハンディを負わされるので、②私は、いつしか、「これは偶然《ぐうぜん》ではないな」と感じるようになりました。自分は仕事で他の人がやらないことをやろうとしている。だから会社のブランドに乗っかって勝負してはいけない。あくまでも、今北純一《いまきたじゅんいち》という「個人」の力で勝負すべきなのだ、という、これはまさしく天の配剤《はいざい》なのではないかと思っています。

とはいえ、ブランドなしで日本で勝負するのは大変です。なぜなら日本人の多くは、「個人」の力量をしっかり見ようとはしないからです。ブランドがあれば、日本ではあたかもそれが信用証明であるかの

2021年度

豊島岡女子学園中学校　▶解説と解答

算 数　＜第２回試験＞（50分）＜満点：100点＞

解 答

[1] (1)　8　(2)　26枚　(3)　2021　(4)　15　[2] (1)　1900円　(2)　6　(3)　1000　(4)　157cm^2　[3] (1)　15度　(2)　37.5度　[4] (1)　$17\frac{7}{9}$秒後　(2)　$42\frac{2}{9}$秒後　(3)　$1002\frac{2}{9}$秒後　[5] (1)　10通り　(2)　22通り　[6] (1)　50.24cm^2　(2)　643.7cm^3　(3)　4843.7cm^3

解 説

[1] 四則計算，つるかめ算，整数の性質，約束記号

(1)　$\left(2.5+\frac{2}{3}\right)\times\frac{5}{38}\div\left(\frac{3}{8}-0.25\right)+4\frac{2}{3}=\left(\frac{5}{2}+\frac{2}{3}\right)\times\frac{5}{38}\div\left(\frac{3}{8}-\frac{1}{4}\right)+\frac{14}{3}=\left(\frac{15}{6}+\frac{4}{6}\right)\times\frac{5}{38}\div\left(\frac{3}{8}-\frac{2}{8}\right)+\frac{14}{3}=\frac{19}{6}\times\frac{5}{38}\div\frac{1}{8}+\frac{14}{3}=\frac{5}{12}\times\frac{8}{1}+\frac{14}{3}=\frac{10}{3}+\frac{14}{3}=\frac{24}{3}=8$

(2)　右のようにまとめることができる。50円玉が30枚あったとすると，合計金額は，50×30＝1500(円)となり，実際よりも，1500−330＝1170(円)多くなる。50円玉と５円玉を１枚ずつとりかえると，合計金額は，50−５＝45(円)ずつ少なくなるから，５円玉の枚数は，1170÷45＝26(枚)とわかる。

> ５円玉 ＼ 合わせて
> 50円玉 ／ 30枚で330円

(3)　90÷２＝45の近くの素数を調べると，…，41，43，47，53，…となる。このうち，隣《とな》り合う２つの和が90となるのは43と47なので，その積は，43×47＝2021と求められる。

(4)　２◎６＝２×６＋６÷２＝12＋３＝15となるから，□◎(２◎６)＝□◎15＝□×15＋15÷□と表すことができる。この式の値が整数になるので，□は15の約数であり，{１，３，５，15}のいずれかとわかる。それぞれをあてはめて調べると，□＝15のとき，15×15＋15÷15＝225＋１＝226となり，条件に合うことがわかる。よって，□にあてはまる整数は15である。

[2] 倍数算，濃度《のうど》，単位の計算，面積

(1)　ＡさんとＢさんのはじめの所持金をそれぞれ⑤円，④円とすると，(⑤−200)：(④−500)＝５：３という比例式を作ることができる。ここで，$A：B＝C：D$のとき，$B\times C＝A\times D$となるから，(④−500)×５＝(⑤−200)×３，⑳−2500＝⑮−600，⑳−⑮＝2500−600，⑤＝1900より，①＝1900÷５＝380(円)と求められる。よって，Ａさんのはじめの所持金は，380×５＝1900(円)である。

(2)　(食塩の重さ)＝(食塩水の重さ)×(濃度)より，はじめに容器Ａ，Ｂに含《ふく》まれている食塩の重さはそれぞれ，300×0.07＝21(ｇ)，300×0.04＝12(ｇ)とわかる。また，はじめに容器Ａ，Ｂに入っている食塩水の重さはどちらも300ｇであり，容器Ａ，Ｂに加える水(または食塩水)の重さは同じなので，容器Ａ，Ｂに入っている食塩水の重さは常に同じになる。よって，容器Ａ，Ｂの濃度が同じになったときに容器Ａ，Ｂに含まれている食塩の重さも同じになる。さらに，容器Ａには水を加えるから，容器Ａに含まれている食塩の重さは21ｇのまま変わらない。したがって，容器Ｂに含まれている食塩の重さが21ｇになるとき，つまり，21－12＝９（ｇ）増えるときを求めればよい。濃度１％の食塩水を１分間加えるとすると，食塩の重さは，（25×１）×0.01＝0.25（ｇ）増える。また，濃度２％の食塩水を２分間加えるとすると，食塩の重さは，（25×２）×0.02＝１（ｇ）増える。ここで，＿と＝の値がそれぞれ２倍になることから，増える食塩の重さは，２×２＝４（倍）になることを利用して，0.25×４＝１（ｇ）と求めることもできる。同様に考えると，食塩の重さが９ｇ増えるのは，濃度１％の食塩水を１分間加える場合の，９÷0.25＝36（倍）とわかる。つまり，36＝６×６より，＿と＝の値をそれぞれ６倍したときなので，□にあてはまる数は，１×６＝６と求められる。

(3)　１匁《もんめ》にあたる重さを$\boxed{1}$とすると，１両《りょう》＝10匁より，１両＝$\boxed{1}$×10＝$\boxed{10}$となり，１斤《きん》＝16両より，１斤＝$\boxed{10}$×16＝$\boxed{160}$となる。さらに，３kg＝５斤より，３kg＝$\boxed{160}$×５＝$\boxed{800}$とわかる。また，１貫＝3.75kgだから，１貫は３kg（＝$\boxed{800}$）の，3.75÷３＝1.25（倍）である。よって，１貫＝$\boxed{800}$×1.25＝$\boxed{1000}$となるので，１貫は1000匁と同じであることがわかる。

(4)　右の図のように，円の中心をＯ，円周上の３つの点をＡ，Ｂ，Ｃとし，角BOCを二等分する直線ODを引くと，色のついている部分の面積は斜線《しゃせん》部分の面積の４倍になる。ここで，角ＡＯＢと角BOCの大きさは，360÷８＝45（度）だから，角BODの大きさは，45÷２＝22.5（度）となる。よって，角AOEの大きさは，45＋22.5＝67.5（度），角OBDの大きさは，180－（90＋22.5）＝67.5（度）なので，角AOEと角OBDの大きさは等しいことがわかる。さらに，OAとOBの長さは等しいから，三角形AOEと三角形OBDは合同になる。

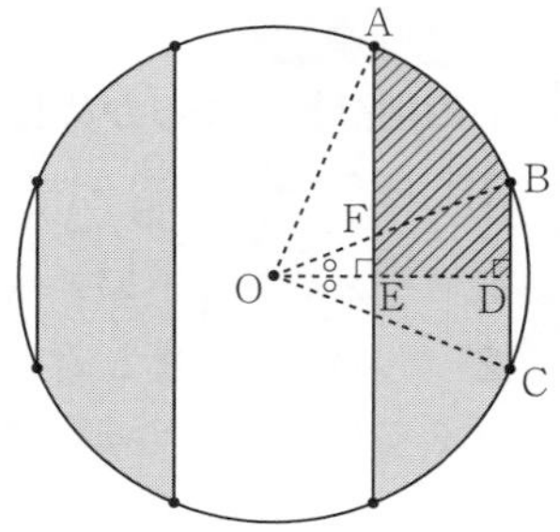

したがって，両方の三角形から共通部分を除くと，三角形AOFと四角形FEDBの面積は等しくなる。つまり，斜線部分の面積はおうぎ形OABの面積と等しくなるので，色のついている部分の面積は，$10\times10\times3.14\times\frac{45}{360}\times4=50\times3.14=157(\mathrm{cm}^2)$と求められる。

3　平面図形―角度

(1)　下の図①で，角ABFの大きさは，45＋60＝105（度），角ABCの大きさは90度だから，角CBFの大きさは，105－90＝15（度）である。また，色をつけた部分は直線BEを軸《じく》とする線対称《たいしょう》な図形なので，角EBDと角EBFの大きさは等しい。よって，角EBFの大きさは，60÷２＝30（度）だから，角EBCの大きさは，30－15＝15（度）とわかる。

(2)　正八角形の１つの外角は，360÷８＝45（度）なので，正八角形の１つの内角は，180－45＝135

図①

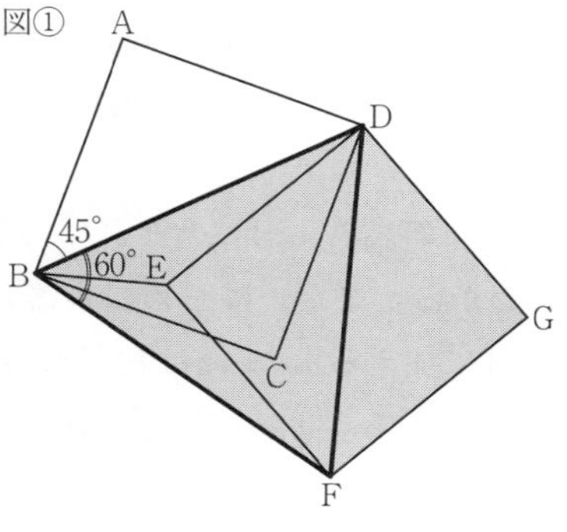

図②

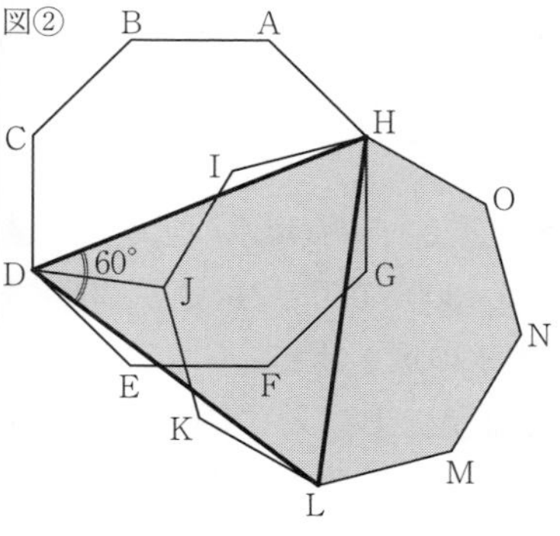

(度)となる。また，上の図②で，HDは正八角形を半分に分ける対角線だから，角HDEの大きさは，135÷２＝67.5(度)となり，角LDEの大きさは，67.5－60＝7.5(度)と求められる。さらに，色をつけた部分は直線DJを軸とする線対称な図形なので，角JDHと角JDLの大きさは等しい。したがって，角JDLの大きさは，60÷２＝30(度)だから，角JDEの大きさは，30＋7.5＝37.5(度)とわかる。

4 図形上の点の移動，旅人算，周期算

(1)　点Ｐと点Ｑが重なる可能性があるのは，辺AE上と辺AB上である。はじめに，正三角形AEBのまわりの長さは，20×３＝60(cm)だから，点Ｐは，60÷４＝15(秒)で１周し，五角形ABCDEのまわりの長さは，20×５＝100(cm)なので，点Ｑは，100÷５＝20(秒)で１周する。よって，15と20の最小公倍数である60秒を周期として，同じ動き方をくり返す(この間に，点Ｐは４周，点Ｑは３周する)。そこで，出発してから60秒後までについて，点Ｐと点Ｑが辺AE上と辺AB上を通過する時間を調べると，上の図１，図２のようになる。したがって，図１と図２の色をつけた部分でそれぞれ重なるから，初めて重なるのは図１の色をつけた部分になる。次に，15秒後に点Ｐは点Ａにいるので，16秒後までに点Ｐは点Ａから，４×(16－15)＝４(cm)動き，16秒後には下の図３のようになる。初めて重なるのは図３の状態から，(20－４)÷(４＋５)＝$1\frac{7}{9}$(秒後)だから，出発してから，16＋$1\frac{7}{9}$＝$17\frac{7}{9}$(秒後)と求められる。

図１

	１周目	２周目	３周目	４周目
点ＰがＡ→Ｅ(秒後)	０～５	15～20	30～35	45～50
点ＱがＥ→Ａ(秒後)	16～20	36～40	56～60	

図２

	１周目	２周目	３周目	４周目
点ＰがＢ→Ａ(秒後)	10～15	25～30	40～45	55～60
点ＱがＡ→Ｂ(秒後)	０～４	20～24	40～44	

図３(16秒後)

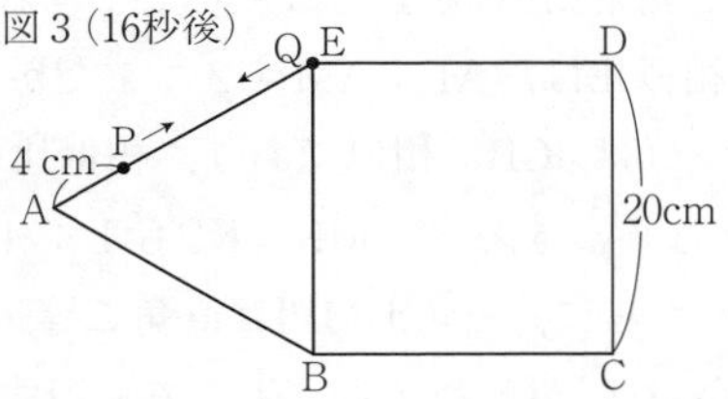

図４(40秒後)

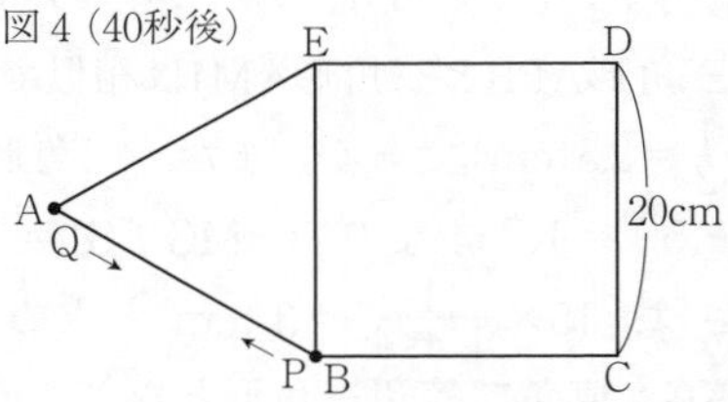

(2)　２回目に重なるのは，図２の色をつけた部分である。40秒後には上の図４のようになるので，２回目に重なるのは図４の状態から，20÷(４＋５)＝$2\frac{2}{9}$(秒後)とわかる。よって，出発してから，40＋$2\frac{2}{9}$＝$42\frac{2}{9}$(秒後)と求められる。

(3)　(1)，(2)のほかに，60秒後(周期の最後)にも重なることに注意すると，１つの周期の中で３回重なることになる。よって，50÷３＝16余り２より，50回目に重なるのは，16＋１＝17(番目)の周期の２回目とわかる。したがって，その時間は，60×16＋$42\frac{2}{9}$＝$1002\frac{2}{9}$(秒後)である。

5 場合の数

(1)　９枚から２枚を選ぶ方法は全部で，$\frac{9\times8}{2\times1}$＝36(通り)ある。このとき，下の図①の場合は回転させると同じになるぬり方が２通りずつあるが，これ以外の場合は，たとえば下の図②のように，回転させると同じになるぬり方が４通りずつある。36通りのうち，図①のものが４通りあるから，それ以外のものは全部で，36－４＝32(通り)ある。よって，異なるぬり方は，図①のものが２通り，それ以外のものが，32÷４＝８(通り)あるので，全部で，２＋８＝10(通り)と求められる。

(2)　(1)と同様に考える。９枚から３枚を選ぶ方法は全部で，$\frac{9 \times 8 \times 7}{3 \times 2 \times 1}$＝84(通り)あるから，そのうち，下の図③の４通りを除いたものは，84－４＝80(通り)となる。よって，異なるぬり方は，図③のものが２通り，それ以外のものが，80÷４＝20(通り)あるので，全部で，２＋20＝22(通り)と求められる。

図①

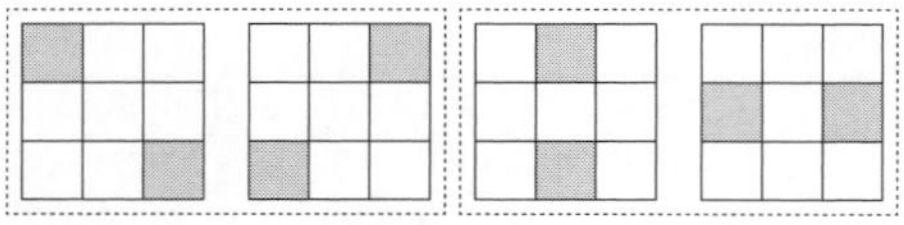

図③

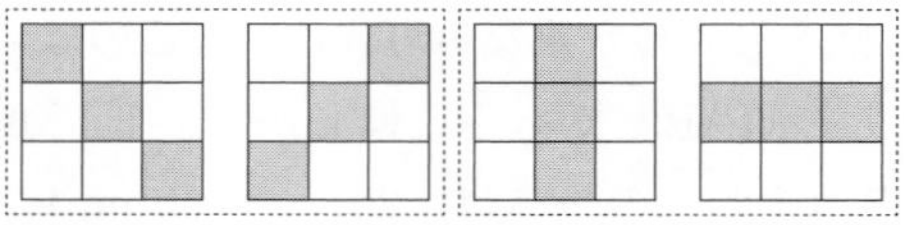

図②

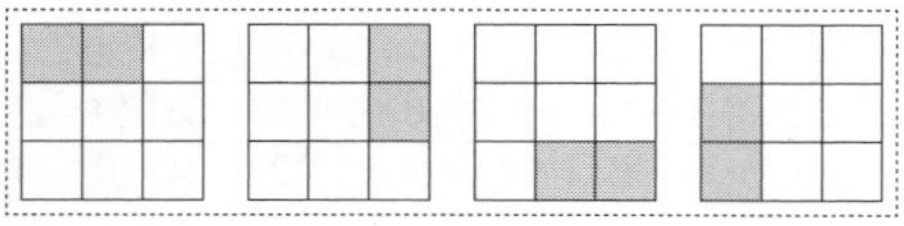

6　立体図形—相似，面積，体積，図形の移動

(1)　正面から見た図で表すと，切り口は下の図１の太線部分になる。図１で，三角形APBと三角形ACDは相似であり，相似比は，AP：AC＝30：(30－６)＝５：４だから，CDの長さは，$5 \times \frac{4}{5}$＝４(cm)とわかる。よって，切り口は半径４cmの円なので，切り口の面積は，４×４×3.14＝16×3.14＝50.24(cm^2)とわかる。

(2)　立体(う)は下の図２の色をつけた部分の立体である。このうち，濃《こ》い色の部分は，三角形AEBを１回転させてできる円すい(ア)から三角形AFGを１回転させてできる円すい(イ)を切り取った形の立体(円すい台)であり，うすい色の部分は，三角形MFGを１回転させてできる円すいである。ここで，三角形APBと三角形AMJは相似であり，相似比は，AP：AM＝２：１だから，MJの長さは，$5 \times \frac{1}{2}$＝2.5(cm)である。また，三角形MGJと三角形IGBは相似であり，相似比は，MJ：IB＝2.5：(15－５)＝１：４なので，MG：GI＝１：４となる。すると，MK：KPも１：４になるので，MKの長さは，$15 \times \frac{1}{1+4}$＝３(cm)と求められる。さらに，三角形MPIは直角二等辺三角形だから，三角形MKGも直角二等辺三角形となり，KGの長さは３cmとわかる。よって，円すい(ア)の体積は，５×５×3.14×30÷３＝250×3.14(cm^3)，円すい(イ)の体積は，３×３×3.14×(15＋３)÷３＝54×3.14(cm^3)なので，濃い色の部分の体積は，250×3.14－54×3.14＝(250－54)×3.14＝196×3.14(cm^3)となる。また，うすい色の部分の体積は，３×３×3.14×３÷３＝９×3.14(cm^3)だから，立体(う)の体積は，196×3.14＋９×3.14＝(196＋９)×3.14＝205×3.14＝643.7(cm^3)と求められる。

(3)　立体(う)が通った部分は下の図３のようになる。このうち，色をつけた部分は，五角形MFEBG

図１

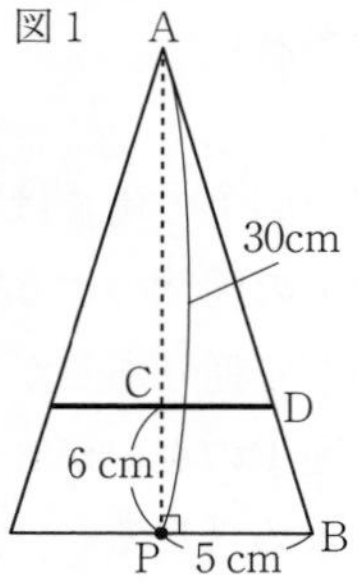

図２

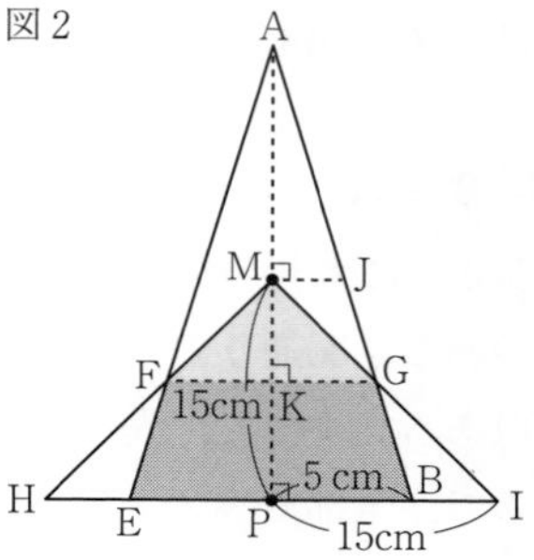

図３

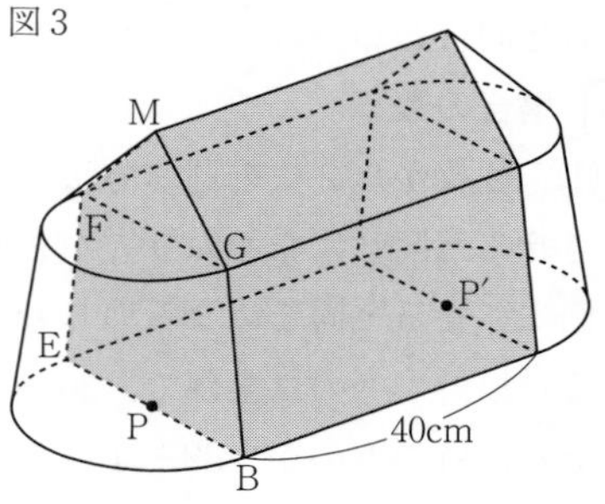

を底面とする五角柱である。図２から，台形FEBGの面積は，（３＋３＋５＋５）×(15－３)÷２＝96(cm^2)，三角形MFGの面積は，（３＋３）×３÷２＝９(cm^2)とわかるので，色をつけた部分の体積は，(96＋９)×40＝4200(cm^3)となる。また，両端《りょうたん》の部分を合わせると立体(う)になるから，その体積は643.7cm^3である。よって，立体(う)が通った部分の体積は，4200＋643.7＝4843.7(cm^3)と求められる。

社　会　＜第２回試験＞（理科と合わせて50分）＜満点：50点＞

解　答

1 **問１**　紫　**問２**　１，４　**問３**　２　**問４**　関門(海峡)　**問５**　綿(木綿)　**問６**　菱川師宣　**問７**　３　**問８**　(例)　第一次世界大戦によって，ヨーロッパから染料の輸入がとだえたから。　**2** **問１**　２　**問２**　３　**問３**　４　**問４**　１　**問５**　１　**問６**　輪中　**問７**　１　**問８**　３　**3** **問１**　テレワーク　**問２**　４　**問３**　２　**問４**　４，５　**問５**　３　**問６**　４　**問７**　４　**問８**　２，３，５　**問９**　文民

解　説

1　各時代の歴史的なことがらについての問題

問１　推古天皇と聖徳太子，蘇我馬子《そがのうまこ》らを中心とする朝廷は603年，能力のある豪族を役人にするために冠位十二階の制を定め，家柄《いえがら》ではなく才能や功績に応じて個人に位を与えるようにした。役人の位は，徳・仁・礼・信・義・智の６つをそれぞれ大小に分けた12階に分けられ，諸説あるが，それぞれ紫・青・赤・黄・白・黒の冠《かんむり》の色と飾りによって位を示した。最高位に与えられた紫は，高貴さを象徴《しょうちょう》する色になった。

問２　「藤原京の時代」は694～710年，光明皇后(皇太后)が完成した正倉院に聖武天皇(上皇)の愛用品などを収めたのは756年のことである。１は743年，２は802年，３は663年，４は737年，５は788年のできごとなので，１と４があてはまる。

問３　１　「琉球《りゅうきゅう》王国」ではなく「高麗《こうらい》」が正しい。モンゴル帝国の第５代皇帝フビライ＝ハンは1259年に朝鮮半島の高麗を服属させると，1274年の文永の役と1281年の弘安の役の２回にわたる元寇《げんこう》のさい，高麗の兵も動員した。　２　琉球王国は江戸時代初めに薩摩藩(鹿児島県)の支配下に入り，国王の代替《だいが》わりごとには謝恩使，将軍の代替わりごとに慶賀使という使節が江戸に派遣された。よって，正しい。　３　日本は1875年に朝鮮半島で朝鮮を開国させる目的で江華島《こうかとう》事件を起こし，翌76年には朝鮮にとって不平等な内容をふくむ日朝修好条規を結んで，朝鮮を開国させた。　４　日米安全保障条約は1951年に調印されたが，沖縄が日本に返還されたのは1972年のことである。

問４　本州の西端にあたる山口県下関市と，九州の北端にあたる福岡県北九州市門司《もじ》区の間に広がる海峡《かいきょう》は，下関の「関」と門司の「門」をとって関門海峡とよばれる。壇ノ浦《だんのうら》は関門海峡の東端に位置し，1185年にはここで源平の合戦の最後の戦いである壇ノ浦の戦いが行われた。

問５　木綿の栽培は戦国時代に広がり，保湿性が高いことや染色がしやすいこと，肌《はだ》ざわりがよいことなどから，庶民《しょみん》の衣類の素材として広く用いられるようになった。江戸時代には河内《かわち》(大阪府東部)，三河(愛知県東部)，尾張(愛知県西部)などが一大産地となり，油かすや干鰯《ほしか》などの金肥《きんぴ》を

用いて栽培が行われた。

問６　菱川師宣《ひしかわもろのぶ》は，江戸時代前半に栄えた元禄文化を代表する浮世絵師で，17世紀後半，木版画による浮世絵を大成した。なお，師宣の代表作「見返り美人図」は，版画ではなく肉筆で描かれている。

問７　1　豊臣秀吉の時代にイギリスとの貿易は行われていない。また，秀吉は1587年にバテレン追放令を出したが，スペイン・ポルトガルとの南蛮《なんばん》貿易は禁止しなかった。　2　1792年に根室に来航したラクスマンは，ロシア使節である。　3　1862年の生麦事件と，翌63年に起こった薩英戦争について，正しく説明している。　4　「イギリス」ではなく「ドイツ」が正しい。

問８　1914年に第一次世界大戦が始まると，日本は主戦場となったヨーロッパ諸国がぬけた市場に入りこみ，アメリカ向けの生糸や，アジア向けの綿糸・綿織物の輸出をのばして大戦景気とよばれる好景気をむかえた。このとき，敵国となったドイツから染料・薬品・化学肥料などの輸入がとだえ，これらを国内で生産する必要性が高まったため，染料工業などの化学工業が発達した。

２　都道府県の統計や地形図についての問題

問１　活火山とは，おおむね過去１万年以内に噴火した火山と，現在活発な噴気活動のある火山のことをいう。2020年時点で日本には111の活火山があり，東北地方の中央部をほぼ南北に連なる奥羽山脈には，岩手山(岩手県)や八幡平《はちまんたい》(秋田県・岩手県)など複数の活火山がそびえる。

問２　各国から地理的に近い空港が上位に入ると考えられるので，韓国から近い福岡空港が第２位となっている「あ」が韓国，ロシアから近い新千歳空港(北海道)が第２位となっている「う」がロシアとわかる。残った「い」がアメリカである。

問３　７月よりも２月の最大需要《じゅよう》電力が多い「う」は，寒さが厳しく，暖房にかかる電力が多い北海道と判断できる。中国と四国では，より人口の多い中国のほうが最大需要電力が大きいと考えられるので，「あ」が中国，「い」が四国となる。

問４　北海道の製造品出荷額が多い「い」には，食料品があてはまる。情報が集まる大都市やその周辺では印刷業が発達しているので，東京都・愛知県・大阪府などの製造品出荷額が多い「あ」が印刷だとわかる。残った「う」は繊維で，「今治タオル」の生産で知られる愛媛県の製造品出荷額が多いことなどからも判断できる。

問５　カステラは南蛮貿易によって伝えられた食べ物なので，南蛮貿易が行われていた長崎県が第１位となっている４にあてはまる。静岡県，鹿児島県という日本を代表する茶の産地が第１位，第２位を占《し》める３は，緑茶である。また，酪農がさかんな岩手県や千葉県が第１位，第２位を占める２には，ヨーグルトがあてはまる。残った１がかつお節・削《けず》り節である。

問６　周囲を川に囲まれた低湿地帯などでは，水害から耕地や集落を守るため，周囲を堤防で囲んだ輪中とよばれる集落がつくられることがある。地形図の場所は現在の岐阜県海津市にあたり，海津市は濃尾平野西部に位置している。この地域には，木曽川・揖斐《いび》川・長良川という木曽三川が集中して流れており，昔からたびたび水害が発生していたため，集落を守るために輪中が発達した。

問７　イメージ図から，従来の堤防と高規格堤防(スーパー堤防)では，幅に大きな違いはあるが，高さには違いがないことがわかる。よって，１が正しくない。

問８　ほかの場所に比べてまっすぐに道路が走り，区画が整理されていることから，３が戦後に整備された新しい住宅地と判断できる。

3　現代社会についての問題

問1　テレワークは，ICT(情報通信技術)を利用し，自宅など職場から離れた場所で働く働き方で，女性の活躍やワーク・ライフ・バランスを実現するために行われていたが，新型コロナウイルス感染症《しょう》の流行をきっかけとしてさらに多くの企業で採用されるようになった。

問2　市場では自由競争が原則で，少数の企業が市場を独占する(これを寡占《かせん》という)ような場合でも，価格や流通量などについての協定を結ぶこと(これをカルテルという)は，独占禁止法で禁止されている。

問3　あ　日本国憲法第27条では「すべて国民は，勤労の権利を有し，義務を負う」と定められているので，正しい。　い　労働時間や賃金などの基準を定めた法律は労働基準法で，日本国憲法には記されていない。

問4　1992年，ブラジルのリオデジャネイロで，「持続可能な開発」を基本理念として地球サミット(国連環境開発会議)が行われた。　1　リオデジャネイロでは，2016年に南アメリカ大陸で初開催となる夏季オリンピックが開かれた。　2　BRICSとは，地下資源や労働力が豊富で，1990年代からめざましい経済発展をとげたブラジル・ロシア・インド・中国・南アフリカの5か国をさす。　3　世界で一番流域面積が広いアマゾン川は，ブラジルの北部をおおむね東西に流れている。　4　国際連合の安全保障理事会の常任理事国は，アメリカ，イギリス，フランス，ロシア，中国である。　5　ブラジルは，かつてポルトガルの植民地であったことから，キリスト教徒の人口が最も多い。

問5　日本国憲法第15条2項では，「すべて公務員は，全体の奉仕者であって，一部の奉仕者ではない」と規定されており，公務員は国民全体の奉仕者であるといえる。

問6　あ　バブル経済は1990年代初めに崩壊《ほうかい》した。消費税は1989年に税率3％で導入され，1997年に5％へと引き上げられた。　い　1985年，日本の貿易黒字を減らして各国との貿易摩擦《まさつ》を軽減するため，為替《かわせ》相場を円高・ドル安に誘導《ゆうどう》するプラザ合意がなされた。これによって円高が急速に進むと，輸出産業が停滞《ていたい》して日本は円高不況におちいったため，日本銀行は打開策として低金利政策をとった。よって，正しい。　う　2001年に内閣総理大臣に就任した小泉純一郎は，国の財政支出を減らすことなどを目的として行政改革に取り組み，その一環《いっかん》として郵政事業の民営化をめざした。その結果，2005年10月に郵政民営化関連法が可決され，2007年に郵政民営化が実現した。よって，正しい。　え　2012年に第2次安倍政権が成立したとき，日本はデフレーションによる不況におちいっており，安倍政権はここからの脱却をめざしてアベノミクスとよばれる物価上昇を目指すことなどの経済政策を打ち出した。

問7　1931年，満州(中国東北部)にいた日本軍は，奉天《ほうてん》郊外の柳条《りゅうじょう》湖《こ》付近で南満州鉄道の線路を爆破し，これを中国のしわざであるとして軍事行動を起こした。そして半年あまりの間に満州各地を占領すると，翌32年には満州国を独立させて日本の支配下に置いた。この満州事変にさいし，国際連盟は調査のため，満州にリットン調査団を派遣した。調査団の報告書にもとづき，国際連盟は満州事変を日本の侵略行為とみなし，満州国の不承認と，満州からの日本軍の撤退を求める勧告案を採択した。しかし，1933年，日本政府はこれを不服として国際連盟を脱退した。

問8　1　環太平洋経済連携《れんけい》協定(TPP)は，太平洋を取り巻く国々が貿易の自由化を目指して結んだ経済協定で，国際連合とは関係がない。　2，3　国際連合は，1948年に世界人権宣言，1965

年に人種差別撤廃《てっぱい》条約を採択した。　4　非核三原則は，日本の核兵器に対する基本方針である。　5　1996年，世界的な軍縮の流れの中，包括《ほうかつ》的核実験禁止条約(CTBT)が国際連合で採択された。しかし，複数の核保有国が参加していないため，発効していない。

問９　軍人ではない人が軍隊の指揮権を持つという考え方を，文民統制(シビリアン・コントロール)という。日本国憲法第66条２項は「内閣総理大臣その他の国務大臣は，文民でなければならない」と規定し，文民である内閣総理大臣が自衛隊の最高指揮監督権を持っている。なお，日本では文民とは職業軍人の経歴を持たない人，および現職の自衛官ではない人と解釈《かいしゃく》されている。

理　科　＜第２回試験＞（社会と合わせて50分）＜満点：50点＞

解　答

[1] (1)　8.2cm　(2)　45℃　(3)　お　(4)　15cm　(5)　13cm　[2] (1)　12.5ｇ　(2)　94.1％　(3)　16ｇ　(4)　48％　(5)　12％　[3] (1)　**横の切り口**…う　**縦の切り口**…き　(2)　**水蒸気が出ていく現象**…蒸散　**水蒸気が出ていくあな**…気こう　(3)　う　(4)　い　(5)　え　[4] (1)　アメダス　(2)　う　(3)　6.7mm　(4)　え

解　説

[1] 温度や気圧による空気の体積変化についての問題

(1)　表１より，装置内の空気の温度が27℃のとき，ピストンまでの距離《きょり》は７cmで，空気の温度が，42−27＝15(℃)上がるごとに，ピストンまでの距離は，7.6−７＝0.6(cm)長くなる。装置内の空気の温度が57℃のとき，57−27＝30(℃)高くなっているので，ピストンまでの距離は，$0.6\times\frac{30}{15}=1.2$(cm)長くなる。よって，57℃のときのピストンまでの距離は，７＋1.2＝8.2(cm)である。

(2)　ピストンまでの距離が０cmのときよりも装置内の空気の体積が，127.2−50＝77.2(cm^3)増加しているので，このときのピストンまでの距離は，77.2÷10＝7.72(cm)となる。これは，装置内の空気の温度が27℃の場合よりも，7.72−７＝0.72(cm)長いため，装置内の空気の温度は，$27+15\times\frac{0.72}{0.6}=45$(℃)とわかる。

(3)　表２から，装置外の空気の濃《こ》さが0.5気圧のとき，ピストンまでの距離が19cmなので，シリンジ内にある空気の体積は，10×19＝190(cm^3)で，装置内の空気の体積の合計は，50＋190＝240(cm^3)である。同様に，装置外の空気の濃さが１気圧のとき，装置内の空気の体積は，50＋10×７＝120(cm^3)となる。さらに，装置外の空気の濃さが1.5気圧では，装置内の空気の体積は，50＋10×３＝80(cm^3)である。これらのことから，装置外の空気の濃さが，１÷0.5＝２(倍)になると，装置内の空気の体積は，$120\div240=\frac{1}{2}$(倍)になり，装置外の空気の濃さが，1.5÷0.5＝３(倍)になると，装置内の空気の体積は，$80\div240=\frac{1}{3}$(倍)になるとわかる。

(4)　装置外の空気の濃さが１気圧の，$0.6\div1=\frac{3}{5}$(倍)にあたる0.6気圧の場合，装置内の空気の体積は，$120\div\frac{3}{5}=200$(cm^3)になる。このとき，シリンジ内にある空気の体積は，200−50＝150(cm^3)で，ピストンまでの距離は，150÷10＝15(cm)となる。

(5)　表１より，装置外の空気の濃さが１気圧で，装置内の空気の温度が87℃のとき，装置内の空気の体積は，50＋10×9.4＝144(cm^3)である。装置外の空気の濃さを，$0.8\div1=\frac{4}{5}$(倍)の0.8気圧にすると，装置内の空気の体積は，$144\div\frac{4}{5}$＝180(cm^3)となる。このとき，シリンジ内にある空気の体積は，180－50＝130(cm^3)で，ピストンまでの距離は，130÷10＝13(cm)である。

2 質量パーセント濃度《のうど》と体積パーセント濃度についての問題

(1) 質量パーセント濃度が20％の食塩水において，水の重さは全体の重さの，100－20＝80(％)にあたる。水が50gのとき，食塩水の重さは，$50\div\frac{80}{100}$＝62.5(g)なので，食塩の重さは，62.5－50＝12.5(g)である。

(2) 同じ体積の重さの比は，(水素)：(酸素)＝1：16なので，50％ずつ同じ体積を混合したときの酸素の質量パーセント濃度は，$\frac{16}{1+16}\times100$＝94.11…より，94.1％と求められる。

(3) 燃焼した水素の重さを[1]とすると，水素と反応した酸素の重さは，[16]÷2＝[8]，できた水の重さは，[1]＋[8]＝[9]となる。水の重さ18gが[9]にあたるので，残っている酸素，[16]－[8]＝[8]の重さは，$18\times\frac{[8]}{[9]}$＝16(g)である。

(4) 手順2で，混合気体②125mLを石灰《せっかい》水に通すと，気体の体積が80mLになるので，混合気体②には，二酸化炭素が，125－80＝45(mL)含《ふく》まれていたとわかる。また，手順3で，混合気体③80mLの中でマグネシウムを燃やすと，気体の体積が65mLになることから，混合気体③に含まれていた窒素《ちっそ》の体積が65mL，酸素の体積は，80－65＝15(mL)である。これらのことより，混合気体②125mLには，二酸化炭素45mL，酸素15mL，窒素65mLが含まれていたことになる。また，炭素と反応した酸素の体積と，できた二酸化炭素の体積は同じであることから，混合気体①の中に含まれている酸素の体積は，15＋45＝60(mL)である。よって，混合気体①の酸素の体積パーセント濃度は，$\frac{60}{125}\times100$＝48(％)と求められる。

(5) 混合気体②125mLには，酸素が15mL含まれているので，混合気体②の酸素の体積パーセント濃度は，$\frac{15}{125}\times100$＝12(％)である。

3 植物の蒸散についての問題

(1) 双《そう》子葉類であるホウセンカの茎《くき》には形成層があり，道管と師管が束になった維管束《いかんそく》は形成層にそって輪状にならんでいる。このうち，色を付けた水が通る道管は，形成層の内側にあるので，横の切り口は「う」，縦《たて》の切り口は「き」のようになる。

(2) 植物の体の表面にある気こうから，水が水蒸気となって出ていく現象を蒸散という。植物は蒸散を行うことで，植物の体の温度を下げたり，根からの水の吸収をさかんにしたりすることができる。

(3) 試験管の液面に油を少し浮《う》かべて，液面からの水の蒸発を防ぐことで，水の減少量は植物の体から出ていく水蒸気の量とおよそ等しくなる。

(4) A～Cの枝の水が出ていく部分はそれぞれ，Aは葉の裏《うら》側と茎，Bは葉の表側と茎，Cは葉の表側と葉の裏側と茎である。葉の表側から出た水の量は，Cの減少量とAの減少量の差で，$c-a$で求められる。

(5) $a+b$は，cよりも茎から出た水の量の分だけ値が大きくなる。よって，茎から出た水の量は，$a+b-c$と表すことができる。

4 日本の天気，降水《こうすい》量についての問題

⑴　日本全国約1300か所の観測所で降水量や気温などを自動的に観測し，気象状況《じょうきょう》を細かく監視《かんし》する地域気象観測システムのことをアメダスという。

⑵　１日目は，Ａ，Ｃが晴れ，Ｂがくもりだったので，１日目の雲画像は，Ａ，Ｃが雲でおおわれておらず，Ｂが雲でおおわれている④である。また，３日目は，Ａが晴れ，Ｂが雨，Ｃがくもりだったことから，Ａが雲でおおわれておらず，Ｂ，Ｃが雲でおおわれている③とわかる。よって，「う」が選べる。

⑶　漏斗《ろうと》の口の直径と，貯水《ちょすい》ビンの底面の直径の比は，15：10＝３：２なので，漏斗の口の面積と，貯水ビンの底面の面積の比は，（３×３）：（２×２）＝９：４である。１時間に貯水ビンに溜《た》まった水の深さが，1.5cm＝15mmなので，漏斗の口の面積に溜まる水の深さは，15×４÷９＝6.66…より，6.7mmになる。

⑷　避難《ひなん》指示が発令されていても，近くの河川が氾濫《はんらん》しているなどして避難所への移動は命に危険をおよぼしかねないと判断する場合には，近くの安全な場所や建物内のより安全な部屋への移動などをする。

国　語　＜第２回試験＞（50分）＜満点：100点＞

解　答

一　**問１**　**Ａ**　一人きりで自分と向き合う時空間　**Ｂ**　今の自分の存在意義　**問２**　ウ　**問３**　ア　**問４**　オ　**問５**　ウ　**問６**　エ　**問７**　ア　**問８**　（例）日本では相手の持つブランドで判断するが，アメリカやヨーロッパでは相手個人の資質で判断する。　**問９**　下記を参照のこと。　二　**問１**　畜糞を使わ　**問２**　オ　**問３**　ア　**問４**　エ　**問５**　ウ　**問６**　ア　**問７**　エ　**問８**　（例）自分の名前を言ったつもりが，私に教えてと思われたのか，予想外の答えが返ってきたという展開。　**問９**　イ

●漢字の書き取り

一　**問９**　**Ａ**　絶対　**Ｂ**　解放

解　説

一　**出典は今北純一《いまきたじゅんいち》の『自分力を高める』による。**一人きりで自分と向き合う時空間を大切にし，自分の存在意義を自覚することで「自分力」が身につき，幸せになれると述べている。

問１　**Ａ，Ｂ**　空らん④に続く部分で，筆者は「自分力を高めようと思うなら」，常に他者とつながっている状況《じょうきょう》からいったん離《はな》れ，「一人きりで自分と向き合う時空間」を持ち，さまざまに思いめぐらす中で「今の自分の存在意義」を自覚することが必要だと述べている。

問２　「これ」とは，筆者が職場を変わるたび，「ブランド的に無名なことによるハンディを負わされ」たことを指す。この経験を通じて，筆者は会社のブランドを頼《たよ》りにするのではなく，自分個人の力で勝負すべきだと気づくように導かれていると感じたのだから，ウがよい。

問３　携帯《けいたい》電話に振《ふ》り回されてほかのことを何も考えられなくなってしまうという点で，筆者は「携帯メールのやりとり」を否定的に見ている。つまり筆者は，「携帯メールを四六時中」打つようになることで，「自分力を高め」るために重要な「自分一人だけの時空間を持ち」，「思索《しさく》する」と

いう行為《こうい》が奪《うば》われてしまうのをおそれているのだから，アが合う。

問４　「携帯メールのやりとり」が不可欠だという考えの根底には，「仲間とつながって」いたいという「淋《さび》しさ」があるのではないかと筆者は述べている。つまり，空らん④には，「淋しさ」と似た意味を持つ「孤立《こりつ》感」「疎外《そがい》感」「孤独感」が入る。ここで，イとウが外れる。また，「憧《あこが》れ」が，自分には実現不可能だと気づいたとき，「奈落《ならく》の底に突《つ》き落とされたような」気持ちになるのだから，空らん⑧には，夢を失ったことによる「喪失《そうしつ》感」や「挫折《ざせつ》感」，ぬけがらのようになる「虚無《きょむ》感」があてはまる。よって，オに決まる。

問５　「嘘《うそ》も方便」は，“手段として，ときには嘘をつかなければいけないこともある”という意味。

問６　続く部分で，なぜ「グレースの方が僕《ぼく》より幸せなのだろう。何が違《ちが》うのだろう」と考えぬいた筆者が，「学歴」や「社会的ステイタス」，「お金」などではなく，「自分の宇宙」を持っている人こそ「幸せ」なのだという結論に至ったことをおさえる。何も確立していなかった自分に対し，「グレースにはしっかりとした自分力があり」，仕事への「誇《ほこ》り」もあったため，筆者には彼女《かのじょ》が「幸せ」に見えたのだと考えられる。

問７　「表裏一体」は，“二つのものの関係が密接で切り離《はな》せない”という意味。筆者が，自分力を確立しているグレースの人生をうらやましく思うのは，自分にないものを他人が持っていることから生じる「コンプレックス」の裏返しなのではないかというのだから，アが選べる。

問８　ぼう線②をふくむ段落に続く，三つの段落からまとめる。「『個人』の力量をしっかり見ようとはしない」日本では，相手の持つブランドが判断基準になるが，ヨーロッパやアメリカでは「個人の資質という中身」で判断すると述べられている。

問９　**Ａ**　まちがいなく。必ず。　　**Ｂ**　とらえているものをときはなして，自由にすること。

二　**出典は梨木香歩《なしきかほ》の『裏庭』による**。弟を亡《な》くして以来訪《たず》ねていなかった無人の古い屋敷《やしき》に，昔クラスメイトのおじいちゃんも遊びに行っていたと聞いた照美《てるみ》は出かけていき，屋敷の中で不思議な体験をする。

問１　昔，自然農法の仕事をしたかったと言うおじいちゃんは，この後「畜糞《ちくふん》を使わない，雑草のようにさわやかな，生命力にあふれた野菜をつくることが，おじいちゃんの夢だった」と語っている。

問２　前の部分で，照美が若かった頃《ころ》のおじいちゃんの姿と，両親の生き方を比べていることをおさえる。「理想に燃える生き方」をしてきたおじいちゃんに対し，楽しみも誇《ほこ》りもなく生活するだけの両親を，照美はふがいなく思ったのだから，オがあてはまる。

問３　自分の両親を批判した照美は，おじいちゃんから「叱責《しっせき》される」ものとみがまえていた。だが，無農薬野菜しか使わないレストランの経営はとても難しく，両親がそれを目指さないのも無理はないといった思いがけない話をおだやかにされ，拍子《ひょうし》ぬけしているので，アがよい。

問４　こだわりのない両親の生き方にやりきれなさを感じていた照美は，思わずおじいちゃんの前で両親を批判してしまったが，こだわりを持って生活するのは苦労が多いというおじいちゃんの話を聞くうちに，やりきれない思いがうすれ，心地よさを感じている。よって，エが合う。

問５　前書きに，「照美も幼い頃は弟の純《じゅん》と一緒《いっしょ》に」古い屋敷へ「忍《しの》び込《こ》んで池の周りで遊んでいた」と書かれていることに注目する。「おじいちゃんは死んでしまうのだろうか」と考えはじめた照美は，「バーンズ屋敷」の「池」を見ることで，弟とおじいちゃんの「死」が結びついてしまうのではないかと思い，あえて「池の方は見ないように」したものと想像できるので，ウがふさわしい。

問６　「昔はとてもいかめしく恐《おそ》ろしいものに見えた」が，おじいちゃんもレイチェルやレベッカと遊ぶためにこのドアを通っていったと聞いた今では懐《なつ》かしいもののように感じられ，照美は屋敷に入ろうと「ドアの取っ手に手をかけ」ている。よって，アが選べる。

問７　だれもいないはずの屋敷には「濃密《のうみつ》な気配」が満ちており，それは大鏡の辺りで特に強く感じられたのだから，エがよい。屋敷全体が独特の空気を持ち，「大鏡の辺りだけが異質」なわけではないこと，生活感につながるものはないこと，大鏡の放つ不思議な気配は「何か」がいそうだと感じさせる種類のものではなく，照美はそれを「魅力《みりょく》」とまでは感じていないことから，ア〜ウ，オは誤り。

問８　「あなたはだれ？」という意味の英語が聞こえたように思い，照美は自分の名前を言ったが，それが英語の「私に教えて」（テル・ミィ）という言葉の発音と似ているせいなのか，予想外にも「教えてあげよう」（アイル・テル・ユウ）と返ってきたことを「思いがけない展開」と表現している。

問９　鏡の表面の霧《きり》のようなものは外まで湧《わ》き出して照美を包み込み，通路をつくるようになおも流れてきている。このとき，霧の前方を歩く女の子を見つけた照美は，その子が気になって霧の中へ踏《ふ》み出したのだから，イがよい。自分の意思で進んでいるので，「何も考えることなく」とあるエはふさわしくない。

出題ベスト10シリーズ

①国語読解ベスト10

②漢字合格の2790題

③計算合格の820題

④図形問題ベスト10

■過去の入試問題から出題例の多い問題を選んで編集・構成。受験関係者の間でも好評です！

有名中学入試問題集

●男子校編

●女子校編

■中学入試の全容をさぐる!!

■首都圏の中学を中心に、全国有名中学の最新入試問題を収録!!

※表紙は昨年度のものです。

算数の過去問25年分

■筑波大学附属駒場

■麻布

■開成

○名門３校に絶対合格したいという気持ちに応えるため過去問実績No.1の声の教育社が出した答えです。

都立中高一貫校 適性検査問題集

■都立一貫校と同じ検査形式で学べる！

●自己採点のしにくい作文には「採点ガイド」を掲載。

●保護者向けのページも充実。

●私立中学の適性検査型・思考力試験対策にもおすすめ！

当社発行物の無断使用は固くお断りいたします。御使用の前はまずご相談ください。

当社発行物には500点余の首都圏中・高過去問をはじめ、６点の学校案内、そのほかいくつかの情報誌などがございます。その多くが年度版で、限られたスタッフが来るべき受験シーズン前に余裕を持って受験生へ届けられるよう、日夜作業にあたり出版を重ねております。

その中で、最近、多くの印刷物やネット上において当社発行物からの無断使用が見受けられ、一部で係争化しているところもございます。事例といたしましては、当社の新刊発行を待ち、それを流用して毎年ネット上に新改訂として掲載していたＡ社、当社過去問から三百箇所をはぎ合わせ「自社制作につき無断転載禁止」とし、集客材としてホームページに掲載していたＢ社、当社版誌面を無断スキャンし、記述式解答は一部殆ど丸取りして動画を制作していた家庭教師グループＣ社、当社発行物の表紙を差し替え、内容を複製し配布していた塾のＤ社などほか数社がございます。

当社発行物の全部もしくは一部を無断使用することは固くお断りいたします。

当社コンテンツの中にはリーズナブルな設定でご提供している事例もたくさんございますので、ご利用されたい方はまずは、お気軽にご相談くださいますようお願いします。同時に、当社発行物を無断で使用している媒体などにつきましての情報もお寄せいただければ幸いです（呈薄謝）。

株式会社 声の教育社

スーパー過去問の **解説執筆・解答作成スタッフ（在宅）募集！**

※募集要項の詳細は、10月に弊社ホームページ上に掲載します。

2025年度用
中学スーパー過去問

■編集人 声の教育社・編集部
■発行所 株式会社 声の教育社
〒162-0814 東京都新宿区新小川町8-15
☎03-5261-5061(代) FAX03-5261-5062
https://www.koenokyoikusha.co.jp

※本書の内容についての一切の責任は当社にあります。内容・解説・解答・その他は当社ホームページよりお問い合わせ下さい。

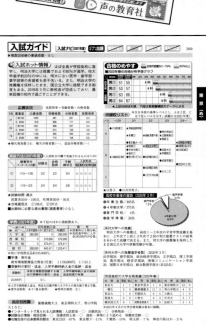

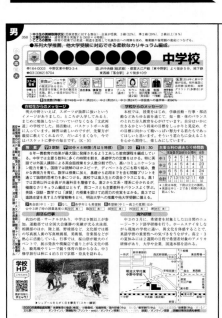

カコを追いかけ
ミライをつかめ
「今の説明、もう一回」を何度でも
web過去問
ストリーミング配信による入試問題の解説動画
もっと古いカコモンないの？
カコ過去問
「さらにカコの」過去問をHPに掲載（DL）
声の教育社
詳しくはこちらから

よくある解答用紙のご質問

01

実物のサイズにできない

拡大率にしたがってコピーすると，「解答欄」が実物大になります。配点などを含むため，用紙は実物よりも大きくなることがあります。

02

A3用紙に収まらない

拡大率164％以上の解答用紙は実物のサイズ（「出題傾向＆対策」をご覧ください）が大きいために，Ａ３に収まらない場合があります。

03

拡大率が書かれていない

複数ページにわたる解答用紙は，いずれかのページに拡大率を記載しています。どこにも表記がない場合は，正確な拡大率が不明です。

04

１ページに２つある

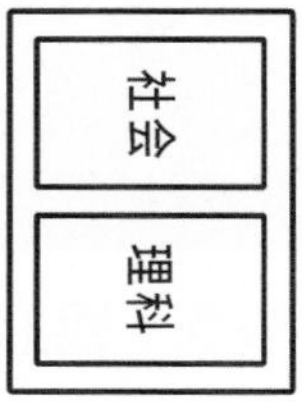

１ページに２つ解答用紙が掲載されている場合は，正確な拡大率が不明です。ほかの試験回の同じ教科をご参考になさってください。

豊島岡女子学園中学校

【別冊】入試問題解答用紙編

解答用紙は本体からていねいに抜きとり、別冊としてご使用ください。

※　実際の解答欄の大きさで練習するには、指定の倍率で拡大コピーしてください。なお、ページの上下に小社作成の見出しや配点を記載しているため、コピー後の用紙サイズが実物の解答用紙と異なる場合があります。

●入試結果表

年　度	回	項　目	国　語	算　数	社　会	理　科	４科合計	合格者
2024	第１回	配点(満点)	100	100	50	50	300	最高点
		合格者平均点	78.5	54.7	38.7	41.6	213.5	282
		受験者平均点	71.7	43.4	35.8	35.5	186.4	最低点
		キミの得点						194
	第２回	合格者平均点	75.7	70.9	36.6	40.0	223.2	最高点 259
		受験者平均点	66.8	52.4	31.7	35.7	186.6	最低点
		キミの得点						211
	第３回	合格者平均点	76.0	76.2	35.3	40.4	227.9	最高点 254
		受験者平均点	65.6	61.1	31.6	35.2	193.5	最低点
		キミの得点						218
2023	第１回	配点(満点)	100	100	50	50	300	最高点
		合格者平均点	77.2	73.1	40.4	37.2	227.9	285
		受験者平均点	68.1	62.1	36.7	33.0	199.9	最低点
		キミの得点						209
	第２回	合格者平均点	74.0	73.9	38.4	36.7	223.0	最高点 260
		受験者平均点	60.4	56.8	34.1	30.3	181.6	最低点
		キミの得点						211
	第３回	合格者平均点	87.9	60.9	39.6	35.5	223.9	最高点 247
		受験者平均点	79.9	44.5	35.5	30.2	190.1	最低点
		キミの得点						216
2022	第１回	配点(満点)	100	100	50	50	300	最高点
		合格者平均点	75.5	70.0	37.4	33.7	216.6	274
		受験者平均点	69.2	59.0	34.0	29.1	191.3	最低点
		キミの得点						200
	第２回	合格者平均点	77.7	77.9	36.2	35.5	227.3	最高点 253
		受験者平均点	69.2	60.4	30.0	29.8	189.4	最低点
		キミの得点						217
	第３回	合格者平均点	79.5	79.5	36.8	28.5	224.3	最高点 248
		受験者平均点	65.7	61.7	31.3	24.1	182.8	最低点
		キミの得点						216
2021	第１回	配点(満点)	100	100	50	50	300	最高点
		合格者平均点	72.4	72.3	37.6	36.6	218.9	271
		受験者平均点	65.6	60.2	33.7	31.2	190.7	最低点
		キミの得点						201
	第２回	合格者平均点	86.1	66.2	34.6	40.2	227.1	最高点 261
		受験者平均点	76.5	51.5	29.9	29.9	187.8	最低点
		キミの得点						217

※　表中のデータは学校公表のものです。ただし、４科合計は各教科の平均点を合計したものなので、目安としてご覧ください。

声の教育社

２０２４年度　豊島岡女子学園中学校

算数解答用紙　第１回

番号		氏名	

評点	／100

	(1)	(2)	(3)	(4)
1		本	円	
2	L	通り	度	cm
3	分前	：	分後	
4	通り	通り		
5	cm²	cm²	cm²	
6	cm	cm		

（注）この解答用紙は実物を縮小してあります。Ｂ５→Ａ４（115%）に拡大コピーすると、ほぼ実物大の解答欄になります。

〔算　数〕100点(学校配点)

1, 2　各５点×8　3〜6　各６点×10

２０２４年度　豊島岡女子学園中学校

社会解答用紙　第１回

番号		氏名		評点	／50

1

問　1

問　2	問　3	問　4

問　5	問　6	問　7
→　→　→		

問　8	問　9

2

問　1	問　2	問　3	問　4	問　5

問6（1）	問　6（2）	問　7

3

問　1	問　2	問　3
プラスチック		

問　4	問　5	問　6	問　7	問　8

（注）この解答用紙は実物を縮小してあります。Ｂ５→Ａ４(115%)に拡大コピーすると、ほぼ実物大の解答欄になります。

〔社　会〕50点(学校配点)

1～3　各２点×25＜1の問２，問５，3の問４は完答＞

２０２４年度　　　豊島岡女子学園中学校

理科解答用紙　第１回

番号		氏名		評点	／50

1

(1)		(2)		(3)		(4)		(5)	
(6)		(7)							

2

(1)		(2)	①		②		(3)	g	
(4)	g	(5)							

3

(1)	①		②		③	
(2)			(3)		(4)	
(5)	g					

4

(1)	満月		上弦の月			
(2)	時間　　分					
(3)	①		②		③	

（注）この解答用紙は実物大です。

〔理　科〕50点(学校配点)

1　各２点×7　2　(1)～(4)　各２点×5　(5)　３点＜完答＞　3　(1)　各１点×3＜各々完答＞　(2)～(5)　各２点×4＜(2)，(3)は完答＞　4　各２点×6

2024年度　豊島岡女子学園中学校

国語解答用紙　第一回

番号　　氏名　　評点　／100

一

問一　問二　問三

問四　問五　問六

問七 (1)　(2)

問八　75

二

問一　問二　問三　問四

問五　60

問六　問七　問八

問九 (1)　(2)　(3)

（注）この解答用紙は実物を縮小してあります。B5→B4（141%）に拡大コピーすると、ほぼ実物大の解答欄になります。

〔国　語〕100点（学校配点）

一　問1～問7　各5点×8　問8　9点　二　問1～問4　各5点×4　問5　9点　問6　5点　問7　6点　問8　5点　問9　各2点×3

２０２４年度　　豊島岡女子学園中学校

算数解答用紙　第２回

番号		氏名		評点	／100

1

(1)	(2)	(3)	(4)
	個	g	通り

2

(1)	(2)	(3)	(4)
通り	脚	cm	:

3

(1)	(2)
mL	杯

4

(1)	(2)	(3)
分速　　m	分速　　m	午前　　時　　分　　秒

5

(1)	(2)
cm	cm

6

(1)	(2)	(3)
:	:	:

（注）この解答用紙は実物を縮小してあります。Ｂ５→Ａ４（115%）に拡大コピーすると、ほぼ実物大の解答欄になります。

〔算　数〕100点（学校配点）

1, 2　各５点×8　3～6　各６点×10

２０２４年度　　　豊島岡女子学園中学校

社会解答用紙　第２回

番号		氏名	

評点	／50

1

問 1	問 2	問 3
→ →		

問 4	問 5

問 6	問 7	問 8	問 9

2

問 1	問 2	問 3	問 4	問 5	問 6

問 7	問 8
ダム	

3

問 1	問 2	問 3	問 4

問 5	問 6	問 7	問 8

（注）この解答用紙は実物を縮小してあります。Ｂ５→Ａ４(115%)に拡大コピーすると、ほぼ実物大の解答欄になります。

〔社　会〕50点(学校配点)

1～3　各２点×25＜1の問１，問６，3の問７，問８は完答＞

２０２４年度　豊島岡女子学園中学校

理科解答用紙　第２回

番号		氏名		評点	／50

1

(1)		(2)		(3)			
(4)	①		②		③		④
(5)	高い　→　→　低い	(6)					

2

(1)		(2)		(3)	
(4)					

3

(1)		(2)						
(3)	（何が）	（どうなる）						
(4)		(5)	①		②		③	

4

(1)	①		④		⑤		(2)	②		③		⑦	
(3)		(4)		(5)		(6)							
(7)	なくなるから												

（注）この解答用紙は実物大です。

〔理　科〕50点(学校配点)

1　(1)～(3)　各２点×3　(4)　各１点×4　(5)，(6)　各２点×2＜(5)は完答＞　2　各２点×4＜(3)は完答＞　3　(1)～(4)　各２点×4＜(3)は完答＞　(5)　①，②　各２点×2＜②は完答＞　③　１点　4　(1)～(3)　各１点×7　(4)～(7)　各２点×4

2024年度　豊島岡女子学園中学校

国語解答用紙　第二回

番号		氏名		評点	/100

一

問一 ⑧ ⑨　問二　問三

問四　問五　問六　問七　問八

問九（60）

問十 (1) (2) (3)

二

問一　問二

問三　問四　問五　問六 誰が 誰に

問七　問八　問九

問十（45）

（注）この解答用紙は実物を縮小してあります。B5→B4（141%）に拡大コピーすると、ほぼ実物大の解答欄になります。

〔国　語〕100点（学校配点）

一　問1　各2点×2　問2～問8　各5点×7<問7は完答>　問9　9点　問10　各2点×3　二　問1～問5　各4点×5<問1は完答>　問6　各3点×2　問7～問9　各4点×3　問10　8点

２０２４年度　　豊島岡女子学園中学校

算数解答用紙　第３回

番号		氏名	

評点	／100

1

(1)	(2)	(3)	(4)
	人		

2

(1)	(2)	(3)	(4)
円	分	m	個

3

(1)	(2)
cm	cm

4

(1)	(2)
分後	回

5

(1)	(2)	(3)あ	(3)い	(3)う
個				

6

(1)	(2)	(3)
cm^2	cm^2	cm^2

（注）この解答用紙は実物を縮小してあります。Ｂ５→Ａ４（115%）に拡大コピーすると、ほぼ実物大の解答欄になります。

〔算　数〕100点（学校配点）

1, 2　各５点×８　3〜6　各６点×10＜5の(3)は完答＞

２０２４年度　豊島岡女子学園中学校

社会解答用紙　第３回

番号		氏名		評点	／50

1

問１	問２(1)

問２(2)																			

問３(1)	問３(2)	問４

問５（あ）	問５（い）	問６	問７

2

問１	問２	問３	問４	問５

問６	問７	問８

3

問１	問２	問３	問４

問５	問６	問７	問８

（注）この解答用紙は実物を縮小してあります。Ｂ５→Ａ４(115%)に拡大コピーすると、ほぼ実物大の解答欄になります。

〔社　会〕50点(学校配点)

1～3　各２点×25＜1の問５，3の問１，問５は完答＞

２０２４年度　豊島岡女子学園中学校

理科解答用紙　第３回

番号		氏名	

評点	／50

1

(1)	g	(2)	cm	(3)	g
(4)	g				

2

(1)	g	(2)	g	(3)	g
(4)	g				

3

(1)	ア		イ		ウ							
(2)	エ		オ		カ		(3)	③		④		
(4)	A		B		(5)							
(6)	(a)		(b)		(c)		(7)					

4

(1)	①	月	②	月	(2)		(3)	
(4)	①		②		(5)			

（注）この解答用紙は実物を縮小してあります。Ｂ５→Ａ４（115%）に拡大コピーすると、ほぼ実物大の解答欄になります。

〔理　科〕50点(推定配点)

1, 2　各３点×8　3　(1)　各１点×3　(2), (3)　各２点×2＜各々完答＞　(4)～(7)　各１点×7　4　(1)　各１点×2　(2), (3)　各２点×2　(4), (5)　各３点×2＜各々完答＞

2024年度　豊島岡女子学園中学校

国語解答用紙　第三回

番号		氏名		評点	／100

一

問一

問二　問三　問四　問五

問六　問七　A　B　C　D　E　問八

問九

60

問十　a　b

二

問一　問二　問三

問四　問五

問六　A　B

問七　問八　問九

(注)　この解答用紙は実物を縮小してあります。B5→B4（141%）に拡大コピーすると、ほぼ実物大の解答欄になります。

〔国　語〕100点(学校配点)

一　問1～問8　各5点×8＜問7は完答＞　問9　12点　問10　各2点×2　二　問1　2点　問2～問4　各5点×3　問5　2点　問6～問9　各5点×5＜問9は完答＞

２０２３年度　　豊島岡女子学園中学校

算数解答用紙　第１回

番号		氘名		評点	／100

1

(1)	(2)	(3)ア	イ	(4)

2

(1)ア	イ	(2)	(3)	(4)
		通り	人	度

3

(1)	(2)

4

(1)	(2)
：	倍

5

(1)	(2)	(3)
秒後	段	

6

(1)	(2)	(3)
cm^3	cm^3	cm^3

（注）この解答用紙は実物を縮小してあります。Ｂ５→Ａ４（115%）に拡大コピーすると、ほぼ実物大の解答欄になります。

〔算　数〕100点（学校配点）

1, 2　各５点×８　3～6　各６点×10

２０２３年度　　豊島岡女子学園中学校

社会解答用紙　第１回

番号		氏名		評点	／50

1

問　1	問　2	問　3	問　4

問　5	問　6	問　7
	→	→　→　→

問　8

2

問　1	問　2	問３(１)	問３(２)	問　4

問　5	問　6	問７(１)	問７(２)

3

問　1	問　2	問　3	問　4
	→　→　→		

問　5	問　6	問　7

問　8

（注）この解答用紙は実物を縮小してあります。Ｂ５→Ａ４(115%)に拡大コピーすると、ほぼ実物大の解答欄になります。

〔社　会〕50点(学校配点)

1～3　各２点×25＜1の問３，問７，3の問２，問４は完答＞

２０２３年度　豊島岡女子学園中学校

理科解答用紙　第１回

番号		氏名		評点	／50

1

(1)	：	(2)	秒速　m	(3)	：
(4)	m	(5)	m		

2

(1)	g	(2)	g	(3)	g	(4)	g
(5)	g	(6)		(7)	g	(8)	g

3

(1)	倍	(2)	倍	(3)		(4)	
(5)		(6)		(7)			

4

(1)		(2)		(3)	
(4)		(5)		(6)	

（注）この解答用紙は実物を縮小してあります。Ｂ５→Ａ４（115%）に拡大コピーすると、ほぼ実物大の解答欄になります。

〔理　科〕50点（学校配点）

1　各２点×５　2　(1)　１点　(2)～(8)　各２点×７　3　(1)　１点　(2)～(7)　各２点×６<(4)は完答>　4　各２点×６<(4)は完答>

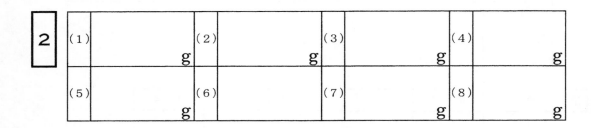

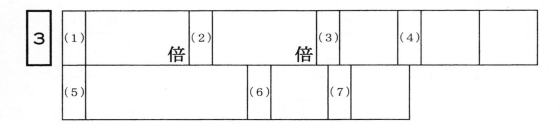

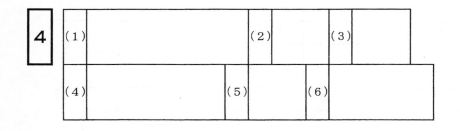

二〇二三年度　豊島岡女子学園中学校

国語解答用紙　第一回

番号　　氏名　　評点 /100

一

問一　A　B　C

問二　問三　問四　問五　X　Y

問六　問七　問八

問九　70　90

二

問一　a　b　問二

問三　問四　問五　問六

問七　60

問八　Ⅲ　Ⅳ　問九

（注）この解答用紙は実物を縮小してあります。B５→B４（141%）に拡大コピーすると、ほぼ実物大の解答欄になります。

〔国　語〕100点（学校配点）

一　問１　各２点×３　問２〜問４　各５点×３　問５　３点＜完答＞　問６〜問８　各５点×３　問９　９点

二　問１，問２　各４点×２＜問１は完答＞　問３〜問６　各５点×４＜問５は完答＞　問７　９点　問８，問９　各５点×３＜問８は完答＞

２０２３年度　豊島岡女子学園中学校

算数解答用紙　第２回

番号		氏名		評点	／100

1

(1)	(2)	(3)	(4)
		時速　　km	組

2

(1)	(2)	(3)	(4)
人		：	cm^2

3

(1)	(2)
：	m

4

(1)	(2)
%	%

5

(1)	(2)	(3)
枚	通り	通り

6

(1)	(2)	(3)
cm		個

（注）この解答用紙は実物を縮小してあります。Ｂ５→Ａ４（115%）に拡大コピーすると、ほぼ実物大の解答欄になります。

〔算　数〕100点（学校配点）

1, 2　各５点×８　3～6　各６点×10

2023年度　豊島岡女子学園中学校

社会解答用紙　第2回

番号		氏名		評点	／50

1

問　1	問　2	問　3
	仏	

問　4	問　5
→　→　→	

問　6	問　7	問　8

2

問　1
鹿児島は

問2（1）	問　2（2）	問　3	問　4	問　5

問　6	問　7
	→　→

3

問　1	問　2	問　3	問　4	問　5

問　6	問　7	問　8	問　9

（注）この解答用紙は実物を縮小してあります。Ｂ５→Ａ４（115%）に拡大コピーすると、ほぼ実物大の解答欄になります。

〔社　会〕50点（学校配点）

1～3　各２点×25＜1の問４，2の問７は完答＞

２０２３年度　　豊島岡女子学園中学校

理科解答用紙　第２回

番号		氏名		評点	／50

1

(1)		(2)		(3)	
(4)	℃	(5)	℃		

2

(1)			(2)	①		②	
(3)	①	g	②	%	(4)		

3

(1)	ア		イ		ウ		エ		オ	
(2)	①名称		①記号		②名称		②記号			
	③名称		③記号		(3)		(4)			

4

(1)		(2)		(3)		(4)		
(5)								

（注）この解答用紙は実物を縮小してあります。Ｂ５→Ａ４（115%）に拡大コピーすると、ほぼ実物大の解答欄になります。

〔理　科〕50点（学校配点）

1　(1)　２点＜完答＞　(2)　３点　(3)　２点　(4)，(5)　各３点×２　2　(1)　２点＜完答＞　(2)　３点＜完答＞　(3)　①　２点　②　３点　(4)　３点　3　(1)　ア～ウ　各１点×３　エ・オ　１点＜完答＞　(2)　名称…各１点×３，記号…各１点×３＜各々完答＞　(3)　２点＜完答＞　(4)　１点　4　(1)～(3)　各２点×３　(4)　３点＜完答＞　(5)　２点

二〇二三年度 豊島岡女子学園中学校

国語解答用紙 第一回

番号 氏名 評点 /100

一

問一 A B

問二

問三

問四

問五

問六

問七

問八

問九

70

二

問一

問二

問三

問四

問五

問六

問七

問八

50

80

問九

（注）この解答用紙は実物を縮小してあります。B5→A4（115%）に拡大コピーすると、ほぼ実物大の解答欄になります。

〔国　語〕100点(学校配点)

一 問1 各2点×2 問2，問3 各3点×2 問4〜問8 各5点×5 問9 12点 二 問1〜問7 各5点×7 問8 12点 問9 6点

２０２３年度　豊島岡女子学園中学校

算数解答用紙　第３回

番号		氏名		評点	／100

1

(1)	(2)	(3)中央値	最頻値	(4)
				枚

2

(1)	(2)	(3)	(4)
g	種類	:	cm^2

3

(1)商品(あ)	商品(い)	(2)
個	個	通り

4

(1)	(2)ア	イ

5

(1)	(2)	(3)ア	イ
m			

6

(1)①	(1)②	(2)
cm^2	cm^3	:

（注）この解答用紙は実物を縮小してあります。Ｂ５→Ａ４(115%)に拡大コピーすると、ほぼ実物大の解答欄になります。

〔算　数〕100点(学校配点)

1, 2　各５点×8＜1の(3)は完答＞　3〜6　各６点×10＜3の(1), 5の(3)は完答, 4は各々完答＞

２０２３年度　豊島岡女子学園中学校

社会解答用紙　第３回

番号		氏名		評点	／50

1

問 1	問 2

問 3						問 4
あ		い		う		

問 5	問 6	問 7	問 8	問 9

2

問 1	問 2

問 3

問 4	問 5	問 6	問 7	問 8	

3

問 1	問 2	問 3	問 4

問 5	問 6	問 7	問 8

（注）この解答用紙は実物を縮小してあります。Ｂ５→Ａ４（115%）に拡大コピーすると、ほぼ実物大の解答欄になります。

〔社　会〕50点（学校配点）

1～3　各２点×25<1の問３，問６，2の問８，3の問８は完答>

２０２３年度　豊島岡女子学園中学校

理科解答用紙　第３回

番号		氏名		評点	／50

1

(1)		(2)		(3)	倍
(4)		(5)		(6)	

2

(1)		(2)	g	(3)	倍
(4)	g	(5)	g	(6)	

3

問1	(1)		(2)		(3)	
問2	(1)		(2)			
	(3)					
問3	(1)		(2)		(3)	

4

(1)		(2)			(3)					
(4)	①	A		B		②	A		B	
	③	A		B						

（注）この解答用紙は実物を縮小してあります。Ｂ５→Ａ４(115%)に拡大コピーすると、ほぼ実物大の解答欄になります。

〔理　科〕50点(学校配点)

1　各２点×6＜(4)～(6)はそれぞれ完答＞　2　(1)　３点＜完答＞　(2)～(4)　各２点×3　(5)　３点　(6)　２点　3　問１　各１点×3　問２　(1)　１点　(2), (3)　各２点×2＜各々完答＞　問３　(1)　１点　(2)　２点　(3)　１点　4　各２点×6＜(2)は完答, (4)は各々完答＞

二〇二三年度　豊島岡女子学園中学校

国語解答用紙　第三回

番号　氏名　評点　／100

一

問一　A　B　C

問二　問三　問四

問五　問六

問七　問八

問九　45

二

問一　問二　問三　③　⑧

問四　問五　問六

問七　問八

問九

(注) この解答用紙は実物を縮小してあります。B5→A4(115%)に拡大コピーすると、ほぼ実物大の解答欄になります。

〔国　語〕100点(学校配点)

一　問1　各2点×3　問2〜問8　各5点×7　問9　12点　二　問1，問2　各5点×2　問3　各3点×2　問4〜問8　各5点×5　問9　各3点×2

２０２２年度　豊島岡女子学園中学校

算数解答用紙　第１回

番号		氏名	

評点	／100

	(1)	(2)	(3)	(4)
1		個	g	cm

	(1)	(2)	(3)	(4)
2	個	分	cm^2	：

	(1)	(2)
3	：	m

	(1)	(2)
4	個	個

	(1)	(2)	(3)
5		個	

	(1)	(2)	(3)
6	cm^3	cm^3	cm^3

(注) この解答用紙は実物を縮小してあります。Ｂ５→Ａ４(115%)に拡大コピーすると、ほぼ実物大の解答欄になります。

〔算　数〕100点(学校配点)

1, 2　各５点×８　3～6　各６点×10＜5の(1)は完答＞

2022年度　豊島岡女子学園中学校

社会解答用紙　第1回

番号		氏名		評点	／50

1

問 1	問 2

問 3

問 4	問 5	問 6	問 7	問 8

問 9	問 10	問 11
		→ → →

2

問 1	問 2	問 3	問 4	問 5

問 6	問 7

3

問 1	問 2	問 3	問 4

問 5	問 6	問 7
	→ → →	

（注）この解答用紙は実物を縮小してあります。Ｂ５→Ａ４（115%）に拡大コピーすると、ほぼ実物大の解答欄になります。

〔社　会〕50点（学校配点）

1～3　各２点×25＜1の問７，問11，2の問１，3の問６は完答＞

２０２２年度　豊島岡女子学園中学校

理科解答用紙　第１回

番号		氏名		評点	／50

1

(1)	L	(2)	L	(3)	cm
(4)	L	(5)	L		

2

(1)	g	(2)	L	(3)	%

	①	②	③
(4)			

3

(1)		(2)		(3)	

(4)			(5)			

4

(1)		(2)		(3)		

					①	②	③
(4)		(5)		(6)			

（注）この解答用紙は実物大です。

〔理　科〕50点(学校配点)

1　(1)　2点　(2)～(5)　各3点×4　2　(1)　2点　(2), (3)　各3点×2　(4)　各2点×3　3, 4　各2点×11＜3の(4), (5), 4の(3), (6)は完答＞

二〇二二年度　豊島岡女子学園中学校

国語解答用紙　第一回

番号		氏名		評点	/100

一

問一		問二		問三	あ		い		う	

問四	図	問五		問六		問七	

問八 45

問九	X		Y		Z	

二

問一	A		B		問二		問三	

問四			問五		問六		問七	

問八 60

（注）この解答用紙は実物を縮小してあります。B5→A4（115%）に拡大コピーすると、ほぼ実物大の解答欄になります。

〔国　語〕100点(学校配点)

一　問1～問7　各5点×7＜問3は完答＞　問8　9点　問9　各3点×3　二　問1～問3　各3点×4　問4～問7　各5点×5　問8　10点

２０２２年度　　豊島岡女子学園中学校

算数解答用紙　第２回

番号		氏名		評点	／100

1

(1)	(2)	(3)	(4)
	g		

2

(1)	(2)	(3)	(4)
毎分　m	g	回	度

3

(1)	(2)	(3)
個	個	個

4

(1)	(2)
cm^2	cm^2

5

(1)	(2)
個	個

6

(1)	(2)	(3)
cm^3	cm^3	cm^3

（注）この解答用紙は実物を縮小してあります。Ｂ５→Ａ４（115%）に拡大コピーすると、ほぼ実物大の解答欄になります。

〔算　数〕100点（学校配点）

1，2　各５点×８　3～6　各６点×10

２０２２年度　　豊島岡女子学園中学校

社会解答用紙　第２回

番号		氏名	

評点	／50

1

問 1	問 2	問 3

問 4	問 5	問 6	問 7	問 8

2

問 1	問 2	問 3	問 4	問 5
			市	

問 6	問 7	問 8	問 9

3

問 1	問 2

問 3	問 4	問 5	問 6

問 7	問 8

（注）この解答用紙は実物を縮小してあります。Ｂ５→Ａ４(115%)に拡大コピーすると、ほぼ実物大の解答欄になります。

〔社　会〕50点(学校配点)

1～3　各２点×25＜1の問５，3の問７は完答＞

２０２２年度　　　豊島岡女子学園中学校

理科解答用紙　第２回

番号		氏名	

評点	／50

1

(1)		(2)		(3)		(4)	
(5)		(6)			(7)		

2

(1)	A		B		C	

(1)	D		(2)	g	(3)	E		F	

(4)	g	(5)	L

3

(1)		(2)		(3)	

(4)	A		B		(5)		(6)	分

4

(1)		(2)	上流 → 下流				(3)	

		断面の様子	流速		断面の様子	流速		5番目	6番目	8番目		
(4)	ア-イ			ウ-エ			(5)				(6)	

（注）この解答用紙は実物を縮小してあります。Ｂ５→Ａ４（115%）に拡大コピーすると、ほぼ実物大の解答欄になります。

〔理　科〕50点(推定配点)

1　各２点×7＜(6)は完答＞　2　(1)　各１点×4　(2)　２点　(3)　各１点×2　(4)，(5)　各２点×2
3　各２点×6＜(4)は完答＞　4　(1)～(3)　各２点×3＜(1)，(2)は完答＞　(4)　各１点×2＜各々完答＞　(5)，(6)　各２点×2＜(5)は完答＞

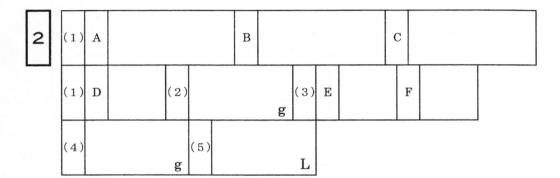

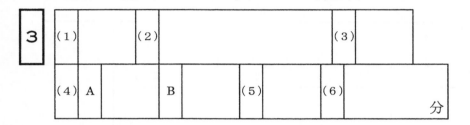

二〇二二年度　豊島岡女子学園中学校

国語解答用紙　第一回

番号		氏名		評点	/100

一

問一　問二　問三　問四　問五　問六　問七

問八　60

問九　A　B　C

二

問一　問二　問三

問四　～　するようになる年齢。

問五　問六　問七　問八

問九　60

（注）この解答用紙は実物を縮小してあります。B5→A4（115%）に拡大コピーすると、ほぼ実物大の解答欄になります。

〔国　語〕100点（学校配点）

一　問１～問７　各５点×７　問８　９点　問９　各２点×３　二　問１～問８　各５点×８　問９　10点

2０２２年度　　　　豊島岡女子学園中学校

算数解答用紙　第３回

番号		氏名		評点	／100

1

(1)	(2)	(3)	(4)
	毎分　m	通り	cm^2

2

(1)	(2)	(3)	(4)
	%	年　月　日	：

3

(1)	(2)
毎分　m	m

4

(1)	(2)	(3)
L		

5

(1)	(2)	(3)
cm^2	cm^2	cm^2

6

(1)	(2)
cm^3	cm^3

（注）この解答用紙は実物を縮小してあります。Ｂ５→Ａ４（115%）に拡大コピーすると、ほぼ実物大の解答欄になります。

〔算　数〕100点（学校配点）

1, 2　各５点×8　3〜6　各６点×10

２０２２年度　豊島岡女子学園中学校

社会解答用紙　第３回

番号		氏名		評点	／50

1

問１	問２	問３	問４

問５	問６	問７	問８

2

問１	問２	問３（1）	問３（2）	問３（3）			
				番号		製品	

問４	問５	問６

3

問１	問２	問３	問４	問５

問６	問７	問８

問９

（注）この解答用紙は実物を縮小してあります。Ｂ５→Ａ４（115%）に拡大コピーすると、ほぼ実物大の解答欄になります。

〔社　会〕50点（学校配点）

1～3　各２点×25＜1の問３，2の問３の（3），3の問５，問７は完答＞

２０２２年度　豊島岡女子学園中学校

理科解答用紙　第３回

番号		氏名		評点	／50

1

(1)	B		C		(2)
(3)	秒	(4)	秒	(5)	秒

2

(1)	X		Y		(2)
(3)	%	(4)	塩化ナトリウム：水＝　：	(5)	%

3

(1)	ア		イ		ウ		
(2)	図3		図4		(3)	①	②

4

(1)	日	(2)	日	(3)	日
(4)		(5)	1秒間に　万km進む		

（注）この解答用紙は実物を縮小してあります。Ｂ５→Ａ４（115%）に拡大コピーすると、ほぼ実物大の解答欄になります。

〔理　科〕50点(学校配点)

1　(1)～(4)　各２点×5＜(2)は完答＞　(5)　３点　2　(1)～(3)　各２点×4＜(2)は完答＞　(4)，(5)　各３点×2　3　(1)　３点＜完答＞　(2)，(3)　各２点×4　4　(1)，(2)　各２点×2　(3)　３点　(4)　２点　(5)　３点

二〇二二年度　豊島岡女子学園中学校

国語解答用紙　第三回

番号		氏名		評点	/100

一

問一　A　B

問二　問三　問四　問五　問六

問七　前者　後者　問八

問九　50

二

問一　問二　問三　問四　問五　問六

問七　問八

問九　90

(注) この解答用紙は実物を縮小してあります。Ｂ５→Ｂ４(141%)に拡大コピーすると、ほぼ実物大の解答欄になります。

〔国　語〕100点(学校配点)

一　問１　各２点×２　問２～問８　各５点×８　問９　８点　二　問１～問８　各５点×８　問９　８点

２０２１年度　豊島岡女子学園中学校

算数解答用紙　第１回

番号		氏名		評点	／100

1

(1)	(2)	(3)	(4)
			通り

2

(1)	(2)	(3)	(4)
	：	cm^2	：

3

(1)	(2)
個	円

4

(1)	(2)
秒後	秒後

5

(1)	(2)	(3)

6

(1)	(2)	(3)
cm^3	cm^3	cm^3

（注）この解答用紙は実物を縮小してあります。Ｂ５→Ａ４（115%）に拡大コピーすると、ほぼ実物大の解答欄になります。

〔算　数〕100点（学校配点）

1, 2　各５点×８　3～6　各６点×10

２０２１年度　豊島岡女子学園中学校

社会解答用紙　第１回

番号		氏名		評点	／50

1

問　1	問　2	問　3	問　4	問　5

問　6	問　7

2

問　1	問　2	問　3	問　4

問　5	問　6	問　7	問　8	問　9

3

問　1	問　2	問　3

問　4	問　5	問　6	問　7	問　8

問　9

（注）この解答用紙は実物を縮小してあります。Ｂ５→Ａ４(115%)に拡大コピーすると、ほぼ実物大の解答欄になります。

〔社　会〕50点(学校配点)

1～3　各２点×25＜2の問３は完答＞

２０２１年度　豊島岡女子学園中学校

理科解答用紙　第１回

番号		氏名		評点	／50

1

(1)	0.5Vの電圧	1.5Vの電圧	(2)		(3)	
	Ω	Ω				A

(4)		(5)		(6)			
	A		A				

2

(1)		(2)		(3)	
	g		倍		g

(4)	気体A	沈殿B
	g	g

3

(1)			(2)	→ → → →

(3)		(4)	→ →	(5)	温度	稚魚数
					℃	ひき

4

(1)	月がウの位置	月がオの位置	(2)	形	時刻

(3)	①	②	③	④

（注）この解答用紙は実物大です。

〔理　科〕50点(学校配点)

1～3　各２点×18＜1の(6)，3の(1)，(2)，(4)は完答＞　4　(1)　各１点×2　(2)，(3)　各２点×6

二〇二一年度　豊島岡女子学園中学校

国語解答用紙　第一回

番号		氏名		評点	/100

一

問一　A　B　C

問二

問三

問四

問五　Ⅰ　Ⅱ

問六

問七

問八

二

問一

問二　A　B

問三

問四

問五　A　B　C

問六

問七

問八

問九

（注）この解答用紙は実物を縮小してあります。B5→A4（115%）に拡大コピーすると、ほぼ実物大の解答欄になります。

〔国　語〕100点（学校配点）

一　問1　各2点×3　問2～問7　各5点×7　問8　9点　二　問1　5点　問2　各3点×2　問3，問4　各5点×2　問5　各2点×3　問6～問8　各5点×3　問9　8点

２０２１年度　豊島岡女子学園中学校

算数解答用紙　第２回

番号		氏名		評点	／100

1

(1)	(2)	(3)	(4)
	枚		

2

(1)	(2)	(3)	(4)
円			cm^2

3

(1)	(2)
度	度

4

(1)	(2)	(3)
秒後	秒後	秒後

5

(1)	(2)
通り	通り

6

(1)	(2)	(3)
cm^2	cm^3	cm^3

（注）この解答用紙は実物を縮小してあります。Ｂ５→Ａ４（115%）に拡大コピーすると、ほぼ実物大の解答欄になります。

〔算　数〕100点（学校配点）

1, 2　各５点×8　3～6　各６点×10

2021年度　豊島岡女子学園中学校

社会解答用紙　第2回

番号		氏名		評点	／50

1

問 1	問 2	問 3	問 4
			海峡

問 5	問 6	問 7

問 8

2

問 1	問 2	問 3	問 4	問 5	問 6

問 7	問 8

3

問 1	問 2	問 3	問 4	問 5

問 6	問 7	問 8	問 9

〔社　会〕50点(学校配点)

1～3　各2点×25＜1の問2，3の問4，問8は完答＞

2021年度　豊島岡女子学園中学校

理科解答用紙　第2回

番号		氏名		評点	／50

1

(1)	cm	(2)	℃	(3)	
(4)	cm	(5)	cm		

2

(1)	g	(2)	%	(3)	g
(4)	%	(5)	%		

3

(1)	【横の切り口】	【縦の切り口】
(2)	水蒸気が出ていく現象	水蒸気が出ていくあな

(3)		(4)		(5)	

4

(1)		(2)	
(3)	mm	(4)	

〔理　科〕50点(学校配点)

1　(1)，(2)　各2点×2　(3)　3点　(4)，(5)　各4点×2　2　(1)　2点　(2)　3点　(3)　4点　(4)，(5)　各3点×2　3　(1)，(2)　各1点×3＜(1)は完答＞　(3)　2点　(4)　3点　(5)　4点　4　(1)　1点　(2)，(3)　各3点×2　(4)　1点

二〇二二年度　豊島岡女子学園中学校

国語解答用紙　第二回

番号		氏名		評点	/100

一

問一　A

問一　B

問二

問三

問四

問五

問六

問七

問八

問九　A　B

二

問一

問二

問三

問四

問五

問六

問七

問八

問九

（注）この解答用紙は実物を縮小してあります。B5→A4（115%）に拡大コピーすると、ほぼ実物大の解答欄になります。

〔国　語〕100点(学校配点)

一　問1〜問7　各5点×8　問8　8点　問9　各2点×2　二　問1〜問7　各5点×7　問8　8点　問9　5点

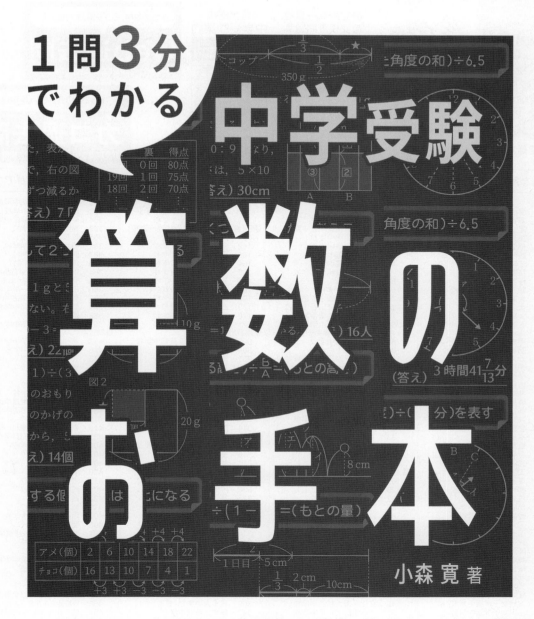

中学スーパー過去問　抜群の解説・解答!!　声の教育社版

合格必需品

定価2,200円～2,970円(税込)

都立中高一貫校
適性検査問題集

定価1,320円(税込)

首都圏版
中学受験案内

定価2,310円(税込)

「今の説明、もう一回」を何度でも
web過去問
ストリーミング配信による入試問題の解説動画

もっと古いカコモンないの?
中学
カコ過去問
「さらにカコの」過去問をHPに掲載(DL)

①優秀な解説・解答スタッフが執筆!!　②くわしい出題傾向分析と対策　③解答用紙が別冊、自己採点ができる!!

●東京都
ア 23 青山学院中等部
2 麻布中学校
73 足立学園中学校
51 跡見学園中学校
54 郁文館中学校
65 穎明館中学校
113 江戸川女子中学校
8 桜蔭中学校
98 桜美林中学校
76 鷗友学園女子中学校
45 大妻中学校
122 大妻多摩中学校
131 大妻中野中学校
12 お茶の水女子大附属中学校
カ 19 海城中学校
3 開成中学校
150 開智日本橋学園中学校
94 かえつ有明中学校
38 学習院中等科
20 学習院女子中等科
61 吉祥女子中学校
149 共栄学園中学校
48 暁星中学校
44 共立女子中学校
130 共立女子第二中学校
5 慶應義塾中等部
55 京華中学校
56 京華女子中学校
77 恵泉女学園中学校
71 光塩女子学院中等科
136 工学院大附属中学校
34 攻玉社中学校
91 麴町学園女子中学校
69 佼成学園中学校
97 佼成学園女子中学校
31 香蘭女学校中等科
70 国学院大久我山中学校
118 国士舘中学校
121 駒込中学校
99 駒沢学園女子中学校
4 駒場東邦中学校
サ 135 桜丘中学校
126 サレジアン国際学園中学校
79 サレジアン国際学園世田谷中学校
139 実践学園中学校
24 実践女子学園中学校
35 品川女子学院中等部
27 芝中学校
87 芝浦工業大附属中学校
95 芝国際中学校
103 渋谷教育学園渋谷中学校
40 十文字中学校
86 淑徳中学校
93 淑徳巣鴨中学校
124 順天中学校
30 頌栄女子学院中学校
117 城西大附属城西中学校
85 城北中学校
25 昭和女子大附属昭和中学校
7 女子学院中学校
90 女子聖学院中学校
127 女子美術大付属中学校
49 白百合学園中学校
41 巣鴨中学校
89 聖学院中学校
60 成蹊中学校
21 成城中学校
75 成城学園中学校
132 青稜中学校
82 世田谷学園中学校
タ 105 高輪中学校
83 玉川学園(中)
106 玉川聖学院中等部
64 多摩大附属聖ケ丘中学校
134 多摩大目黒中学校
120 中央大附属中学校
108 千代田国際中学校
11 筑波大附属中学校
1 筑波大附属駒場中学校
88 帝京中学校
151 帝京大学中学校
78 田園調布学園中等部
14 東京学芸大世田谷中学校
13 東京学芸大竹早中学校
50 東京家政学院中学校
115 東京家政大附属女子中学校
26 東京女学館中学校
100 東京成徳大中学校
160 東京大学附属中等教育学校
112 東京電機大中学校
119 東京都市大等々力中学校
80 東京都市大付属中学校
145 東京農業大第一高校中等部
59 桐朋中学校
109 桐朋女子中学校
28 東洋英和女学院中学部
58 東洋大京北中学校
33 トキワ松学園中学校
110 豊島岡女子学園中学校
53 獨協中学校
153 ドルトン東京学園中等部
ナ 128 中村中学校
133 日本工業大駒場中学校
129 日本学園中学校
92 日本大第一中学校
68 日本大第二中学校
84 日本大第三中学校
52 日本大豊山中学校
116 日本大豊山女子中学校
ハ 147 八王子学園八王子中学校
144 広尾学園中学校
152 広尾学園小石川中学校
74 富士見中学校
63 藤村女子中学校
9 雙葉中学校
32 普連土学園中学校
146 文化学園大杉並中学校
57 文京学院大女子中学校
101 文教大付属中学校
62 法政大中学校
148 宝仙学園中学校理数インター
42 本郷中学校
マ 114 三田国際学園中学校
143 明星学園中学校
46 三輪田学園中学校
16 武蔵中学校
96 武蔵野大学中学校
104 明治学院中学校
72 明治大付属中野中学校
123 明治大付属八王子中学校
43 明治大付属明治中学校
66 明星中学校(府中)
125 目黒学院中学校
22 目白研心中学校
ヤ 140 八雲学園中学校
102 安田学園中学校
29 山脇学園中学校
ラ 37 立教池袋中学校
67 立教女学院中学校
36 立正大付属立正中学校
ワ 17 早稲田中学校
18 早稲田実業学校中等部
81 早稲田大高等学院中学部
47 和洋九段女子中学校
【東京都立・区立6年制中高一貫校】
161 九段中等教育学校
162 白鷗高校附属中学校
163 両国高校附属中学校
164 小石川中等教育学校
165 桜修館中等教育学校
166 武蔵高校附属中学校
167 立川国際中等教育学校
168 大泉高校附属中学校
169 三鷹中等教育学校
170 富士高校附属中学校
171 南多摩中等教育学校
●神奈川県
320 青山学院横浜英和中学校
304 浅野中学校
301 栄光学園中学校
332 神奈川学園中学校
343 県立相模原・平塚中等教育学校
316 神奈川大附属中学校
328 鎌倉学園中学校
322 鎌倉女学院中学校
331 カリタス女子中学校
344 市立川崎高校附属中学校
314 関東学院中学校
339 公文国際学園中等部
321 慶應義塾湘南藤沢中等部
6 慶應義塾普通部
311 サレジオ学院中学校
325 自修館中等教育学校
315 湘南学園中学校
336 湘南白百合学園中学校
327 逗子開成中学校
303 聖光学院中学校
323 聖セシリア女子中学校
337 清泉女学院中学校
310 洗足学園中学校
341 中央大附属横浜中学校
335 鶴見大附属中学校
302 桐蔭学園中等教育学校
318 東海大付属相模高校中等部
317 桐光学園中学校
330 藤嶺学園藤沢中学校
306 日本女子大附属中学校
309 日本大中学校(日吉)
340 日本大藤沢中学校
10 フェリス女学院中学校
308 法政大第二中学校
347 聖園女学院中学校
312 森村学園中等部
313 山手学院中学校
342 横須賀学院中学校
307 横浜共立学園中学校
305 横浜国立大横浜・鎌倉中学校
326 横浜女学院中学校
345 市立南中学校
346 市立横浜サイエンスフロンティア中学校
324 横浜翠陵中学校
333 横浜創英中学校
319 横浜富士見丘学園中学校
329 横浜雙葉中学校
●千葉県
352 市川中学校
361 光英VERITAS中学校
355 国府台女子学院中学部
360 芝浦工業大柏中学校
354 渋谷教育学園幕張中学校
369 秀明八千代中学校
365 昭和学院中学校
362 昭和学院秀英中学校
363 西武台千葉中学校
359 専修大松戸中学校
364 千葉県立千葉・東葛飾中学校
368 千葉市立稲毛国際中等教育学校
356 千葉日本大第一中学校
357 東海大付属浦安高校中等部
351 東邦大付属東邦中学校
358 麗澤中学校
353 和洋国府台女子中学校
●埼玉県
413 浦和明の星女子中学校
418 浦和実業学園中学校
415 大妻嵐山中学校
416 大宮開成中学校
406 開智中学校
425 開智未来中学校
414 春日部共栄中学校
428 川口市立高校附属中学校
424 埼玉県立伊奈学園中学校
412 埼玉栄中学校
419 さいたま市立浦和中学校
427 さいたま市立大宮国際中等教育学校
401 埼玉大附属中学校
407 埼玉平成中学校
404 栄東中学校(A・東大Ⅰ)
426 栄東中学校(B・東大Ⅱ)
417 淑徳与野中学校
402 城西川越中学校
422 昌平中学校
411 城北埼玉中学校
403 西武学園文理中学校
405 聖望学園中学校
421 東京農業大第三高校附属中学校
410 獨協埼玉中学校
409 星野学園中学校
420 本庄東高校附属中学校
408 立教新座中学校
●茨城県
452 茨城中学校
458 茨城キリスト教学園中学校
459 茨城県立中等教育学校・中学校
451 江戸川学園取手中学校
455 常総学院中学校
454 土浦日本大中等教育学校
456 水戸英宏中学校
453 茗溪学園中学校
●栃木県
503 国学院大栃木中学校
504 作新学院中等部
501 佐野日本大中等教育学校
502 白鷗大足利中学校
●兵庫・鹿児島県
601 灘中学校
602 ラ・サール中学校
●算数の過去問25年分
701 筑波大附属駒場中学校
702 麻布中学校
703 開成中学校

声の教育社　〒162-0814 東京都新宿区新小川町8-15
https://www.koenokyoikusha.co.jp
TEL 03(5261)5061(代)　FAX 03(5261)5062